U0604467

永康文獻叢書

（光緒）永康縣志

【清】李汝爲 潘樹棠 等 纂修
盧敦基 校點

圖書在版編目(CIP)數據

(光緒)永康縣志 /(清)李汝爲等纂修;盧敦基校點.
—上海:上海古籍出版社,2023.3
(永康文獻叢書)
ISBN 978-7-5732-0632-9

Ⅰ.①光… Ⅱ.①李… ②盧… Ⅲ.①永康—地方志
—清代 Ⅳ.①K295.54

中國國家版本館 CIP 數據核字(2023)第 032644 號

永康文獻叢書
(光緒)永康縣志
[清]李汝爲 潘樹棠等 纂修
盧敦基 校點
上海古籍出版社出版發行
(上海市閔行區號景路 159 弄 1-5 號 A 座 5F 郵政編碼 201101)
(1)網址:www.guji.com.cn
(2)E-mail:guji1@guji.com.cn
(3)易文網網址:www.ewen.co
浙江新華數碼印務有限公司印刷
開本 710×1000 1/16 印張 50 插頁 7 字數 626,000
2023 年 3 月第 1 版 2023 年 3 月第 1 次印刷
印數:1—2,300
ISBN 978-7-5732-0632-9
K·3340 定價:298.00 元

永康文獻叢書編纂成員名單

指導委員會

主　任　　章旭升　胡勇春

副主任　　施禮幹　章錦水　俞　蘭　盧　軼

委　員　　吕振堯　施一軍　杜奕銘　王洪偉　徐啓波　肖先振

辦公室主任　　施一軍

副主任　　朱俊鋒

成　員　　徐關元　陳有福　應　蕾　童奕楠

顧問委員會

主　任　　胡德偉

委　員　　魯　光　盧敦基　盧禮陽　朱有抗　徐小飛　應寶容

編輯委員會

主　編　　李世揚

委　員　　朱維安　章竟成　林　毅　麻建成　徐立斌

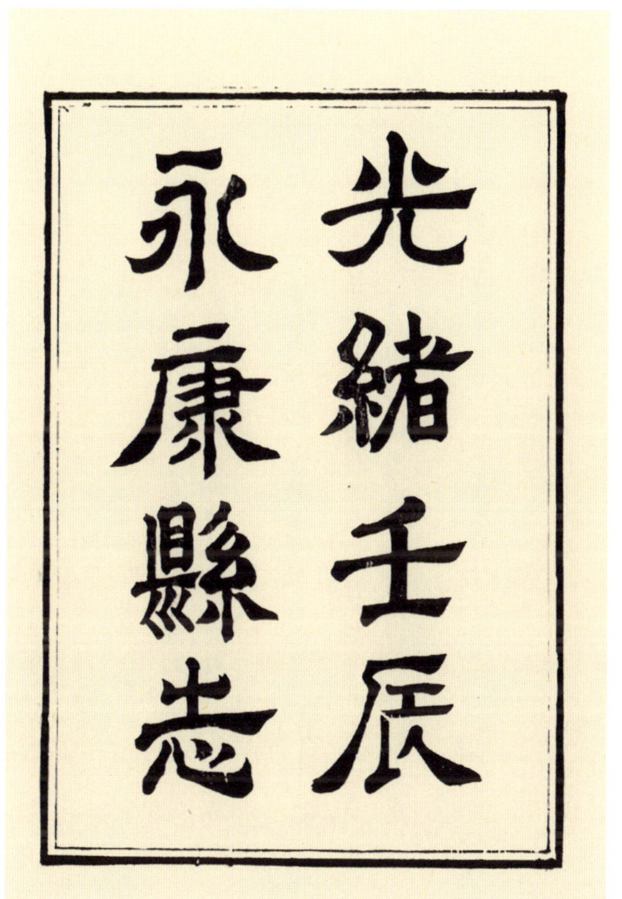

（光緒）《永康縣志》書影一

永康縣志卷之一

地里志

夫以宇宙之寥廓大章所步豎亥所度記其里以億萬計一邑之境如礨空之在大澤奚志爲雖然撮土亦地卷石亦山況提封百里政賦財用之所出社稷民人之所寄堂堂乎在土宇版章之內者哉禹貢職方皆地志所自昉顧其小者弗及詳耳至於土訓掌道地圖誦訓掌道方志則必統遐邇大小而悉詳之永康雖蕞爾邑於唐爲望縣亦稱雄緊焉可以不志

分野

夫分野之說或謂可從略然古有其說今以之考禨祥則亦有合焉故羅列故書所爲分野者詳之以附於篇末云

保章氏以星土辨九州之地其所封封域皆有分星以觀妖祥此分野之說所由始也鄭康成以十二次分之孔穎達疏以北斗及二十八宿主之亦有以受封之日歲星所在之辰亦有謂繫於五星又有以山河之首尾與雲漢之升降相應各抒所見言人人殊金華於禹貢屬揚州太康記云揚州東漸太陽之位履正含文天氣奮揚故云於春秋爲越地於十二次屬星紀二十八宿則

（光緒）《永康縣志》書影二

總　　序

永康歷史悠久，人文薈萃。

據南朝宋鄭緝之《東陽記》載，永康於三國赤烏八年（245）置縣。建縣近1800年來，雖經朝代更替，然縣名、治所及區域，庶無大變，風俗名物，班班可考，辭章文獻，卷帙頗豐。

魏晉南北朝至隋唐，是中國經濟重心由北向南轉移的準備階段，永康的風土人情漸次載入各類典籍。北宋以降，永康即以名賢輩出、群星璀璨而著稱婺州。名臣高士，時聞朝野；文采風流，廣播海内。本邑由宋至清，載正史列傳20餘人，科舉進士200餘名。北宋胡則首開進士科名，爲官一任，造福一方；徐無黨受業於歐陽修，深得良史筆意，嘗注《新五代史》，沾溉後學。南宋狀元陳亮創立永康學派，宣導事功，名播四海；樓炤、章服、林大中、應孟明位高權重，憂國憂民，道德文章，著稱南北。元代胡長孺安貧守志，文采斐然，名列"中南八士"。明代榜眼程文德與應典、盧可久，先後講學五峰書院，傳播陽明之學，盛極一時；朱方長期任職府縣，清廉自守，史稱一代廉吏；王崇投筆從戎，巡撫南疆，功勳卓著；徐文通宦游期間與當時文壇鉅子交往密切，吟咏多有佳作。清初才女吴絳雪保境安民，壯烈殉身，名標青史；潘樹棠博聞强記，飽讀詩書，人稱"八婺書橱"；晚清應寶時主政上海，對申城拓展、繁榮卓有貢獻；胡鳳丹、胡宗楙父子畢生搜羅鄉邦文獻，刊刻《金華叢書》，嘉惠士林。民國吕公望，早年投身辛亥革命，曾任浙江督軍兼省長，公暇與程士毅、盧士希、應均等人結社唱酬，引領一代文風。抗戰期間,方巖成爲浙江省政府臨時駐地,四方賢俊,匯聚於此,文人墨客,以筆代口,爲抗日救亡而吶喊,在永康文化史上留下濃重一筆。

據粗略統計,本邑往哲先賢自北宋到民國時期,所撰經史子集各類著作及裒輯成集者,360 餘家,近千種。惜年代久遠,迭經兵燹蟲蠹、水火厄害,相當部分已灰飛烟滅,蕩然無存。現國内外公私圖書館藏有本邑歷代著作僅百餘部,其中收入《四庫全書》及存目、《續修四庫全書》者 20 餘部。這是歷代先賢留給我們的寶貴精神財富,也是我們傳承文化基因、汲取歷史智慧的重要載體,更是一座有待開發的文化寶藏。

爲整理出版《永康文獻叢書》,多年以來,我市有識之士不懈呼籲,社會各界紛紛提議,希望開展此項工作。新時代政治清明,百業興盛,重教崇文。爲弘揚優秀傳統文化,拓展我市文化内涵,提升城市文化品位,推進永康文化建設,永康市委市政府因勢利導,決定由市委宣傳部牽頭,文廣旅體局組織實施,啓動《永康文獻叢書》出版工程。歷經一年籌備,具體工作於 2021 年 3 月正式展開。

整理出版《永康文獻叢書》,以新時代中國特色社會主義思想爲指導,以中共中央《關於整理我國古籍的指示》爲指針,認真貫徹國務院《關於進一步加强古籍保護工作的意見》,繼承與發揚永康學派的優良傳統,着眼永康文化品位、學術氛圍的營造與提升,系統梳理傳統文化資源,讓沉寂在古籍裏的文字鮮活起來,努力展示本邑傳統文化的獨特魅力,積極推進永康文化建設。現擬用八至十年時間,動員組織市内外專業人士和社會各界力量,將永康文學、歷史、哲學、法學、經濟學、社會學、教育學諸方面的重要古籍資料,分批整理完稿;遵循"精選、精編、精印"的原則,總量在 50 部左右,每年五至六部,分期公開出版,並向全國發行。

《永康文獻叢書》原則上只收録永康現有行政區域内,自建縣以來至中華人民共和國成立之前的文獻遺存。注重近代檔案及其他文史資料的收集整理。在永康生活時間較長,或産生過較大影響的外邑人士的著作,酌情收入。叢書的採編,以搶救挖掘地方文獻中的刻本以及流傳稀少的稿本、抄本爲重點;優先安排影響較大、學術價值較高、原創性較强的著作;對在永康歷史上産生過重大影響的家族譜牒,也適當篩選吸收。

本次叢書整理,在注重現存古籍點校的同時,突出新編功能。一些重要歷史人物的著述已經完全散逸,但尚有大量詩文見諸他人著作或志牒之中,又屢屢被時人和後人提及,則予以輯佚新編。一些歷史人物知名度不高,但留存的詩文較多,以前從未結集,酌情編輯出版。宋元以來,我邑不少先賢,雖無著述單行,但大多有零散詩文傳世,爲免遺珠之憾,也擬彙總結集。

歷史因文化而精彩,文化因歷史而厚重。把永康發展的歷史記録下來,把永康的文獻典籍整理出來,把優秀傳統文化傳承下去,關乎永康歷史文脉的延續,關乎永康精神的傳承,關乎五金文化名城軟實力的提升。因此,整理出版工作必須堅持政府主導、社會支援、專家負責的工作方針,遂分别建立指導委員會、顧問委員會、編輯委員會,各司其職,相互配合,以確保叢書整理出版計劃的全面落實與高品質實施。

《永康文獻叢書》整理出版的品質,在很大程度上取決於編纂人員的學識、眼光、格局,也取決於編纂人員的工作態度和敬業精神。爲此,編纂團隊將懷敬畏之心、精品意識、服務觀念、奉獻精神,抱着"爲古人行役"的理念,以"功成不必在我"的境界和"功成必定有我"的歷史擔當,甘於寂寞,堅守初心,知難而進,任勞任怨,將《永康文獻叢書》整理好、編輯好、出版好。

《永康文獻叢書》是永康建縣 1800 年來,首次對本邑古籍文獻進行系統整理,是一套"千年未曾見,百年難再有"的大型歷史文獻,是對永康藴藏豐富的文化資源的深入挖掘、科學梳理和集中展示,是構築全國有影響的文化高地的有效途徑,對於推進永康文化的研究、開發和傳播,有着不可估量的可持續發展潛力。它是一項永康傳統文化的探源工程、搶救工程,是一項功在當代、惠及千秋的傳承工程、鑄魂工程,是一項永康優秀傳統文化的建設工程、形象工程。我們要在傳承經典中守好文化根脉,在扎根本土中豐富精神内涵,在相容並濟中打響文化品牌,爲實現永康經濟社會發展新跨越,爲打造"世界五金之都,品質活力永康",提供强大的精神動力和文化支撑。

《永康文獻叢書》編委會

2021 年 10 月

前　　言

光緒《永康縣志》(下簡稱光緒志)成於清光緒十七年(1891)。它跟前面的道光《永康縣志》有着驚人的兩點巧合：一是均成於當朝皇帝的第十七年;二是均成於巨變之前的貌似平安年代。道光志後三年爆發第一次鴉片戰争,而光緒志後三年爆發中日甲午海戰。兹役一敗,清廷在中國執政的合理性毁壞無餘,頭腦較爲清醒的國人首議變革,一個中原逐鹿之局隨之開出。其實此刻誰最後獲勝已不重要,重要的是舊的統治注定要全面崩塌。光緒志的編纂者們萬萬没有想到,他們正在着力工作的,已是永康歷史上最後一部古老格式的舊志了。這也見出歷史的幻像可以蒙蔽時人多深。天機豈任凡人窺測?

不過,哪怕在平安時節,光緒志的纂修也是一波三折：同治十二年(1873),湖南善化人趙煦(字舜臣)署理永康知縣,次年他就請潘樹棠等人纂修新志。因爲“經費不敷”,工作半途中止。十六年後,即光緒十五年(1889),江西新建人李汝爲來永康任知縣,重啓縣志修纂,取潘樹棠等起草的舊稿閱之。十七年(1891),開設志局,正式啓動縣志工作。但到七月,李汝爲突然病逝於任上,郭文焕因而接篆署理縣事。該志跋云:“凡諸門類其隱匿情事,下筆去取有甚難者,必遵照主修郭公祖酌裁審定,不敢擅專。”此年光緒志編畢,付梓版行。所以光緒志的總修爲李汝爲、郭文焕。纂修則爲潘樹棠、陳憲超、陳汝平。另有校閲二人,分校三人,分修四人,董理二人,採訪五十二人。

李汝爲,光緒志卷五云:"字桐孫,江西新建人。丁卯(1867)舉人。光緒十五年任。振興文教,聽訟明決,倡修邑志。惜工未竣而終於任。"同治十年(1871)刊行的《德安縣志》,"協修"名單中有"德安縣教諭李汝爲"。郭文焕,光緒志云:"安慶合肥人,光緒十七年署。"綜合志書編纂情形,並經全文閱讀,推斷潘樹棠實際承擔工作似應居多。潘樹棠(1808—1896),字憩南,號西廬,永康本地人,咸豐辛酉(1861)拔貢,候選教諭。詔舉賢良方正,欽加内閣中書七品銜,敕授文林郎。他"一生未躋仕途,岩棲谷處,以莞席自安,然致力於教學……晚清永康,凡中式舉人幾乎皆其門生。潘樹棠學問博贍,於書無所不觀,素有'八婺書櫥'之美譽,尤以經學久負盛名"①。

光緒志的編纂,自然是在舊志的基礎上進行。但這時幾乎看不到明代前的舊志了,經兵荒馬亂,連康熙十一年的徐志都已殘缺不全。所以此次修志所倚仗的,衹有康熙三十七年的沈志和道光志了。這主要是太平天國戰亂的後果。現在我們知道,這部徐志今天在國内可能都已不存,衹有日本有藏,也算不幸中之萬幸。

總的來説,光緒志是在道光志的基礎上修纂的。連各目下的小序,不少都全文沿用,不加修改。當然光緒志也做了不少自己該做的事。簡言之,光緒志於舊事,則考訂之,增益之;於時事,則或依官方記載抄入之,或派員採訪而述録之。其篇幅比前志增多四卷,内容自然增多不少。下就此兩點試略述之。

(一)對舊事的考訂增益

光緒志卷一,小序後首爲"分野",文則略改舊志,並以注説明改動之目的。在"金華於《禹貢》屬揚州"後,新增入廿二字:"《太康記》云:揚州東漸太陽之位,履正含文,天氣奮揚,故云。"《太康記》,應作

① 潘美蓉:《潘樹棠文集·整理前言》,見潘美蓉輯校:《潘樹棠文集》,上海古籍出版社,2010年,第1頁。

《太康地記》，晋人著作，但《隋書・經籍志》已無著録，可見早已散佚。此段引文，疑來自《咸淳臨安志》卷一百。爲何光緒志要加上這幾句？它是針對宋代劉昌詩《蘆浦筆記》中有人認爲揚州之所以用“揚”，是緣“江南之氣躁勁，其性厥揚”這麽一種很不好的説法，所以要引《太康地記》之語，“爲一洗躁勁輕揚之陋”。其實“星野”一目，殊屬無謂，徐志早已删去。針對正文中没有的言辭，增文考訂，更屬無聊之舉。但鄉先生之愛鄉厲俗之情，亦從此可見。反倒是緊接着的“沿革”，涉及永康具體史事，也有兩條辨正，更有必要，且有更確鑿的依憑。

增益較多的，更在於人物。縣志中所收之人物，其實就是兩類：一類是外來人氏，主要是來此地任職的，爲官員，加上少量由於種種原因來居住的文化界人士（其他領域之人則完全没有機會）。另一類是本地的傑出人才，這又可以分爲兩類，其一是通過科考等國家選拔制度脱穎而出的；其二是因爲立德、立言、立功等行爲爲時人稱頌的。單單就官員任職來説，永康自孫吴建縣，到清代光緒，歷時一千多年。一縣之内，由國家任命的長官，包括佐理及教職，均有數名。任職限期，或日或月，或年或幾十年。從整體看，這個隊伍足夠龐大。但是自有縣志之前，多數官員連姓名都已湮没，遑論籍貫及任職貢獻。光緒志在“治官姓氏”一目下做了大量增補，且這些增補均有確鑿依據，經過考證。在這裏，要特别加以注意的不僅是官員的新名單，更應注意其依據來自哪些文獻。由此可見，潘樹棠讀書，涉獵範圍確實很廣。依增補的縣令名單次序，可以見出他利用了哪些書籍：胡毋崇（何法盛《晋中興書》）、蕭爲（《齊書》）、吕謂（《唐書》）、顧逢（項斯《送顧逢尉永康》）、段浚（劉壎《隱居通議》），姚棐忱（《嵊縣志》）、項義能（《温州府志》）、徐榮叟（《浦城縣志》）、何子海、吴紳、楊休（均《廣東通志》）、嚴恪（《南昌府志》）、蔡華（《南安志》）、易侃（《湖南通志》）、吕鋭（《吕氏貞烈編》）、王忠（《泉州志》）、唐東旦（《撫州府志》）。這是自齊至明的知縣增補情況。其他如縣丞、主簿等等，不再在此列舉，僅此可見光緒志之取材於文獻，範圍確實很廣。當時浙江的一個普通縣城哪來這麽豐富的藏書，特别是在没有公共圖書館的條件之下？正經正史固不稀奇，但大量筆記與方志的獲得，則爲今天的人們不易想象。浦江蔣畈（此地今屬蘭溪）曹聚仁，在回憶民國初年的文教情況時説："在我們這麽鄉僻地區，要找尋儒家經典以外的知識，實在太難了。塘裏壁陳家有一部石印本《百子全書》，算是奇珍異物，可是連句都斷不了，衹能算是裝飾品，什麽都不相干的。"①看來要認識百來年前的故土狀況，也非憑一兩條證據所能下斷言者。光緒志中增益舊事舊人也不少，均注明文獻出處，兹不贅述。

增益之舊事，篇幅較大、可引注意的還有"蠲䘏"，即政府針對荒歉減免租税的情況。舊志從無就此況專門列項紀録。光緒志特創此目，繫於"田賦"之下，記載了本朝開國以來的減免情況，其中順治朝十二次，康熙朝十八次，雍正朝五次，乾隆朝十次，嘉慶朝四次，道光十七年前一次。由此可見當時百姓生活之難及生産力低級之狀態，略有天災人禍，社會便難支撑。當然也見出國家機器對此有一些積極的應對。另外，"祀典"的篇幅也有較大擴充，特别是增入了順治九年告誡生員務必遵守的卧碑文、康熙九年的十六條上諭、康熙四十一年的御制訓飭士文以及乾隆五年的訓諭文。清廷思想統制之思路及措施，於此歷歷可見。今人於古典文獻研究，多及思想家及文學家著作，其中文辭之美者又極佔優勢，而更反映歷史真實狀態的公文，常常不被關注。一般方志，視此爲等閒，屬於衆所周知之列，不願爲此使用寶貴篇幅。但是要知道，大明永樂十年官方向全國頒佈的地方志修纂凡例，規定了各地方志的主要内容，其原本全文今日已不能在

① 曹聚仁：《我與我的世界》，北嶽文藝出版社，2001年，第37頁。

政府的檔案和書籍中找到，而衹存於明代福建的《壽昌縣志》中[①]。文獻流傳之奇妙有時竟至於斯！

當然，光緒志之舊事增益，最引人注目的，還是在列女卷中補入了吴絳雪。

吴絳雪，名宗愛，絳雪其字也。其父曾爲嵊縣教諭。她受良好家庭教育，工詩律，善字畫。嫁庠生徐明英爲妻。夫早死。"既寡，猶盛年，以才故，艷名尤噪。"康熙十三年(1674)"三藩之亂"中，福州耿精忠部徐尚朝於六月中拔處州城，攻金華府，過永康。徐曾在金華爲官，知絳雪名，此時揚言：永康如以絳雪獻，可免兵禍。絳雪爲桑梓計，答應之，行至半路，投崖身亡。光緒志在簡要記載"徐烈婦"事迹後，附入了許楣、吴廷康等人的傳及《燃脂續録》《清詩别裁集》等著作中的相關敘述評論，並自加了長篇按語。

即便是到了今天，吴絳雪在永康仍是影響極大的歷史人物，雖遜色於胡則、陳亮，但在民間的聲名可能可以排到第三。吴絳雪之聲名遠揚，首先當然是由於她挺身而出，爲家鄉犧牲自己一人，且始終保持了忠烈節義的傳統道德完美形象。而且此事效果如何？從目前所見史料看，應該也較爲良好，因爲在縣志中没有發現此次兵事的其他惡劣情狀。其次還有一個原因，即中國傳統社會普遍存在的文字崇拜，在女性身上表現尤著：吴絳雪因文才被叛軍將領覬覦，也因文才死後被文人追捧，被百姓傳揚。

上述這些事情的發生延續，因果清晰，人皆可見。需要探究的，反是這樁發生在1674年的事迹，爲何在1698年和1837年的縣志中均無蹤影？

暫且讓我們穿越四百餘年回到當時的永康，懸想吴絳雪面臨的

① 戴思哲：《中華帝國方志的書寫、出版與閱讀》，向静譯，上海人民出版社，2022年，第39—43頁。

真切境況。徐尚朝率兵經過,想擁才女美婦爲己有,他應該是派辦事可靠的忠實手下前來傳達要求。接收信息之人,或爲永康本地官員,或爲官署内的其他人員,或爲當地著名士紳。而收到此信息後,必然也經過小範圍的討論籌畫,然後由一位或幾位有頭有臉的人物、弄不好還有徐家族中長輩,前往勸説。此事而且不可能完全保密,一定迅速流入民間形成强大八卦。全社會當時的共識,恐怕均以爲一人换一縣平安爲值得。許榍傳中云:"至是衆議行之以紓難,勢洶洶。"當然,我們也都知道,道德是用來約束自己的,而不是拿來要求他人的。以一人换一縣平安的要求,屬於道德範疇。在吴絳雪一人,作如此抉擇,自然英烈動千秋。但是前去勸説的人物,平時皆以道德君子自命,雖不敢説爲國之棟樑,然均以爲一地之正氣繫於己身,他們此刻於慶幸免難之餘,心中寧無半點自責與愧疚?而且絳雪自盡,叛軍竟也認了,没有動兵洩憤,永邑免了一劫。但免劫之後,永康官員士民,也不好意思宣傳一位弱女子的捨身相救之舉,衹能以埋没英烈來隱瞞自身的怯懦。當然這種怯懦之舉,中間或許還夾雜相當的羞愧和自責。這比起後代某些人做了壞事還恬不知恥四處登臺的醜況,其道德境界總還是高出一些的吧?

吴絳雪事迹被寫入光緒志,其原因有二,誠如志中按語所云:"和戎之謀,當事者所諱,故沈華亭(即沈藻,康熙三十七年《永康縣志》主編)諱之。至分修諸士,自以士民爲苟免,無丈夫氣,亦諱言不載。後道光丁酉,仍循沈志。然而節烈之氣,動天地,感鬼神,潛德幽光,有積久彌彰、歷劫不磨者。"於是後來又有不少人去采寫回憶此事,操筆成文,行之於世。同時,吴絳雪因文才留下詩作,文獻的班班可考給了後人可靠的追憶憑據,在此可窺文獻記載之意義大哉!於是吴絳雪詩入各家詩選,其人得國内大佬如俞樾、彭玉麟等的揄揚,大顯於世。吴絳雪終於成爲永康歷史上一個光彩奪目的文化形象。

不料此事後來仍有餘波。《永康縣志增補》之姚振昌撰《潘樹棠傳》云:“因吴絳雪烈女傳事,引起徐姓不滿,竟有人妄加陷害,誣告樹棠私通太平天國髮匪,纏訟至京。後來學憲莅永康,主持公道,密訪斯事經過,奏請朝廷冤議,還其清白。一代通儒,遭此冤枉,可見地方志主修之難也。”[①]世事如此,讓人浩歎。

(二) 對新事的採訪記録

對一部縣志而言,“新事”何謂? 很明確,就是上一部縣志梓行後到本部縣志編纂期間發生的事。自 1837 年至 1891 年,永康遭遇最大的事,當然非太平天國戰事莫屬。道光志採用了從未有過的體例,在卷十一“祥異”末附一專文《咸同間寇亂紀略》,專門記録了太平軍在永康的情形。

太平軍入永康先後兩次。第一次是咸豐八年(1858)農曆四月至六月。第二次是咸豐十一年(1861)五月來永康,八月占城,至同治二年(1863)始退。第一次來永康的太平軍,爲翼王石達開部下“僞帥竇天燕及僞軍政司程姓者”。崔之清主編的《太平天國戰争全史》云:“5 月 24 日,石鎮吉又佔領了金華府的武義、永康兩縣城。”[②]延續兩個月不到,清軍來襲,“7 月 17 日,陳開選移營永康城下。18 日,陳開選督率遊擊吴再升等進攻太平軍西路營壘,施放火箭、噴筒,焚毀太平軍 3 座營壘。這時,周天培派來助戰的榮升也自武義馳往助戰。太平軍遂不再戀戰,於當日中午開門突圍,向縉雲方向撤退”[③]。第二次來永康的太平軍,爲侍王李世賢部下。其時太平天國已失守長江上游重鎮安慶,太平軍意欲在浙江發展,伺機奪取上海、寧波等通商口岸,獲取新的財源,所以與第一次石達開的運動戰,目的與方法大不相同,持續時間也較長。1861 年 5 月 28 日,太平軍佔領金華。“6 月 25 日,

---

① 永康縣志增補編纂委員會:《永康縣志增補》,1983 年,第 31 頁。

② 崔之清主編:《太平天國戰争全史》(三),南京大學出版社,2002 年,第 1843 頁。

③ 崔之清主編:《太平天國戰争全史》(三),南京大學出版社,2002 年,第 1853 頁。

李世賢又令武義太平軍東進,佔領永康。27 日,黄呈忠等與侍王在永康會師。"至 1863 年 3 月 2 日,金華被左宗棠部收復,武義、永康"兩縣太平軍懾於敵威,於 3 月 2 日同時退走"①。

永康兩遭戰事即三藩之亂與太平天國兵事,其實際狀況究竟如何?從縣志的記載來看,三藩之亂中,永康死者二人,均爲烈女,其一爲吴絳雪,前文已明;另一爲"王三輔妻胡氏,秉性幽貞,不妄言笑。康熙甲寅,閩寇掠永,衆皆星散,氏恐被汙,遂死之"(《道光永康縣志》卷八列女)。此人並未遭遇現實的威脅,而是死在想象的後果中。可見三藩之亂,對永康的實際影響確實很小,主要是造成了一段時間的恐慌。而太平軍來永兩次,時間接近兩年整,其後果遠比上一次兵事來得嚴重,僅光緒志卷十"烈女"中死於此次兵事的成年女性,筆者逐頁統計,就達 306 人,其中相當部分懷抱孩子赴難。

中國實在太大,在許多情形下,某地的真切情形很少有機會出現在總體性視野下的文獻之中,這也就是地方志之所以必需的理由。前述的《太平天國戰争全史》,是目前爲止研究其軍事行動最詳盡的一部全史,但它衹講述戰争過程,對戰事之下人們的生活,除了極少數特别情形,均忽略不提。這應該不完全是由於史料缺少的問題。所以,要了解那時候的民衆生活,還是得看那一篇《咸同間寇亂紀略》。其文云:第一次永康被佔領時,城中大受影響,但四方鄉間仍較平安。辛酉(1861)農曆八月,"僞帥蕭大富領賊數萬來踞縣城","於各鄉要路多設賊卡,召鄉官設立門牌,多方嚇詐。而城中賊及他郡賊之往來經吾邑者,四散分掠,無處不到,(計邑中惟孝義一鄉,地險人和,賊不能至。外則方岩及絶塵山,賊亦不能上)焚殺燒掠,慘莫名言"。次年四月初,武平鄉民團突至石柱,殺守卡太平軍十餘人。十二日,蕭大富率數百軍出城偵查。行至留金嶺,遭民團伏兵。蕭於懷中摸

① 崔之清主編:《太平天國戰争全史》(四),南京大學出版社,2002 年,第 2192 頁。

出大洋數百元拋出，希望借亂脱身。計畫未遂，快刀已至，蕭某當即身亡。民團精神振奮，十四日，竟召集各地同志，圍永攻城。僵持幾日，金華、武義方向太平軍援兵至，民團大潰。“各路被傷者無算。”又次年，太平軍方遁。“然計數載以來，闔邑之衆已損十之七，所餘者又是飢民，房屋幾燬五之三，獲免者亦祇破屋。村墟零落，鳴吠無聞，粒米珠珍，炊煙罕舉。”筆者二十來年前偶至永康厚吴村尋訪，見某老房屋柱子上有一道深深刀印，老人告訴我，那就是太平軍留下的。村中留存《屏山慶堂吴氏宗譜》，其中有這麽一段話給我印象尤深：

> 癸亥二年(1863)正月十二，合郡賊退，吾永之人方幸復見天日。無如兵戈之後，家鮮粒食，人無完衣，荆榛满路，雞犬無遺，肥田賤同壘塊，粒米貴等珍珠，家則甑塵釜覆，人皆鵠面鳩形。又且瘟疫比鄰而染病，豺狼當道而噬人，天未陰而鬼哭，日已出而神號，生者僅存二三，死者又去八九。

作者在寫下多描繪而少細節的這段文字之後，再三致意：

> 此皆吾族中人實親備嘗。難以細述，僅存大略。後之人切勿視爲虚語。

還有一些細節可供參考：1864年，在温州的蘇州詩人江湜，見了一位從杭州過來的人，於是寫詩十首録其路上見聞，中有兩語云：“裹飯疾行義烏縣，百三十里始逢人。”①永康毗鄰義烏，此時其況應仿佛也。而該年農曆五月，江湜從温州赴杭州，途經永康，住城中吕氏宗祠。太平軍佔領期間，曾擬拆祠取材軍用，登屋三人皆墜亡，因此疑

① 江湜：《伏敔堂詩録》，左鵬軍校點，上海古籍出版社，2008年，第378頁。

有鬼神,此祠獨得保全。江湜詠祠云:"我來亦借宿,炎月風蕭蕭。可憐此屋外,厥土一片焦。"蓋城内除此"無完宇矣"①。

亂世出英才。永康此時新出人才,頗爲可觀。其代表人物爲應寶時、胡鳳丹等。應寶時(1821—1890),芝英人。生長母家,小時寄居杭州,"童試入永康學,以二十有四,中道光甲辰(1844)恩科舉人"。太平軍佔領南京,"寶時方考取國子監學正,志在匡時,乃出京,留心機務與洋人通商事宜。性警敏,胸有智珠,非惟識其字母……及銅錢爲開時、洋錢爲打叻等話言,而併能通曉其意",保全上海於兵亂,立大功,任上海道,後"授江蘇按察使兼署布政司政事"。"開時""打叻",乃英文 cash、dollar 也。以英文入永康縣志,真是開天闢地第一回。遥想應氏年已四十,北京有官職可以安居,乃心繫天下,毅然出京,主動融入世界,學習外語,諳熟洋務,出奇計保境安民,非有大智慧、大勇氣者孰能如此! 上海的現代化,寶時應有一大功焉。

胡鳳丹(1828—1889),"溪岸人。生而意趣超特"。幼時見其父樂善施惠,熱心文教,"遂不璅璅規小,務爲遠大"。捐貲爲"光禄寺署正,眼法抑又高曠,凡天下士之有俊才者,與之款交,意甚懇切。一有不足,必傾囊且借籌而扶起之,義聲大振於京畿","聲聞達於内大臣。擢遷兵部員外郎"。他熟諳時務,第二次鴉片戰爭期間,英法聯軍攻入北京,民情不穩,"鳳丹兀不爲動,佐治鎮壓。事平,内大臣交章保舉,擢簡用道,加鹽運使銜"。在湖北綜理厘局期間,"時東南文籍,歷經劫火,搜求天下秘藏遺書,悉心校訂",印行善本頗多,後在杭州刻成《金華叢書》。其子胡宗楙於民國時刻行《續金華叢書》。應寶時與胡鳳丹皆胸有大志,幹練警敏,其事業與功績均大大超越了一縣所限,斷非鄉先生所能,在走向世界這個大方向上跨出了很大的步伐。

永康縣舊志,例有"傳疑"或"遺事",南朝宋劉敬叔的《異苑》均節

① 江湜:《伏敔堂詩録》,左鵬軍校點,上海古籍出版社,2008 年,第 404 頁。

抄在内。此書爲筆記小説，時涉荒誕，但因爲是古代文獻中最早一部提到永康的正史以外的著作，志書編纂者還是不能置之不理。明正德志、康熙徐志、康熙沈志、道光志均録“桑龜共語”“洗石孕金”兩則，光緒志多録一則，即蔡喜夫“囊珠報德”事。其實，《異苑》中共有五則涉及永康，另兩則一直爲縣志失收。現抄録於此，以免有意者翻檢之勞，亦見古人得書、抄書之不易也：

樹下老公

永康舒壽夫，與同里獵於遠山。群犬吠深茂處，異而看之。見樹下有一老公，長可三尺，頭鬚蒙然，面縐齒落，通身黄服，纔能動摇。因問：“爲是何人，而來在此？”直云：“我有三女，姿容兼多伎藝。彈琴歌詩，閑究五典。”壽夫等共縛束，令出女。公曰：“我女居深房洞庭之中，非自往唤，不可復來。請解我繩，當呼女也。”獵人猶不置。俄而變成一獸，黄色四足；其形似皋，又復似狐；頭長三尺，額生一角，耳高於頂，面如故。壽夫等大懼，狼狽放解，倏忽失處。①

趙侯異術

晋南陽趙侯（一作度），少好諸異術。姿形悴陋，長不滿數尺。以盆盛水，閉目吹氣作禁，魚龍立見。侯有白米，爲鼠盗。乃披髮持刀，畫地作獄，四面開門，向東長嘯，群鼠俱到。咒之曰：“凡非啖者過去，盗者令止。”止者十餘，剖腹看臟，有米在焉。曾徒跣須履，因仰頭微吟，雙履自至。人有笑其形容者，便佯説以酒，杯向口，即掩鼻不脱，乃稽顙謝過，著地不舉。永康有騎石

① 劉敬叔：《異苑》卷八。見上海古籍出版社編：《漢魏六朝筆記小説大觀》，上海古籍出版社，1999年，第670頁。

山,山上有石人騎石馬。侯以印指之,人馬一時落首,今猶在山下。①

此志原藏浙江圖書館。本志的標點整理,由本人單獨完成。錯舛之處,煩請垂教。

這裏有必要特别提到的是,本人 2021 年受《永康文獻叢書》編輯委員會之邀,標點永康舊志共八書,其間就字詞標點等不明之處多方求教。同學王君依民、許君偉强及其他師友,多有垂教。一一難以盡記,在此一併特爲致謝焉。

盧敦基

2022 年 4 月 3 日畢

2022 年 11 月 21 日改定

① 劉敬叔:《異苑》卷九。見上海古籍出版社編:《漢魏六朝筆記小説大觀》,第 680 頁。

目　録

序

縣之有志，爲縣令者之準的也。民風於是著焉，吏治於是見焉。昔朱子爲郡縣，所至必求其圖經玩之，以習知其方土之故，則志之所係，不綦重與！夫司牧者，以民風爲事，以吏治爲心，而於志書，或置而弗問，是直捨本逐末，導流忘源，而民風曷以著、吏治曷以見也，烏乎可哉！去秋七月，文翹奉大府檄來權是邑，下車伊始，詢諸紳士，即知前令李君桐孫有重修縣志之舉。考永康縣志，國朝以來，凡三修矣：一修于康熙十一年前令徐公同倫，再修于康熙三十七年前令沈公藻，三修于道光十七年前令廖公重機。迄今五十餘年，而中遭寇亂，兵燹之餘，耆獻凋零，簡編殘闕。不亟爲纂輯，而代遠年湮，更何從稽考哉！幸得李君創議重修，而諸紳士不憚煩重，網羅散失，以薈萃成編，校廖志增多四卷，遺漏者補之，舛訛者訂之，甫期年而蕆事。俾後之觀民風、察吏治者展卷瞭然，獲資考鏡，因歎李君之能務其本、清其源，尚不失朱子爲郡縣遺意，而尤嘉諸紳士之不辭勞瘁、共贊厥成也。爰就管窺所及，以敘其顛末如此。至是書之體例，李君自序已詳言之，余又奚贅焉！

光緒壬辰孟秋，平梁郭文翹序於署内達情堂。

序

古之以志稱者，始見於《周禮》。《周禮》：邦國之志，小史掌之；四方之志，外史掌之。注家者言，志四方謂九丘，志邦國謂土風、物産、貢賦。由是言之，則四方之志，實因邦國之志而爲之者也。然則縣之有志，其昉于此乎？永康置縣，始自孫吴。間有沿革，尋亦如故稱，至今因之。若夫志，則自魏而晋而六朝而隋、唐未之有聞。越宋嘉泰，縣令陳公昌年始創爲之。至于元延祐，縣人陳安可續之。嗣兹以降，前明則成化間司訓歐陽氏汶一修之，嘉靖壬午縣令胡公楷據宋、元本再修之，洎乎萬曆辛巳長洲吴公安國復依縣人應僉憲嘉靖時所著稿本而三修之。蓋自嘉靖壬午至萬曆辛巳，適及六十年，較諸宋嘉泰至元延祐，年雖未滿百，然亦爲闊疏。而過此以往，寇警相仍，注意武功，未遑文事。恭遇我國朝定鼎，越康熙十有一年壬子，宏日月光華，以照臨四方，詔章督飭天下府、州、縣，俾海内肅然嚮風，以儒修交飾吏治，時雲杜徐公同倫莅任在兹，遂遵安國本纂緝，悉如應志。越廿餘年，華亭沈公來知縣事，以名進士，復舉徐志而整理之，時即以此爲定本，無議修者。逮道光間，桂林廖公重機以應刺史梧垞、潘刺史質矕致仕家居，迺振起與爲編葺，至丁酉始竣事。溯自道光至丁酉，距康熙戊寅凡百有四十年，視嘉泰之于延祐未有若此之久遠者也。越至于今，由丁酉而來又五十有餘年矣，其剞緝相去與胡、吴等。爲以己丑春，沐膺簡命，承乏視事，意在撫民，以養士爲先，乃捐添書院膏火，通詳大憲，既有成例，俾縣之文教得所振興。然志書爲文教之標的，即于兹歲進諸紳而謀之，而諸紳遂出其同治甲戌所繕修本，爲前令趙舜臣煦奉憲飭所督修者，以艱于錢幣而中阻。夫甲戌至此，又歷十有八年，如徐、沈二志相間直差八九年耳，烏可緩諸？余于是以公餘之暇，始披閲之，見其譌者正，缺者補，各有證據，亦有條理，持論核實，不爲鑿空之言，乃爲開館設局，定其條章，務爲省約。諸紳亦皆勤謹嚴密，不欲曠日持久，凡四匝月始脱稿，而于忠孝節義尤加慎重。承奉皇國之典章，博採鄉評之公論。兹復竊有所幸者：錢唐戴翁同卿，適亦秉鐸于斯，互相參訂，爲亦不勞得與而審定之。兹日也，舊疴復作，草本甫得成帙。庶幾以之鋟梓，與入小史之所，傳而列諸外史，或亦有可取者焉。雖然，予未敢知，亦惟以是備一方之記載、不致失墜而無徵焉云爾。

光緒十有七年歲辛卯且月，知永康縣事西昌李汝爲撰。

凡　例

一、志自宋至元、明，罕有存者。國朝康熙壬子徐志，間亦有之。以辛酉、壬戌粤寇之亂，亦既殘缺。惟康熙戊寅沈志及道光丁酉廖志僅有存焉。今以丁酉廖志爲底本。其丁酉於戊寅志有在所删，似可弗詳。然詳之，所以使後知删除之意。

一、地里。廖志分野編，李巡以揚州爲輕揚，不足以厲俗。女宿不著明星體，不足以型方。故採録所見，著明何書增入。沿革之有誤者亦增之。雖志貴簡，亦附以天地之生鍾無不美，俾産斯土者知自勉云。

一、地里山川條，閒有舛錯，宜參訂。

一、田賦。自粤逆擾後，經左宫保奏准成例，宜增入。

一、建置。縣治、學校等，遭粤寇燬壞後，其縣治各鄉認建爲多，學校則或子孫承建，或子孫不能讓人承建，皆以誌其實。

一、職官。似以在漢爲永甯，則吴未置永康以前，其令長或補，或可不補。至置永康以後，亦多遺漏。詳所考以增補。其自明以來，所有職官遵照謝教諭遹聲補入。

一、選舉、人物。其有遺漏，亦詳所考以增補。

一、雜傳、藝文書目。其有遺漏，詳所考以待補。至詩文，有關風教，遺漏則補之。此中有先賢名言，或詩、或賦、或雜作未入《永康詩録》及各書者，吉光片羽，佚則可惜，聊附存之，備采擇焉。

原　　例

一、邑志與國史不同，與家譜亦異。史兼載善惡，以示勸戒。志唯紀善而已。譜稱揚其祖父，每多溢美之詞。志則紀其實，不事華藻。鄉前賢載在史牒者，録其本傳。其家乘載有事實可傳者，止摘其要。凡行狀墓誌，一概不録。

一、建置：城池設險以守，學校明倫以教，倉厫積粟以備荒，橋梁據津以利涉，皆政事之要者。至壇廟以明禋，祠宇以報賽，更爲祀典攸關。下而養濟院使窮有所歸，育嬰堂使幼有所長，皆仁政所必先。興則記其創修之始，廢則原其墮壞之由，以敘勞績而儆怠惰也。

一、賦役：關係民生休戚，悉遵《全書》編纂，并核對節年奏銷底册，額徵、起運、留支各項，瞭如指掌。至徭役一事，自國初奉旨革除，見年糧長、地丁、錢糧官收官運一切雜泛差徭概不累及民間。將當時議奏各條，附録於後。

一、職官：注明籍貫、履歷並某年間任。其有政績卓卓者，别詳列傳。

一、選舉：各途前志亦有失載，然如歐陽志憑人家譜牒銘傳概行補入，恐滋遺議。今以省、府二志爲憑，前志有而省、府二志無者，存之。前志無而省、府二志有者，補之，即於行下注明照某志補，以徵明確。

一、援例捐職僅以頂戴榮身者，止列銜名。其曾經出仕者，注明任何職官。

一、人物：以才德兼全爲上。然以人望人，則難爲人；以義望人，則賢者可知。第有一節之長，卓然自樹，修於身，施於事，見於言，皆可以垂不朽。無濫厠，亦無求備也。

一、節婦：必年例相符。然有綺歲嫠孀守節未滿三十年而論定者，既經請旨建坊，或經官長表其門閭，一一登載。其或家貧無力請旌實有苦節可紀者，尤宜表著。至若未嫁夫亡，捐軀明志，其貞烈尤爲難能，雖未經旌表，取具里鄰族長甘結，輿論既孚，即准入志。

一、耆壽：百歲五代、躬沐覃恩者，臚列於前。外此必年九十以上，例得竝載。

一、藝文：關地方利弊者，在所必録。亦有名哲品評、寓賢題詠，人物山川賴以生色，皆可爲徵文考獻之資。其流連光景、風雲月露之篇，概從割愛。

舊　跋 前序不全，不刻。

正德甲戌冬，吴尹宣濟注意增修邑志，以其事屬庠生趙懋功、徐訪、俞申、周桐、曹贇，而泗亦與焉。永康有縣始於吴。志則至宋嘉泰縣令陳昌年始爲之，元延祐邑人陳安可續爲之，俱過於略。明成化間續修於訓導歐陽汶，又多失實，識者不無遺憾。諸生乃據宋、元二志，稽之先輩文集，并採諸故老之所傳聞，務求得實，以備其所未備。而於人物一節，尤加慎重，不敢自是，復質之楓山章先生，去取惟命。及更明春，始脱稿。越七年，大尹胡先生楷欲梓行之，仍屬泗暨申重加校讎。主教劉君楫，司訓艾君瓊、劉君珊删定之，而總裁之者則先生。鋟梓垂成，先生適去歸。會伯潤李公作縣，踵而成之。夫金華稱文獻邦，永康爲其屬邑，山川秀氣之所鍾，自昔人才之盛，不在他邑下，如胡子正之忠厚，陳同甫之激烈，林和叔、應仲實之正大光明，皆表表足稱。至於莅官兹土，和理如何仕光，恩威兼著如黄紹欽，廉明勤恤如劉公珂、王公秩，亦皆不失爲烈烈聲名士。既表章之如右矣，使後之居於此者，仰先哲之遺矩而闇然日修；官於此者，慕前者之芳聲而一振其餘響，則賢才盛、世道隆，其於國家之風化，庶幾亦有補於萬一云。嘉靖甲申八月望，杜溪陳泗書。

舊　序

史莫重乎古。古者自王朝以至列國，莫不有史，若内史、外史，所掌非耶？今之制非古矣，而社稷山川之祭，郡邑之臣得專之，且有政教號令之施，是猶古意也。今之史亡矣，而郡邑之有志，凡城郭、宫室、田賦、兵戎之類，與夫先賢往哲嘉言懿行之遺法皆得書，是猶古意也。然予竊有感於今之志有難者三、有不可解者四：開館設局，聚訟盈庭，甲可乙否，莫知所從，嫌疑易涉，怨讟滋生，故主者往往苦於執筆。此一難也。地有沿革，人有顯晦，而欲以一人一時，網羅於數千百載之前，稽諸往籍，則涉獵爲煩；廣之輿言，則雌黄易眩。此二難也。自古稱信史者曰不虚美、不隱惡足矣，而《傳》不曰“孝子揚父之美，不揚父之惡”乎？夫秉筆者欲以寸管尺牘之法，奪爲人子孫者之情；而爲人子孫者欲以不容自已之情，撓秉筆者之法，故多相左。此三難也。孔子曰：“文勝質則史。”蓋爲史病也。今不務其核，惟務其華，一切誇詡藻飾以爲工，牽連比附以爲富，至使覽者莫辨其域。此其不可解者一也。《春秋》而下必曰遷、固。遷、固傳循吏，何寥寥也！而人物之志，則自羲黄以降，可指數矣。今之大書特書者，奚啻倍蓰焉！豈古之人不如今之人耶？抑今之筆不如古之筆也？此其不可解者二也。揚子雲著《法言》，富人載粟乞名，不可。鄭子真、嚴君平隱於蓬蒿之下，不求名而名之。今則微者或略，而顯達者彌彰，豈盡賢者貴不肖者賤耶？此其不可解者三也。古之史以善善惡惡即書如南、董，而卿相之貴俛然受之而不辭。今之志直善善耳。善善而一介之士得嘵嘵而議之。此其不可解者四也。永康舊有志，缺而未補，蓋六十餘年矣。若僉憲應公仁卿所修，大抵參考舊籍，而裁成新例，不徇於人言，不膠於己見。其志謙，故述而不創；其文質，故簡而不肆；其事核，故直而不浮。而公之斟酌損益閉户數十年以自成一家之言者，其用心亦已勤矣。書未及行，而公卒。予承乏兹邑，懼文獻之湮也，乃稍爲校閲而輯成之，庶可備一邑之典故，而無負於公數十年之苦心乎！刻既成，因詳識予所感，以俟後世筆削之君子，且以爲公解嘲云。萬曆辛巳清和月，邑令長洲吴安國序。

舊　跋

邑侯吴公自慎陽更賢，莅事兹土者二年，合前俸歷滿三載，將奏績赴天官。維時撫按諸公爲民疏留之，父老子弟舉手加額稱慶。公聞之，嘆曰："是終將去爾。雖然，予豈能一日忘吾民哉！"於是出手編縣志一帙，屬以準手校之，壽諸梓。生受而讀之。竊惟志之爲言，識也。弗識，則墜。顧職是者無專門，往往托諸空言懸斷，類多失實，欲以俟來世於不惑，亦難矣！姑無遠喻，即是邑舊志，自宋、元以來，一修於成化初年，再修於正德辛巳。當其時，闢館開局，群儒生操觚翰以事事，其間非不毖焉稱慎，然卒失之舛謬不經。何者？文具飾而實不與存也。今去六十年，事以世殊，即使識載足憑，而猶未可按圖以索，矧猶未然乎！此晋菴應先生爲之增損撰次，殆有所感而續焉，非漫識也。公下車問俗，得其遺稿，遂藉以爲張本，乃明於沿革張弛淑慝之故，因之以出治道，朝試於政事堂，夕退而書之記室，即一事一物，皆經體驗，而又時其巡省，加之訪求，參之典故，至賦、役二者尤注意裁訂，數易稿而後成編。先是載籍無稽，而取證於《全書》，乃豪猾利欺隱，并《全書》没之，竟貽不均，爲當事者累。公憾之，爲清理均派，以需上供、備軍國，一切浮汎不經之費，悉裁抑之，以蘇民困。會頒新例尚節省，適與公合，由是即其所均而裁者著爲成法，永永不令泯没。其他若人物、藝文、遺事之類，多親筆之，蓋驗諸行事，而非空言也；稽之輿論，而非懸斷也。是可以存既往，可以鑒方來，允矣夫稱一方信史也已。譬之創家業者，隨事經理充拓，而又籍記其所經理者以貽於後之人，用心亦宏遠哉！嗟嗟！夫士修於家，出而行之於天下，或郡或邑，孰不儼然臨之。顧其來也，嘗試漫爲，而其去也若擲，無亦曰是傳舍而已耳，視公之用心爲何如！公姑蘇世家，弱冠舉進士，瑰意瑋行不及論，論其所以修志者如此，後之人亦可以深長思矣！萬曆九年辛巳歲，儒學教諭豫章胡以準書。

舊　敘

敘曰：縣之有志，猶國之有史也。政藉是以考成，賢藉是以不朽。杞宋無徵，魯經是醜，爰摭古今，用垂永久，作《永康縣志》，總若干萬言，釐爲十卷。初一曰地理，次二曰建設，次三曰貢賦，次四曰户役，次五曰風俗，次六曰秩官，次七曰選舉，次八曰人物，次九曰藝文，次十曰遺事終焉。地理以經之，建設以紀之，貢賦以徵之，户役以庸之，風俗以齊之，秩官以董之，選舉以興之，人物以表之，藝文以飾之，遺事以綜之。揆厥典常，細大畢舉。縣之文獻，於是乎備。凡述作之指，另存于篇。晋菴子曰：其事則稽諸往籍與今聞，其義則以質于令尹公裁定之，其文淺陋者蓋有責焉，觀者幸無罪乎爾！縣人晋菴應廷育仁卿甫題。

舊　序

郡邑有志，猶國有史，由來著述，言之詳矣。永邑雖小，絶長補短，古侯國也。舊志代修代易，不一其人，而成於前令尹吴公文仲、鄉先生應公仁卿者，則在明萬曆之初，迄于今，且將百年。梨棗蠹蝕，不減秦碑漢碣；點畫荒謬，奚啻亥豕魯魚。余不敏，愧未能紬金匱石室之藏，品題軒輊，勒成一代之典，乃於案牘偶暇，廣搜遺文，博綜近事，聞見從新，條例從舊，以提綱則有大書，以評事則有分注，倣簡記于編年，協參稽于輿論。持之慎故察之精，察之精則其書之也，頗謂得其實而無歉。昔司馬子長之自爲一史也，總要舉凡，原始會終，覽其概略，亦足通其指歸矣。及夫世道之治忽，政事之得失，載令甲而如新，首利害登耗之數而無爽，即姱節遺烈，或隱而章，章而備，備而當。以至規畫有因革，人才有盛衰，時斷時續，若存若亡，今此無徵，已致咎于前此之闕略矣。若不早計，則後此之紕漏，不又致咎於今此之放佚乎！藉曰採録，或遺睹聞，或誤其未備也，猶愈于存而無論也。正其誤，補其遺，況有待于後也耶！由是而上下古今，可以擅博雅之資；由是而登進風謡，可以觀大化之成。擒辭掞藻，作者斌斌，勿令探藝海者致慨于遺珠也。他日徵文考獻，則典册具在，庶可傳信於千萬世云。康熙壬子春，雲杜徐同倫璽源序。

舊　跋

閒嘗流觀山海輿圖所載，至婺之永康，得名賢如陳同甫、林和叔輩，文章風節，矯然自命，心嚮往之。兼得方巖、石城諸勝，咸稱仙靈窟宅。華溪一水，盈盈相望，勞我寤寐。至道士指庭松而化石，竊疑之矣。辛亥杪，布帆南來，旅寄華水之濱，每閒步河梁，白鷺青鱗，浮翔上下，欣然樂之。甫越月，爲方巖遊，攀飛橋，淩絶巘，幾不知有身在塵世也。獨石城以稍近而失之。松化故迹，在郭外里許，磊兀嶙皴，出地不盈尺，他山或有之，而佳者不可得，始信人間事有遠乎尋常意計之外者類如此。若先賢里墓所在，未遑展竭，兹爲良遊一憾。蓋名山大川，每多異人、藏異書，非足之所歷、目之所睹，其淪没於荒煙蔓草者不知凡幾矣！徐君亹源，出宰是邑將六載，政成化洽，歌頌聲洋洋盈耳也，乃繙繹舊志，手爲釐定，俾百十年來往事遺行燦然大備。余浮鷗斷梗，品藻煙雲，獲從几研之閒，共爲參校，梅破寒汀，柳繫春風，相與晨夕焉，數閱月而書成，上以佐興朝文治之盛，下以發名邑潛德之光，乞靈山川，顧愜禽魚，彷彿先賢如在丹峰碧嶂間似可揖之而出也。還問化松，或别留片石，秘爲奇珍，終當怡然惠我，壓載歸舟，位置楚澤園亭，敬投袍笏之拜，庶不負山海流觀搜巖剔壑數千里目追足涉之近踪也。快睹永志刻竣，而跋其後。康熙壬子春，楚人尚登岸未菴氏跋。

舊　序

余承乏史館，預修《一統志》，嘗取寓内之志乘縱觀之，凡治忽醇漓、盛衰興廢，歷歷如指諸掌。竊嘆夫人物之光華、風俗之茂美，固地靈所鍾哉，其教與養，蓋實關人事焉。歲丁丑，奉命視學兩浙，山川風物，稱一大都會。校文之暇，於郡邑志咸得寓目。按行經婺郡，獨永康志闕勿備。詢諸邑令沈子，對曰："板燬于火，闕二十餘年矣。"余曰："是有司之責也。盍修諸?"沈子曰："久有意於兹矣。以邑務并營勿遑，及今稍暇，當竭蹶以從事。"閱數月，書成，以其稿來。義例則謹以嚴，筆法則簡以潔，綱目則括而能通，編次則條而且覈。每編冠以小序，補舊志所未及。疏朗質直，意主乎紀事而不主乎文，微顯闡幽，可以維風勸俗，如讀《南陽耆舊》之傳，應、劉《人物》之志、《風俗》之通，非第爲一邑米鹽籍記已也。沈子爲余齊年友，問學該博，品誼端方，其宰永邑，以蒲鞭爲治。民懷其惠，有長者之稱。以沈子之才，不得在蘭臺著作之列，而小試一斑於理縣之譜，惜矣！然今天子稽古右文，館局宏開，方將起枚、馬於泥塗之中，徵外史於山海之畔，沈子其橐筆以俟之！康熙三十七年歲在戊寅冬十一月，楚黄張希良拜題。

舊　序

永康蕞爾邑也，地無城堞，田不常稔，户鮮宿糧，市缺百貨。民生其間，蓋亦難矣！然自宋、元以來，人豪人師，高名顯爵，與夫篤行姱修之士，里苞巷茁，接踵而起，豈非山水之靈所蓄歟！敬姜之言曰：“瘠土之民，莫不向義。”則是永多善類，轉因地瘠使然歟？然而非常之人，則又未可以凡情限之也。夫靈氣所鍾，蔚爲文獻，永邑之志，累代修續，文獻固足徵矣。顧自徐志燬于火，二十年來莫之問。及藻視事兹土，藴懷已久。去年秋，紳士耆老昌言修復。予捐俸以倡，紳士踴躍佽助，始事於去秋，告成於今夏。藻以簿書餘晷，細加考訂，不以怠心乘之，不以易心忽之，訛則正之，遺則補之，冗則削之，亂則整齊之。其於舊本，或仍或革，大旨一歸自然。吴門雪鴻朱子語予曰：“天下之物，莫不有故。因而求之，是爲天則。孟子曰：‘禹之行水，行其所無事也。’豈惟治水？堯、舜之治民，夫子之删定贊修，俱不外此。即以文論，自經傳史集以及學士大夫撰述，千百世相傳之故，具在也，其可鑿歟！”予與朱子，志尚不歧，迭相默喻，竊以爲志之所載，于地境之所有，適還其故而已矣，不必創列門類，綱復加綱，目又分目。義例既窮，勢必矯强，孰若本于自然之爲愜也！永志昉自宋嘉定縣令陳昌年，元延祐邑人陳安可、明成化訓導歐陽汶修續之。嘉靖壬午，縣令胡楷以爲歐陽每多失實，復據宋、元志修之，同時邑人應僉憲著有志稿，藏於家，至萬曆辛巳始刊布，然其條例參錯未定，蓋一家之書也。康熙十一年，縣令徐同倫一仍應本續之。今也二陳之志已亡，惟胡志可以爲據，然甚簡略，而應氏體裁，未敢附和，乃遵洪瞻府志，立標題四十有三，皆自然之條例，非意見創立者也。每題各有小序，亦遵府志例也。應志條例有分所不當分者，今則合之；合所不當合者，今則分之。一以本題爲準，仍于行末各注某志列某項某項，以俟後之君子鑒别裁定，不敢以此廢彼也。其各項編序，仍注照某志某志者，不没其舊也。是役也，時日甚促，遺書鮮少，猶有缺略未備者，亦望後之君子網羅蒐採，以次增補，庶可爲蕞爾之邑、瘠薄之土增其式廓也。昔楊子之書，本於閭丘，鄭國之命，匪成一手。惟兹結集，敢云定本？亦聊以備後賢之考正云耳。雪鴻子曰："子之言，質而不泛，近而不枝，斯亦毋失其故者歟！"予謝不敏，書予兩人所見以爲之序。賜進士出身文林郎知永康縣事華亭沈藻撰。

舊　序

士君子敷政立教，將思因天之時、乘地之利、順人之情、相其緩急輕重而興利除弊措施悉協者，果何道之從哉？亦惟是網羅舊聞，參考載籍，驗其星野、灾祥、山川、疆域、人物、文章以及農桑學校、風氣剛柔，莫不瞭如指掌，因而酌古準今，示儉示禮，以上下裒益，其施使優柔饜飫，自然而躋於平康正直之休焉。故志所以紀一邑之事，而宰是邑者，將於此徵文考獻，爲敷政立教之本，非徒藉以誇博洽、美觀聽、黼黻昇平已也。甲午冬，余來宰是邦，睹山川奇勝，仰古哲流風，穆然有餘慕，因索邑志，以稽故實，乃獲徐、沈兩志各一帙。沈志係康熙三十七年續修，繼康熙十一年徐志而作也，迄於今又百有餘歲。凡事之今昔異形，時物異勢，而碩德名儒、忠孝節義之士，亦先後繩繩而不絶。不有紀載，後將何徵？因不揣固陋，以修志爲己任。商諸紳士，咸有同心。適應梧垞、潘雲留兩刺史致事家居，博學有史才，遂請諸大府，畀總司其事，相與率舊章，擬條式，精採訪，補略拾遺，以公去取。雖事有增芟，文有繁簡，而矢公矢慎，不倚不偏，尤於忠孝大節、事關風化者，加意蒐羅，其他務於考覈，詳明折衷，至當而後已。自乙未立局纂修，是年秋，適歲歉，經費不足，因暫停止。明歲稔，復開局修輯，而余調任横陽，深以未獲蕆事爲憾。臨行，乃屬在局諸公及繼任兹邑者陳君曰："昔韓子有言：莫爲之前，雖美弗彰；莫爲之後，雖盛弗傳。余既慎厥始矣，諸公其善圖厥終乎！"莫不喜悦。閲歲而新志告成，邑紳士來請序於余。余曰："志之成也，其修纂採訪，則諸君之力。其貲費,則余第捐廉以倡,而踴躍捐輸皆出於邑之士民。且余雖始其事,而未嘗終其事也。余又何序焉?”邑紳士固請曰:“永邑志書,歷百餘歲未有踵而嗣修者。今賴分廉倡修,立法肇始,俾要領舉而節目詳,後人得循序以淑其事。志之成雖成於已後之人,實成於創始之人也。”余聞而異之,因思此役也,官無新舊久暫畏難紛擾之嫌,士無角立門户伐異黨同之見,各殫心力、勉始終,以贊襄厥成。俾後之君子網羅參考,藉以敷政而立教,不可謂非予之大幸也!然諸君之功,亦當與斯志並垂於不朽矣!是爲序。道光十七年歲次丁酉壯月,知永康縣事廖重機撰。

舊　跋

永康自吴赤烏年置縣，至南宋嘉泰，而志始萌芽。元延祐邑人陳安可續修之。有明數百年閒，重修者數四，乃其書僅有存者。國朝康熙壬子、戊寅，且再修矣。迄今一百四十年。志之失修，未有若斯之曠久者也。其間賢令尹亦嘗接踵，而簿書期會，未暇及此。我廖明府萃堂先生以粤西名進士來宰是邦，下車數月，政修人和。公餘考索，睹簡編之未備，慮文獻之無徵，慨然以修志爲己任，乃大開帷幕，以引方容，且諗於衆曰："一百餘年之久，闕略必多，搜採不厭周詳，棄擇務期精當。志猶史也，而褒譏寓焉；志非譜也，而稱述異焉。"明府既洞見夫修志不易之成法，而必以秉筆任之邑紳者，欲以觀好惡之公，而察其取舍之慎也。曙霞等顓童不痻，汲綆未修，惟勉圖報，命珥筆以隨諸君子之後，而稽諸史牒，考諸省志、郡書，諮諸一邑之公論，闕者補，繁者芟，譌者訂，按部就班，巨畇細畛，惟明府之取裁，而無所容心於其間也。若云康海之志武功、崔銑之志安陽，其何敢望焉！至於網羅參考，以敷政而立教，則明府之序詳言之，更非在宇下者所與知也。道光十七年壯月，應曙霞、潘國詔跋。

圖　説

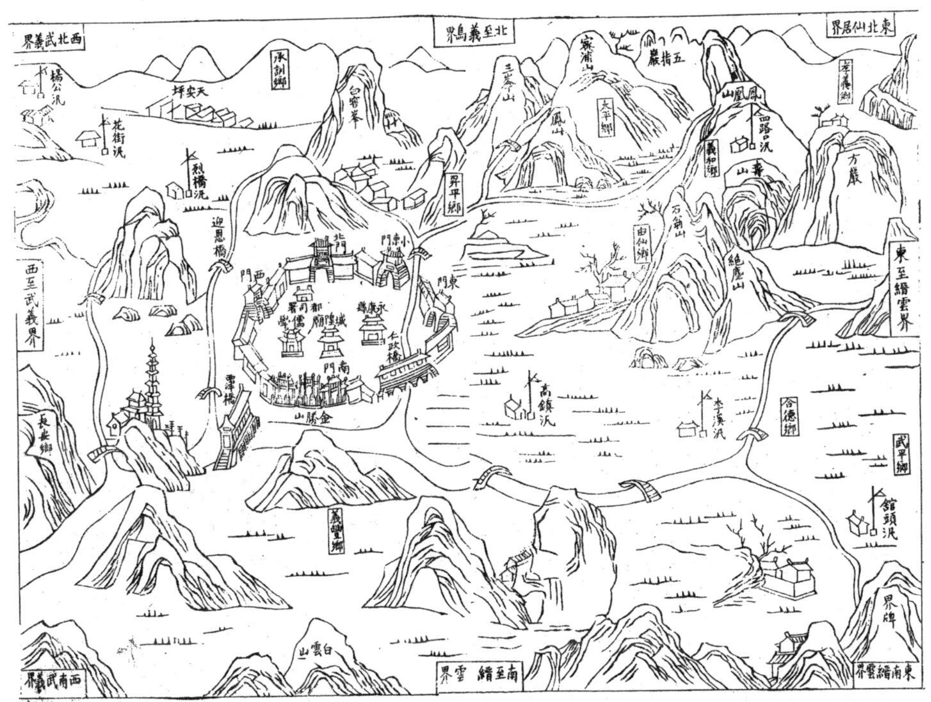

永康全境圖

艮居西北，兑處東南，其本末源委，相爲聯絡，故曰山澤通氣。雖一邑中，渟峙之觀，何獨不然。永康山自三峰而下，蜿蜒磅薄，重巘疊嶂，綿亘於東、西、南諸鄉，環繞於城南，以爲拱衛，首尾相應，雖紛糾而條列井然。水則依山而行，爲澗，爲瀆，爲渚，爲溝瀆，皆注於華溪，入武義境，沿於金、蘭，達於錢江而入海。

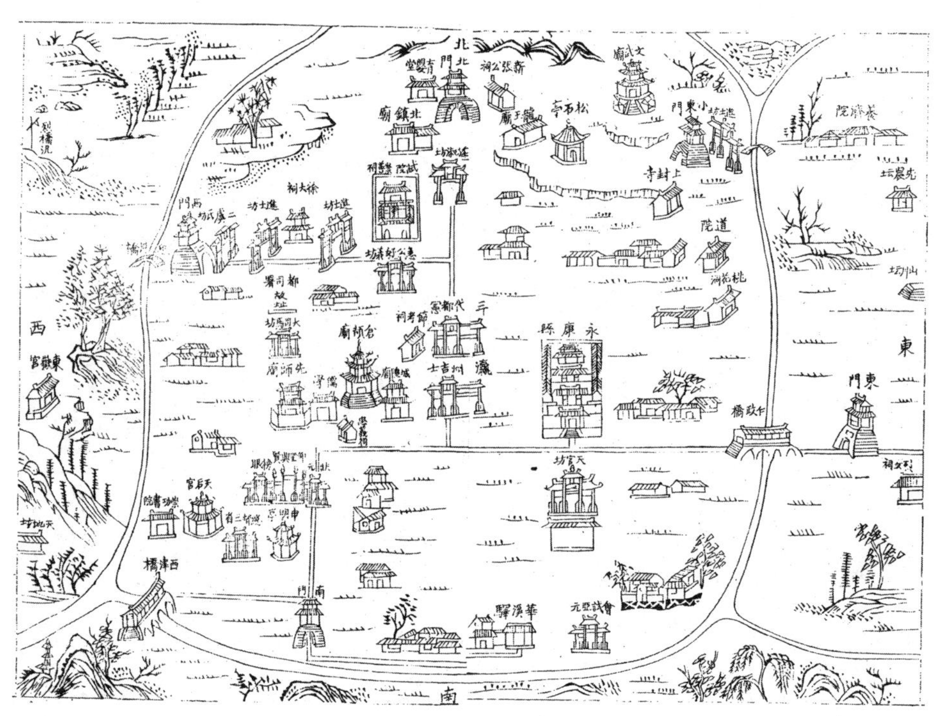

永康縣治圖

築城浚湟,設險以守國,古之制也。永邑置縣之初,有城僅一里餘。宋嘉定間拓之,周三里。元初傾圮,以後弗復修矣。説者謂永之地勢,縱長横縮,既不可南跨華水而築,又不能西逾山脊而垣,且附郭民廛,屋瓦鱗差,又不可毁棄以爲雉堞。此所以屢議修築而中止也。

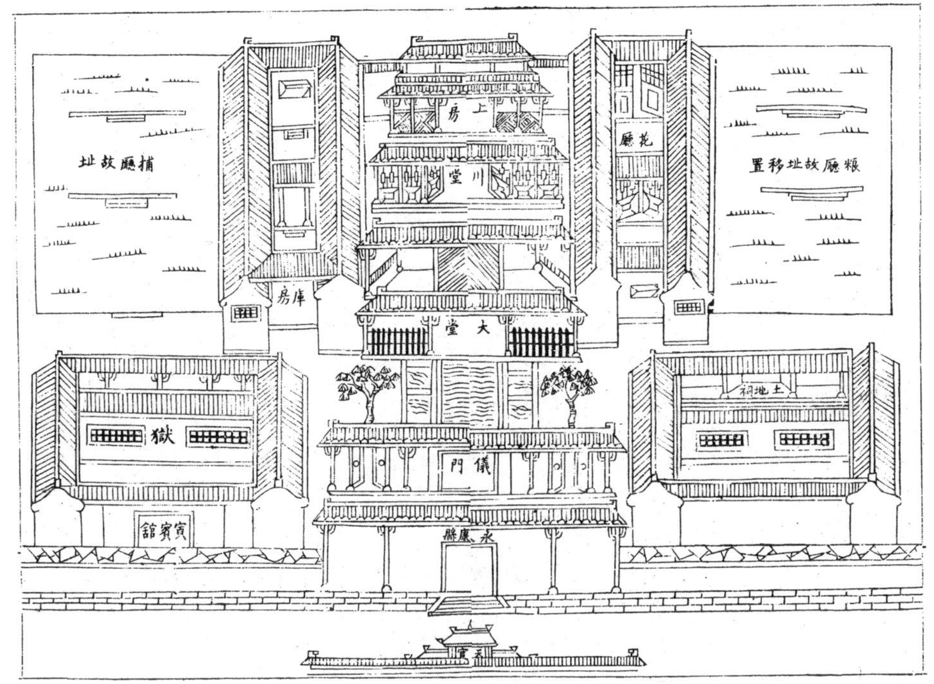

永康公署圖

古者牧令長子孫，期於久道而化成。《新宫》之三章曰“君子攸芋”，言君子所居，以爲尊且大也。四章曰“攸躋”，五章曰“攸寧”，則治事安身，胥於是乎在。一邑之長，統於所尊，居其中以總庶政之成。丞居左以贊，尉守右以屬，而縣事畢舉矣。狴獄倉廒，各有其所。凡庶人在官者附焉。

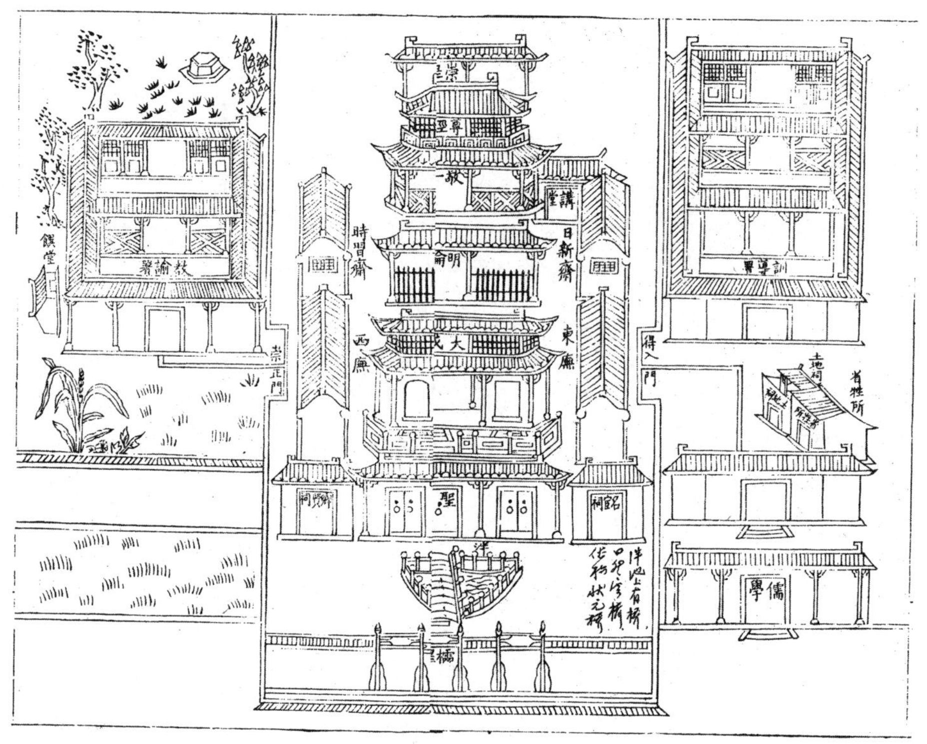

永康學宫圖

人之有道也，衣食既足，而後教以人倫。庠序之設，所以美風俗，而責儒效者綦備。永康學校，自宫墻以至殿庭門廡，邑著姓隨時繕葺，無不争先恐後。師儒勤於訓課，諸生束自修行，益自淬磨。夫豈爲之華藻而繡其鞶帨哉！

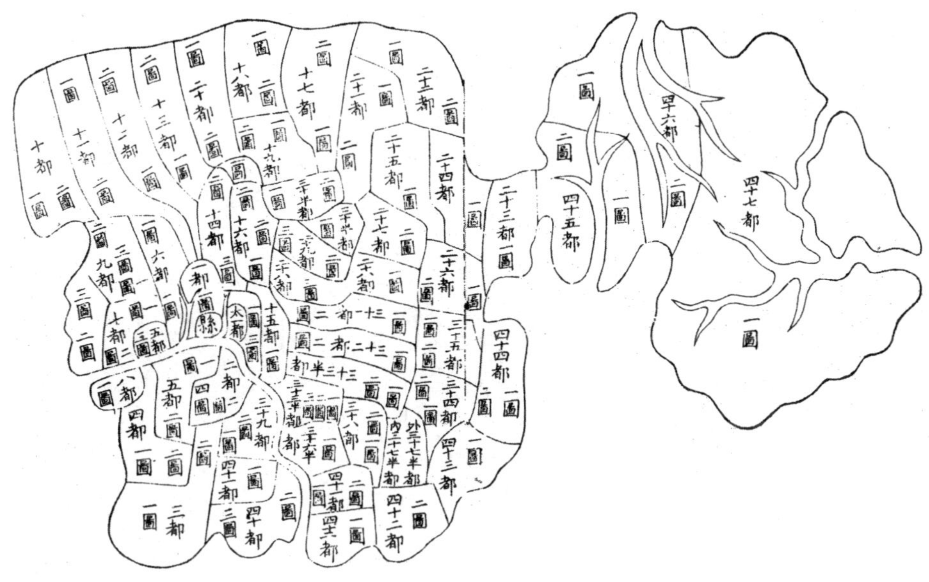

永康里居圖

相度以居，古之制；會歸有極，皇之建。守典型方，樂俗安藝。都都相望，大與小，其交相繫抱。古樸之山川，無或變，永永兮世世！

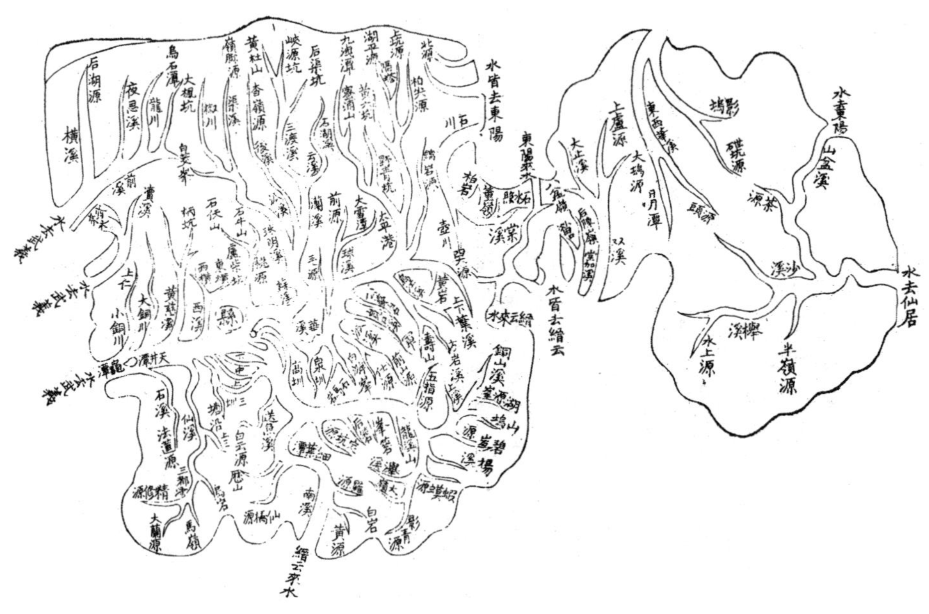

永康山水圖

懿惟流峙，孕精育靈。洞林川谷，世載其英。松巒冬秀，桃浪春成。五峰雙澗，朱、吕以名。智仁之樂，樹厥風聲。模之範之，保泰持盈。

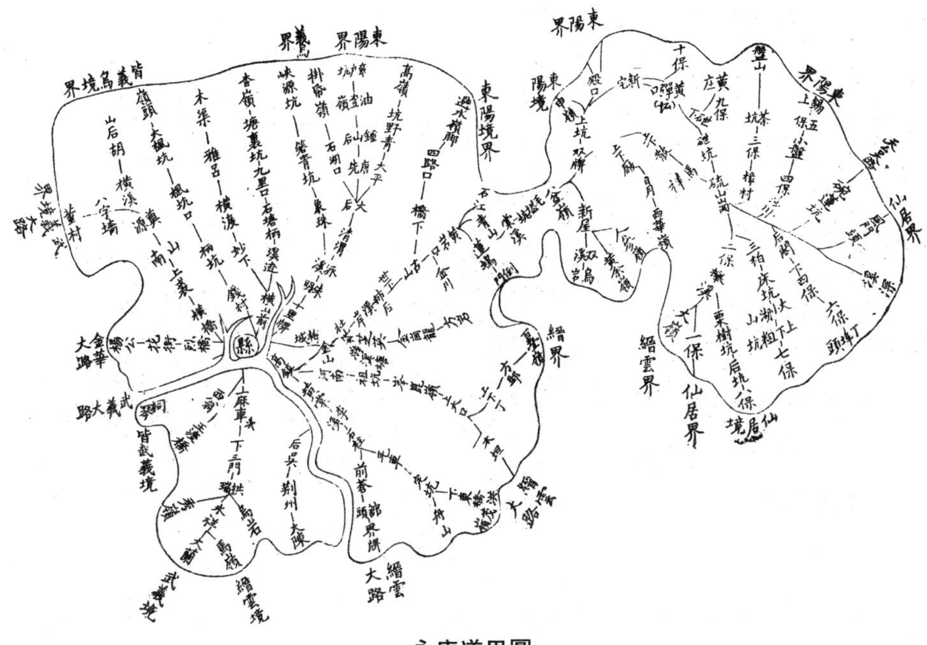

永康道里圖

古者分疆，夾道以樹。今兹記里，隻雙爲鼓。康莊通衢，大可馳騖。山陬野徑，殊多僻路。原阪隰畔，繡錯綺注。繪以爲圖，不煩亥步。

歷代修志姓氏

宋嘉泰年

陳昌年縣令。始纂邑志。

元延祐年

陳安可邑人。

明成化年

歐陽汶本縣司訓。江西分宜人。

尹士達江西泰和人。

正德年

吴宣濟

胡　楷凡八卷。編修永嘉葉式序。

李伯潤並縣令。

劉　楫學司教。

劉　珊

艾　瓊並學司訓。

章　懋蘭谿人。

趙懋功

徐　訪

俞　申

周　桐

曹　贇

陳　泗並邑人。

嘉靖年

洪　垣縣令。

萬曆年

吴安國縣令。

胡以準學司教。

應廷育凡十卷。

國朝康熙十年

徐同倫縣令。十卷。

尚登岸楚人。

俞有斐邑人。

虞輔堯司訓。

徐光時

徐宗書

王世鈇

程懋昭

汪宏海俱邑人。

康熙三十七年

沈　藻縣令。

余　瀍司教。

余敬明司訓。

朱　謹

陳　銑並縣丞。

王同廱

徐　琮

林徵徽

應錦郁

俞玉韜
徐友范
王同傑
徐　璣
徐彦滋
應本初
徐友閩
程璘初
金兆位俱邑人。

道光丁酉年

廖重機縣令。
陳希俊縣令。
彭元海縣令。以上總修。
魏青巖司教。
鍾鳴鸞司教。
陸　坊司訓。以上校閱。
張　凱縣丞。
江治國典史。
陳　枚典史。以上分校。
應曙霞纂修。
潘國詔纂修。
徐紹開
吕東皋
徐鍾英
程志篚
王鍾思
胡錫土

陳鳳圖
倪夢魁
胡師尹以上分修。俱邑人。
程鳳岡
金希范
應鳳吹
徐御星
吕觀光
王大昌
程尚霄
徐志錦
胡朝佐
姚蠦奎
張化英
王允修
應崇程
林　丹
胡光第
周榮銓
鄭　筠以上採訪。俱邑人。

永康縣志卷首

新志姓氏

總修

任永康縣知縣	李汝爲
署永康縣知縣	郭文翹

校閲

永康縣儒學教諭	戴穗孫
儒學訓導	施榮綬

分校

前署永康縣縣丞	李世均
現署永康縣縣丞	周錫康
永康縣典史	陶錫珪

纂修

欽加内閣中書七品銜孝廉方正候選教諭拔貢生	潘樹棠
舉人候選知縣	陳憲超
恩貢生前署淳安教諭	陳汝平

分修

歲貢生	朱正廉
附貢生	吴鳴謙
廩生	應炳藻
庠生	周炳青

董理

廩生	黄人守
廩生	胡宗衡

採訪

歲貢生	王　齡
廩貢生	章炳文
廩生	應祖培
廩生	舒藻華
庠生	徐廷卿
庠生	徐啓璐
庠生	姚樹人
附貢生	金世恩
廩生	華　榮
監生	倪鳳梧
監生	馬斯才
庠生	徐師濂
歲貢生	王　溶
歲貢生	沈　琪
庠生	支廷槐
庠生	應文焕
廩貢生	樓　榮
庠生	王樹徽
舉人挑取謄録	吕師傅
庠生	施焕成
廩生	胡濟川
庠生	童士諤
廩生	施則行
增生	黄位中

庠生	胡洪心
庠生	胡樹人
廩生	胡瑞華
庠生	俞經德
庠生	朱新荷
庠生	吕際虞
庠生	夏惟時
廩生	盧嗣鏞
廩生	盧思昉
廩生	陳祖坦
增生	應祖勳
庠生	胡　琮
廩生	胡養源
恩貢生	王承雲
廩生	程中傳
廩生	程汝藻
廩生	程贊鈞
廩生	胡禧昌
歲貢生	樓鳳修
廩生	吴　濂
廩生	李書丹
廩貢生	王昌期
庠生	王壽人
庠生	章景樞
廩生	黄立鵠
庠生	陳觀民
庠生	孔憲成
庠生	陳鳳輝

永康縣志卷之一

地里志

夫以宇宙之寥廓，大章所步，豎亥所度，記其里以億萬計。一邑之境，如礨空之在大澤，奚志爲！雖然，撮土亦地，卷石亦山，况提封百里，政賦財用之所出，社稷民人之所寄，堂堂乎在土宇昄章之内者哉！《禹貢》《職方》，皆地志所自昉，顧其小者弗及詳耳。至於土訓掌道地圖，誦訓掌道方志，則必統遐邇大小而悉詳之。永康雖蕞爾邑，於唐爲望縣，亦稱雄緊，烏可以不志！

分　野

夫分野之説，或謂可從略。然古有其説，今以之考祲祥，則亦有合焉。故羅列故書所爲分野者詳之，以附於篇末云。

保章氏以星土辨九州之地，其所封封域，皆有分星，以觀妖祥。此分野之説所由始也。鄭康成以十二次分之。孔穎達疏以北斗及二十八宿主之。亦有以受封之日歲星所在之辰，亦有謂繫於五星，又有以山河之首尾與雲漢之升降相應。各抒所見，言人人殊。金華於《禹貢》屬揚州。《太康記》云：揚州東漸太陽之位，履正含文，天氣奮揚，故云。於春秋爲越地。於十二次屬星紀，二十八宿則自斗十二度至女七度。隋平陳，置婺州，取其地於天文，爲婺女之分野。石氏《天官訓解》：女方正裁割之象，故郡以名焉，而金華之分星始定。明宋文憲

《寶婺觀記》云：以躔度細推之，郡之墟正上直於婺女。永邑在郡東南一百餘里，同在婺女之次明矣。又《内緯秘言》云：女四度，金華之永康入七分之二。則入婺女度之分數，又有所據矣。

按此篇於"屬揚州"下增入《太康記》二十二字。於"爲婺之分野"下增入天官訓解十三字。所增《太康記》，宋劉興伯《蘆浦筆記》廣陵記載："揚之得名，李巡以爲江南之氣躁競，厥性輕揚。《隋志》亦云，江都人氣躁勁，風氣果决。平陳之後，頗變質樸，俗敝稍裕於古。蓋嘗疑之。禹辨九州，揚居其一。歷三代、秦、漢、隋、唐，更徙分合不常，而名終勿易。諗如前説，則隋以前揚人舉非良士美俗矣，是豈古聖人所以名州之意耶！考《太康記》，謂東漸太陽之位，履正含文，天氣奮揚，故取名焉。余嘗爲續志引斯言以冠篇首，因爲一洗躁勁輕揚之陋云。"興伯此言，足以振厲風尚。吾縣亦隸揚州，地里著之。願如所説，履正含文，不愧此州，不至躁勁輕揚，永蹈厥耻，故取而增之。女宿，取石氏《天官訓解》云者，《尚書考靈曜》：須女四星，在於越，分春夏爲水，秋冬爲火。春夏爲水，本智以成仁，禮也；秋冬爲火，本禮以成義，智也。方正裁割，正謂此耳。所願居此土者，奉五常之德，含四時之和，方不負躔宿之光照，故取所謂方正裁割者亦爲增之。

沿　革

溯永康置縣，始自吴大帝赤烏，先於置郡。郡置東陽名，始自寶鼎元年，則《東陽記》言置縣在赤烏，本諸陳壽《三國志》，已有明徵矣。自晋以來如故稱。至梁、陳及隋、唐時，或因或革或分析，不一而足。惟前志有錯誤者，今特詳而附於篇末以正之。

永康縣爲金華府所屬邑。吴赤烏八年，分烏傷縣上浦鄉，置永康縣，隸會稽郡。寶鼎元年，分會稽之西部，置東陽郡，縣屬焉。晋、宋、齊因之。梁升縣爲縉州，領東陽郡。陳永定三年，即郡置縉州，縣仍舊名，如故屬。隋又改置婺州，縣仍屬焉。開皇九年，縣省入吴寧，尋復置。唐武德中，即縣置麗州。八年，州廢，縣仍屬婺州金華郡，隸江南東道。天授二年，析縣之西境置武義縣。萬歲登封元年，又析縣東南地置縉雲縣。五代吴越屬武勝軍節度。宋屬婺州保寧軍，隸兩浙東路。元屬婺州路。明洪武初，改爲寧越府。壬寅，仍改寧越爲金華府，領金華、蘭谿、東陽、義烏、永康、武義、浦江七縣。成化七年，增置湯溪縣，隸浙江布政司。國朝因之。

按《陳書・留異傳》：梁紹泰元年，除縉州刺史，領東陽郡。宋謝翱《九日前子善來會山中》詩云："有客來縉州。"子善，吴思齊字，永康人。此亦永康爲縉州之一證。又《隋・地理志》：梁天監十年，有州二十三、郡三百五十、縣一千二百十二。其後開閩越，克淮浦，平俚洞，啓牂柯，又以舊州析置。大同中州百有七。知此，則州大而郡小。故留異除縉州刺史得領東陽也。如丁酉志所云"梁改東陽郡爲婺州，陳因之，又爲金華郡"十六字，今易作："梁升縣爲縉州，領東陽郡。陳永定三年，即郡置縉州，縣仍舊名如故屬。"凡二十七字。

又按丁酉志，即縣置麗州。今裁去"以縣及縉雲屬之"七字。蓋武德，唐高祖年號。縉雲置縣在武后萬歲登封元年，與武德相去凡七十餘年，安得有縉雲？此云縉雲，乃緣《元和志》及《寰宇記》而誤。而《元和志》及《寰宇志》，又皆因梁以縣爲縉州，遂誤以爲縉雲耳。故此於析縣之西境置武義縣下，增"萬歲登封元年，析縣東南地置縉雲縣"十五字，而府志沿革條云：陳永定三年即郡置縉州，此因留異叛梁故即郡置耳。不然，梁紹泰只有元年，而陳遂篡梁，改元永定。志云三年，去紹泰才四年，則梁以永康爲縉州，非即郡置縉州益俞可知。

疆　域

永康縣在金華府東南上游之地。縣境東西廣二百六十五里，南北袤一百里。自縣至府,陸路一百一十里,水程一百八十里。至本省,陸路五百三十里,水程六百二十里。至京師,陸路四千一百八十里,水程四千七百八十里。東至仙居縣治二百八十里,抵馬鬃嶺交界二百四十里,抵洪茂嶺縉雲縣界六十里。西至武義縣治五十里,抵楊公橋交界三十里。南至縉雲縣治八十里,抵黄碧封堠交界四十五里。北至義烏縣治一百五十二里,抵杳嶺及長塢坑交界五十里有奇。東南至縉雲縣界四十里,地名南崗嶺。西南至武義縣界二十五里,地名桐琴。西北至武義縣界三十里,地名馱塘。東北至東陽縣界六十里,地名四路口。

康熙三十有六年,知縣沈藻奉督憲郭勘准縣境,界址:正東邊四十二都護臘橋,與處州府縉雲城闞桃交界。東邊帶北二十二都伍斗山,與東陽五十都交界。東邊帶北四十七都下連坑,與台州府仙居縣二十七都黄山頭寨門交界。東邊帶南二十三都包坑口,與處州府縉雲縣二十七都交界。正南三都永祥馬嶺,與縉雲縣交界。南邊帶東四十五都庄基,與縉雲二十九都交界。南邊帶西八都桐琴,與武義趙村交界。正西八都楊公橋,與武義倪村交界。西邊帶北十都董村,與武義茭道交界。正北二十都祉嶺尖分水,與義烏交界。北邊帶東長塢坑,與東陽交界。北邊帶東四十六都三石,與東陽安文交界。北邊帶西十一都楓坑嶺尖分水,與義烏交界。

以上共十三處,皆會勘立石爲界。

山　川

山勢由合而分,故共本而殊條;水勢由分而合,故異源而同委。兩山之閒必有川,兩川之閒必有山,脈絡源流相爲比附,此山水之大勢也。永康環縣皆山,而三峰爲之祖;諸谿之水,以華溪爲之歸。條列派别而詳記之,而經緯可見矣。

三峰山,距縣四十五里。高三百丈,周三十里。北方之望山,實縣治之祖山也。三峰鼎列,峭絶異諸山。其左爲挂紙嶺,右爲杳嶺。

杳嶺,在三峰山右,一名豐嶺。山路高峻,通義烏縣。三峰山而南有山,正方而高如平,曰大安坪。

大安坪,東麓蜿蜒而行,突起爲赤巖峰。南出爲白窖峰。西出爲烏石巖。又轉而西爲鷹觜巖。又西爲白眉巖。

烏石巖,下有潭,澄澈如鏡,旱年祈雨,每有靈應。潭之上,相去里許有塘,名龍宿塘,夾山爲堤,但横築一峽以蓄水。歲旱,土人選善泅者,先樹一竿,以繩繫其腰,使入水拔膝塞,水遂自潭下出,可以溉田。烏石轉而西,爲白眉巖。轉而東,爲赤巖。

白眉巖,山腰有石,狀如人之雙眉,故名。有石洞,穹窿如屋,僧人即以爲居。附近四山回合,蒼翠可挹。自此而西,乃接於武義之八素山。

赤巖峰,由大安坪出而東行,與杳嶺相接,連白窖峰。

白窖峰,員峰高聳,挺特妍麗,堪輿家謂之貴人峰,係縣治祖龍山。又南行二十里,名横山,爲縣治少祖。再南行十里,結縣治。東拍一支爲黄青、朱明二山,分結諸姓宅墓數十餘處;西拍一支爲西横山,邑之先賢名墓皆鍾靈於此,歷朝立碑,禁止開鑿。康熙丙午,白窖峰寺僧開掘建鑿,未逾月,邑中大火。戊申,復大開掘,邑大澤民坊起火,延至由義坊,房屋焚燬幾盡。邑令徐禁止之。近黄青、朱明等山復有開掘取青者,邑令沈申詳府憲,立石永禁。峰下爲嶺,因而名曰白窖嶺。嶺西轉而南,分二支:一出吴坑而爲石佛山,一轉而西行,凡十里許,再折而南,迤邐凡十餘里許,挺秀爲皇尖山。

皇尖山,由南折而西行,分二支。迢遞轉而南爲柏巖山,爲界嶺。其一支委蛇而南,前迫大溪,一聳起爲華山,其下舊有寺,曰永光,今廢。一盤旋爲火爐山,宋樞密林正惠公大中墓在焉。

界嶺,距縣二十七里爲小界嶺。又三里,爲大界嶺。嶺半石道,當雨過塵浄時,其文彩燦然如錦,相傳謂之花錦地,在八都。

石佛山，山腰有石，高二十丈，聳立如菩薩狀。其下舊有興福寺，俗呼石佛寺。今廢。

石牛山，在石佛山之南。山頂有石，狀若牛然，故名。

崆山，俗呼爲横山，其東北隅爲松石山。

螺螄山，在縣北二十里，中有石螺，或大或小，人暗覓之，屢有得者。

松石山，居崆山之東北隅，延真觀在焉。有石著地拔起，大合抱，高六七尺，鱗皴如松，相傳唐建中間仙人馬自然至觀，指庭前松曰："此松已三千年，當化石。"已而大風雷，松震作數段，皆成石。此其震之餘與？然不可知矣。其西方有山横遶之，曰西石山。

西石山，一名霞裹山，皆積石所成，逶迴東抱，南傅於華溪，爲縣治右衛之第一關。人以其巖石崚嶒，與水相激，又名水攻山。其上有故鄉祠，祀梁何烱、唐周某、王某三令尹，俗呼曰三長官祠，歲久傾圮，主遷祔於學宫之名宦祠。其南麓，兵部侍郎王麓泉崇書院在焉。

白雲山，南方之望山也，距縣一十五里。員峰聳拔，上際雲表，正當縣治與學宫之前，端峙若賓，俗呼爲狀元峰。每朝有雲氣升騰其巔，則是日必澍雨。人常候之，以爲雨徵。相傳其上爲葛洪煉丹處，石鼎猶存，人因立葛仙翁祠。其相竝，東爲石城山，西爲大廚山。又西爲歷山，其北麓爲金勝山，《東陽記》作金豚山。

石城山，距縣一十四里。高二百丈，周二十里。群峰巑岏，駢列如城堞。舊志引張氏《土地記》云：昔黄帝嘗遊此山。按郭璞注《山海經》：石城山在新安歙縣東。則黄帝所遊，或未必其爲此石城也。《一統志》云：縉雲縣仙都巖，其上有鼎湖，人指爲黄帝上仙處。審爾，則其龍馭，固當歷此矣。又按《史記·封禪書》云：黄帝采首山之銅，鑄鼎於荆山下。鼎成，有龍垂胡髯下迎黄帝升天。後世因名其處爲鼎湖。《正義》曰：《括地志》云：湖水源出虢州湖城縣南夸父山，北流入河，即鼎湖。則《一統志》所云，又未之敢質也。今堪輿家因其群峰羅列於學宫之前,配以佳名,中曰展誥,左曰天禄,右曰天馬,乃鄉俗俱稱爲天馬山,而石城之名蓋莫有知之者。又東傅南溪而止,爲水峥巖。逾溪而東,爲牛金嶺,驛道經焉。巖嶺之閒,山勢犬牙相錯,中開一罅,僅通溪流,類人工鑿成者。

太廚山,距縣二十五里。山高聳而方,形如立廚,故名大廚。山之東爲岡谷嶺。嶺上有泉水涓涓,四時不絶,其地亦寬平可居。正統十四年,括寇嘯劫,里人多寨此以避。谷口爲寓賢韓退齋循仁故居。

金勝山,一名金豚山,距縣五里。横列於縣治前,若几案然。舊志引《太平寰宇記》云:昔有人得金豚於此,故名。山少竹木,而多産天門冬。其東麓曰白勘,工部侍郎徐復齋墓在焉。

歷山,距縣二十五里。高二百丈,周四十里。其上員峰屹立,狀如覆釜,名神龜拜鼎,即此。山頂有潭,廣三畝許,深可二丈餘,俗名龍皇塘。山半下有巖,生成石池三,其水澄澈,亢旱不涸,今名三浙江。歲旱於此迎龍禱雨多驗。又有田,人謂舜田。有井,人謂舜井。因而立祠,曰舜祠,乃陳氏始居祖於周廣順二年與延福寺同建者。按《一統志》,舜耕歷山,在今山西蒲州。兹因其名之偶同與其形之適肖也,遂若指其人以實之,蓋深發於盛德難忘之感,而因以寄夫循流溯源之思,固非謬爲牽合附會云耳。其左右有筆架峰、馬蹶降、石棋坪。其東爲紫鳳嶺。其西爲交嶺。其北爲岡鼓嶺、白雲峰。《方輿勝覽》:餘姚縣東,亦有歷山。

冠巖,縣南二十五里。高數十丈。山皆烏巖,結成方體如獅形。北向横列兩洞,穹窿厚豁,深闊各十數丈,中爲神像,以祀漢文帝、漢武帝及武平鄉主,近又於兩洞前各建迴廊十數間,極幽静。其四近諸小山,形色皆與此巖一體,今俗呼十八獅云。

絶塵山,俗呼爲東溪山,爲東南之望山,距縣三十五里。高五百丈,周十里。四面皆峭壁,拔地而起,石峰叢列,如插戟然。一徑縈紆,斜穿巖石間,以達於其巔。有兩石對峙如門,入其中,周圍如城郭。有田六十畝,地倍之。又有大井,常汲不竭。每有寇警,鄉人多依此以避焉。咸豐辛酉九月至同治二年癸亥正月,粤逆据縣爲巢,縱掠年餘,無山不到,惟此及方巖得保無恙,真絶塵之奥區、神仙之窟宅也。舊有寺,曰崇福,今廢。其諸名山相附近者,北五里許爲石室山,南十里許爲斗潭山,東十里爲靈巖。

石室山,高二百丈。四面皆石壁聳起,有東溪流經其下,環繞之。緣巖而上,有石洞,中通若夏屋然,可容數百人居。中有一石柱,又有一巨石,其形如竈,傍有石井,水甚清冽,以烹茶,味極甘美,隨人多寡,汲飲無餘欠。舊即洞爲寺,曰洪福,今廢。其傍近又有巖,曰西巖,飛瀑瀉出石壁間,當雨後水盛時噴薄如轟雷。又有郭公巖、烏峰巖,皆峭拔奇詭。

靈巖,距縣四十里。高二百丈。皆峭壁,拔地而起,略與絶塵同。其南面巖,東西横列,紫色斑錯,青蘚枯木嵌之,蒼藤倒挂,若畫屏然。緣巖架石爲梁,曲折而升,有石洞,南北相通,軒廠如廣厦,廣五丈,深二十丈。其尤奇者,洞上下及左右壁皆砥平無窊突,有若神功斲削所成,所以謂之靈也。舊有寺,曰福善,今廢。其南麓爲宋少師應孟明墓。

斗潭山,距縣五十里。高八十丈,周五里。其上有三石潭,皆天成不假掘鑿者。水咸清泚不塵,可鑑毛髮。又一名三石山。

芙蓉山,在斗潭山之西。其麓西出,曰石郭,宋侍郎章服墓在焉。舊有寺,曰饒益,今廢。其岡隴,迢遰北行,傅南溪而止,爲館頭嶺。逾嶺八里,入縉雲縣界。

方山,東方之望,距縣六十里,高千餘丈。山半有方山廟。西望縉雲、武義,東望東陽、義烏諸縣之境,山如縈蛇,川如曳線,瞭然在眼。俯視附近諸名山,如方巖、壽山、石翁、石姥以及橙尖、華釜之屬,纍纍然出於履舄之下,猶禾囷鹽囤也。山頂有寺,曰真寂,路峻而遥,遊人罕有至者。

方巖，距縣四十五里。高二百丈，周六里。巖皆平地拔起，四面如削，惟南通一道，至山腰而絶，疊石爲磴，如樓梯而升，曰百步峻。磴上沿巖架石爲棧道，曰飛橋。將至頂，有兩石對峙，其上屋之，曰透關，俗呼爲峰門。入關，地更平曠，約數百畝，中有池，可畝餘。臨池有廟，曰赫靈，祀宋侍郎佑順侯胡則。侯少時讀書此巖，既仕，嘗奏免衢、婺二州身丁錢，人德之，遂因其地立廟祀焉。其後陰助王師殄巨寇，累著靈異。宣和中，敕封佑順侯。紹興中，加賜廟額曰"赫靈佑順"之號，後累加"嘉應福澤靈顯極于"八字。淳祐間，遂進爵爲公，更號顯應，尋加聖惠。寶祐初，再加忠佑。詳見於黄文獻溍所撰《胡侍郎廟碑陰記》。而人多未之考，故但仍其舊號而稱之也。竝廟有寺，曰廣慈。廟久而圮，侯像遷寺中，位於大雄氏之前，寺僧因攝廟祝，以資衣食，廟遂無議葺之者。寺後巖，高數仞，有洞，深二丈許。即洞爲樓，曰屏風閣。東偏有坑，深入如井，曰千人坑。相傳昔鄉人避寇巖上，寇至，援藤升，頓見有蛇，刃揮之，藤斷，寇墜死者若干人，遂潰去。此坑所由名也。由坑上西行百許步，下有石谷，泉出谷間，泠泠然如環珮聲，舊有樓，曰聽泉，里人胡濟源作，邑大夫士多爲之賦詩，集録成編，題曰《聽泉樓集》，吕雙泉文熒序之。樓廢，詩集亦不傳，惟序見《雙泉集》中。又約百許步，巖腰有小石洞，人指爲胡侍郎讀書堂，好事者傍巖架飛甍，爲遊人臨眺之所。路圮，人迹罕至，亦廢久矣。由方巖而西三里，别有小石洞，曰石鼓寮，朱晦菴常遊而樂之，吕東萊欲屋之而未果。蓋時少章題壁云云。又由此而西，過石鼓嶺不二里，即靈巖。由方巖東五里，爲橙尖山。

橙尖山，高峰員聳，妍麗可愛，人以擬於金華之芙蓉峰。山之東爲獨松坑，侍郎程松溪文德居第在焉。

壽山，在方巖北三里。有五峰，皆石壁，平地拔起，周圍如城郭，曰固厚，曰瀑布，曰桃花，曰覆釜，曰雞鳴。固厚之下，有大石洞，高廠軒豁，可容千人。其中爲佛刹，曰壽山寺，前爲重樓，樓上爲平臺，周以欄楯，皆即洞支木爲之，不施椽瓦，而雨雪霜露自然莫及，最爲一方登覽之勝。巖上有朱書“兜率臺”三大字，人傳爲晦翁筆，寺今廢，臺亦圮。西近瀑布，有石洞，舊爲羅漢堂，尚寶丞應石門典周視壁題有陳龍川書識東萊、晦翁行迹，謂先賢過化之地，宜有表章，乃即堂東偏之隙建祠，以祀朱、吕及張南軒、陸象山，而龍川配焉，曰麗澤祠，時太守姚文炤爲之記。既而文炤來遊，又檄縣尹洪垣撤去阿羅漢像，直洞之正中建五峰書院，以處來學者。後洪垣陞任，而嗣尹甘翔鵬繼成之。闢異教以崇正學，人莫不偉三人之功，與兹山相爲悠久也。程松溪待次祭酒家食時，與其友周峴峰桐、應晋菴廷育會聚講學，以祠隘弗稱揭虔，且張、陸未嘗至山，遂定祀朱、吕、陳三先生，即書院爲祠以妥焉。瀑布之上有龍湫，水四時不竭，直下數十丈如練。及霽久水糊，飄風飀之，濺洒四出，若霧雨然，可望而不可即，亦奇觀也。

石翁山，在壽山北，亦五峰相連中一峰。有石柱，高出平巖，若人戴紗幞狀，山之得名以此。近西一峰如螺髻，相傳爲石翁婦，故鄉俗又呼爲公婆巖。其麓有石翁廟。由石翁而西爲虎跳關，爲大小鷹觜巖，爲老鼠梯，峭立如壁，僅通樵徑，其頂乃更寬平，可容數千人居。正統括寇之警，里人多依此立寨焉。又西爲峴峰嶺。

峴峰，衆山排列，其峰峭拔，亦一方之偉觀。其陽有將軍巖，兩巖夾道離立，若人捍門。倘海寇由台而來，此亦扼險之一隘也。又迤西爲三寶峰，爲石姥巖，爲魁山，山下爲詩人李草閣曄故居。逾魁山而南，不十里，即絶塵山。

銅山，距縣五十五里。山故産銅。宋元祐中置場錢王、窠心二坑，課銅一十二萬八千觔。宣和中，以課不及額，廢。紹興中復置，課銅二千三百五十五觔。又以苗脈微渺，採亦無獲，廢。由銅山而北行邐迤五里許，爲金城川、華釜山。

華釜山，高百餘丈，周二十里。其上平曠，中窩而傍高，狀如仰釜。舊有寺，曰妙净，今廢。其相近左爲畫眉巖，右爲棲霞洞。當華釜、棲霞兩山夾處，曰金城坑，澗水出焉。朱參政方沿涯種菊治之，爲黄花澗。由棲霞而東，爲黄巖，爲青山。其相近，左爲蓮明山，右爲十二巖山，東南爲箬浦嶺。又南爲八盤嶺。嶺迤東，爲靈山。

象巖山，縣北四十里。高二百餘丈。南有石洞，高一丈，深闊各三丈餘，上極平曠，中有古廟，里人傳有仙人遺迹焉。

八盤嶺，距縣九十里，孝義鄉主黄七公廟在焉，左邊爲觀音閣，住持者施茶湯燈火。其嶺紆迴曲折，故名。嶺迤東爲靈山。

靈山，距縣百里。其山特起似龍。山頂舊有胡公廟，今廢。其山相近，西出爲翠峰寺，南界故孝義巡檢司廢址。又迢遞而東，爲柘嶺，下有金仙寺。去寺十里許，爲白瀛山。

白瀛山，距縣百二十里。其高不知凡幾，山頂平坦，廣數畝，可耕種，亦祀黄七公。山腰有人家，云是葛洪後裔。山周圍三十里許，多種藥材，其芍藥最有名，故俗又呼爲白銀山。

盤山，距縣一百七十里，在四十七都。高不知幾千丈，爲金、處、温、台諸郡發脈之地。遊人到此，雖夏亦寒。陟頂而望，四面數百里最高之山盡如撲地。有洞，曰仙人洞。洞中有石水壺，水自巖中疏疏而滴，下有承滴之盤，長世不涸不溢。有巖曰八仙巖，其巖排列聳之酷肖人形，旁有石棋盤、石棋子。相傳仙人弈棋于此，仙迹存焉。又山腰平坦處，有一龍潭，廣不過畝，深不滿尺，其水雖大旱不乾，迎龍禱雨，極有應驗。此潭之以淺而靈者。又山脚有一潭，兩旁巖如峭壁，中當其衝，高有數丈，衝下一潭，相傳深可懸絲一觔，故名觔絲潭。此潭之以深而靈者。

峰門嶺，距縣二百十里，在四十七都，蓋縣之極東也，與仙居縣交界。明倭寇犯台，於此嶺上作寨以備焉。過此爲馬鬃嶺，貼近仙城，即仙居管轄矣。

馬鬃嶺，距縣二百四十里，在四十七都，蓋縣之極東鄙也，逾嶺達仙居縣。嘉靖三十三年，倭寇犯台城，縣於嶺上築寨屯兵以備焉。逋寇軼境,鄉之義勇陳百二,先官兵之未至,率衆迎戰於破岡嶺,挫其前鋒,寇遂走東陽,而縣境賴以無擾。既而寇走紹興,典史吴成器以奇兵扼於柯橋而殲之,無一脱者,實由其鋒先挫於此也。夫自馬鬃至縣二百里,其所經由,皆崇山峻嶺、深坑累塹,此兵家所謂重地,利禦寇不利爲寇者,但合孝義一鄉三都强壯之力,足以禦之有餘矣。喜事之徒,往往虚聲哄喝,驚動城市。彼因得以操爲奇貨,盜取兵餉,明智者慎毋爲所眩惑,輕易動衆,不惟耗廩粟,且摇民心也。由馬鬃嶺旋而西,爲黄干嶺。又西界縉雲,爲石霞嶺。

石霞嶺,距縣一百三十里,在四十六都。其上有池,曰日月潭,廣畝餘,水澄深莫測。潭上石壁,有赤白痕相間,狀類日月,此其所由名也,俗又呼爲百丈潭。凡迎龍禱雨者,惟此潭極爲靈驗。

五指巖,爲東北之望山。遠望五峰插天,若人伸手探雲者。然山半巖石,赤白班布,狀類桃花,又一名桃巖。有洞,可容數百人,宋儒吕雲溪皓晚年還自荆南,隱居於此。其頂有小洞,曰棲真。諸有名之山相附近者,南爲密浦山、鬬牛山,東爲龍窟山、九洩山,西爲鳳山。

密浦山,距縣五十里。高百丈,周十里。華溪之水發源於此。其上有仙人壇。唐中和五年,洪雅禪師嘗結庵於此棲焉,今爲鄉人禱祝之所。

鬬牛山,距縣四十里。高百餘丈,周十里。山背有兩石相觸,狀如牛鬬,又其勢上闔下開如橋,俗呼爲仙人橋。其下爲趙侯祠,事詳載於《後漢書》。又南五里,爲石倉巖。

石倉巖,緣巖而上,石室玲瓏,澄真寺在焉。相傳爲洪雅禪師入寂處。舊志云:巖頂有小石穴如倉,日出米以餉衆僧,隨多寡,無餘欠。後有貪僧鑿大之,米遂不出。其説雖近怪,然存之亦足以省貪也。

龍窟山,距縣五十里,普明寺在焉。宋陳龍川亮未第時,初進中興五篇,又上恢復五書,皆不報。退而藏修其中,與學者講論皇帝王霸之略,棲遲凡十餘年。其陽有小崆峒,亦其遊息所嘗及也。成化間，里人朱彦宗立龍川書院表之。寺與書院今俱廢。

九洩山，在龍窟山之北。自麓至頂，有潭凡九，相傳皆龍所常棲也。歲旱迎龍禱雨者，至第五潭則必驗。其上三潭，皆峻險，人罕有探之者。

鳳山，距縣四十里。高一百三十丈，周五里。一峰拔地聳起，狀如偉人，岸幘端坐。鄉俗呼爲尖山，又名箭山。又傍挾兩隴，有如鳳之展翼欲翀舉然。其麓故有浄土寺，人皆呼爲鳳山寺，蓋鳳山本舊名也。

油樹嶺，距縣五十里，十八都。

峽源坑，縣東北五十里，二十都。

漿坑，距縣五十里，三十四都。

峽裏坑，距縣五十里，三十五都。

柯陽坑，距縣五十里，三十半都。

南山，縣東四十里，峭拔而秀，高百餘丈，在遊仙鄉。

青石山，縣東四十里，高百餘丈，山色蒼翠，故名。

方山，縣東四十里，高三十丈，周五里許，二十七都。

紀家源嶺，距縣四十里，四十三都。

五木嶺，縣東二十五里，在三十八都。

洪茂嶺，距縣五十里，俗呼黄茅嶺。

楊溪嶺，距縣四十里。

雞兒巖，距縣三十五里，在三十七都。

道士巖，縣東南三十里，在三十八都。

擇睦嶺，縣東南三十里，在三十九都。

滁坑，距縣三十五里，在三十九都。源出歷山。

永埸源，距縣十五里，三都。

柏巖山，在縣西二十五里。下有善祥觀，今廢。

塔山，距縣三十里，在四都。

桂巖山，縣西四十五里，中有木樨，故名。

吴坑，距縣三十里，在六都。

華溪，源出縣東北境之密浦山，東流至太平鎮，合壽溪，其居人亦謂之雙溪。又東流，逕鳳凰山，出馬石峽，轉而南，至下朱，合樂塢口溪。又南流，過古陳橋，至龍明山，合烏江溪。又南，過仙遊橋，西合球溪，東合武陵源溪。又南，至諸杜山前，曰鶴鳴溪。相傳昔有望氣者鑿紫霄觀，山有雙鶴騰起，至此而鳴，至仙溪而止，此溪所由名也。又西南，至金山前，别而爲二：一過羅樹橋，一過下江橋。復合而爲一。又西，至塔海，合酥溪。又西，至縣城之東北隅，合北溪，匯於桃花洞。又西，行闤闠之中，兩涯飛甍，鱗次相對，方春，花柳繽紛，景象妍麗，故曰華溪。又西，過仁政橋，歷縣治前，至儒學前與南溪會，水始勝舟。又西，至於水攻山，合縣西門溪，匯爲三長官潭、鳳凰潭。又西，歷陽關，至雙錦，合仙溪。又西，至青龍埠，合三板橋、五錦橋、烈橋溪水。又西，至桐琴，合大桐溪。又西，至護國寺，入於武義縣界。又西，至縣北，合熟溪。至白羊山背，合白溪。又西，至焦巖，入於金華縣界，謂之永康港。下流至府城西南隅，會義烏港，爲雙溪。

南溪，源出縉雲縣土母山，上接麗水蜂窠嶺之水，東流歷貴溪、黄龍、石馬，至黄碧，入於縣境。循山而南，抵館頭嶺，轉而東，又轉而北，至於前倉花園山之麓，水石相激，匯爲仙延潭。又東北，至於水峥巖，合李溪，屈曲行巖石間，逆而西流，匯爲石龜潭，其涯爲林樞密别墅故址。轉而東北，匯爲天井潭。又轉而西北，至金勝山之麓，匯爲石鼈潭。又西北，至於儒學前，與華溪會，相挾而西。

酥溪，縣東八里，源出二十都峽源坑。西流出坑口，會後渠坑水，爲三渡溪。歷象珠，至清渭，合何溪，逕故净明寺之前，水出兩山間，匯爲龍山潭。南至下陽，合朱明溪。又南至童墩，合西溪。歷長田、曹園、下溪、紫柏，至下桐山，爲酥溪。過橋至塔海，合於華溪。

李溪，縣南二十里，源出四十四都峽上。南流至碧湍，合下東溪，轉而北，逕苦竹橋，至可投，轉而西，至當渡。又西，至石室山，周其麓圍繞之。又西，抵官山，轉而北，曰李溪。又北，至水峥巖，入於南溪。

烏江溪，源出三十五都銅坑。西流出坑口，合獨松溪。又西北，流逕畫眉巖，歷胡庫，至故明梵寺之下，合方巖溪。又西北，經龍明山，入於華溪。

北溪，又名桃溪，源出石佛山。瀠迴出坑，逕穿童宅，南流轉石牛山下，東流過水碓頭。又南行天宫寺側，逕俞家橋，至松石山前，過東橋上封寺前，再過梁風橋，入於華溪。

西門溪，源出石和尚頭下盧柴坑，其山有石和尚，故名。南流，逕賢良胡長孺祖址。又南流，過胡禄橋，穿横山峽，因山平岡而竝峙，横列如屏，俗名東崆、西崆。東崆乃縣治之少祖山也。逕流過沈家橋，轉而南，曲東，過西門橋，貼縣龍，過和讓橋，今名金環橋。遶水攻山前，入於南溪。

大銅川溪、小銅川溪，縣西北十七里，八都。小銅川水入大銅川，合流，西南入武義界。

仙溪，縣西南七里，發源於縉雲馬嶺之北谷，會於華溪下流。

櫸溪，縣東一百六十里，四十七都。其源西出大嶺頭，自西而北曰烏里坑，自西而南曰横坑，又南曰千染坑。四條水流至櫸溪，合而爲一。自櫸溪順流而東，直抵仙居縣。

俞公潭，縣東六十里。俗傳有龍蜃潛其中，歲旱迎以禱雨，或有驗焉。

蜃洞潭，縣東南四十里。

英山潭，縣南十五里石龜潭上，其水清澈，潭上巖石嶄然。道出巖腰，有小祠。

水仙洞，縣西北四十里，與烏石潭通。水清澈不涸。

巖山潭，縣南四十五里。

仙延潭，縣南四十里。淵泉瀦聚，廣注田禾，自漁者填石淤塞，施毒壞堤,大妨水利。道光十六年春,境内衿耆約自巖山潭至此永爲放生之所,邑侯廖出示勒石,嚴禁捕魚,蓄水以資灌溉,竝禁前倉來龍水口鑿掘,以庇風水。

鄉區

縣分十鄉,鄉轄四十七都。明初編户一百二十三里,其後定爲一百一十七里,每里設里長一人。其税糧之分隸,則又參錯分爲十區,設糧長三十人分督之,以參合衆户,蘇里甲之困。每里各爲一圖,即《周禮》版圖之謂,今之格眼紙彷彿其意爲之。限其地則曰里,按其籍則曰圖,圖之數如其里之數。以其徵税之數分之,則爲區。蓋自洪武間議各都管催之法,有老人獻計,以紙摺之分爲區,遂用之。每區轄都圖若干,臂指相使,其法不可廢也。國朝編里如舊,復設立鄉約長,宣講上諭十六條。鄉區之間不惟知供賦税,而禮教行焉。康熙間,知縣沈藻謹刻十六條敷言,使深山窮谷無不家諭户曉。王道之易易,於斯見之矣。

附郭而南爲義豐鄉,其里上林,舊轄隅四,曰東隅一圖、南隅一圖、西隅一圖、北隅一圖。本朝按糧均平編里,析分爲一都八圖;二都三圖,今析爲四;三都四圖,今併爲三;四都三圖,今併爲二;五都五圖,原併爲四,今併爲三。

正西曰長安鄉,其里温泉,轄都四,曰六都三圖,今併爲二;七都三圖,今併爲二;八都三圖;九都四圖。

西北曰承訓鄉,其里清明,轄都三,曰十都二圖;十一都三圖,今併爲二;十二都四圖,今併爲二。

正北曰昇平鄉,其里松山,轄都四,曰十三都二圖;十四都二圖,今析爲三;十五都三圖,今併爲一;十六都三圖。

東北曰太平鄉,其里宗仁,轄都四、半都一,十七都三圖,今併爲二;十八都三圖,今併爲二;十九都一圖,今析爲二;二十都二圖;二十半都二圖，今析爲三。

又東北曰義和鄉，其里新康，轄都七，曰二十一都二圖；二十二都二圖；二十三都三圖，今併爲一；二十四都亦三圖，今併爲一；二十五都一圖；二十六都一圖，今析爲二；二十七都三圖。

正東曰遊仙鄉，其里石門，轄都六、半都二，曰二十八都一圖；二十九都三圖；三十半都一圖；三十一都二圖；三十二都三圖，原併爲二；三十三半都二圖；三十四都二圖；三十五都二圖。

東南曰合德鄉，其里永泉，轄都二、半都二，曰三十三半都二圖，今析爲三；三十六半都一圖；三十七都二圖，今併爲一；三十八都二圖，今析爲三。

又東南曰武平鄉，其里碧湍，轄都六、半都一，曰三十六半都一圖；三十九都二圖，今析爲三；四十都三圖；四十一都二圖；四十二都二圖；四十三都二圖，今併爲一；四十四都二圖。

又極東曰孝義鄉，其里咸泰，轄都三，曰四十五都三圖，後併爲二；四十六都二圖；四十七都一圖。

第一正北區即一區，管催十七都、二十一都、二十二都、二十六都、三十五都稅糧。

東北區即二區，管催二十三都、二十四都、二十五都、四十五都、四十六都、四十七都稅糧。

西南區即三區，管催遊仙三十三半都、合德三十三半都、三十六半都、三十七都、三十八都、三十九都稅糧。

東南區即四區，管催四十都、四十一都、四十二都、四十三都、四十四都稅糧。

第二東北區即五區，管催二十七都、二十八都、二十九都、太平三十半都、遊仙三十半都、三十一都稅糧。

西北區即六區，管催十四都、十六都、十八都、十九都、二十都稅糧。

東南區即七區,管催一都、十五都、三十二都税糧。

西南區即八區,管催坊隅二都、三都、四都税糧。

第三東區即九區,管催五都、六都、七都、十二都、十三都税糧。

西區即十區,管催八都、九都、十都、十一都税糧。

塘　堰

塘堰,水利之所在也。塘以潴水,堰以節出,遇旱則尤資其利。顧不利即有害。何也?永之塘大者數十畝,小則一二畝。其法利用濬,乃業主諉之佃户,佃户憚于興作,而淤者半矣。康熙間,知縣沈藻多方勸諭,令佃户用工,業主給食,仍不時單騎親往督令深濬,而民之因循者尚多。且一塘有數家管業者,旱則争且訟,甚至格鬬而殞命,其害可勝道哉!堰則高卑廣狹,舊有定制。設閉塞之,則下流焉得沾溉;設決壞之,則上流立見匱涸。其法利用修。舊制農月禁放木,良有深意。乃奸商射利,每當山水驟漲之時,輒購巨木厚板乘流蔽溪而下,所過毁突,以至彼此争訟不休,害與塘等也。欲去其害當若何?曰:濬之深,修之固,時輯而屢省之,毋使淤且損,則水利近矣!

義豐鄉塘堰

郭坦塘

新塘

亭塘

鯉魚塘

大塘

雙塘　並一都。

官塘

黄塘

車口塘

劄塘　並二都。

大路塘

仕貴塘　並三都。

皇塘

蘆塘

西郭塘

大塘　並四都。

杜溪塘

茭塘

道士塘

萬工塘　並五都。

回回塘堰

後清堰　順治壬辰,里人徐汪領砌石壩。

下馬堰

酥溪堰　並一都。

高堰　崇禎間,邑人周鳳岐重開。

石龜堰　康熙三十五年,高堰、石龜堰爲木商推壞,訟於官。知縣沈藻修治立禁。

江公堰　附董杲碑記節録:先朝邑令江公,因天溪自長潭口引水作堰,分十三甲輪注,灌注二十里,民德之,稱爲江公堰。崇禎初,鄉先生旃銘徐可期疏濬之。康熙二十年,邑令謝公復加修濬,自十三甲以至於霪下畈、葉店、龍上、黄畈等處,立議均平畫一,不少逾越。改稱曰謝公堰。

上林堰

沍沙堰　並二都。

水雄塘堰

巖塔塘堰

岑家堰

長峰堰

金堰

新湫堰　並四都。

仙溪堰　舊志作西溪。康熙三十三年,知縣沈藻勘修立禁。

中堰

杜溪塘堰　並五都。

長安鄉塘堰

金大塘

鵲巢下塘

大青塘

上餘塘

爐塘　並六都。

童塘

東塘　並七都。

烏石橋塘

華山塘

鷺鷥塘

周木塘

學院塘

黄牯塘　並八都。

登塘

石臼塘

水閣塘

新塘　並九都。

崁橋堰

大塘堰　並六都。

五錦堰　李家砌。

東清堰

大坵角堰　並七都。

陳大堰

章堰　並八都。

陳堰

六百堰　並九都。

承訓鄉塘堰

胡公塘

雙蓮塘　並十都。

章塘

南坑塘

龍宿塘

闊塘　並十一都。

龍門塘

烏色塘

長塘

樟塘　並十二都。

吕家邊堰　九都。

黄青堰

三百堰

施公堰　義民童允元重砌。並十二都。

昇平鄉塘堰

宅青塘

青塘　並十三都。

康胡塘

月塘

胡塘

五岡塘

丁塘　並十五都。

冬青塘　十六都。

西堰

柳墅堰　並十三都。

金婆堰　十四都。

華歷堰

紫陌堰

下邵堰

支陳堰

郭公堰　並十五都。

楊木堰

章公堰

桐郭堰

寺口堰　並十六都。

太平鄉塘堰

蔣塘

下園塘

東塘　並十七都。

太平塘

平安塘

中蓮塘　並十八都。

牌塘
墩塘　並十九都。
金松塘　三十半都。
白蓮塘　十九都。
金畈堰
下陳堰　並十七都。
華峰堰
石胡口堰
大橋下堰　並十八都。
上仁官堰　十九都。

義和鄉塘堰

尚書塘
横路塘
馬古塘
方口塘
高塘　並二十一都。
菱塘　二十二都。
石砌塘
施公塘　並二十四都。
上桐塘
胡孫塘
茳塘
朱義塘
盧壹塘
蓮塘　並二十五都。
楊枝塘

萬工塘

五色塘　並二十六都。

前如塘

山塢塘

吞塘

桃嶺塘　前塘。並二十七都。

盈塘　二十六都。

黄堰　二十一都。

烏石頭堰

寺口堰　並二十四都。

遊仙鄉塘堰

盧計塘

雪塘

大塘

李塘　並二十九都。

弓塘　三十半都。

崇塘

古塘　並三十一都。

游溪塘　有周泉光游溪八景詩,别載。

李塘

八口塘　並三十二都。

南塘　三十三都。

洪杜塘

川山塘　並三十三半都。

上大塘

孔大塘

寨坑塘　並三十四都。

橙塘　三十五都。

古塘

烏石塘　並三十八都。胡鳳丹有詩。

前金堰　二十八都。

車馬湖堰

赤溪堰　三十三半都。

苦竹堰　三十四都。

金竹堰　三十五都。

合德鄉塘堰

魁山塘

葛塘　三十三半都。

四大塘

龍眼塘

莊塘　並三十六半都。

湅塘

瓦窰塘

放生塘　並三十七都。

新大塘

姑塘

麻車塘　並三十八都。

大湖　在河南。

李溪堰　三十六半都。

石宣堰　三十八都。

官堰　三十三半都。

白巖堰　三十七都。

武平鄉塘堰

吴塘　三十六半都。

石塘　三十九都。

川塘

西塘

葵塘

王塘　並四十都。

染塘

新塘

大迪塘　並四十一都。

雲青塘　四十二都。

石塘　四十三都。

石馬堰

上黄堰

下黄堰　並三十九都。

黄公墓堰

黄杜嶺堰　並四十都。

官堰

巖前山堰　並四十一都。

館頭堰　今廢。

渡基堰　三十九都。

孝義鄉塘堰

柘塘　四十五都。

古楓塘

横塘

望月塘

鹿方塘

潘塘

金仙塘

金仙堰

葛塘

水口堰

盧村堰　並四十六都。

李村堰　四十七都。

附載堰

蠏堰　二都、十四都。

石柘堰

坊　巷

坊有二：一坊巷，一訪表。其義兩不相屬，郡邑志混而一之，未免淆亂。今各從其類，以坊巷列地里，而以坊表入建置云。

狀元坊，縣東北一百五十步，因宋陳亮大魁，故名。

北鎮坊，縣北一百七十步。

皇華坊，縣西北三十步。

大澤民坊，縣東北一百步。

小澤民坊，縣東北一百四十步。

訓化坊，縣西四十步。

永寧坊，縣東四十步。

古麗坊，縣東北四十步。

叢桂坊，縣西北四十步。

沿河坊，舊有大沿河、小沿河，今混稱沿河坊。

大由義坊，縣西北八十步，通武義縣，故俗呼武義巷。

小由義坊

迎恩坊,縣西北一百八十步。

儒效坊,縣東北六十步。

宣明坊,縣西三十步。

仁政坊,縣東,即今之大沿河。

河東坊

龍泉坊

柏山坊

東庫坊

舊志載有積慶坊,係屬沿訛。仁化坊,今屬狀元。福善坊,今屬小澤民。清節坊,今屬大由義。撫字坊,今屬沿河。均不載,第就其現在者志之。

馬坊巷,縣治南,通天溪。

沿城巷,自浙東道門左直通古麗坊内。

烏傷巷,縣東北一百五十步,中有趙侯祠。

黄泥巷,縣西北一百五十步。

龍鬚巷

太平巷

馬站巷

檽星巷

善化巷

井　泉

井與泉竝列,從其類也。“山下出泉”,《蒙》象也。《易》則之。“以果行育德”;“木上有水”,《井》象也。《易》則之,以勞民勸相。是二者,聖人一以爲教,一以爲養。教養相濟,法象昭然矣。古之爲民者,鑿井而飲，耕田而食。古之立邑者，相其陰陽，觀其流泉。是經制之大端也。

龍泉井，縣東南三十步。居民數百家皆仰給之，歲旱不竭。

大寺井，興聖寺内，深十餘丈，半以下鑿石爲之。

永泉井，在永泉里，里人仰給者多。李草閣有銘。

石井，靈巖山側，鑿石爲之，深二十餘丈。

福元井，上封寺前。

堂前井，峴峰坑口。

大井，縣東北三十里，其地因名大井頭。

胡公井，縣東五十里，地名胡庫。

三眼井，清節坊外，近華溪，冬夏不竭。

肅泉井，永寧橋東。

白龍井，延真觀内。

後宅井，在縣東溪岸，水清而香，四時不竭。

東澤井，縣東南三十里，地名厚仁。

金鼓泉，長安鄉，其泉混混，雖歲旱不竭，灌田千餘畝。

烏樓泉，縣南三里。

李家泉，縣東四十五里。

洪鐘井，舊名醴泉，在四十都後吴。口徑三尺，深四丈餘，底廣過之。激之聲如洪鐘，泉甘而清，亢旱不竭。道光辛丑，本縣丞吴公廷康改今名，里人嗚謙有記。

榮泉井，三十九都莘野。水從高山落，四時不竭，爲石城山東諸泉之最。

樓宅井，四十二都舟山下。深四五丈，下半生就石欄，泉甚清冽。

石鑊井

雙眼井　並四十六都。

形 勝

古之相土度地、萃爲郡邑者,首京師,次省會,以至列郡州縣,無不上應星躔,下合地理,中乎人事,然後可以凝聚永久而不廢。凡輿地志俱載形勝,謂帶河阻山,地勢便利。《易》曰:"王公設險,以守其國。"而《傳》又曰:"在德不在險。"則是險亦未可專恃乎!閒嘗考之宋、元、明舊本,不載形勝,今仍沈志,大略存之。

據崇山而三峰峙其北,襟清流而雙溪會其南,縣治特立其中,實四面山水之會。舊志。

當台括之要衝,爲婺州之藩衛。峰名天馬,居然山國之雄;巖號將軍,足扞海氛之熾。楊公橋毗連武義,障塞可防;洪茂嶺接壤縉雲,通衢宜飭。中間如界嶺、花街、烈橋、高堰、李溪、館頭、驛路攸經,聲勢聯絡,首尾相應,寓至險於大順,藏不測於至静之中,亦慎固封守之要策也。

風 俗

凡民函五常之性,天下古今,靡有不同,而其繫水土之風氣,與化移易,於是風俗殊焉。永康自吴以來,越及隋、唐,俱無傳聞。亦越有宋,鄉先生輩出,如林和叔、應仲實、陳同甫諸賢,正己率物,芳澤沾丐後人。元、明以來,偉人繼起,彬彬儒者之風,至今未沫。士或有跅弛不由軌轍,第先之以父兄之教,使之潛心古訓,亦可變化氣質,養成德器。長民者章志貞教,旌别淑慝,使夫蒸黎之庶,各安生理,而保其身家,安見禮俗教治康樂安平之書不復作於今哉!

節令:元旦,夙興,爆竹啓門,拜神祀祖。卑幼拜尊長,出門向喜神方。宗族親戚互相拜賀,設席相邀,曰傳座。上元,張燈,十三至十七日夜止。城中坊巷各有燈會,星橋火樹,導以鼓樂。或結綵爲臺閣,選童稚年十四以下者扮故事,曰鬬巧。立春,迎土牛,飲春酒,具五辛盤。清明,上墳祭掃,挂紙錢,曰標青。四月八日,佛降生,名浴佛會，造青精飯相餉。端午，插艾葉、菖蒲，食角黍，飲雄黄酒，採藥繫香囊，五綵縷。六月六日，晒書籍、衣服。七夕，女子陳瓜果於庭，祀織女星，曰乞巧。中元，薦祖考，祀孤。八月十五日，製油酥、月餅相饋遺，曰過中秋。九月九日，登高，採菊花，飲茱萸酒。冬至，具牲牢祭祖先於宗祠。十二月二十三日，祀竈，用黏糖。二十五日，謂之年頭，自此以節物送親眷，曰饋歲。除日，送年，桃符春帖，蒸飯足新年數日之食，曰餕饙。是夜少年然燭圍爐團圞而坐，曰守歲。

冠：入泮，儒服，戴頂帽，士冠禮之遺意也。古三加禮不復行矣。

婚：男家通媒妁、達定啓謂之拜求，送聘幣於女家曰文定。迎娶前數月請期，既定期，男家饋送儀物，曰大禮、羹禮。女家備妝奩筐箱、櫥櫃、椅棹等物，曰贈嫁，男家酬以牛羊豕肉、舒雁、蒸食曰回程。親迎之禮，則鮮行矣。始至，設香案拜堂合卺，三日廟見，新婦拜公姑及伯叔娣姒。間有因喪扶娶敝俗，所當革也。

喪：沐浴、含襲及大斂，士大夫家猶遵古禮。朝夕哭奠，訃告於親友，親友乃致奠賻，發引則助執紼。及窆，乃題主，遵制持服二十七月。

祭：舊家大族四時祭於祖廟，而冬至祭最重，用少牢。高曾祖以下生辰忌日，具粢盛牲醴於廳事，享祀畢，分胙散餕。

士：畏清議，厲廉隅。間有奔競浮華不自檢束者，人咸非之，恥與爲伍。

農：務耕耘，習爲勤苦。近山兼樵採，瀕溪則漁釣。無常業者傭於人，取直以自食其力。

工：土石竹木金銀銅鐵錫皆有匠，然樸拙不能爲精巧。邑皆瓦屋，故摶埴陶旊爲夥。織布裁衣錮露，多鬻技於他鄉。

商：大者曰鹽、曰典，皆非土著之民。其餘菽粟、布縷、雞豚、酒蔬之屬，隨時貿易，以供朝夕。然市肆較昔時爲富侈矣。

“家人，利女貞。”從來家之不齊，由閫内之不整，其弊在好逸而不能勞，善哉敬姜之言曰：“勞則思，思則善心生。”永邑婦女，以紡織針粥中饋爲務。貧者操井臼,爲洴澼絖,終歲勤動,佚志無自而萌。然入廟燒香,趕場觀劇,及反脣掉舌以爲能者,亦或有之,是在家長之嚴爲約束矣。

物　産

穀屬:早稻、晚稻、早糯、晚糯、寒糯、大麥、小麥、蕎麥、仙粟、糯粟、蘆穄、珠穄、即蜀黍,亦名包穀。油麻、白荳、黑荳、虎斑荳、撒荳、緑荳、赤荳、羊眼、豇荳、刀荳、豌豆。即蠶荳。

蔬屬:白菜、芥菜、薑、葱、蒜、薤、萊菔、亦名蘿蔔。油菜、胡荽、薺菜、王瓜、苦蕒、碁蓬茄、亦名落蘇。絲瓜、亦名天羅。芋、山藥、莧菜。

果屬:棗、柿、橘、梅、杏、桃、李、林檎、亦名花紅。梨、栗、楊梅、枇杷、銀杏、櫻桃、蒲萄、蓮子、菱、芡實、芰、石榴、荸薺。

蓏屬:西瓜、甜瓜、瓠、南瓜、亦名金瓜。冬瓜。

木屬:杞、榆、桑、柘、松、栢、椿、杉、楓、樟、柏、樑、桐、有梧桐、油桐二種。楮楮、亦名穀。檀、檡、槐、柳、楝、冬青、棕櫚。

草屬:吉祥、龍鬚、虎耳、萱、蘆、茅、蓬蒿、莎、蓼、艾、菖蒲、萬年青。

花屬:臘梅、迎春、望春、梅花、桃花、杏花、牡丹、芍藥、薔薇、玉蘭、辛夷、山茶、荼蘼、瑞香、茉莉、海棠、紫薇、郁李、葵、木槿、繡毬、荷花、木芙蓉、木樨、蘭、蕙、鳳仙、玉簪、梔子花。一名簷蔔。

藥屬:茯苓、白朮、香附、薄荷、紫蘇、荆芥、車前子、香薷、括樓、天花粉、金銀花、淡竹葉、夏枯草、天門冬、元胡、白芍。

竹屬:毛竹、斑竹、篁竹、筀竹、紫竹、桃絲竹。

鳥屬:鵲、鴉、雉、瓦雀、竹雞、斑鳩、鵓鴿、鷓鴣、鸜鵒、百舌、鷺鷥、鶺鴒、亦名雪姑。白鷴、鴛鴦、黄鶯、紫鷰、鵜鶘、布穀、畫眉、黄頭兒、百勞、白頭翁、烏食、蛇雀。

畜屬:牛、羊、犬、豕、猫、雞、鵝、鴨。

獸屬：虎、鹿、麂、麞、豪猪、野猪、貍、兔、貛、鼯鼠、松鼠、水獺。

魚屬：鯉、白魚、青魚、黑魚、鰻、鱔、鱖魚、鰱魚、鮎魚、鯽魚、鰍、鰕。

介屬：龜、鼈、蛤、螺、蟹。

蟲屬：蠶、蜂、有蜜蜂、藁蜂、土蜂、木蜂數種。蟻、有黑蟻、白蟻、黄蟻、馬蟻數種。蟬、螳螂、蟋蟀、蚱蜢、蝦蟇、科斗、田雞、蜻蜓、蝴蝶、伏翼、即蝙蝠。蠅、蚊、蚋、蛇、有黄、白、黑、斑數種。蜈蚣、蝸牛、蜒蚰、蝘蜓、蜥蜴、蜘蛛。有土蜘蛛、草蜘蛛數種。

貨屬：茶、棉花、棉布、麻布、蕨粉、柏油、黄蠟。

古　迹

古迹有成於天，有成於人。沿革廢興，不可考者多矣。有名存而未泯者，附志之，以爲考古者稽焉。

僊人壇　縣西二里，有石高八尺，周百步，俗傳昔有仙車環佩遊憩於此。按仙人壇有二，一在密浦山上，爲鄉人禱祝之所。

仙人橋　鬬牛山北有二石，上闔下開，在山之腰，故名。

銅牛人迹　縣西十七里，有石高一丈五尺，上有牛、人二迹，各長八寸。

石鼎　白雲山上。相傳爲葛洪煉丹之鼎，至今猶存。

石琴　壽山固厚峰峭壁閒，石紋如琴，徽弦悉具，有若人功繪成者。

松化石　縣東北隅延真觀前，有石著地拔起，高六七尺，鱗皴如松。相傳唐建中閒，道士馬自然至觀，指庭前松曰："此松已三千年，當化爲石。"已而大風雷，松震作數段，皆成石。唐陸龜蒙有《二遺詩》。

桃花洞　在縣治東溪旁，有洞浮出花瓣，故名。後人因建浮花亭。

小崆洞　在龍窟山之陽，四面如削，中有澄潭，其東有石洞，可半畝許。宋陳龍川未第時游息地也。

龜潭莊　縣東三里。宋林樞密大中爲韓侂胄黨許及之所劾,罷官歸,作園龜潭之上。客至,擷杞菊,取溪魚,觴酒賦詩,不談時事。五雲葉通有記,載藝文。

兜率臺　在壽山固厚峰下。巖上朱書"兜率臺"三大字,相傳朱晦翁書。臺圮,字猶在壁間。

讀書堂　去聽泉樓百許步。巖腰有小石洞,即胡侍郎讀書處。好事者架飛甍,爲游人臨眺之所。

石鼓寮　去方巖三里,别有小石洞,曰石鼓寮,即朱晦翁欲屋吕東萊讀書處也。

抱膝亭　縣東五十里,宋陳龍川亮築,後爲燕坐亭,東爲小憩亭,接以秋香海棠,圍以竹,雜以梅,前植兩檜兩柏,臨一小池。葉侍郎適作《抱膝吟》。三亭皆朱晦翁書額。

聽泉樓　在方巖千人坑。元邑人胡濟源築,邑大夫士多爲之賦詩,集録成編,郎中吕雙泉序之,李草閣有詩。

卧雲樓　在梅隴,元陳伯恭建。鹿皮子陳樵有記,李草閣有賦。

菊軒　在大廚山之東岡谷嶺口,寓賢韓進齋循仁築。宋潛溪濂銘。

風月臺　在儒學門左舊府館署内。明金華潘司馬珏有詩,見藝文。

黄花澗　在金城坑,當華釜、棲霞兩山夾處,澗水出焉。朱參政方致仕歸,沿涯種菊,治之爲黄花澗。應僉事廷育有詩。

白雲樓　胡元鼎宦遊歸,以奉母建。見《劉青田集》。有詩,補入藝文。

松石亭　即延真觀前松化石處。至今尚留松根石一段,大逾合抱,高四尺許。細視之,隱隱見松之紋節。石四圍環有淺水,四時不涸。凡遊賞至此者,或默以手觸石,石磊磊有聲。然有意欲復挽之,石乃牢不可動也。道光間,邑侯廖重機始於其上建亭焉。咸豐末燬於寇。光緒十一年,邑人胡鳳丹續建亭以覆之,并匾以誌其緣起,而此境實吾邑之一勝迹云。

永康縣志卷之二

建置志

疆理既定，建置興焉。首城池，以居民也。次公署，以治民也，而倉庫之屬從焉。次學校，以教民也，而書院之屬從焉。次武衙，以衛民也，而營房、教場之屬從焉。次壇廟，以庇民也，而厲壇之屬從焉。此治、教、兵、刑所由出也，官政也，非民事也。若其在民者亦有之，津梁市集之屬是也，抑《夏令》曰“十月成梁”、《考工記》曰“匠人營國，前朝後市”，民事也，無非官政也。兼之坊表以旌淑，祠宇以報本，而於養濟、育嬰，尤牧民者所加恤，以故並列於縣治之末焉。而寺觀則別爲一門，附詳於墓後云。

縣　治

縣治在華溪之陽，北枕塏壤，南挹白雲峰，東帶華溪，西襟霞裏山。地本在萬山中，至此衍爲平原，而群山四面環之，其形勝軒豁偉特，真一都會也。

城　池

縣城，按舊志，周一里一十九步，高一丈八尺，厚一丈五尺，吴赤烏八年築。宋嘉定壬戌拓之，周三里三十步，門七：東曰華溪、迎恩、迎曦，西曰西津、由義、望京，北曰永安。後漸湮廢。元至元十三年，環築以墻，又皆夷爲平壤，錯於民居，無復故迹矣。崇禎十二年，知縣朱露創建東、西二門，疊石爲樓，東曰迎曦，原名在德。西曰承恩。原名多助。其迎曦門右，爲望春門，道光二十二年捐建。國朝道光十一年，東街居民創建一門，知縣裘榮甲題其上，曰望升。

公署

縣署在城内南街。前爲大堂，後爲二堂，貫其中爲川堂。大堂前爲露臺，又前中道爲戒石亭，今遷于大堂右。又前爲儀門，又前爲大門，上爲譙樓，達於通衢。譙樓今廢。按舊志，成化十三年，知縣高鑑建譙樓。正德十六年，樓灾。嘉靖五年，知縣李伯潤砌石爲臺，洞其中以通出入。十年，知縣邵新始樓其上，遷興聖寺鐘懸焉。崇禎十五年，署縣馮撤去累石，止架平樓。國朝順治五年，知縣張祚先仍取前石爲臺。其後不知圮於何時，今止平屋三間。二堂東爲書房，乾隆己卯，知縣王乃昀建，顔曰天香樓，前爲客座。嘉慶廿五年，客座燬於火，今無復修之者。西爲幕房，後爲内宅。大堂前左右翼以廊，東西向爲諸吏曹。儀門外右偏爲寅賓館，西廊後爲獄，大門左右爲吏舍。吴赤烏八年始建縣，其署亦當建於此時，然皆不可考。宋宣和庚子燬於寇，紹興十一年知縣强友諒、十九年知縣宋授、嘉泰元年知縣陳昌年相繼建修。元至元丁丑，又燬於寇，達魯花赤孟伯牙歹再建。延祐八年，達魯花赤沙班、縣尹范儀又拓其址而重新之。至正末，又燬於寇，明知縣吕兼明創建。正統己巳，又燬於寇，知縣何宗海重建。崇禎末，公廨吏廳皆圮。國朝順治八年，知縣張祚先重葺。康熙三十一年秋，大堂、川堂、儀門、寅賓館皆圮於風，知縣沈藻重建。乾隆三十九年，大堂將圮，知縣方瓚澤葺之。嘉慶二十五年，署内不戒於火，大堂、川堂、書房、架閣房皆燬。是年魚鱗册皆燬於火，一邑田地山塘皆無所稽考，刁民滑吏更易於舞弊矣。知縣劉垂緒捐建大堂、川堂。道光十二年，知縣裘榮甲捐建内署。咸豐辛酉，燬於寇。同治初，昇平建頭門，太平建大堂，古山建川堂，餘通縣捐造。

土地祠，在川堂之東。土地祠向在署内。嘉慶二十五年亦燬於火，署縣李世綬即架閣房遺址建祠。

永積庫，在川堂之西。

際留倉，在大堂東、西。東四所，共三十六間，内五間爲倉神廳；西三所，共十六間。

社倉，在訓化坊。乾隆十六年，知縣楊瑛創建，貯穀數千石。今廢。

東社倉，在芝英；南社倉，在李溪；北社倉，在太平。乾隆二十四年，知縣王乃昀創建，皆貯穀數百石有零。今皆廢。

税課局，在古麗坊北。今廢。

申明亭，在仁政橋東十餘步。洪武六年，縣丞黄紹欽奉敕創建，懸教民榜其中，差老人日直亭，剖理民間户婚田土争競小訟，併書其過犯懸焉，遏惡也。嘉慶十三年，知縣易鳳庭徙建於儒學前華溪之陽。

旌善亭，在申明亭右。明洪武八年，知縣宋顒奉敕創建。凡孝子順孫、義夫節婦皆書其實行，揭於其中，勸善也。今廢。

接官亭二，西在望京門外三里岡，東在華溪門外烏樓，皆嘉靖三十一年知縣杜廉建。在東者久廢，在西者國朝順治初年圮，其址即今三里亭。諸行署：行察院署在儒學後街，布政分司署在縣署西三十步城隍廟堂之東偏，按察分司署在縣署東十許步，小分司在行察院署左，府館在儒學門左。行察院署今改爲都司署，小分司今改爲汛防署。餘皆廢。

縣丞署，在縣署之東，前爲正廳，後爲堂。正廳前爲二門，又前，爲頭門。堂左右爲書房。後爲内宅。康熙六年縣丞賈溥、其後縣丞沈晟、康熙三十年縣丞陳銑相繼建修。今燬。光緒十一年，知府陳文騄建議，以縣丞署移駐八保山，管理四十六、七都并仙居二十三、四都地方詞訟，作爲永、仙分防縣丞。巡撫劉秉璋會總督楊昌濬入告，得旨交議報可。十二年，知府陳文騄請撥鳌金款另建署於八保山桂川莊。□□年落成，門堂廳屋凡三十餘間。

典史署，在縣署之西，明主簿署也。崇禎二年官裁，改爲典史署。前爲正廳，後爲堂。堂西爲書房，後爲内宅。正廳前爲二門，又前爲頭門。康熙八年典史陸承龍、其後典史張奇、三十一年典史楊廷立相繼建修。今廢。

宋尉司，縣西七十六步。元初燬於寇。至元二十三年，縣尉趙佐重建。今廢。

宋合德鄉巡檢司，縣東南一十八里，地名李溪寨，即温處四州都巡檢址。今廢。

元義豐鄉巡檢司，縣南一十里，地名麻車頭。今廢。

元鎮守千户所，縣治北三十五步。今廢。

元鎮守百户所，一在縣東南四十五里，地名和樂宫；一在縣東九十里，地名靈山。今廢。

明孝義巡檢司，在孝義鄉靈山之麓，即元鎮守百户所故址。洪武十七年，知縣李顒建。巡檢一人，額領弓兵三十人，專司巡查私鹽，戢捕盜賊。歲久司廢。官薄其爲冷也，常寓城中，營差自潤，鬻弓兵取月錢而已，司遂無議葺之者。嘉靖八年，例省冗員，官併廢。

明舊典史署，在譙樓内東偏。崇禎二年，裁主簿，改爲典史署，舊典史署遂廢。

陰陽學，明洪武十八年，設訓術一人，額領陰陽生五人，掌刻漏及雨晴之事，即其家爲署事之所。今裁。

醫學，明洪武二年，置惠民藥局，以醫生領之。十七年，開設醫學，而局隸焉。訓科一人，額領醫生五人，掌和藥劑，以療民疾、驗鬬傷者，即局爲署事之所。國朝訓科一人，職未入流。局廢，即其家爲署事之所。

僧會司，明洪武十五年設僧會一人，掌周知境内僧行之數，治上封寺。國朝僧會一人，職未入流，治同。

道會司，明洪武十五年設道會一人，掌周知境内道童之數，治延真觀。國朝道會一人，職未入流，改治城隍廟。

育嬰堂，在縣治北教場背赤烏塘側。康熙間捐建。乾隆十一年，金華府知府鄭遠、永康縣知縣黄宏捐廉重建。後圮。道光五年，邑紳士奉程撫憲檄重建，好義者争先勸輸，至九年落成。屋二十二間，置田七頃有奇，以爲久遠保赤計。

養濟院，在縣東二里龍虎頭，土名東庫。洪武三年，知縣吴貫建。正屋三間，正屋前五間，中爲大門，正屋後三間，東西翼以廊各七間。其所收養無恒數，每人月給米三斗，歲給布衣木柴銀六錢。國朝收養孤貧四十名，每名歲給布花柴木銀六錢，口糧銀三兩六錢。

漏澤園，明正統九年，令每里一所，附郭一所，在黄坑嶺。又官山一所，在六都倪官隴，計地二畝四分七釐。國朝康熙七年，知縣徐同倫奉憲檄置廣孝阡一處，在一都七里經堂前。康熙二十三年，知縣謝雲從契買七都大塘下山場一區擴之。

學　校

學宫，在縣治西三十七步。中爲大成殿，翼以兩廡，前爲廟門。門南下爲三階，疊石爲磴而升。又南爲泮池，跨池爲橋。又南爲櫺星門。殿後爲明倫堂，翼以兩齋，東曰日新，西曰時習。堂後爲敬一亭。上爲尊經閣，東爲講堂，西爲饌堂，爲祭器庫。亭後爲崇聖祠。從東齋之南首，折而東出，爲禮門。又折而南出，爲儒學門。又前爲儒學外門，以達於大街。其地本唐先聖廟故址。宋崇寧元年，詔凡縣即廟建學。越四年，有司始克如詔。政和四年知縣周虎臣、紹興十一年知縣强友諒、紹熙五年縣丞陳駿、寶祐四年攝縣事方夢玉相繼建修。元至元二十九年縣尹苗廷瑞、延祐五年達魯花赤沙班復續修焉。明洪武二年，詔天下建學。知縣魏處直、宋顒即元之故學而葺成之。正統十四年燬於寇。景泰間，知縣孫禮建議興復，邑中族姓各認建修。案沈志,儒學在縣治西三十七步,本唐先聖廟故址。崇寧元年,詔凡縣皆即廟建學。越四年,有司始克如詔。政和四年,知縣事周虎臣以廟貌弗稱重建,周虎臣有記。紹興十一年,知縣事强友諒復修建,縣丞洪清臣有記。乾道三年,縣尉孫伯虎增學田以贍士,春訪應材記。紹興五年,縣丞陳駿復新之。寶祐四年,攝縣事方夢玉繼建修之,安撫司參議吴邃記。至元十三年,燬於寇。二十九年,縣尹苗廷瑞修建。延祐五年,達魯花赤沙班又大其規焉。其養士俱以田六則,官田有學院田,學即故學田,院即書院田也。明洪武二年,詔天下建學,時知縣魏處直、宋顒即元之故學而葺成之。正統十四年,燬於處寇。景泰間,知縣孫禮重建,邑人應仕濂與有力焉。天順初,知縣劉珂擬市明倫堂後地建尊經閣,未果,以憂去。成化七年,以監察御史按縣,乃市民胡處實地拓其址。弘治四年,知縣王秩撤齋廡而新之。十四年,知縣張鳴鳳、縣丞程溫重建大成殿,督造者邑人應尚端、王良敬,而尚端之力居多,本府同知鄺蕃記。正德八年,知縣黎鐸重建明倫堂,邑人應天澤、天祥、天文捐資成之,侍郎永喜、王讚記。十四年,清戎御史吴華檄同知張齊重建饌堂、號舍。嘉靖十年,更大成殿曰先師廟,門曰廟門,立木主以易土像。萬曆二年,知縣楊德又捐俸倡,厥後學諭盛于唐等葺其頹弊,唯時方議興工,忽天大雨水漲,學前溪流衝開久淤積沙,一巨木呈灘上,命工度之,其材適足廟楹之用,蓋實獲天助云。文廟之後爲明倫堂,堂之東爲倉,廟之西爲祭器庫。萬曆八年,知縣吴安國捐俸,屬學諭胡以準督修之。從東齋之南折而東出爲進賢門,又折而南出爲儒學外門,以達於大街。

明倫堂,在文廟之後堂,東西直下,爲時習、日新二齋。日新齋之東北爲講堂,東西相向爲號房;時習齋之西爲饌堂,爲禮門,東向。禮門之東南隅,爲宰牲所,又南爲儒學門。自應氏建造後,其修建不可考。萬曆二年,知縣楊德又捐俸倡修。八年,知縣吴安國屬教諭胡以準督葺之。康熙十一年,程通宗重建禮門。十二年,司訓虞設法分募，太學生徐鐕捐助堂木，餘各家捐助，庀材鳩工，架堂五間。工未及竣，十三年，遭寇變，幾傾圮。至二十三年，司教趙凝錫多方勸輸，始得告成。

大成殿，明景泰間，鄉賢應仕濂建。爲殿五間，懸棟飛梁，規模最爲宏敞。弘治間，仕濂孫尚端以廟貌高大，基小弗稱，更拓基重建，其子天成繼成之。後嗣尚端、後裔以時修葺。國朝康熙壬寅重修，知縣韓中煌記。雍正甲寅欽奉諭旨修整，知縣劉廷記。乾隆戊子大修，知縣清泰記。乙巳、庚戌，疊次重修，學使竇東皋光鼐記。乙丑，復修。嘉慶庚午，尚端裔孫以歲時修飾，難以經久也，遂鋭意改造，柱易以石，棟梁榱桷檐楹悉易以堅木，上自椽瓦，下及礎礫墻階，悉易以新而堅固者。聖座、神龕、几筵、祭器、樂之屬無一不更新焉，計費金三千有奇，知縣劉垂緒有記。同治二年，應仕濂後裔參申獨建，巡撫黄宗漢、馬新貽有記。

東西廡，東廡王世忠、王恂如建；西廡王通宗建。乾隆間，西廡王宗通承修，東廡北頭外一間汪氏建修。同治間，象珠王氏重建，北頭外一間清渭街汪氏重建。

崇聖祠，吕氏五族建修，且醵錢爲會，以歲收所入備歲時修葺之費。同治三年，仍吕氏五族重建，并砌後磡墻，重建崇聖祠碑記，潘樹棠撰。崇聖祠，舊稱啓聖宫，世宗憲皇帝雍正二年甲辰敕易今名，併增配宋先儒張公諱迪一人。前此元年，追享先師五代祖，皆册封王爵，以顔、曾、思、孟四考配，且配以宋儒周公某、程公某、朱公某、張公乃横渠先生之考，至是始補而合配之。上哉敻乎！我朝尊聖之典備矣，蔑以加矣！永康吕氏，巨望也，世承國家優崇聖賢之道，能自單力構造兹祠，世世相繼，至於今不易，有自來矣。考金華郡志藝文類，助兹役者，自太平宋開國男吕撫始，厥後尊祖敬宗，合五族謀所營建，則自萬曆間始，嗣兹黝堊葺繕，無間於時，其敬謹之至乎！乃自咸豐辛酉九月，粤寇至，巢於縣。沐叨今上紀元之二年癸亥正月，縣始得復。

是時城鄉焦灼,慘苦荒涼,力且不能自給,吕生某等克率五宗人而籌之,咸以祠爲寇污,酌仍舊業,作而新之。設法歛貲,量力協謀,庀之材而鳩其工,經始於是年癸亥之十有二月,考成於次年甲子之十有一月。是舉也,吕氏之孫子可謂善繼述矣。吾聞河南吕氏,世稱中原文獻之傳。五宗姓,皆河南裔也,而猶能於兵燹之餘,刻苦黽勉,同力一心,奉皇國崇儒重道之文,守祖宗仰聖希賢之志,綿綿延延,追養繼孝,俾衍於無極。《詩》曰"世德作求",其是之謂歟! 惟已事而逡去今凡六年於兹,吕生某某等始以文請,云:董斯事者,泰平則有若吕生念修、汝衡,雅吕則有若廷壽、梁昌,派川則有若鴻、廷求,塘頭南宅則有若家楨、祖彝,河東則有若雲水、佩葱,而太平吕生觀教,僕僕奔命,抑更有勞焉。余聞而心甚嘉之,乃爲之言,泐其事,命書諸石,謹爲記。

明倫堂,明鄉賢應仕濂建。爲堂五間,中三間,高三十尺,傍兩間微殺之。成化中,仕濂孫尚道重加修葺。正德癸酉,堂圮,尚道子天澤重建,其兄天祥、弟天文佐之,禮部侍郎永嘉王讚記。萬曆間,尚道曾孫重修。嗣後尚道裔孫,以時修葺。國朝順治間,尚道裔孫梧州府知府明修之。至康熙十二年歲癸丑,尚道後裔重葺,太學生徐鐨助修梁柱。次年,遭寇幾毁。康熙壬戌,尚道後裔復新之。辛卯,梁柱朽蠹,尚道後裔輸金大修,知縣姬肇燕記。雍正甲寅,欽奉諭旨,崇新學宫,應尚道後裔遵例修葺,徐鐨嗣孫商彩畫壹次,教諭劉顒記。乾隆戊子,尚道後裔重修。辛丑,尚道後裔鋭意大修,徐鐨嗣孫仍修大梁貳根、東邊扛梁柱貳根,此外柱若干、梁若干、楝桁若干,榱、桷、檐、楹、門、壁、椽、瓦、礎、磉、墻、階一切木石磚甓并朱碧丹黄,俱係尚道後裔重修。乙卯,奉藩憲汪檄,尚道後裔復加修整。嘉慶己巳,尚道後裔重新,徐鐨孫因大梁朽壞,仍自行修理。道光己丑,除徐姓大梁壹對、東邊扛柱貳根外,其餘損壞尚道後裔重修,并添置欄干,以障内外,知縣裘榮甲記。同治二年,仍應仕濂後裔寶時等重建,其徐姓大梁整柱四根,兵燹後徐姓具禀在案,縣主王、學師葉始諭統歸應氏獨建。

尊經閣,李氏三派宗祠建修。同治六年,仍東西二派李及南派館頭下李重建。

講堂,象珠王丙裦建。光緒十七年,福常下後裔重建。

饌堂,久毁。光緒十七年,太平吕念修、麻車陳振銓、在城傅紹甫合建。

日新齋,林氏、樓氏、徐氏建修。長城林氏二間,溪北山林氏、在城樓氏、花園徐氏各一間。同治間,四姓如舊分建。

時習齋,葛塘下河南王吉後裔及馬氏、方氏建修,王氏三間,馬氏、方氏各一間。同治間,三姓如舊分建。

聖門,三間,在城徐氏宗祠建修。同治間,仍徐氏宗祠建。

泮池登雲橋,向係教諭趙凝錫捐建,在城王氏助石完工。雍正十三年,林氏宗祠重修。道光七年,林和鳴又添置石欄杆。同治九年,林樹藩重修。

祭器庫,二間,在明倫堂西。麻車莊陳松竹堂建修。同治十三年,陳松竹堂重建。祭器,同治三年訓導周世滋助。

省牲所,六間。光緒十七年,在城徐大宗祠建。

土地祠,三間。同治間,庫川胡廷偉後裔重建。

名宦祠,三間。光緒間,在城徐震二蒙六二祠重建。

鄉賢祠,三間。同治十二年,各鄉賢後裔重建。

忠義祠,六間。同治十二年捐建。

倉聖廟,一座,係文廟故址,光緒間,紳董捐建。前廳三間,可投應靖常裔孫建。

聖殿,階下中陛左右階級徐鐀建修。石地程璘初、陳雄、施新常、施茂和鋪,程璘初九丈,陳雄、施新常各六丈,施茂和三丈。嘉慶十五年,陳、程、施三家又合建石欄杆。同治三年,各後裔重鋪。

明倫堂階下月臺,盧氏宗祠甃。按沈志,向係盧珮建造。康熙二十三年,其後裔增修。同治間,盧珮孫重甃。

櫺星門皇渡橋,金盛宗建。康熙癸丑圮。其後裔重建。

踏道,桐琴金助葺。雍正乙卯、嘉慶己巳,依舊皇渡橋金氏宗祠獨修。同治間,仍金氏重修。

宫墻,崆川潘大宗祠、在城周氏宗祠修築。東邊,在城周氏,自名宦祠起至頭門止。西邊,崆川潘氏,自鄉賢祠起至石柱止。長二十五丈八尺,高一丈二尺。同治年,仍二姓修築。

櫺星門外墻,正南,曹士元、徐蕘修築;西邊,楊廷桂;東邊,鄭�新築。同治年,東,胡龍山祠;西,王祠王祖仁接修。

禮門,程氏宗祠建修。同治十三年,程楷後裔重建。

儀門,周氏宗祠建修。同治十二年,六派周宗祠重建。光緒十六年,又修葺,另加木栅并門。

大門,古山胡瑛建。道光十三年,瑛裔孫重建。同治初,瑛裔孫重建,内自廟堂,外及墻垣,莫不各有主之者。各子孫繩繩視若世業。至今一椽之蠹、一墻之圮,學官以一刺召之,無不踴躍經營,亦他邑所無也。

櫺星門外有空地,南屬於溪,舊侵於民居,東逼而西衍。正德十四年,御史吴華檄張同知齊撤而復之,未盡。嘉靖十四年,知縣洪垣又募東偏民徙居而西以均之。臨溪爲石埠門,埠之間,左建狀元坊,爲宋陳亮立;右建榜眼坊,爲明程文德立。嘉靖三十年,知府陳元珂捐俸,檄知縣杜廉建仰聖興賢坊於其中。後圮。國朝乾隆間,知縣任進颺於其址建申明亭。嘉慶十三年,知縣易鳳庭徙亭於溪滸,仍建仰聖興賢坊。係王宗裕、王之珣捐資合建。萬仞宫墻,道光間,在城郎占盛、王鍾佩合造。光緒甲申,後裔郎寶英、王文顯合修。文明門城,道光間,在城郎占盛造。宣文亭。舊方國華建。光緒間,紳董捐建。

教諭署,在學宫西齋之西。康熙十七年至二十年,教諭盛元粹、趙凝錫相繼建修。寇燬,後同治十三年,各士族捐建大堂三間,曰樹人。芝英應敬暉建。崇正門三間,大堂前圍墻并大門口照墻。鄒山黄東衢建。大堂後甬道一間。寮前駱世元建。二堂資敬堂三間。上馬陳定彩建。堂後甬道三間。芝英應學仕建。東廂花廳三間。白巖黄正軒建。西廂花廳三間。芝英應崇梓建。上房住屋五間。同治六年,錢村胡良士妻吕氏建。後係桐琴程禧文接修。東書房二間。芝英應秀椿堂建。西書房二間并門簷。州同應麗泉、應崇偉合建。麗泉并築房墻。西廂外回墻。溪岸胡繼勳修築。光緒十七年,龍山祠胡氏後裔與監生應貽森合修。

訓導者,在學宫東齋之東。康熙戊午訓導周鉞、壬戌陳宏焕相繼建修。楊、曹、盧三姓建後進三間。乾隆庚子,訓導許玉衡建培英堂。寇燬,後光緒二年,各士族捐建大堂三間,曰培英。芝英應秀椿建。大堂後階沿披。在城陶陳餘建。大堂後甬道三間。夏川胡履祥建。大門口間并回墻、照墻。荷沅樓波建。二堂舒文堂三間。在城王、楊、楊,儒堂盧三姓並建。二堂西邊過路一間。在城盧寶霞建。東廂花廳三間。仙陵蔣啓流建。西廂花廳三間。石湖坑成永格建。二堂後甬道三間。朱克仁建。上房住屋五間。桐琴金式威建。東書房二間。曹元明孫建。西書房五間。一間唐上童尊三建,四間在城李瑞麟、夏川胡履祥分建。後菜園加墻。桐琴程禧文築。

學　額 以縣大中小定額。

國朝文生歲科各取二十名,武生惟歲試取十二名。恭逢慶典,則殊恩加額,其名數多寡,由部議頒行。邑之加額,名數不等。同治四年十一月,克復城池案内,奉准永廣文、武學額各三名。又於五年十一月,應參申、應寶時等重建大成殿、明倫堂案内,奉准永廣文、武學額各一名。又於是年十一月,續捐軍餉案内,奉准永廣文、武學額各一名。又於七年三月,續捐軍餉案内,奉准暫廣文、武學額一次,各二名。除暫廣一次不計外,現在每逢歲科試文學額取進二十五名,歲試武學額取進十七名。

附學田,以歲收所入積爲修崇學校資也。

一、田二千一百五十把,計四十三畝零,坐三十一都松塘莊。康熙五十年,芝英莊生員應修助。

一、田五十把,計一畝,坐二十七都西坑莊。乾隆十六年,夏殷之助。

一、田五百五十把,計一十一畝六分四釐八毫,坐十二都大園莊。乾隆五十年,民人童士達、士建助。

一、田一千秧,計二十畝四分八釐,坐三都大塘沿莊。嘉靖十年,生員徐瑾助爲修祭、樂二器之資。

書院

來學書院,在縣治西三十步城隍廟堂之東偏,即故布政分司址也。康熙壬戌,知縣謝雲從創建,置田十二畝零,以充來學之資。書院今廢。邑人徐之駿有記。

鶴亭書院,在華溪西津渡之陽。康熙辛卯,知縣姬肇燕創建,刻有《鶴亭書院唱和詩集》。

從公書院,在鶴亭書院旁。乾隆九年,知縣黄宏創建。内與鶴亭書院通其基,生員王旭如助,黄宏記。道光間,易名崇功。同治兵燹,後在城徐大宗重建。

松桃書院,乾隆四十年,知縣方瓚澤因鶴亭、從公二書院就圮,即舊址合建爲一。前爲講堂三間,左右翼以樓房各四閒,前爲大門,東、西各有耳門,後爲廳樓三間,左右翼以樓房各四間,爲學者居業地。

育英書院,在觀音閣後。樓屋五間,西偏平屋七間。知縣任進飈捐建。西偏平屋將圮,周師煒修。

附書院田,以歲收所入爲修儀膏火資也。

一、田七百四十把,計十二畝零,坐六都富貴坑下前山裹章墩墳前。康熙二十一年,知縣謝雲從置。

一、田一千秧,計二十畝零,坐三十一都松塘莊。康熙五十年,芝英莊生員應修助入來學書院。

一、田二千八百四十把,計五十九畝零。嘉慶五年,被水冲坍田三畝五分八釐，實存田五十五畝四分二釐。坐三十二都銅山。乾隆三十年，明鄉賢應仕濂普利寺寺産撥助入從公書院。

一、田一百秧，計一畝六分零，坐五都王染店。乾隆間沈宅莊民人沈正初助入從公書院。

一、田一千三百十把，計二十二畝零，坐十一、二、四、六等都。章塘莊貢生胡爾仁助入從公書院。

一、田四千零四十把，計五十四畝五分零，坐承訓鄉十都。嘉慶十九年，黄溪莊民人馬之喜助入松桃書院。

龍川書院，在龍窟山小崆峒。明成化間，里人朱彦宗建。今廢。

五峰書院，徐志：宋淳熙間，朱紫陽、吕東萊、陳龍川、吕子陽讀書講學處。明正德間，先達應石門、程松溪、李東溪、周峴峰、程方峰、盧一松共暢王陽明良知之學於此地，石門應子創麗澤祠，以祀朱、吕、陳、吕，後以程松溪祔。郡守陳受泉命吕瑗創正樓三楹，額曰五峰書院，祀王陽明，以應石門、程方峰、盧一松配。明季，後學周佑德復築學易齋於樓西，祀郡賢何、王、金、許、章，以後學李珙、杜子光、周瑩祔，每歲季秋，四方學者講學其中。先是應、程、盧創置會田，以資歲會。近陳、程、王、吕之後，亦稍捐以佐不給。周佑德子祖承復修學易齋於兵火之餘，亦道脈風化之一助也。

培文書院，在溪岸。道光間，鄉賢胡仁楷捐助爲士子課讀所。兵燹被燬。光緒紀元，子鳳丹建，共二十餘楹，後寢崇祀郡賢吕、何、王、金、許五先生。

附童試卷資田，以歲收所入爲縣府院童試卷資也。

一、田一百四十三畝零，坐二十九都、三十八都等處。道光十五年，鄉賢胡仁楷助。咸豐五年，仁楷妻施氏添助二十餘畝，坐同。光緒七年，子鳳丹添助三十九畝零，坐同。

附鄉會試卷資田，以歲收所入爲正科鄉會試卷資也。

一、田二十畝，坐二十九都、三十一都、三十八都等處。同治三年,鄉賢胡仁楷子鳳韶捐助。光緒八年,浙撫陳將胡仁楷暨妻施氏、子鳳丹、鳳韶屢次捐助,奏咨立案,其章程均另刊《義田録》備查。詳見藝文。

附恩科鄉試卷資田,以歲收所入爲恩科鄉試卷資也。

一、田一千一百五十把,計二十四畝三分零,坐十六都雅莊、二十九都下徐店、派塘山等莊。道光十五年,州同雅莊李梅妻胡氏助。

附鄉試賃寓田,以歲收所入爲鄉試賃屋資也。

一、田二百畝零七釐八毫一絲,坐義豐、長安等鄉。試用訓導應壽椿捐助。光緒十二年,通詳立案,其章程另刊入賓興田册備查。應寶時《賓興田記》云:先君菊裳公,奉王大父竹溪公、大母倪大夫人僑居杭州。每值秋試,見吾邑覓寓者,手携具,足徒跣,汗流浹背,或終日不得飯。先君顧寶時曰:"我父子幸叨庇蔭,家於會垣,差免此苦。若曹艱辛,可念也。"寶時謹誌不敢忘。未幾,寶時獲鄉薦,六上春官不得第。先君見背,而兵事亦起。服闋,投上海。甫數年,即監司蘇、松。亟以俸餘買屋杭州之鹽橋,並置廚竈,几榻略備,爲吾邑試寓,承先志也。旋又徙於祖廟巷。然吾邑試者率二百人,半須樓居,有稱不便者,乃於貢院東橋買地十畝,思別營之,去貢院不過十數步。惟地在城東北隅,兵亂後絶少居人,屋成須三年,一居,居又不過兩三旬。典守修理之費殊不貲,躊躕無以爲計。一日,過丁君松生,言及此。松生謂寶時曰:"建屋不如買田也。以三年所入之租,每届試時,出錢别賃廣厦,其租必有所贏。以所贏之租,貴糶賤糴,儲之二三十年,仍可就貢院東橋地建屋,而一切諸費又仍可出於租。豈非經久之策乎?"寶時從其教,於光緒九年售祖廟巷屋,得價如干緡。十年,買田於吾邑南鄉,計二百畝,歲可得租二百斛,三歲可得六百斛,以半充賃值及春冬納糧,試時經理之用不至過絀,則歲可餘百斛。銖積寸累,久而彌厚,後之人如有志於此,或能與先君之前言、寶時之本意不至終相剌繆矣!爰以其田附於吾族大宗之義莊,上其數於官,亦區區不忘遺訓之微衷也。

崇功書院,在西津橋左。同治二年克復後,議將各書院及賓興田開列於後:

一、康熙二十一年,知縣謝雲從置田七百四十把,計十二畝零。

一、康熙五十年,芝英莊生員應修助入來學書院田一千秧,計十二畝零。

一、乾隆三十年,明鄉賢應仕濂普利寺産撥入從功書院田二千五百秧，計五十五畝四分五釐。

一、乾隆間沈宅沈正初助入從公書院田一百把，計一畝六分零。

一、章塘莊貢生胡爾仁助入從公書院田一千三百十把，計二十二畝零。

一、嘉慶十九年，黄溪莊馬之喜助入松桃書院田四千零四十把，計五十四畝五分零。

一、咸豐元年，諭杜山頭莊杜文儒充捐助入從公書院田一千秧，計二十畝零。

一、道光三十年，邑侯饒諭監生周鏡波出錢四百千文，交紳士積儲生息，至咸豐九年，除鄉試開給外，置田一千零六十把。

一、咸豐十年，本邑訓導楊清壽助田三百九十五把，土坐麻車莊。

一、同治四年，長安鄉吴法江助田八十把，土坐定橋莊。

以上共田一萬二千二百二十五把，其丘墾詳載書院田畝底册，今一併入崇功書院，爲節年膏火獎賞之費。

光緒十五年，知縣事李桐孫明府莅任後，因書院節年田租除完糧支銷折耗外，餘錢無多，膏獎費絀，緣邀同紳董刊刻章程，諭城鄉殷實之户勸捐。如輸洋百元者，設祠入主，以嘉其功；不及百元者，立匾登載。共捐集洋四千餘元，發邑城康濟典領存，按月一分起息，又將典内向有每年送縣公用錢百廿千文名曰季規，自光緒十六年起停止送縣，其款撥充崇功書院膏獎，以後季規名目永遠裁革。遇有交替，一體照辦。所有書院現定膏獎、修脯、禮書、卷資、紙筆等項一切用款并將來加增課款膏火，是所望於賢令尹振興而鼓舞之，則尤吾邑之幸，抑亦宰治之光也。另刊《崇功書院條例》備查。附《頌李桐孫明府籌輸書院膏獎誌》言：士爲民表，人以材儲。恭惟國朝，播雲漢作人之雅；幸承公祖，敷菁莪育材之休。自本邑建書院以崇功名，故君侯籌膏火爲廣業計。時方試士，命題弦歌；志切修文，設筵郡館。仗隴西之駿系，企江右之鴻儒。啓鹿洞之學規，托龍門之聲價。知本楷模爲世範，時循周孔以儀型。每自下車以來，具悉山陬之苦况；受篆伊始，猶憐兵燹之孑餘。遂乃撫字忘勞，莅政以興文爲本;恩勤靡倦,恤民以養士爲先。計畫彌周,多以爲貴;斟酌盡善,輕則易從。分廉俸以率先,顯揭後任,俾之不爲利疚;革陋規而補闕,隱戒諸生,勗以無爲利來。方將恢士氣於藝林,實欲扇仁風於草莽。用敷義事,頒甲令以引富人;與展孝思,訂丁期而榮宗祖。使俗敦名教,即法本儒家。無如二年之中,樂輸尚少;亦諒四境之内,帑藏無多。大費經營,湊撥猶須五百餘率;備存康濟會計僅得四千有奇。集羨息以爲資,保蚨飛於無恙。至是申詳大憲,辰告遠謀。具近日條章,陳雕宰鑄顔之法;俾異時令宰,樹宓琴游刃之方。既可於文教窺見一班,即亦以勤民昭宣百里。念賢令尹,良工心苦,潤澤不徒添繼晷之膏;願都人士,居業精勤,輝光當自守傳薪之火。從此豫章之蔭,永芘五峰;贛水之波,長滋雙澗。爰以敦崇實學,既得案定新章,意美法良,先選翰以書爲誌;還宜備列名款,且待祠成崇善;屬辭比事,復泐石而著之碑。邑人潘樹棠撰。

崇善祠　潘樹棠碑記云:祠者何?祀也。今兹光緒歲辛卯創立崇善祠者,南昌李侯桐孫來宰吾縣,爲殷富出貲增廣書院膏火而獎勸之者也。書院今名崇功,侯乃爲廣業計。崇功惟志,廣業即在勤也。侯以己丑春初來受篆視事,預知永地土瘠民貧,皆以艱難起家,即稱富有,亦第如衛公子荆之苟完。書院則自康熙間謝公雲從捐廉置立田業始,嗣兹有助入院者,至今多至萬畝,而租課絶少,厪厪足供獎賞。侯於是欲善民俗,先振士風,設立膏火爲之倡,率先自捐廉俸洋壹百貳拾員,又提平餘項下加捐洋貳百員,申文稟詳督撫、藩臬、道府各大憲,具奉批示,後任一律照辦,以立案俾垂久遠。是侯於養士意念有深焉者矣!復爲條章,斟酌出之,俾少有之家輕則易從。額定捐洋銀百員者祠入一主,惟應方伯爲最上户,捐洋八百餘員,祇自願入三主,其餘上户捐二百員者二主,兄弟合捐三百員者三主,一百員者一主。若次中户勉力承捐百員者,亦如之,俾各入一主。又以常帑充肥,能捐百員,即本其祖主以入之,此即啓其善繼述之心,併啓捐私財者,當亦入其祖父之主,以引其善則歸親之意。而又諭紳董,捐必聽其自便,毋强勸,意以謂有善心者捐之,其無此心者不與。或有事贖金,則别置各款使自悟,不得入此祠以愧之,此亦舉善教不能,祠之所以名崇善也歟!抑余竊聞,善人富謂之賞。天以富賞善人,善人乃以其富如天所賞以養多士，所謂尊德樂義好善不倦爲天爵之貴者，此也。崇之以祠，而俎豆之宜已，然則祠祀每歲必以仲丁者何？余以爲侯意在勵士。凡與斯祀者，皆有造佳士，乃因其敬聖之心，殫其崇德之誼，循其所爲樂善，以與我者而自善焉。《大學》明德新民止至善，此至善固一以貫之。孟子窮則獨善其身，達則兼善天下，此至善則分而著之者也。惟往其崇之習勤廣業，不見異而遷焉，型兹崇功，相觀而摩，皆以善相長。侯之意諒必在兹，豈徒艷以利云乎哉！今秋侯逝矣，祠建於西階，軫考棚爲前屏，以其繚垣爲襟帶。嚮者春三月，侯屬爲記，今如命，舉其所爲祠名崇善者詳言之，併列其捐人姓名及數目於右，其捐未及百凡五十至三十、二十員者，一一登名於匾，以待補足，可入主於祠。某年雖耄，不敢以荒蕪辭。曲體侯意，記之備勒諸石，陷於祠壁，以爲之劵。

在城　徐大宗

陬山　黄東衢　各捐洋貳百元。

葉花塘　姚方正

葉花塘　姚方明　各捐洋壹百五十元。

桐琴　程禧文

古山　胡斯彦

永祥　朱克仕

下宅口　吕際虞

芝英　應翼常

芝英　應希范常

芝英　應士賢

芝英　應朝宗

溪岸　胡鋤經堂

芝英　應崇題

梅城　林大宗

象珠　徐景松

山西　胡濟巨

古山　胡始祖

鍾山　胡承祥

在城　王修吉祠

吕南宅　吕紅袍

象珠　王師秋常

王上店　王新瓊

唐先　施尚梨

可投　應毓廣

塘上　童升墀

在城　傅紹甫

獨松　程時棉

在城　徐蔭棠　各捐洋壹伯元。

芝英　應秀芝堂　捐洋捌伯六十六元。

試　院

試院，在縣治西。本邑嚮無試院，每歲文童千二三百人，皆扃試縣廨。道光庚子、辛丑間，都人士集資購基地於西街，義豐鄉周榮青助坐試院頭門基地計糧八分，坐周永餘户完納。徐聖森助大堂前後基址計糧六分七釐，坐徐上庠户完納。創建試院，深六十餘丈，闊十五丈餘，共費白金萬七千兩有奇。咸豐八年，燬於寇，邑人胡鳳丹以燹後户瘠民貧，集捐匪易，鬻産獨力建復，於光緒九年興工，至十三年二月落成。計照墻至外圍墻二百七十餘丈，頭門三楹，儀門三楹。東西號舍深各二十八丈，闊各四丈餘，内置號桌三百八十四張，凳三百八十四條，均係條石爲脚。復建甬道瓦屋十四間，射廳一所，大堂三間，暖閣堂後過階亭三間，東西廂六間，後堂五楹，東西旁舍四楹，共計瓦屋一百二十二間，費白金一萬三千二百十三兩零。另捐制錢一百串，存典生息，爲歲修經費。鳳丹撰有碑記。光緒十三年，浙撫衛奏咨立案。

附安老會。此會何四香司教創建，以給在學諸生之年邁而貧及其父、母、妻之待養者。其經理積放，開給規例。暨應金暉助田丘墾及各捐錢，另有簿籍，現存育嬰堂備查。

武衙

都司署，在儒學後街，即行察院故址也。雍正八年，總制李衛以永康與處縉雲、台仙居接壤，地當衝要，距郡一百餘里，而駐防兩營竝列郡城，聲援較遠，議以右營都司移駐永康。疏奏報可，即於是春檄郡守馬日炳就行察院故址創建留守都司署。廳事三楹，左右翼以廊，東西向各三楹，前爲二門三楹，又前爲大門三楹。廳事後爲内署。光緒十一年，知府陳文騄建議以金協中軍都司移駐八保山爲巡防都司。巡撫劉秉璋會總督楊昌濬入告，得旨下部議，報可。十二年，知府陳文騄請撥款建署於八保山，共廳房門屋三十二間。

營房，六處：一在署旁，五十二間；一在東門，八間；一在南門，十二間；一在大西門，八間；一在北門，六間；一在小西門，三十有六間。外設馬廠十間。　炮房，在大西門内，紅衣將軍一座。　教場，在縣東二里黄金埨。正德七年，主簿黄雅明奉部檄，邀練民壯，始建焉。其制：中爲將臺，東西相距一百六十步，南北相距九十步，植木四周籓之。今將臺、植木皆廢。　塘汛七：縣西十里曰烈橋，又十里曰花街，又十里曰楊公。縣東五里曰高鎮，又十五里曰李溪，又二十里曰館頭。縣北五十里曰四路口。皆有營房三間、煙墩三座、瞭臺一座。高鎮汛營房一間半，餘同。

汛防署，在都司署之左，即舊小分司署故址。汛防弁一員，千總、把總輪年易换。　小汛，在四十六都。額設馬步戰守各技兵一百十五名，内除分撥六塘兵二十四名、四十六都小汛兵十五名、四路口隘口兵五名,實存縣汛兵七十一名,内字識四名,馬兵六名,戰兵十二名,守兵四十九名。

華溪驛,在縣西。按應志:宋驛二;一曰行春,在縣東南李溪;一曰拱辰,在縣東北尚書堂。元驛一,曰延賓,其址即今驛所在也。洪武三年,魏處直因而改建焉,其設官丞一人,職掌站馬五匹、站騾三頭、站驢五頭,運夫三十五人、館夫三人,馬枋一所。舊在縣治南馬枋巷。歲久廢。嘉靖十四年,知縣洪垣徙其址於城西南隅,距儒學外垣三十步。國朝康熙元年,官裁,衙舍亦圮。

急遞鋪,凡十:附縣曰總鋪,在縣前西偏。由總鋪而西十里曰烈橋,又十里曰華蓋,即花街。又十里曰界嶺,即楊公橋。達於武義之内白,以達於府。由總鋪而東十里曰黄塘,又十里曰李溪,又十里曰櫸木,又十里曰館頭,達於縉雲之黄碧,以達於處州。由李溪之東十里曰麻車,又十里曰新亭,達於縉雲之壺陳,以達於台州。今十鋪皆圮。

其兵餉,先前戰兵每名每年銀十八兩,守兵每名每年銀十二兩。於同治八年,左制憲因念兵餉微薄,奏議減兵增餉,戰兵每名每年餉銀三十兩,守兵每名每年銀十八兩,所有稿、清書另給,辛工不歸兵額。議以都司員下一稿二清,稿書每名月給辛工銀四兩五錢,清書每名月給辛工銀三兩六錢,無月米。

營制:永康原額兵一百十五名,於道光二十三年裁添定海兵十五名,至留額兵百名。咸豐間,粤逆擾亂,大半出征。嗣至兵燹後,於同治八年,由減兵增餉案内照額減留馬戰守兵六十名,塘兵盡裁。復於同治十一年,由裁官併汛案内奉裁都司一員、馬戰守兵二十名,添設裹溪汛千總一員,所留戰守兵四十名内,分設裹溪汛兵十六名、四十五六都汛兵四名,净留在城兵二十名。於光緒八年,因四十七都八保山有土匪,四散擄掠,剿滅後,奉將金協中軍都司改爲巡防都司,駐劄桂川莊,彈壓八保,添設桂川防兵四十名。太守陳□□委造都司衙署於桂川,都司賀興策於光緒十五年四月督同防兵抵桂川,復減去裹溪汛兵四名。現在城鄉各汛統共戰守兵七十六名。

壇　廟

先農壇，在東門外東郊。壇高二尺一寸，東西相距二丈一尺，南北相距二丈一尺。壇北正祠三間，奉先農炎帝神農氏之神，先農厲山氏之神，先農后稷氏之神。外繚以周垣。耤田在壇前，計四畝九分。雍正六年，知縣烏銓奉文建。嘉慶五年，圮於水。二十三年，邑紳士捐資重建。

社稷壇，在縣西二里西石山。其壇制：東西二丈五尺，南北二丈五尺，高三尺。四出階，各三級，壇下空地，前十二丈，後與東、西各五丈，繚以周垣四門，從北門入。石主長二尺五寸，方一尺，埋於壇南正中，去壇一尺五寸，止露員尖，餘埋土中。壝内建神廚、神庫及宰牲亭。明洪武十一年，知縣李均建。後門、垣、亭、庫皆圮。國朝仍舊址建壇。社右稷左，異位同壇。道光十六年，知縣陳希俊於壇北建殿三間，壇南建廳三間，中爲大門，東西爲莅牲及更衣之所，其外繚以周垣，規制始復其舊焉。

神祇壇，即雲雨風雷山川壇。在縣東二百步迎曦門外。《周禮》："以槱燎祀風雨，以沉霾祀山川。"歷代因之，各爲壇以望焉。至唐加雷，明又加雲，合諸山川，附以城隍，其壇制與社稷同，不立主。其域：東西相距三十六步，沈志二十八步。南北相距二十五步。明洪武十一年，知縣李均建。嘉靖三十一年，知縣杜廉於壝之南、東、西各建一亭，以爲莅牲及更衣之所，後門、垣及亭皆圮。國朝仍舊址建神祇壇。道光十六年，知縣陳希俊於壇北建殿三間，壇西建廳二間，爲莅牲及更衣之所，外建大門，繚以周垣，規制一新焉。

倉帝廟，光緒初諭建，在儒學儀門之東。爲閣三層，即文昌廟故址。光緒乙酉，闔邑捐建。前爲廳事三間依舊，可投應靖常孫承建。

關帝廟，在永安門外松石山上。明萬曆戊午，知縣陳秉厚、典史靳奎光建。有碑。國朝雍正六年,知縣烏銓奉檄建修。正殿三間,左右翼以廊,前爲前軒三間,中爲大門,外爲臺階,翼以闌干,正殿後爲後殿。後殿爲古文昌廟故址。

文昌廟,在儒學儀門之東。爲閣三層。乾隆乙亥,邑紳士捐建。前爲廳事三間,可投應靖常建。嘉慶六年,以文昌帝君主持文運,奉詔列入祀典,知縣王斯颺即其地以祀。中層爲前殿,下層爲後殿。今以同治十二年移松石山上與關帝廟合建,起閣,上層關帝正殿,閣後關帝後殿,中層文帝正殿,最上層文帝後殿。合邑貢監捐造。

文昌閣,在鄉者八:唐先、山西、古山、庫川、後塘衕、洪州、大塘沿、赤川。

城隍廟,在縣治西三十許步。明洪武三年,知縣何宏道建。二十年,封爲監察司民城隍顯佑伯,且令置公案、筆硯,與縣官視事同。此神道設教之意也。正統十四年,燬於寇。景泰三年知縣何宗海、嘉靖三十一年知縣杜廉相繼建修。國朝康熙間修葺。道光三年,邑紳士以歲久將圮,捐資重建。其制:中爲正殿,殿前左右翼以廊,東西向,前爲臺門,廳北向,南有門樓,又南爲二門,闔商修。又南爲廟門,臨大街。正殿後爲後殿。殿東偏爲前後房。

李溪城隍廟,道光乙未,紳士捐修。

厲壇,在縣北一里延真觀後。明洪武三年,知縣魏處直建。其域:東西相距一十四步,南北相距一十一步。

橋　梁

附郭者六:東南曰仁政橋。距縣三十步。舊建木梁,名大花橋。至元中,改建以石,爲屋覆之,始易今名。明初屋灾,建文四年,知縣張聰葺焉。正統末,橋圮于水。景泰七年,知縣劉珂重建,李侍郎棠有記。正德十六年,屋灾,縣丞李景軒重葺。其後屋圮。萬曆二十八年,知縣戴啓鳳檄施孟安裔孫及吕斌重修。國朝道光丙申,唐先施大常及茂禄常與河東吕大常及吕冬常合修。

東北曰梁風橋，在上封寺前。永樂十四年建，後圮。景泰間，鄉賢應仕濂重建。以後仕濂裔孫建修。曰東橋。在延真觀前。嘉靖間，民人趙廷懷建。

西南曰西津橋，在學前西偏。初爲浮橋，曰下浮橋。久廢。明弘治間，知縣王秩造舟及簽夫以濟，曰西津渡。康熙間，邑人陳疇助田，爲修辦渡船之資。五十七年，僧知和募建木橋，尋圮。雍正初，邑人曹元明倡議捐建石橋，爲屋覆之。乾隆四十年間，橋圮，閩商吕逢時捐資修之。嘉慶五年，圮於水。徐宗常爲渡船以濟往來者十年，邑人王儒璋、徐召棠、王宗裕、王鳳東、徐啓璋、樓煜等始裒衆營建，期年而成，長七十丈，闊一丈五尺，覆之以屋，計六十有五間，視前尤爲堅固云。

舉人周景灝曰：邑有西津橋，自前明始萌芽，成毁者數矣。曳輪濡尾，往來病之，邑人始爲略彴以濟。然春夏雨興，濁水洊至，或怒而與石激，則波白如山，鯨呿鰲擲，雖有扁舟，鼓枻失色，而舟中人竟有化爲蟲沙者，彼略彴之溺人，又不知凡幾矣。太學生元明曹君私憂久之，始倡義舉，集同志數人，請命於邑侯張公朱梅。侯始有難色，既而見曹君輩之毅然任事也，悉聽便宜行事。自方鳩孱功以及落成，費不下二千餘緡，皆多方醵錢，一一如石出水而清之。既成，而雁齒鼉梁，彩虹掩映，車徒任輦，如履平地，其有功於利涉者甚大。程子曰，學者苟存心於愛物，於人必有所濟，豈不諒哉！

按乾隆十一年知縣黄宏碑記云：西津橋之建，前郡憲葉檄張令經營而創造之，蓋指張朱梅而言也。知縣王斯颺碑記誤以爲順治初張桐城。試思順治初已改木爲石，何以徐、沈二志不言橋而言渡乎？况《浙江通志》明言：康熙間，陳疇助田爲修辦渡船資，是康熙初尚無橋明矣。至任進颺碑記謂陳姓實爲創首，則又因陳疇助田而誤也。兹讀周景灝文，以當時人言當時事，足以證傳聞之誤，故詳録之。曰永濟橋，在四都虎山邊。同治間，王育川等募衆捐建。去縣十五里。曰七星橋，去縣二十里。曰雁濟橋。白雁村始建，同治間王育川等倡修。去縣二十三里。

西曰和讓橋。在由義門外，一名小西橋。永樂年間，縣丞歐陽齊建，後圮。相傳有人拾遺金于水次，守而還之。失金者願以半相酬。不受，相讓久之。衆見其讓之堅也，曰："何不以此建橋?"皆曰："諾。"橋成，因名和讓。前志作和尚，非。

西北曰西橋。在望京門外。康熙二十二年，徐于祥重建。

當驛道者由西橋而西達於府，其所經由曰烈橋，去縣十里。永樂二年，蔡伯仁建。景泰水圮，後皆栗里陳錫金修建。曰三板橋，去縣十五里。曰楊公橋。去縣三十里。嘉慶五年，知縣張吉安倡修。

由仁政橋而東南達於縉雲，其所經由曰永甯橋；在華溪門外。舊以木，名小花橋，元至順初改建以石，始易今名。明弘治間，市民徐得銘重建。正德間圮，其子璋復建。曰望春橋，乾隆間，庠生盧報捐建。後圮。道光初，監生姚成壁重修。曰李溪橋，去縣二十里。明景泰初，僉事馮城檄同知趙賢督耆民李思傑、施孟達建。成化末，圮於水。正德中，章德昭裒衆營建，久弗就。嘉靖二十三年，僉事歐陽清捐俸爲倡，檄僧德顯募緣，合金、衢、温、處四府官民之力成之，永嘉郡知府洪垣記。後圮，路亦旋徙。邑紳士相度水勢，别建一橋於上游，曰康濟橋。曰康濟橋。至縣二十里。道光六年，邑人李鶴庚、王儒璋、徐啓璋、應道種、樓煜、徐行、王惟精、馬聖簾、吕尚選、王鍾佩、王鳳坦、王松年捐建。

其非驛道而津要者，由東橋而東北達於東陽，其所經由曰永安橋，去縣一里。曰杉板橋，即珠明橋。去縣十八里，在十四都。曰新河橋，去縣二十里。康熙二年，吕季義重建。乾隆甲辰，吕順元修。嘉慶丙寅，吕廷標、吕起鳳、吕士起捐修。曰中浲橋，曰上浲橋。竝去縣二十餘里。康熙間，樓有星等捐建。後圮。嘉慶丙辰，僧覺性募建。光緒庚寅，荷沅樓波倡捐重修。

由和讓橋而西，達於武義，其所經由，曰五錦橋，去縣十里。武義尤高七建。後圮。康熙八年，武義趙理第重建。其後理第子孫修葺。曰蛙藞橋。去縣十餘里。

温、處捷徑所經由，曰崇興橋，去縣三十里。曰三星橋，去縣三十五里，地名當渡。嘉慶丁卯捐建。曰華溪橋，去縣四十里，地名丁埠頭。曰烏江橋，曰古陳橋，俱去縣四十餘里。曰龍窟橋。去縣五十里。

其諸利涉不可廢者，南鄉曰櫸居橋，沈志作櫸木，去縣六里。金盛宗建。曰東錦橋，去縣十里。陳景文建。曰西溪橋，去縣十里。嘉慶戊寅，陳昌堯等捐建。曰普濟橋，去縣十里。嘉慶庚申圮，俞有荒倡捐二百五十兩重建，又捐田二畝六分以資修葺。道光辛卯，又圮，王逢春倡捐三百兩，俞廷學倡捐百二十五兩重建。曰永濟橋，曰太濟橋，竝去縣十五里。曰護臘橋。去縣四十里。篁源章姓建。

西南曰皇渡橋，去縣十三里。金盛宗建。曰仙井橋，去縣二十里。金兆開建。曰青龍渡，去縣十里。曰李店渡，去縣十三里。曰楊渡，去縣十五里。曰桐琴渡。去縣二十里。

曰昌後橋，曰螽斯橋。俞公坑。舊有二橋，嘉慶庚申，圮於蛟水。道光丁亥，徐正時出貲三百餘金重建。

東南曰萬春橋，去縣五里，在高堰。乾隆間，王應訓等捐造。道光三年圮。周士珣、樓守許、周師賢、王履貞等捐修。曰太平橋，距縣十里。曰欏樹橋，去縣二十里。曰下江橋，去縣二十餘里。曰萬安橋，去縣三十里。郎丙有捐建。曰通靈橋，在當渡方巖大路。道光廿二年，前倉莊議敘、張文華、監生張文陶兄弟助建，費白金貳千兩有奇，贊府吴廷康有記。光緒辛丑，孫張建成獨任修造，又費金三百餘兩。曰望西橋，去縣三十里。道光十年，楊洛穹、應道種等倡首捐建。曰永濟橋，去縣三十五里。周文興等募建。曰羅橋，去縣四十五里。曰永豐橋。去縣三十里。貢生李鳴球等倡首捐建。陳汝超助鋪橋面石欄，共費白金四千兩有奇。

東鄉曰後曹橋，去縣五里。乾隆四年，林炳章、林徵久、徐仲光、徐得雁、應景郁同造。後東岸決，林肇沛修。嘉慶五年圮。里人仍依前分建。道光年復圮。廿六年，徐錫豐、應新逵等倡修。光緒四年，西岸決，紳董募衆捐修。曰酥溪橋，去縣八里。弘治間，陳良七裒衆營建。曰鶴鳴橋，去縣二十里。應徐常重造。後圮。乾隆五十七年，僧普浄募建。咸豐間又圮。同治十年，應寶時獨捐銀六千餘兩倡首建造。曰從安橋，去縣三十里。在桑園下。康熙間捐建。後圮。應禹錫等裒衆重造。曰仙遊橋，去縣三十里。柿后應天成建。曰外關橋，去縣三十里。陳鳳德造，又助田爲修葺費。曰登高橋，去縣三十里。柿后陳金擢倡首捐造，溪岸胡仁模妻李氏獨鋪橋面，陳鳳巢有記。曰北鎮橋，去縣四十里。曰聯升橋，去縣四十里。曰聯珠橋，去縣四十里。俱古山胡闔族建。曰雙溪口橋，去縣三十五里。曰既濟橋，去縣四十五里。胡庫闔族建。曰苦竹橋，去縣五十里。曰千秋橋，道光三年，應開嬌、應道種等捐建。曰下溪橋，去縣四十五里。曰古峰橋，去縣二十里。在堰川。嘉慶庚辰，里人胡有楨募建。曰東川橋，去縣十五里。在藍街。道光十二年，王正浩、李馥、李兆美募建。曰衍慶橋，金城川朱闔族建。曰翠溪橋，深澤陳大宗下裔孫同建。曰承志橋，陳衡和捐建。俱去縣一百二十里。曰永安橋，去縣一百二十餘里。陳啓時建。日月橋，金正釧建造。迴龍橋，金川坑口創建。黄金橋，離城四十五里。道光間，吴丹書建。光緒己丑，裔孫倡修。萬濟橋，陳正苗、正鐸、正滿捐建。萬年橋，馬能五捐建。納川橋。

東北曰千秋橋，去縣二十五里。乾隆七年，胡承瑞倡捐重造。曰平安橋，施孟達建。咸豐四年，被水冲圮，施姓嗣孫捐建。曰普渡橋，鍾希孟建。明，橋圮，施孟達重建。道光間，被水冲圮，施姓闔族捐修。俱去縣三十五里。曰巖前橋，去縣四十里。施季康建。後圮。施姓捐造，易名永濟橋。曰水東橋，吕子珍建。曰水西橋，曰清河橋，曰南新橋，曰永思橋，太平吕鑐建。曰世昌橋，俱去縣四十餘里。太平吕如堯建。曰三家橋，去縣三十里。王師臨建。後圮。捐造，改名鳳江橋，道光間鄭伯勇倡修。曰水仙橋，去縣三十里。象珠王姓建。曰萬緣橋。去縣三十五里。夏一標等捐建。

北鄉曰沈家橋，去縣四里。曰俞家橋，去縣六里。曰新橋，去縣十三里。曰章村橋，童德盛造。曰東濟橋，俱去縣二十餘里。曰三星橋，十四都下陽。曰雙濟橋，十四都水碓頭周。俱去縣二十里。曰永濟橋，去縣三十五里。曰横溪橋。去縣四十里。

西北曰永安橋，乾隆丁酉，尚仁潘七峰建。曰崆橋，崆川本族建修。俱去縣十里。曰倉口橋，去縣十四里。曰大中橋，去縣十五里。童引元建。曰大依橋，曰奉聖橋，俱去縣二十里。曰王墳橋，去縣二十里。曰夏吕橋，王浪政、王汾建。道光乙未，闔族捐修。曰九里橋，吕一美建。乾隆己亥，王琢、徐光文、吕炳光各倡捐二百餘金重修。道光間，鄭家莊鄭伯勇倡建。俱去縣三十里。兩渡橋。離城三十里。光緒八年捐建。

市集

大者五：曰縣市，每逢一、六開市。在迎曦門外。曰桐琴市，二、七開市。縣西十五里。曰芝英市，縣東三十里。每逢三、八開市。肩販雲集。其地係鄉賢應仕濂常産，每歲收地租銀十二兩。康熙三十四年，因牙行苛斂，盡罷所徵税爲義市，一時商賈皆感應氏世義云。曰象珠市，四、九開市。縣西北三十里。曰古山市。五、十開市。縣東四十里。

其餘曰長田市，去縣十五里。曰巖下市，去縣四十五里。曰派溪市。去縣五十里。東南曰高堰市，去縣八里。曰黄塘市，去縣十里。曰李溪市，曰石柱市，曰胡堰街市，俱去縣二十里。曰前倉市，去縣四十里。曰可投市。去縣五十里。東北曰派溪市，去縣二十里。曰平安橋市，去縣三十五里。曰唐先市，去縣四十里。曰太平市，曰四路口市。去縣俱五十里。西曰楊公橋市，去縣三十里。曰八字墻市。去縣四十五里。北曰清渭街市，去縣二十里。曰龍山市。去縣三十里。東曰浄心市，去縣五十里。曰新屋市。去縣百二十里。

坊　表

仰聖興賢坊　儒學前。

狀元坊　爲陳亮立。

榜眼坊　爲程文德立。並儒學前。

正學名臣坊　爲應孟明立。在可投。

天官坊　在縣治前。

學士尚書坊　並爲程文德立。在獨松。

開國元恩坊　爲吕撫立。在太平。

父子進士坊　爲程銈、程文德立。

太史坊　爲王禮立。

登科坊　爲孫明立。在驛門右。

擢桂坊　一爲吕鋭立，一爲李溪章安立，一爲十三都胡良立。

鵬摶坊　爲李鴻立。

會試亞元坊

總督三省坊

大司馬坊　俱爲王崇立。

藩伯坊　爲徐時立。

繡衣坊　爲周奇立。

三代都憲坊

弈世郡侯坊　俱爲徐朗、徐文壁立。

侍郎坊　爲徐讚立。

雲衢坊　在中市。

繡衣坊　在上市。俱爲謝忱立。

清修吉士坊　爲李滄立。

京闈進士坊

彩鳳先鳴坊　俱爲童信立。

大諫議訪　爲王楷立。

瀛州吉士坊　爲童燧立。

橋梓秋官坊　爲徐文燦、徐師張立。

鶴谿祠坊　爲徐昭立。

三世青雲坊　爲童珪立。

四牌坊

都諫坊　俱爲趙艮立。

進士坊　一爲徐讚立，一爲徐沂立，一爲徐昭立，一爲徐文通立，一爲胡瑛立，一爲樓澤立，一爲應廷育立，一爲趙鑾立，一爲俞敬立。

傳芳坊　爲應恩、應奎、應照立。

世美坊　爲李恃、李宏道、李滋、李甯、李釗立。在館頭。

進士坊　在缸窑，爲胡大經立。在後吴，爲吴甯立。在麻車，爲周秀立。在油溪塘，爲周聚星立。

科第傳芳坊　爲童信、童燧、童如淹、童如衍立。

孝義坊　爲倪大海立。在九都。

旌義坊，凡六　爲王孟俊、徐伯良、陳公署、陳積安、金盛宗、施茂盛立。

科甲傳芳坊　爲王存、王洙、王楷、王世德、王世鈁、王世衡立。

鳴岐坊　爲王沄立。

鳴鳳坊　爲胡傑立。

奎璧坊　爲汪吉立。縣西十五里。

世科坊　爲章安立。

内臺秉憲坊

柱史坊　俱爲黄卷立。

大中丞坊　爲王世德立。

大京兆坊　爲程正誼立。

丹桂坊　爲吴潭立。

選元坊　爲吴璘立。

父子尚義坊　爲胡仁楷、胡鳳丹立。在溪岸。

孝子坊　爲祀生陳登朝立。在武平鄉,僑居麗邑却金館。

急公好義坊　爲胡鳳丹立。在邑城試院前。

一門八烈坊　爲胡鳳岡、胡鳳鳴、胡鳳雝、胡鳳韶、胡鳳恩、胡鳳標妻盧氏、胡鳳韶妻王氏、胡宗壽立。在溪岸。

百歲坊,男凡九　爲徐伯敦、徐時、油溪周琮、古山胡宗護、唐先施嘉錫、松川胡宗端、潛村胡兆鵬、李溪章賢初、王染店王儒璋立。

好善樂施坊　爲王惟精母陳氏立。

樂善好施坊　爲應壽椿妻一品命婦朱氏立。在芝英。

樂善好施坊　爲胡仁楷妻一品命婦施氏立。在溪岸。

樂善好施坊　爲應學聖立。在芝英。

一門雙貞坊　爲胡繼勳女品姑、王文寶聘妻,胡鳳丹女雲琇、盛文霖聘妻立。在溪岸。

百歲坊,女凡三　爲古山胡瑛母應氏、庫川胡廷偉妻應氏、唐先施義逢妻吴氏立。

旌淑坊　爲節婦胡氏、孝子應綱立。

貞烈坊,凡十　一爲貞女章蘊奴立,在六都馬宗祠前。一爲烈女吕主奴立。一爲貞女方福姓立。一爲周貞女陳兆槐聘妻立,在麻車。一爲楊貞女陳法奇聘妻立,在魚櫝。一爲徐貞女金象禹聘妻立,在皇渡橋。一爲烈婦程浪妻朱氏立。一爲程德福妻陳氏立。一爲徐聖鳳妻童氏立,在西門。一爲程家浦妻施氏立。一爲程義豐妻吕氏立。

旌節坊　一爲樓偉妻朱氏立。一爲王玨妻童氏立。一爲陳嘉謨妻朱氏立。

二虞雙節坊　爲生員徐士霽妻虞氏名登、儒童徐璜妻虞氏名枝淑立。

三節坊　爲應鼎鰲妻周氏、應洪瑄妻徐氏、洪玽妻徐氏立。在芝英。

雙節坊　一爲陳氏、應氏立。一爲徐彦深妻應氏、兆楷妻應氏立。一爲吴鳴心妻楊氏、鳴龍妻吕氏立。一爲承訓鄉黄懋恭妻顔氏、黄忠庠妻徐氏立。

應氏節烈總坊　在芝英市基。

義豐鄉節孝坊，凡三十　爲盧國釗妻周氏、李茂峰妻胡氏、徐廣妻林氏、吕兆昌妻胡氏、姚大悦妻董氏、黄介瑞妻鮑氏、周御楷妻王氏、徐錫耘妻應氏、徐明瀚妻王氏、吕岳松妻應氏、李如位妻徐氏、徐發妻吕氏、周景濬妻李氏、顔宗榮妻李氏、姚兆科妻李氏、徐宏賽妻林氏、周廷吉妻葉氏、金景歸妻陳氏、金象敘妻徐氏、金景郎妻陳氏、陳懋全妻徐氏、鄧奇旌妻應氏、徐萬青妻王氏、陳儒林妻何氏、樓啓榮妻章氏、吕東曙妻胡氏、趙允升妻朱氏、俞世震妻陳氏、單金旺妻翁氏、葉三多妻馬氏立。

長安鄉節孝坊，凡十　爲倪瑄妻陳氏、應世志妻牟氏、李正池妻陳氏、樓元日妻方氏、方士高妻孫氏、樓景東妻章氏、金希顔妻盧氏、倪廷柱妻潘氏、李祖紹妻徐氏、華景南妻樓氏立。

承訓鄉節孝坊，凡八　爲胡嘉元妻吕氏、陳孟誠妻吕氏、陳之謙妻顔氏、吕律妻徐氏、吕鳳儀妻陳氏、黄懋巍妻陳氏、陳世鴻妻方氏、徐英昊妻姚氏立。

昇平鄉節孝坊，凡十四　爲李仲明妻蔣氏、林守官妻應氏、王世謨妻俞氏、胡祖訓妻吕氏、沈爾賢妻李氏、林伯雲妻盧氏、王載苕妻倪氏、王鍾祥妻應氏、王集薇妻胡氏、陳有明妻吕氏、王載合妻沈氏、胡炳福妻吕氏、樓步雲妻李氏、馬良連妻李氏立。

太平鄉節孝坊，凡十二　爲施仁楨妻胡氏、吕儀妻朱氏、胡儒卿妻李氏、胡毓匡妻應氏、施國昭妻俞氏、施益三妻徐氏、胡正瓏妻吴氏、施仁哲妻徐氏、胡兆蓮妻吕氏、施義飛妻樓氏、童信燦妻鄭氏、童承之妻胡氏立。在唐上。

義和鄉節孝坊，凡十　爲胡啓璋妻徐氏、朱魯珍妻俞氏、朱廷桓妻陳氏、陳修齊妻陶氏、朱美如妻厲氏、胡安玉妻程氏、周日梯妻顔氏、周壴妻胡氏、陳應琪妻周氏、胡自安妻黄氏立。

遊仙鄉節孝坊，凡十六　爲吕杉妻丁氏、應友美妻包氏、慶友炳妻蕭氏、盧嘉學妻程氏、程開澳妻吴氏、胡懋達妻李氏、池天德妻吕氏、池天敘妻吴氏、吴學起妻施氏、應洪沂妻馮氏、胡能汲妻吕氏、胡爾善妻張氏、陳德純妻應氏、胡修萊之妻朱氏、吴紹穀妻賈氏、周南薰妻陳氏立。

合德鄉節孝坊，凡七　爲章鈐妻陳氏、周鳴鳳妻應氏、章爾鐇妻應氏、孫兆楷妻李氏、王鴻盛妻李氏、郎仕官妻陳氏、章安杏妻周氏立。

武平鄉節孝坊，凡二十　爲李天培妻吕氏、李雲剛妻池氏、李天錫妻池氏、李經詁妻池氏、陳貞猷妻楊氏、李作賓妻應氏、李祖芳妻章氏、吴彩祖妻池氏、褚隨元妻俞氏、李徵伸妻胡氏、池振善妻俞氏、樓望海妻陳氏、黄彩成妻樓氏、周國天妻李氏、張有明妻李氏、陳儒占妻金氏、陳相神妻章氏、陳汝超續妻李氏、黄尚魁妻厲氏、李作慶妻丁氏立。

孝義鄉節孝坊，凡六　爲鄭繼銡妻盧氏、鄭伯志妻陳氏、鄭祖泋妻陳氏、陳修琅妻楊氏、陳振禄妻吕氏、陳天璋妻曹氏立。

祠　堂

麗澤祠　在壽山。見祀典。

赫靈祠　在方巖。見祀典。

三長官祠　在霞裏山。見祀典。

烏傷侯祠　一在邑城，一在太平鄉，祀趙炳。

孝忠祠　敕建，在可投，祀應孟明。

忠義祠　敕建，在可投，祀應純之。

鄉賢程文恭祠　在郡城。

郡城應鄉賢祠　祀仕濂等。

鄉賢程方峰祠　在方巖。

鄉賢吕雲溪祠　在太平。

鄉賢朱參政祠　在金城。

鄉賢朱郡守祠　在溪田，祀仲智。

鄉賢祠　敕建，在溪岸，祀胡仁楷。

八烈專祠　敕建，在溪岸。見祀典。

吕烈女祠　在山川壇。見祀典。

在城徐宗祠　始祀通。

在城徐特祠　始祀震二。

在城龍山胡氏總祠　始祀肇。

在城徐特祠　始祀經十六。

在城徐特祠　祀蒙六。

在城黄開一祠　始祀勝。

在城盧宗祠　始祀子安。

在城樓宗祠　祀永貞。

山后周宗祠

花園徐宗祠　始祀德廉。

衙後顔宗祠　祀顔復。

杜溪陳宗祠　始祀制。

在城王宗祠　始祀修吉。

在城吕五宗祠　祀太平、青山、河東、雅吕、派川。

河東吕宗祠　始祀詠十二元欽。

白雁舒宗祠　始祀元璵。

大塘王宗祠　始祀摯玠。

祥川朱宗祠　始祀道祚。

山門郎宗祠　始祀珦。

柘塢葉宗祠　始祀夢得。

虎山傅宗祠　始祀實夫。

青龍章宗祠　始祀遷七三。

皇渡金宗祠　始祀盛宗。

溪口徐宗祠　始祀祥二欽。

排塘梅宗祠　始祀有盛。

青龍翁宗祠　始祀鳳川。

訓化王宗祠　始祀士龍。

在城曹宗祠

西徐翁宗祠　始祀元道。

花園、后宅　陳特祠　始祀昌滿。

祝家畈梅宗祠　始祀鰲。

龍溪倪特祠　始祀永密。

壺山倪宗祠　始祀棠。

上方潘宗祠　始祀用文。

峵川潘宗祠　始祀迪民。

花街方宗祠　始祀文瑛。

尚仁潘宗祠　始祀華三。

桐琴程宗祠

桐琴金宗祠　始祀榮七。

九都應宗祠

桐琴金特祠　在縣城。始祀維嶽。

湶、桐　塘徐特祠　始祀友龍。

范宅范宗祠

瀆川顔宗祠　始祀琰十。

應宅應宗祠

田橋田宗祠　始祀禮一。

上裘裘宗祠　始祀道四。

水碓頭王特祠　始祀聖齋。

烏牛山俞宗祠　始祀日陽。

武義巷口方特祠　始祀餘糧。在城西,有基園。

溪邊汪宗祠　始祀文定。

水碓頭王宗祠

眉山陳宗祠　始祀寶七。

六都蔣宗祠　始祀禮之。

雅吕吕宗祠　祀富十二崇九。

童宅童宗祠

山南葉宗祠　始祀先占。

董村董宗祠　始祀清隱。

昜川柳宗祠　始祀仲安。

瀾塘陳宗祠　始祀成桐。

横溪馬特祠　始祀元六。

椒川陳宗祠　始祀伯華。

着塘黄宗祠　始祀錦盛。

王樣王宗祠　始祀光祖。

赤川胡宗祠　始祀伯能。

峴川胡宗祠　始祀邦宜。

山后湖陳宗祠　始祀慶八。

郎下陳宗祠　始祀復。

象珠王宗祠　始祀遷祖以下立宗法。

金村金宗祠　始祀輝之。

桐墩李宗祠　始祀景光。

河西隴成宗祠　始祀羅。

梅城林宗祠　始祀宣教。

湖田沿趙宗祠

黄塘下李宗祠

清渭馬宗祠

竹川項宗祠　始祀超。

澤塘樓宗祠　始祀福生。

南安下陳徐宗祠　始祀無黨。

杏里陳宗祠

荆山陳宗祠　始祀愉一。

石塘柄張宗祠　始祀齊賢。

長田李宗祠

邵塘邵宗祠　始祀藺。

山西胡宗祠　始祀廉。

峽源李宗祠　始祀景龍。

長川施宗祠　始祀文宗。

鍾山胡宗祠　始祀雲龍。在十八都。

太平吕宗祠　始祀玖。

太平吕邑侯祠　祀鑰。

太平吕節齋祠　祀鉉。

太平吕竹溪祠　祀鎮及浦。

唐先施宗祠　祀成五。

唐先施特祠　祀茂盛。

金店金宗祠　祀昴聰四。

上考徐宗祠　始祀君房玉。

魚父裏胡宗祠

世雅夏宗祠　始祀開。
龍川朱宗祠　始祀生二。
古山胡宗祠　始祀泳。
古山胡特祠　始祀芝庭。
青山吕宗祠　始祀閨。
金川朱宗祠　始祀乾八。
尚黄橋黄宗祠　祀勝四。
青山俞宗祠　祀元二。
賈宅賈宗祠　祀惠二。
柏巖黄宗祠　始祀宜十七。
棠川陳宗祠　祀甯九。
古山胡特祠　始祀彦中。
橋頭周宗祠
古山胡特祠　始祀虞菴。
觀音堂下盧宗祠　始祀洪三。
古山孫孫宗祠　始祀元一。
清塘下葉宗祠　始祀衡。
四路口方宗祠　始祀三讓。
湯店湯宗祠　始祀岐公。
前黄李宗祠　始祀豪傑。
芝英應宗祠　祀九二。
芝英應小宗祠　祀仕濂。
芝英應特祠　祀尚端。
遊仙盧宗祠　祀炎曉。
球溪徐宗祠　祀琨。
柿後陳宗祠　始祀榮。
胡庫胡宗祠　祀彭。

庫川胡紹衣祠　始祀浩。

游溪周宗祠　始祀俊一。

後杜應宗祠　祀文臣。

青溪顔宗祠　祀琇八。

青後葉葉宗祠　祀萬九。

西川應宗祠　祀德珏。

厚塘吴宗祠　祀祀威。

車馬何宗祠　始祀問教。

峴川周宗祠

游溪省齋周特祠

南園朱宗祠

練澗章宗祠　祀翔。

派溪盧宗祠　祀智六。

彰四杜宗祠　祀梔。

陳園陳宗祠　祀華枝。

郭㫐厲宗祠　祀子安。

堰川胡宗祠　祀道源。

溪岸胡宗祠　祀儀。

仙陵蔣宗祠　始祀模。

上湖李宗祠

林源陳宗祠　祀通。

後遷錢宗祠

前南桑宗祠　祀明富。

胡堰胡宗祠

滄溪胡宗祠　始祀資。

芝英應特祠　祀尚道。

桑園下胡宗祠　始祀啓。

厚莘孫宗祠　祀信禕。

魁山胡宗祠　祀志甯。

上店王宗祠　祀後三。

上楊楊宗祠　祀禮七。

洪州俞宗祠　祀萬二。

當渡周宗祠　始祀濂溪。

西岐李宗祠　始祀廣深。

裏溪王宗祠

下陳陳宗祠　始祀克振。

大陳陳宗祠　始祀省興。

塘頭陳宗祠　始祀翊四。

石雅陳宗祠　始祀俊。

光瑶褚宗祠　始祀思愈。

光瑶徐宗祠　始祀綬。

法連董宗祠

蔡山蔡宗祠　始祀叔明。

陬山黄宗祠　始祀寄。

馬家衖陳宗祠　始祀萬元。

舟山樓宗祠　始祀仲和。

大塔方宗祠　始祀鉷。

前川高宗祠　始祀文憫。

道坦徐宗祠　始祀道助。

道坦厲宗祠　始祀興明。

麻車周宗祠

盤川淩宗祠　始祀仁四一。

道坦黄宗祠　始祀郭。

方山徐宗祠　始祀諫。

道坦程宗祠　始祀應貴。

新樓陳宗祠　祀金山。

西湖、雙溪、陳宗祠　始祀文四。

上嘉吕宗祠　始祀泰七百七十。

方田黄宗祠　始祀文四。

龍泉坊徐宗祠　始祀學南。

中盧三宅盧宗祠　始祀炎。

金田程宗祠　始祀鐸。

黄塘黄宗祠　始祀文二。

深澤陳宗祠　始祀榮一。

禄源馬宗祠　始祀承五。

歷山陳宗祠　始祀得顔。

高川周宗祠

在城、截角　徐宗祠

五崗徐宗祠

太平吕覺齋祠　祀鑄。

庫南胡特祠　始祀德生。

高川樓宗祠　始祀珶。

栗里陳宗祠　始祀金山。

榭垛葉宗祠

溪南應宗祠　始祀永昌。

黄霧翁宗祠　祀文龍。

黄棠姚宗祠　始祀謙鳴。

白埊董宗祠

在城葉宗祠

在城趙宗祠　祀從式。

東庫趙宗祠　祀世將、仲全、叔牙。

應店應宗祠　祀賢七。

茂林楊宗祠

小窖朱宗祠

祥川舒宗祠　祀瑯。

西山頭黄宗祠

在城周宗祠　祀華三。

祥川陳宗祠　祀維賢。

青龍李宗祠

葉花塘姚宗祠

六都馬宗祠

棲田陳宗祠

墩頭李宗祠

下謝謝宗祠

楊公楊宗祠

華村華宗祠　祀宗濼。

章坑章特祠　始祀亮。

雅田園曹宗祠

適遊胡宗祠

木渠橋頭陳宗祠　祀廉。

樟川胡宗祠

清渭何宗祠

官川胡宗祠

象珠徐宗祠

九里口支宗祠　祀佑惠。

清渭樓宗祠

寺口徐宗祠　祀無欲。

柳墅王宗祠　祀錢。

下溪胡宗祠

溪北山林宗祠

下山黄宗祠

龍山街詹宗祠

鳳山寺、觀音堂　應宗祠　祀智昌。

大川鄭宗祠

橋下朱特祠　始祀北山。

峡里葉葉宗祠　始祀廣有。

三十五都程宗祠

寺下胡宗祠　祀鳴峰。

寮前駱宗祠　祀進。

峴川吕宗祠　祀澤卿。

松川胡宗祠　祀家益。

道堂黄宗祠　祀文簡。

兩頭門徐宗祠　祀無黨。

南山徐宗祠　祀無黨。

當渡應宗祠　祀茂之。

下徐金宗祠　祀兑。

溪坦李宗祠　祀紹一。

胡塘下胡宗祠　祀尚道。

高厚馮宗祠

裏溪章宗祠

館頭李宗祠

厚仁李宗祠

塘墩張宗祠

篁源章宗祠　始祀偉。

後吴吴宗祠

前倉張宗祠

小篁元李宗祠　祀百六。

朝川章宗祠

姚塘姚宗祠　祀宗顯。

楓林任宗祠

陬山黄特祠　在邑城,祀東衢。

申亭周宗祠　始祀思恭。

木坦王宗祠　祀謨。

宅口陳宗祠

上盧盧宗祠

新屋陳宗祠

小盤孔宗祠

後閣孔宗祠

櫸溪長房孔宗祠

横洋童宗祠　始祀智五。

太平高宗祠

長田李特祠　祀友傑。

白沙川胡宗祠　祀班。

派溪吕宗祠　始祀禧七。

雅莊李宗祠

莘野李特祠

岡川郡宗祠

世彰李宗祠

岩後應宗祠

護朧橋魯宗祠

柏石陳宗祠

永嘉堂鄭宗祠

可投應宗祠

竹園黄宗祠

芝英應特祠

源潭厲宗祠

可投應特祠

鍾山金宗祠

雲溪范宗祠

后項陳宗祠　始祀開。

新店李宗祠

蓮塘盧宗祠

衍蕃丁宗祠

胡澤堰王宗祠

石柱李宗祠

先婆塘錢宗祠　始祀武肅。

宦　墓

唐

樂清縣令陳旺墓　在武平四十都東樣山。

後　周

尚書越國公盧炎墓　在孝義鄉四十五都東塘山。

宋

贈朝散大夫吏部郎中胡師承墓　則父，在縣治北鎮殿後。碣曰“達人之墓”。

兵部侍郎忠佑公胡則墓　在錢塘履泰鄉龍井源。范文正公銘其墓。按《夢粱録》，胡侯墓凡二見，一云在龍井廣福寺之麓，一云在衍慶寺側。考四水潛夫《武林舊事》録：南路統以小麥嶺，其下道人山、飲馬橋、旌德顯慶寺，凡三十有六名。廣福寺第二十，至風篁嶺爲二十七，龍井第三十，胡侯廟三十二，衍慶寺三十四，中只隔一劉菴。而《武林舊事·勝概》條云："侯名則，知杭州。廟在墓前。"即吴自牧《夢粱録》所云胡侯，顯應廟也。名賢墳廟在他鄉，故特詳之。又詳見胡公墓録。

本邑知縣沈正路墓　在縣下水貢山麓。

資政殿學士樓襄靖墓　在武義太平鄉。

封州知州胡邦直墓　在縣東三十五里，地名倉口塘。

贈朝散大夫章俁墓　服父，在縣東四十里朱坑。

吏部侍郎章服墓　在芙蓉山。

資政殿學士林正惠墓　在縣西火爐山南。

安國公應材墓　在靈巖山北。

少師應孟明墓　在縣東二十七里。

狀元陳文毅墓　在縣北五十里龍窟卧龍山。

鄉賢吕皓墓　在縣東北五十里密浦山。

寺丞徐木墓　在縣三里霞嶺。

京東經略使應純之墓　在縣南李溪普光山。

袁州教授應雄飛墓　距縣四十里獨墳園。

郡教授應淡墓　在縣東四十里鳳凰坡。

秘書監李恃墓　在縣南前倉安濟橋後山。

朝議大夫陳登墓　在合德三十六半都荆紫山。

誥贈朝請大夫陳端仁墓　在三都二圖石潭山。

兩浙提刑陳攀墓　在四十都歷山之原。

提舉陳松龍墓　在四十都歷山之原。

饒郡博士章蕃墓　在縣西十里龍虎山頭。

婺州長溪令章剪墓　在李溪縣南衆塘之東岡首。

丹陽令章樾墓　在縣南三都官莊嶺。

融州知州趙必逷墓　在曹橋。

資政殿學士開國男吕撫墓　在三十半都上盧之原，今爲朱家後山。

政和殿學士鄉賢徐無黨墓

鄉賢吴思齊墓

知婺州章堉通判衢州章塈墓　在縣南宫山。

通判胡穹墓　在太平鄉後瀝坑沱塘菴。

文孝子應均父墓　在縣東二十七里。

朝議大夫胡能墓　在太平鄉汪墻路郭塘裏。

程郭二將軍墓　在縣東北，地名東庫。

胡文質墓　在縣北三十里黄岡裏石山。

陳昌朝墓　在縣西北十五里，地名于牛車。

元

鄉賢胡長孺墓

提舉周時文墓　在三十五都，兼有周菴。

本縣尹徐德廉墓　在縣東三里大菴山。

寓賢聞人夢吉墓　郭公巖下。

明

廣東參議徐沂墓　在縣東六里澆塘山。

工部侍郎徐讚墓　在縣南五里金豚山。

禮部尚書文恭公程文德墓　在縣東北二十五里清渭。

尚寶丞應典墓　在縣南四十里前倉安濟橋父塋側。

福建按察司僉事應廷育墓　在縣東二十里大安山。

工部主事李滄墓　在縣西五里端頭。

四川按察使僉事鄉賢謝忱墓

兵部侍郎王崇墓　在縣西二十三里。

贈四川左布政使程梓墓　在三十五都方巖。

順天府尹程正誼墓　在三十五都文樓山。

河南道御史黄卷墓　在縣西五里霞裹山長塘裹。

雲南右參政朱方墓　在二十一都後葛山。

湖廣參議王楷墓　在十三都阿羅。

兵部右侍郎王世德墓　在九都金鼓源。

刑部員外郎徐可期墓　在縣西二十八里界嶺，地名秋塘。

吉安知府朱仲智墓　在二十六都金鈎山大項下。

山東布政司左參議徐文通墓　在三十六都發華寺基。

敕贈徵仕郎刑科給事中趙存祐墓　在三都裹龍溪雲龍山。

刑科給事中趙艮墓　在三都裹龍溪雲龍山。

辰州通判趙懋德墓　在武義青岡。

彭澤知縣胡伯宏墓　在治東十八里興梵寺側。

大理評事李珙墓　在縣東北二十里陳塘。

唐府伴讀汪宏墓　在七都飛鳳山。

敕旌孝子倪大海墓　在九都昭山。

敕旌孝子應綱墓　在縣北五里郭坦山。

福建副使徐師張墓　在縣西五里大山。

延平同知黄一鶚墓　在四十三都后兆。

都察院右副都御史忠烈公周鳳岐墓　在金華東十五里，地名后鄭。

福建漳平知縣陳泗墓　在三都二圖石潭山。

按察使僉事忠愍公徐學顔墓　在四十三都倉凸山。

星子知縣曹成模墓　在縣北十里下田園。

福州推官徐明勳墓　在四都青塘。

南和侯方瑛祖墓　在縣西顯恩寺側。

福建皇華宰章洪墓　在縣西十里鳳凰山。

大理評事胡叔盛墓　在義和二十七都平地突。

山東按察副使胡瑛墓　在義和二十七都浩山金盆。

廣信知府朱師堯墓　在二十六都華釜山。

刑部主事朱師全墓　在二十五都醮山。

刑部郎中倪承課墓　在武義十四都牛欄塘羊角灣。

敕封中書舍人黄珪墓　離城五十里，在陬山莊側石獅山。

山東都經歷烈愍公黄一鵾墓　離城五十里，在陬山莊上望雲臺。

灤州知州倪汝揚墓　在九都邵東塢烏龜貝。

嘉興知府鄉賢吕文燧墓　在東陽興賢鄉西丘。

鄉賢應曇墓　在縣東三十里芝英石麓山。

鄉賢應杰墓　在縣東三十里芝英古麓山下延長山。

贈兵部主事鄉賢應枌墓　在縣南四十里前倉安濟橋東。

江西廣信府教授鄉賢應奎墓　在縣北六十里二十二都東陽界陽屏山。

封郎中周鍾墓　在縣東三十里游仙鄉主殿左邊。

鄉賢應勳墓　在縣南四十里前倉安濟橋父塋側。

鄉賢盧可久墓　在縣東二十五里化成寺鶴鳴山。

贈屯田司主事鄉賢周勳墓　在二都山龍花枝園。

鄉賢徐士儀墓　在六都黄塘龍山。

貴州布政司右参議周聚星墓　在縣東二十五里游溪塘。

湖廣景陵知縣應廷良墓　在縉邑廿二都長蘭莊黄坑仙人山，土名金崗肚。

國　朝

廣東揭陽知縣陳應位墓　在縣南四十都玄武山。

誥贈中憲大夫程懋銓墓　在三十五都后黄。

誥贈中憲大夫程衍初墓　在三十五都獨松。

榆社知縣應清芬墓　在二十四都上壇莊大墳山脚。

誥封中憲大夫山東兖沂曹道程開業墓　在三十五都方巖。

贈文林郎應清墓　在縣東三十五里二十九都漾塘山。

贈文林郎應椿墓　在縣東三十五里二十九都漾塘。

廣東懷集知縣應煒墓　在縣東三十五里二十九都漾塘。

碭山知縣程兆選墓　在三十五都后黄。

襄陵知縣徐之駿墓　在二都郭坦塘。

新津知縣徐堯墓　在四十二都巖塔山。

温州教授應芝暉墓　在縣東石板畈。

甯波教授周咨詢墓　在縣南楊木塘。

贈大通知縣應國良墓　在縣東二十五里南塘。

誥贈朝議大夫應成秀墓　在縣東三十三里三十四都應鏡塘上培坑。

貤贈奉直大夫潘景韶墓　在九都仙茅。

誥贈奉直大夫潘開旺墓　在八都林前山。

誥贈奉直大夫陳俠墓　在武義宅口陳杜店山。

誥贈奉直大夫陳士穎墓　在後山應馬駕隴。

貤贈文林郎陳士清墓　在四都栗里後山七提。

誥贈武義都尉程立就墓　在六都大丘田背。

誥贈武義都尉程宜祥墓　在二十八都北鎮嶺裏。

直隸定興縣知縣陳應藩墓　在本村后山,土名雙股金釵。

朝議大夫甘肅秦州知州應曙霞墓　在三十一都桐嶺頭。

奉政大夫滄州知州潘國詔墓　在尚仁莊家右。

誥贈光禄大夫胡友怡墓　在昇平鄉十四都荷園紅硃山,御書常祖墳右。去縣三十里。嘉興金都轉安清表其墓。

誥贈光禄大夫胡南枝墓　在游仙鄉三十八都大井頭。去縣三十里。平湖張都轉炳堃表其墓。

貤贈通奉大夫胡仁模墓　在昇平鄉大穀山，去縣二十五里。

誥贈光禄大夫鄉賢胡仁楷墓　在太平鄉二十都汪村，去縣三十里。歸安錢司成振倫銘其墓。

貤贈通奉大夫施美輪墓　在縣東北十九都唐先莊。

貤贈資政大夫鄭咸林墓　在二十一都大楓山。

欽旌孝子陳登朝墓　在麓邑桃花嶺東。

貤贈通議大夫應崇阮墓　在三十二都前店家下石郭塘山。

貤贈中憲大夫應志庠墓　在縣東三十五都銅山寺前。

誥封中憲大夫應思超墓　在縣西十都郎家蝙蝠山。

誥贈奉直大夫黄鴻墓　在縣東四十三都楓琴畈陳店。

朝議大夫吕經理墓　在二十六都寮基，土名側掌。

朝議大夫吕鋙墓　在十七都黄茅洋。

貤贈儒林郎應雄文墓　在芝英道士塘坑。

貤贈儒林郎樓棫墓　在縣東四十三都黄山。

敕贈儒林郎樓泰交墓　在縣東四十二都裏園基。

貤贈通奉大夫胡鳳林墓　在溪岸后皮塘頂，去縣三十里。

誥授榮禄大夫湖北督糧道胡鳳丹墓　在義豐鄉陳塘，離城十里。

欽旌忠烈花翎副將胡鳳鳴墓　在游仙鄉二十九都裏魚塘對門山，去縣二十五里。

欽旌忠烈鄞縣訓導胡鳳岡墓　在太平鄉三十半都柏石莊。

欽旌忠烈花瓴參將胡鳳雝墓　在溪岸後山，離城三十里。

欽旌忠烈邺贈雲騎尉胡鳳韶墓　在游仙鄉三十八都古塘頭山。

欽旌忠烈五品銜胡鳳恩墓　在溪岸後山，去縣三十里。

定海鎮總兵程尚蛟墓

敕贈儒林郎曹德化墓　在二十都曹店前田畈。

敕贈儒林郎曹茂東墓　在二十都下杜曹前田畈。

誥封昭武都尉應學聖墓　在二十八都楊師弄坑長蛇山左手。

補　遺

明進士周秀墓

貤贈奉直大夫胡能渡墓　在二十八都前園洋塘山伏虎。

貤贈奉政大夫胡焕潛墓　在三十五都上瑚麻車山。

誥贈奉政大夫胡瑞輝墓　在義豐鄉横山殿上首定塘山。

誥授奉直大夫胡搢中墓　在横山殿上首父塋側。

貤贈儒林郎胡毓焕墓　在縣東五十里大蔚山。

敕贈儒林郎胡正瑗墓　在縣西五里墩頭覆鐘山。

貤贈中憲大夫應振麟墓　合厝縣西蝙蝠山。

貤贈儒林郎黄克綏墓　在縉邑二十一都深渡上白山脚。

敕贈儒林郎黄翊甲墓　在縣東四十二都少嶺裏。

誥贈奉直大夫樓梆墓　在縣東四十二都。

敕贈儒林郎黄茂墓　厝四十二都石緑山。

敕授儒林郎黄光大墓　厝四十二都石緑山。

誥贈榮禄大夫應志琮墓　在縣東二都花園趙宅。

誥贈榮禄大夫應筠墓　在縣東二十九都雪塘。

誥贈榮禄大夫雲河縣教諭應壽椿墓　在雪塘。

誥授榮禄大夫江蘇按察使應寶時墓　在縣南三十九都麗宅後山。

貤贈儒林郎應學秋墓　在芝英騎龍山下。

貤贈儒林郎盧鴻昌墓　在三十三半都小車馬河。

敕贈儒林郎盧雲時墓　在三十半都芭頭。

貤贈昭武都尉應志歲墓　在三十三都下蔡坑鎮房山麓。

寺觀附

寺觀，所以處釋、道爲超生度世。計自秦、漢以來，或釋或道，始滋萌焉。迨至晋、唐、六朝、五代，二者時俗兼尚之，蔓延遍及天下，儒者弗道也。雖然,君子不求變俗,既已有之,姑附諸墓道之末,俾知别有在乎云爾。

僧會統領寺二十有四,曰上封寺,舊名光義,在縣東北隅。晋天福二年建。元至元初,火於兵,僧景傳重建。萬曆十年,奉文廢。花園徐宗祠輸價,仍捨爲寺。仙遊寺,在二十九都石門,縣東北三十里。梁大同二年建。安覺寺,舊名龍明。縣東四十里。晋天福二年建。化成寺,舊名香城。縣東北二十五里,石塘下。晋天福七年建。宋祥符元年重建,易今名。壽山寺,在縣東五十里,地名桃巖。梁普通元年建。廣慈寺,舊名大悲。縣東五十里,方巖山上。唐大中四年建。宋治平二年改今名。護法寺,舊名護國。縣東六十里,地名黄巖。晋開運二年建。無垢寺,舊名乾安。縣東六十五里峽上。晋天福八年建。普利寺,縣東六十里,武平鄉銅山上。宋開寶九年建。後圮。明景泰間鄉賢應仕濂徙建於翠微環繞中,竝捐貲贖回寺産二百一十七畝零,以贍寺僧,黄御史卷有記。翠峰寺,縣東一百五十里,靈山。唐廣明二年建。金仙寺,舊名仙山寺。縣東一百十里,地名鹿葱。唐咸通二年建。明智寺,舊名馬駿寺。縣東一百十里,地名黄彈。唐咸通三年建。法蓮寺,縣南五十里,地名芙蓉。晋天福十年建。清修寺,縣西南四十五里,地名首嶺裹。後唐長興二年建。光慧寺,縣東南三十里,三十九都,地名上安。周廣順四年建。延福寺,縣南四十里,地名歷山。周廣順二年建。延慶寺,舊名仙峰寺。縣北四十五里,地名九里坑。唐天祐元年建。慈化寺,舊名天官寺。縣北十五里,地名樟塘。晋天福二年建。惠日寺,縣東北四十里,十九都。宋乾德二年建。長壽寺,舊名壽溪寺。縣北六十里,地名太平。晋天福七年建。法輪寺,縣西二十里,地名慶安。晋開運六年建。勝福寺,舊名西興。縣西二十五里,地名火爐山。晋天福三年建。普濟寺,舊名清泉。縣西四十五里,地名柳村。錢氏寶大元年建。東不二寺。縣東北二十二里。晋天福元年建。明洪武十四年,因寺僧犯法問罪,抄没其田,爲廢寺官田,地曰廢寺地。今六則官田之一也。寺額除。

明嘉靖十五年,奉例清查廢寺官賣除額二十有一。其田造册,名廢寺官田。興聖寺,在儒學後街。齊永明二年建。明嘉靖十五年改建行察院署。國朝雍正八年,改爲都司署。布金寺,原名香城尼院。縣東十里,地名長城。晋天福八年建。興梵寺,縣東十八里,地名欏樹橋。晋天福二年建。安覺寺,縣南十里,地名山後。定慧寺，縣東四十五里，地名靖心。後唐天成元年建。聖安寺，舊名乾安，縣東六十里。晋天福七年建。明福寺，原名清福，在縣東七十里。晋天福七年建。浄勝寺，在縣東北二百四十里，地名櫸溪。唐咸通二年建。普澤寺，在義豐，地名泉口。勝福寺，東勝福，在縣南二十里。西勝福，在縣南十五里。浄嚴寺，縣西七里，五都。晋天福七年建。雍正六年，改爲普浄菴。天清寺，縣西十五里，地名青龍。晋天福二年建。乾隆庚子，李繼鑠即故址建鼇峰書院。永壽寺，縣西二十三里。宋景定二年建。東覺明寺，縣東北十八里，地名朱明。晋天福八年建。西覺明寺，縣西北二十里。宋咸淳間建。興福寺，縣東北二十五里，地名清渭。梁大同二年建。浄明寺，縣東北三十里，地名龍山。唐光啓三年建。浄土寺，縣東北三十里，地名箭山下。晋天福七年建。明性寺，縣東北四十五里，地名柯楊坑。周廣順元年建。福善寺，縣東南五十里，地名靈巖。後唐長興四年建。齊雲寺。地名龍山。續奉清查官賣以助餉除額者十有四。明梵寺，縣東四十五里，地名胡庫。唐清泰二年建。妙浄寺，縣東北五十里，地名柯楊。晋天福七年建。法華寺，縣南二十里，地名李溪。晋天福中建。崇法寺，縣南二十里，地名官山。宋乾德中建。崇福寺，在東山。後唐長興四年建。洪福寺，在石室山。唐會昌五年建。饒益寺，縣東南四十里，地名石郭。周廣順元年建。普明寺，縣東北五十里，地名龍窟。唐咸寧二年建。宋淳熙間，陳文毅亮授徒於此。有記。永光寺，縣西十五里，地名華山。晋天福二年建。大通寺，縣東北六十里，地名青山口。梁大同四年建。李草閣有詩。西不二寺，縣西二十三里。晋天福元年建。澄心寺，舊名九洩。縣東北五十里，地名太平。唐光建三年建。真寂寺，舊名方山。縣東六十里，地名峽上。晋天福元年建。澄真寺。舊名保安。縣東北五十里，地名滄巖。周顯德二年建。

道會統領觀四、道院三、宫二。延真觀，舊名寳林。縣北六十步，地名松石山。梁大同元年建。元黄溍有記。光緒十四年，池氏重建，應振緒有記。崇道觀，縣南七里，地名仙溪。梁大同二年建。紫霄觀，舊名招仙，在縣東三十里，地名芝英。梁大同二年建。陳文毅亮嘗讀書於此，有記。菩祥觀，縣西二十五里，地名柏山下。宋咸淳十年里人方亨建。正一道院，在縣治東北百步桃花洞上。明知縣吴安國爲地方弭火灾建。舊係黄姓鶴鳴、柏巖、前金三派祖基。修真道院，縣東北三十里，地名龍山。元延祐四年建。今廢。會真道院，縣北五十里。元至大三年施孟正建。今廢。東嶽行宫，縣西一里，西石山之麓。宋淳熙二年建。**婺宿宫**，縣西隅二百二十步。宋咸淳三年建。**蟠龍巷**。距縣北四十里，古山。

龍虎塔。在縣治西水口山。邑人徐光時有碑記。康熙十九年，四都民陳子一捐置果字號民田六畝五分零、民塘七分五釐，助入塔庵施茶，永爲利濟。今庵、塔俱廢。

鳳凰塔。在縣治水口南下，爲普高庵僧智和主席多所建置，次第益田若干，勒碑爲此山恒籍。道光辛巳，改名寶嚴寺，設方丈説戒僧元美。**九龍觀**。在五指岩。光緒間都監道士林至高募建。

龍皇廟。在縣北六十步延真觀右。光緒間，邑侯趙德漳諭衆捐建，池氏助基。

吴越王錢武肅廟。廟在金玉坑。前有一川，自銅山發源，至旱不涸，水出聲如金玉，故名。廟後一古樹，色如紅玉，不枝不葉，歷久不枯。廟口有橋，曰顧祖橋，故其地曰廟口。自五代來，舊有是廟，如宋朱舍人《猗覺寮雜記》，即武肅生祠也。考宋朱新仲翌云：生祠始於定國之父郡中生立于公祠。後漢潛山人生立白馬從事陳公祠，陳衆也。後漢廣都韋義、巴郡王堂、九真任延、武威張奂，晋之廣平丁紹、池陽令杜軫，梁何遠、武康令城守新興守新安伏暅，皆立生祠唐義成軍袁滋、潭陽馬殷、吴越錢鏐、靈川韓遜，見《猗覺寮雜記》。按此記論生祠自漢至唐，羅列甚詳，而於唐季云吴越錢鏐，則三十五都銅川之後遷，宋初以來舊有錢武肅廟，謂之廟口，蓋亦生祠也。故採朱舍人翌《猗覺寮雜記》附誌以證之。

永康縣志卷之三

田賦志

自井田廢而爲阡陌，民無恒産者多。取於民者，非復徹助之舊制，而猶存古之遺意焉。地有肥磽，賦之輕重隨之。即今田地、山塘各異其則者，名殊而實同也。永康廣輪百餘里，山川居田數之半，通舟楫者，僅華溪一衣帶水耳。天久不雨，則石稜鋒出，膠淺且不勝一筏，以是外鄉珍異之物亦罕得至者。蓋婺屬土瘠，莫永若也。賦税之則，籍有定制，迨催科不須臾緩，秉耒之甿，能知急公奉上，雖囊橐無餘，亦以早完國課爲樂。瘠土向義，况我國朝，歷葉蠲卹，遇灾復加豁免，民之沐浴膏澤，能不感戴而興起也耶！

户　口

宋主客户貳萬壹千叁百伍拾貳，丁肆萬肆千柒百陸拾陸。

元南北户壹萬壹千貳百玖拾貳，丁伍萬肆千柒百貳拾貳。

明原額户壹萬玖千伍拾伍，丁肆萬肆千貳百伍拾貳口壹萬玖千柒百壹拾伍。

明末户丁口共捌萬叁千貳拾貳。

國朝原額户口人丁共貳萬伍千肆百陸拾捌，丁口内市民伍百貳拾口。乾隆四年爲請申勸墾等事案内，添建營房基址，免徵市民叁絲玖忽肆微陸塵。

實該市民伍百壹拾玖口玖分玖釐玖毫陸絲伍微肆塵。每口徵銀貳分貳釐陸毫，該銀壹拾壹兩柒錢伍分壹釐玖毫玖絲壹忽捌塵貳渺肆埃。嘉慶五年，爲彙報等事案内，題准水沖無徵市民貳拾肆口捌分貳釐除銀伍錢陸分玖毫叁絲貳忽，内嘉慶九年陞墾市民壹拾壹口陸分叁釐柒毫。

實存市民伍百陸口捌分壹釐陸毫陸絲伍微肆塵。實徵銀壹拾壹兩肆錢伍分肆釐伍絲伍忽貳微捌塵貳渺肆埃。

鄉民壹萬陸千捌拾陸口。乾隆四年爲請申勸墾等事案内，添建營房基址免徵鄉民壹釐貳毫貳絲陸微陸塵。

實該鄉民壹萬陸千捌拾伍口玖分捌釐柒毫柒絲玖忽叁微肆塵。每口徵銀肆分玖釐壹毫，該銀柒百捌拾玖兩捌錢貳分貳釐陸微伍塵伍渺玖漠肆埃。嘉慶五年爲彙報等事案内，題准水沖無徵鄉民柒百陸拾捌口壹分柒釐，除銀叁拾柒兩柒錢壹分柒釐壹毫肆絲柒忽。内嘉慶九年陞墾鄉民叁百陸拾口叁分伍毫。

實存鄉民壹萬伍千陸百柒拾捌口壹分貳釐貳毫柒絲玖忽叁微肆塵。實徵銀柒百陸拾玖兩柒錢玖分伍釐捌毫貳絲玖忽壹微伍塵伍渺玖漠肆埃。

市鄉民成丁肆千叁百捌拾壹口。乾隆四年爲申請勸墾等事案内，添建營房基址免徵成丁銀叁毫叁絲貳忽壹微伍塵伍渺玖漠肆埃。

實該成丁肆千叁百捌拾口玖分玖釐陸毫陸絲柒忽伍微陸塵。每口徵銀貳錢陸分叁釐，該銀壹千壹百伍拾貳兩貳錢貳釐壹毫貳絲伍忽陸微捌塵貳渺捌漠。嘉慶五年爲彙報等事案内，題准水沖無徵市鄉民成丁貳百玖口貳分玖毫，除銀伍拾伍兩貳分壹釐玖毫陸絲柒忽。内嘉慶九年陞墾市鄉民成丁玖拾捌口壹分貳釐玖毫。

實存市鄉民成丁肆千貳百陸拾玖口玖分壹釐陸毫陸絲柒忽伍微陸塵。實徵銀壹千壹百貳拾貳兩玖錢捌分捌釐捌絲伍忽陸微捌塵貳渺捌漠。

食鹽鈔丁肆千肆百捌拾壹口。乾隆四年爲請申勸墾等事案内，添建營房基址免徵鈔丁叁毫肆絲叁塵。

實該鈔丁肆千肆百捌拾口玖分玖釐陸毫伍絲玖忽玖微柒塵。每口徵銀壹錢叁分壹釐，該銀伍百捌拾柒兩壹分伍毫伍絲肆忽伍微陸塵柒漠。嘉慶五年爲彙報等事案内，題准水沖無徵食鹽鈔丁貳百壹拾叁口玖分捌釐肆毫除銀貳拾捌兩叁分壹釐玖毫肆忽。内嘉慶九年陞墾食鹽鈔丁壹百口叁分柒釐肆毫。

實存食鹽鈔丁肆千叁百陸拾柒口叁分捌釐陸毫伍絲玖忽玖微柒塵。實徵銀伍百柒拾貳兩壹錢貳分柒釐陸毫肆絲肆忽伍微陸塵柒漠。

每銀陸拾陸兩柒錢玖分貳釐派市民壹口。

每銀貳兩壹錢伍分玖釐派鄉民壹口。

每銀柒兩玖錢貳分捌釐派市鄉民成丁壹口。

每銀柒兩柒錢伍分壹釐派食鹽鈔丁壹口。

康熙五十二年奉上諭：嗣後各省遇編審之期，察出增益人丁，止將實數另造清册奏聞，其徵收錢糧但據康熙五十年丁册定爲常額，續生丁永不加賦。欽此。

田土

明洪武二十四年黄册：官民田土共陸千捌百貳拾頃柒畝叁分玖釐貳毫貳絲肆忽。田肆千叁百陸拾伍頃陸拾肆畝玖分叁釐貳毫貳絲肆忽。

永樂十年黄册：官民田土共陸千捌百貳拾伍頃壹畝伍分肆釐玖毫貳絲肆忽。田肆千叁百陸拾伍頃陸拾肆畝玖分叁釐貳毫貳絲貳忽。地陸百壹拾陸頃壹拾壹畝叁釐。山壹千肆百壹拾頃陸拾貳畝伍分叁釐柒毫。塘肆百叁拾貳頃陸拾叁畝伍釐。官房屋壹千叁間。

成化八年黄册：官民田土共陸千捌百陸拾叁頃肆拾捌畝肆分陸釐陸毫。田肆千叁百柒拾壹頃壹拾陸畝伍分柒釐。地陸百貳拾玖頃柒拾畝叁分貳釐陸毫。山壹千肆百玖頃陸拾陸畝叁分。塘肆百伍拾貳頃玖拾伍畝貳分柒釐。官房屋柒百間。

弘治十伍年黄册：官民田土共陸千柒百捌拾伍頃捌拾柒畝壹分柒釐肆毫叁絲。田肆千叁百壹拾貳頃陸拾壹畝柒釐陸毫叁絲。地陸百叁拾頃玖拾畝捌分肆釐伍毫。山壹千叁百玖拾頃玖拾叁畝壹分陸釐柒毫。塘肆百伍拾壹傾肆拾貳畝捌釐陸毫。官房屋柒百間。

嘉靖四十一年黄册：官民田土共陸千捌百伍拾玖頃肆畝肆分玖釐叁毫叁絲。田肆千叁百柒拾壹頃貳畝肆分壹釐叁絲。地陸百貳拾玖頃玖拾畝叁分伍釐壹毫。山壹千肆百伍頃壹拾陸畝肆分柒毫。塘肆百伍拾貳頃玖拾伍畝叁分貳釐伍毫。官房屋柒百間。

隆慶六年黄册：官民田土共陸千捌百伍拾玖頃肆拾叁畝玖分伍釐伍毫貳絲肆忽。官田壹百捌拾玖頃叁拾貳畝壹分貳釐叁毫貳絲肆忽。地貳拾貳頃壹拾壹畝伍分伍釐肆毫。山叁拾頃伍拾玖畝壹釐。塘壹拾柒頃柒拾肆畝叁分柒釐。民田肆千壹百捌拾貳頃壹拾肆畝肆分叁釐。地陸百柒頃柒拾捌畝柒分伍釐陸毫。山壹千叁百柒拾肆頃伍拾柒畝叁分玖釐柒毫。塘肆百叁拾伍頃貳拾畝玖分伍釐伍毫。官房屋柒百間。

萬曆以後黄册田土之數俱無可考。

國朝原設版圖四十七都、一百一十八里。

原額田肆千叁百柒拾壹頃伍拾畝肆分陸釐壹毫柒絲肆忽。内：

官職田叁拾陸頃壹拾壹畝壹分叁釐伍毫貳絲。嘉慶五年彙報題准水沖田壹頃壹拾捌畝柒釐伍毫貳絲。嘉慶九年陞墾田貳拾壹畝伍分柒釐伍絲捌忽。

實存田叁拾伍頃壹拾肆畝陸分叁釐伍絲捌忽。

歸附田貳拾肆頃捌拾捌畝壹分肆釐陸毫伍絲。嘉慶五年彙報題准水沖田捌拾陸畝壹分玖釐伍毫肆絲。嘉慶九年陞墾田貳拾捌畝伍分柒釐陸毫壹絲伍忽壹微。

實存田貳拾肆頃叁拾畝伍分貳釐柒毫貳絲伍忽壹微。

義莊田捌拾頃捌畝伍分柒釐玖毫。嘉慶五年彙報題准水沖田貳頃壹拾捌畝肆釐捌毫。嘉慶九年陞墾田壹頃叁畝陸分壹釐陸毫伍絲。

實存田柒拾捌頃玖拾肆畝壹分肆釐柒毫伍絲。

學院田玖頃玖拾貳畝壹分肆釐肆毫肆忽。嘉慶五年彙報題准水沖田壹拾畝貳釐肆絲。

實存田玖頃捌拾貳畝壹分貳釐叁毫陸絲肆忽。

新没田叁拾陸頃陸拾玖畝玖分肆釐肆毫。嘉慶五年彙報題准水沖田壹頃貳拾畝伍分伍釐肆毫。嘉慶九年陞墾田貳拾壹畝捌分玖釐壹毫貳絲壹忽。

實存田叁拾伍頃柒拾壹畝貳分捌釐壹毫貳絲壹忽。

廢寺田壹頃陸拾伍畝叁分叁釐。

僧道田伍拾玖頃柒拾叁畝陸分柒釐。嘉慶五年彙報題准水沖田叁頃伍拾叁畝壹分柒毫。嘉慶九年陞墾田叁拾陸畝玖分伍釐貳毫玖絲。

實存田伍拾陸頃伍拾柒畝肆分伍釐貳毫玖絲。

民田肆千壹百貳拾貳頃肆拾壹畝伍分柒釐陸毫。康熙六年清查丈缺田壹頃壹拾貳畝叁分玖釐叁毫。雍正七年置買藉田壇基共田伍畝柒分叁釐。乾隆四年添建營房基址田叁分柒釐叁毫貳絲。

實該田肆千壹百貳拾壹頃貳拾叁畝柒釐玖毫捌絲。嘉慶五年彙報題准水沖田貳百頃柒拾陸畝。嘉慶九年陞墾田玖拾陸頃玖拾捌畝壹分玖釐壹毫柒絲柒忽陸微。

實存田肆千壹拾柒頃肆拾伍畝貳分柒釐壹毫伍絲柒忽陸微。

原額地陸百叁拾頃叁拾伍畝叁分柒釐伍毫。内：

白地壹畝伍分伍釐。

秋租地玖頃肆拾畝壹分叁釐。嘉慶伍年彙報題准水沖地陸拾壹畝陸釐。

實存地捌頃捌拾陸畝伍分肆釐貳絲玖忽叁微。嘉慶九年陞墾地柒畝肆分柒釐貳絲玖忽叁微。

新没地柒頃柒畝捌分貳釐叁毫。嘉慶五年彙報題准水沖地壹拾捌畝捌分叁釐叁毫。嘉慶九年陞墾地玖畝伍分伍釐捌毫。

實存地陸頃玖拾捌畝伍分肆釐捌毫。

學院地叁頃陸畝叁分肆釐伍毫。嘉慶五年彙報題准水沖地玖畝壹分壹釐伍毫。嘉慶九年陞墾地玖畝壹分壹釐伍毫。

實存地叁頃陸畝叁分肆釐伍毫。

沙基地貳頃貳拾叁畝伍分柒釐壹毫。嘉慶五年彙報題准水沖地伍畝捌分陸釐捌毫。嘉慶九年陞墾地伍畝貳分柒釐壹毫。

實存地貳頃貳拾貳畝玖分柒釐肆毫。

廢寺地柒拾柒畝貳分。嘉慶五年彙報題准水沖地柒分玖釐。嘉慶九年陞墾地柒分玖釐。

實存地柒拾柒畝貳分。

民地陸百柒頃柒拾捌畝柒分伍釐陸毫。康熙六年丈出地叁頃捌拾貳畝捌分壹釐。

實該地陸百壹拾壹頃陸拾壹畝伍分陸釐陸毫。嘉慶五年彙報題准水沖地肆拾柒頃叁拾貳畝叁分叁釐肆毫。嘉慶九年陞墾地貳拾柒頃玖拾貳畝柒分伍釐壹毫叁絲玖忽。

實存地伍百玖拾貳頃貳拾壹畝玖分捌釐叁毫叁絲玖忽。

原額山壹千肆百伍頃壹拾陸畝肆分壹釐柒毫。内：

新没山壹拾陸頃柒拾伍畝貳分叁釐叁毫。

秋租山壹拾叁頃捌拾叁畝柒分捌釐柒毫。

民山壹千叁百柒拾肆頃伍拾柒畝叁分玖釐柒毫。

原額塘肆百伍拾叁頃壹拾肆畝玖分肆釐伍毫捌絲。内：

歸新塘伍頃玖拾陸畝陸分。

學院塘陸頃叁拾叁畝陸分壹釐伍毫。

秋租塘伍頃肆拾肆畝伍釐伍毫。

民塘肆百叁拾伍頃肆拾畝陸分柒釐伍毫捌絲。

賦　役

國朝因明制，分田、地、山、塘四等。於其中又各分爲官、民二等。田在官者六則，在民者二則。地在官者六則，在民者一則。山在官者二則，在民者一則。塘在官者三則，在民者一則。官職田每畝徵銀貳錢肆分柒毫、米玖合。歸附田每畝徵銀壹錢肆分壹釐玖毫、米伍合叁勺。義莊田每畝徵銀壹錢陸釐肆毫、米肆合。學院田每畝徵銀捌分玖釐肆毫、米叁合叁勺。新没田每畝徵銀捌分柒釐壹毫、米叁合貳勺。廢寺田每畝徵銀伍分陸釐捌毫、米貳合。以上六則爲官田。僧道田每畝徵銀壹錢叁分肆釐伍毫、米伍合。民田每畝徵銀柒分陸毫、米貳合陸勺貳秒。以上二則爲民田。白地每畝徵銀壹錢捌分貳釐貳毫、米陸合捌勺。秋租地每畝徵銀貳分壹釐玖毫、米柒勺柒秒。新没地每畝徵銀壹分陸釐叁毫、米陸勺伍秒。學院地每畝徵銀壹分叁釐柒毫、米伍勺。沙基地每畝徵銀壹分貳釐壹毫、米肆勺。廢寺地每畝徵銀壹分肆釐捌毫、米伍勺。以上六則爲官地。民地一則，每畝徵銀貳分玖毫、米柒勺柒秒。新没山每畝徵銀壹分壹釐肆毫、米肆勺。秋租山每畝徵銀捌釐、米貳勺陸秒。以上二則爲官山。民山一則，每畝徵銀伍釐柒毫、米貳勺陸秒。歸新塘每畝徵銀玖釐玖毫、米肆勺。學院塘每畝徵銀捌釐伍毫、米貳勺陸秒。秋租塘每畝徵銀陸釐陸毫、米貳勺陸秒。

以上三則爲官塘。民塘一則，每畝徵銀肆釐貳毫、米壹勺叁秒。

按邑舊例，照田、地、山、塘科徵銀數起丁。每銀陸拾陸兩柒錢玖分貳釐，派市民一口，徵銀貳分貳釐陸毫。每銀貳兩壹錢伍分玖釐，派鄉民一口，徵銀肆分玖釐壹毫。每銀柒兩玖錢貳分捌釐，派市鄉民成丁一口，徵銀貳錢陸分叁釐。每銀柒兩柒錢伍分壹釐，派食鹽鈔丁一口，徵銀壹錢叁分壹釐。

以上田、地、山、塘丁口共徵銀叁萬柒千貳百陸拾貳兩肆錢陸釐捌毫捌忽叁微捌塵柒渺肆漠捌埃。除彙報水沖無徵銀玖百叁拾肆兩伍錢伍分陸釐叁絲玖忽伍微叁塵貳渺捌漠。

實徵銀叁萬陸千叁百貳拾柒兩捌錢伍分柒毫陸絲捌忽捌微伍塵肆渺陸漠捌埃。一、加蠟茶新加銀玖兩貳錢肆分貳釐伍毫陸絲捌忽捌微叁塵貳渺伍漠。除添建營房基址銀柒忽壹塵，除水沖無徵銀貳錢叁分貳釐，實徵銀玖兩壹分伍毫陸絲壹忽捌微貳塵貳渺伍漠。一、加顏料新加銀叁拾叁兩肆錢肆分玖釐捌毫柒絲伍忽，除添建營房基址銀貳絲伍忽叁微捌塵，除水沖無徵銀捌錢叁分柒釐，實徵銀叁拾貳兩陸錢壹分貳釐捌毫肆絲玖忽陸微貳塵。一、加蠟茶時價銀壹兩柒錢捌分叁絲壹微貳塵伍渺。一、加顏料時價銀柒兩玖錢陸分伍釐玖毫肆絲一忽肆微陸渺貳漠伍埃。一、加藥材時價銀貳兩捌錢叁分肆釐貳毫貳絲捌忽玖微叁塵叁渺柒漠伍埃。一、加匠班銀伍拾叁兩陸錢肆分，除添建營房基址銀肆絲柒微，除水沖無徵銀壹兩叁錢肆分伍釐，實徵銀伍拾貳兩貳錢玖分肆釐玖毫伍絲玖忽叁微。以上六款，每年于地丁項下帶徵。一、加收零積餘米壹拾石伍斗壹升伍勺貳秒陸圭陸粟陸粒，今每石改徵銀壹兩該銀壹拾兩伍錢壹分伍毫貳絲陸微陸塵陸渺。

實徵銀叁萬陸千肆百肆拾肆兩捌錢伍分玖釐捌毫陸絲柒微貳塵捌渺壹漠捌埃。又外賦薦新芽茶貳觔捌兩。每觔價銀壹錢陸分，共銀肆錢。

以上地丁并外賦，共實徵銀叁萬陸千肆百肆拾伍兩貳錢伍分玖釐捌毫陸絲柒微貳塵捌渺壹漠捌埃。每兩隨正徵收耗羨銀捌分，共徵銀貳千捌百肆拾貳兩伍分壹釐壹毫玖絲貳微伍塵玖漠柒埃貳纖陸沙。每兩餉餘銀伍釐，解費伍釐在內。其遇閏之年加徵銀伍百玖拾貳兩壹錢柒分叁釐柒毫柒絲陸微玖塵捌渺陸漠貳埃捌纖肆沙。又驛站新加銀叁拾捌兩壹錢壹分肆釐壹毫伍絲柒忽肆微貳渺柒漠，共徵銀陸百叁拾兩貳錢捌分柒釐玖毫貳絲捌忽壹微壹渺叁漠貳埃捌纖肆沙。每兩隨正加徵耗羨銀捌分，該耗羨銀肆拾肆兩壹錢貳分壹毫伍絲肆忽玖微陸塵柒渺玖埃叁纖。

額徵地丁并外賦銀叁萬陸千肆百肆拾伍兩貳錢伍分玖釐捌毫，遇閏加徵銀陸百叁拾兩貳錢捌分捌釐。

一、起運解司銀叁萬貳千伍百拾壹兩壹錢貳分伍釐，遇閏加銀肆百叁拾叁兩陸錢陸分陸釐。

户部本折色顔料蠟茶共銀壹百肆拾貳兩貳分壹釐。

禮部本色藥材料價路費叁兩叁錢陸分玖釐。

藥材加增時價銀貳兩捌錢叁分肆釐。

薦新芽茶折價并路費銀貳兩玖錢。

漕項銀玖百拾玖兩陸錢貳分肆釐，遇閏加徵米貳拾叁石肆升陸合。折銀貳拾柒兩陸錢伍分陸釐。前項與運丁月糧給軍米折銀叁百叁拾壹兩玖錢叁分肆釐捌毫，并加閏銀拾陸兩壹錢貳分壹釐，解糧道。

一、存留銀貳千捌百陸拾叁兩捌分柒釐。内：

解司存留銀壹百貳兩肆錢壹分壹釐。内：布政司解户役銀伍拾壹兩壹錢壹分壹釐，戰船民六銀伍拾壹兩叁錢。

府縣存留銀貳千柒百陸拾兩陸錢柒分陸釐。奏銷册報存留銀壹千玖百肆拾壹兩玖錢捌分，外在地丁撥補存留被水豁缺銀肆拾玖兩陸分柒釐，又在地丁項下動支關帝廟祭品銀陸拾兩，文昌廟祭品銀貳拾兩，厲祭米折銀陸兩，儒學添俸銀肆拾捌兩肆錢捌分，另加驛站銀陸百肆拾伍兩玖錢壹分肆釐。内除奉文併入地丁批解驛站餘剩銀拾兩柒錢陸分伍釐，核與全書所載，總數相符。遇閏加存留銀壹百捌拾兩伍錢貳釐。

成周役法

《周禮》："小司徒之職，乃均土地以稽其人民而周知其數：上地家七人，可任也者家三人；可任力役者每家三人。中地家六人，可任也者二家五人；二家，共五人。下地家五人，可任也者家二人。凡起徒役，毋過家一人，以其餘爲羨，正卒之外，皆爲羨卒。唯田與追胥竭作。"田獵與逐捕，則正卒、羨卒皆作。

漢役法

漢初,設三老、嗇夫、游徼,各有職役。役民歲不過三日。景帝時,令男二十而始傳,以給公家徭役。武帝天漢時,敷役發七科之責。孝昭元鳳時,顧役有三更之法。

唐役法

唐初,置租庸調之法。至建中元年春,楊炎改立兩税之法。

宋役法

宋初,差役法。熙寧中,保甲法、助役法。寶慶中,義役法。

元役法

元,州設坊正,鄉設里正,都設主首,專辦税事。後改爲季役,其次有貼役、雜役。後浙右病于徭役,民充坊里正者率破其家。朝廷令郡守集議便宜之法。杭州路總管趙璉議以屬縣坊正爲僱役,里正用田賦以均之,民咸以爲便。

明役法

明制:凡府、縣、都、里,每十年一造賦役黄册,以百有十户爲里,推丁多者十人爲長,餘百户爲十甲,甲凡十人,以一長統之,先後各以丁數多寡爲次,共編一册,册首有圖,故每里謂之一圖。其鰥寡孤獨不任役者,帶管于百有十户之外而列于圖後,名曰畸零。籍成,凡役皆按籍而定,其計丁田輸銀以給公費者謂之丁田。亦謂之均平。凡解京料價、祭祀鄉飲、僱覓夫馬船匠、公私諸宴會,胥自此出。此三辦之議所自來也。既定丁田,後五年仍計丁田爲徭,謂之均徭。凡用人力者,名力差。人銀者,名銀差。亦以十年各周一編。此外供驛傳者,有糧僉、丁僉、水夫、馬夫之名，視田地爲科。此定制也。

國朝初，循明舊制。里編十甲，輪役十年，主催收二税，名曰見年糧長。尋奉革除。

康熙十年，督撫盡革見年糧長之名，酌定均里、均甲之法。各甲悉照自己户下應徵銀米依限完納，官收官兑，兆民便之。其良法有四：一、革糧見，則值卯之銀省。一、分限期，則預徵之擾絶。一、設易知小單，則飛灑之奸杜。一、自運官兑，則軍役之累除。善政行而宿弊盡滌，是誠催科中之撫字也。外如皂隸、弓兵、門子、馬夫之屬，即昔之銀、力二差，具詳《賦役全書》，兹不贅列。又康熙二十年大造。布政司李士楨議稱：十年編役，上關國賦之徵輸，下係民生之休戚，誠不可不慎也。抑思賦役一事，用則合一，而民有攸分。蓋賦者出于田畝，任土之貢也；役者出于丁口，力役之征也。考明條鞭之法，合地丁而科算總額，謂之條銀，俾民輸納到官，官則按款分派，較之唐之租庸調法、宋之兩税僱役等法，尤爲便民。皇清鼎興，循行無改，是以《全書》開載均平徭役等銀，皆里民納銀，而官爲僱役者也。奈有貪官衙蠹，横斂誅求，于是賦役之外，復有雜派之役矣。雜役既繁，而併逋及正賦矣。今日所編者，役也，即所謂雜派差徭之役，里長見年之役也，私徵横派。久奉嚴旨，憲行禁革。果能實心遵守，凡遇軍需地方公務應官備者，官自備辦；應里下者，均匀承值。則是雜派既杜，徭役亦均，而民力自寬矣。至于里役，除漕糧官收官兑，白糧南糧官收官運，本色物料官買官解，俱無干涉里民外，惟徵收條銀。現議均田均里分甲催輸之法，永杜偏枯，嚴剔隱漏，摘追欠户，不立見年。如此力行，永久無弊，而里役自寬矣。具詳總督李之芳、巡撫李本晟，如議批行。于是便民良法始得久行，而不致爲吏胥所摇奪矣，其功豈淺鮮哉！

實支各款

本縣祭祀銀壹百叁拾捌兩捌錢壹分貳釐。文廟二祭，共銀伍拾壹兩伍錢。崇聖祠二祭，銀壹拾貳兩。社稷山川壇，叁拾貳兩。邑厲壇三祭，銀共貳拾肆兩。鄉賢名宦祠各二祭，共銀拾伍兩陸錢壹分貳釐。烈女吕主奴祠二祭，共銀叁兩柒錢。

文廟香燭銀壹兩陸錢。

迎春芒神、土牛、春酒銀貳兩。

本縣習儀香燭銀肆錢捌分。

本府通判俸銀陸拾兩。

皂隸工食銀柒拾貳兩,遇閏加銀陸兩。

杭防同知皂隸工食銀柒拾貳兩,遇閏加銀陸兩。

本縣知縣俸銀肆拾伍兩。

門子工食銀拾貳兩,遇閏加銀壹兩。

皂隸工食銀柒拾捌兩,遇閏加銀陸兩伍錢。

仵作工食銀拾捌兩,遇閏加銀壹兩伍錢。

馬快工食銀肆拾捌兩,遇閏加銀肆兩。

馬快製械銀捌拾陸兩肆錢,遇閏加銀柒兩貳錢。

民壯工食銀壹百叁拾貳兩,遇閏加銀拾壹兩。

禁卒工食銀肆拾捌兩,遇閏加銀肆兩。

轎傘扇夫工食銀肆拾貳兩,遇閏加銀叁兩伍錢。

庫子工食銀貳拾肆兩,遇閏加銀貳兩。

斗級工食銀貳拾肆兩,遇閏加銀貳兩。

縣丞俸銀肆拾兩。

門子工食銀陸兩,遇閏加銀伍錢。

皂隸工食銀貳拾肆兩,遇閏加銀貳兩。

馬夫工食銀陸兩,遇閏加銀伍錢。

典史俸銀叁拾壹兩伍錢貳分。

門子工食銀陸兩,遇閏加銀伍錢。

皂隸工食銀貳拾肆兩,遇閏加銀貳兩。

馬夫工食銀陸兩,遇閏加銀伍錢。

儒學俸銀叁拾壹兩伍錢貳分,又奉文動支地丁添給銀肆拾捌兩肆錢捌分。

齋夫工食銀叁拾陸兩,遇閏加銀叁兩。

門斗工食銀拾肆兩肆錢,遇閏加銀壹兩貳錢。

廩生餼糧銀陸拾肆兩。

膳夫工食銀肆拾兩，遇閏加銀叁兩叁錢叁分叁釐。

巡鹽捕役工食銀拾肆兩肆錢，遇閏加銀壹兩貳錢。

桐琴渡夫工食銀壹兩，遇閏加銀捌分肆釐。

十鋪司兵工食銀伍百兩肆錢，遇閏加銀肆拾壹兩柒錢。

鄉飲酒禮銀柒兩叁錢肆釐。

縣歲貢旗匾銀叁兩肆錢玖釐。

看守公署門子工食銀拾柒兩伍錢叁分貳釐，遇閏加銀壹兩肆錢陸分。

協濟湯溪縣經費不敷銀拾壹兩叁錢捌分壹釐。

縣獄囚糧銀叁拾伍兩陸分貳釐。

孤貧口糧柴布銀壹百陸拾捌兩，遇閏加銀拾肆兩。

額徵耗羨銀貳千捌百肆拾貳兩伍分壹釐。內：

本縣養廉捌百兩。

支留縣伍釐解費銀壹百柒拾柒兩陸錢貳分捌釐。

支解伍釐餉餘銀壹百柒拾柒兩陸錢貳分玖釐。

解司耗羨銀壹千陸百捌拾陸兩柒錢玖分肆釐，遇閏加耗銀肆拾肆兩壹錢貳分。

額徵米壹千貳百伍拾壹石肆斗肆升貳合貳勺。

運丁月糧給軍米貳百柒拾陸石陸斗壹升貳合肆勺。每石改折銀壹兩貳錢，共銀叁百叁拾壹兩玖錢叁分肆釐捌毫，遇閏加徵銀拾陸兩壹錢貳分壹釐。前項與隨漕折色銀玖百拾玖兩陸錢貳分肆釐，加耗銀壹百兩壹錢貳分伍釐，併解糧道。

南米玖百柒拾肆石捌斗叁升壹勺，撥金華城守營兵米肆百陸拾石貳斗，實該解省折徵米伍百拾肆石陸斗叁升壹勺。每石折徵正價銀壹兩伍錢，共銀柒百柒拾壹兩玖錢肆分伍釐，加耗銀壹錢，共銀伍拾壹兩肆錢陸分叁釐。批解藩庫。

課税商辦額鹽壹千柒百拾捌引，台所杜瀆場掣運，責成縣令驗引督銷。

當税銀叁拾兩。當商六名，每名伍兩。另款解司充餉，仍于每年春季查明增除，造册報部。

牙税銀陸兩貳錢。上則牙户叁名,每名徵銀捌錢。中則牙户壹名,徵銀陸錢。下則牙户捌名,每名徵銀肆錢。共該前數,另款解司充餉。

契税。每買産銀壹兩徵税銀叁分。

牛税。每兩徵税銀叁分。

雜税。徵税不等。以上契、牛、雜税三款,歲無定額,每年儘收儘解,造報題銷,另款解司充餉。

賦税新章

同治四年六月二十五日,奉徐寶治太守、馬新貽撫軍札:本邑額徵地漕米折銀叁萬捌千貳百柒兩捌分叁釐,舊徵每兩收錢貳千陸百拾文,共收錢玖萬玖千柒百貳拾串肆百捌拾柒文。同治三年春徵起,每兩減收錢貳百文,實收錢貳千肆百壹拾文,計收錢玖萬貳千柒拾玖串柒拾文。現擬每兩連耗徵銀壹兩壹錢起解,壹伍。合錢壹千陸百伍拾文。共應解錢陸萬叁千肆拾壹串陸百捌拾柒文。現定銀數,大小户一律完納。如小户不能完銀,仍照市價隨時合錢,不准抑勒。平餘錢貳萬玖千叁拾柒串叁百捌拾叁文。

額徵兵米肆百陸拾石貳斗。舊米徵每壹石收錢肆千陸百文,共收錢貳千百拾陸串玖百廿文。現擬每石減收錢陸百文,共減錢貳百柒拾陸千百廿文。每石實收錢肆千文,共收錢壹千捌百肆拾串捌百文。

留給書役斗級門印經費人等,每石錢貳百文,計錢玖拾貳千肆拾文,實放每石錢叁千捌百文,計錢壹千柒百肆拾捌串柒百陸拾文。

本邑糧米二項,共減錢貳萬叁千伍百捌拾貳串肆百肆拾壹文,現自同治後每兩實收錢貳千叁百文。

蠲　邺

《周禮》保息之政,王者所以養民。故鄉師以王命施惠,而民鮮艱阨。聖朝重熙累洽，乃猶勤求民瘼，時沛恩膏。凡所謂養老、慈幼、賑饑、邮貧以及疲癃、殘疾、死喪，皆有施濟，著爲盛典。至偶祲之蠲租賜復，沾被深渥，食德者不忘矣。歷朝蠲邮，舊無登載。今本《通志》標目，而斷自國朝始。至若殷實素封，體朝廷之心以爲心者，亦爲核實附名，另載義行，旌獎以垂不朽。

順治二年六月二十八日，奉詔：浙江人丁地畝錢糧，自順治二年六月初一日起，俱照前朝會計録徵解。凡加派永行蠲免。

四年二月十二日，奉詔：浙東八府，通照前朝萬曆四十八年則例徵收。天啓、崇禎加派盡行蠲免。新定地方徵收各項錢糧，自順治四年正月初一日起，以前拖欠在民者悉行蠲免。兵、民年七十以上者，許一丁侍養，免其差役。八十以上者，給絹一匹、綿一觔、米一石、肉十觔。九十以上者倍之。

五年十一月十一日，奉詔：優免恤老民如前。

七年八月初十日，奉詔：免四年一年民欠。

八年正月十二日，奉詔：各省萬曆年間加派地畝錢糧，八年一年准免三分之一。

二月十一日，奉詔：免五年以前民欠題派各價，通免三分之一。

十年，户部覆准：浙江各屬，旱灾照灾分輕重豁免。

十二年六月二十二日，奉詔：免順治六、七兩年民欠。

十三年十二月二十五日，奉詔：免順治八、九兩年民欠。

十五年正月初三日，奉詔：免順治十、十一兩年民欠。

十七年正月二十五日，奉詔：免順治十六年以前民欠。

十八年正月初九日，奉詔：優免邮老民如前。

康熙四年三月初五日，奉詔：免順治十六、十七、十八三年民欠。

八年十一月二十五日，奉詔：康熙元、二、三三年各省地丁正項拖欠，在民不能完納者，該督撫察明，奏請豁免。

九年五月初六日，奉詔：優免邮老民如前。

十年十一月初九日，奉詔：康熙四、五、六三年各省地丁正項拖欠，在民不能完納者，該督撫察明，奏請豁免。

二十年十二月二十日，奉詔：免康熙十七年以前民欠。

二十六年五月初三日，奉詔：康熙十三年以後加增各項雜税銀兩，該部查明，俱盡豁免。

二十七年十月二十三日，奉詔：免康熙二十八年應徵地丁各項錢糧，優免恤老民如前。

三十四年十二月十七日，奉詔：康熙三十三年以前歷年積欠及帶徵未完銀米，俱着豁免。

四十年正月，户部覆准：浙省金華等五縣，上年被灾田畝，免銀叁萬伍千陸百叁拾玖兩零，仍動支存倉穀石賑濟。

四十二年三月十八日，奉詔：優免恤老民如前，百歲者題明，給與建坊銀兩。

四十三年十月初七日，奉上諭：免康熙四十四年應徵地丁銀米。

四十五年十月二十五日，奉上諭：免康熙四十三年以前未完地丁銀米。

四十六年十一月初二日，奉上諭：康熙四十七年浙江通省人丁銀悉與蠲免。

四十七年十月十六日，奉上諭：康熙四十八年通省地丁銀全行蠲免。

四十九年十月初三日，奉上諭：明年康熙五十年，除漕項錢糧外，浙江應徵地畝人丁銀兩，俱察明蠲免，並歷年舊欠亦俱免徵。

五十二年三月十八日，奉詔：嗣後增益人丁，永不加賦。豁免康熙五十三年一年地租。優恤老民，給建如前。

五十六年十一月二十六日，奉上諭：今年帶徵地丁銀兩概免徵收。

六十年十一月，户部覆准：蘭谿等五縣被灾田畝應免銀兩照例蠲免。

六十一年十一月二十日，奉詔：豁免民欠，優免恤老民如前。

雍正元年八月十三日，奉詔：婦女年七十以上者，給與布一匹、米五斗。八十以上者，絹一匹、米一石。九十以上者倍之。百歲者，題明給與建坊銀兩。

七年二月二十六日，奉上諭：本年額徵地丁蠲免十分之二。

十三年九月初三日，奉詔：民欠錢糧係十年以上者，皆豁免。優恤老民如前。

又二十三日，奉上諭：其餘未完民欠一併寬免。

又十一月二十一日，奉詔：婦女年七十以上者，給與布一匹、米五斗。八十以上者，絹一匹、米一石。九十以上者倍之。百歲者，題明給與建坊銀兩。

乾隆十年，奉上諭：普免錢糧縣於十二年輪免。凡輪免之年，漕項錢糧不在免例。

十三年，奉詔：婦女年七十以上者，給與絹一匹、米五斗。八十以上者，絹一匹、米一石。九十以上者倍之。

二十七年，奉詔：軍、民年七十以上者，許一丁侍養，免雜差。八十以上者，給與絹一匹、綿一觔、米一石、肉十觔。九十以上者倍之。

三十五年，奉上諭：普免錢糧縣於三十七年輪免。

三十七年，奉詔：優恤老民如前。

四十二年，奉上諭：普免錢糧縣於四十四年輪免。

四十六年，奉詔：優恤老民如前。

五十年，奉詔：優恤老民如前。

五十五年，奉上諭：普免錢糧縣於五十七年輪免。軍民年七十以上者，給與米五斗、肉五觔、絹一匹、八十、九十者如前。五代同堂者，賞給銀緞、匾額。

六十年，奉上諭：普免錢糧縣於嘉慶二年輪免。

嘉慶元年,奉詔:軍民年七十以上者,一丁侍養,免差。八十、九十者,賞給如前。五代同堂者,賞給銀緞、匾額。

又奉詔:老民年七十以上,給九品頂戴。八十以上,給八品頂戴。九十以上,給七品頂戴。

五年六月二十三日水灾,題奉恩旨:撫恤乏食貧民,給米口糧一月。給發坍房無力修費,掩埋淹斃丁口。

二十四年,奉旨:豁免嘉慶二十二年以前民欠。

又奉詔:優免恤老民如前。百歲者題明旌表。

二十五年,奉詔:豁免被旱歉收緩徵銀兩。

道光十五年,大旱,奉詔:賑恤老婦,有孤貧殘疾無人養贍者加意撫恤,毋令失所。直省坍没田地其虚糧相沿追納者,查請豁免。從前借給籽種、口糧、牛具等力不能完者豁免。各處養濟院鰥寡孤獨殘疾無靠之人,有司留心養贍。

道光十七年至同治元年,其中國家大慶及旱潦不常,所有民欠地丁糧米,奉旨蠲免。各項案卷,經燹被燬無考。

同治四年二月十八日,奉恩旨:豁免咸豐十一年,同治元、二、三三年分錢糧及民間積欠。

十二年正月二十九日,奉詔:蠲免同治四、五、六三年民欠地丁錢糧。

光緒元年三月初八日,奉詔:軍民年七十以上者,許一丁侍養,免其雜派差役。八十以上者,給與九品頂戴。九十以上者,給與八品頂戴。百歲以上者,給與七品頂戴。百二十歲以上者,給與六品頂戴。百歲至百二十歲以上者,約仍題明給與建坊銀兩。

五月初七日,奉詔:蠲免同治七、八、九、十四年民欠地丁錢糧。

光緒十年十月十六日,奉旨:豁免五年以前民欠地丁錢糧。

光緒十一年,奉旨:豁免十、十一二年民欠地丁錢糧。

光緒十五年七月初七日,奉旨:豁免九年以前暨十三年以前民欠地丁錢糧。

光緒十七年六月十八日，恭逢皇上二旬萬壽，奉恩旨：軍民年八十以上者，給與絹一匹、綿一觔、米一石、肉十觔。九十以上者倍之。至百歲題明旌表。

附：

光緒十七年五月縣主李通詳捐廉助育嬰堂款移文。竊照興辦善舉，莫若育嬰。育嬰之興，必先籌費。本縣抵任以來，查永邑之育嬰堂，歷有年矣，弛廢已久，經費無多，似不足以惠嬰孩。爰特倡首勸捐，釐定章程，并按年捐廉洋壹佰元，計捐拾年，以爲首倡。每逢三節，准堂董來縣領取，以給嬰堂之用。將來遇有交替，援年例捐款之例，一律移交後任，藉垂久遠云。

永康縣志卷之四

祀典志

祀，國家之大典也。我朝五禮修明，而於禋祀，尤加敬慎。壇而先農、社稷、山川，廟而先師、武帝、文昌，莫不祗崇秩祀，令有司虔恪將事。外此，則良司牧有功於民，鄉先生可祭於社，亦尸而祝焉。凡所以達幽明、昭誠敬，爲斯民祈福，而維風飭紀之道亦於是乎在。至於里社報祈，割牲釃酒，亦有合於神道設教之意，歲時各隨其俗，而非奉有歷朝封號者，則不書。

壇　祀[①]

先農壇

祀先農炎帝神農氏、先農厲山氏、先農后稷氏之神。歲以仲春亥日致祭。主祭官暨陪祭執事官及牲幣器數、行禮儀節，均與祭社稷同。祝辭曰："惟神肇興稼穡，立我烝民。頌思文之德，克配彼天；念率育之功，常存時夏。兹當東作，咸服先疇。洪惟九五之尊，歲舉三推之典。恭膺守土，敢忘勞民。謹奉彝章，聿修祀事。惟願五風十雨，嘉祥恒沐神庥；庶幾九穗雙歧，上瑞頻書大有。尚饗！"祭畢，行耕耤禮。

① 標題據原目及版心處文字加。

附：耕耤禮

致祭先農之日，禮畢，各官易蟒服，詣耤田行耕耤禮。正官以下就耕所，執事者授耒耜與鞭。正官右秉耒，左執鞭。進耕耆老三人，一人執箱，一人播種，一人牽牛。農夫二人。扶犁九推九返。畢，釋鞭耒，以次序立田首西，面北上。農夫遂終畝。告事畢，各官補服，望闕立，重行，北面。耆老、農夫稍遠列行，北面隨立。行三跪九叩禮，各退。

社稷壇

祀社稷之神，歲以春秋仲月上戊日致祭。以長官主之。長官有故，則佐貳以次攝。在城文武官皆與祭。眡割牲，省齍盛，以丞若史各一人。糾儀以教諭、訓導二人。執事均用掾史。贊相禮儀，於學弟子員内選充。前期主祭官暨陪祭執事官，各於公廨致齋三日。埽除壇壝内外。祭之前夕，掌饌潔備品物，置案於神廚，設香燭，眡割牲，官公服，詣案前上香，行三叩禮。畢，宰人牽牲告腯，遂割牲，以豆取毛血，瘞於坎。及祭之日，雞初鳴，執事人入，設案一於壇上正中北向，陳鉶二，實和羹。簠二，實黍稷。簋二，實稻粱。籩四，實形鹽、棗、栗、鹿脯。豆四，實菁菹、鹿醢、芹菹、兔醢。若不能備，各就土所有，以其類充。案前設俎，陳羊一、豕一。又前設香案一，陳祝文、香盤、鑪鐙。左設一案，東向，陳篚一、實帛二、尊一、爵六。又設福胙於尊爵之次。司祝一人，司香帛二人，司爵二人，位案西東面。階下之東設洗。當階爲主祭官拜位。其後爲陪祭官拜位，文東武西。班與外朝賀禮同。通贊二人，位階下左右。糾儀官二人，分位陪祭官左右，均東西面。漏未盡，主祭官及陪祭官朝服畢集壇外，引贊二人引省齍官入壇，遍視牲器酒齊，饌者告潔，退。左右引班二人，引陪祭官入，東西序立，東班西面，西班東面。引贊二人，引主祭官入，至階下盥手。通贊贊執事者各司其事。贊就位，引贊引主祭官，引班引陪祭官，咸就拜位立。贊迎神，引主祭官升，詣香案前跪。司香跪奉香。主祭官三上香,興。贊復位,引主祭官降階復位立。贊跪叩,興。主祭官暨陪祭官行三跪九叩禮。贊初獻,引主祭官升,詣神位前跪。司帛跪奉篚,主祭官受篚恭獻,仍授司帛。興,奠於案。司爵跪奉爵,主祭官受爵恭獻,仍授司爵。興,分詣社稷位前,各奠正中,皆退。贊讀祝,引主祭官詣香案前跪,陪祭官皆跪,司祝三叩,興,奉祝文跪於右,讀曰:"維某年月日,某官某致祭於社稷之神,曰:惟神奠安九土,粒食萬邦。分五色以表封圻,育三農而蕃稼穡。恭承守土,肅展明禋。時屆仲春、秋,敬修祀典。庶丸丸松柏,鞏磐石於無疆;翼翼黍苗,佐神倉於不匱。尚饗!"讀畢,三叩,興。以祝文復於案,退。贊叩,興。主祭官暨陪祭官三叩,興。贊復位,引主祭官降階復位立。贊亞獻,引主祭官升,詣神位前獻爵於左。贊終獻,獻爵於右,均如初獻儀。贊賜福胙,引主祭官升,詣香案前跪。司爵跪進福酒於右。主祭官受爵拱舉,司爵接爵,興。司饌跪進豆肉於左,主祭官受豆拱舉,司饌接豆,興。各退。贊叩,興。主祭官三叩,興。贊復位,引主祭官復位立。贊送神,贊跪叩,興。主祭官暨陪祭官行三跪九叩禮。贊徹饌,執事徹饌。贊瘞祝帛,執事奉祝,次香,次帛,次饌,詣瘞所禮畢,各退。

神祇壇 即雲雨風雷山川壇。

祀雲雨風雷、境内山川、城隍之神。歲春秋仲月諏吉致祭,設案一於壇正中,南向,雲雨風雷神位居中,境内山川神位左,城隍神位右。陳設儀節祀官及執事序位,竝如社稷壇。祝辭曰:"惟神贊襄天澤,福佑蒼黎。佐靈化以流形,生成永賴;乘氣機而鼓盪,温肅攸宜。磅礴高深,長保安貞之吉;憑依鞏固,實資捍禦之功。幸民俗之殷盈,仰神明之庇護。恭修歲祀,正值良辰。敬潔豆籩,祗陳牲幣。尚饗!"

附:雩祭祈報禮

歲孟夏後,諏吉雩祭,陳設儀注同前。若間不雨及潦,諏宜祀之辰，具祝文，随時撰擬。備牲牢、籩豆、香帛、尊爵、爐鐙，守土官吏率屬素服虔禱，爲民請命。行禮儀節與常祀同。既應而報，陳設供具朝服行報祀禮儀節均與祈祀同。

廟　祀[①]

文　廟

唐玄宗始追謚孔子爲文宣王，詔祭春秋二仲。

宋真宗加謚爲元聖文宣王，後詔改至聖。

元成宗加號大成至聖文宣王。

明洪武三年，詔以孔子封爵宜仍其舊，廟曰大成殿，像先師及四配、十哲於其中。殿左右爲兩廡，分列七十二子與從祀諸賢之神位。

嘉靖九年，改稱孔子爲至聖先師，大成殿曰先師廟，殿門曰廟門。撤諸像，易以木主。

國朝順治二年，定文廟謚號，稱爲大成至聖文宣先師孔子。十四年，議改謚號爲至聖先師孔子。康熙二十三年，頒御書萬世師表額。康熙二十八年，頒御製《至聖先師孔子贊》并序：

蓋自三才建而天地不居其功，一中傳而聖人代宣其藴。有行道之聖，得位以綏猷。有明道之聖，立言以垂憲。此正學所以常明，人心所以不泯也。粤稽往緒，仰溯前徽。堯、舜、禹、湯、文、武，達而在上，兼君師之寄，行道之聖人也。孔子不得位，窮而在下，秉删述之權，明道之聖人也。行道者勳業炳於一朝，明道者教思周於百世。堯、舜、禹、湯、文、武之後，不有孔子，則學術紛淆，仁義湮塞，斯道之失傳也久矣。後之人而欲探二帝三王之心法，以爲治國平天下之準，其奚所取衷焉，然則孔子之爲萬古一人也審矣。朕巡省東國，謁祀闕里，景企滋深，敬摛筆而爲之贊曰：

① 標題據原目及版心處文字加。

清濁有氣，剛柔有質，聖人參之，人極以立。行著習察，舍道莫由。惟皇建極，惟后綏猷。作君作師，垂統萬古。曰惟堯舜，禹湯文武。五百餘歲，至聖挺生。聲金振玉，集厥大成。序《書》删《詩》，定《禮》正《樂》，既窮象繫，亦嚴筆削。上紹往緒，下示來型，道不終晦，秩然大經。百家紛紜，殊途異趣。日月無逾，羹墻可晤。孔子之道，惟中與庸。此心此理，千聖所同。孔子之德，仁義中正，秉彝之好，根本天性。庶幾夙夜，勗哉令圖。溯源洙泗，景躅唐虞。載歷庭除，式觀禮器。摛毫仰贊，心焉遐企。百世而上，以聖爲歸。百世而下，以聖爲師。非師夫子，惟師於道。統天御世，惟道爲寶。泰山巖巖，東海泱泱，墻高萬仞，夫子之堂。孰窺其藩，孰窺其徑？道不遠人，克念作聖。

康熙二十八年頒御製《四配贊》：

顔子贊

聖道早聞，天資獨粹。約禮博文，不遷不貳。一善服膺，萬德來萃。能化而齊，其樂一致。禮樂四代，治法兼備。用行舍藏，王佐之器。

曾子贊

洙泗之傳，魯以得之。一貫曰唯，聖學在兹。明德新民，至善爲期。格致誠正，均平以推。至德要道，百行所基。纂成統緒，修明訓辭。

子思子贊

於穆天命，道之大原。静養動察，庸德庸言。以育萬物，以贊乾坤。九經三重，大法是存。篤恭慎獨，成德之門。卷之藏密，擴之無垠。

孟子贊

哲人既萎，楊、墨昌熾。子輿闢之，曰仁曰義。性善獨闡，知言養氣。道稱堯、舜，學屏功利。煌煌七篇，並垂六藝。孔學攸傳，禹功作配。

雍正三年,頒御書“生民未有”額。詔郡縣二祭增用太牢。

乾隆三年,頒御書“與天地參”額。

嘉慶四年,頒御書“聖集大成”額。

道光三年,頒御書“聖協時中”額。

咸豐三年,頒御書“德齊幬載”額。

同治三年,頒御書“聖神天縱”。

光緒七年,頒御書“斯文在茲”額。

順治九年,遵奉頒發明倫堂御製刊卧碑文,立石明倫堂,以示生員。其文曰:

朝廷建立學校,選取生員,免其丁糧,厚以廪膳,設學院、學道、學官以教之,各衙門官以禮相待,全要養成賢才,以供朝廷之用。諸生皆當上報國恩,下立人品。所有教條,開列於後。

一、生員之家,父母賢知者,子當受教;父母愚魯,或有非爲者,子既讀書明理,當再三懇告,使父母不陷於危亡。

一、生員立志,當學爲忠臣、清官。書史所載忠清事迹,務須互相講究。凡利國愛民之事,更宜留心。

一、生員居心忠厚,正直讀書,方有實用,出仕必作良吏。若心術邪刻,讀書必無成就,爲官必取禍患。行害人之事者,往往自殺其身,常宜思省。

一、生員不可干求官長,交結勢要,希圖進身。若果心善德全,上天知之,必加以福。

一、生員當愛身忍性。凡有司官衙門,不可輕入。即有切己之事,止許家人代告。不許干與他人詞訟,他人亦不許牽連生員作證。

一、爲學當尊敬先生。若講説皆須誠心聽受。如有未明,從容再問,毋妄行辯難。爲師者亦當盡心教訓,勿致怠惰。

一、軍民一切利病,不許生員上書陳言。如有一言建白,以違制論,黜革治罪。

一、生員不許糾黨多人,立盟結社,把持官府,武斷鄉曲。所作文字,不許妄行刊刻。違者聽提調官治罪。

康熙九年,頒上諭十六條。每月朔望,有司偕紳衿齊集明倫堂及軍民人等俱聽宣講。

一、敦孝弟以重人倫。一、篤宗族以昭雍睦。

一、和鄉黨以息争訟。一、重農桑以足衣食。

一、尚節儉以惜財用。一、隆學校以端士習。

一、黜異端以崇正學。一、講法律以儆愚頑。

一、明禮讓以厚風俗。一、務本業以定民志。

一、訓子弟以禁非爲。一、息誣告以全良善。

一、戒窩逃以免株連。一、完錢糧以省催科。

一、聯保甲以弭盗賊。一、解讎忿以重身命。

康熙四十一年,奉御製訓飭士子文:

國家建立學校,原以興行教化,作育人材,典至渥也。朕臨馭以來,隆重師儒,加意庠序。近復慎簡學使,釐剔弊端,務期風教修明,賢才蔚起,庶幾棫樸作人之意。乃比來士習未端,儒效罕著。雖因内外臣工奉行未能盡善,亦由爾諸生積錮已久,猝難改易之故也。兹特親製訓言,再加警飭。爾諸生其敬聽之:

從來學者,先立品行,次及文學。學術事功,源委有序。爾諸生幼聞庭訓,長列宫墻,朝夕誦讀,寧無講究?必也窮修實踐,砥礪廉隅,敦孝順以事親,秉忠清以立志。窮經考義,勿雜荒誕之談;取友親師,悉化驕盈之氣。文章歸於醇雅,毋事浮華;軌度式於規繩,最防蕩軼。子衿佻達,自昔所譏。苟行止有虧,雖讀書何益。若夫宅心弗淑,行己多愆:或蜚語流言,脅制官長;或隱糧包訟,出入公門;或唆撥姦猾,欺孤凌弱;或招呼朋類,結社要盟。乃如之人,名教不容,鄉黨弗齒。縱幸脱褫扑,濫竊章縫,返之於衷,能無愧乎?况乎鄉會科名,乃掄才大典,關係尤鉅。士子果有真才實學,何患困不逢年? 顧乃標榜虚名,暗通聲氣,夤緣詭遇,罔顧身家。又或改竄鄉貫,希圖進取,囂淩騰沸,網利營私。種種弊端,深可痛憾。且夫士子出身之始,尤貴以正。若兹厥初拜獻,便已作姦犯科,則異時敗檢逾閑,何所不至?又安望其秉公持正,爲國家宣猷樹績、膺後先疏附之選哉! 朕用嘉惠爾等故,不禁反復惓惓。兹訓言頒到,爾等務共體朕心,恪遵明訓,一切痛加改省,争自濯磨,積行勤學,以圖上進。國家三年登造,束帛弓旌,不特爾身有榮,即爾祖父亦增光寵矣。逢時得志,寧俟他求哉! 若仍視爲具文,玩愒弗儆,毁方躍冶,暴棄自甘,則是爾等冥頑無知,終不能率教也。既負栽培,復干罪戾,王章具在,朕不能爲爾等寬矣! 自兹以往,内而國家,外而直省鄉校,凡學臣師長皆有司鐸之責者,並宜傳宣諸生,多方董勸,以副朕懷。否則,職業勿修,咎亦難逭,勿謂朕言之不預也。爾多士尚敬聽之哉!

雍正四年九月二十九日,奉上諭:

爲士者,乃四民之首,一方之望。凡屬編氓,皆尊之奉之,以爲讀聖賢之書,列膠庠之選,其所言所行,俱可以爲鄉人法則也。故必敦品勵學,謹言慎行,不愧端人正士,然後以聖賢詩書之道開示愚民,則民必聽從其言,服習其教,相率而歸於謹厚。或小民偶有不善之事,即懷愧恥之心,相戒勿令某人知之,如古人之往事,則民風何患不淳,世道何患不復古耶! 朕觀今日之士,雖不乏閉户勤修、讀書立品之輩,而蕩檢逾閑、不顧名節者,亦復不少。或出入官署,包攬詞訟;或武斷鄉曲,欺壓平民;或逋抗錢糧,藐視國法;或代民納課,私潤身家。種種卑污下賤之事,難以悉數。彼爲民者,見士子誦讀聖賢之書,而行止尚且如此,則必薄待讀書之人,而且輕視聖賢之書矣。士習不端,民風何由而正! 其間關係,極爲重大。朕自即位以來,加恩學校,培養人材,所以教育士子者無所不至。宜乎天下之士皆鼓舞奮興,争自濯磨,盡去其佻達之習矣。而内外諸臣條奏中,臚列諸生之劣迹,請行嚴懲者甚多。朕思轉移化導之法,當先端其本源。教官者,多士之儀型也。學臣者,教官之表率也。學官多屬中材,又或年齒衰邁,貪位竊禄,與士子爲朋儔,視考課爲故套。而學臣又但以衡文爲事,任教官之因循怠惰,苟且塞責,漫不加察。所以倡率之本不立,無怪乎士習之不端而風俗之未淳也。朕孜孜圖治,欲四海之大,萬民之衆,皆向風而慕義,革薄而從忠。故特簡督學之臣,慎重教官之職,欲使自上而下,端本澄源,以收實效也。凡爲學臣者,務須持正秉公,宣揚風化,於教官之稱職者即加薦拔,溺職者即行參革。爲教官者,訓誨士子,悉秉誠心,如父兄之督課子弟。至於分別優劣,則至公至當,不涉偏私。如此各盡其道,則士子人人崇尚品詣,砥礪廉隅。且不但自淑其身,而群黎百姓日聞善言,日睹善行,以生其感發之念,風俗之丕變,庶幾其可望也。特諭。欽此。務宜欽遵。

乾隆五年十一月,奉上諭:

從來爲治之道,不外教養兩端。然必衣食足而後禮義充,故論治者往往先養後教。朕御極以來,日爲斯民籌衣食之源、水旱之備,所期薄海烝黎,蓋藏充裕,俯仰有資,以爲施教之地,而解愠阜財之效,尚未克副朕懷。第思維皇降衷,有物有則。衣食以養其形,教化以復其性。二者相成而不相妨,不容偏廢,正如爲學之道,知先行後。然知行並進,非劃然兩時,判然兩事,又安得謂養之之道未裕,遂可置教化爲緩圖也?今學校遍天下,山陬海澨之人,無不挾詩書而遊庠序。顧學者徒以文藝弋科名,官司以課試爲職業,於學問根本切實用功所在,概未暇及。司牧者盡心於簿書筐篋,或進諸生而譚舉藝,則以爲作養人材,振興文教。其於閭閻小民,則謂是蚩蚩者不足與興教化,平時不加訓迪,及陷於罪,則執法以繩之,無怪乎習俗之不淳而詬誶囂凌之不能禁止也。朱子云:"聖人教人,大概只是説孝悌忠信日用當行的話。人能就上面做將去,則心之放者自收,性之昏者自明。"此言深探立教本源,至爲切實。蓋心性雖民之秉彝,而心爲物誘則放,性爲欲累則昏。存心養性，非知道者不足與幾。若夫事親從兄，則家庭日用，人人共由，孩提知愛，少長知敬，又人人同具，不待勉强。要之堯、舜之道，不外乎是。即如得一食必先以食父母，得一衣必先以衣父母，此即是孝。能推是心，而凡所以順其親者無不至，則爲孝子。父之齒隨行，兄之齒雁行，此即是悌。能推是心，而凡所以敬其長者無不至，則爲悌弟。一人如此，人人從而效焉；一家如此，一鄉從而效焉，則爲善俗。孟子曰："人倫明於上，小民親於下。"又曰："人人親其親，長其長，而天下平。"由是道也，惟在上者不爲提撕警覺，則習而不察，而一時之明，不勝夫積習之染，重昏錮蔽，日入於禽獸而不自知。任君師之責者，奚忍不爲之申重而切諭之也？我聖祖仁皇帝頒聖諭，以教士民，首崇孝悌。皇考世宗憲皇帝衍爲廣訓，往復周詳，已無餘藴。但朔望宣講，祇屬具文，口耳傳述，未能領會。不知國家教人，字字要人躬行實踐，樸實做去。人倫日用，正是聖賢學問至切要處。堯、舜之世，比户可封，只是能盡孝悌，放僻邪侈。觸陷法網，只爲不知孝悌。《記》曰："將爲善思貽父母令名必果，將爲不善思貽父母惡名必不果。"誠能如此存心，豈復有縱欲妄行之事。苟不從此處切實做起，雖誦讀詩書、高談性命，直謂之不學可耳。凡有牧民課士之責者，隨時隨事切實訓誨。有一事之近於孝悌，則從而奬勸之；一事之近於不孝不悌，則從而懲戒之。平時則爲之開導，遇事則爲之剖晰。如此則親切而易入，將見父詔兄勉，日積月累，天良勃發，率其良知良能，以充孝悌之實，藹然有恩，秩然有義，豫順積於家庭，太和翔於宇宙，親遜成風，必從此始。凡吾赤子，其敬聽諸。凡厥司牧，其敬奉諸！

大成殿

正位：至聖先師孔子

東　配

復聖顔子　名回，字子淵。魯人。天資明睿，甫成童即潛心聖學,以德行稱。年三十二卒。漢永平十五年,祀七十二弟子,顔子位第一。魏、晋祀孔子,均以顔子配。唐貞觀二年,以孔子爲先聖,顔子配饗。

述聖子思子　名伋,字子思。孔子孫,伯魚子。孔子没,七十子游散。子思師事曾子,宗聖祖之學,作《中庸》,言性道教,得一貫之傳,性善之論始此。宋大觀二年從祀。端平三年,升列哲位。咸淳三年,配饗。

西　配

宗聖曾子　名參,字子輿。魯南武城人。資稟篤實,天性至孝。孔子一貫之傳,曾子能得其宗。唐開元八年從祀。宋咸淳三年配饗。

亞聖孟子　名軻,字子輿。鄒人。戰國之世務縱横,孟子獨述唐虞三代之德。所如不合,退與萬章之徒序詩書,述仲尼之意,作《孟子》七篇,以詔來世。宋元豐七年配饗。

以上配位,宋以前皆稱封爵。元至順元年,贈顔子兖國復聖公,曾子郕國宗聖公,子思子沂國述聖公,孟子鄒國亞聖公。明嘉靖九年,改稱復聖顔子、宗聖曾子、述聖子思子、亞聖孟子。國朝因之。

東　哲

先賢閔子　名損,字子騫。魯人。事母至孝,以德行稱。唐開元八年從祀。

先賢冉子　名雍,字仲弓。伯牛之宗族。厚重簡默,以德行稱。唐開元八年從祀。

先賢端木子　名賜,字子貢。衛人。以言語稱。唐開元八年從祀。

先賢仲子　名由,字子路,一字季路。魯卞人。有勇力才藝,以政事稱。唐開元八年從祀。

先賢卜子　名商,字子夏。衛人。以文學稱。何休謂孔子以《春秋》之説口授子夏,子夏授公羊、穀梁,後並爲《春秋》作傳,與左氏爲三大經之學，子夏之功爲大。唐貞觀二十一年，以經師從祀。開元八年，以十哲從祀。

先賢有子　名若，字子若。魯人。强識好古，明禮習樂。《論語》一書，成於有子、曾子之門人，故二子獨以子稱。唐開元八年從祀。國朝乾隆三年，升列哲位。

西　哲

先賢冉子　名耕，字伯牛。魯人。以德行稱。有惡疾，孔子嘆其爲命。唐開元八年從祀。

先賢宰子　名予，字子我。魯人。以言語稱。唐開元八年從祀。

先賢冉子　名求，字子有。仲弓之宗族。性謙退，有才藝，以政事稱。唐開元八年從祀。

先賢言子　名偃，字子游。吴人。以文學稱。爲武城宰，以禮樂爲教。唐開元八年從祀。

先賢顓孫子　名師，字子張。陳人。寬冲博接，才高意廣。唐開元八年從祀。宋咸淳三年，升列哲位。

先賢朱子　名熹，字元晦。宋婺源人。從李侗學。私淑二程，一以居敬窮理爲主，發先聖之秘要，集諸儒之大成。著有《小學》《近思録》《四書章句集注》《詩集傳》《儀禮經傳通解》《易本義啓蒙》《通鑑綱目》《名臣言行録》《文集》等書。謚曰文。宋淳祐元年從祀。國朝康熙五十一年，升列哲位。

以上哲位，宋以前皆稱封爵。明嘉靖九年，改稱先賢某子。國朝因之。有子、朱子升列哲位，從一例。

東　廡

先賢公孫子　名僑，字子産。鄭卿。於民爲惠，主於學爲博物。孔子兄事之。國朝咸豐七年從祀。

先賢林子　名放，字子丘。魯人。嘗問禮之本於孔子。唐開元二十七年從祀。明嘉靖九年改祀於鄉。國朝雍正二年復祀。

先賢原子　名憲,字子思。宋人。一作魯人。清静守節,貧而樂道。唐開元二十七年從祀。

先賢南宫子　名适,《家語》作縚。《史記》作括。字子容。魯人。三復白圭,孔子以兄子妻之。謚敬叔。唐開元二十七年從祀。

先賢商子　名瞿,字子木。魯人,受《易》於孔子,累傳至漢儒皆本之。唐開元二十七年從祀。

先賢漆雕子　名開,字子開,一作子若。蔡人,一作魯人。習《尚書》,不樂仕,孔子説之。唐開元二十七年從祀。

先賢司馬子　名耕,字子牛,一作子牢。宋人。唐開元二十七年從祀。

先賢梁子　名鱣,一作鯉,又作仲,字叔魚。齊人。唐開元二十七年從祀。

先賢冉子　名孺,一作儒,字子魯。魯人。唐開元二十七年從祀。

先賢伯子　名虔,一作處,字子析。魯人。唐開元二十七年從祀。

先賢冉子　名季,字子産,一作子達。魯人。唐開元二十七年從祀。

先賢漆雕子　名徒父,一名從,字子有。魯人。唐開元二十七年從祀。

先賢漆雕子　名哆,一作侈,字子斂,一作子敏。魯人。唐開元二十七年從祀。

先賢公西子　名赤,字子華。魯人。嫻於禮樂。唐開元二十七年從祀。

先賢任子　名不齊,字子選。秦人。唐開元二十七年從祀。

先賢公良子　名孺,一作儒,字子正。陳人。賢而有勇。匡、蒲之難,孺皆從。唐開元二十七年從祀。

先賢公肩子　名定,一作公肩,一作公有,一作公堅定,字子中。魯人。唐開元二十七年從祀。

先賢鄡子　名單，一作鄔單，字子家。魯人。唐開元二十七年從祀。

先賢罕父子　名黑，字子索，一作子黑，一作子素。魯人。一作宰父黑。唐開元二十七年從祀。

先賢榮子　名旂，一作祈，一作子祺，一作子顔。魯人。唐開元二十七年從祀。

先賢左人子　名郢，一作左郢，字子行，一作子衡。魯人。唐開元二十七年從祀。

先賢鄭子　名國，字子徒，一作子從。魯人。《家語》作薛邦。或云實兩人。或云《史記》改作國，薛與鄭傳寫之誤。唐開元二十七年從祀。

先賢原子　名亢，字籍，一作原桃，字子籍，一作原忼，一作原抗。魯人。唐開元二十七年從祀。

先賢廉子　名潔，字子庸，一作子曹。衛人。唐開元二十七年從祀。

先賢叔仲子　名會，一作噲，字子期。魯人，一作晋人。與孔璇年俱幼，執筆迭侍夫子。唐開元二十七年從祀。

先賢公西子　名輿如，一云名與，字子上。魯人。唐開元二十七年從祀。

先賢邽子　名巽，一作邽選，一作國選，一作邦巽，字子斂，一作子飲。魯人。唐開元二十七年從祀。

先賢陳子　名亢，一作伉，字子禽，一作子亢。陳人。或云子貢弟子。唐開元二十七年從祀。

先賢琴子　名張，一作宰，字子開。衛人。唐開元二十七年從祀。

先賢步叔子　名乘，一作少叔乘，字子車。齊人。唐開元二十七年從祀。

先賢秦子　名非，字子之。魯人。唐開元二十七年從祀。

先賢顔子　名噲,字子聲。魯人。唐開元二十七年從祀。

先賢顔子　名何,字冉,一作稱。魯人。唐開元二十七年從祀。明嘉靖九年罷。國朝雍正二年復祀。

先賢縣子　名亶,一作縣豐,一作縣亶父,字子象。魯人。國朝雍正二年從祀。

先賢牧子　名皮。以狂稱。國朝雍正二年從祀。

先賢樂正子　名克。齊人。爲魯臣,嘗薦孟子於平公。好善篤信,勇於服義,稱孟氏高弟。國朝雍正二年從祀。

先賢萬子　名章。齊人。孟子弟子。國朝雍正二年從祀。

先賢周子　名敦頤,字茂叔。宋湖廣道州人。少穎異自能,默契道體。二程子從之學。著《通書》《太極圖説》。號濂溪先生。蔡虚齋稱濂溪爲宋之仲尼,二程爲宋之顔、閔。謚曰元。宋淳祐元年從祀。

先賢程子　名顥,字伯淳。宋河南洛陽人。資性過人。十五六歲時,慨然有求過之志。著《定性書》,與《太極圖説》相表裏。先儒謂孟子後得顥而道始明。世稱明道先生。謚曰純。宋淳祐元年從祀。

先賢邵子　名雍,字堯夫。宋直隸涿州人。爲學堅苦刻勵,受《易》於李之才,探賾索隱,妙悟神契,遂衍伏羲先天之學,著《皇極經世》等書,具内聖外王之學。謚康節。宋咸淳三年從祀。

西　廡

先賢蘧子　名瑗,字伯玉。衛大夫。出處合於孔子,以君子稱。唐開元二十七年從祀。明嘉靖九年改祀於鄉。國朝雍正二年復祀。

先賢澹臺子　名滅明,字子羽。武城人。貌甚惡,取與去就,名施諸侯。孔子嘗云:“以貌取人,失之子羽。”唐開元二十七年從祀。

先賢宓子　名不齊,字子賤。魯人。宰單父,才智仁愛,尊賢取友,百姓不忍欺。唐開元二十七年從祀。

先賢公冶子　名長,一作萇,一作芝,字子長,一作子芝,一作子之。齊人,一作魯人。能忍恥辱,孔子以其子妻之。唐開元二十七年從祀。

先賢公晳子　名哀，一作克，字季次，一作季沉。齊人，一作魯人。恥屈節爲家臣。唐開元二十七年從祀。

先賢高子　名柴，字子羔，一作子皋。齊人，一作衛人。篤孝有法，爲成宰，成人化之。又爲衛士師，孔子善之。唐開元二十七年從祀。

先賢樊子　名須，字遲。魯人，一作齊人。不忘學，孔子善之。唐開元二十七年從祀。

先賢商子　名澤，字子季，一作子秀。魯人。唐開元二十七年從祀。

先賢巫馬子　名施，一作期，字子旗，一作子期。陳人，一作魯人。宰單父，戴星出入，與子賤並稱。唐開元二十七年從祀。

先賢顏子　名辛，一作幸，或作柳，或作韋，字子柳。魯人。唐開元二十七年從祀。

先賢曹子　名卹，字子循。蔡人。唐開元二十七年從祀。

先賢公孫子　名龍，一作寵，字子石。衛人，一作楚人。嘗以孝弟信答子貢學師之問，子貢請師事之。周有兩公孫龍，答堅白異同者，非子石也。唐開元二十七年從祀。

先賢秦子　名商，字子丕，《左傳》作丕茲。魯人，一作楚人。唐開元二十七年從祀。

先賢顏子　名高，一作刻，又作産，字子驕。魯人。有力善射。孔子過匡，嘗爲僕。唐開元二十七年從祀。

先賢壤駟子　名赤，字子徒，一作子從。秦人。壤，一作攘。唐開元二十七年從祀。

先賢石作子　名蜀，一作石之蜀，一作石子蜀，字子明。成紀人。唐開元二十七年從祀。

先賢公夏子　名首，字子乘。魯人。唐開元二十七年從祀。

先賢石子　名處，一作石處，字子理，一作理之。齊人。唐開元二十七年從祀。

先賢奚容子　名蒧，一作奚蒧，字子晢，一作子楷，一作子偕。魯人。唐開元二十七年從祀。

先賢顔子　名祖，一作相，字子襄。魯人。唐開元二十七年從祀。

先賢句井子　名疆，字子孟，一作子疆。衛人。唐開元二十七年從祀。

先賢秦子　名祖，字子南。秦人。唐開元二十七年從祀。

先賢縣子　名成，字子旗，一作子横，又作子期。魯人。唐開元二十七年從祀。

先賢公祖子　名句兹，一作公祖兹，字子之。魯人。唐開元二十七年從祀。

先賢燕子　名伋，一作級，字子思。秦人。唐開元二十七年從祀。

先賢樂子　名欬，一作欣，字子聲。魯人。唐開元二十七年從祀。

先賢狄子　名黑，一作墨，字子晢，一作晢之。衛人。唐開元二十七年從祀。

先賢孔子　名忠，一作弗，字子蔑。孟皮子。唐開元二十七年從祀。

先賢公西子　名蒧，字子止，一作子尚。魯人。唐開元二十七年從祀。

先賢顔子　名之僕，字子叔。魯人。唐開元二十七年從祀。

先賢施子　名之常，字子恒。魯人。唐開元二十七年從祀。

先賢申子　名棖，《史記》作申黨，字周。《家語》作申續，字子周。或作申續，一作申棠，一作申儻。唐開元二十七年從祀。

先賢左子　名丘明。魯中都人。楚左史倚相之後，爲魯太史，受經於孔子，作《左傳》《國語》，以授曾申。唐貞觀二十一年以經師從祀。

先賢秦子　名冉，字子開。蔡人。唐開元二十七年從祀。明嘉靖九年罷。國朝雍正二年復祀。

先賢公明子　名儀。魯人。篤信好學，早登孔氏之門，又受教於曾子、子張。國朝咸豐三年從祀。

先賢公都子　魯人。孟子弟子。按：名彧，見《孟子·外篇》，《孝經》第三"孟母之喪，公都彧治饌"是也。國朝雍正二年從祀。

先賢公孫子　名丑。齊人。孟子弟子。國朝雍正二年從祀。

先賢張子　名載，字子厚。宋郿縣人。學由苦思力索而得，瞬存息養，勇於自克，望之儼然，與之居久而日親。初事范仲淹，後交二程，發明氣質之説，補前聖所未及。教人以禮爲先，使有所依據。爲關中學者宗師。著《正蒙》《西銘》等書。程子謂《西銘》理一分殊，孟子性善，養氣同功。稱横渠先生。謚曰明。宋淳祐元年從祀。

先賢程子　名頤，字正叔。顥弟。其學本於誠，以《大學》《語》《孟》《中庸》爲標旨，而達於六經。動止語默，必於聖人主一無適之訓，開後世入聖之門。朱子謂其氣質剛方、文理密察，與明道道同，而造德各異。以比孟子，才高未到，收束檢制過之。號伊川先生。謚曰正。宋淳祐元年從祀。

以上先賢位，宋以前從祀者皆稱封爵，明嘉靖九年改稱先賢某子。周、張、程、邵五子，嘉靖時稱先儒，崇禎十五年改稱先賢，位在七十子之下、漢唐諸儒之上。國朝俱稱先賢，不稱子。

東　廡

先儒公羊氏　名高。周末齊人。受《春秋》於子夏，爲《傳》。唐貞觀二十一年從祀。

先儒伏氏　名勝，字子賤。漢濟南人。爲秦博士，焚書時獨壁藏之。漢興，口授今《尚書》二十九篇。唐貞觀二十一年從祀。

先儒毛氏　名亨。魯人。受《詩》于荀卿，作《訓詁傳》，世稱大毛公。按《史記》楚考烈王二十五年，荀卿廢居蘭陵，距漢興三十二年。《太平御覽》引《毛詩正義》云：荀卿授漢人魯國毛亨，則是秦漢間人。

國朝同治二年從祀。

先儒孔氏　名安國,字子國。孔子十二世孫。漢魯恭王得孔壁藏書,安國考論文字,爲古文《論語訓》十一篇、《孝經傳》三篇,合伏生所誦《尚書》,成五十八篇,作《傳》,又集録《孔子家語》四十八篇。唐貞觀二十一年從祀。

先儒后氏　名蒼,字近君。漢東海郯人。爲博士,説禮數萬言,號后氏《曲臺記》,以授梁戴德、戴勝。明嘉靖九年從祀。

先儒許氏　名慎,字叔重。漢汝南召陵人。性篤學博,以五經傳説,臧否不同,撰《五經異義》,又作《説文解字》十五篇,推究六書之義,至爲精密。國朝光緒元年從祀。

先儒鄭氏　名玄,字康成。東漢北海高密人。始通京氏《易》、公羊《春秋》,又從張恭祖受《周書》《禮記》《左傳》《春秋》等書,從事馬融,日質疑義。所著《詩》《禮》《論語》《孝經》等論,凡百餘萬言,稱爲純儒。唐貞觀二十一年從祀。明嘉靖九年改祀於鄉。國朝雍正二年復祀。

先儒范氏　名甯,字武子。晋鄢陵人。質直好儒學,嘗謂王勃、何晏之罪,深於桀、紂。居官興學校,養生徒,絜己修禮,風化大行。著《穀梁集解》。唐貞觀二十一年從祀。明嘉靖九年改祀於鄉。國朝雍正二年復祀。

先儒陸氏　名贄,字敬輿。唐嘉興人。佐明宗,推誠待下,轉危爲安。嘗曰:"吾上不負天子,下不負所學。"秉性忠直,學術純正,奏議剴切精當,皆本仁祖義而出之,爲政治第一書。謚曰宣。國朝道光六年從祀。

先儒范氏　名仲淹,字希文。宋江南吴縣人。學主忠信,志以天下爲己任,其立朝皆聖賢事業,多社稷功。世稱希文爲宋代第一人物也。謚文正。國朝康熙五十四年從祀。

先儒歐陽氏　名修,字永叔。宋廬陵人。參大政,抗直無所避,歷數郡,寬簡不擾,民便之。修《唐書》《五代史》,著《廬陵集》。謚文忠。明嘉靖九年從祀。

先儒司馬氏　名光，字君實。宋夏縣人。生平所爲無不可對人言。誠心自然，天下敬信。宋元祐相業，有旋乾轉坤之功。不喜佛老，曰："其微言不能出吾書，其誕吾不信也。"著有《資治通鑑》《家禮》等書。謚文正。宋咸淳三年從祀。

先儒謝氏　名良佐，字顯道。宋上蔡人。少好博識，從二程務爲切問近思之學，與游酢、吕大臨、楊時號程門四先生，而良佐最爲超越云。著有《論語説》，門人所記遺語。國朝道光二十九年從祀。

先儒羅氏　名從彦，字仲素。宋南劍人。篤志求道，聞龜山得程氏學，往從之，絶意進取。朱子謂龜山倡道東南，從遊甚衆，然潛心力行任重詣遠者，仲素一人而已。號豫章先生。謚文質。明萬曆四十二年從祀。

先儒李氏　名綱，字伯紀。宋邵武人。歷事三朝，知幾應變，以一身係天下安危，力争和議，忠義凛然。金人時問其安否。史稱社稷臣。著《易傳》内外篇、《論語詳説》、詩文奏議凡百餘卷。謚忠定。國朝咸豐八年從祀。

先儒張氏　名栻，字敬夫。宋漢川綿竹人。少穎悟夙成，以聖賢自期，居官先正禮俗、明倫教。著有《論孟説》《太極圖説》《洙泗言仁》等書。號南軒先生。謚曰宣。景定二年從祀。

先儒陸氏　名九淵，字子静。宋金谿人。四歲讀宇宙字，即有悟，與兄九齡互爲師友。其學簡易直捷，教人以静爲主，先明本心，與朱子論學多不合，後世遂分朱、陸之學。著《文集》《語録》。稱象山先生。謚文安。明嘉靖九年從祀。

先儒陳氏　名淳，字安卿。宋漳州龍溪人。朱子守漳時，淳遊門下。朱子曰："南來吾道得一安卿。"生平無書不讀，無物不格。著《論孟學庸口義》等書。號北溪先生。國朝雍正二年從祀。

先儒真氏　名德秀，字希元。宋浦城人。時禁絶儒書，德秀獨以斯文自任，私淑朱子，講習服行，正學復明，世稱其體用兼優。著《大學衍義》《四書集編》《讀書記》《心經》《政經》《文章正宗》《文集》。號西山先生。謚文忠。明正統二年從祀。

先儒何氏　名基，字子恭。宋浙江金華人。少師黄勉齋，窮伊洛之源，著《大學、語、孟、太極、通書、西銘、近思録發揮》等書。謚文定。國朝雍正二年從祀。

先儒文氏　名天祥，字宋瑞。宋吉水人。宋亡被執，數年不屈，從容盡命，自爲贊，有"仁至義盡，庶幾無愧"云。國朝道光二十三年從祀。

先儒趙氏　名復，字仁甫。宋季江西德安人。嗜聖學。元初時，姚樞建太極書院於燕京，延復爲師。時程朱之學未至北方，自是得名士多人。乃收集河洛諸書，河朔始知道學。國朝雍正二年從祀。

先儒金氏　名履祥，字吉夫。元浙江金華人。少從學何基、王柏，得朱子之傳。宋末絶意進取，作《通鑑前編》，《語》《孟》《大學》諸經各有注疏。號仁山先生。謚文安。國朝雍正二年從祀。

先儒陳氏　名澔，字可大。元都昌人。承父傳，潛心禮學。著《禮記集説》。虞集題其墓曰經歸先生。國朝雍正二年從祀。

先儒方氏　名孝孺，字希直。明寧海人。佐惠帝，復古官禮。未果，燕兵至，死節最烈。世稱其持守之嚴，剛大之氣，爲有明學祖。蜀獻王顔其廬曰"正學"。著《幼學宗儀》《深慮論》《文集》。國朝同治二年從祀。

先儒薛氏　名瑄，字德温。明山西河津人。初受學於高密魏希諸人，聞濂洛之傳，嘗言："自考亭以還，斯道大明，無須著作，直須躬行。"有《讀書録》二十卷，皆自言所得。謚文清。隆慶五年從祀。

先儒胡氏　名居仁，字叔心。明江西餘干人。爲學主忠信，求放心，以聖賢成始成終在於敬，因以敬名齋。著《居業録》《敬齋録》。謚文敬。明萬曆十二年從祀。

先儒羅氏　名欽順，字允升。明江西泰和人。學尊程朱，上溯孔孟，攘斥異端，嘗曰“人立身居業，必先打破義利之辨”。學者奉爲儀型。謚文莊。國朝雍正二年從祀。

先儒吕氏　名柟，字仲木。明高陵人。受業渭南薛敬之，直接河津之傳。時天下言學咸歸陽明、甘泉，枬與羅欽順獨守程朱不變，著《經野文集》，經、史、小學、宋四子書皆有纂述。國朝同治二年從祀。

先儒劉氏　名宗周，字起東，號蕺山。明山陰人。其學以誠意爲主，慎獨爲功，能闡姚江之緒言而救其流弊。著《論語學案》《聖學宗要》《學言》《人譜》《文集》。稱念臺先生。明亡，絶粒死。謚忠介。國朝道光二年從祀。

先儒孫氏　名奇逢，字啓泰，號鍾元。明容城人。以純孝旌。入國朝，講學蘇門，歷徵不起。其學以慎獨爲宗，以體認天理爲要，以日用倫常爲實際，不立門户，而通朱、陸之域。所著書十餘種，稱夏峰先生。國朝道光八年從祀。

先儒張氏　名履祥，字考夫。明桐鄉人。力闢王氏，一心於程朱，操行粹然，直接薛、胡之傳。所著《備忘録》等書。號楊園先生。國朝同治九年從祀。

先儒陸氏　名隴其，字稼書。平湖人。爲令以德化，立朝正直不撓。嘗著《學術辨世》，謂程朱之統，自薛、胡後，惟隴其得其正云。著有《四書大全》《困勉録》《松楊講義》《問學録》等書。謚清獻。國朝雍正二年從祀。

先儒張氏　名伯行，字孝先。河南儀封人。篤信程朱，識見堅定。所自著者，《困學録》《續録》《正誼堂文集》等書。謚曰清恪。國朝光緒四年從祀。

西　廡

先儒穀梁氏　名赤。周末魯人。受《春秋》於子夏，爲《傳》。唐貞觀二十一年從祀。

先儒高堂氏　名生,字伯漢。魯人。爲博士,傳《士禮》十七篇,即《儀禮》。唐貞觀二十一年從祀。

先儒董氏　名仲舒,字寬夫。漢廣川人。爲博士,舉賢良,對天人三策,著《春秋繁露》等書數十萬言,嚴王霸義利之辨,尊孔氏,黜百家。朱子亦稱仲舒之學,漢儒中最爲純正。元至順元年從祀。

先儒劉氏　名德。漢景帝子,封河間王。修學好古,實事求是,所得書皆古文先秦舊書,修禮樂,被儒服,山東儒者多從之遊。來朝獻雅樂,奏對三雍宫,得事之中。謚曰忠。國朝光緒三年從祀。

先儒毛氏　名萇,字長公。漢趙人。受《詩》於毛亨,爲河間獻王博士。每説《詩》,王悦之,因取《詩傳》加毛字以辨齊、魯、韓三家,稱小毛公。明道謂漢儒如毛萇、董仲舒最得聖賢之意。唐貞觀二十一年從祀。

先儒杜氏　名子春,字時元。漢緱氏人。受業於劉歆,通《周官》,門人鄭衆、馬融、賈逵及融弟子鄭康成所著解傳注皆祖之。唐貞觀二十一年從祀。

先儒諸葛氏　名亮,字孔明。漢瑯琊人。出處似伊尹,爲治似子産。出師二表,與《伊訓》《説命》相表裏。程子謂其“有儒者氣象,庶幾禮樂”。謚忠武。國朝雍正二年從祀。

先儒王氏　名通,字仲淹。隋山西河津人。爲學有大志,上太平十二策,不見用。著《中説》,學者擬之《魯論》。謚文中子。明嘉靖九年從祀。

先儒韓氏　名愈,字退之。唐河南修武人。性明鋭,不詭隨,爲文起八代之衰。所著《原道》《原性》等篇,皆佐佑六經,與孟子相表裏。學者仰如泰山北斗。力排佛教,以諫迎佛骨貶刺史。謚曰文。宋元豐七年從祀。

先儒胡氏　名瑗,字翼之。宋泰州海陵人。教授蘇、湖二州,訓人率以身先。時尚詞賦二學,獨立經義、治事二齋,以敦實學。著有

《易傳》《洪範解》《春秋口義》。門人述其言行録爲二卷。謚文昭。明嘉靖九年從祀。

先儒韓氏　名琦，字稚圭。宋安陽人。識量英偉，臨事喜愠不形於色，歷相三朝，再定大策，積誠動主，知無不爲，威德著於遼夏。謚忠獻。國朝咸豐二年從祀。

先儒楊氏　名時，字中立。宋南劍人。從二程子得河洛之傳。著書講學，東南學者推爲程氏正宗。著有《三經議辨》《語録》《文集》。號龜山先生。謚文靖。明弘治八年從祀。

先儒尹氏　名焞，字彦明。宋洛陽人。莊敬篤實，不欺暗室。於六經之言，耳順心得，如出諸己。受學於程伊川，質直宏毅，實體力行。程子以魯許之。著《論語解》及《問答録》。國朝雍正二年從祀。

先儒胡氏　名安國，字康侯。宋建寧崇安人。强學力行，以聖賢爲經學，只是致知爲始，格物爲要。時王安石廢《春秋》，公終身潛心是書，著《春秋傳》。謚文定。明正統二年從祀。

先儒李氏　名侗，字愿中。宋南劍人。從羅仲素學，朱子師事之。嘗曰："學問之道不在多言，能潛心體認，天理自見，人欲自消。"號延平先生。謚文靖。明萬曆四十二年從祀。

先儒吕氏　名祖謙，字伯恭。宋浙江金華人。學宗關洛，心平氣和，不立崖異，朱子稱其學"如伯恭能變化氣質，居家之政皆可爲法"。號東萊先生。謚曰成。景定二年從祀。

先儒袁氏　名燮，字和叔。宋鄞縣人。端粹專静，師事象山，教諸生以"反躬切己、忠信篤實"爲道本。著《家塾書鈔》《毛詩講義》《絜齋集》。號絜齋先生。國朝同治七年從祀。

先儒黄氏　名榦，字直卿。宋閩縣人。受業朱子。朱子稱其"志堅思苦"。病亟，示以所著，曰："吾道之托在此"。居官先教養，民稱黄父。著《書説》《論語通釋》《意原》《文集》。號勉齋先生。謚文肅。國朝雍正二年從祀。

先儒輔氏　名廣,字漢卿,號潛菴。宋崇德人。師事朱子,嘗主崇德學事,躬行倡率。所著有《六經集解》《尚書注》《四書纂疏》《四書答問》《通鑑集義》《日新録》《師訓編》等書。學者稱爲傳貽先生。國朝光緒五年從祀。

先儒蔡氏　名沈,字仲默。宋福建建陽人。師事朱子。著《書傳》與《洪範皇極内篇》,頒行學宫。謚文節。明正統二年從祀。

先儒魏氏　名了翁,字華父。宋四川邛州蒲江人。築室城西白鶴山下,從遊甚衆。著《九經要義》百卷,訂定精密,發先儒所未發。謚文靖。國朝雍正二年從祀。

先儒王氏　名柏,字會之。宋浙江金華人。從黄勉齋學,得立忠居敬之旨,於《學庸四書》《通鑑綱目》標注精密,作《敬齋圖箴》。謚文憲。國朝雍正二年從祀。

先儒陸氏　名秀夫,字君實。宋鎮江人。性沉静,雖宴坐,矜莊終日。二王播越海濱,悤遽顛沛中猶日書《大學章句》勸講。宋亡,負帝昺赴海死。國朝咸豐九年從祀。

先儒許氏　名衡,字平仲。元河南人。少嗜學,從姚樞學,得程朱書,益有得。著《遺書》八卷。號魯齋先生。謚文正。皇慶二年從祀。

先儒吴氏　名澄,字幼清。元江西崇仁人。幼以聖賢自期,篤志好學,杜門著述,號草廬先生。謚文正。明正統八年從祀。嘉靖九年罷。國朝乾隆二年復祀。

先儒許氏　名謙,字益之。元浙江金華人。聞金仁山道學,往從之,以求聖賢之心。教人以五常人倫爲本,變化氣質爲先,景從者皆以不及門爲恥。及卒,門人題其墓曰白雲先生。謚文懿。國朝雍正二年從祀。

先儒曹氏　名端,字正夫。明澠池人。學務躬行實踐,而以静存爲本,爲明初理學之冠。著《太極圖、通書、西銘述解》《月川集》。稱月川先生。國朝咸豐十年從祀。

先儒陳氏　名獻章，字公甫，明廣東新會人。舉孝廉，遊太學，尋歸隱白沙。德器純粹，有舞雩陋巷之風。謚文恭。明萬曆十二年從祀。

先儒蔡氏　名清，字介夫。明晋江人。其學初主静，後主虚，因以虚名齋。著有《易、詩、書蒙引》《文集》。謚文莊。國朝雍正二年從祀。

先儒王氏　名守仁，字伯安。明餘姚人。立朝抗直，歷平寇逆，其學以致良知爲標的，後世與象山並稱爲陸王之學。著《傳習録》《文集》。謚文成。明萬曆十二年從祀。

先儒吕氏　名坤，字叔簡，號新吾。明寧陵人。在官守正不阿，家居四十年，造詣益粹，明季時最爲醇正。著有《四禮翼》《實政録》等書，其《呻吟語》乃省察克治之言，後儒尤稱道焉。國朝道光六年從祀。

先儒黄氏　名道周，字幼平。明漳浦人。以文章氣節高天下。學則調停朱、陸，精天文曆數皇極諸書。稱石齋先生。明亡被執，從容就義而死。謚忠端。國朝順治三年從祀。

先儒陸氏　名世儀，字道威，號桴亭。本朝江南太倉人。少則篤志聖賢，恪守程朱家法，講明實用。所著有《思辨録》等書。國朝同治十三年從祀。

先儒湯氏　名斌，字孔伯，號潛菴。本朝睢州人。其學源出夏峰，刻勵實行，講求實用，無王學杳冥放蕩之弊。歷官清儉如寒素，功德及民。所論列務持大體。著《洛學編》《睢州志》《語録》《文集》。謚文正。國朝康熙二十六年從祀。

以上先儒位，明嘉靖以前從祀者皆稱封爵。嘉靖九年改稱先儒某子。國朝稱先儒，不稱子。

祭　儀

先師位前，陳設帛一、牛一、羊一、豕一、登一、鉶二、簠簋各二、籩豆各十、尊一、爵三、鑪一、鐙二。

四配位，各帛一、羊一、豕一、鉶二、簠簋各二、籩豆各八、爵三、鑪一、鐙二、東西各尊一。

十二哲位，各帛一、鉶一、簠簋各一、籩豆各四、爵三，東西各羊一、豕一、尊一、鑪一、鐙二。

兩廡，二位共一案，每位爵一、每案簠簋各一、籩豆各四，東西各羊三、豕三、尊三，統設香案二，每案帛一、爵三、鑪一、鐙二。

帛，正位，四配異篚，十二哲東西共篚，牲載於俎，尊實酒，疏布冪勺具。

釋奠禮節 謹遵《大清會典》《大清通禮》。

祭日，雞初鳴，正獻官、分獻官朝服集致齋所。引贊生十有四人，俟於左側門外。昧爽，行禮大成門，鼓三嚴，引贊生二人引正獻官入門，又四人分引兩序分獻官，又八人分引兩廡分獻官，均由左側門入，至階東，盥手畢，詣拜位前立。引班生引陪祀官咸詣拜位序立。通贊生贊，樂舞生登歌，執事生各共爾事。轉班鼓作，文舞六佾進。引贊生贊："就位。"引正獻官、分獻官就位立。以上第一節。

通贊生贊："迎神。"大成門鳴鐘鼓，麾生舉麾。贊："樂奏昭平之章。"工鼓柷樂作。引贊生贊："就上香位。"引正獻官升東階，入殿左門。贊："詣先師香案前。"贊："跪。"正獻官跪，行一叩禮，興。贊："上香。"司香跪奉香，正獻官上炷香，三上瓣香，跪，行一叩禮，興。不贊。以次詣四配位前，跪，上香，儀司。贊："復位。"引正獻官退，復位。初迎神時，引贊生分引東西序分獻官各一人升東西階，入殿左右門，詣十二哲位前，跪，上香，退，復位。引兩廡分獻官東西各二人，分詣先賢、先儒位前，跪，上香，退，復位。均如前儀。引贊生贊："跪，叩，興。"正獻官、分獻官暨陪祀官行三跪九叩禮，興。麾生偃，麾工戛敔樂，止。以上第二節。

通贊生贊："奠帛爵，行初獻禮。"麾生贊："樂奏宣平之章。"節生贊："舞宣平之舞。"樂作，引贊生引正獻官升階，"詣先師位前"。贊跪，正獻官跪，行一叩禮，興。司帛跪奉篚，正獻官受篚，拱舉，奠於案。司爵跪奉爵。正獻官受爵，拱舉奠於墊中，跪行一叩禮，興。不贊。引贊生贊："就讀祝位。"引正獻官至殿中拜位立。司祝至祝案前跪，三叩，奉祝版跪案左。樂暫止。引贊生贊："跪。"正獻官、分獻官暨陪祀官皆跪。贊："讀祝。"司祝讀祝。讀畢，奉祝版，跪安先師位前篚内，三叩，興。樂作，引贊生贊："叩，興。"正獻官、分獻官暨陪祀官均行三叩禮，興。引贊生引正獻官以次詣四配位前，跪，奠帛，獻爵，儀同。退，復位。引贊生分引兩序分獻官升東西階，入殿左右門，詣十二哲位前，跪，奠帛，獻爵，興，退，復位，均如儀。引兩廡分獻官分詣先賢、先儒位前，跪，奠帛，獻爵，復位，儀同。麾生贊："樂止。"節生贊："舞止。"以上第三節。

亞獻，奏《秩平之章》，舞《秩平之舞》。樂作，引贊生引正獻官升階，贊："詣先師位前。"暨四配位前。奠爵於左，如初。兩序、兩廡隨分獻畢，均復位。樂止。以上第四節。

終獻，奏《敘平之章》，舞《敘平之舞》。樂作，引正獻官升階，奠爵於右，如亞獻儀。兩序、兩廡隨分獻畢，均復位。樂止。《文德之舞》退，就樂縣南對拱立。以上第五節。

通贊生贊："飲福受胙。"引贊生贊："詣受福胙位。"引正獻官至殿中拜位立，奉福胙二人自東案奉福胙至先師位前拱舉，退，立於正獻官之右。接福胙，二人自西案進立於左。引贊生贊："跪。"正獻官跪。贊："飲福酒。"右一人跪遞福酒。正獻官受爵拱舉，授於左，接以興，次受胙，如飲福之儀。贊："叩，興。"正獻官行三叩禮，興。贊："復位。"引正獻官退，復位。贊跪叩，興。正獻官、分獻官暨陪祀官均行三跪九叩禮，興。以上第六節。

通贊生贊："徹饌。"麾生贊："奏《懿平之章》。"樂作。徹畢，樂止。

以上第七節。

贊送神大成門,鳴鐘鼓。麾生贊:"奏《德平之章》。"樂作,引贊左贊:"跪,叩,興。"正獻官、分獻官暨陪祀官均行三跪九叩禮,興,樂止。通贊生贊:"奉祝帛香饌送燎。"司祝、司帛詣先師位前跪,三叩。司祝奉祝,司帛奉篚,興。司香跪奉香,司爵跪奉饌,興。以次由中道出。四配、十二哲、兩廡,香帛饌均送焚燎。正獻官避立拜位西旁,俟過,復位。樂作,引贊生引正獻官詣燎所,眂燎畢。引贊生贊:"禮成。"引贊生仍引出門。樂止。陪祀各官皆退大成門,鳴鐘,鐘聲絶,轉班鼓復作。樂舞生釋器降階,至大成門内,排班定,行一跪三叩禮。退。以上第八節。

通贊

行釋奠禮。樂舞生登歌。執事生各司其事。以上第一節。

迎神。以上第二節。

奠帛爵,行初獻禮。以上第三節。

行亞獻禮。以上第四節。

行終獻禮。以上第五節。

飲福受胙。以上第六節。

徹饌。以上第七節。

送神,奉祝帛、香饌,送燎。禮成。以上第八節。

正引贊

一節:行釋奠禮。詣盥洗所盥洗。詣拜位前。就位。

二節:就上香位。詣至聖先師香案前。跪。叩首。興。上香。詣復聖顔子香案前。跪。叩首。興。上香。詣宗聖曾子香案前。跪。叩首。興。上香。詣述聖子思子香案前。跪。叩着。興。上香。詣亞聖孟子香案前。跪。叩首。興。上香。復位。跪。叩首,叩首,三叩首。興。跪,叩首,叩首,六叩首,興。跪,叩首,叩首,九叩首。興。

三節:行初獻禮。詣至聖先師神位前。跪。叩首。興。奠帛,獻爵,就讀祝位跪。讀祝。叩首,叩首,三叩首。興。詣復聖顏子神位前。跪。叩首。興。奠帛,獻爵。詣宗聖曾子神位前。跪。叩首。興。奠帛,獻爵。詣述聖子思子神位前。跪。叩首。興。奠帛,獻爵。詣亞聖孟子神位前跪。叩首。興。奠帛,獻爵。復位。

四節:行亞獻禮,詣至聖先師神位前跪。叩首。興。獻爵。詣復聖顏子神位前。跪。叩首。興。獻爵。詣宗聖曾子神位前。跪。叩首。興。獻爵。詣述聖子思子神位前。跪。叩首。興。獻爵。詣亞聖孟子神位前。跪。叩首。興。獻爵。復位。

五節:行終獻禮,詣至聖先師神位前。跪。叩首。興。獻爵。詣復聖顏子神位前。跪。叩首。興。獻爵。詣宗聖曾子神位前。跪。叩首。興。獻爵。詣述聖子思子神位前。跪。叩首。興。獻爵。詣亞聖孟子神位前。跪。叩首。興。獻爵。復位。

六節:詣受福胙位。跪飲福酒。受胙。叩首,叩首,三叩首。興。復位。跪。叩首,叩首,三叩首。興。跪。叩首,叩首,六叩首。興。跪。叩首,叩首,九叩首。興。

八節:[①]跪。叩首,叩首,三叩首。興。跪,叩首,叩首,六叩首。興。跪,叩首,叩首,九叩首。興。詣燎所眡燎。退。

東西序分引贊

一節:詣盥洗所盥洗。詣拜位前。就位。

二節:就上香位。詣先賢、閔子、冉子。先賢、冉子、宰子。先賢、端木子、冉子。先賢、仲子、言子。先賢、卜子、顓孫子。先賢有子、朱子。香案前。跪。

① 校記:原文缺"七節"。下同。

叩首。興。上香。復位。跪。叩首,叩首,三叩首。興。跪,叩首,叩首,六叩首。興。跪。叩首,叩首,九叩首。興。

三節:跪。叩首,叩首,三叩首。興。初獻禮,詣先賢神位前。跪。叩首。興。奠帛獻爵。詣先賢神位前。跪。叩首。興。獻爵。詣先賢神位前。跪。叩首。興。獻爵。詣先賢神位前跪。叩首。興。獻爵。詣先賢神位前。跪。叩首。興。獻爵。詣先賢神位前。跪。叩首。興。獻爵。復位。

四節:行亞獻禮,詣先賢神位前。跪。叩首。興。獻爵。詣先賢神位前。跪。叩首。興。獻爵。詣先賢神位前。跪。叩首。興。獻爵。詣先賢神位前。跪。叩首。興。獻爵。詣先賢神位前。跪。叩首。興。獻爵。詣先賢神位前。跪。叩首。興。獻爵。復位。

五節:行終獻禮,詣先賢神位前。跪。叩首。興。獻爵。詣先賢神位前。跪。叩首。興。獻爵。詣先賢神位前。跪。叩首。興。獻爵。詣先賢神位前。跪。叩首。興。獻爵。詣先賢神位前。跪。叩首。興。獻爵。詣先賢神位前。跪。叩首。興。獻爵。復位。

六節:跪。叩首,叩首,三叩首。興。跪。叩首,叩首,六叩首。興。跪。叩首,叩首,九叩首。興。

八節:跪。叩首,叩首,三叩首。興。跪。叩首,叩首,六叩首。興。跪。叩首,叩首,九叩首。興。退。

東西廡分引贊

一節:詣盥洗所盥洗。詣拜位前。就位。

二節:就上香位。詣先賢、儒香案前。跪。叩首。興。上香。復位。跪。叩首,叩首,三叩首。興。跪。叩首,叩首,六叩首。興。跪。叩首,叩首,九叩首。興。

三節：跪。叩首，叩首，三叩首。興。行初獻禮，詣先賢、儒神位前。跪。叩首。興。奠帛獻爵。復位。

四節：行亞獻禮，詣先賢、儒神位前。跪。叩首。興。獻爵。復位。

五節：行終獻禮，詣先賢、儒神位前。跪。叩首。興。獻爵。復位。

六節：跪。叩首，叩首，三叩首，興。跪。叩首，叩首，六叩首。興。跪。叩首，叩首，九叩首。興。

八節：跪。叩首，叩首，三叩首。興。跪。叩首，叩首，六叩首。興。跪。叩首，叩首，九叩首。興。退。

祝　文

維某年月日，某官某致祭於至聖先師孔子曰：惟先師，德隆千聖，道冠百王。揭日月以常行，自生民所未有。屬文教昌明之會，正禮和樂節之時。辟雍鐘鼓，咸恪薦於馨香；泮水膠庠，益致嚴於籩豆。兹當仲春、秋，祗率彝章，肅展微忱，聿將祀典，以復聖顔子、宗聖曾子、述聖子思子、亞聖孟子配。尚饗！

樂舞節次：凡十有三節。將祭，鼓初嚴，樂舞生由左右掖門入。班大成門内階下北上。司麾者一人居首。次歌工，東西各三人。次琴工，三人。次瑟工，二人。次笙，三人。次洞簫、笛，各三人。次壎，一人。次篪，二人。次排簫，一人。次特縣，一人。次編縣，一人。次應鼓，一人。次柷敔，一人。次搏拊，一人。次司旌者，一人。引文武生一十八人。東、西共九十人。麾旌匏竹羽籥各秉其器，拱立以俟。鼓三嚴絶鳴，轉班鼓。初一節，司麾者引樂舞諸生對進。初二節，趨兩階側。初三節，抵露臺兩隅下。再一節，進至階。再二節，升下成階。再三節，轉趨上成階。中一節，升上成階。中二節，折向南行。

中三節，抵露臺上兩隅對轉趨午階。末一節，抵午階上，夾午階，各轉向北行。末二節，過樂縣，各折向東西行。末三節，過琴瑟，復轉向北行。終節，麾就位。樂生、旌生、舞生皆就位。三成終，司旌者引文舞生稍進，分向東西，復折而南，繞搏拊後對轉，就業縣南對拱立如原佾。禮畢，鐘聲絶，轉班鼓復作，初一節，司麾者、司旌者各釋其器，司麾者引樂生以次退位。初二節，至琴瑟北對轉，向内循琴瑟行。初三節，各轉向南。再一節，過樂縣，至舞生南各轉外向，趨兩隅。再二節，分抵兩隅，各折向北行。司旌者引文舞生徐退，踵樂生後北行。再三節，至於階。中一節，降上成階，匏竹羽籥至此各釋其器。中二節，轉至下成階。中三節，降下成階。末一節，抵露臺兩隅下。末二節，夾露臺外隅，轉過兩廡。末三節，抵大成門階下。終節，出左右掖門。退班畢。

昭　平

大哉孔子，先覺先知。與天地參，萬世之師。祥徵麟紱，韵答金絲。日月既揭，乾坤清夷。

宣　平

子懷明德，玉振金聲。生民未有，展也大成。俎豆千古，春秋上丁。清酒既載，其香始升。

秩　平

式禮莫愆，升堂再獻。響協鼖鏞，誠孚罍甗。肅肅雝雝，譽髦斯彦。禮陶樂淑，相觀而善。

敘　平

自古在昔，先民有作。皮弁祭菜，於論思樂。惟天牖民，惟聖時若。彝倫攸敘，至今木鐸。

懿　平

先師有言，祭則受福。四海黌宫，疇敢不肅。禮成告徹，毋疏毋瀆。樂所自生，中原有菽。

德　平

鳧繹峨峨，洙泗洋洋。景行行止，流澤無疆。聿昭祀事，祀事孔明。化我蒸民，育我膠庠。

崇聖祠

正　位

肇聖王木金父公。孔子五世祖。

裕聖王祈父公。孔子高祖。

詒聖王防叔公。孔子曾祖。

昌聖王伯夏公。孔子祖。

啓聖王叔梁公。孔子父。

以上正位，明嘉靖九年，於大成殿後立啓聖祠，祀叔梁公。國朝雍正元年，詔封孔子先世王爵，合祀五代，更名啓聖祠爲崇聖祠。

東　配

先賢孔氏　名孟皮，字伯尼。孔子兄。國朝咸豐七年配饗。

先賢顏氏　名無繇，字季路。顏子回父。少孔子六歲。孔子始教而受學。唐開元二十七年從祀。明嘉靖九年配饗。

先賢孔氏　名鯉，字伯魚。孔子子。年五十，先孔子卒。宋咸淳三年從祀。明嘉靖九年配饗。

西　配

先賢曾氏　名點，字公晳。曾子參父。以狂稱。唐開元二十七年從祀。明嘉靖九年配饗。

先賢孟孫氏　名激，字公宜。孟子軻父。魯公族孟孫。後世居於鄒，爲鄒人。明嘉靖九年配饗。

東　廡

先儒周氏　名輔成，字伯大。周子敦頤父。明萬曆二十三年從祀。

先儒程氏　名珦，字伯温。程子顥、頤之父。判南安軍時，周敦頤爲司理,珦與語,知見道者,因命二子受學。明嘉靖九年從祀。

先儒蔡氏　名元定,字季通。蔡子沈父。幼穎異,長師事朱子。朱子叩其學,大驚曰:"此吾老友也,不當在弟子之列。"著《洪範解》《大衍解》《律吕新書》。世稱西山先生。謚文節。明嘉靖九年從祀。

西　廡

先儒張氏　名迪。張子載父。國朝雍正二年從祀。

先儒朱氏　名松,字喬年。朱子熹父。力學有俊才,究心河洛宗旨,成大儒。明嘉靖九年從祀。

以上先賢、先儒位,嘉靖時稱先賢某氏、先儒某氏。國朝因之。

祝　文

惟某年月日,某官某致祭於肇聖王、裕聖王、詒聖王、昌聖王、啓聖王曰:惟王弈葉鍾祥,光開聖緒,盛德之後,積久彌昌。凡聲教所覃敷,率循源而溯本。宜肅明禋之典,同申守土之忱。兹届仲春、秋,聿修祀事,配以先賢孔氏、先賢顔氏、先賢曾氏、先賢孔氏、先賢孟孫氏。尚饗!

崇聖祠正位前,各帛一、羊一、豕一、鉶二、簠簋各二、籩豆各八、爵三、尊一、罏一、鐙二。配位,各帛一、簠簋各一、籩豆各四、爵三。東西各羊一、豕一、尊一、罏一、鐙二。兩廡,東二案,西一案,均簠簋各一、籩豆各四,每位爵一,東西各帛一、羊一、豕一、尊一、罏一、鐙二,俎篚冪勺具。主獻、分獻,皆爵三獻,就拜位,行三跪九叩禮。

謹按:從祀位次,歷有更定。今遵新定序次録載,故與前志有異。其禮儀原載《會典》。惟《會典》不能家置一編,爰備録之,以資考核。

關帝廟

歲以春秋仲月諏吉及五月旬有三日致祭。前殿主祭,以地方官一人。後殿以丞史執事,以禮生祭。日昧爽,廟祝潔埽殿宇内外,執事具祝版,備器陳神位前,牛一、羊一、豕一、登一、鉶二、簠簋各二、籩豆各十、鑪一、鐙二。殿中設一案，少西北向，供祝版。東設一案，陳禮神制帛一、白色。香盤一、尊一、爵三，牲陳於俎，帛實於篚，尊實酒，勺羃具，設洗於東階上。以上陳設。

承祭官拜位在階上正中。司祝、司香、司帛、司爵、典儀、掌燎，各以其職爲位。以上辨位。

質明，主祭官朝服詣廟，贊二人引主祭官由廟左門入，至東階上，盥手畢，引詣拜位前立。贊："就位。"引主祭官就位，立。贊："迎神。"詣上香位，引主祭官入殿左門，就香案前立。贊："上香。"司香跪奉香，主祭官上炷香，三上瓣香，畢。贊："復位。"引主祭官復位立。贊："跪，叩，興。"主祭官行三跪九叩禮，興。以上迎神。

贊："奠帛爵，行初獻禮。"有司揭尊羃勺，挹酒實爵。司帛奉篚，司爵奉爵，各進至神位前。司帛跪，奠篚於案，三叩，興。司爵立，獻爵於案正中。各退。以上初獻。

司祝詣祝案前跪，三叩，興。奉祝版，跪案左。贊跪。主祭官跪。贊："讀祝。"司祝讀祝如儀。畢，以祝版跪安於篚内，叩如初。興。退。贊："叩，興。"主祭官行三叩禮，興。以上讀祝。

贊："行亞獻禮。"司爵獻爵於左。贊："行終獻禮。"司爵獻爵於右。均如初儀。贊："徹饌。"有司徹。畢，贊："送神。"贊："跪，興。"主祭官行三跪九叩禮，興。贊："奉祝帛、饌，送燎。"執事奉祝帛、饌，以次送燎如儀。贊："望燎。"引主祭官詣燎位視燎。禮畢，主祭官及執事官皆退。

同日，祭後殿，以丞史一人將事。每案陳羊一、豕一，行二跪六叩祀，儀節均與前殿同。

前殿祝辭曰：惟帝浩氣淩霄，丹心貫日。扶正統而彰信義，威震九州；完大節以篤忠貞，名高三國。神明如在，遍祠宇於寰區；靈應丕昭，薦馨香於歷代。屢徵異迹，顯佑群生。恭值仲春、秋嘉辰，遵行祀典，筵陳籩豆，几奠牲醪。尚饗！

後殿祝辭曰：維某年月日，某官某致祭於關帝之曾祖光昭公、祖裕昌公、父成忠公，曰：惟公世澤貽庥，靈源積慶。德能昌後，篤生神武之英；善則歸親，宜享尊崇之報。列上公之封爵，錫命優隆；合三世之肇禋，典章明備。恭逢仲春、秋諏吉，祗事薦馨。尚饗！

歲五月旬有三日，祝辭曰：惟神純心取義，亮節成仁。允文允武，乃聖乃神。功高當世，德被生民。兩儀正氣，歷代明禋。英靈丕著，封號聿新。敬修歲事，顯佑千春。尚饗！

後殿祝辭曰：禮隆報祀，誼重推恩。當崧生嶽降之期，溯木本水源之始。輝煌棟宇，憑依已妥於上公；修潔豆籩，將饗告虔於仲夏。惟神照鑒，尚其歆格。

順治元年頒定，每歲五月十三日致祭。雍正三年頒定，每歲除誕日外，春、秋仲月二次致祭。祭品與文廟正位同。

順治九年，敕封忠義神武關聖大帝。雍正三年詔，追封三代：曾祖，光昭公；祖，裕昌公；父，成忠公。設主供奉後殿。乾隆二十五年詔，改謚神勇。三十三年，加封忠義神武靈佑關聖大帝。

文昌廟

歲以二月初三日及仲秋月諏吉致祭。前殿奉文昌帝君神位，後殿奉文昌帝君先代神位。致祭前殿，與祭關帝儀同。後殿與祭關帝後殿儀同。欽遵《欽定禮部則例》修。

祠　祀[①]

名宦祠

在文廟門東。創建無考。康熙二十八年，教諭趙凝錫修輯。道光乙未，知縣廖重機重修。

---

① 標題據原目及版心處文字補。

梁祀

何　烱　縣令。

唐祀

周　公　縣令。

王　公　縣令。

顧德藩　縣令。

宋祀

孫伯虎　縣尉。

明祀

魏處直

劉　珂

王　秩

張鳴鳳

毛　衢

金　洲

張　淳　並知縣。

王紹欽　縣丞。

劉　楫　教諭。

國　朝祀

范忠貞

李之芳　總督。

王　騭　總督。

塞白理　提督。

馬如龍　監督。

吴元襄

沈　藻

張吉安　並知縣。

鄉賢祠

在文廟門西。宋寶祐四年,知縣方夢玉創建。以後各賢裔修葺。

宋

樓　炤

林大中

陳　宙　寶祐間祀。

明

胡　則

徐無黨　成化間增。

應孟明

吕　皓

吴思齊　正德間增。

徐　木

應純之

胡長孺

李　滄

謝　忱

徐　讚　嘉靖間增。

應　典

程文德

應廷育

程　梓

程正誼

周　勳

朱　方　萬曆間增。

吕文燧

徐可期

徐學顔

周鳳岐　崇禎間增。

國　朝

王世德

朱仲智

曹成模　康熙間增。

樓　澤

應　曇

應　杰

應　奎

盧可久

徐士儀　雍正間增。

應　枌

應　勳　嘉慶間增。

徐元乘　咸豐間增。

胡仁楷　同治間增。

右二祠,每歲春秋釋奠禮畢,教諭一人公服詣祠致祭。祭用少牢,行一跪三叩禮。

忠義祠

在儒學儀門外,西向。雍正甲辰詔,天下郡縣建忠孝祠於學宫,立碑一座,書忠臣孝子之名於其上,此祠所由建也。春秋致祭,與名宦、鄉賢祠同。祀

胡　則

陳　亮

章　服

章　徠

吕　皓
吕　源
章　塈
章　堉
應純之
徐德廉
應　純
胡嘉祐
吕文燧
謝　忱
徐　寶
胡　瑛
徐　沂
徐　讚
王　崇
徐師張
倪大海
應　綱
王孟俊
金盛宗
李叔安
陳積安
陳公署
徐伯良
施茂盛
施孟達
徐德美

徐懋簡

徐士洪

徐學顔

周鳳岐

徐良時

黄一鶡

王丙箭

陳守有

陳登朝

自咸、同間，粵逆構亂，吾邑之當官効忠捐軀報國者不一其人，至於城鄉紳民，或知殺身以成仁，或能舍生以取義，或攻城陷陣而歿，或遇賊格鬥而亡。烈烈忠精，迭蒙優邺。要孰非我朝教澤之深而涵濡者久歟！故爲分類著之，而祀於忠孝祠焉。其有傳者，詳列於前。義民亦附於後。

職　官

千總　謝龍恩

紳　官

副將　胡鳳鳴

都司　胡鳳雝

五品銜　胡鳳恩

訓導　胡鳳岡

千總　姚占薰

同知銜　徐世傑

守備　胡鍾靈

把總　吴　湘

舉人　陳信熊

守備　黄大容

解元　施步雲

守備　應　江

五品　施上林　咸豐十一年十一月,在黄巖陣亡。

歲貢　王宗羲　咸豐十一年五月殉難。

歲貢　張文集　子拱垂、拱詢。子婦李氏。

歲貢　吴景瀾　同治元年八月殉難。

歲貢　樓　岑　妻朱氏同殉。

廪貢　王士華　咸豐十一年五月殉難。

廪貢　胡瑞蘭　同治元年閏八月殉難。

附貢　陳鳳書

廪貢　胡文棣

廪生　胡鎮周

庠生　胡鳳樓　以上四名,侍講學士夏同善奏卹。

增貢　陳毓麟　同治元年四月殉難。

附貢　陳樹瓊

例貢　陳樹人

貢生　王大成　咸豐十一年九月殉難。

貢生　黄鎮中　同治元年四月殉難。

貢生　應崇茂　同治元年四月殉難。

貢生　吴鳴道　同治元年五月殉難。

貢生　章　連　同治元年四月殉難。

貢生　胡月貢　同治元年七月殉難。

貢生　胡考宜　同治元年十月殉難。

監生　樓　梆　咸豐十一年五月殉難。

監生　吴維清

監生　施廷蓉　以上二名,咸豐辛酉九月殉難。

監生　姚景珍　咸豐十一年九月殉難。

監生　吴駿英

監生　徐鍾旺
監生　應崇祀　以上三名，同治元年四月殉難。
監生　胡仁樓
監生　周廷清
監生　程尚勤
監生　陳　鍾
監生　吕觀柳
監生　程禮岸
監生　黄瑞琴
監生　黄裕球
監生　吕仲芳
監生　胡自勉　同妻吕氏。以上十一名，同治元年四月殉難。
監生　應光富
監生　應日聚　以上二名，同治元年六月殉難。
監生　徐世純
監生　金效溪　以上二名，同治元年七月殉難。
監生　應兆羅　同治元年八月殉難。
監生　應蓮峰　同治元年九月殉難。
監生　王紹周
監生　樓鳳造　以上二名，同治元年六月殉難。
廪生　吕周詳
附生　吕耀丁　以上二名，咸豐十一年九月殉難。
廪生　徐望師　同治元年五月殉難。
廪生　李維楨　同治元年五月殉難。
增生　徐履中
附生　徐履綏
附生　徐聯珠

增生　李南棠　以上四名,咸豐十一年五月殉難。

附生　樓式金　咸豐十一年五月殉難。

附生　徐　就

附生　應廷幹

附生　胡偉烈　見恩蔭。以上三名,同治元年四月殉難。

附生　陳　杰

附生　舒福慶

附生　應保庸　同治元年六月殉難。

附生　胡衢甫　同治元年七月殉難。

附生　胡鳳韶　子宗壽、宗湯,女璧姑。同治三年奉旨分别旌卹。

附生　胡　坤

附生　程雲從　以上二名,同治元年八月殉難。

附生　胡　浩　同治元年八月殉難。

庠生　王樹芝　同治二年正月殉難。

武生　應文培　咸豐十一年五月殉難。

武生　陳文恭　同治元年七月殉難。

武生　錢　龍　同治元年七月殉難。

武生　王永褒　同治元年十月殉難。

附生　王瑞琴

程禮嚴

陳鍾治　以上三名,翰林院侍講學士夏同善奏卹。

監生　吕永吉

廪生　徐雨民　以上金巡道案奏卹。

監生　吕徐親　二十三次案,浙江巡撫奏卹。

監生　應兆升

監生　朱可憑

附生　張文衡　見恩蔭。以上三名二十七次案,浙江巡撫奏卹。

監生　應福祉

監生　章　俊

監生　郎維春

監生　應兆悦

監生　周正英　見恩蔭。

監生　姚占椿　妻成氏，予大官、二官仝殉。

監生　李純心

佾生　張拱鄒　母李氏、妻徐氏、子婦徐氏同殉。

武生　盧鳳鳴

武生　章步青　以上十名，附六名，二十八次案，浙江巡撫奏卹。

貢生　徐英鏘　子森橋、森衡同殉。

監生　葉廷封　妻李氏、孫應昌、孫女瑞娘。

徐世盛

監生　陳開名

祀生　陳松奎

附生　李錫金

武生　胡發魁　子彦昌。以上七名，附五名。三十二次案，浙江巡撫奏卹。

武生　胡大金　翰林院侍講學士夏同善奏卹。

恩貢　王永洲

歲貢　徐　佐　以上二名，三十四次案，浙江巡撫奏卹。

監生　胡洪魁　伯母徐氏，兄洪田妻姚氏。三十五次案，浙江巡撫奏卹。

八品　應邦翰

從九　應志陞　以上二員，同治元年四月殉難。

從九　王樂般　同治元年五月殉難。

從九　應景泰　同治元年五月殉難。

從九　章起松　同治元年六月殉難。

從九　應志登　同治元年五月殉難。

主簿　傅松斌　光緒六年,京師忠義總局報請奏卹。

從九　吴寶善

從九　徐潤之　以上二員,翰林院侍講學士夏同善奏卹。

從九　應志材

從九　周開山

從九　章貴寵　以上三員,二十九次案,浙江巡撫奏卹。

監生　沈如鈺

從九　陳松恩　以上二員,三十二次案,浙江巡撫奏卹。

五品　盧梧岡　見恩廕。三十六次案,浙江巡撫奏卹。

從九　吕純業

從九　吕占逵　以上二員,二十三次案,浙江巡撫奏卹。

監生　華成封

監生　駱焕文　以上二員,十四次案,浙江巡撫奏卹。

州同　吴鳴皋

以上紳官,均見《浙江忠義録》,並崇祀忠義祠。

庠生　程士瀛

監生　吕誕登　以上二名,廣東陣亡。咸豐十一年總督勞奏卹。

武生　李師貞

武生　李載鑣　以上二名,光緒十四年採訪局彙案奏卹。

胡洪田

胡鳳造

徐思炘

金效溪

李鳴球

李廷鎖

王克昌

沈團初

應炳照

監生　應柏諒

以上義士,崇祀忠義祠。

義　民

童大昌　咸豐十一年陣亡。

李成臺

李征興

李伯旺

李亨有

姚漢榜　並武平鄉人。以上五名,咸豐十一年四月陣亡。

徐丙炎　義豐鄉人。

方正益　承訓鄉人。

方雙林　昇平鄉人。

陳偉作

陳爾久

徐新題

陳之理　並承訓鄉人。

李作維

李雲端　並昇平鄉人。以上九名,咸豐十一年五月陣亡。

陳新年

陳社稷

陳錦考

陳有東　並承訓鄉人。以上四名,咸豐十一年八月陣亡。

施孝禮　太平鄉人。咸豐十一年九月陣亡。

丁廣昌

王孝勤
翁伯魁
王孝滿　並武平鄉人。以上四名,咸豐十一年十月陣亡。
徐榮士　昇平鄉人。
陳仁來
陳有恩　並承訓鄉人
程中鮑
吴瑞滿
胡聲賢
王家筠
李亨逢　並游仙鄉人。
金阿明
俞忠齊
俞益興
俞忠嬌
吕景專
吕開和
吕兆段
金開德　並合德鄉人。
應崇林
應學標
應崇邦
應學輝
應學揚
周崇貢
吕方乾
吕老圃

張道松
應積聚
應起花
應振業
應陞晝
應錢義
胡幹邦
胡敬萱
胡敬蓮
胡文照
胡修好
徐章龍
徐十行
楊周品
王金熙
陳鳳丹
胡恩仁
應德斌
陳舜水　並游仙鄉人。
吕輝祖
吕錫圭
洪時本
高天德
高攀桂　並太平鄉人。
章道緒
李中孚
李小妹

吴良金

吴老群

吴尚重

李亨宗

李老章

胡萬文

徐金鑪　並武平鄉人。

陳偉斌

陳其興

陳其求　並承訓鄉人。

章貴業　合德鄉人。

馬鼎元

馬鼎舒

馬云禮

馬元慶

馬見中

汪金雄

王雙全

裘湧潮

裘雙美

倪正和　並長安鄉人。

陳君正　承訓鄉人。

李道星

王有風

李忠有

朱成業

黄明突

陳兆静
黄金目
黄金榜
黄汝擿
黄志逢
黄天凑
黄有時
黄高撑
黄雙球
黄金碧
黄金蘭
黄丙長
黄廷菊
黄明海
黄挺秀
黄挺金
黄樟圭
陳阿䫜
賈逢宵
賈廷戀
賈日明
孔繼尚
孔老捍
葉尚進
黄朝琢
黄朝敏
黄朝洪

黄朝炳
黄朝槐
胡法元
胡自興
胡自旺
胡自栽
胡自諟
胡斯唐
胡必橋
夏起倉
夏金花
賈子富
賈洪枝　並義和鄉人。
程時烺
程時銘
胡松柏
王鳳葉
葉士廣
程尚相
胡松宣
胡鳳金
應兆禮
應兆卓
應毓郎
應成坦　並游仙鄉人。
徐式衣
周達破　並孝義鄉人。

俞崇瑤　合德鄉人。
陳國餘
陳國海
陳國轉
陳國遐
陳國熙
陳國鑪
陳國樹
陳正仕
陳正妹
陳正序
陳正熊
陳正秀
陳正餘
陳正傳
陳正貢
陳正茂
陳世翊
陳世謙
陳世貞
陳世華
陳世玉
陳世五
陳世蘭
陳世蒙
陳世芬
陳世廷

陳世炳
陳世德
陳世詮
陳世倫
陳世君
陳世富
陳世穀
陳世烺
陳世府
陳世縣
陳世潛
陳仲林
陳正油
陳世潭
馬漢清
陳孟秋
陳守堅
陳茂初
陳守輝
陳守全
陳啓軒
陳茂登
陳啓功
陳世臺
黄立梧
黄裕球
黄立位

盧兆焜
黄裕好
盧修禄
盧修財
盧邦秀
盧邦泰
盧邦炮
盧邦清
盧巖金
潘功火
潘熙樹
陳兆章
王巖根
朱遠地
張孫福
張欽戊
盧正兆
盧正鏜
盧邦賢
盧德據
吕景宜
吕景從
吕從廷
吕從瑶
陳齊條
陳齊代
陳齊棫

陳修館
陳齊壽
陳定勤
陳修蒼
陳修初
陳修鴐
吕高堂
張景福
王阿新
陳齊漢
陳齊蒂
陳齊坐
賈直興
嚴慶鶴
馬齊位
馬齊興
邱紅池
張茂雙
張仲臣
張有蘭
施有錢
施有補
陳邦梁
王茂富
陳道美
陳洪溝
金培裕

陳傑佐
陳俊瑾
陳洪茂
陳傑戊
陳定奎
陳定芬
鄭世川
黄崇義
黄崇能
邱連美
邱連四
朱廷溪
朱廷豪
朱廷聖
朱朝佳
朱朝寅
朱朝堂
朱繼育
朱繼風
朱廷振
朱啓專
周世福
周世衡
陳啓伊
陳守儉
陳啓昭
陳伯栗

胡修有
鄭崇僚
鄭崇肖
鄭世於
陳定補
盧邦齋
李忠足
陳守宜
陳知元
陳德淵
陳朝東
陳朝棣　並孝義鄉人。
程尚選
楊君興
程起和
胡星晃
樓兆蘇
樓兆寒
錢法禮
錢鳳蛟
錢鳳彩
程金禄
程振銓
程昭柱
程樂紱
胡望洋
程時全

程禮全
程禮袍
程禮希
程元有
程興管
程興和
陳中恕
程志衍
程樂垓
胡國鑪
王家萬
樓兆珠
樓啓登　並游仙鄉人。
朱福凑
周位馱
黄學池
黄思江
陳守題　並孝義鄉人。
施正起
施孝學
施友之
施孝儀
施義錫　並太平鄉人。
何天梯
吕雙托
吕如春
吕純甲

呂阿玉
呂開杰
呂志壬
呂啓時
呂良丙
俞茂松
呂開方
倪老全
黄孝賢
樓啓宣
樓啓寶
樓啓樹
樓瞻泰
李正兒
陳英高
陳志夏
樓兆材
樓金德
樓肇黄
樓兆志
邵啓亘
邵啓取　並昇平鄉人。
呂守宜
潛士蒼
盧老鹽
呂天云
呂從袍

盧邦拔
盧正名
盧德現
黄立明
黄裕逢
黄立國
黄光廷
黄老焜
陳啓洪
陳俊求
盧正拔
胡洪滿
盧秉村
盧秉周
盧秉軒
盧正先　並孝義鄉人。
王燈盧
王法書
徐雲寶
徐式聘　並承訓鄉人。
周志譜
吕秉旺
吕正有
吕秉蘭
馬兆啓
黄修杯
陳利包

陳亨墨
陳憲湊
陳憲春
陳從村
陳朝瑞
陳朝代
楊德淵
潛志安
潛士應
潛士同
潛士學
陳齊千
陳定高
陳定斗
陳正忠　並孝義鄉人。
朱歸藩
周有志
盧希乾
陳齊浪
陳齊厚
陳定起
陳齊應
陳定團
陳定居
陳齊毫
陳開丁
陳定養

朱隆瑄
朱世茶
應瑞玉
吕仲夏
陳有財
曾如祖
陳正守
陳正銓
胡金火
吕廷興
吕仲田
吕舜郎
吕仲法
吕雲法
吕徵理
吕志興
吕有清
吕有枝
吕雙賢　並義和鄉人。
章經粹　合德鄉人。
陳定魁
陳定分　並孝義鄉人。
葉名行
葉廷山
葉廷蓮　並游仙鄉人。
陳定譜　孝義鄉人
李衍林

程金斗
王學金　並武平鄉人。
陳端樓
陳端露
陳端地
陳廷堅　並孝義鄉人。
陳廷風　以上四百四十五名,同治元年四月陣亡。
陳純德
朱景冒
楊云裹
周老法　並義豐鄉人。
李加新
李正趨
李宗龍
陳景餘　並太平鄉人。
應求得
俞若金　以上十名,同治元年五月陣亡。
夏進彩
夏如龍
夏如羆
徐志提　並武平鄉人。以上四名,同治元年六月陣亡。
陳定魁
陳齊邊
陳齊面
陳從金
陳正高
陳齊包

陳定見　並義和鄉人。以上七名,同治元年十月陣亡。
施孝明　太平鄉人。
程文蓮
鄭繼純
胡鳳鳥　並義和鄉人。
黄惟潭
胡自鳥
金本田
黄惟浪
黄思弓
夏國彪
黄思金
吕秉志
吕亨灶
黄民達　並孝義鄉人。以上十五名,同治元年十一月陣亡。
程時挺
程義海
程義當
程義楚
程時蘭
程金榜
程禮松
程尚偉
程敦美
程志寶
程中然
程尚品

葉兆尚

葉志造

陳崇朝

李子嬌

程志士

應益仁　並游仙鄉人。

應佩荃

池元文

姚景星

楊東苟

王揚九

金　心

金思芬

應學柱

酈永備

周佩蓮

應兆春

徐志擴

陳伯種　游仙鄉人。

應金榮

應景春

應毓忠

胡鳳飛

徐偉旒

胡茂全

應毓清

應毓潛

應毓顥
呂春桃
舒金楷
應兆多
呂大德
應起相
應毓科
胡金全
舒新進
舒　疇
舒　韶
樓松延　以上同治五年二月十九日奉旨旌卹。
應學絹
章　庠
陳昌喜
姚　雨
金承方
周守開
徐朝鋆
徐慶麟
李金有
倪有崇
金承統
李雲德
趙美朝
盧瑞基
陳昌治

章廷煦

章奕進

徐金地

盧起松

方金綬

樓兆書

倪興之

盧瑞安

夏景芳

章樓松

徐英傑

張佳財

董如造

徐世顯

徐永進

李作堦

李作金

李錫魁

盧繩文

胡環球

應學球

徐景陽

胡盧金

應鍾端

應文照

應學椿

余崇姚

翁金木
倪錫畇
應作華
黄松林
黄育培
陳松路　武平鄉人。
章法龍
章祖高
張廷召
盧立山
徐福東
徐全福
徐德旺
應新德
徐阿邢
章佛位
應金階
陳祖點
陳德化　以上三名，游仙鄉人。
徐廷規
林旭書
應崇覲
胡洵逵
應志川　以上同治七年二月十五日奉旨旌卹。
胡自拔
馮　法
林樹人　子撝謙，侄育舒。以上同治六年七月二十三日奉旨旌卹。

胡成潤

徐元清　以上同治九年三月初七日奉旨旌邺。

李征洋

楊爲興

楊爲號

章福鼐

范有處

張佳瑜

楊爲本

曹繼甯

李貞祥

張成爐

楊爲江

張廷貢　武平鄉人。

黄富昌

張泰蠲

楊存賢

李慶士

陳其榜

張泰吉

楊開道

應學起

陳其大

張泰迪

楊定安

張成蔓

張佳田

楊開風

章富嘉　合德鄉人。

張大鰲

楊新歲

章富恭　合德鄉人。

楊洪主

楊新若

楊錦珪

楊錦啓

楊廷芝

楊學興

章富清

章富盒

楊之恂

章貴鵬

章時漢　以上五名,合德鄉人。並同治十年九月初十日奉旨旌卹。

吕秉督　太平鄉人。妻俞氏同殉。

項周廷

姚金鈺　武平鄉人。

池志標　武平鄉人。

徐元善　以上同治十年十二月十四日奉旨旌卹。

陳汝昌

黄章有

盧老花

王啓憤

王大道

王文斗

吕雙魁
吕佩菁
吕佩荃
吕大容
王昭臨
姚廣豐　以上金巡道案奏奉旨旌邺。
陳炳賢　武平鄉人。
陳開羅　武平鄉人。
陳紹儀　武平鄉人。以上同治十三年四月二十一日奉旨旌邺。
李貴元　戊午殉難。
胡永造　以上同治十三年十一月二十日奉旨旌邺。
程時友
以上殉難義民,並見《浙江忠義録》。
潘汝槐　長安鄉人。
林洪波　昇平鄉人。
林洪皋　昇平鄉人。以上三名,廣東陣亡。咸豐十年總督勞奏邺。
補載邑中經詳報而《忠義録》未載者存此:
程斯培
程禮修
程崇擢
程崇挑　並游仙鄉人。
陳端才　孝義鄉人。
胡任元　義和鄉人。
潘有富
陳正有
厲培餘　以上三名,東陽人。留金嶺陣亡。
龔阿季　福建人。圍城死。

徐作堅　縉雲人。攻城而死。
倪純葉　東陽人。圍城死。
李邦道　庠生。厚仁人。遇賊不屈，死。
王頤有　武平鄉人。侍母殉節。
陳定恍
陳正求
陳方亨
汪文燦
邵永備
黄孝慈
黄老懷
黄孝林
黄孝銀
黄雙蘭
黄孝鳳
黄孝成
黄忠萬
黄永其
高廷緒
高望潮
蔣日奎
鄭正連
胡任元
胡金火
胡虞金
胡修有
夏法仁

王鑑臣
王國華
王新衆
王承勉
王克昌
曹尚春
徐金爐
徐應榆
徐老順
徐金地
徐式棟
徐式御
徐敦取
徐福高
徐珠寶
林良滿
應阿彝
應松露
李衍林
李成章
李宗龍
李如新
李慶士
李正鄒
盧國典
姚漢臺
周志銘

郎維春

張培英

張廷貢

張拱垂

張拱詢

范老取

施錦忠

程時挺

吴良金

吴尚重

章時烈

樓尚謙

樓萬年

樓啓睦

樓老品

樓肇新

董新年

任士銓

吕周文

徐聯球

附義卒七名，並見《浙江忠義録》：

陳有火

陳之財

陳之種

秦秉鍾

秦正揚

秦立諒

秦正黨

附光緒十七年詳報忠義局:

金惟三　庠生

陳文明

徐　翱　庠生。

周方義

周佳福

周新昌

吕成周　庠生。

吕　輅　庠生。

乾隆九年,頒祭忠義孝弟祠祝文:

維靈賦性貞純,躬行篤實。忠誠奮發,貫金石而不渝;義聞昭宣,表鄉閭而共式。祇事懋彝倫之大,性摯莪蒿;克恭念天顯之親,情殷棣萼。模楷咸推夫懿範,綸恩特闡其幽光。祠宇維隆,歲時式祀。用陳尊俎,來格几筵。

節孝祠

在中街皇華坊。雍正四年,知縣張啓禹奉文捐建,以祀宋、元、明來邑中婦女之孝貞節烈者,春秋致祭,與忠孝祠同。咸、同間殉難婦女曾經申報者皆附焉。燹燬後,楓林莊周雙珠之母徐氏重建。

乾隆九年,頒祭節孝祠祝文:

維靈純心皎潔,令德柔嘉。矢志完貞,全閨中之亮節;謁誠致敬,彰闈内之芳型。茹冰蘗而彌堅,清操自勵;奉盤匜而匪懈,篤孝傳徽。絲綸特沛夫殊恩,祠宇昭垂於令典。祇循歲事,式薦尊醪。

故鄉祠

在水攻山上,祀梁縣令何公烔、唐縣令周公、王公,舊志逸其名。俗呼曰三長官祠。歲久傾圮。主遷祔於學宫之名宦祠。

張公祠

在三里亭。明嘉靖間士民建，祀知縣希古張公諱淳，且置産爲春秋祭祀歲時修葺之資。道光十七年，知縣陳希俊重修。

附祠産：

一、買徐光遠田五十把，土名三里亭長塘邊。

一、買陳光升田六百秧，土坐十一都郎下莊。

以上共田拾壹畝壹分。節年給僧人，到田收租，以爲看守祠宇香火工食之需。

一、續買章爾登民田壹百拾把，土坐五都章店，每年額租貳百觔，照時價繳錢。

一、續買顔克昌民田肆百秧，土坐十二都橋亭下等處，每年額租六百觔，照時價繳錢。

以上租穀爲春秋祭祀頒胙并完糧米外，餘作修理祠宇之需。

新張公祠

在縣治北赤烏塘脊。道光十五年，士民建，祀知縣莳塘張公諱吉安。周榮封助田伍百肆拾把，計拾陸丘，土坐長安鄉六都，共捌畝肆分貳釐柒毫肆絲叁忽塘伍分伍釐，爲春秋祭祀之資。

方巖赫靈廟

祀宋胡侍郎佑順侯。黄晋卿《胡侍郎廟碑陰記》：郡志言，公嘗奏免衢、婺身丁錢，民被其賜，爲之立廟。傳與墓誌，皆無登載，姑俟博雅君子而考質焉。按：公四世從孫廷直《方巖廟記》云：始公被天子知遇，奏免衢、婺民身丁錢，至今皆受其賜。自公之薨，謀報無從，即弦誦之所，廟而食之。據此，則郡志所云奏免衢、婺民身丁錢者，固有所本矣。夫廷直以公之從孫,去公不遠,不至自誣其祖。至傳與墓誌不登載者,傳與誌言公之惠在天下,故略之。廟記言公之惠在鄉國,故詳之。立言各有體也。

壽山鄉賢祠

祀宋胡侍郎佑順侯。康熙二十二年,其族孫惟聖等重建。

北鎮殿

在縣治北。祀宋侍郎佑順侯。

壽山麗澤祠

明尚寶丞應典建,祀宋朱晦翁、吕東萊、陳龍川三先生。

吕烈女祠

在山川壇側。明萬曆四十年,知縣陸懷贇奉文爲李汀妻吕氏建。歲久傾圮。國朝康熙六年,生員吕一美重建。

胡氏八烈專祠

在溪岸莊。祀胡鳳鳴、胡鳳雝、胡鳳恩、胡鳳岡、胡鳳韶、胡鳳標妻盧氏、胡鳳韶妻王氏、胡宗壽。同治七年奉旨敕建。

厲　壇

歲三月寒食節、七月望日、十月朔日,祭厲壇於城北郊。前期守土官飭所司詣神祇壇,以祭厲告本境城隍之神。至日,所司陳羊豕、酒米、楮帛於祭所。禮生奉請城隍神位入壇,設於正中。守土官公服,行一跪三叩禮。執事者焚楮帛。守土官詣燎爐前祭酒三爵。禮生仍奉城隍神位還神祇壇。

永康縣志卷之五

職官志 治官　教官

志乘例誌職官，其體臚列世代姓氏，書其籍貫、出身，不過一題名碑耳。然桐鄉之遺愛、蘇湖之餘韵，聞其名者且悚然起敬，况身沐其治教者乎！職是者使民之聞其名亦如桐鄉、蘇湖焉，則所謂所居無赫赫名、去後嘗見思者，閲是編而益動遐思矣。其有聲績者，别爲列傳。

治官姓氏

吴

按，建縣始於吴，設官亦當自吴始。然世遠無稽矣。晋縣大者置令，小者置長，有主簿、録事等員。見《晋書·職官志》。宋亦置令長，令千石至六百石，長五百石。見《宋書·百官志》。齊縣置令，爲國者爲内史相。見《齊書·百官志》。梁多同宋、齊，大縣爲令，小縣爲長，皆置丞、尉。陳承梁，皆循其官制。隋縣置令、丞、尉。見《隋書·百官志》。此六朝官制之大略也。應志：其嘗職是者不可得而詳。舊志所録，蓋因其錯見他書，裒而掇之，亦存什一於千百云爾。

晋置令、主簿、録事等員。

令

張顔卿　舊志載：武義人。見附録。

胡毋崇　照何法盛《晋中興書》補。

宋置令一人。職是者無考。

齊置令一人。

令

蕭　清　宗室。今本學戴主教據董沛《兩浙令長考》云:《南史》有蕭爲,無蕭清。然舊志如此,姑存之。

蕭　爲　《齊書·宗室傳》爲曲江公遥欣孫,字元專,有文才。初爲永康令。又見《梁書·蕭幾傳》。

梁置令、丞、尉各一人。

令

庾仲容　字子仲,鄢陵人。據《梁書·文學傳》補。

何　炯　見列傳。

陳置令、丞、尉各一人。職是者無考。

隋置令、丞、尉各一人。職是者無考。

唐置令、丞、尉各一人。《唐書·百官志》:"縣令掌導風化,察冤滯,聽獄訟。凡民田收授,縣令給之。籍帳、傳驛、倉庫、盗賊、堤道,雖有專官,皆通知。縣丞爲之貳。縣尉分判衆曹,收率課調。"應志:其嘗令是而可考者,得七人焉,其二人且忘其名矣。雖然,名亡而迹存,猶爲弗亡也。下此而丞、尉,則併亡之矣。

唐縣令

吕　渭　《吕温傳》:河中人,父渭,永康令。仕終河南觀察。照《唐書》補。

顧德藩　見列傳。

李仕先　東陽人。

竇知節　洛陽人。

張師老

顧思謙

周　某　見列傳。

王　某　見列傳。

張中立　陽羨人。大中中自麗水令來任，不旬月，丁艱去。後起嘉興監官，授侍御史、内供奉。見《古刻叢抄補》。

孫　頙　據戴叔倫有《永康孫明府頙秩滿將歸枉路訪别》詩補。

唐尉

顧　逢　據項斯《送顧逢尉永康》詩補。

五代　無考

宋設知縣一人，丞、簿、尉各一人。《宋史·職官志》：知縣"掌總治民政，勸課農桑，平決獄訟，有德澤禁令，則宣布於治境。凡户口、賦役、錢穀、賑濟、給納之事皆掌之"。"有戍兵則兼兵馬都監或監押。"丞，"修水土之政，行市易之法，興山澤之利"。簿，"掌出納官物、銷注簿書"。尉，"掌閲習弓兵，戢姦禁暴"。應志：舊志所録知縣七十九人，亡其名者二人；丞六人；簿二人；尉五人。由知縣嘗立石題名，而丞、簿、尉未之與也。然孫尉之名，今猶耿耿焉，又豈以石之有無爲加損哉！

宋知縣

姚　遂　天聖間任。

何嗣衡

田　載　武義人。

耿　璜

雍元之

陳德琰

王有象　東陽人。

閔餘慶

張成新

賀温其　建德人。

王　㚖

顏　復　曲阜人。

姚　勔　嵊縣人。

許　源

張　祖

孟　繹

段　浚　字深父。元祐復任。按:深父爲婺州永康令,被劾罷,後敘復改正。去非爲作啓謝廟堂,有曰:"百里出宰,不虞美錦之傷;一氣轉鈞,遄賦緇衣之改。"又曰:"歸去來,田將蕪,自憐飛鳥之倦;反乎覆,陂當復,有同黄鵠之□。"云俾得爲元祐之完人,所恃有太平之宰相。右見劉起潛《隱居通議》補。

張　常

胡志甯

吕　衮

劉進卿

俞　最

杜　植

元　發

姚棐忱　忱,字天迪。崇寧二年進士,永康令。見《嵊縣志》補。

王　腴

項有能　樂清人,鄉薦。令永康。見《温州府志》補。

王　澤

徐嘉言　字味道。

張　著　字少微。龍泉人。崇寧進士。初授永康縣。毀淫祠，除山洞蠻。

周虎臣　政和間任。

李　愚

李處靖

李好古　本縣人。

王　從

王良孺　建炎間任。

姚　涣

張　沆

趙公珦

强友諒　毘陵人。見列傳。

陳　鼎

黄　謨

王日接

趙伯杲

穆　平

宋　綬　青社人。

張　介　並紹興間任。

胡　方　隆興間任。

謝　倣

劉　嶷

沈正路

陳許國　並乾道間任。

徐　崑

王　倫

趙伯彬　字德全。

林秀穎　見列傳。

范質直

張　咸

翁孟麒　並淳熙間任。

余　桌

王　恬

韓莘叟

任仲志

柴國光

陳昌年　見列傳。嘉泰間任。

周駿升

趙文彬

徐榮叟　字茂翁。浦城人。嘉定七年進士。令永康縣。以賑飢得民心。嘉熙中知婺州，拜右諫議大夫。謚文靖。見《浦城縣志》補。

陳夢弼

陳　匀

尹　焕

史華之　明州人。

安温恭

方夢玉　温州人。寶祐間任。

周　于　處州人。

周　晟　温州人。景定間任。

魏　某

徐　某

趙良健　徽州人。

吕躍龍

陳文印　山陰人。並咸淳間任。

戚繼祖　宣城人。

宋縣丞

周汝士　字南夫。紹興十八年進士，授右從事郎、永康縣丞。見《嵊縣志》補。

汪立中　亦云武義丞。見《攻媿集》補。

徐　壽　宣和間任。

洪清臣　長樂人。紹興間任。

杜　冰　乾道間任。

陳　駿　紹熙間任。

劉仲光　永嘉人。

吴　垍　仙居人。

宋主簿

姚　松　乾道間任。

胡坦元　本縣人。

吴師復　熙寧間任永康主簿。見陸農師《陶山集·壽昌縣君墓誌銘》補。

錢及祖　見《縉雲金石志·朱顯佑侯河陽尚書札部牒文碑》補。

王　塤　字仲如。仙居人。進士。咸淳間任。見《通志》補。

宋　尉

張　文

孫伯虎　見列傳。

謝　達　字景安。長溪人。據《龍川集》更正。

吴　竿　字允成。陞東陽知縣。

徐　滌

元置達魯花赤、縣尹及簿、尉各一員，典史二員。《元史·百官志》：至元二十年定爲上、中、下縣。上縣，達魯花赤一員，尹一員，丞、簿、尉各一員，典史二員。中縣，不置丞，餘悉如上縣之制。尉主捕盗事。應志：達魯花赤，凡縣事皆掌其銜謂之監縣，復兼勸農事。縣尹號爲司判正官，職同達魯花赤，掌縣事，亦兼勸農，印則達魯花赤收之，尹封署其上。《續文獻通考》：達魯花赤掌印信，以總一府一縣之治。判署則用正官，在府則總管，在縣則縣尹。達魯花，猶漢言荷也。赤，壓口棕子也，亦猶古言總轄之比。簿、尉，凡縣事皆同簽署。典史係行省差，蓋郡吏之長也，其職專主公牘。舊志所志達魯花赤二十一人；縣尹三十人；主簿一十六人，亡其名者一人；尉一十八人。典史非朝除，故弗録云。

元達魯花赤

毆　興

傅　興

劉忽里罕　按：達魯花赤二十一人。縣舊志有兩沙不丁，而無劉忽里罕。兹據府志更正。

孟伯牙歹

別捨別　並至元間任。

阿合馬　大德間任。

朵魯不歹　至大間任。

禿干帖木兒　皇慶間任。

伯　顔

沙　班　並延祐間任。

不　朶
答木丁
張明安答兒
伯也歹
馬合謀
沙不丁
乞答歹
伯顔帖木兒
孛　朶　並至治間任。
野仕宏
也速達兒

元縣尹

徐德廉　見列傳。
吕　錀　本縣太平人。
李　敬
王　恩
王　仁
張　澄
高光祖
孫梓材
竇文禮　並至元間任。
苗廷瑞
王　炎
吴從龍
李　榮
房　浩　並大德間任。

黏合完者都　皇慶間任。

范　儀　延祐間任。

鄭　炳　柘坑人

李德元

劉　隆

時治安

胡正己

俞希魯　字用中。京口人。能文,有惠政。

丁從正　字彦端。至正間任。

周　濬　字深伯。括蒼人。

馬　誠

劉完者都

霍正卿

趙師貞

王廷玉　字子固。

劉　逢

按:應志、徐志、沈志皆稱縣尹三十人。今查沈志、徐志多士宏、王元輔、申佑,爲三十三人。府志多士宏、王元輔、申佑,而無黏合完者都,爲三十二人。又沈志載申佑、嘉泰間任,嘉泰係宋寧宗年號,恐有錯誤。今仍應志。

元主簿

田　仔

赤　琖　字榮祖。

胡崖孫

馬合謀　按達魯花赤有馬合謀,主簿亦有馬合謀。恐誤。

王秀實　並至元間任。

彭　聚　元貞間任。

慈　鼎

孛　維　並大德間任。

張　某

馬德秀　並至大間任。

王惟一

樊世顯

王立義

丁景恭　並延祐間任。

陳　淵

潑　刺　並至正間任。

元縣尉

胡愈謙

趙　佐

楊　泰

徐　立　並至元間任。

田　進

周　均

周伯清

趙賢良　並大德間任。

程良能

成　賢　並至大間任。

元也先　延祐間任。

陳　顔　本縣人。照府志增入。沈志顔作預，别入典史。按既云典史非朝除不録，不得另設一門。又舊志尉十八人。今止十二人，又亡其六矣。

明設知縣一人,縣丞、主簿、典史各一人,皆朝除。《明史·職官志》:知縣掌一縣之政,凡賦役,歲會實徵,視天時休咎、地利豐耗、人力貧富,調劑而均節之。養老、祀神、貢士、讀法、表善良、恤窮乏、稽保甲、嚴緝捕、聽訟獄,皆躬親厥職而勤恤焉。丞、簿分掌糧馬、巡捕之事。典史典文移出納。應志:典史秩與元同,未入流。既由朝除,則亦在所録矣。

明知縣

呂文燧　本縣太平人。見薦辟。

呂兼明　文燧弟。奉公守職,民信服之。

吴　貫　吉水人。

宋　埜　字耕夫。長於詩,有惠政。

魏處直　見列傳。

宋　顒　清介有爲。

李　均

紀　齊

傅元信

張　貞

官德名

彭子安

洪孟剛

吴　圮　監生。

梁天祐　廣東南海舉人。胡志、府志作天佐。

徐　叟

劉　瑜　南昌人。進士。有惠政。並洪武間任。

張　聰　閩縣人。進士。平易近民,時稱賢令。

何子海　廣東番禺進士。今據《廣東通志》補。

魏　廉　江浦人。監生。

韓　貞　河南人。進士。

翁　哲　海豐人。監生。

李　選　河南人。監生。

劉　吉　真定人。監生。

李　敬　江西人。監生。

計　澄　浮梁人。進士。有惠政。

閻　充　河南人。監生。以廉謹稱。

文　生　建安人。監生。

葉應誠　大寧人。監生。廉慎得民。

陳　昱　無錫人。監生。

何宗海　吴江人。吏員。

孫　禮　宿遷人。監生。

楊　軾　湖廣人。監生。成化初年任。

劉　珂　見列傳。

高　誼　字時中。裕州人。舉人。

高　鑑　字克明。山陽人。舉人。有治才。

李　參　江陰人。進士。博學能詩。

林應滋　武同人。今據《湖南通志》補。

吴　紳　廣東程鄉舉人。今據《廣東通志》補。

楊　休　廣東高要舉人。今據《廣東通志》補。

袁　珍　陽谷人。舉人。並成化間任。

王　秩　見列傳。

張鳴鳳　見列傳。並弘治間任。

嚴　恪　江西奉新歲貢。景泰中任。今據《南昌府志》補。

楊　敩　江西豐城舉人。正德中任。今據《南昌府志》補。

蔡　華　南安貢生。正德中任。今據《南安志》補。

上官崇　字達卿。吉水人。進士。

申　綸　字廷言。永平人。進士。

黎　鐸　字文明。陽朔人。舉人。莅官清慎。

吴宣濟　字汝霖。廬陵人。舉人。

胡　楷　望江人。舉人。善聽訟。並正德間任。

李伯潤　字文澤。山海衛人。舉人。

毛　衢　見列傳。

金　洲　見列傳。

邵　新　堂邑人。

洪　垣　見列傳。

甘翔鵬　豐城人。

陳　交　見列傳。

龔挺霄　清江人。

梁　睿　廣東人。

杜　廉　長沙人。有治才。

史朝富　晋江人。

易　侃　湖南攸人。今據《湖南通志》補。

陳夢雷　長樂人。並嘉靖間任。

萬士楨　宜興人。

張　淳　見列傳。

楊　德　武進人。進士。莅官清謹，士民愛戴。並隆慶間任。

黄道年　合肥人。進士。以嚴明爲政。甫三月，諸務釐舉。尋以憂去。

朱信亮　南昌人。舉人。

吴安國　見列傳。

涂文煥　南昌人。進士。

王希夔　福建人。進士。

周崇惠　麻城人。進士。

伍可願　南直人。貢士。

戴啓鳳　姑蘇人。

熊思孝

方鶴齡　上元人。舉人。

陸懷贇　見列傳。

吕　鋭　見《吕氏貞烈編》吕邑侯鋭詩補。

李愈楠　舉人。

王　忠　王忠，萬曆三十七年舉人名下注云：榜姓曾，同安人，龍溪籍，永康知縣。據《泉州志》補。

陳治道　廣西人。舉人。

趙立賢　舉人。

陳秉厚　麻城人。

唐東旦　江西金谿舉人。今據《撫州府志》補。

魯應泰　見列傳。並萬曆間任。

池祥麟　舉人。

谷中秀　見列傳。並天啓間任。

馮思京　南京人。舉人。

謝啓翰　廣西人。舉人。

蔣嘉楨　桂林人。舉人。

吴道善　孝感人。舉人。

朱　露　弋陽人。宗室。貢士。

文王臣　全州人。舉人。

單世德　巢縣人。進士。

朱名世　字數菴，南直海門人。舉人。弟名卿，字次公，生員，接任。並崇禎間。民感其德，立碑共祠祀之。

按：祠在上封寺之右，凡三間，碑二。名卿碑全，字畫猶可考。名世碑半段，今甃爲祠前門架下底石矣。宜豎起以復其舊。

明縣丞

趙存誠　本縣人。

黄紹欽　見列傳。

周召南　南昌人。人才。

鐵　定　丹徒人。並洪武間任。

歐陽齊　臨川人。

徐　勉　河南人。

譚　敏　大庾人。舉人。

朱　俊　廣東人。吏員。

鄧永恭　江西人。府志鄧誤鄭。

余士温　撫州人。人才。府志余誤金。

辜　萱　江西南昌人。今據《南昌府志》補。

姜得豪　玉山人。監生。《廣信府志》作姜得象，貢生。並永樂間任。

余　畢　江西宜黄人。以人材薦。今據《撫州府志》補。

栗　恕　潞州人。監生。

何　淵　湖廣人。監生。並宣德間任。

成　秩　無錫人。監生。

孫　某　並正統間任。

陳　宣　鳳陽人。景泰間任。

劉　肇　字季本。甌寧人。

張　貴　深澤人。監生。

田　寬　海康人。監生。

盧　洪　高安人。監生。並成化間任。

于　青　虹縣人。監生。

王　祐　高苑人。監生。

程　温　上饒人。監生。

陳　聰　泰州人。監生。並弘治間任。

林　吉　廣東人。監生。

黃　臻　豐城人。吏員。

李景軒　侯官人。吏員。有治才。並正德間任。

楊　戴　湖廣人。

王　聰　浮梁人。

張志義

李　興

張應乾　華亭人。

謝守榮　連城人。

梁　滔　德慶州人。愛民有守。

周　元　宣城人。

陸　鑾　吴縣人。

吴仕蕚　安定人。歲貢。並嘉靖間任。

徐　錫

李　楫

邱　嵒

夏廷爵　並隆慶間任。

蘇　綱

俞宏澤　上元人。例貢。

汪　衣　廬江人。監生。

許　相

方　岱

火　銑

吴世忠

郭九式

劉體元　舉人。

吕懋徵

李祖康
鄧　汶
蘄奎光　並萬曆間任。
蔡明惕　天啓間任。
梁思尹　廣西人。
陳　愫　湖廣人。
尹良琦　湖廣人。
李　清　江西人。
周　美
方士衡　歙縣人。
潘震亨　南直人。並崇禎間任。

明主簿

陳　忠　淮安人。人才。
何啓明　饒州人。人才。
陳永甯　湖廣人。監生。
陳　斌　廣平人。
賈　正　汶上人。吏員。並洪武間任。
金叔夜　見列傳。
陳　璧　南昌人。吏員。
周顯章　貴溪人。吏員。
王　禮　吴江人。並永樂間任。
丁復道　九江人。宣德間任。
薛　瑶　北直隸人。
荆　熙　並正統間任。
劉　瑾　魚臺人。府志誤入縣丞。
邱　源　孝感人。吏員。並景泰間任。

李　傑　樂亭人。監生。
莊　端　潮陽人。吏員。並成化間任。
施　璲　福州人。吏員。
王　忠　清江人。監生。
趙恩濟　巴縣人。吏員。
李　增　曹縣人。監生。並弘治間任。
黄雅明　清江人。吏員。
曹　健　陽江人。監生。
徐　洪　貴溪人。監生。並正德間任。
盧　忭　廣西人。性朴實,不苟取。
易　智　南漳人。監生。
方孟鳳　安慶人。
張文中　遼東人。性廉直,卒於官。
白思問　南宫人。
章　宸
李陽培
秦　琚　桂林人。
丁　倌　府志作信。並嘉靖間任。
蔡　魁
胡　淶　並隆慶間任。
周文瑞　玉山人。
劉　烱　金溪人。
張　浙　徐州人。約己愛民。
楊　轍　上海人。監生。
徐武恩
蕭應棟
陶守忠

文學麟
張克諫
戴世用
王親賢
李存耕
李宏毅
劉正卯
黄用中　並萬曆間任。
張應秋　將樂人。
劉文成
顧豫楨
丁士昌　並天啓間任。此後缺載。

明典史

郭　興
傅　維　南安人。
蘇　祥　南陽人。生員。
方友賢　漳州人。
章正源　晋江人。進士。並洪武間任。
房　蘭　博羅人。
汪仲仁　山東人。
劉　澄　山東人。
劉　清
王　暹　潁上人。
顧　忠　崑山人。並永樂間任。
向　鑑　揚州人。宣德間任。
羅　信　清流人。

江　浩　湖廣人。並正統間任。

田　制　涿州人。景泰間任。

紀　能　蓬萊人。吏員。以廉稱。

曹　恭　都昌人。吏員。並成化間任。

洪　浩　貴池人。

陳　珪　華亭人。並弘治間任。

艾　虎　安仁人。吏員。

王　訓　鉛山人。吏員。

張　霎　宿州人。吏員。

華　祥　懷寧人。吏員。並正德間任。

胡　標　江西人。

鄧　儀　柳州人。

陳　寶　莆田人。

唐　福　淮陽人。

陳　疇　莆田人。

吴　徵　進賢人。

趙仲英

林大全　莆田人。

桂　漸

陳　禄　合肥人。並嘉靖間任。

劉　蕥

徐廷久

李　祁

楊繼文　福州中衛右所人。吏員。

沈　名缺

陳萬憲　巴陵人。

吴廷佩

曹邦器
熊　爌
劉承祖
姚應堯
彭一椿
王慶祖
程懋忠
馮興國
周世勳
程宗哲
翁民章
劉可宗　並萬曆間任。
陳紹員
陳　德　並天啓間任。
張明弼
單思勸
孟　信　沅陵人。
黄德章　吉水人。
吴明淑
程逢旦　江夏人。吏員。
林欲柱　晋江人。
譚學竣　南京人。並崇禎間任。

國朝置正官知縣一人，佐貳官縣丞一人，首領官典史一人，皆朝除。知縣總治縣事，秩正七品。丞，秩正八品。典史，未入流。

知　縣

劉嘉禎　見列傳。

張祚先　桐城人。進士。

吴元襄　見列傳。

李　灝　直隸元氏人。進士。並順治間任。

徐同倫　華亭人。進士。重修縣志。

謝雲從　見列傳。建來學書院。

沈　藻　見列傳。

陳　瀛

趙　恒

佟學翰　監生。

姬肇燕　見列傳。建鶴亭書院。

彭　銘

張祖謨　陜西人。舉人。

張　昉　直隸人。進士。並康熙間任。

韓中煌　北直人。舉人。

張啓禹　湖廣人。舉人。

陳　桂　江南人。舉人。

彭子將　河南人。貢生。

鄔　銓　江南人。監生。平權衡，示民無欺。

劉起禧　陜西人。監生。並雍正間任。

何樹萼　江南人。進士。

張朱梅　松江人。孝廉方正。三任永康。

黄　宏　龍川人。進士。建從公書院。

楊　瑛　見列傳。

左維憲

王乃畇　見列傳。

陳令儀

方瓚澤　衡山人。舉人。建松桃書院。

任進颺　長壽人。舉人。
李見心　臨川人。舉人。
邢　澍　見列傳。並乾隆間任。
游朝佐　見列傳。
秦　湘　金匱人。舉人。
張吉安　見列傳。
王斯颺　衡陽人。進士。
崔之煒　安徽人。舉人。
易鳳庭　見列傳。
李崇盛　四川人。舉人。
劉垂緒　山西人。進士。並嘉慶間任。
李玉中　浦城人，舉人。嘉慶十八年署。
陸　模　鎮洋人。舉人。道光九年署。
裘榮甲　新建人。舉人。道光十年任。
黄揚鑣　金匱人。進士。道光十二年任。
李汝霖　山東人。進士。道光十三年署。
廖重機　桂林人。進士。道光十四年任。
陳希俊　湖北人。舉人。道光十六年署。
彭元海　湖北人。進士。
羅超曾　字芬餘。進士。
張華森　貢生。
李文焕
李惟著　字鏡子。雲南人。進士。
吴春棠　字星榆。並道光間任。
饒宗孟　江西舉人。咸豐初任。
湯成烈　有傳。
慶　齡　字夢九。滿洲人。

陳　涑　監生。

吴慶奎　福建閩縣人。甲辰舉人。

丁承壽　咸豐七年任。

何衍宗　咸豐八年十月署。

吴江照　字曉峰。江蘇人。副貢。

程陶成　饒州浮梁人。舉人。咸豐十年任。

陳富遠　增貢有傳。

吴桂生　長洲人。監生。同治三年代理。

王景彝　字琳齋。湖北江夏人。丁酉拔貢,己未舉人。同治三年任。

劉履泰　字階六。河南商丘人。進士。同治六年署。

武伯穎　字葆初。湖南漵浦人。拔貢。同治八年署。

宛立儔　字壽人。黄梅人。增生。同治九年署。

史悠菜　江蘇溧陽人。監生。同治十年任。

趙　煦　字舜臣。善化人。監生。同治十二年署。

潘　駿　字樸亭。武進人。光緒元年署。

趙德漳　字筱泉。南豐人。監生。光緒二年任。

程聰訓　字聽軒。吴江人。監生。光緒五年署。

趙德漳　七年四月復任。

鍾守鑅　字啓庭。武州人。監生。十四年署。

李汝爲　字桐孫。江西新建人。丁卯舉人。光緒十五年任。振興文教,聽訟明決,倡修邑志。惜工未竣而終于任。

郭文翹　安慶合肥人。光緒十七年署。

縣　丞

郭有璺　固原州人。貢生。

閔應魁　黄州人。吏員。

陳中蘊　陝西人。歲貢。
金　巽　宛平人。貢生。並順治間任。
賈　溥　蒲州人。貢生。
沈　晟　遼東人。監生。
陳　銑　大興人。監生。
任世泰　並康熙間任。
馬世騏　雍正間任。
黄　禧
徐顯烈　安義人。拔貢。乾隆十八年署。今據《安義志》補。
程天秩　元和人。監生。乾隆十九年任。今據《元和志》補。
郝　宴　榆次人。貢生。
曾夢熊　宛平人。監生。
潘世綸　吴縣人。蔭生。並乾隆間任。
陳　嶟　雲南人。舉人。
何維新　江夏人。吏員。
沈　泰　太倉州人。監生。
姜　鎔　常州人。監生。並嘉慶間任。
許元仲　江蘇人。監生。
張　凱　餘干人。貢生。道光六年任。
吴廷康　桐城人。道光間任。
方榮彩　大興監生。道光二十三年任。
孫紹德　長洲監生。咸豐二年任。
于成德　咸豐五年任。
楊元俊　江蘇上海人。咸豐九年任。
謝蘭生　咸豐間任。
刁葆元　雲南昆明人。監生。
張滄海　蒙化直隸廳人。監生。

汪兆圻　江蘇崑山縣人。監生。
祝　墉　江西鉛山人。監生。並同治間任。
盧嘉謨　湖南平江人。監生。
張夢元　安徽宿州人。監生。
江泰祥　安徽黟縣人。監生。
崔耀章　河南輝縣人。監生。
姜超伯　江蘇六合人。監生。
莊慎樞　江蘇陽湖人。監生。
史　琦　江蘇溧陽人。監生。光緒十一年署。
謝文海　上海人。監生。光緒八年任,十二年復任。
卜兆璜　江蘇宣興人。監生。光緒十六年代理。
李世均　山東聊城人。監生。光緒十七年署。
周錫康　江蘇武進人。監生。光緒十八年七月署。

典　史

宗支蕙
胡其英　蘇州人。
竇公弼　渭南人。
林邦楝　泉州人。並順治間任。
李元賓　陝西人。
陸承龍　吴江人。吏員。
張　奇　涿州人。
劉　德
楊廷立　易州人。吏員。並康熙間任。
李祖鉅　雍正間任。
沈必達
張我弓　朝邑人。監生。工畫。

楊昌琪　鎮遠人。乾隆九年任。今據《鎮遠志》補。

古來和　福建長樂人。監生。乾隆十九年任。今據《長樂志》補。

袁　基　南昌人。典吏。並乾隆間任。

伍　鑑　大興人。監生。

楊嗣曾　丹陽人。典吏。

陳成寶　餘干人。監生。

程大矩　桐城人。吏員。並嘉慶間任。

盛振元　江蘇人。典吏。道光四年任。

江治國　大興人。監生。道光十年任。

陳　枚　太倉州人。監生。

吴慎徽

趙至森

余紹堃　江蘇陽湖人。監生。咸豐十一年署。

洪良弼　同治三年署。

胡宗仁　江蘇婁縣人。同治四年署。

錢　溥　江蘇人。監生。同治六年署。

徐兆森　江蘇丹徒人。監生。同治八年署。

沈承恩　福建閩縣人。吏員。同治九年署。

時忠煃　江蘇上元人。監生。光緒元年署。

查炳堃　江西義寧州人。監生。光緒二年署。

黎懋修　江西新喻人。附貢生。光緒三年署。

陶錫珪　江蘇陽湖人。監生。光緒三年任。

吴本厚　江蘇無錫人。監生。光緒十四年代理。

陶錫珪　十五年復任。

教官姓氏

隋以上，世遠不可得而詳矣。《唐書·百官志》：凡縣皆有經學博士、助教各一人。《宋史・職官志》：慶曆四年，詔諸路州、軍、監各令立學，許更置縣學。自是州郡無不有學。始置教授，以經術行誼訓導諸生，而縣學未始置官也。應志：景定三年，始置主學一人。咸淳元年，漕司行下，選請學正、學録、直學各一人，學諭四人，長諭八人。然其嘗職是者皆無得而稽焉。元設教諭一人，選請訓導二人，謂之選請，則非朝除也。明置教諭一人、訓導一人。《明史・職官志》：教諭掌教誨所屬生員，訓導佐之。月課士子之藝業而獎勵焉。國朝置教諭一人、訓導一人。康熙四年裁教諭。十五年復設。

元教諭

林　仁　麗水人。據《麗水志》補。

陳僧佑　本縣人。

陳幾先　本縣人。

薛居仁　本縣人。並至元間任。

李庚孫

周菊存

陳　樟　本縣人。

李繼孫　本縣人。並至正間任。

元訓導

陳　璪　本縣人。

胡仲勉　本縣人。淹貫經籍，學者尊之。所著有《石屏集》。

黄元善　並至正間任。

明教諭

朱廣武　洪武初以明經薦，授永康教諭。據《義烏志》薦舉條補。

朱嗣漳　以儒學薦授永康教諭。據《義烏志》薦舉條補。

孔仕安　本縣人。

唐以仁　金華人。

何　震　江西鄱陽人。舉人。洪武中任。今據《鄱陽志》補。

胡均澤　石首人。舉人。並洪武間任。

齊　瑄　見列傳。

梅仲昭　建昌人。舉人。

鄭　瑛　閩縣人。儒士。

鄭　源　進士。

馬　某　應天人。舉人。並永樂間任。

宋　芹　崑山人。舉人。

趙孔蔓　吉水人。儒士。並宣德間任。

吴　清　吴縣人。監生。

顔　昱　蘇州人。舉人。並正統間任。

陳　奎　九江人。舉人。

劉　敏　泰和人。舉人。並天順間任。

盧　皞　東莞人。舉人。

劉　冠　永豐人。舉人。並成化間任。

李　璡　南昌人。舉人。

馮　琨　崑山人。舉人。

成天章　無錫人。監生。並弘治間任。

藍　貴　荔浦人。舉人。

鄭元吉　懷安人。舉人。

劉　楫　見列傳。

李　聰　南城人。監生。

李　綽　番禺人。舉人。

王　晃　邵武人。監生。

劉　燁　懷安人。舉人。

徐　鑑　見列傳。

左懋勳　桂林人。舉人。

何應圖　河南人。

張　潮　見列傳。

胡　榮　光山人。並嘉靖間任。

盛于唐　華亭人。隆慶間任。

陳虞胤　番禺人。

胡以準　豐城人。舉人。興修縣志。

章志良　新昌人。

吴炳正　仙居人。

黎天祚　舉人。

李承家　鄞縣人。貢生。

秦尚質　慈谿人。貢生。

翁恒吉　見列傳。

曹志忠

周紹芳　大興人。舉人。

楊時芳　平和人。

包世杰　舉人。秀水人。正性慈腸，勤於課士，修學宫，造祭器，建鳳凰、龍虎兩塔，建文昌樓，疊西津石垛，刻《仙葉軒會課》。並萬曆間任。

彭夢期　黄巖人。

王應椿　廣西人。舉人。《學志》作應春。

陳調元　見列傳。

束　玉

金元聲　太平人。貢生。

金許增　仁和人。舉人。

劉洪鑛　海鹽人。

鄭玉和　會稽人。《學志》作至和。

李之杜　關中人。貢生。有文行，明義理，識時勢，具濟變才。通邑咸賴之。並崇禎間任。

明訓導

呂文熒　本縣太平鄉人。見薦舉。

胡　復　本縣太平鄉人。儒士。

姚彦仁　本縣人。儒士。並洪武間任。

呂文熂　本縣人。

楊應甫　長泰人。舉人。

姜　誠　丹徒人。舉人。

金　法　休寧人。監生。

楊　瑾　應天人。監生。並永樂間任。

吴　繪　吴縣人。舉人。宣德間任。

鄭　珊　莆田人。舉人。

宋　賢

鄧　建　閩縣人。舉人。並正統間任。

蕭　彪　廬陵人。儒士。

楊　清　延平人。儒士。

鄧　佐　新會人。舉人。並天順間任。

歐陽汶　分宜人。儒士。嘗修縣志。

田　麟　建安人。監生。

蒲　雄　晋江人。監生。

林　申　莆田人。監生。

羅　徽　福清人。監生。並成化間任。

張　璽　滁州人。監生。

蔣　源　壽昌人。監生。《學志》作壽州人。

蘇　璉　滁州人。監生。
張廷槐　莆田人。舉人。《學志》云登康海榜進士。
林　岫　監生。並弘治間任。
盧　潭　南平人。監生。
張　麒　新淦人。監生。
艾　瓊　郴州人。監生。與修邑志。
劉　珊　丹徒人。監生。並正德間任。
張　鋭　甌寧人。監生。
施大經　長洲人。監生。
陳　富　龍溪人。監生。
陳大朔　海陽人。監生。講學實踐,作人不倦。
李　鼒　桂陽人。監生。
黄　旦　番禺人。監生。《學志》作日。
吴　鏘　南陵人。監生。
杜廷瑞　五臺人。
熊東周　長樂人。
鄭　璠　潮陽人。
黄日煦　晋江人。
張　慈　上海人。
趙鴻儒　儀封人。
張　楝　萬載人。
丁鶴齡　新建人。
羅　岳　奉新人。並嘉靖間任。
林守經　萊州人。
梅調鼎　寧國人。並隆慶間任。
吴大楊　莆田人。
沈曾唯　崑山人。

徐朝陽　建德人。

夏景星　高淳人。

葉良剛　雲和人。

錢學禮　並萬曆間任。

毛一蘭　泰順人。

楊安忠　廣德人。

方慶之　開化人。

蕭樂韶　新建人。

鄭王政　嵊縣人。貢生。

譚大有　陽江人。貢生。

揭　炫　開化人。貢生。

周　蓮　萬安人。貢生。

俞　察　建德人。貢生。

應大宸　西安人。貢生。

朱文炫　海寧人。

任思敬　貢生。

周　官　新城人。貢生。

胡尚卿　永嘉人。

王嘉政　江山人。貢生。

鄭思恭　平陽人。貢生。

淦汝璧　江西人。貢生。

雷一震　襄陽人。貢生。

王之賓　漢陽人。貢生。《學志》作濱。

蔣如鼎　宜興人。貢生。

趙　祥

葉文華

王御極　雲南寧州人。

趙崇訓　貴州人。署縣事。時鄰封寇亂，公設法募鄉勇、聯保甲，悉芟之，民賴以安。

周從政　龍泉人。

姜志宏　昌化人。貢生。

江有章　樂清人。貢生。

洪公述

崔養勳　海門人。

李　棟　並崇禎間任。

國朝教諭

沈珙瑞　仁和人，貢生。《學志》珙作洪。

江皋佩　仁和人。貢生。

邵　琳　字席之。餘姚人。舉人。順治丙申任教事。正文體，嚴課會，培植士類，亹亹不少懈，於文藝中辨英豪，無不悉驗。品行純粹，風度穆如，重葺文廟，現有碑記存。任六年，改嚴陵諭，陞洪洞縣令。

盛元粹　字寓庸。嘉興人。貢生。

董　杲　石門人。舉人。

趙凝錫　諸暨人。貢生。同修郡志，創修《學志》。

余　灋　山陰人。舉人。

徐　瀾　並康熙間任。

胡樹薇

任爲煒

劉　顒　章安人。並雍正間任。

姚希範

王永祥

方卓然　淳安人。拔貢。能詩，尤工書法。

俞永思　會稽人。副榜。工詩,勤課士。

戴　源　錢塘拔貢。乾隆二十四年任。今補。

梁　琏　海寧州人。拔貢。並乾隆間任。

諸嘉樂　杭州副貢。嘉慶六年任今補。

王登堦　上虞人。舉人。嘉慶間任。

黄運亨　海鹽人。副榜。道光元年任。

沈　庚　見列傳。

王爲霖　仁和人。副榜。道光七年任。

魏青巖　慈谿人。嘉慶庚午舉人。道光八年任。

鍾鳴鸞　字駕仙。長興人。拔貢。

盛時霖　字犀林。秀水人。道光甲午舉人。

陳方潮　新城人。戊午優貢,己未舉人。咸豐九年署。

吴同堉　字子厚。錢塘人。己未副貢。

葉佐清　松陽人。增貢生。同治二年署。

王　謨　山陰人。附貢。同治七年署。

高鳳藻　烏程人。附貢生。同治八年署。

郁洪謨　嘉善人。乙卯舉人。同治九年署。

何鍾麟　號四香。臨海人。己酉拔貢。同治十年任。

沈祖榮　字誦清。蕭山人。壬午優貢。光緒十年署。

樊兆恩　字超伯。錢塘人。己未舉人。光緒十年任。

陸登鼇　遂安人。丁卯舉人。光緒十三年署。

俞　霖　字望三。仁和人。癸酉舉人。光緒十三年任。

丁爾耆　歸安人。廩貢。光緒十五年署。

戴穗蓀　字同卿。錢塘人。丁卯優貢。光緒十五年任。

國朝訓導

勞圖麟　石門人。貢生。

邊國泰　麗水人。貢生。

張文星　新城人。貢生。

徐光凝　常山人。貢生。

傅列軫　山陰人。貢生。《學志》作珍。並順治間任。

張　翼　上虞人。貢生。

虞輔堯　字允卿。秀水人。貢士。淹通經史，廉明能幹，嘗勸修學宫，重建明倫堂。值甲寅之變，未竟其施云。

周　鉞　字公襄。嵊縣人。貢生。

陳宏焕　字則之。新昌人。貢生。康熙二十二年來任。六載卒於官，至扶櫬歸葬，紳士醵金設奠於郊外者百餘人。

余敬明　字寅亮。龍游人。貢士。

張文耀　並康熙間任。

成世烜

張穎荀　並雍正間任。

詹肇熺

章价人

許玉衡　嘉興人。乾隆丙子舉人。

王廷荃　嘉興歲貢。乾隆二十三年任。今補。

何　璇　海鹽人。歲貢。乾隆三十年任。今補。

吴守信　蕭山人。乾隆丁酉舉人。並乾隆間任。

潘　蕙　山陰人。乾隆壬子舉人。

吴廷鑾　嘉興人。歲貢。

周嘉棣　定海人。乾隆乙卯舉人。並嘉慶間任。

陸　坊　平湖人。嘉慶戊辰舉人。道光六年任。

楊清壽　見列傳。

周　和　字敬菴。鎮海人。舉人。咸豐十年任。

周世滋　西安人。歲貢生。同治二年署。助文廟祭器。

童士真　太平人。廪貢。同治五年署。

劉文瀾　鄞縣廪貢。同治六年署。

潘喜陶　海寧人。增貢。同治七年署。

方彩星　鎮海廪貢。同治八年任。

喻　坤　嵊縣人。增貢。同治十年署。

鄭瑞庭　黄巖人。壬子舉人。同治十一年署。

俞昌言　山陰人。廪貢。同治十一年任。

王賡華　鎮海人。己未舉人。同治十三年署。

黄緒昌　字筱洲。海鹽人。同治乙丑補行辛酉、壬戌舉人。光緒元年任。

吴逢慶　建德人。癸酉拔貢。光緒間署。

王啓忠　寧波歲貢。光緒間署。

施榮綬　字曉湖。歸安人。歲貢。光緒十年任。

武職官

國朝都司 前志未詳。

張光宗　山東人。進士。道光十九年由金右守備升授。二十年六月帶兵定海,防剿暎夷。

聶廷楷　河南人。進士補授。

許賢慶　山東人。進士爲官仁厚,有才幹。嗣升處州右營遊擊,帶兵嘉興,守平望。病故,以防務勤勞,奉撫憲奏請優邺。

郭林一　河南人。進士。補嚴州守備升署。

楊朝安　江西人。有才幹。邀紳董重造衙署。

何上光　福建人。武舉。補處州守備陞署。

江長元　河南衛輝府獲嘉縣進士。二等侍衛補授。咸豐三年正月,帶兵征剿粤逆於鎮江城。八年二月廿二日,在江西玉山縣與粤逆接仗陣亡。奉旨邺蔭雲騎尉。

鍾龍超　江蘇人。金協左營守備陞署。

沈榮松　處州人。金右千總，陞象山守備，留署金右守備兼護。

華金聲　處州人。由武舉補。提標千總兼理。

祥　瑞　滿洲人。由平陽都司調署。

方肇基　金華人。世襲雲騎尉，護理收復。後病故。

褚廷鰲　處州人。金右千總。同治二年調任。

何文俊　處州人。由世襲雲騎尉護理。

宋光裕　湖南長沙府善化縣人。由軍功擢陞儘先補用參將署理。

劉應桂　湖北武昌府人。由軍功保至留浙補用都司署理。即於同治八年十月到任，次年秋陞授台右都司。

羅吕莊　湖南平江人。由軍功保擢留浙都司。同治九年八月到任。次年奉文裁缺卸事。

賀興策　寧波人。由軍功補授都司，於光緒八年因八堡山匪徒擄掠剿除，後咨部議，改駐劄八堡，爲巡防都司。十五年，移駐桂川莊。

楊文蔚　仁和人。光緒十七年十一月署。

國朝在城汛官 道光十八年以前無稽。

端木忠　處州人。行伍，擢千總。道光十八年任。

葉商清　金華人。行伍，擢把總。

龐　剛　金華人。行伍，擢把總。

劉壽祺　金華人。行伍，擢把總。

虞得發　金華人。行伍，陞把總。

蔣瑞隆　金華人。行伍，陞把總。

薛景春　金華人。行伍，陞把總。

湯兆熊　武義人。武舉，把總。

郭殿華　金華人。由營伍陞拔。

黃大綍　處州人。由世襲恩騎尉補授。咸豐二年帶兵征江西，轉調嘉興,陣亡。奉旨蔭𨛦世職。

徐廷榜　本縣人。由武舉以把總候補署任。

謝龍恩　見列傳。

胡大揚　義烏人。武舉代理。

虞殿魁　金華人。由營伍拔外委代理千總。

袁登盛　湖南人。由軍功保擢守備候補署理。於同治四年八月到任。

鄭國樞　台州人。由行伍擢授。

毛勇躍　衢州人。由行伍擢把總。

梅金星　台州人。由武生投營擢授。

樓尚巽　本縣人。世襲雲騎尉。光緒二年署。

方立盛　金華人。由軍功升授。

應憲章　台州人。由武舉擢授。

國朝添設裡溪汛官

江得勝　衢州人。行伍,擢金郡千總。同治十一年,添設斯汛,移此巡防。

顧龍旂　仙居人。由武舉擢授。

張大鏞　金華人。金職署。

郭興邦　金華人。左營把總現署。

國朝四十五六都汛協防外委

王丙鎮　金華人。實授。

王丙鍾　金華人。實授。

高殿標　金華人。實授。

高大哉　金華人。實授。

王維清　金華人。額外署理。

陳得剛　本縣人。六品軍功馬兵代理。

杜林標　本縣人。五品軍功。

樊樹霖　衢州人。

袁植三　金華人。六品軍功。郡戰兵署任。

徐出林　湖南人。軍功。

卓武榮　江西人。金郡額外署任。

張尉華　台州太平縣人。行伍拔授。病故桂川防所。

徐騰蛟　本縣人。六品軍功，戰兵，因張調郡察看代理數月。

王兆熊　處州人。新拔。現任外委。

治官列傳

梁

何炯，字士光。廬江灊人。爲縣令，臨民寬厚，處事有條，當時以和理稱。民不能忘，立祠於霞裹山祀之，曰故鄉祠。

唐

顧德藩，大中間爲縣令，雅志愛民，嘗作三堰，以防旱潦，高堰其一也。

周公、王公，舊逸其名。鄉民懷之，附祀於霞裹山故鄉祠，呼爲三長官祠，謂併何炯爲三也。祠前有潭，亦呼爲三長官潭。

宋

强友諒，毗陵人。紹興間知縣事。承兵燹後，建縣治，修學宫，葺庫廪，新館舍。工役竝作，而民不知勞。甫及期年，庭無留訟，獄無繫囚。縣人宜之。

林秀穎，淳熙間差知縣事。强敏有幹略。邑人咸以爲三十年所未有。

陳昌年,嘉泰元年來任知縣。政績無考。應志止傳其修葺縣志一事。然自吴赤烏八年置縣以後,歷晋及宋,中更八朝,其間因革廢興,皆無徵焉。自公創爲邑志,而後乃班班可考,則公之有造於邑多矣!

孫伯虎,乾道間爲縣尉。臨機明敏,莅政公方,化頑猾而有條,處煩劇而不亂。民有訟者,皆請於州,願決諸尉。及攝邑篆,民相戒毋以曲事至庭。陳亮嘗薦之於參知政事周葵焉。

元

徐德廉,字清夫。安善人。謀略過人。同伯顔渡江。至元十二年,賊殺永康達魯花赤歐興,百户邵興軍士敗北。德廉收兵,從唆都宣撫討之,以興等兵先設犄角,繼以己所起義兵直攻之,賊無遺類。聞於朝,賜"報國忠心"四字,授永康縣尹。未幾,總管高孟德征武義寇葉萬户等,德廉率兵數千,與高兵夾攻。寇聞風降附,德廉悉宥之。縉雲賊章炎、洪平一等搆本邑黄隆一等賊據靈山之八盤嶺,聲勢相援。德廉募壯士會招討李從善率兵東西夾攻,擒平一等於龜溪。尋會攻方巖,乘勝進兵青山,夜破靈山營寨,獲渠魁陳巽四等,本邑肅清。時縣治新創,黎民無幾,乃招撫千百餘户,處以室廬,且興學校以養賢材,教樹畜以裕民生,建橋梁以通往來,修驛遞以舍賓旅。凡有關治理者,井然畢舉。已而章炎遺黨與處寇結寨李溪山,德廉起兵至牛筋嶺,奮力擊破之。敕知婺州路事。未之任,賊合餘燼侵伐縣治,德廉以兵躡之,追至李溪寨下被執,死之,浹旬面如生。朝命招討李從善等親往祭奠,即葬於永康大菴山,立祠上封寺。

明

魏處直,字公平。益都人。洪武十年來知縣事。廉以處己,勤以莅事,緩徵科,葺學宫,不煩民力。且善剖決,奸欺莫能蔽。民歌之曰:“父母何在在我庭,華溪之水如公清。下民不欺無隱情,我公摘伏如神明。”又歌曰:“我邑大夫賢且仁,惠養生息熙如春。魯恭卓茂炳青史,誰謂昭代無其人。”

黄紹欽,交州吴川人。洪武十六年由明經授縣丞。愷悌寬厚,愛民如子,不爲貨利所動。民有賦役於官而所輸不足,輒代以己俸,勿責其償。事苟可以利民,必委曲善處之。至法令之輕重,銖兩不少假借。義烏朱廉曰:“若紹欽者,真廉且惠,其古循吏之徒與!”

金叔夜,休寧人。永樂間由人材辟,授主簿。廉潔無私,淡泊自奉,布衣蔬食,有其門如水之稱。馭下不事鞭扑,民敬重之。

劉珂,安福人。成化間由進士知縣事。廉介無私,勤恤民隱。加意學校,時課諸生而振作之。理煩治劇,綽有餘裕。徵賦不假鞭扑。嘗建仁政橋,工鉅費煩,而民不知勞。有妻妾謀殺其夫者,事秘,獨得其情。又有豪右誣平民爲盜者,輒廉其枉,釋焉。後以風憲徵。

王秩,字循伯。崑山人。弘治初以進士來任知縣。抑强扶弱,作興士類,選民間俊秀子弟以教育之。覈土田,清賦税,歲祲多方賑濟,士民懷之。

張鳴鳳,字世祥。上海人。弘治十年由進士來任知縣。廉以律己,勤以莅政,士民懷之。尋以治最,陞監察御史。没後,崇祀名宦祠。

毛衢,字大亨。嘉靖五年,由太平知縣更賢來任。廉公有威,抑豪右,懲市猾,剔蠹弊。縣當孔道,里用費煩,加意裁省,率自身先。值歲旱,不待陳告,預使人檢踏被灾分數,申報奏豁。其催科,視民力之贏縮,爲追征之次第,不假鞭扑,而事自集。接士大夫恭而有禮,然不爲苟徇。或懷請托進者,接其德容,談竟不敢發一言而退。朱同知女寡居,强宗擁兵奪之,格殺三人。其人來陳詞,衢覽己,笑曰:“此附罪人拒捕律,格殺勿論。聚衆有明例,不汝貸也。”竟坐其人編置焉。其英斷如此。至今人稱賢令尹者,必曰劉公、王公,并公而三云。

金洲,字士瀛,嘉定人。嘉靖七年,由進士來任知縣。天性淳實,約己愛民,不務赫赫以博聲譽。後改國子助教而去。

洪垣,字覺山。婺源人。嘉靖間由進士來知縣事。廉慎有才,清稅糧,興水利,嚴溺女及火葬之禁。民至今思之。

史朝富,字節之。晋江人。以嘉靖辛丑進士來知縣事。守正不阿,有材幹膽識,以安民爲事。時倭寇逼近縣邑,或勸之避,堅執不可。力率民兵三千,司訓黄日煦亦晋江人,相偕以從。倭知有備,遂由東陽取道去。又有狼兵數千過縣境,悍甚,露刃索餉。從容諭之,給以餉,皆去,民得不擾。未幾,以丁艱。起任,除六合縣。平易近民。遷岳州同知。察冤獄,平市價,商與吏不得作奸。署郡篆,與民安息。遷永州太守。興利除弊。州民好訟,以劫殺相傾,乃嚴其出入,黠者不能幸脱,冤者以伸。三載,綱舉目修。間與諸生講論經藝,士争向學。卒以不媚朝貴父,朝貴銜之。告病還里,臨行,而東安征商置局議起,猶爲東安力言其弊,事寢始歸。論學歌詩,考正《大學》古本。年九十卒。

陳交,字汝同。由舉人來任知縣。縣舊稱舞智難治。交一以誠待之,不事鈎距,士民相孚不忍欺。道通五省,冠蓋相屬,驛傳供億,往往告匱。交一切裁抑,縮費十四五。有以毁言告,交不爲動,曰:"吾寧解吾職耳,何忍趣合以悦人!"俗産女多溺不舉,嚴爲之禁。湯民範烏合爲亂,挺身往諭,立散其黨。疑獄淹久,悉爲剖决,多所平反。有干請者,一不阿徇。調知湖廣之興寧。去官日,行李蕭然,惟圖書數卷而已。

張淳,字希古。桐城人。隆慶二年由進士來任知縣。淳至,訟者數千人,剖决如流,吏民大駭服,訟浸减。凡赴控者即示審期,兩造如期至,片晷分析無留滯,鄉民裹飯一包即可畢訟,因呼爲"張一包"。巨盗盧十八剽庫金,十餘年不獲,淳以計擒之。民有睚眦嫌,輒以人命訟。淳騐無實,即坐之,自是無誣訟者。邑人貧,生女多不舉。淳勸諭備至,貧無力者捐俸量給,全活無數。久之,以治行第一,赴召去。甫就車，顧其下曰："某盜已來，去此數里，可爲我縛來。"如言迹之，盜正濯足於河，縶至，盜服辜。人駭其事，謂有神告。淳曰："此盜捕之急即遁。今聞吾去，乃歸耳。以理卜，何神之有！"擢禮部主事，歷遷陝西布政使。

吴安國，字文仲。長洲人。萬曆庚辰，由進士來任知縣。約己慎施，修縣志，繕學宫，丈量清畝，立社學以育人材，建社倉以備荒歉，治行最著。尋以治最，歷陞温處道。

陸懷贄，江陵人。萬曆庚戌，由舉人來任知縣。革弊釐奸，培養士類，捐廉爲新進請益額，士民戴之。

曾應泰，字弼于。汀州人。萬曆辛酉，由舉人來任知縣。勤於政治，作興學校，清查田畝，以溢額補攤荒，民甚賴之。

谷中秀，北平人。天啓間，由貢士來任知縣，率一子、一女、一僕至，清操如水，政簡訟稀。徵糧入限，便云足解，餘止不徵，民卒全納。

陳調元，常熟人。崇禎初，由舉人來任教諭。善作人。陞武義知縣，來攝邑篆。以驛站多困，請留貼解武林驛歲額，民甚德之。

國　朝

劉嘉楨，字錫之。山東安定舉人。順治丙戌，以隨征來任知縣。時郡城未順，百姓奔竄山谷。公疾驅莅事，極意撫循，藹若慈母。一時疑畏之民，似不知有革命者。操守廉介，罷諸陋規。及去之日，行李蕭然，至嚴陵已無資斧，從戚友假貸而歸。任中刻有《詠史詩》一册。

吴元襄，字冰持。江南休寧人。順治十三年，由貢來任知縣。時海氛未靖，兵馬繹騷，荒亂頻仍，逋賦稠疊。元襄征調有方，民以不困。東陽、義烏山賊屢寇境内，元襄殫力守禦。事平之日，區處脅從，多所全活。先是里總爲奸，包藏飛灑，元襄悉爲釐剔，又盡革會計陋規。至若修文廟，賑饑民，善政不一。去之日，士民童叟，送者載道。

謝雲從，字蘭麓。湖廣黄陂人。康熙十七年，由貢生來任知縣。

雅志愛民,尤加意學校,嘗創建來學書院,以處城鄉弟子,聘邑中名宿爲師,又爲之置腴田十餘畝,歲取租息,貯作修儀,俾百年如一日焉。後以治最,陞户部主事。

沈藻,字琳峰。華亭人。進士。治民以寬,修預備倉以贍荒政。禁鑿黄青、朱明二山以培氣脈。重修縣志,敘各前令宦迹,有"小民一時之利害,官吏得操其生殺;官吏千載之是非,小民得擅其褒譏"之語,其畏清議而克慎厥職可知。時學使者張希良謂其"以蒲鞭爲治,民懷其惠,有長者之稱"云。

姬肇燕,字鶴亭。金臺人。康熙間,由進士來任知縣。爲政惠而無私,清而不刻,不立異,不干譽,不市恩,有隱入於人心而不覺者。居十年,政修人和。將解組歸,攀轅者日千百計,不得已,勉留四年。去之日,士民載酒賦詩,遮道泣下者數千人,而公亦惓惓不能捨如慈母之眷赤子云。

楊瑛,字國瑞。昆明人。乾隆己巳,奉檄來任知縣。勤於吏職,事皆殫心。辛未大旱,不避酷暑,按畝履勘灾分,據實詳請轉奏。見饑民嗷嗷待哺,捐廉爲倡,勸設粥廠,以食餓者,凡三閲月。尋得旨賑恤,將應賑户口傳集,親自散給,不假手吏胥,灾民均沾實惠,賴以全活者甚衆。明年秋大熟,公以水旱無備,建設社倉,剴切勸輸,得穀數千石,以備荒歉,民甚德之。

王乃昀,字維甸。金壇人。乾隆間,由舉人來任知縣。廉公有威,奸宄斂迹,而軫恤民瘼,籌運有方。歲己卯,以城中社穀,每當歉歲,東、南、北三鄉去城較遠,轉輸爲難,乃於三鄉各建社倉一,竭力勸輸,得穀或千餘石,或數百石,以備旱潦,鄉民皆便之。尋以廉能,調烏程縣。

邢澍,字自軒。甘肅階州人。乾隆癸丑,由進士知縣事。博學工詩,尤勤於課士,有就正者,雖案牘紛綸,先評文藝,所賞識多成名士。爲政尚嚴肅,遇盜賊必寘重典,鼠竊屏迹,幾於道不拾遺。市井無賴,具有名籍，有犯必痛懲之不少貸。承累任闒冗後，得此肅清，風氣爲之一變。尋以考最，遷長興。

游朝佐，樂安人。嘉慶二年，以舉人行縣事。勤敏廉幹，每聽訟，是非曲直，務得其情。未及一年，案無留牘。至今輿人誦之曰："慈惠張，忠信游。"蓋與莳塘張吉安同爲賢令云。

張吉安，字迪民，號莳塘。吴縣舉人。嘉慶五年四月來任。視民如子。甫二月，四境蛟水驟發，漂没禾稼田廬。公惻然，不憚險阻，沿莊履勘被灾分數，見有不能舉火者，分俸與之，温語撫循如家人，婦子百姓歡呼若不知有灾者。隨請於當道，轉奏得旨賑恤，即將應賑户口銀米數目揭諸通衢，俾胥役無侵欺弊，灾民賴以全活者億萬計。是年冬，瓜代者至，百姓號泣，如嬰兒之失慈母焉。道光十三年，崇祀名宦祠。

易鳳庭，字梧岡。廣西桂林人。嘉慶十二年，以進士任縣事。清介有吏才。至則捐廉倡修西津橋，徙申明亭於華溪之陽，率紳士更建仰聖興賢坊以寄景仰。莅任年餘，百廢具舉，而尤重振興文教。雖案牘紛綸，與諸生講學不倦，多所陶成。以秩滿調繁。去後嘗見思云。

湯成烈，字果卿。江南武進人。北直清苑鄉舉。自咸豐元年由縉雲來任縣事。二年五月初至冬仲不雨，旱甚。公齋潔祈雨，遍檢故書，祈悉如法，早晚不懈，至泣下。應以微雨，卒無濟，民生嗷嗷。先設法捐賑，駕至殷富之家，量力酌勸，咸得其平。輸至四百千以上者，均邀議敘。復爲稟報大憲，力請賑卹。時粵逆已据金陵，軍饟浩繁，未得遽允所請，郡中諸令長遂各中止。成烈獨稟詳益力，凡十數上，大憲始如詳奏，請皇恩賑卹，遍沾八邑，撥給銀米，賜予春秋二賑，全活者衆，糧串併邀如例豁免，郡縣民至今咸德之。

陳富遠，字馭軒。江西建昌人。增生。同治二年，由軍功來署縣事。時縣以粵逆蹂躪年餘，孑遺之民，莫保餘生。沐承制憲左欽承皇命，撥給賑米，府憲劉名汝璆。亦力爲稟報疾苦，故得時與接濟。富遠以五月至，御衙内外，嚴而有恩，分己俸以相給。所頒憲米，躬親監放,僚屬胥役,不得少干以私。暨秋杪,駕出巡鄉,係心荒墾,極力稟詳。臘間,聞府憲劉將以正月謁制憲於嚴州行臺,即以元旦上府,叩懇轉請奏報。劉曰:“余正爲此,不圖郡有八尹,惟君獨來及此,先得我心。真所謂憂民憂者。余此行進謁制憲,必得奏報。”乃還。後果如所請,大沛皇恩,並邀豁免。錢塘吴子厚同堉初爲縣教諭,以丁艱留辦善後事宜。時未荒之墾將起征,教諭語以征收銀價請少減,公曰:“是。减多少?”吴曰:“請與筦庫等籌之。”公曰:“不可。我,主也,無須商諸此輩,必不得减,請試言之。”吴曰:“可減百。”公遂如吴言,士民益愈德公。公視民如子,待士以禮,聲應遠聞。仙居拔貢何暐、太學陳某、方某咸來助賑。又有商人徐某亦助十餘石。公皆接之甚殷。何暐又於冬月勸太平縣金某、阮某助施棉衣,公皆德之。公爲治,以孝悌禮法爲本,奸民則嚴治之,有不孝不悌不知禮法者鞭扑,使知悔乃已。民志至是乃定。公孱弱,縣經寇亂,整理煩瑣,乃積勞成疾,即以三年九月一日卒於任。士民聞喪,致弔爲挽詞以送之。

教官列傳

明

齊瑄,字永叔。鄱陽人。永樂間,來主教事。訓誨諸生,常先德行而後文藝,夙夜砥礪,多所成就。善知人,卜諸生當柄用者,後無不驗。秩滿,陞温州教授。

劉楫,字濟之。新淦人。正德十五年,由乙榜來任教諭。慷慨質直,敦尚古道,不與世俗浮沉。每課試,嘗於文章中觀人器識以第高下,其訓誘亦如之,士習爲變。性介潔,有操持,視勢利泊如也。居官六載,始終如一。嘉靖丙戌會試,還,卒於官。崇祀名宦祠。

徐鑑,字明中。福建惠安人。嘉靖庚戌來任教諭。端恪循禮,辭色不假,教人以義利之辨爲先。凡應事,敦大體。人或干以私,則嚴詞以拒之。課藝之暇,教諸生習禮射,肄雅歌,風彬彬乎仁讓之俗焉。

居七年,遷湖廣榮府教授。

張潮,江西安仁人。嘉靖間由貢生來任教諭。充養淳篤,敷教有條。諸生有貧而贄餽者,固拒之,不已,加以封識,貯之別笥。去之日,悉出以還之。其介節如此。至今學校中猶傳爲美談云。

翁恒吉,壽昌人。萬曆癸卯,由平原司訓來任教諭。嚴氣正性,有古遺直風。定章程,申約束,要在敦實行以維風氣,待門徒情如父子。凡所親洽,皆以文章道義,非筐篚之交。秩滿將遷,諸生爲伐石以志教思云。

國　朝

沈庚,原名毓英,會稽人。嘉慶甲子鄉薦第一。道光四年來任教諭。性廉介,與諸生講論,常以倫行爲諄諄。邑有試規,幾爲成例。庚笑曰:"豈有讀書人而屑屑于此乎!"不問。門徒有因事受累者,爲別白之,餽遺以謝,却弗受,聞者莫不欽其節操云。

楊清壽,字助帆。杭州仁和人。道光辛巳鄉舉,由大挑以道光十二年來任縣司訓。善制藝,著有《耐冬軒詩集》。咸豐二年歲壬子,湯明府成烈以師廉明嚴密,請主賑局。局去署相望咫尺,早出晚歸,如是十閱月,皆自食清俸,不取絲毫薪水,所有出入,必使民沾實惠。鄉都賑務,皆以門下老成厚重無阿曲者主之,且戒且勉。由是均平如一,民倚以安,時有"鳲鳩淑人"之稱。既罷賑,門下士送以額,頌曰"慈惠之師"。師曰:"此湯明府力也。余何有焉!"謝弗受。越八年,粵逆至,据城二月。寇遁,遂謝事家焉。門下士乃請於縣,延爲崇功書院山長。以十年卒。墓在長安徐門前山。

武官列傳

國　朝

謝龍恩,字鯉門。台州臨海人。道光癸卯武科舉人。英夷犯定海，守鎮江有功，浙撫黄檄回防堵，復著績，奏陞金協右營千總，署縣副司。以咸豐七年抵任，八年二月初，遷陞守備。聞處府有警，士民扳轅留辦團勇。越二十有七日，大兵過境，龍恩預請統領令時統領姓明。約束之。兵始按隊去，無犯令者。四月八日昳，大兵自桃花嶺潰回。龍恩妥置調養，稟請明統領挑選精强，即時轉戰，兼設隘守。然縣民聞處府以兵勇滋擾爲病，沮抑不行。未幾事亟，縣令丁離署，土頑乘間鹵掠，龍恩帶領本地團勇彈壓之，不稍弛。十一夜漏初下，勇捉三人來，其一匪也，二人者適與之遇，勇亦以爲匪，必殺之。龍恩詢知爲傭者，令去之。勇終不釋，必加以刃。遂抱二人項云："我明日訊得實致之死未遲也。"乃挈入署。次早辰刻，具案質。賊猝至，龍恩即出，奮力格鬥，死之。越六月八日，既克復，其兄東墅。挈眷至。忽二人自來投拜，詳葬處，云："謝公實生我。我被賊虜去，命我收道上尸。我蒙再生恩，已收公尸矣。"即同往百壽亭園中指曰："此馬革裹公處也。"掘得之，衣冠修整如前狀。兄與眷面檢所識無差。先是，副司以留勇戰守策不得行，即修書其友王有鈐，屬帶台勇，約來助守。時已出蒼嶺，聞龍恩殉節，有鈐以友誼，率所帶勇百有八人爲詐降計，相機復讐。事洩，遂與勇同日遇害。有鈐，某科武舉，黄巖柏樹坊人。

永康縣志卷之六

選舉志

古者育人才於庠序，考其德行道藝，三年大比，而興賢能，由鄉升於司徒，由大樂正升諸司馬，觀其所長而定其論，故取士必得，任官惟賢，此治道所由隆也。後代舉孝廉，試進士及賢良、文學、茂才、異等諸科，其亦論秀書升、辨論官材之遺意乎！永康自唐以前，科名罕有聞者。至宋端拱年間，胡子正開八婺科名之先，自是珠貫絲聯，後先輝映。且理學名臣，比肩接踵，其昭史策而爲邦家光者，雖不徒以巍科顯仕焜耀一時而已，要其始進，皆制舉之所得，故足尚也。今國家崇化，厲賢多士，和聲鳴盛。因是以追蹤前喆，思所以榮當時而傳後世者，各由其道，務期克紹夫浙學之宗傳，以仰承朝廷壽考作人、化民成俗之至意，則儒效之隆，將恢之彌廣矣。

科　第 進士

宋

端拱二年己丑陳堯叟榜

胡　則　見名臣。

咸平三年庚子陳堯咨榜

胡　賑　字淑仁。則弟。官登仕郎，贈光禄大夫、禮部郎中、太常寺卿。

慶曆二年壬午楊寘榜

樓　閲　閩縣令。

慶曆六年丙戌賈黯榜

樓定國　職方員外郎。贈少保。

皇祐元年己丑馮京榜

樓　觀　漳州判官。

徐　綱　見名臣。

徐　紀　見徐綱傳。

皇祐五年癸巳鄭獬榜

徐無黨　初名光。五崗塘人。見文苑。

嘉祐二年丁酉章衡榜

徐無欲　無黨弟。幼名明。郡博士。

治平四年丁未許安世榜

陳　愷　江西提刑。

熙寧三年庚戌葉祖洽榜

徐思安　郡博士。

章　甫　壽春令。

元豐五年壬戌黄裳榜

陳治中

元豐八年乙丑焦蹈榜

陳汝功　縣令。

紹聖四年丁丑何昌言榜

張具中　通判處州。照省志補入。

元符三年庚辰李釜榜

陳次中　愷子,通判。

崇寧二年癸未霍端友榜

陳樂天　侍御史。

嚴挺民　縣令。省志作嚴挺。

政和五年乙未何㮚榜

樓　炤　見名臣。

重和元年戊戌王昂榜

何　同　郡博士。

建炎二年戊申李易榜

胡邦直　龍山人。見名臣。

紹興二年壬子張九成榜

章　服　見名臣。

施　偁　縣令。

徐若納　吉水縣令。屢斷疑獄,人稱神明。

陳良臣　吉川助教。

紹興五年乙卯汪應辰榜

盧　燦　縣丞。

紹興十二年壬戌陳誠之榜

應汝礪　揚州、饒州知府。胡志作仁礪。

何　紳　縣令。胡志作縣丞。

紹興十五年乙丑劉章榜

陳良能　照省、府志補入。

紹興十八年戊辰王佐榜

周　邵　碧湍里人。樂清縣尉。

紹興二十一年辛未趙逵榜

劉大辨　知興化軍,仕寺丞。

紹興二十七年丁丑王十朋榜

周　懋　邵武教授。諸生不嚴而勸。王十朋稱其温厚長者。

應　材　靈巖山北人。見名臣。

趙公丑　宗室魏王後。縣丞。

紹興三十年庚辰梁克家榜

林大中　見名臣。

章　渭　字孟容。服子。從政郎。贈通奉大夫,加贈少傅。

葉秀實　字廷宗。縣令。

陳公亮　治中從子。右司郎中。

隆興元年癸未木待問榜

應孟明　見名臣。

乾道二年丙戌蕭國梁榜

胡達可　字行仲。黄州録事。

徐　木　見儒林。

方　晟　國子祭酒。

徐若睦　寺丞。

乾道五年己丑鄭僑榜

徐　總　字必用,無黨子。郡守。徐志作無欲子。

淳熙二年乙未詹騤榜

陳志同　澄江倅。

章　程　郡博士。

俞　厚　知州。

應子和　見文苑。

淳熙八年辛丑黄由榜

陳之純　治中曾孫。臨安縣令。

范九疇　郡博士。

李　翺　通判。

李　宷　縣丞。

陳之綱　治中曾孫。臨安府録事。

淳熙十一年甲辰衛涇榜 徐志作“經”。

章　徠　渭子。見名臣。

應雄飛　材子。袁州教授。從學東萊先生。

劉景修　大辨子。總戎儲屬。

紹熙元年庚戌余復榜

應謙之　孟明子。廣西提刑。

胡　寀　字德載。邦直子。吏部郎中。

王　碩　主簿。

紹熙四年癸丑陳亮榜

陳　亮　見儒林。

慶元二年丙辰鄒應龍榜 徐志及沈志均作二年丙辰。廖志據《通志》作元年乙卯。

應　淡　材子。郡教授。忤韓、史，致仕。

方　璿　禮部郎中。

慶元五年己未曾從龍榜

胡　儼　字子温。邦直從孫。金谿縣令。

林　慥　字仲顧。羅源主簿。

潘有開　字幾叔。官承事郎，調本郡博士，除兩浙提刑司。著有《易經通旨》。

潘子高　字伯遠。秘書，擢郡守。今補入文苑。

趙傅霖　字澤民。德清主簿。

應茂之　孟明子。四川都大茶馬。

嘉泰二年壬戌傅行簡榜

陳　殊　無爲軍教授。

陳　振　樂清縣主簿。

應純之　見忠節。

章時可　服子。鄱陽縣令，陞提舉。

陳　登　字幼度。湖南轉運使。

嘉定元年戊辰鄭自誠榜

吕　殊　字愚叔。皓子。通判。徐志作皓從子。

嘉定七年甲戌袁甫榜

胡巖起　見武功。

李　衛　朝奉郎,嘉定縣令。

胡　似　字子有。邦直孫。隆興軍通判,仕至國子通典軍事。

嘉定十年丁丑吴潛榜

胡鳴鳳　字仲儀。華亭縣令。

李　采　字伯清。縉雲縣令。

寶慶二年丙戌王會龍榜

胡　侁　見名臣。

章大醇　字景孟。服孫。集英殿修撰。

應松鑑　見文苑。

盧子安　德州判官。

紹定二年己丑黄樸榜

應文鼐　純之子。知和州。前志載科分無考,今據省志更正。

端平二年乙未吴叔告榜

潘　墀　見儒林。前志載年分無考,今據省、府志更正。

嘉熙二年戊戌周坦榜

趙時範　字西用。魏王後。湖南運幹。胡志作湖州。

方嘉錫　將仕郎。

洪　毅　字栗之。桂陽軍教授。徐志作參議。

邵　忱　字君實。沿江制置司參議。

吕　撫　資政殿大學士,封永康縣開國男。

淳祐元年辛丑徐儼夫榜

陳謙亨　字謹獨。江西提刑。胡志作浙江。

趙亮夫　太宗後。知常州府,仕至司徒寺丞。胡志作良夫,必逍從子。

淳祐七年丁未張淵微榜

胡居仁　字孟博。邦直曾孫,巖起子。仕朝散郎。徐志作邦直孫。

何子舉　號寬居。清渭人。朝散大夫倫子。樞密院都承旨，知贛州。謚文直。

盧時中

李　恃　字敦慈。莘野人。累官秘書監，歸而講學，從遊者甚衆。

王　璪　通判泰州。據省志補入。

寶祐元年癸丑姚勉榜

胡雲龍　字若遇。邦直曾孫。臨安推官。人稱梅心先生。

趙時嘉　時範弟。魏王後。福州安撫司參議。

黄燦文　授福建羅源主簿。

吕　圭　字禹錫。撫從子。仕至侍班。

寶祐四年丙辰文天祥榜

趙必偶　太宗後。宗正寺丞。

盧深夫　子安子。翰林院孔目。

趙酉泰　太宗後。

開慶元年己未周振炎榜

章　埜　字文甫。徠孫。信州教授。

景定三年壬戌方山京榜

章光謙　字君實。服孫。信州教授。徐志作郡教授。信州二字，恐因上章埜沿訛。

李應符　古田縣丞。

方　權　翰林修撰。

咸淳元年乙丑阮登炳榜

陳文杰　登侄。處州司理。

何逢年　清渭人。泰州刺史。

章天昇　字晋卿。服玄孫。臨安司理。

趙孟墩　字孟虎。與鍏從子。太祖後。江州司户。胡志作瑕。案當作瑕，與下孟瓁、孟璨同行。墩，府志又作墽。

章　桂　字元卿。服玄孫。安吉縣尉。

吕　然　字焕文。仕懷遠通判。

咸淳四年戊辰陳文龍榜

趙孟瓁　字孟善。與鍏子。太祖後。秦州司户。

胡　能　國史院檢書，贈朝議大夫。

咸淳七年辛未張鎮孫榜

章如玉　字子温。大有子。建德縣尉。

趙若淼　字逢源。西街人。魏王後。新喻縣尉。

趙孟璨　字孟王。與鍏子。太祖後。全州教授。

陳松龍　據省、府志補。官提舉。

咸淳十年甲戌王龍澤榜

吕榮孫　字志父。松陽縣尉。

胡與權　字正仲。邦直玄孫。著有《性理指南》五十卷。省志作吴與權。

胡之純　字穆仲。邦直玄孫。附見胡長孺傳。

方三讓　河南府通判。

周夢桂　縣尉。

陳　合　除教授，不赴。

特奏名

按：特奏名，本進士科。《宋・選舉志》：開寶三年爲閲貢士及十五舉嘗終場者，得一百六人，賜本科出身。恩例自此始。又《侯鯖録》：特奏名狀元徐遹，宴瓊林，有詩"白髮青衫晚得歡，瓊林頓覺酒腸寬"之句，知十五科謂赴十五科而不中者。又考趙清獻嘉祐六年充試官日記云：二月廿七至初八日止。廿七，御崇政殿試進士明經諸科舉人，此通試也。廿八日，編排經生特奏《毛詩》十一人，特奏《尚書》九人，特奏明法四人。三月六日，駕定所特奏名進士三十八人，題目：作樂薦上帝詩、謹用五事以明天道論，排特奏名卷子。七日，駕幸詳定所，編排進士卷子一百號，特奏名卷子三十八號。八日，進呈卷子二道，御樂院録中書劄子進士以下等第。九日，彌封官詳定五號，奏取旨，御樂院録中書劄子，進士以下等第。九日，彌封官詳定五號奏取旨，御樂院閱奉聖旨看詳定奪軺、饟、覘、觧、虭五號。則特奏名原本進士科，胡稷言晚後特奏名，亦如開寶恩例，而科分無考，故特詳之，附宋進士末。

胡稷言　前縣府志均失載，據《中吳紀聞》併考本縣胡氏譜系支圖補入。

科分無考

黄　琰

萬世顯　廣東提舉。府志作葛世顯。

趙必逜　太宗後。融州知州。據徐志作必鐌，府志作必逜。

趙若禴　號田牧。時範從子。主簿。著有《雲外集》。

章大有　服玄孫。太平州教授。

徐仲景

陳彦脩　治中子。

陳大猷　國子司業。

徐一龍

章之邵　郡博士。見附録。

劉　鼎　見《東萊文集》。

徐日休　見《龍川集》。

方　琮　見縣西《顯恩寺碑》，猶存。

元

至正八年戊子王宗哲榜

俞　拱　生而穎異，年二十，博洽群書，魁省試，及廷試高等。仕至翰林院國史修撰。徐志作翰林司輦。

明

永樂十年壬辰馬鐸榜

謝　忱　見名臣。

正統十年乙丑商輅榜

樓　澤　見忠節。

景泰五年甲戌孫賢榜

周　琦　字宗玉。監察御史,福建按察司僉事。

天順元年丁丑黎淳榜

吴　寧　字文靖。四十都人。刑部觀政。未授官卒。

天順四年庚辰王一夔榜

童　燧　字思振。信子。翰林庶吉士。

成化五年己丑張昇榜

趙　艮　見名臣。

成化二十年甲辰李明榜 徐志作旻。

胡　瑛　見政績。二十七都人。

弘治六年癸丑毛澄榜

徐　沂　見名臣。

弘治十二年己未倫文敘榜

程　銈　見名臣。

弘治十八年乙丑顧鼎臣榜

俞　敬　見名臣。

徐　讚　見名臣。

正德三年戊辰吕柟榜

李　滄　見儒林。

正德九年甲戌唐皋榜

周文光　字寔夫。城東人。監察御史,陞江西參議。值宸濠亂後，撫綏有勞，以御史時巡按貴州，紀功失實，謫漳州推官，再起兵部主事，陞思州知府。

應　典　芝英人。見儒林。

朱　方　金城人。見政績。

正德十六年辛巳楊維聰榜

徐　照　見政績。

嘉靖二年癸未姚淶榜

應廷育　芝英人。見儒林。

嘉靖五年丙戌龔用卿榜

胡大經　字德庸。初授合肥知縣，有惠政，善聽訟，民至今思之。在任六年，召至京。會有忌者，出爲大平府同知，再補汝寧，卒於官。不究厥施，人咸惜之。前令黄道年表其墓。

嘉靖八年己丑羅洪先榜

程文德　銈子。見名臣。

趙　鑾　順慶知府。

王　崇　見名臣。

嘉靖十四年乙未韓應龍榜

吴九經　工部主事。

嘉靖二十三年甲辰秦鳴雷榜

徐文通　見政績。

嘉靖二十九年庚戌唐汝楫榜

周　秀　臨安府同知。

嘉靖三十五年丙辰諸大綬榜

王　楷　見政績。

姚汝循　見文苑。

嘉靖三十八年己未丁士美榜

周聚星　字文卿。貴州布政司右參議。慮刑江北，獄成，羅織者率與開釋。居鄉以孝友稱。

隆慶五年辛未張元忭榜

程正誼　見名臣。

萬曆二年甲戌孫繼皋榜

徐師張　花園人。福建副使。

萬曆五年丁丑沈懋學榜

黄　卷　見名臣。

萬曆十一年癸未朱國祚榜

周九皋　真定推官。

萬曆二十三年乙未朱之蕃榜

倪承課　桐城知縣,陞刑部郎中。

萬曆二十九年辛丑張以誠榜

王世德　見名臣。

萬曆三十五年丁未黄士俊榜

周光夔　江西右參政,湖西道。

萬曆四十七年己未莊際昌榜 徐志、沈志俱作四十八年錢士升榜。廖志照通志、府志更正。

周鳳岐　見忠節。

天啓五年乙丑余煌榜 徐志、沈志作文震孟榜,廖志據通志、府志更正。

周光夏　江西巡撫。

崇禎元年戊辰劉若宰榜

徐可期　見名臣。

崇禎七年甲戌劉理順榜

王世鈁　無爲州知州。居官廉慎。時流氛猖獗,增城濬濠,州人至今思之。

國　朝

順治十八年辛丑馬世俊榜

俞有斐　瑞金縣令。

雍正二年甲辰陳德華榜

程開業　見政績。

雍正八年庚戌周澍榜

應　煒　見政績。

嘉慶十六年辛未蔣立鏞榜

李載懋　字維修。授福建莆田縣知縣。著有《桃溪居士草》。

道光二十年庚子科李承霖榜

樓　瓊　字淑畦。雲南彌勒縣知縣，陞劍川州。

同治十三年甲戌科秦應逵榜

應振緒　丙子補殿試，欽點主事，籤分户部。

舉　人

宋 鄉舉疑者仍從缺。

天禧五年辛酉科

胡　楷　則子。祥符七年登服勤詞學科，知睦州，進都官員外郎。乞近地以便養親，改杭州通判。范仲淹稱其政能有先君風度。

淳熙十三年丙午科

夏師尹　泉州教授，通判，開孫。

端平元年甲午科

吕　黯　剛父。掌機宜文字。

淳祐三年癸卯科

陳　攀　字從龍。任兩浙提刑。

吕　烈　光父，黯從弟。鹽官主簿。

淳祐九年己酉科

吕　檦　字及甫。渭次子。國子編修。

淳祐十二年壬子科

陳僧祐　字有大。江西漕試，仕元本縣教諭、獨峰書院山長。

寶祐三年乙卯科

趙與𨱍　西街人。處州司户。與𨱍，府、省志均作子𨱍。徐志亦作子𨱍。

景定五年甲子科

吕　在　字識之。

吕坤叟　梁縣主簿。按府志，吕在、吕坤叟同科。《學志》亦同。沈志分吕坤叟，置在寶祐，爲戊子。不考寶祐無戊子。而又置寶祐於景定後，稱戊子。故廖志依沈志，更正其年號之倒置與子午之乖謬是已。然依沈志分作二科，則吕坤叟在前，吕在在後。今依府志、《學志》，併一科作景定甲子科吕在、吕坤叟。

咸淳三年丁卯科

吕之邵　渭孫。

吕　鑰　字景開，舊名懋。仕元，本縣尹。

胡　能　據《學志》補入。見進士。

咸淳六年庚午科

吕　潭　見文苑。前志載科分無考。今據府志更正。

咸淳十年甲戌科

陳幾先　字初阜。仕元，本縣學録，陞教諭。

年分無考

周　蘭　大理評事。胡志作副使。

應仕珪　副使。胡志作大理評事。

吕　皓　據府志。

吴思齊　亦據府志。

徐之茂　見《龍川文集》。

元

至正十一年辛卯科

潘湛然　字伯泉。十六都人。温州教授。歸隱松石山。

至正十四年甲午科

李宏道　染塘人。見隱逸。

年分無考

周　灝　縉雲縣尉。

胡一龍　字國華。睦州知府。

明

洪武二十三年庚午科

徐　琅　字仲琅。花園人。應天中式。前志載洪武十七年甲子科,今據省志更正。

洪武二十六年癸酉科

杜　友　字仕文。河南道監察御史。仕至兵部尚書。著有政績。

徐　堂　監察御史。

洪武二十九年丙子科

胡　康　字克寧。山西胡人。黟縣訓導。

劉　春　昌平訓導。據省志補入。

洪武三十二年己卯科 即建文元年。

牟　倫　字彦政。六都人。荆、福、柳三府知府。

應顯中　六都人。授宣課使司大使。前志載元至正癸卯科。今據省志更正。

建文四年壬午科

田　洞　湖州通判。洞，府志作泂。

永樂元年癸未科

李　甯　字文靖。染塘人。泗州知州。悃愊恬静，士民信愛。秩滿，保留復任九載，陞福建市舶提舉。正統丙辰致仕。

永樂三年乙酉科

徐　彬　見《登科考》。

胡　傑　十三都人。

永樂六年戊子科

馬　亨　字光濟。清渭人。建平教諭。

盧　甫　字周佐。鑑子。河南中護衛經歷。

永樂九年辛卯科

章　安　字季静。李溪人。歷任魚臺、金山、崑山縣丞。

謝　忱　應天鄉試。見進士。

林性安　見《登科考》。

永樂十五年丁酉科

黄　焕　字彦章。

項　義　字子宣。金環橋人。

顔　濰　字永清。二十一都人。柏鄉教諭。

陳　成　字伯振。前黄人。溧水知縣。

曹　豫　十二都人。江西布政司照磨。

朱　勝　南園人。由蘭溪學中式，歷任江西左布政。按舊志作湯溪學中式。然湯溪以成化時分金、蘭地爲縣，永樂年未有湯溪，今更正湯作蘭。

永樂十八年庚子科

潘　田　字天與。湛然孫。前志載甲午科，今據省志更正。

汪　吉　字文昌。六都人。除和州學正。

王　存　字善性。上市人。鄭府伴讀。

薛　堅　十四都人。尤溪訓導。

李　永　光禄署丞。據省志補入。

永樂二十一年癸卯科

葉　玹　字世隆。中市人。

胡　偉　字大奇。下溪人。仕長楊教授,陞宣城知縣。

王　澐　字子淵,睦坦人。

黄　均　據省志補入。

正統六年辛酉科

樓　澤　見進士。

正統九年甲子科

童　信　字以誠。十二都人。順天鄉試。漳州知府。

正統十二年丁卯科

周　琦　見進士。

景泰元年庚午科

吴　寧　厚吴人。見進士。

李　悦　見《登科考》。

景泰四年癸酉科

童　燧　信子。見進士。燧,徐志作璲。按童璲從玉者,蘭溪人,見府志。此以燧爲正。

胡　良　字原善。十三都人。上津知縣。

周　亮　字廷相。十八都人。應天鄉試。寧陵訓導。

胡　廉　西溪人。

天順六年壬午科

趙　良　見進士。

成化元年乙酉科

吴　潭　字文淵。寧從弟。厚吴人。

成化四年戊子科

章　嵩　字豫山。安孫。順天鄉試。仕光禄署丞。莅官清謹，催江浙派辦物料，餽遺一無所取。陞署正。

成化七年辛卯科

童　珪　字邦瑞。信孫。

成化十年甲午科

孫　明　字誠之。厚莘人。邵武推官。

成化十三年丁酉科

胡　瑛　見進士。

吴　璘　字崇節。寧從子。衛輝同知。

弘治二年己酉科

程　銈　見進士。

弘治五年壬子科

徐　沂　見進士。

弘治八年乙卯科

應　恩　芝英人。見武功。

弘治十一年戊午科

李　滄　見進士。

周　正　字直夫。琦孫。楚府審理正。

弘治十四年辛酉科

徐　讚　見進士。

應　奎　見政績。

應　康　字克濟。二十八都人。衡府紀善。

弘治十七年甲子科

俞　敬　見進士。

正德二年丁卯科

周文光　見進士。

李　釗　字傒度。染塘人。

徐文卿　見附録。文卿，徐志作文欽。

朱　方　見進士。

趙懋德　字孟立。艮子。辰州通判。雅志崇古，留心文學，士林稱之。

正德五年庚午科

應　照　見政績。

范　震　字時亨。江溪人。兖州通判。胡志作廣宗教諭。

正德八年癸酉科

周　雍　見政績。

應　典　芝英人。見進士。

李　鴻　字于磐。厚仁人。順昌知縣，陞南昌同知。兩任清慎如一日，致仁歸，民有餘思。居鄉益謹厚，士論雅重焉。

正德十一年丙子科

徐　昭　見進士。

葉　式　見進士。

曹　贇　見政績。

俞　玘　字養中。敬從弟。應天鄉試。濱州知州。雅好吟詠，所著有《仕學編》《雲窩近稿》。

正德十四年己卯科

程文德　見進士。

胡大經　相從子。見進士。胡志作胡經。

朱　腆　鳳陽知府。據省志補入。

嘉靖元年壬午科

應廷育　見進士。

金　銈　字瑞夫。桐琴人。順天鄉試。黄州、濟南通判，河池知州。

嘉靖四年乙酉科

王　崇　見進士。

嘉靖七年戊子科

趙　鑾　見進士。

吕　鑾　字廷和。鎮江通判。

嘉靖十三年甲午科

徐文通　見進士。

吕　鋭　見政績。

吴九經　順天鄉試。見進士。

嘉靖十九年庚子科

周　秀　見進士。

周　徵　文光子。

童如衍　信曾孫。應天鄉試。蒙城知縣。府志作巴陵知縣。

王　錚　見《登科考》。

嘉靖二十二年癸卯科

吕　欽　應天鄉試。昌樂知縣。有政聲,民懷之。累官思恩府知府。

童如淹　如衍弟。應天鄉試。膠州知府。府志作武崗知州。

嘉靖二十五年丙午科

應　熙　順天鄉試。與程文德、王崇、侄廷育文藝相頡頏,稱四先生。

嘉靖二十八年己酉科

王　洙　見政績。

嘉靖三十一年壬子科

樓文林　唐縣教諭,陞完縣知縣。

周聚星　見進士。

嘉靖三十四年乙卯科

葉　祥　字仲吉。

姚汝循　見進士。錦衣衛籍。

王　楷　順天鄉試。見進士。

嘉靖三十七年戊午科

徐師張　見進士。

林宗教　見《登科考》。

隆慶元年丁卯科

徐顯臣　字惟孝。讚孫，文璣子。初名師陳。沙縣知縣。有惠政，民思之。歷任廣州同知。府志作延平同知。

程正誼　見進士。

隆慶四年庚午科

黄　卷　見進士。

應成賢　廷育孫。

朱大章　南園人。由湯溪學中式。

萬曆元年癸酉科

徐啓昌　字元文。讚曾孫，師夔子。

應廷良　熙子。見政績。

萬曆十年壬午科

周九皋　河南中式，解元。見進士。

萬曆十九年辛卯科

倪承課　見進士。

萬曆二十八年庚子科

王世德　見進士。

萬曆三十一年癸卯科

周光燮　九皋子。河南中式。見進士。前志載庚子科，今照省志更正。

萬曆四十年壬子科

程榮名

萬曆四十三年乙卯科

徐可期　見進士。

萬曆四十六年戊午科

周鳳岐　見進士。

天啓四年甲子科

楊惟中　初名繼聖。鹽城知縣,有惠政。

周光夏　九皋子。見進士。

天啓七年丁卯科

曹成模　見政績。

崇禎三年庚午科

王世鈁　見進士。前志載天啓丁卯科。今據省志更正。

崇禎十二年己卯科

王世衡　應天中式。楷曾孫。

國　朝

順治八年辛卯科

徐之駿　見政績。

俞有斐　順天中式。見進士。

康熙十一年壬子科

林徵徽　字君慎。鎮海教諭,陞台州教授。

俞玉韜　字六如。望江縣知縣。

康熙十七年戊午科

徐　琮　見文苑。

徐友基　字麗長。明勳子。博聞强識,下筆數千言立就。倡建嫡祖特祠。著有《盤北詩草》《書經衍注》。有志未竟而卒,士論惜之。

康熙二十年辛酉科

周永錫　字鼎臣。

康熙四十一年壬午科

徐士雄　字同飛。博學工書,慷慨有大節,居家以孝稱。

康熙五十二年癸巳科

樓秉詡　見儒林。

康熙五十三年甲午科

曾鋭翀　字苞九。

康熙五十六年丁酉科

徐沛然　字豐人。

王　會　授湖北知縣。

雍正元年癸卯科

程開業　見進士。

雍正二年甲辰科

鮑佑銓　字天章。順天中式。

雍正四年丙午科

應　煒　見進士。

乾隆元年丙辰恩科

周景灝　字聖灁。臨海教諭。博覽群書，爲文雄肆汪洋，大司寇纂修《三禮》，延請校讎，多所訂正。

應洪怡　字懌侯。山西潞城知縣。

乾隆九年甲子科

應國華　見儒林。

乾隆十二年丁卯科

程兆選　乾隆甲戌明通進士。見文苑。

乾隆十七年壬申科

李作瞻　見政績。

乾隆三十五年庚寅恩科

程兆鏗　見文苑。

乾隆三十六年辛卯科

應芝暉　見政績。

應正禄　見儒林。

乾隆三十九年甲午科

程尚濂　見文苑。

吕鳳儀　字南成。

乾隆四十五年庚子科

徐觀光　字繼承。新城教諭。

王　環　字子佩。己酉挑選知縣。好學能文，尤工詩，所著有《月洲詩稿》。

嘉慶三年戊午科

應曙霞　見政績。

嘉慶六年辛酉科

潘國徵　見政績。

嘉慶十三年戊辰恩科

李載懋　見進士。

嘉慶十五年庚午科

陳應藩　字屏侯。見文苑。

樓啓通　字濬思。見儒林。

嘉慶十八年癸酉科

應鍾毓　字湘之。見文苑。

董長庚　字鑑西。分水訓導。

嘉慶二十一年丙子科

潘國燿　見政績。

嘉慶二十四年己卯科

應中安　見文苑。

道光二年壬午科

吕東皋　字克舒。

道光八年戊子科

胡錫土　字禹敷。見政績。

道光十一年辛卯恩科

徐鍾英　字與三。見旌獎。

道光十二年壬辰科

陳鳳圖　字聖瑞。

程志籯　字周器。歷任廣東石城、花縣知縣。

道光十五年乙未恩科

王鍾思　字維九。

道光十九年己亥恩科

樓　瓊　字菽畦。見進士。

道光二十年庚子科

胡朝能　字秀圃。揀選知縣。

道光二十三年癸卯科

陳德純　字占一。見文苑。

道光二十四年甲辰恩科

應寶時　見政績。

徐世傑　原名溶波。見忠節。

道光二十六年丙午科

陳信熊　字辛吾。見祠祀。

咸豐元年辛亥恩科

夏永成　見文苑謨傳。

咸豐五年乙卯科

陳憲超　字卓方。

咸豐八年戊午科

章慶培　字懋栽。

同治四年乙丑補咸豐辛酉正科並同治壬戌恩科

程煥然　字成之。泰順教諭。

應振緒　字纘夫。見進士。

同治六年丁卯科補行甲子科

夏　謨　見文苑。

同治九年庚午科

胡搢中　字圭山。見孝友。

光緒元年乙亥恩科

吕念修　字味琴。己丑大挑教諭。

光緒五年己卯科

胡福疇　字茀卿。己丑大挑教諭。

光緒十四年戊子科

應祖錫　字韓卿。江蘇試用州同。

光緒十五年己丑恩科

吕師傳　字曉叔。庚寅會試,挑取謄録。

薦　舉 辟薦、保舉並列。

宋

吕　皓　文學。見孝友。前志載例貢。

李　東　四川都事。省志作李來。

何　致　字子一。開禧間以給舍侍從薦入賢良科召試。會同試者丁艱,内批獨試。前志均失載。今據《吹劍録》併何氏譜補。

徐文德　字居厚。對策切直。仕至觀察使。

徐　誼　郎中,進國子祭酒。以上賢良。

應孟堅　仕至提宫。

吴天澤　思齊季父。國子監丞。據宋濂傳補。

樓　演　山陰知縣。以上明經。

章　堉　見忠節。

章　堅　堉弟。前志作章塈。見章堉傳。

吕　然　懷遠通判。

陳廷俊　永平縣丞。以上軍功。

吕　杰　字俊甫。平江監務。

吕　燃　字和甫。定遠知縣。

吕志學　梁縣主簿。

吕志道　將仕郎。

吕之才　督運。

厲　庾　仕迪功郎。自東陽遷居永康。係宋寶祐進士文翁派，明洪武甲子舉人宗義後裔,嘉靖戊戌進士汝進孫。

黄大圭　閤門宣贊,建邊功,拜武經郎,謚武翼。

徐　德　國子教諭,遷崇文殿直講。

吕　樵

陳　逮　字新班。

陳仕筠　高安主簿。

徐　仁　宣議郎。

徐　璪　新恩令。

胡廷直　信州通判。

葛昌時　中散大夫。

何　綸　子舉父。朝散大夫。

吴明弼　登仕郎。

吕　袾　監南岳廟。

夏會龍　登仕郎。

何師道　修職郎。

王太初　撫州司户參軍。

陳　還　郡馬監臨安排岸。

林子勳　福安知縣。

樓子晏　監酒。

劉　森　承節郎。

胡光祖　處州監酒。

周　廉　保定知縣。

林　恢　撫州教授。

樓　泳　松陽縣丞。

方　琮　鎮江知府。

徐　盛　建寧判官,遷侍御史。

方　坤

方　庫　運幹。

方　淼　史院檢校。

方　羨　嵊縣縣丞。

方　序　編修官。

吴　邃　安撫參議。

林子顯　文林郎。

吕　羔　機宜文字。

吕　元　教諭。

周貴義　岑縣知縣。

徐　輔　平陽知縣。

胡日嚴　兩浙兵馬都監。

胡日順　太學學録。

胡　培　將仕郎。

徐　素　柳州知府。

李　璋　鹽課司大使。

胡垣元　本縣主簿。

陳　黼　從仕郎。

吕　沂　西安主簿。

陳良能　劍浦主簿。見進士。

吕鼎亨　字器遠。乞恩補文林郎。

吕　渭　贈通直大夫。

吕疇叟　登仕郎。前志作坤叟。

丁茂實　南昌府同知。

徐　琨　汴梁副使。

元

胡長孺　見儒林。

陳　樟　字邦直。本邑教諭,攝縣事。今補。

胡　俞　徽州同知。以上賢良。

吴守道　松陽教諭。

孔克英　丹陽書院山長。

徐　咸　潁州判官。

陳　璪　杜溪人。見文苑。

胡仲勉　本縣訓導。

胡　鈞　袁州教授。

徐德泓　建德教諭。

李繼孫　本縣教諭。

甘　霖　翰林講書。

吴雲川　贛州教授。

胡崖孫　瑞昌縣尹。

童養蒙

徐　忠　總轄。

胡　義　饒州知府。前志載進途無考,今照省志更正。以上明經。

吕叔茂　軍功。武義縣尉。

吕紹遲　石洞書院山長。

胡應辰　義烏監。

胡應申　平準庫使。

胡應庚　常州路平準庫使。

徐　鵬　興安縣丞。

吕　濟　西安教諭。

吕宗道　婺州學録。

方　撫　永嘉縣尹。

胡　祐　税課副使。

陳　崖　鹽運使。

方　鍾　福建廉訪副使。

方　逢　岑溪縣尹。

馬文翁　資縣尹。

戚象祖　道一書院山長。

戚崇仁　龍門巡檢。

薛居仁　本縣教諭。

曹順睦　東陽教諭。

陳　顔　字景淵。本邑尉,除行軍参謀。見忠節。

周時文　市舶提舉。

陳安可　龍門巡檢。同修本縣志書。

胡宗忠　上林縣尹。

明

吕文燚　前志作吕燚。見儒林。

盧　鑑　永豐知縣。

李　滋　弋陽知縣,有惠政。

李　轅　見李曄傳。
孔仕安　本縣教諭。
池　裀　温州教授。
胡　僖　理定知縣。
陳從善　江西贛州府信豐縣知縣。以上明經。
王　嶽　户部主事。
盧惟善　修武知縣。
盧　琦　茌平教諭。
胡　復　本縣訓導。
姚彦仁　本縣訓導。
胡　輝　貴州經歷。以上儒士。
陳茂和　文學。
應用忠　仙遊巡檢。
吕　津　金川巡檢。
陳子寶　府志：磨勘司官。今補。
吕　懺　龍游教諭。以上秀才。
吕　基　臨洮同知。
陳　樞　府志：參政。今補。
胡善寶　授衛經歷。以上孝弟力田。
朱思堯　南安、廣信知府。
唐　冶　府志：秀才入仕。今補。
朱仲智　世遠孫。見政績。
楊德仁　字澤民。御史，湖廣巡按。
張希昌　淮安知府。
金秉修　字補孫。瑞州知府。
徐　桂　太醫院官。
胡　增　霍州知州。

王　興　東莞知縣。
徐　和　岳州同知。
應子高　廣德同知。
樓仲和　武昌知府。
吕文彬　字南澤。陽穀知縣。
王　善　黟縣主簿。有詩名。
胡伯宏　見政績。
柴義方　浮梁縣丞。
趙履泰　泰州知州。
夏思維　内鄉知縣。
朱思全　見文苑。
趙彦威　寧德主簿。
吕　祈　新建典史。
吕　璧　永寧縣丞。
葉　然　陝西鹽運使。
徐　廣　訓術。
吴德欽　主簿。
吴思義　巡檢。
陳　霖　字天澤。孝廉。
徐　遷　吉安知府。
陳　儀　經歷。
姚友德　賢良。
董景祐　河泊所官。
徐天賜　吉安府推官。
顔思誠　餘姚典史。
吕自明　滎陽知縣。
應思立　户部主事。

黄伯洪　沅陵知縣。
傅彦威　句容縣丞。
周均實　營膳所丞。
曹　彰　江浦知縣。
吕　廉　監察御史。以上人才。
吕文燧　見武功。
吕兼明　見吕文燧傳。
盧　得　初從方國珍,得紹興同知。歸附後授安陸鎮撫。
胡天輔　松江守備。
胡之清　泉州守備。以上軍功。
陳積安　都察院都事。
王遜英　衡州知府。
胡思得　滋州知州。
周友忠　雷州知府。
何守志　東平吏目。
朱伯基　華亭知縣。以上老人。
吕　宏　雷州知府。
吕文熄　本縣訓導。
周　濙　太醫院官。
吕成宗　蕲水典史。
甘　陵　廣信同知。
任景輝　華亭縣丞。
吕　補　典史。
吕佛致　高安知縣。
王名臣　淮府典寶。
黄　敏
施　洪　府志載楷書入仕。今補。

國朝

應　明　字遠公。順治初,由諸生拔授福建惠安教諭,陞湖廣零陵知縣。巡撫陳維新以人材薦,簡放廣西梧州知府,尋分巡蒼梧兵備道。嘗捐俸修文廟及宗祠。前志載歲貢竝各途入仕。

胡鳳丹　號月樵。咸豐初由諸生授光禄寺署正,升兵部武選司員外郎。庚申内大臣保舉,補用道加鹽運使銜,賞戴花翎,署湖北督糧道。見儒林。

胡鳳恩　字掖庭。咸豐初由文童歷保布理問五品銜,賞戴藍翎。見忠節。

潘樹棠　字憩南。同治間由拔貢舉孝廉方正。光緒戊子年,學憲瞿保奏特賞内閣中書七品銜。

永康縣志卷之七

人物志

天之生才，豈擇地哉？衆庶馮生，而有豪傑者起，則地之靈見焉。古人論三不朽，敻乎遠矣！孔門四科，各有專長。孟子謂善士自一鄉一國以至於天下，善量固不同與。厥後班史《古今人表》，列其等爲九，夫亦以百行所存、趣捨難壹，而後之論者，又往往以差違紛錯訾之。然則銓評人物，亦未易事哉！吾永先民，可得而聞者，載在史牒，章矣！然亦有德業文章，顯名當時，而史氏失書，儗於漢吴公、張相如輩，孟堅不爲立傳，尚論者不無遺憾焉。至若姱修於家，潛光隱耀，以彼其人不求聞達，遂使終於湮没，甚非所以微顯而闡幽也。司馬子長云："古者富貴而名磨滅不可勝記，惟倜儻非常之人稱焉。"夫以什伯庸衆之材，其所表見皆不虚，雖不用於世，要其自樹立不可掩也。今採其軼事信而有徵者，咸著於篇，後之觀者亦可以勸矣。

名臣

委贄爲臣，而無可稱述，旅進旅退，國家奚賴焉！有猷、有爲、有守，勳名垂於竹帛，廉法著於官常，斯爲安社稷臣乎！自宋以來，得若干人，紀之，爲人物冠。

宋

胡則，字子正。少倜儻，負氣格。方五代吴越以戈鋋立國，獨奮志劬學於方巖蘭若。登端拱己丑進士。宋婺士登進士者，自則始。釋褐許田尉，以幹辦聞，轉憲州録事參軍。時靈夏用兵，轉運使索湘遣入奏兵備，召對，稱旨，太宗顧左右曰："州郡有如此人！"命記姓名中書。大將李繼隆出塞，十旬弗返，移文轉運司云："兵將深入。糧可繼乎？"則謂湘曰："兵老矣！矯問我糧，爲班師之名耳。請以有備報之。"未幾，繼隆師遂還。遷著作郎，簽書貝州觀察判官。會遣使省冗役，檄則行河北道，所省凡十餘萬，民用休息。陞著作丞，知潯州。時有虎患，則齋戒禱城隍神，翼日，得死虎廟中。改太常博士，提舉兩浙榷茶事，兼知睦州。丁母憂，廬墓終喪，以本官知永嘉郡，遷屯田員外郎，提舉江南路銀銅場鑄錢監。得吏所匿銅數萬斤，咸懼且死，則曰："吾豈重貨而輕殺數人之命乎！"籍爲羡餘，不之罪。擢江淮制置發運使。會真宗奉祀景亳，則主供億，至於禮成，無纖毫缺。帝才之，面加獎勞。轉户部員外郎，入爲三司度支副使，賜金紫，除禮部郎中、兩浙轉運使，移廣南西路。有番舶遭風不能去，且告食乏，命瓊州出公帑錢三百萬貸之。吏曰："彝無信。"則曰："遠人之來，不恤其窮，豈天朝綏懷意耶？"已而竟償錢如期，視所貸且三倍，朝廷覽奏嘉焉。按宜州大辟十九人，爲辨活者九人。改户部郎中，充江淮制置發運使，遷太常少卿。尋坐丁謂累，責知信州，又徙福州。有官田數百頃，已佃爲民業久矣，計臣上言請鬻之，責其估二十萬貫。民不勝弊。則奏之，章三上，且曰："百姓疾苦，刺史當言之。言而弗從，刺史可廢矣。"竟得減其直之半，而民賴以安。遷諫議大夫，知杭州。入判流内銓，坐舉官累，責授太常少卿，知池州。未行，復諫議大夫，知永興軍，領河北都轉運使，進給事中，入權三司使。寛於財利，不以尅下爲功。時朝廷方以兩京、陝西榷鹽病民，議改通商。有司憚於改作，則首請如詔，事遂行，民皆便之。進工部侍郎、集賢院學士，出知陳州，遷刑部侍郎，移知杭州，得請，加兵部侍郎致仕。卒。在福州時，有前守陳絳所延客龍昌期爲人講《易》，絳遺以官錢十萬。絳得罪，竝械昌期至。則館以賓禮，出俸錢爲償所遺。則嘗奏免衢、婺二州身丁錢，民懷其德，户立像祀之，在方巖者賜額曰赫靈祠。其後陰助王師，殄巨寇，累著靈異。宣和及紹興、淳祐、寶祐中屢敕加賜爵號，更祠號曰顯應云。

徐綱，字邦常。少從范仲淹遊。登皇祐己丑進士，累遷御史中丞。不避權勢，常劾吕惠卿、韓絳阿附王安石之非，風節凛然。弟紀，字邦振，同科進士，亦拜侍御史。有司旌其里曰"雙錦"。

樓炤，字仲暉。登政和五年進士。調大名府户曹參軍，進尚書考功員外郎。高宗在建康，移蹕臨安，擢右司郎中。時銓曹患員多缺少，自倅貳以下多添差。炤言："光武併省吏員。今縱未能損其所素有，又安可置其所本無乎!"紹興二年，召朱勝非爲侍讀，罷給事中胡安國。炤與程瑀等言勝非不可用、安國不當罷，皆落職。六年，召爲左司員外郎，尋遷殿中侍御史。明年，遷起居郎，言："今暴師日久，財用匱乏。考唐故事，以宰相領鹽鐵轉運使，或判户部，或兼度支。今宰相之事難行，若參倣唐制，令户部長貳，兼領諸路漕權，何不可之有？内則可以總大計之出入，外則可以知諸道之盈虚。"詔下三省，措置施行。又言："監司、郡守，係民甚切。乞令侍從官各舉通判資序，或嘗任監察御史以上可任監司、郡守者一二人。"詔從之，命中書門下置籍。七年，宰相張浚兄滉賜出身與郡，中書舍人張燾封還。以命炤，又封還。乃命權起居舍人何𢘿書行。於是炤與燾皆請外，以直秘閣知温州。未幾，除中書舍人，尋遷給事中，兼直學士院。九年，進侍讀，除端明殿學士，簽書樞密院事。繼命往陝西，宣諭德意。炤奏："統制吴革死於范瓊，知環州田敢成、中郎盧大受死於劉豫。乞賜褒恤，以表忠義。"又奏："陝西諸路不從僞命之人所籍田産，竝勘驗給還。"炤至東京，檢視宫室，尋詣永安軍謁陵寢，遂至長安。會李世輔自夏欲歸朝，炤以書招之。世輔以二千人赴行在，賜名顯忠，後卒爲名將。又至鳳翔，以便宜命郭浩帥鄜延、楊政帥熙河蘭鞏、吴璘帥鳳翔。還朝，以親老求歸省。命給假迎侍，仍賜金帶。十四年，以資政殿學士知紹興府，過闕入見，除簽書樞密院事兼參知政事。尋爲李文會等劾罷，與祠。除知宣州，徙廣州。未行而卒，年七十三。謚襄靖。

胡邦直，字忠佐。建炎二年登丙科。建議復讎雪耻，忤秦檜意，坐廢十餘年。檜死，乃起爲監司，累遷知封州。所著有《雲谷集》。

章服，字德文。幼穎悟，窮經旨，至廢寢食。登紹興二年進士，授青田尉，累遷朝奉郎。用魏良臣薦，除兩浙提舉市舶公事。常俸外，例所可得者一弗取，對人亦不輒非前例。除朝請郎，差知建州。軍糧久不給，軍情洶洶，服至，争走訴馬前。時庫錢不能三萬，服徐諭之曰："第歸營。得一月，當次第給矣。"立案税籍，得豪民奸胥要領。及期，軍用以足。於是省教條，寬科索，安於法守，而事大治。連遭父母喪，服闋，除知鄂州。鄂當水陸之衝，敵分兵扼上流，朝廷出軍戍鄂，一日或需船千艘、馬五千匹。服度不可辦者奏聞，餘悉給無留難。此時朝廷置武事不問者餘三十年，敵卒棄好，民不識兵革，往往流徙更居迭去。服區處不遺餘力，民得不以兵事爲恐。州額租纔五千，上供至萬斛，他須稱是。服視税籍，得贏錢立辦，人以爲神，而服乃戚焉若不自得也。改提舉兩浙常平。先是漕司貸常平錢二萬，久置不問，服曰："此非法意也。民不知賴矣。"立移文督之。既而户部復請貸三萬，服難之。銜命小校耻不即得，出不遜語，服叱之曰："此聖旨耶！常平，民命也。當以法奏覆。奴何敢爾！"户部尋覺其不可而止。召除吏部員外郎，再遷侍御史。上疏言："祖宗之大讎未報，中原之故地未復，嘗膽之志，可少忘乎！歡好常敗於變詐，師旅或興於無名，歃血之盟，可久恃乎！淮堧瘡痍，江淮饑饉，邦財未裕，軍政久隳，士風或壞於奔競，朝綱或撓於私曲。此皆當今急務，不宜以偃兵而置度外也。"又上言："願以財賦、邊備二事專委大臣，集群臣之説，參訂其可行者，置局措畫，假之歲月，責以成功。不然，因循苟簡，臣恐後日不可悔也。”又請“博求武勇以備將帥。三十年來，將帥以事廢罪不至誤國者，願一切與之自新”。知池州魯詧以竹生穗實，圖之求獻，且言飢民實賴以食。服言：“物反常則爲妖。竹非穗實之物，是反常也。竹生實則林必枯，是爲妖也。以妖爲瑞，是罔上也。况飢民有食糟糠者，有食草木實者，有食土粉者，豈以是爲珍於五穀哉！猶愈於死而已！詧牧民，顧使其民至此，猶以爲瑞乎！邪佞成風，漸不可長。”初，朝廷揀諸路厢禁土軍，就閱行在所，約以防秋遣。久留未遣，軍人不堪，相率詣臺自言。服爲移牒樞密院，不報，即上言：“足食、足兵，爲政之先務。聖人以爲必不得已，則去兵、去食，而信終不可去。今因兵而去信，無乃不可。”仍於上前反覆固爭，上頷之。時虞允文兼知樞密院事，召戚方議之，竟復寢，一軍竄逸無留者。又相與拒鬭，不可捕。將校以下皆貶官，而方獨放罪。服遂併劾允文挾私任情，連章不已，允文竟罷去。中官梁彦俊幹辦皇城司，轉官不行臺謝，服劾其廢法，彦俊坐論贖。會服除吏部侍郎，彦俊摘其章有不遜言。上大怒，責罷汀州居住。在汀七年，杜門觀書，世念泊如也。得旨放還，提舉太平興國宫。著有《論語孟子解》《易解》若干卷。

林大中，字和叔。登紹興庚辰進士。調湖州烏程縣主簿，遷知撫州金谿縣。郡督賦急，大中請寬其期，不從，取告身納之，求劾而去，守愧謝，許焉。丁父憂，服除，知湖州長興縣。訟牒必究曲直，不許私和。或謂恐滋多事，大中曰：“此乃所以省事也。”由是訴訟日稀。用侍郎詹義之薦，得幹辦行在諸司糧料院。求補外，同擬者四人，孝宗指大中與計衡姓名曰：“此二人佳。可除職事官。”遂除太常寺主簿。光宗受禪，詔舉察官，用尚書葉翥等薦，除監察御史。論事無所迴避。遷殿中侍御史，兼侍講。紹熙二年春，雷電交作，有旨訪時政缺失。大中言：“孟春雷電，則陰勝陽之義。蓋君子爲陽，小人爲陰，其邪正在所當辨。趨向果正，雖一節可議，不害爲君子。趨向不正，雖小節可喜，不害爲小人。正者當益厚其養，無責其一節之過以消沮其正大之氣;不正者當深絶其漸,無以小節之可喜而長其奸僞之萌。”知潭州趙善俊得旨奏事,大中劾其憸邪,罷之。帝問今日群臣孰賢,大中以知福州趙汝愚對。汝愚由是被召。浙江西路民苦折帛和買重輸,大中抗疏論之,有旨減其輸者三歲。時馬大同爲户部,大中劾其用法過峻,又論大理少卿宋之瑞,皆不報。大中以言不行,求去。除直寶謨閣,不拜,力求補外。出知寧國府。朱熹遺書朝士曰:“林和叔入臺,無一事不中的。去國一節,風誼凛然,當於古人中求之。”尋移知贛州。贛爲劇郡,大中一以平心處之,文移期會,動有成規,裁斷曲直,不可動摇,猾吏豪民,爲之束手。寧宗即位,召還,試中書舍人,遷給事中,兼侍講,知閣門事。韓侂胄來見,大中接之,無他語。使人通問,陰請納交,又笑却之。會彭龜年抗疏劾侂胄,有旨侂胄與内祠,龜年與郡。大中請留龜年經筵,而斥侂胄外任,不聽。侂胄愈恨。御史汪義端以論趙汝愚去,侂胄引爲右史,大中駁之。改吏部侍郎,不拜,遂以焕章閣待制,出知慶元府。舊傳府有鬼祟,大中謂此必黠賊,亟捕治。既而果然,并前後所失物皆得之,由是奸人屏息。丐祠,得請未行,給事中許及之,侂胄黨也,承風繳駁,遂削職歸。與趙汝愚、朱熹等俱入僞籍。歸凡二十年,優游别墅,時事一不挂口。或勸通書侂胄以免禍,大中曰:“福不可求而得,禍可懼而免乎?”及侂胄誅,召見,試吏部尚書,擢端明殿學士,簽書樞密院事。大中世居在城縣治左側,有别業在八都。後徙居縣東十里,以龜潭爲遊息之所。嘉定元年六月卒,年七十一。贈正奉大夫、資政殿學士,謚正惠。寶祐間,祟祀鄉賢。

應材,字伯良。幼穎悟,讀書過目不忘。弱冠沉潛理學,造詣益純。爲文雄贍,思如泉湧。登紹興丁丑進士,授衢州教授。隆興改元,詔訪才堪大用者,除兵部架閣文字。時朝臣多主和議,材力排之,爲當事所嫉,久不遷。以太子長,擇老成端謹之臣,除太子春坊,與太子侍讀楊萬里同心輔導。淳熙初,疏請恢復,乃命參謀荆襄軍事。設奇據險，預爲戰守之策。數年間，邊境晏然，得捍禦力。七年，以疾卒於軍。同郡吕東萊輓章有“請纓雖拜疏，投筆未封侯”之句。尋論安邊功，封安國公。子雄飛、淡。雄飛，淳熙甲辰進士；淡，慶元丙辰進士。

應孟明，字仲實。登隆興癸未進士，調臨安府教授，繼爲浙東安撫司幹辦官，樂平縣丞。時郡守酷甚，孟明以書諫。事聞於朝，朝令守、丞兩易其任。以侍御史葛邲、監察御史王藺薦，爲詳定一司敕令所删定官。輪對，首論：南北通好，疆埸無虞，當選將練兵，常如大敵之在境，而可以一日忽乎？貪殘苛酷之吏未去，吾民得無有不安其生者乎？賢士匿於下僚，忠言壅於上聞，無乃衆正之門未盡闢、而兼聽之意未盡孚乎？君臣之間，戒懼而不自恃，勤勞而不自寧，進君子，退小人，以民隱爲憂，邊陲爲警，則政治自修，綱紀自張矣。次乞申嚴監司庇貪吏、薦舉狥私情之禁。帝嘉獎久之。他日宰相進擬，帝出片紙，書二人姓名，曰：“卿何不及此？”其一人則孟明也。乃拜大理寺丞。故大將李顯忠之子家僮溺死，有司誣以殺人，逮繫幾三百家。孟明察其無辜，白於長官，釋之出。爲福建提舉常平，陛辭，帝諭之曰：“朕知卿愛百姓，惡贓吏。事有不便於民，宜悉以聞。”因問當世人才，孟明曰：“有才而不學，則流於刻薄。惟上之人教化明，取舍正，使回心向道，則成就必倍於人。”帝曰：“誠爲人上者之責。”孟明至任，具以臨遣之意咨訪之。帝一日御經筵，因論監司按察，謂講讀官曰：“朕近得數人，應孟明其最也。”尋除浙東提點刑獄，以鄉郡引嫌，改使江東。會廣西謀帥，帝謂輔臣曰：“朕熟思之，無易應孟明者。”即以手筆賜孟明曰：“朕聞廣西鹽法利害相半。卿到任，可自詳究事宜。”進直秘閣，知静江府，兼廣西經略安撫使。初，廣西官鹽，易爲客鈔，客户無多，折閲逃避，遂抑配於民。行之六年，公私交病。孟明驛奏除之。禁卒朱興，結黨弄兵雷、化間，聲勢漸長。孟明遣將縛至轅門，斬之以徇。光宗即位，遷浙西提點刑獄。尋召爲吏部員外郎，改左司，遷右司，再遷中書門下省檢正諸房公事。寧宗即位,拜太府卿,兼户部侍郎。慶元初,擢吏部侍郎。卒,贈少師。孟明以儒學奮身,受知人主,官職未嘗倖遷。韓侂胄嘗遣密客誘以諫官,俾誣趙汝愚,固却不從,士論以此重之。正德間,崇祀鄉賢。

章徠,字敬則。淳熙甲辰進士,歷官右文殿修撰。時陳賈議貶道學,徠與劉光祖極言道學之正,光宗嘉納。及趙汝愚罷相,又與章穎抗疏劾韓侂胄專擅,坐罷官歸。寶慶間,召爲宗正少卿,兼侍講。卒。所著有《凝塵集》。

胡侁,字子先。邦直孫。登寶慶丙戌進士,累官監察御史。内侍董宋臣竊弄國柄,屢疏劾之。奪職,調將作院少監。侁即棄官歸,泊然不以勢利經心。後累召不起。所著有《孝經論語釋》。人稱爲雲岫先生。

明

謝忱,字惟壽。貢入太學,領應天鄉薦,登永樂壬辰進士,授監察御史。遇事敢言,不避權要。九爲巡按,詰奸禁暴,無所假借,人稱爲"謝閻王"。漢府謀不軌,廉得其實以聞,命剿之,賜反屬男女吴德等四人。因忤尚書蹇義,僅陞四川按察司僉事。歲歉,民多抵法,忱憫之,爲求可生之途。適地方多虎患,示以得虎皮三者免一命,人争捕之,于是虎患息,而民命以全。卒于官。歸葬之日,行李蕭然。

趙艮,字時中。登成化己丑進士,授刑科給事中。耿介敢言,因灾異條陳謹天戒、重國本、恤民艱、鎮邊境四事。忤旨,杖于廷,幾斃。歲丙午,左右希意,請立宫媵所生二歲子爲太子,抗疏力諍,止之。及孝廟正位東宫,又疏請簡正人爲師傅,以職輔導。滿九年,遷本科都給事中。先是重臣王越被劾,銜之,譖于中官汪直,誣以言事不謹,謫四川廬山令。弘治改元,擢四川僉事,陞副使,卒于官。

徐沂,字希曾。登弘治癸丑進士。授刑科給事中。彈劾不避權貴。壽寧侯張鶴齡等恃寵冒法，及中官李廣納賂干政，皆抗章論之。改南京工科給事中。奏罷歲取蘇州細密苧布、福建改機、陝西紵絨，民稱便焉。陞廣東參議。卒于官。歸裝惟圖書而已。

程銈，字瑞卿，號十峰。性孝友，律身謹嚴。登弘治己未進士，授大理評事。以忤逆瑾，十年不調。瑾敗，擢四川僉事，晋威茂備兵道經略，尋移備建昌。薦章凡十八上，乃以子文德及第致仕。買舟渡江，適江濤洶溢，舟幾覆，人盡倉皇。銈仰天祝曰："某生平行誼有虧，身即阽溺。否則天宜鑒予！"已而風寧浪息。歸林下數十年。著《十峰集》。

俞敬，字沙泉。弘治乙丑進士，除後軍都督府經歷，陞貴州思明府知府。嘉靖初，諸臣伏闕争大禮，皆得罪，有瘐死者，廷臣莫敢上聞。敬上疏援之。時張桂之焰方熾，以一疏逖外臣，不計禍福，雖古名臣，何以加焉！疏見藝文。

徐讚，字朝儀。登弘治乙丑進士，授棗强知縣。巨盗劉六等流劫郡邑，讚繕兵守城，賊不敢犯。民飢，募賑捐俸，爲富民倡。富激於義，争先發廩，全活以萬計。陞山西道監察御史，理鹺長蘆，兼巡河道。劉六餘黨楊虎横於開濟，讚以計擒之，械送京師。巡按江西，時宸濠隱蓄異圖，潛結湖盜以自樹。讚至，即剿殺湖寇徐九齡等數百人，翦其羽翼。尋陞知蘇州府，而宸濠叛矣，讚乃治兵料餉，遣戰艦出列長江，爲上流聲援。濠挫於安慶而不能直窺南都者，讚與有勞焉。讚之按江西也，疏請寬逋負、罷徵徭、平冤獄，風采弈然。其守蘇州，則抑奢麗，剔奸蠹，課士惠民，百務釐舉。以政最，陞河南左參政，而守蘇如故。乃佐巡撫李充嗣，開白茆港以洩太湖之浸。役鉅費省，遂爲蘇、松、常及嘉、湖諸郡久遠之利。在蘇凡七年，仍授江西左參政，陞貴州按察使，尋改湖廣，又調雲南。時土舍安銓叛，撫按知讚才，凡軍事悉以諮讚，讚乃議以土司攻土司，調元江、蒙化、鎮沅等處土兵，佐以漢軍，分統進剿，已獨留中議處糧餉，閲集召募，事皆立具。晝夜登城狥師,至廢寢食。立招降大旗,陰誘脅從,仍造小旗千餘,書“同心協力,各保身家”八字於上,令各執聽撫,由是歸降者衆,賊勢遂衰。明年春,土舍鳳朝文繼叛,與安銓合進圍省城。讚登陴呼寇,諭以朝廷恩德,寇皆伏地請降,且以復官爲言。讚諭退舍俟命,寇遂退。讚即夕走使掣回各哨官軍,未明合擊,賊盡潰,渠魁逃逸,設方略擒之,俘獲萬餘。簡審無辜,悉爲開釋。以功陞本省右布政使,進左布政。以母老疏乞終養。陞都察院右副都御史,撫治鄖陽,改撫河南。值歲飢盜起,條陳救荒三事,曰寬賦斂以安人心,廣賑恤以救民命,嚴防禦以禁强梁。又陳便宜四事,曰減歲派以資歲用,均地糧以蘇民困,移水次以便兑運,處馬政以節民力。事皆施行。陞工部右侍郎。丁母憂,歸,以哀毁屬疾卒。先是讚守蘇,蘇人德之,至是舉祀名宦,有云“存心寬厚,有三代長者之風;治行循良,得兩漢牧民之體”,説者以爲實録云。嘉靖間,崇祀鄉賢。

程文德,字舜敷。登嘉靖己丑進士,以一甲第二人授翰林院編修,繼侍經筵。進無逸殿講章,大旨與《伊訓》《説命》相表裏。又進郊祀議、内訓四詩、親蠶行。坐同年楊名劾汪鋐事忤旨,廷杖下獄,謫信宜典史。當道爲建嶺表書院,兩廣名士翕然尊之,時有山斗之譽。鋐罷,遷安福知縣,立鄉約之法,合糧里之役,政大得民。丁外艱歸。服除,授兵部車駕司郎中。會北方猖獗,上禦備四事及車戰事宜,多見採用。尋陞廣東提學副使,未上,擢南京國子祭酒。嚴立科條,黜浮文,敦實行,以太學賢士所關務在培養人才,以收太平興理之效。未幾,丁内艱去。服闋,起爲禮部左侍郎,尋改吏部。癸丑,當天下述職,門無私謁。詔知貢舉,公明周慎。竣事,加翰林院學士,掌詹事府事,典教庶吉士張四維等二十八人。是歲兩直隸、河南、山東四省大饑,開例納銀,以便賑濟。文德具奏:“救饑如救焚溺,緩則何及!聚銀爲難,食物頗易。宜隨民所有,凡可以充饑者,悉得輸官散給。”上可其奏,敕四省,于是輸者踵至,四省之民得以全活。時大内歲例大祈，文德撰玄詞，多寓諷諫，忤上意，落職回籍，家居杜門謝客，日以著書爲事。比卒，遺笥蕭然，質産始克就殮，士論難之。文德早歲志學，受業楓山之門，尋之越謁王文成，領良知之旨。登第後，復與鄒守益、羅洪先相講切，闇修篤實，飭躬砥行，矩矱森然，不爲玄言聳聽。立朝不喜邀名，至大節所關，毅然不少貶。侍御史王好問疏請邺典，有云"正言正色，學術無忝于儒臣；古道古心，行誼足稱乎君子"，人以爲確論。加贈禮部尚書，謚文恭。崇祀郡邑鄉賢。

王崇，字仲德。嘉靖己丑，以禮闈第二人賜第，授吏科給事中。直言讜論，一時著稱。寇犯寧夏，總兵趙英擁兵不前，我師敗績。英欲以賄免，崇奉命往正其罪，朝論快之。謝駙馬侵馬場，崇巡青州，舉發之，詔還縣官。崇在臺，貴戚嚴憚，出爲廣東僉事。尋丁外艱。服除，補河南僉事，陞本省參議。逾年，轉山西副使，備兵井陘。井陘當三關要衝，崇躬親簡閱，明賞罰，兵雄諸鎮，醜寇遁迹，有緋衣金帛之賜。丁未，轉湖廣參政。會諸苗攻陷印江，崇設策破之，悉聽約束。陞貴州按察使。復丁内艱。服除，補山東，歷轉山西左、右布政使，遂以夙望擢副都御史，巡撫山西。崇既受節鉞，慨然以保障地方爲任，除器械，繕城隍，倡勇敢，嚴斥堠，寇至輒以捷聞。加兵部左侍郎，仍兼督撫。丙辰，召貳本兵。丁巳，湖、廣、川、貴苗民不順，廷議推老成諳練者往平之，乃命崇以原官出鎮。二年，苗穴底平。廕一子。以疾致仕，卒於家。崇爲文，汪洋浩瀚，爲一世所宗。有文集若干卷行世。

程正誼，字叔明。精晰六經。登隆慶辛未進士，司理武昌。武昌屬邑，向無雉堞。正誼至，建議築五城。陞刑部。癸未，分巡雲南。時土司車里、八百、老撾等負固，正誼開誠宣諭，遂悦服。乙酉，廷議剿羅雄州，巡撫以正誼才，檄委佐理。拔羅雄，陞廣西參政。時靖江王逝，悍宗煽亂。正誼令閉守，諭以威德，不復噪。壬辰，晋河南按察使。時兩河大祲，饑民黄江等行掠，正誼設策賑撫，單騎至賊營諭之，皆感泣歸命。乙未，陞山東右布政使。校梓《五經傍訓》。尋轉四川左布政。時三殿灾,蜀中採木爲厲,正誼立折算、銷算法,鐫爲書,商民不困。既而知土官有亂萠,乃遍訪諸隘,爲之圖,係以説。及楊應龍反播州,總督李化龍議撫,正誼曰:"此益長其驕。"乃出向時圖、説,指以正奇之法。化龍曰:"不謂今日復見卧龍事。"悉諮之。及奏凱,化龍疏正誼功,陞順天府尹。時蜀帑羡餘數萬金,吏以請,正誼正色却之。赴京,以蜀扇不工,罰及僚屬,正誼引罪,請寬僚屬,遂飄然歸,日與同志講學五峰林下十年。壽八十。所著有《戾華堂集》。萬曆間,崇祀郡邑鄉賢。

黄卷,字惺吾。天性警敏。登萬曆丁丑進士,授中書舍人,選河南道御史。遇事敢言,不避權貴。奉敕巡視蘆溝橋及節慎庫,風采弈然。巡鹽長蘆,請建學滄州以處鹽商子弟。巡按山東,訪求周公後,而復其家。癸巳,國本未定,下三王竝封詔。時建言諸臣如涂念東、王省軒、朱納齋、王介石皆以批鱗削籍,號四君子。卷賦詩慰贈,復抗疏以冀回天,直聲震朝廷,留中放歸。晚年講學碧蘿居古松下。光宗登極,詔起用,卷已殁,遣道臣賚帑金以旌直。所著有《四書五經發微》若干卷。人稱松朋先生。子一鶚,見政績。一鵾,見忠節。人稱濟美云。

王世德,字長民。生有異徵,善讀書。萬曆辛丑進士,任同安縣,以廉能調閩縣,陞工部主事。督造殿門,陞郎中。典試山西,陞湖廣黄州府。民有以病魔告者,世德禱城隍,忽一童子斬泥神頭獻曰:"魔已伏誅。"病者痊。擢湖廣副使。備兵下江,屢擒大盗。會詔舉異才,撫按以世德聞,遷右参政。尋丁外艱。服闋,起貴州監軍。安邦彦謀犯省城,世德請駐節威清待之。邦彦圍威清,世德募敢死士,鼓以忠義,會大風,砍賊營。賊驚潰。敘功,陞本省按察使,仍監軍。苗寇肆亂,進勦盡平。敘功,陞湖廣右布政使,兼督黔餉,賜帑金。陞廣東左布政使,以弭鍾淩秀之亂敘功,賜帑金。劉香老謀犯省城,世德調閩將鄭芝龍夾擊香老于廣洋,香老溺死,事平敘功。會滇撫缺,懷宗顧左右曰："豈有知兵恤民若王世德者乎！"即日擢左副都御史，巡撫雲南。世德去廣時，庫中羡金數萬兩，悉籍以充軍餉。抵雲南，牝妖萬氏，結黨狂逞。世德築堡建屯，百廢具舉，諸逆斂迹不敢出。以疾卒于官。滇人哀之，公舉祀名宦。按臣以聞，贈兵部右侍郎，賜祭葬。世德居官廉謹，立身謙恕，家僅中産，割膏腴以奉公祠，教人以孝友爲先，讀書務求實用。嘗刻《五紀講》及《龍川文集》。所著有《左氏兵法》若干卷。崇禎十六年，崇祀鄉賢。

徐可期，字烜父。崇禎戊辰進士，初授行人，奉命册封蜀藩，屏供帳，省夫役。王以金帛贈行，堅辭不受。又奉命諭祭豫藩，清望益著。考選福建道御史。以耿介觸忌者，改遷刑部主事。召對抗言，請撤各道監視内臣，逾月報可。陞本部員外，兼掌四司印。時山、陜寇氛遍發，外臣多無辜被逮，可期力爲申救，廷論韙之。乙亥，病卒于官，囊無餘金，同官賻之，舉柩歸。生平狷介，始終一節，士林推爲模範。著有《書經貫言》《太極正蒙宗旨》并《蜀遊詩》行世。崇祀府縣學鄉賢。

儒　林

通天、地、人曰儒。《小戴記·儒行》：始於自立，而終於尊讓。荀卿子著《儒效》篇，能使英傑化之，嵬瑣畏之。儒豈易言哉！自衆之命儒也，妄至以儒相訴病，徒竊虚聲云爾。若循名而責其實，必明修己治人之術，裕守先待後之謨；其次表章六經，來者取瀫。若徒循誦習傳，抱殘守闕，則無取焉。

宋

陳亮，字同甫。生而目光有芒，才氣超邁，善談兵，議論風生，下筆數千言立就。年十九，考古人用兵之迹，著《酌古論》。郡守周葵奇之，禮爲上客。及葵執政，朝士白事，必令揖亮，因此遍交一時豪傑，盡其議論。乃授以《中庸》《大學》，曰："讀此可精性命之説。"遂受而盡心焉。隆興初,與金人約和,天下欣然,獨亮持不可。婺州方以解頭薦,因上《中興五論》。不報,退修於家,學者多歸之,隱居著書十年。亮嘗環視錢塘,歎曰:"城可灌也。"蓋以其地下於西湖云。淳熙五年,亮更名同,詣闕上書數千言,勸帝移都建康,漸圖恢復。孝宗赫然震動,欲榜朝堂以勵群臣,召令上殿,將擢之官。左右無知者,惟曾覿知之,特來謁亮。亮恥之,逾垣而逃。覿不悦,大臣惡其直言無諱,交沮之,遂有都堂審察之命。宰相臨以上旨問所欲言,落落不少貶。待命十餘日,再詣闕上書,言尤剴切。上欲官之,亮笑曰:"吾欲爲社稷開數百年之基,寧用以博一官乎!"亟渡江而歸。嘗因醉飲,言涉不遜,或告刑部侍郎何澹。澹亦被亮嫚語者,即繳狀以聞。事下大理,笞掠無完膚,乃誣服爲不軌。孝宗知其妄,遂得免罪。居無何,家僮殺人,又下大理。宰相王淮知帝欲生亮,得不死。歸家,益勵志讀書,究觀皇帝王霸之略。嘗與朱熹書,辨論三代漢唐之際,數往返不屈。熹雖不以爲然,至於"心無常泯,法無常廢"二言,雖熹亦心服其不可易也。其學自孟子後,惟推王通,於當世諸儒皆不少讓。嘗言:"研窮義理之精微,辨析古今之同異,原心於秒忽,較禮於分寸,則於諸儒誠有愧焉。至於堂堂之陣,正正之旗,風雨雲雷交發而竝至,龍蛇虎豹變現而出没,推倒一世之智勇,開拓萬古之心胸,自謂差有一日之長。"高宗崩,金遣使簡慢,亮復上書言恢復大計,不報。光宗策進士,亮對稱旨,擢爲第一,授簽書建康府判官廳公事。未上,卒。吏部侍郎葉適請於朝,命補一子官。端平初,平章軍國事喬行簡爲請謚云:亮"以特出之才,卓絶之識,而究皇帝王霸之略,期於開物成務,酌古準今,蓋近世儒者所未講。平生所交,如朱熹、張栻、吕祖謙、陸九淵,皆稱之曰是實有經世之學"。"當渡江積安之後,勸孝宗以修復藝祖法度,爲恢復中原之本,將以伸大義、雪讎耻,其忠蓋與漢諸葛亮、本朝張浚相望於後先,尤不可磨滅。"命太常定議,賜謚文毅,更與一子官。

徐木，字子材。登乾道丙戌進士。盛有才名。朱元晦與遊，嘗過其家，爲書《家人》卦辭於廳事之壁。朋友有喪不能舉者，輒助舉焉。陳同甫與元晦書云：“徐子材不獨有可用之才，而爲學之志亦篤。”又云：“陳聖嘉之與人交，應仲實之自處，徐子材之特立，皆吾所不及也。而子材尤其高明奇偉者。”其爲名流推重如此。後出宰富陽，以經術飾吏治，政績亦稱卓絶云。仕至寺丞。

石天民，奇士也。刻苦好修，研求性理之學，所交如吴益恭、王道甫、辛幼安、王仲衡輩，皆一時碩望，而與朱晦菴、吕東萊、陳龍川諸先生尤相契厚。龍川貽朱子書，言其貧日甚，深以某月日未曾得見爲憾。又嘗與東萊讀書石鼓寮，闡明先賢宗旨。其存心寬厚，於儕輩中最爲不立崖岸，人故不之忌，士大夫以此益樂與之遊。然制行極嚴毅，纖碎不留，薄劣不污，翔翱士林之表，澹然而無忮求。官知軍，有爲有守，爲巖陬保障。其殁也，龍川爲文祭之，有曰“英風義概，足以激懦而起偷；美意仁心，足以律貪而鎮浮。書册未嘗不親，而書味饜飫而優柔；事體未嘗不具，而事情反覆而咨諏。聖賢不傳之學，豪傑經遠之猷，兼該衆美，而歉然以未善爲憂。推先一輩，而退然與後學爲儔。此吾夫子所以嘆任重而道遠，而韓子貴於責己重以周”云云，蓋極稱美如此。

吕皓，字子陽。少負志節，學於林大中，而友陳亮、吕祖謙。以出粟賑濟受知於倉使，朱熹薦諸朝，補郡文學。淳熙中舉，上禮部，會父兄爲怨家誣構，逮繫大理獄，皓叩閽上書，理其冤，願納所得官以贖罪，且言“無使聖世男子，不及漢緹縈一女子爲殁身恨”。翼日，下都堂議，宰相白無例，孝宗曰：“此義事，安用例！”由是其父兄與連坐五十餘人皆得釋。再試禮部，不第，遂絶意仕進，隱居桃巖山，與陳亮往來講切，克己修慝，孜孜不倦。父母繼殁，茹素三年，廬墓以終喪。割兄弟所遜田爲義莊，以贍教鄉族。制置使劉光祖、郡守王夢龍、陳騤以遺逸孝友交薦於朝，俱不起。嘗作《雲溪逸叟傳》以見志。

胡侃,字子仁。當宋嘉定間,以克己養性之學,持内聖外王之論,應賢良方正直言極諫科。時科廢,且百年不得試矣,退居杭州西湖,築雪江講堂于三賢堂之側,遠近學者咸宗之。

潘墀,字經之。祖大用,累官禮部侍郎。父焆,朝請、銀青光禄大夫、太師、尚書令。墀生自世胄,介然自立,所學以聖賢爲歸。端平乙未成進士,除處州教授。時蜀人以晦菴語録類成編,墀取《論語》一類,增益其所未備,刻於學宫,俾學者知所以學。擢右文殿修撰、太子侍講,出知嘉興府。嘉興俗尚偷薄,墀導以禮讓,痛革薄俗,漸至淳龐,人誦其德焉。

元

胡長孺,字汲仲,知台州居仁子也。性聰敏,九經諸史,下逮百家,靡不貫通。咸淳中,以任子入官,銓試第一,授迪功郎,監重慶府酒務,兼湖廣總領所軍馬錢糧。與高彭等號南中八士。後轉福寧州倅。會宋亡,歸隱。至正中,應求賢詔,擢集賢修撰。因忤執政,改教授揚州。秩滿,遷建昌録事。時程文海方貴顯,其外門侵官道,亟撤而正之。轉台州路寧海縣主簿,善擿奸伏,人稱神明。縣有銅巖,惡少狙伺其間出鈔道,爲過客患。長孺僞衣商人服,令商人負貨以從,戒騶卒數人躡其後。長孺至,巖中人突出邀之,長孺方遜辭謝,騶卒俄集,悉擒伏法。永嘉民有弟質珠步摇於兄者,兄妻愛之,紿以亡於盗,屢訟不獲。往告長孺,長孺曰:"爾非吾民也。"斥去之。未幾治盗,潛令盗誣其兄受步摇爲贓,逮問不伏,長孺呵曰:"汝家信有是,何謂誣耶?"兄倉皇曰:"有固有之,乃弟所質者。"趨持至,驗之,呼其弟示曰:"此非爾家物耶?"弟曰:"是矣。"遂歸焉。其他類此者甚多。浙東大祲,民死者相枕。宣慰脱歡察斂民錢一百五十萬賑之,以餘錢二十五萬屬長孺。長孺覺其有乾没意,悉以散於民。脱歡察怒,長孺曰:"民一日不食,當有死者,誠不及以聞。然官書具在,可徵也。"脱歡察默然而去。尋還長山鹽司丞，謝病，歸隱杭之虎林山。晚得疾，正衣冠端坐而逝，年七十五。長孺師青田余學古，學古師同邑黄夢松，夢松師龍泉葉味道，則朱晦菴高第弟子也。爲人光明俊偉，專務發明本心之學，慨然以孟子自任。末年，更慕陸九淵爲人，每取其"宇宙即吾心"之言，諄諄爲學者道之。爲文章有精魄，海内購之，如獲珙璧。屢司文衡，賤華貴實，士習爲之一變。在至元中，與金履祥竝以學術爲郡人倡，學者尊而仰之。所著有《瓦缶編》《建昌集》《寧海漫鈔》《顔樂齋稿》。從兄之綱、之純，亦皆以文學名。之綱字仍仲，嘗被薦書，於聲音字畫之説，自謂獨造其妙。之純字穆仲，咸淳甲戌進士，踐履如古獨行者，其文尤明潔可誦。人稱爲三胡云。

吕浦，字公甫。從學許文懿之門，講究經書，悉領其要。爲文馳騁雄暢，落落有奇氣。詩動盪激烈。治家冠婚喪祭，一遵朱子《家禮》。嘗著《大學疑問》及《史論》，其詩文有《竹溪集》若干卷。浦從兄洙，字宗魯，亦從許文懿遊，同門服其精敏。俄以疾卒，著有《太極圖説》《大學辨疑》。

戚仲咸，名崇僧，以字行。其先居金華。祖紹，隱居養親，人稱爲真孝先生。父象祖，道一書院山長。仲咸自少端居苦學，爲詩文皆精麗綿密，年十七從許文懿遊，潛心性理之説，旁通諸子百氏，同門推爲高弟。克己礪行，爲人所難，自奉清約，不以時好改其度。每謂人知富貴之可欲，而不知貧賤之可樂也。吕氏創家塾，延仲咸主其教，師法嚴整，學者皆敬憚之。居常默坐一室，環書數百卷，非有故不妄出。扁其室曰"朝陽"，人稱爲朝陽先生。所著有《春秋纂例》諸書。

明

吕文燧，字慎明，别號雙泉。幼從從祖竹谿先生講明聖賢之學，長從黄文獻門人純齋朱先生。經明行修，爲文温淳富麗有奇氣。洪武初，有司舉，上南宫，擢爲永康儒學訓導。翰林學士吴沈薦其才德兼備,太祖敕召,授周府長史,改刑部總部郎中。所著有《理氣合一圖》《體用相資圖》《西銘經緯圖》《雙泉稿》等書。

李滄,字一清。領弘治戊午鄉薦,登正德戊辰進士,授南京工部營繕司主事。興作經畫,率不勞而事集。嘗差督甓儀真,措置有方,凡前官踵襲之弊、有病于人者,悉罷之,往來者皆稱便。儀真當漕河之衝,津要多道此者,一毫無狥。及司龍江關抽分,廉慎執法,人不敢以私干,雖中官同事者亦肅然敬憚之。朝寧聞其名,欲大用,會以疾卒,不果。滄素貧,病革時,顧謂所親曰:"吾即死,慎勿需財公家,爲平生累。"及卒,賣馬質屋,乃克殮,士論高之。滄幼凝重,不妄語笑,事親以孝稱,執喪哀毀骨立。遊太學時,受知章楓山先生,慨然有志于聖賢之學,與崑山魏校、永豐夏尚樸同官郎署,日相講切,于一切世味泊如也。鄉人重其風節,請于有司,率錢爲立門以表之,章楓山題其題曰"清修吉士",識者以爲無忝云。

應典,字天彝。性沈篤,操尚不群。自舉業時,輒奮然有希聖之志。正德甲戌登進士,授兵部職方司主事。益購經史百家之書,晝夜研窮,志益宏遠。既以母病告歸,過蘭谿,謁楓山章先生。章曰:"吾婺自宗忠簡功業、宋潛溪文章、吕成公道學以來,久失其傳。子將安任乎!"典拱手受教歸,偕仙居應良、黄巖黄綰過從講切,又師餘姚王守仁授良知之旨。建麗澤祠于壽山龍湫下,祀宋吕東萊、朱晦菴并陸象山三先生,將以一鵝湖未合之餘論,而會之于周、程也。因集諸生講授,四方從遊者常百餘人。又增損《藍田吕氏鄉約》,率其鄉老之可語者行之,以勵風俗。再起兵部車駕司主事,大爲尚書王瓊所器異,委總四司奏案。時南北黨論已有萌,念欲先幾潔身,既滿考,即引疾歸。先是母病目不愈,適值良醫,針治復明,人咸謂孝感所致。朝紳多論薦,陞尚寶司丞。遭母喪,不赴。服除,巡按御史周汝員檄郡守姚文炤禮訪之。乃徜徉壽山五峰間,以示無起意,當道弗能强也。釋褐三十年,前後兩任,僅一考而已。學者稱爲石門先生。

應璋，字德夫。宋少師孟明九世孫也。受學于章楓山先生，一見，語以黄勉齋所云“真實心地，刻苦工夫”，璋珮服弗懈，先生稱其純篤。後膺貢，授徽學訓導，補長樂，再遷羅源教諭。正己率人，人皆樂從。致仕，年九十終。學者稱東白先生。所著有《四書索微》《尚書要略》。

徐洪，字湛之。爲邑諸生，從楓山先生遊，好古博文，所著有《學庸解》。

應廷育，字仁卿。年二十七，登嘉靖癸未進士。或勸增年以需科道之選，笑謝曰：“欲求事君，而先欺君乎？”卒不赴選。授刑部河南司主事。時方争大禮，廷育援歐陽文忠濮王議，以禮律尚有三父八母，何况所生，第當弗干大統耳。實之本有者，絲毫不可減。名之本無者，絲毫不可增。今議者已曲狥其所本無，而争者乃强奪其所固有，胥失之矣。於時廷論未有合者，因乞便養，改南刑部福建司。既而丁外艱，服除，仍乞補南刑部，轉江西司員外郎。凡三入刑曹，明習法律，每讞獄，孜孜爲囚求生，暇則讀律，因著《讀律管窺》。會巨俠滕泰犯大辟，主部者欲貰其死，廷育堅執不少貸，主部者銜之，憚廷育才名，不敢動，乃俾修《南京刑部志》。志成，推明律例十事，蒙上採擇施行，以此益重其忌，中以蜚語落職，同知荆門，檄署穀城事。顓以德惠民，政平訟簡，日未午而庭空無人。乃詣學舍，談道講德，剖析隱微。又毁淫祠，建爲書院，以處學者。在縣凡十月還，署州事。爲政大較如在穀城，日惟講學於象山書院，生徒向風奔附，户外之屨常滿。秩滿，陞道州知州。州數被苗寇侵掠，莫敢禦，寇益猖獗。一日聞苗掠永明，即勒州衛兵，同熟苗追之，斬獲無算，苗人由是大創不復出。擢福建按察司僉事。既入閩，以患病力請致仕。疏三上，乃得就里，時年甫四十有二。既歸，闔門守静，唯以問學爲務，而所在喜與人研究名理。其在外與胡九峰、吴泉亭輩講《周易》，其説不專尚占，大要以十翼爲主，分言動制器卜筮爲聖人繫《易》之道四。又與朱適齋、陳練塘、葉旗峰輩講《周禮》,務駁正鄭注,不溺讖緯之説。其在家,與程松溪文德、周蒑峰桐會聚講學,其論學有曰:程子云,知如識路,行如行路,其取喻極親切,蓋必目之所識到此,斯足之所行到此。足之所行既到,斯目之所識益前,而足之所行亦益前矣。是則知之淺者,常在行前;而知之深者,常在行後。畢究歸於知前行後相續以成功也。生平無所營求,孜孜述作,垂四十年。雖年逾八旬,手不釋卷。其著作甚富,論者謂其創成一家言,與子長、孟堅馳騁上下,君子不以爲過。部使者節行薦舉,皆不就。所著書,在官有《讀律管窺》《南京刑部志》;在家有《中庸本義》《周禮輯釋》《周易經解》《四書説約》《郊祀考義》《金華先民傳》是書載《四庫全書總目》。《永康縣志》是書曾梓於縣尹吴安國。《經濟要略》《禮記類編》《史監纂要》《明詩正聲》《字類釋義》《卮言録》《訓儉編》《自敘編》凡十七種,末年又有《皇明文武名臣録》,未就而卒。年八十二。人稱晋菴先生。萬曆間,崇祀鄉賢。

李珙,字俟璧。以歲貢授東鄉訓導,陞漵浦教諭。躬行教誨,士咸宗之。嘉靖乙丑,詔拔異才以風群吏,當道薦珙,擢大理評事。珙蚤有志理學,徒步至姚江見陽明先生,授以致良知之訣。珙悟,獨居精思,盡得其旨,同輩咸推重之。在東鄉,當道聘主豫章書院教事。及漵浦,日與同志訂會,所至發明師訓,聽從者衆。平居不事生業,死之日,惟曰:“只此見在良知,吾今緊密受用,性命皆了。古所謂得正而斃者,珙之謂與?”所著有《質疑稿》若干卷。

盧可久,字一松。邑諸生。潛心理學,與程方峰同受業陽明先生。可久刻苦精思,盡得其旨。陽明器之,比歸,送之曰:“吾道東矣。”即五峰書院授徒講學,杜惟熙、金萬選咸北面焉。程松溪嘗稱之曰“一夔足矣”。東陽許少微亦謂其直接何、王、金、許之傳,蓋實録也。所著有《光餘或問》《望洋日録》。學者祀于五峰書院,配享王文成。雍正二年,崇祀府縣鄉賢。

程梓,字養之。生而明慧,及長,聞何、王、金、許,欣然慕之。讀

《正學編》，躍然曰："學在是矣！"弱冠爲諸生，徒步往姚江求文成之學。歸里，即壽山洞中，倡明正學。鄉豪以睚眦隙，詣御史臺，訟梓建淫祠、倡僞學。御史不察，遽削梓籍，祠廢。越數年，梓普訴當道，邑士紳詣御史臺言狀，復梓籍，仍建祠。隆慶辛未，子正誼舉進士，司理武昌，迎養署中。時政府操切，正誼以部郎慮囚吴魯坐決不滿品罰。曰："兒以無冤民壽我，我願足矣！"前後三錫命服，拜賜畢，即橐之。著有《白翁吟稿》。年八十有八，素髮委地，月朔掌文作丹砂色，所居亭瓦有朱光。忽一日，曰："吾逝矣！内省不疚，不倍吾學矣！"學者祀于五峰書院，配享王文成，稱方峰先生，崇祀郡邑鄉賢。

周桐，字鳳鳴。幼嗜學，年十七從舅氏應鶴、丘恩，游學南廱，歸，又負笈姚江從王文成遊。以明經授南京武學訓導。秩滿，擢江西撫州教授。古貌古心，日以講道爲諸生倡。聞母病，即日棄官歸。五峰書院自應石門典後，桐繼主講席者多年，學者稱覓峰先生。歿後，撫州人士祀於名宦祠。

吕璠，字德器。幼俊偉，長聞王畿倡陽明之學，往從之游。又師黄琯、章懋，參互考證。及歸，與應典、程梓會聚五峰講學。著有《石厓文集》《知非録》等書。

應兼，字抑之。有至行。母朱，年逾九十，兼日飭脆旨、視寢處，七十年如一日。朱卒，廬于墓所三年。朱性仁慈，橐有遺金，見鄰里之貧病者，貸之債，不責償，唯存質券。及歿，兼悉取其券焚之，以成母志。叔父典，學務致道，友應良、黄琯，而師王守仁，所至兼必與偕，備聞要旨，遂繼典主盟於五峰精舍，與同門盧可久、程梓麗澤講學，四方來會者翕然趨之餘三十年，學者稱古麓先生。

盧自明，字希程。可久從侄也。篤志正學，侍講五峰者數十年，砥節礪行。著有《新菴文集》。

吕成章，字達夫。幼敏悟，攻舉業。父某勗之曰："讀書不適於道，非吾志也。"聞王畿繼主陽明講席，命就學，獲聞緒論。比歸，畿爲文送之,有"爲學工夫,務求真實"云云。又師事應典,與程梓講道五峰,學者稱五松先生。

周瑩,字德純。不屑爲舉子業,有志聖賢之學,乃東入台,師事南洲應子、石龍季子,若有得焉。已而入越,從王陽明先生遊,得交天下名士。其歸也,先生爲文贈之。講學五峰,邑人應石門典、王麓泉崇有序,皆實紀其行誼云。

應玠,字草亭。宋少師孟明裔也。少好學,不干仕進。嘗從黄巖黄久菴綰遊,得姚江良知之旨,歸從應石門典、程松溪文德會於五峰精舍,發明濂洛正學,反躬體驗於性情倫理之閒,翺翔物表,視聲色勢利泊如也。性至孝,執親喪,衰絰徒跣,廬於墓次者三年。

周佑德,字以明。性至孝,居喪三年,未嘗見齒,未葬不釋服。爲諸生講學於五峰書院,創學易齋於書院之右,以祀郡賢何北山、王魯齋、金仁山、許白雲并章楓山五先生。居鄉嘗建義倉,以贍其鄉人。學者祀於學易齋,稱復初先生。弟有章,亦以孝友著,祀於鄉約社。邑人周鳳岐、王世德有傳。

金大材,字時成。明萬曆間邑庠生。究心理學,著《五經統紀》《四書事類通考》等書。福建方伯徐學聚梓之行世。

吕一龍,字雲君。邑庠生。少有志于正學,模楷先民,言動不苟。聞東陽春淵、誠源兩先生講求性理之旨,遂師事之。逾年歸。嘗語人曰:"真心實地,刻苦工夫,此爲學第一義也。"學者咸宗之。一龍止一子,其弟多男。比析業,計口均分。兩師卒,服心喪三年。年八十餘卒,配祀五峰書院。見《明史·錢德洪傳》。

國　朝

樓秉詡,字景虞。康熙癸巳舉人。謹言勵行,造次必於儒者。郡守張遜菴聘爲麗正書院山長,日與門下士闡明婺學淵源,一時學者翕然宗之。後授臨海教諭,士風肅然,皆敦實行。所著有《五經提要》《論史彙集》二編、《明紀輯略》《數目典故》《攬秀樓文鈔》諸書，藏於家。

應國華，字茂侯。因讀宋李方子傳，有會於心，自號果齋。丰度端凝，笑言不苟，望而知爲有道氣象。其學以“真實心地、刻苦工夫”兩言爲要訣。凡所講論，不穿鑿，不支離，一以濂洛關閩爲宗。乾隆甲子，舉於鄉。丙申謁選，授福建福清鹽場大使。司鹽務者往往嚴督責，致多産爲上課，國華念團竈貧苦，多寬宥。履任一年，舉場相慶，而當道竟以不滿課題改教職。歸，至杭卒於邸，年六十有九。所編有《四書輯要》《通鑑綱目輯要》《左國要語》《楊子文中子粹言》等書，藏於家。

應正禄，字遒之。性純懿。七歲從師讀《小學》，即書“做人定當如是”於其上。終日端坐，手不釋卷。辛卯領本省鄉薦，授麗水教諭。訓士先德行而後文藝，選諸生之清俊者集樂有齋，俾習經藝，相與琢磨，作規約十二條，人授一册，俾以時觀省。每講學，雖盛暑必冠帶。一時學者嚮風景慕，横舍至不能容，乃於學舍左右構齋二，東曰崇德，西曰廣業；軒一，曰静觀，以爲學者居業地，各爲銘以勖之。居數年，士習文風，爲之一變。歲戊午，見學宫勢將就圮，輒憂形於色，與諸生謀所以舉之。由是首大成殿，次廡，次祠，次堂，次名宦、鄉賢、忠孝、節孝諸祠，及文星閣，皆次第更新。去學宫之東數十武，有宋周孝童墓，亦於叢荆蔓草中，親督工匠，尋其迹而封之。凡所以激厲人心、扶樹世教者，靡不畢舉，又各爲文以紀其事。秩滿，引疾歸，郡大夫王穎山績著率諸生留之，不可，遂歸。歸五年，卒。正禄厚重簡默，自年十六，即有志於聖賢，謂人不可以虚生，宜自立以期不朽，因作日記以自課。其學於天地民物之故、性命道德之精，靡不窮源竟委，條晰縷分，而其大旨以朱子爲宗。東陽盧東園衍仁以爲是擔金華大擔者。錫山秦司寇瀛以爲自朱子倡道浙東，經其指授者皆有淵源，而婺郡爲尤盛。應子嗣響於風流歇絶之餘，可爲吾道之幸。説者以爲知言。既告歸,猶手卷研尋,孜孜不已,續其所著《課餘録》百十餘條。所著有《大學中庸章句或問》《薛胡粹語》《盧子精語》《群書彙序》《養正編》《先型録》《課餘録》十二卷。學者稱恒齋先生。

潘國詔,字雲留,又字耘流,晚字質瞑。嘉慶辛酉拔貢,朝考,以知縣歷任直隸任丘、獲鹿、慶雲、宣化、南皮、交河等縣,陞天津府滄州知州,兼署天津通判。性清介,儀貌嚴重,不苟言笑。學有特操,秉敬義。直隸縣連畿輔,大官往來如織,供億輿馬,雖王公大人皆循典例,不肯略致阿媚。家丁或挾以苛索,便以假冒杖之。即署中門丁胥役有犯贓者,雖錐末亦責革不貸。凡檢驗及出勘,夫馬計里皆自給,入廠即諭紳耆,言此輩有擾一茶一水者,可稟白,當必治之。是以所至内外肅然,無有干法紀者。最愛士,門者别置一老僕,即令通見,稍遲則必罪。僕索錢,笞之。然士亦不容干以私,如私謁,不論顯達與知名士,即作色起,立命逐出。善士則拔出訟累中,育以成材者時有之,道光中如鎮江府知府崔、名光笏。金衢嚴道董公皆是也。養民以德,廉恥爲先。宣化舊俗淫靡,男女相謔如鄭風。宰之三月,示以禮義,俗遂革,上官以是皆諒之,不以其剛介爲嫌,且奏之朝。道光初,記名御屏。先是爲諸生時,儀徵阮相國最所欣賞,許以佳士,與東陽盧炳濤、徐大酉、浦江張汝房並稱,云有四先生之餘風。青田端木子彝國瑚,浙中名士也,宰交河時過之,有"美政長官聞飲水"之句。官直隸三十餘年,丕著清聲,皆目以潘青天。壬辰告養歸,滄州諸名士餞以詩二百四十餘首,裝錦篋四函以進,却弗受。再送,再固以却。如是者三,至二十餘里,乃含淚受之,言曰:"予於諸君無好處。即以爲可人,亦吾分内事。但願諸君守典奉法,爲國朝良士足矣!"既歸,囊橐蕭然,惟書硯壓裝而已。家居無僕婢,惟一子、一孫隨侍,客至,令供奔走。與客坐,終日衣冠無倦容,談論惟經史理蘊,無一言浪及居官事。客或摇膝,雖當暑,必問曰:"冷乎?"默示以禮毋蹶意。子侄輩一言一行,必究出處,云"讀書不可爲無本之學"。或問以宦績,曰:

“在官求免過不得，不至作惡幸矣，尚何績之有！”歸二年，與梧垞應刺史同修縣乘。至庚子卒，時年七十。嘗謂知者曰：“今人皆曰主敬，不知敬在主一。一者何？表裡如一，上下如一，終始如一。”故自名其齋曰“三一”，乃作《三一齋説》以見志。詔素以能詩文書名，官時纂次《春星堂法帖》，自晋鍾司徒至前明凡數百家。仕不廢學，歸養亦無曠時日。著有《三一齋詩文》若干卷，幼子燮垚篋携官廣東，未刊行。

樓啓通，字濬思，一曰達泉。生而穎悟，孝友性成。年十九，應童試，縣侯王公石渠拔冠全軍。補弟子員，招之就署讀書。既冠，以優等食廩餼。是年易侯梧岡來作宰，最愛才，甄拔邑中名士，陳應藩、應鍾毓、吕東皋皆在門下，通年最少，與焉。易侯喜曰：“吾得玉筍班矣。”庚午鄉試，通與應藩同舉於鄉，應、吕亦先後登賢書，人以是服易侯能得士。辛未會試，薦而不售。癸酉冬，通以遠違色養，猶豫未決。母囑之，始復就春闈，又厄於數。時同邑潘國詔適莅任交河，過之。詔知通學優品醇，攀留延課其子。潘固以儒林出爲循吏者，通喜居近名流，得加策勵，因留潘署，與之講求名理，日益精進。居數歲，眷念慈幃，不能以一日去諸懷，每托諸文詩以發之。暨丁丑會試，以詩中蓂階字錯擡，卒駁落，遂歸。課士造就後進，具經師人師之望。常時齋心默坐，座勒箴銘。凡學有心得必期實踐，雖家中落，居貧守約，晏如也。嘗過台郡，人有言樓姓者，留款之，遽出白金二百，丐通匾爲榮，通婉詞謝焉。又戊寅，衢府那太守聘主文衡，有賂求首拔者，亦峻拒之。己卯冬，戚友贐復促入都，母又迫之，通迺不已北上，途中風痾頓作，掉舟歸，諸凡贐儀悉還之。抱病歲餘卒，春秋三十有八。享年未永，著述少傳，然學有根源，品底純粹，論者多推爲士林模楷。初，易侯宰永時，通閉户齋居，易侯駕臨舟山，意在見通，就館於塾。通引嫌不以投刺。易侯知其介，特而以詩贈之，遂列諸門下云。

胡鳳丹，初字楓江，最後又字月樵。游仙溪岸人。生而意趣超特。幼讀《孝經》有得。見考翁樂善，施惠族姓，復捐腴田若干畝爲縣士童試卷資，遂不瑣瑣規小，務爲遠大，以顯親而揚名。既入學，連應秋試，不售，乃奉母命，束裝入都，援例授光禄寺署正。眼法抑又高曠，凡天下士之有俊才者，與之款交，意甚懇切。一有不足，必傾囊且借籌而扶起之，義聲大振於京畿。同鄉京官或勸以注丞職，答曰："是區區者，何足以顯吾親？必祖父交膺龍章，乃可久之。"聲聞達於内大臣，擢遷兵部員外郎。旋以鳳丹雖額外司員，皆以其能，委使治事。鳳丹在京日久，熟諳時務，莫不洞中窾竅。迨咸豐庚申，駕幸熱河，留二三大臣監國。倏告警，都人洶洶。鳳丹兀不爲動，佐佑鎮壓。事平，内大臣交章保舉，擢簡用道加鹽運使銜。適丁内艱歸。時東南漸次肅清，至之日，抱蓼莪靡至之哀，爲考翁禀請大憲奏，得從祀鄉賢。復禀請具奏，恩准建父子尚義坊。又於弟兄婦侄有殉節者，推友愛心具禀，沐李撫軍專章奏請，旨准建八烈坊併八烈專祠於原籍，且以家有二貞女具奏，得俞旨，建一門雙貞坊。榮已及，既免喪，猶未慊於心，尤必貽父母令名。同治初，放棹渡江，起入楚北以道員補用，綜理釐局。尋以中丞曾忠襄公委辦崇文書局。時東南文籍，歷經劫火，搜求天下祕藏遺書，悉心校訂，海内傳爲善本。乙亥，署湖北督糧道。埽除積習，措置有方。是歲以覃恩，請三代從一品封典，伯叔亦皆如例貤封。丁丑，請假埽墓。解組後，杜門謝客，以著述自娱。庚辰，直北水熘，如例捐銀一千兩。復以縣城西試院燬爲荒基，獨力重造，申詳立案，較前完備。二者皆增廓先人志業，亦皆得坊表，曰"樂善好施"，曰"急公好義"。遵奉綸褒，樹五坊於前庭，矗立與五峰對峙，爲宗族光寵，焜燿厥家。鳳丹一生血力，皆本孝友，以遠大之志致之。所自爲垂令名於後，以伸先志，則有《退補齋詩文存》等類，編訂成帙，不可枚舉，一時名公鉅鄉爲之弁言。而又以其餘力，採掇郡縣古今散佚遺書，如其書目，一一梓而序之，凡七十餘種，名曰《金華叢書》。其有一二篇章傳者，亦與爲分縣裒輯，皆刊以行。

孝　友

“夫孝，天之經也，地之義也，民之行也。”而知德者鮮，“中庸不可能”。惟鮮知之，而知者遂異於衆矣；惟不可能，而能之者難矣！孝子悌弟，不求知於人，而人人聞而慕之，見而敬之，則秉彝之好，有同然也。

宋

吕源，字子中。性孝友，嗜學。兄皓嘗語之曰：“充其義以行於家，而及於鄉可也。何必應舉求仕？”遂躬行此言。執親喪，哀毁逾禮，苫塊三年。嘗置義莊、義倉、義塚，且别爲小廪，收恤閭里棄兒。病革時，兄遊江陵，仰天大號曰：“不及見吾兄一語而訣，吾目不瞑矣！”人莫不哀思之。郡邑以孝弟聞於朝，贈通直郎，旌表其門。

明

黄嵐，生平孝友。會兄黄崇上輸課，廷讞重辟繫獄。嵐聞往省，以貌相肖代繫，赴京遇宥，獲免。

程堅，字世剛。慷慨好施，嘗於雪中以囊貯粟户給之。母吴氏病篤，醫禱弗效，乃割股作糜以進。堅行第十二，中年無子，母吴感而祝曰：“十二官如許純孝，願天賜賢子十二，亦如十二官之孝。”後果生子十二人。第八子銈，登弘治己未進士，時年八旬，封大理評事。孫文德，嘉靖己丑進士第二人及第，加贈吏部侍郎。

應綱，字恒道。少喪父，母胡氏守節，撫之長，補邑弟子員。事母克孝。母嘗病不食，綱亦不食。成化七年，省試回經錢塘，舟覆，人多溺死，綱念母寡居，乏人供養，水中若有援之者，得不死，以爲孝感所致。後膺貢，任歸德訓導，奉母就養，孝義逾篤。母歿，水漿不入口者三日，廬墓三年。有司具奏，敕旌其門曰節孝。著有《孝經刊誤集注》。崇祀忠義祠。

應枌,字尚端,杰從弟也。幼失怙恃,痛弗及養,每諱日哀奠如初喪。從兄杰,家政肅穆,遵奉唯謹,於弟枋友愛曲至。女兄適朱而寡,迎養於家,且及其子。弘治庚申,大成殿灾,枌慨然曰:"此吾祖所經營也,肯令先澤湮乎!"遂解私橐,拓基重建,閲歲而廟貌如故焉。卒以子典貴,贈兵部車駕司主事。嘉慶十五年,崇祀鄉賢。

倪大海,祖病,侍奉湯藥不離側,焚香告天,願減己齡以延祖壽。後祖年逾九十方終,大海哀毁逾禮。及葬,廬墓三年。繼母李患癰,吮其癭出之而愈。父殁,又廬墓三年。值歲旱,飢者施粥,死者捨棺,仍割田儲廩以賙其族人之貧者。有司具奏,旌其門曰孝義。

應勳,字天成。性孝友。父喪,哀毁逾禮。人有語及者,輒悲哽不自勝。母有疾,不脱巾帶而養。母年六十三失明,晨夕扶養者十年,至七十四,忽值良醫針治,目復明,人以爲孝感所致。父枌重建大成殿,勳又輸金修之。從兄奎議建宗祠,勳獨任餕堂,費數百金,無難色。王麓泉崇名其堂曰徵德,作記美焉。嘉慶十五年,崇祀鄉賢。

姚守仲,割股救父,廬墓三載,歷經旌表。

應召,璋之子,嘗從父宦遊新安,受業於甘泉湛若水。母疾,侍湯藥,不解衣帶。比終返櫬,值洪水泛漲,柩爲激流所漂,召抱柩呼天,已而風息水平,柩免漂没,人以爲孝感云。

徐士洪,字端範。性至孝。萬曆丙辰夏,里中大疫,父染病。洪年尚幼,奉侍湯藥,衣不解帶。既而病危,醫窮於技,洪爲文籲天請代,呼號七日。比父甦,而洪竟奄然逝矣。教諭包世杰爲之傳。

徐文景,字汝憲。孝友性成。以母瞽,同卧食至老。兄弟五十年不分爨。喜放生,濟人危急,爲黨族推重。年逾九十,赴賓筵,巡方胡按郡,乘傳引見,給冠帶銀兩,扁其廬曰"百歲善良"。教諭包世杰有傳。

徐鸞,字廷揚。少爲邑諸生,任俠不羈。一日忽自悔悟,閉門静養,言動率師古人,事母以孝聞。

陳明光,邑庠生。事親愛敬備至,當抱病,事之愈謹,人無間言。

應瑞連,字嘉用。少失怙,奉母惟謹,每殫力以供甘脆。以母嫠居,恐懷憂悶,嬉怡膝下,晨夕不離左右者四十餘年。

李長春,字方華。幼穎悟好學。由明經授松溪令,未赴退隱。早失怙,事母三十年,色養慎終,孝行備至。好賑貧乏,竭力爲之。凡族人構争,一言令人冰釋,族中免至訟庭者約二十餘年。

陳廷珙,字君瑞。郡增生。父候選京都,疾卒。廷珙年十五,扶櫬歸里。善事孀母,撫育弱弟,以孝友稱。苦志力學,著有《讀古彙編》。崇禎間歲祲,傾資賑濟。縣府道司旌表其門。

徐明勳,號筠巖。幼失怙,依母成立。博通經史,嘗曰:"讀聖賢書不知聖賢之爲人,雖萬卷何益!"一日赴郡録科,忽夢母有憂色,覺而心怖,遂夜半馳歸。母果病,籲天願代,廢寢食,省侍四十餘日不少懈。著有《史衡》及《孤臣録》數十卷。

王世鍵,字有樞。性至孝。父師禹,年九十卒,廬墓三年。遇歲饑,出穀賑濟。人衆,益以白鏹,全活甚多。

陳願,字希成。少業儒,知大義,事親以孝聞。父母殁,各廬墓三年。鄉黨稱之曰陳孝子。

胡演,字希道。父仲禄,授徒縉雲,時土寇焚掠遇害。演扶柩歸葬,以父冤死,終身廬墓,攀木悲號,淚皆成血,其山忽遍生紫荆,人遂名曰紫荆山。

姚珏,字世厚。性篤孝。父仲高,賦甲於鄉,爲時所忌。會里中歲時迎賽,争道先驅,里有人被創而死,仲高父子亦在會中,因誣仲高,官逮之急。珏曰:"父老弟幼,罪當誰諉耶?"因密勸父走匿,而自詣獄,曰:"死里人者,珏也,其父也。"官不可,令言父所在。珏曰:"衆欲殺吾父,而我言所在,是我殺吾父也。況殺人者非父也。即父,願以身代。"官必欲逮其父,重箠楚之,竟以是死桎梏中。邑人朱參政方爲傳其事,曰:"世以孝聞者,或刲肉一臠,或廬墓三載,而精感天地,誠動鬼神,况以身代者乎? 雖與日月争光可也!”

吴協,字仲和。從謝僉事遊,潛心力學,事親孝。親殁,麤衣糲食,廬墓三年。嘗之郡道拾遺金百餘兩,待其人還之。邑人趙艮爲之傳。

黄宗支,陬山人。初黄姓父老相傳清明節祭孝子,却不知孝子何名、墓所何在、孝之事迹何如。至道光間,諸生黄彝等欲心究其原本,卒不可得。忽庠士樓瞻泰名洪注。夢一童子來見,詢以何姓,曰黄名宗支,遂寤,殊不自解。訊之諸友,亦無識者。及歲,又作墓祭。彝等復訪孝子於野。忽一耕夫云:“予嘗樵採於某山頂,見草叢中一碑,上有孝子字。或者是乎?”彝等遂邀與同至其處,果得之。碑鐫十五字,名與樓庠士夢中語合,碑則其父所題并書,侄某立。乃喜而歸,求諸宗系,得其名,蓋孝而殤者也。因請西潭張先生爲之記,以表諸墓焉。記見藝文,附潘樹棠《黄孝子歌》:“顔有烏,以名其縣。許有虎,以名其峰。弔陶有鶴,羅有菊與松。此皆孝德昭感異類寓諸庸。在昔陬山,聞有江夏黄,湮没久而不彰。荏苒至今,自稱名,見夢於汪。意在童而孝,猶之執干戈,衛社稷,孔子可無殤。始也不解靈歟噩歟何吉祥,及得山上碑刊,曰孝子宗支墓,八旬老父題,仝侄承梅立,方知幼少協夢無虚張。稽之系牒昭然若發矇,雖無列行永永於石不相蒙。願爾行孝者請鑒兹篇爲爾宗,劬勞莫報子職宜供,毋自爲梟爲獍腐與草木同。”

徐士震,字蘧菴。著聲庠序。痛父可期殁於王事,終身哀慕。母年八十,曲盡孝養,友愛諸弟,老而彌篤。性狷介,雖父同官故舊,未嘗一造。年八十五,力學不倦。所著有《治心編》《蘧菴鏡帖》。

國　朝

應光賢,性至孝,家徒四壁,必委曲奉甘旨,不使父母見其難。順治戊子,土寇竊發,所過焚掠。火近父柩,光賢入室抱柩悲號,忽反風獲免,人謂孝感所致云。

王汝忠,從父遊學河南。父殁,數千里外負骸歸葬,廬墓終身。

胡希洪,幼知大義。年二十,父母病疫,諸醫罔效,晝夜哀籲,刲左右股和藥以進，二人立愈。府縣具詳，旌其門。

徐懋簡，字于默。性至孝，孩年喪母，家貧，父思聖狂疾，不識水火，行坐護持，起溺必俱，垂二十餘年。後病劇，焚香祝天，乞以身代。既而以後事屬其兄，遂登樓自墜，久乃蘇焉。邑紳以孝行請於當事，崇祀忠義祠。

李明峰，急公慕義，事親以孝著。居父喪，寢苫枕塊，廬墓三年。

陳季卿，少家貧，母殁，鬻身以葬。及長，以父老，贖身歸養。後父病痺，飲食步履必需人，季卿朝夕奉侍，歷數載不少懈。同時董明御傭工養父，父殁，無以爲殮，亦質身富家得值，始克葬焉。又有吕宗福孝行，詳見藝文《吕孝子詩》。

應修，字舒佐。邑諸生。七歲喪母，晝夜啼泣，目幾傷，州里稱爲孝童。事繼母方，先意承志。母失明三十年，不離左右。母年九十九卒，修年已七十有五，猶苫塊蔬食。士論多之。兄故，紀其家政爲輸課者二十餘年。康熙壬寅，大成殿、明倫堂將圮，捐貲以倡興作，又以本都腴田六十餘畝分助學宫義學，以爲歲修膏火之費。他如設義館以教人，置義塚以掩暴露，歲歉出粟貸鄉鄰，爲粥以食餓者，其好義大率類此。彌留時，命孫國良出所藏質券焚之，乃卒，年八十有七。

胡以澄，事親孝，感愈沈疴，瑞延壽考，至行可風。

孔毓銓，字天宰。幼孤，母陳年逾九旬，銓年亦七十，晨昏定省，未嘗遠離。母死，廬墓三年。每逢母忌辰，哀痛如新喪，人皆比之老萊云。

應鼎和，有至性。父母相繼殁，廬於墓側者六載。知縣張啓禹造廬禮之，表其閭曰“曾閔家風”。

吕繼宙，字久之。爲諸生，寒素自守，而事親務求豐腆，以冀得二人歡。父殁，廬墓終喪。事母尤謹，周旋承順，略不少怠。及殁，又廬墓三年。

吕應銓，字惟金。少孤，事母孝。順治戊子，土寇掠境，應銓負母避匿深山,捃拾以爲養。比寇退反舍,母以驚悸得疾,累治不痊。應銓號泣呼天,願以身代,霍然而起,人以爲孝感所致。

董繼盛,少孤,事母以孝聞。母歿,泣血盡哀,廬於墓側,苫塊終喪。知縣趙旌其廬曰"守廬純孝"。

吕鳴純,字君文。邑廩生。少孤,母撫成立。順治戊子,土寇焚掠,家室爲墟。鳴純力耕供職。及歿,廬墓三年。或勸之歸,以父母尚寄浮土,仍不忍離。既葬而後釋服,乃歸,宗族以是稱其孝云。

王丙簡,字文籥。父集東,博覽群書,尤工詩賦。雍正辛亥,里有無賴者,以逋賦獲譴,求拯於集東,集東辭焉。時官逮之急,無賴者忿,直入其家,手刃集東。丙簡恐父傷,以身迎刃,中脅而暈,少甦,猶睁眼視其父曰:"無恙乎?"無何,以創甚卒,時年十有七。有司以聞。乾隆八年,建孝子坊,崇祀忠義祠。

徐英紘,邑庠生。早失怙,母黄,病風痺,莫能屈伸,一切仰於人。英紘有四兄,皆遠客,女弟亦適人。妻吴,早卒,繼聘林,未歸。英紘以隻身供子婦職,每旦扶母於牀,授衣靧水已,迺跽其後而請櫛,復前俛而屨。每食引匕筯旋旋納諸口,如兒哺然。欲如厠,則負而往。暑或負而風,霜簷日出則負而暄於牖。夜寢母側,伺所患而撫摩之以爲常。女弟或歸,攝其乏,母輒不適,麾之曰:"阿紘來,阿紘來。"家貧舌耕,館於所居之樓,聞樓下吁聲,輒投其業而走,雖課授紛綸,志常在母,如是者數年,竟以勞瘁得疾,卒年三十五。既而母亦卒。邑人應廣文正禄爲傳其事,曰:"世之傳孝子者,往往多奇節偉行,動心駴目,其志將以植表爲世勸也。顧於庸行,則尠列焉,不亦長苟難之風乎?如生之所循,不越《内則》,而苦養無方,斃而後已。視諸一時之激烈者,更難矣!"

李雲魁,字邦信。年十三喪父,哭泣如成人。家貧,傭工養母。母病,禱天請代,病尋愈。及母以壽終,雲魁哀毁骨立,廬於墓次,朝夕上食如生時,如是者三年。常有慈烏巢其廬,每遇哭奠,悲鳴不已,若助之哀者。

周在鎬，少孤，事母以孝聞。乾隆庚申，母病革，祈祀延醫，誠求備至。後母越四年而歿，葬祭盡禮，廬墓三年。知縣黄、教諭王給匾表之。

李貞球，少孤，母年老癃病，在牀蓐者十餘載，貞球奉侍湯藥，未嘗暫離。疾稍加，輒呼天稽顙，求以身代。及歿，哀毁殆不勝喪，被髮徒跣，廬於墓所者三年。

徐文榛，幼失恃，父繼娶某氏，貧無以爲養，力耕供菽水。父疾，調護百端。卒不起，泣血盡哀，廬墓三年。事繼母如父。及歿，廬墓亦如之。以父母尚寄浮土，素衣疏食，竭𩚾數載，得宅兆安厝，始釋服焉。子覲光，乾隆庚子舉人。

陳崇宣，字公裕。幼讀書，以家貧缺甘旨，遂棄章句之學，竭力供職。父遘危疾，崇宣籲天虔禱，願減己年以增父壽。母病亦如之。已而父母繼逝，廬墓終喪。知縣任進颺以其事聞，學使竇旌曰"敦本可風"，教諭方卓然有傳。

周雲鑾，年十一，喪父，晝夜泣不絶聲。家酷貧，常採薪養母。母患病經年。自念無力可療，乃詣鄉里自鬻。鄉人憐其志，各分所有濟之。及母卒，被髮徒跣，廬於墓次，日一食者三年。

陳時瑞，年少家貧，父母繼逝，哀動比鄰，聞風木聲，輒增悲痛，憮然曰："丁蘭非人子乎？"遂採木刻雙親像，事之如生，髮尺許不薙。有詰之者，亦不言，惟流涕而已。知縣邢澍令地方舉實行可風者，族中以聞，顔其廬曰"敦倫勵俗"。

應莘，字樂道。母徐寢疾，輒終日不食，十旬不解衣，夜每哀號籲天，願以身代。既宅憂，哀毁骨立，以父在恐遺父憂，强進飲食。及父卒，擗踊幾絶。畢葬，單縗徒跣，廬墓於喪。郡中稱爲孝子。

胡珍，字德耀。事親孝。父歿，廬於墓所，旦夕悲號，如是者三年。母有疾，珍向天祝曰："願以身保母百歲。"後果如其言。比歿，廬墓如父喪。時值亢旱，泉水皆枯，珍焚香禱祝，忽清泉從墓傍湧出，注而不竭，時人謂之孝泉。嘉慶十四年，知縣易鳳庭以其事聞於當道，且獎曰“順德遺型”。

吕振周，字肅之。湘潭丞師岐子也。隨父之任，父以秩滿挈眷歸，舟次江渚，猝遇盜挾白刃入，父母驚避，倉皇失水，振周奮身而下，負父登舟，隨又求母，負之以出。比挾母登，而振周力乏，遂爲急湍漂没。時盜已驚散，父母急募人鈎求之，不能得。歸，事聞於當道，旌其閭曰“孝竝曹娥”。顧曹娥捐軀，其父已死，而振周殞命，其親獲全，則其孝尤烈矣。

徐大禄，性克孝，事親不辭勞。以父好行其德，仰體親心，多方賙恤。比父母殁，俱廬墓三年。

王清遠，字亭直。性醇厚，五歲喪父，即哭泣盡哀。稍長，以不逮事爲憾，每見父遺像，輒悲不自勝。母病瘓，常卧牀蓐，清遠於飲食起居、寒暖燥濕，親自調護，四十餘年如一日。比殁，殯葬必于禮。知縣陳鶴瑞表其閭曰“經義是則”。

吴嚮豹，字瑞騰。邑增生。幼即承歡膝下，比長，愛敬備至。家雖貧，不缺甘旨。父病，藥必先嘗，未嘗頃刻離左右。及殁，廬墓三年，嘗有雉馴其側。居母喪如父。生忌祭奠猶生時奉養，朔望躬謁祠墓展拜，至耄不衰。巡撫熊學鵬手書“純孝可風”四字，表其閭所。著有《大學闡解》《孝經淺解》等書。

樓思護，字商音。業農，事親克盡子職。父患病，齋戒禱城隍神，夢以酒濡其身。歸如法治之，病遂愈。後父母殁，各廬墓三年。嘉慶戊午，知縣張以其事聞，郡守、學使給匾奬焉。

夏孫祝，字漢田。性淳厚，嘗拾遺金，待其人還之。善事父母。父殁，廬墓八年。墓在山中，夜無蚊蚋。母繼殁，仍廬墓次。久之，有勸之歸者，孫祝曰：“生不能事，死何忍離？”年六十六終於所寢之廬。

陳守有，少孤，事母孝。家故貧，歲饑，負母至金華，僑居上姜，爲人傭賃，以供朝夕。遇有甘旨，輒馳歸奉母，自啖鹽飯而已。及歿，負土成墳，晝夜跪墓下號泣，歷風雨弗避也。村人爲結草廬庇之。居廬終喪。郡邑以其事聞。道光十五年旌表其門。

陳登朝，字宣慶。天性純篤，自幼以孝聞。年未冠，先失怙，時母氏胡，年三十六，群季六人俱幼，家計又窘，因釋儒業，力田以供職，幸得色養無虧。同胞婚嫁，皆身任之，不勞母慮，而晨昏侍奉惟謹。嘗一日身在梅田，恍惚聞母叫聲，亟馳歸，果遇春母暴疾，於時延醫調治，誠切禱祈，躬親湯藥月餘，母幸無恙。至道光庚寅十月十八日，母年七十壽終内寢，朝哀號泣血，殯殮盡誠，苫凷循禮。既葬，廬墓三年，未嘗見齒。服除後，二十餘年不薙髮。時里鄰戚族咸嘉孝行，相率爲据實具報，以彰潛德。蒙各大憲申詳請旌，於咸豐辛亥奉旨建坊，時年七十有三。至戊午，聞粵寇勢熾，仍去室居，廬于墓所。及三月二十七日，處郡失守，遂憂憤成疾，以四月初九日終于墓側，享年八十。同治六年，知温州府事陳思燏詢知其始末，嘆爲孺慕終身，復親題“南陔繼美”匾，示嘉獎焉。

胡南枝，號酉山。附貢生。秉性仁慈，尤敦孝行。親在，先意承志，務得歡心。父母疾，晝夜侍湯藥，不解帶者數月。迨歿，喪葬盡禮。春秋祭祀及生忌辰，必先齋戒致敬，至八旬餘，猶涔涔淚下，未嘗稍改孺慕情。伯兄早卒，事寡嫂如母，撫孤侄如子，保惠教誨，俾至成立。鄉鄰有不給者，周恤之風終其身未嘗少懈焉。

胡中涵，性至孝。父近川，一日遘疾幾危，諸劑勿能愈。涵徬徨哀痛，計無復之，乃焚香祝天，引刀取股肉，調湯以進。父啖之，少蘇，食既，則大愈，衆以爲孝感若有神助。後鄉父老許其篤行陳請，邑侯謝遂以“根心盡孝”旌之。

胡廣緒，字鼎功。志堅學篤，未弱冠即隸博士弟子員，而其經史淹通，有非庶士可比。事母至孝，愉色柔聲，定省無曠，孺慕真情，猶然膝下。徐邑侯贈以匾曰“學篤家修”。

俞顯書，字洛玉。秉性孝。中年失怙，家貧，傭工事母，嘗得歡心。年至五十，母歿，自力負土築墳，并結草廬墓側居之，殆九年餘。潘樹棠有《孝行傳》表之，并古歌一首。

胡搢中，字圭山，號惺齋。由恩貢部選泰順縣教諭。少秉姿與中人等，而志趣獨自超卓，始就傅，即知刻苦自勵，斗室研窮，無間寒暑。尤工制藝，下筆汪洋浩瀚，歲科試屢列優等。考翁亦庠中知名士，尤屬意之。年逾大衍，始登賢書。聞報，時賀者滿堂，每自恨得名晚，念及先人，獨向隅掩泣。生平侍奉恭順無違，時以顯親揚名自勉。乙亥，恭遇覃恩，焚黄而後以不及親見榮封，號泣通宵，目爲之腫。歲時祀事，逢祖考妣生忌，非躬親不以祭。課二弟如軾、轍聯床，自爲師友，皆得成名。兵燹後，時加温恤，親二侄如子，訓誨嚴密，亦皆成庠名。五服中有貧而孤者，不惜鉅費爲致聘錢而娶妻，俾得生子以承先祀。仁親如此，猶必欲貽父母令名以故。官泰順時，訓諸生以立品爲先，暇則講藝論文，津津不倦，爲立詩文社，捐俸獎賞。又捐建賓興，刊成條例，通詳大憲。士紳德之，送以"雲路扶輪"匾額。同治壬申、癸酉間，泰順年不順成，殷户閉糴，幾成大患。乃與邑侯極力勸諭，爲定章程，貧民賴以安業。春夏之交，擇其尤貧者分濟之，當時有"恩師活我"之語。迨致仕，沿途餞送多至數百人，有泣下者。搢中性諳端殼慎重，與人不苟爲異同，惟以立身行己爲本務，勢利漠不關懷。年過古稀，猶手不釋卷。光緒丁亥，復受本府陳仲英太守聘，課其子，竟以此致疾而卒，時年七十有三。有詩文集若干卷，未梓，藏於家。

施友清，性孝友，嘗割股以療父病。同治壬戌之亂，每云"吾二兄弟，倘有不幸，必以身代之"。一日避難東陽，父命弟友任歸，友清阻之，恐其遇賊，遂自歸。至中途被擄。有古人一門争罪之風焉。

忠節

筮仕者惟欲爲良臣，至以忠著，時事可知矣。然歲寒而後彫之節見，君子致命遂志。故曰："困，德之辨也。"

宋

應純之，字純甫。孟明子也。剛毅自任，與兄謙之、茂之篤尚考亭之學。登嘉泰三年進士，授洪州新建主簿，轉從仕郎，調泰州如皋鹽場，改秩餘干縣。秩滿，差監左藏東庫，再差監都進奏院。簡易廉明，屢著聲稱。時江淮多事，遴選能臣，以純之知楚州。崇儒勸學，士知尚方。慮敵人南侵，修治城堞，簡閱軍士，力爲戰守之具，鑿管家湖，建水教亭，演習舟師。又以餘力，督長吏，練甲兵，創烽臺，屯要害，給坐團者鎧仗，使遇賊得自擊。敵人帥師南下，詔以李珏及純之等俱便宜行事以禦之。敵知純之有備，不敢犯，淮楚以安。嘉定十年，主管京東經略使，節制淮東河北軍馬。時李全等勢張甚。純之用計招之，全遂來歸，因密聞於朝，請濟師，謂中原可復。史彌遠鑒開禧之事，不明招納，但敕立忠義軍，令純之節制，於是歸者日衆。會東廣謀帥，以純之爲兵部侍郎兼經略安撫。猾寇剽劫郡邑，勢莫能禦，純之授諸將方略，生擒渠魁，餘黨悉平，帝嘉獎之。甲申秋八月，敵人大舉入寇，兵少援絶，守臣望風奔遁。純之嘆曰："吾不能剸賊，何面目見天子?"率所部力戰，死之。事聞，朝廷嘉其忠，遣使葬祭，求其首不得，爲鑄金以葬焉。

章堉，徠之孫也。咸淳末，都城失守，浙東諸郡多陷。時衛、益二王在福州，堉自念世受國恩，與弟壄捐家貲，募忠勇，得義兵數千，收復婺城。制置使李珏以聞，授堉直秘閣知婺州，壄主管官誥院通判衢州。率麾下陳子雲、唐開等奮勇入城。三十六年六月，與元兵力戰於丁鼠山，既而援絶，城遂陷，堉與壄皆死之。永嘉吴洪爲傳其事，贊曰："堉兄弟少有文名，留滯下位，卒以孤忠自奮，狥國亡身。功雖不就，其忠憤矣!"

吴思齊，字子善。其先括人。祖深，有奇才，陳亮以子妻之，遂爲縣人。父邃,官至朝散郎。思齊少穎悟,工詩能文,慷慨多奇節。用父廕補官,攝嘉興丞。以書干用事者,言賈似道母喪,不宜賜鹵簿。又言御史俞浙,以論謝堂去職,宰相附貴戚,塞言路,如朝廷何。凡所爲要以直遂其志,第知有是非,不知有毁譽禍福也。宋亡,麻衣繩屨,退隱浦陽,家無儋石之儲。有勸之仕者,輒謝曰:"譬猶處子,業已嫁矣,雖凍餓,不能更二夫也!"所善惟方鳳、謝翺,相與放遊山水間,探幽發奇,以洩其感憤之意。遇心所不懌,或望天末流涕。自號全歸子。學者慕其義,争師之。方鳳評其爲人如徐積、陳師道,君子不以爲過。大德辛丑,思齊年六十四,手編聖賢順正考終之事,曰《俟命録》。録成,賦詩别諸友,遂卒,神明湛然,無怛化意。所著有《左傳缺疑》及《全歸集》若干卷。

元

陳顔,字景淵。好學博聞,才幹優裕。至正間,盗賊蜂午,府縣聞其名,辟爲本邑尉,以廉敏稱,俾率鄉兵捕逐,屢捷。尋改浦江照略。部使者上其功,署樞密院行軍參謀,守蘭谿,防衛甚密。後與張士誠力戰,援兵不接,陷陣而亡,時士卒無不流涕感泣。明洪崖雲爲之傳,其末論曰:"夫君子之事君,致身而已,居恒不以秩之崇卑爲進退,臨事不以敵之堅瑕爲勇怯。觀參謀陳公之死戰,殆亦祇盡其分之當然。然其烈心忠節,固凛凛不可磨滅。史官失紀,惜哉!"

明

李任,洪武中襲父爵,爲燕山右衛指揮。永樂初,陞遼東都司。宣德元年,從征交趾叛賊黎利,守昌江城。與顧福等率精鋭出擊賊,燒其攻具。賊又築壘射城中,任與福夜出,襲破賊營。賊掘地洞,欲潛入城,任開横溝,用石擊之,入者輒死。城中士卒,初有二千餘人,前後三十餘戰,死亡過半。賊益兵,攻圍日急。相拒凡九閲月,人力疲困，芻糧匱乏。賊以雲梯登城，奪其門，任復率死士，三戰三敗之。後賊擁兵入，任與福不能支，乃自刎死。

樓澤，字濟霖。幼奇慧，讀書過目成誦，下筆數千言立就。登正統乙丑進士，任刑部河南司主事，爲金司寇所器重，疏其名以聞。己巳，扈從北征。師潰於土木，澤曰："主辱臣死，可遂遁丐餘喘乎！"力戰，罵賊死。天順初，查褒忠節，詔予一子入太學。家人以子敷孤幼，不願邺典。康熙五十四年，祟祀鄉賢。

黄一鵾，字仲升。卷幼子。少入太學，博洽載籍，書法逼近鍾、王，爲董文敏所器重。以明經授山東濟寧州同，陞東昌通判，轉山東都察院經歷司經歷。崇禎十五年，流賊圍省城，鵾分守擊賊，城陷被執，罵賊而死，闔門三十餘口皆遇害。雍正間，詔入忠義祠。乾隆四十一年，賜謚烈愍，纂入《勝朝殉節諸臣録》。

徐學顔，字君復。穎敏端恪。年十六，遊太學。萬曆丁酉、戊午、天啓辛酉，三中順天副榜。性至孝。父世芳，官西城正兵馬，以直忤權貴，下詔獄。學顔廢寢食，膝行伏闕，上疏鳴冤，屢爲納言所阻。乃謁司寇，咬臂深入，出血濺其廷，司寇心動，上報甦其獄。顔以是含痛不噉牛羊豕終其身。母王氏遘疾，諸醫不效，學顔籲天請代，夜夢白衣人惠之藥，乃遍走藥肆，揣其形，得荆瀝服之，病遂已。常構愛日軒致色養，邑人程正誼作記美之。崇禎甲戌，以副榜推恩改貢，准廷試。己卯，拜楚府左長史。危襟正色，王敬憚之。往豪宗不若于訓，學顔理奪勢格，弗少阻。檄署江夏縣印。時寇氛震鄰，學顔捐俸築炮臺，繕城隍。壬午冬，滿三載報最。時楚王特奏補備兵使者，宗紳士民集控撫院，留署江夏。癸未五月，獻賊圍武昌。院司守令或陞遷，或入覲，學顔佩雙印，率宗民兵，拮据城守。賊將解去，遭賊弁内應，城陷。與賊格鬬，賊斷學顔左臂，右手尚持刀不仆，罵賊益厲，遂被支解。闔室殉難者二十餘人。御史黄澍按臨武昌，特疏"署官死不辱身，以爲常山之血，落落數點"。懷宗皇帝嘉學顔孤忠，贈按察司僉事，諭祭葬建祠,録一子入太學。所著有《四書日衷》等書。已上纂載史略竝章正宸《忠烈傳》。有特祠在郡城。乾隆四十一年,賜謚烈愍,纂入《勝朝殉節諸臣録》。

周鳳岐,字邦聘,一字宇和。萬曆己未進士,授中書。天啓丁卯,轉陞郎中,管節慎庫。魏忠賢差索靴料銀兩,厲色拒之。歸家,邑中大祲,鳳岐捐粟濟飢。崇禎元年,巡撫張延登、户科陳堯言交章薦,略曰:“風高愛鼎,節重如山。”奉旨起禮部郎中。庚午,陞湖廣江防道。洞庭湖、沅江一帶萑苻不靖,會議建設衙門,調守備巡守。甲戌,陞四川兵備道。黔司與蜀苗争疆,鳳岐單騎往,立碑爲界。陞湖廣參政,川省士民哀籲上聞,加俸復任。己卯,莅武昌,偏院王永祚、撫院宋一鶴會題,陞澧州左參政。壬午,流寇猖獗,當事檄任監軍。流寇圍荆州,鳳岐提兵應援。賊將王老虎襲澧州,鳳岐移文,恢復常德府等縣。癸未十二月,寇張獻忠破長沙,轉攻澧州。參議陳璸出戰,全軍覆没。鳳岐望闕謝恩曰:“臣力竭矣! 惟死以報天恩。”城陷被執,嘆曰:“吾豈懼死乎!”擊賊,罵不絶口。賊怒,剖腹斷臂,慘不忍言。甲申正月,楚撫李乾德、黔督李若星具題,請將死事二臣厚與優恤。贈都察院右副都御史,賜祭葬,蔭一子,崇祀郡邑鄉賢。乾隆四十一年,賜謚忠烈,纂入《勝朝殉節諸臣録》。

徐良時,字懷顯。廣西梧州府懷集縣都司。崇禎十五年,遇賊力戰,死之。就省崇祀,贈武彝大夫。

錢尚庫,字宗積。性明敏。未冠,膂力過人,其智略有崔周平、石廣元之風。年二十,充王總戎麾下,鎮守甯波等處關防。崇禎十三年秋七月,賊至。大敗之,尚庫奮力斬首三十餘級。陞營千總。十五年春,李自成犯江蘇,尚庫隨巡撫某討賊,與戰於鎮江,被圍,自辰至申,不能衝突,遂死於寇。時年二十六歲。

李懷唐,密雲游擊。崇禎十七年,賊李自成圍京城,懷唐帶兵入援。城陷,死之。

牟士龍，温州府鎮下關守備。海寇犯境，士龍率兵出擊。賊奔，力追，援絶，死之。民感其義，立祠祀焉。

胡鳳鳴，字紫庭。幼岐嶷，英偉過人。折節讀書，有經世志。會軍事興，投筆從兄鳳翱游。以挽强，善左右射。酒酣耳熱，以忠義相砥礪。道光己酉，領武鄉薦。咸豐壬子，成進士。癸丑，補行殿試，欽點藍翎侍衛，乾清門行走。甲寅，粵逆東竄。乞假歸浙，謁何中丞，慷慨言兵事，甚器重之。乙卯春，疏留浙，與在籍兵部侍郎戴文節公襄辦團練。尋以江右廣、饒之匪與蕪湖踞賊聯合，徽、寧適當其衝，爲浙咽喉，丙辰，浙撫何命募台勇二千往徽、寧助防。是年克復寧國，功第一，由侍衛授游擊，賞换花翎，給協勇巴圖魯名號。戊午，南陵諸軍均歸鳳鳴統領，益奮勉，誓死報國。守南陵三載，嚴束士卒，秋毫無犯。閒則雅歌投壺，書工擘窠大字，有儒將之目。己未，南陵被圍，與弟鳳雝孤軍守禦，危而復安。上嘉其勇，奉旨免補游擊，以參將儘先補用，加副將銜。庚申八月，寧郡陷，南陵四面皆賊，内無儲蓄，外無救援。皖南陳鎮軍大富創議，謂南陵城孤，四隅受敵，老幼不下數千，與其束手待斃，何苦退守魯港，以待來援？即令百姓先出，兵勇隨之。賊勢蜂涌，且戰且退。護至魯港，老弱男女無一失者。次年，蘇、常淪陷，賊圍杭郡，浙撫王壯愍檄調回籍，挈兵至台州黄巖縣。未逾月，而賊麕集。帶勇力戰，中礮殞命。同治六年，御史樓震上其事於朝，奉旨照副將例賜䘏，給雲騎尉世職，襲次完時，給予恩騎尉，世襲罔替，崇祀台郡昭忠祠。鳳鳴胞弟鳳雝，字藜庭。咸豐癸丑，以技擊入郡黌。寧國之捷，鳳雝在營助剿，彙案保陞千總儘先補用。旋以功賞戴花翎，補嘉興協都司。未履任，陳鎮軍大富劄赴江西景德鎮助剿。至則連破賊壘十餘，聲威大振。未幾，賊全軍蝗集，鳳雝直前血戰，猝中礮，偕鎮軍同時陣亡。是時尸骨虀粉，將士莫不痛惜流涕。事後，江督曾文正公奏請從優議䘏，奉旨：鎮軍予謚威肅，鳳雝照參將例賜䘏給銀治喪，世襲雲騎尉，襲次完時，以恩騎尉世襲罔替，並予祔祀皖南陳威肅公專祠。鳳鳴從兄鳳岡,字桐村。道光丁未,入邑庠,旋貢成均,銓授鄞縣訓導。未赴任,會粵匪盤踞郡邑,與從兄繼勳在籍團練堵禦。同治紀元七月,賊四出焚掠,鳳岡身陷賊中。賊知辦團日久,目爲妖,以廉其能,誘以僞官。不屈,强之行,不食數日,歿於昌化之白牛鎮。賊義而藁葬之,並書姓名里居於版以爲識。同治六年,御史樓震請卹於朝,敕贈國子監學録銜,廕一子入監讀書。鳳鳴胞弟鳳恩,字掖庭。布政司理問,五品銜。言貌恂雅,性尤孝友。粵匪之亂,鳳鳴、鳳雝領軍剿賊,恩在家事親,所以承懽者備至,乃兄得無内顧憂。嗣聞二兄相繼陣亡,義憤填膺,喃喃指天,日誓欲雪恥。先是鳳鳴敗軍有自黄巖奔回者,招集得數百人,扼賊於東陽之壬山。賊屢進屢却,偵知我兵無援,復大至,卒以衆寡不敵死其事。同治三年,御史洪昌燕請卹於朝,詔給雲騎尉,襲次完時,給恩騎尉,世襲罔替。東陽紳士爲立昭忠祠於壬山之陽祀焉。鳳鳴從弟鳳韶,字虞卿。咸豐丁巳,補弟子員,有聲庠序。同治紀元,粵逆再陷城鄉,蹂躪殆遍。韶自度不免,令男婦老幼各自爲謀,吾體羸不任奔走,願守孤村,以博一死。既而賊至,抗聲數其逆狀。賊刃之,罵益厲,遂遇害。子宗壽哭,伏屍旁不去。賊叱之,壽亦反叱之。賊怒,並磔其屍。嗚呼!壽,八齡童子耳,以一念天真,致罹非命,其死孝,亦死忠也。噫!可以風矣!又鳴嫂盧氏,杭協營千總鳳標之配也。同治元年七月初三日,賊掠至村,憤其團練,殺傷愈慘。盧氏避賊不及,亟投水死。弟婦王氏,即庠生鳳韶配也。同治元年七月初三日,賊退後,王氏挈女回視,見夫死子死,一慟幾絶,痛心椎首,誓不再生。殯殮後,水漿不入口者數日,形容銷毁,延至八月十七日午時絶命。嗚呼!是二婦貞烈之性,不與六丈夫忠勇之氣並足千古哉!同治七年,浙撫李請卹,奉旨,准在原籍合建專坊專祠,額其祠曰八烈云。

徐佐,西城迎恩坊人。字翊臣。性好獨行其是,而不合於時。家中人言語事行稍不如志,便怒色厲聲,無可沮抑。客座傾談,戚友合會,亦往往多作此狀。四月八日,大兵敗回,城中驚懼,挈妻携子,奔避僻遠山村處。時佐家稟請出走,終不允諾。既而亟甚,固以請,而佐蹙然推妻與其子若婦出曰:“去! 去! 去! 我不欲隨汝曹走俗狀。”遂自返身閉門,據案而坐。賊至,簇擁於庭,見佐坐自若。賊問以何等人,佐即曰:“我清朝恩貢生徐某是也。奚問爲?”賊知其爲讀書老儒,敬禮之,而進以食。先生怒曰:“我渴不飲盜泉水。”却弗顧,惟時時作憤嫉語,然操土音,賊亦不甚曉。越日,賊來,稍稍招致之。遂拍案裂眦大駡。賊乃引刀剁其一耳以脅之。佐即走,且言曰:“士可殺而不可辱!”遂出,自投池中,赴水死。

徐履中,字復初。世守儒術,自童幼時父慶賢教以《内則》《少儀》,即能知大義。比長,益力學,每讀書至忠孝大義,毅然曰:“士不當如是耶!”咸豐初,聞賊勢日横,輒切齒。十一年夏,賊分掠其鄉。履中方危坐,讀書不輟,迫之走,不屈,乃縶令行。不里許,見路旁一井,大呼曰:“吾得死所矣!”躍入死焉。群賊亦感泣。逾數日,家人酷暑中出屍,面如生。履中兄,諸生望師,字濟廷。避地黄光山將一載,賊猝至,大駡不屈,亦中槍死。履中從弟諸生履綏,字福之。見父鳴芳受賊傷,履綏與其兄連珠齊奔救父,父免於難,兄弟均遇害。

姚占薰,平生孝父母,與弟相友愛。候補千總。咸豐十一年,賊踞城焚掠,四境甚慘。占薰與弟監生占椿謀約團攻之。同治元年四月,鄉團十餘萬人併合攻城,剿城賊,馘殺無算。聞已斬賊渠蕭大富,占薰帥義勇首先入城,爲賊所殺,占椿亦陣亡。占薰妻林氏、占椿妻成氏聞夫死戰,皆自經死。

陳樹瓊,字樸珍。性通脱,不拘邊幅,然遇大節,懔然不苟,士林重之。家麻車,去城七里許。咸豐辛酉夏,賊入城。樹瓊糾合村民爲守禦計。賊旋退武義。八月下旬,秋收未畢,村民散在田閒,守禦稍懈,樹瓊時往小窖莊,聞賊再至,急還守備,猝遇賊,被執。賊欲挾之去,不屈,駡甚厲,遂遇害,至今不獲其屍。樹瓊兄樹人,字世傑。例貢生,亦於是日遇賊,被焚死。

樓岑,字志鋭。歲貢生。慷慨有大節。當赴鄉試時,邑有罰銀數百,分賚諸生,岑廉其非義,曰:“讀書人清白自守,焉用是爲?”辭不受。性至孝,親卒,廬墓不歸。友勸之歸,曰:“窀穸未安,吾何歸!”咸豐八年,賊陷永康。居人皆竄逸,岑坐室中。賊至,罵曰:“吾家豈汝巢耶!”持刀殺之。賊奪刀,連被數刃,傷幾斃。時有近鄰被虜之夫,夜竊負之出,經宿始蘇。十年,又告警。岑族人有世居深山者,知岑必不出,托故迎之。一日,賊過山中,猝與遇,復大罵格鬭,遂遇害。妻朱氏,亦投水以殉。

徐世傑,道光丁酉拔貢,原名溶波。甲辰恩科舉人,揀選知縣,加同知銜。世傑性孝友持正,能詩文。同治元年四月,與團練義衆攻賊陣,斬賊首蕭。戰不利,退入義和鄉烏步嶺要隘,與孝義鄉團練合勢守禦,復謀再舉。八月二日,率團衆出庫川莊,倉猝遇賊,遂爲所執。賊以世傑貌偉,迫之同行。世傑罵不屈,遂牽至古山莊。賊渠前解其縛,尚故脅降,世傑拍案大罵,賊怒,舉刃剖腹死。

李南棠,字憩亭。庠生。性狷介,傲岸不隨俗浮靡。好讀書,而澹於進取。至晚益研精性理之學,晨夕披吟,手口不釋。所著有《經世要略》《卜地中庸》及《祠規》等書。壬戌六月,賊至境,入其室。南棠叱之令去,賊逼近之,棠怒,曰:“汝何人?敢凂我耶!”賊舉刃傷其臂,血出。棠憤然作色曰:“虧吾體矣。”從容焚香,拜告祖先,遽出户赴門前塘水自盡。

吴景瀾,字淞洄,號菉聲。歲貢生。幼穎悟,好古博聞。甫逾弱冠,即補博士弟子員,而益肆志讀書,自經傳外,諸子百家無不總覽,丹黄並加,評之釋之,遇精湛者,必手録焉,晚乃裒成《唾餘録》二十餘卷。亦好吟咏,著有《玉堂吟稿》四卷。惜兵燹後無一存者。壬戌九月,賊至。景瀾避居里之屏山。未幾,賊見之,索其財物。瀾曰:“我貧士。”賊欲牽之去,瀾曰:“鼠輩無禮敢爾!”遂怒罵,賊竟挫其頸,頓時氣絶。

張文集，字望遥。歲貢生。性和平，家貲僅給饘粥，而於里中設館訓蒙十餘年，修儀俱却弗受，曰："吾生平無可以濟人者，聊藉此教人識字耳。"壬戌九月，年七十四，遇賊於途。欲辱之，集仰首伸眉，厲聲大駡，賊遽殺之。時長媳張拱端妻李氏，孀婦也，隨集行，親見集死，痛心切齒，恨不能手刃賊之首。又自念守貞十載餘，豈甘見此群醜，亟赴水。逾時，集次子、少子拱垂、拱詢聞父喪，亟歸，草次具殯殮。事未畢，賊又至。二子相望，血淚交下，怒髮衝冠，乃同心併力，冀拚賊一死，卒皆遇害。里人陳憲超有《四節詩》六解，爲紀其實云。

黄大容，柳前塘人。性敦篤，素有勇略。咸豐間，粤逆踞皖江，大容由武舉隨胡鳳鳴出守南陵要隘，有功，彙保奏准藍翎守備。未幾，以勞瘁得疾，請假回里。既而逆賊倐犯浙東，遍滿金華郡縣。復出，從胡鳳恩剿東陽逆賊。戰至壬山隘口，陣亡。

施步雲，字上青。唐先人。中道光甲辰恩科武舉第一。家居純謹，鄉里稱善人。辛酉四月，粤匪寇郡縣。九月初四日，逆賊從東陽退入郡，過其境。遂糾約族衆擊賊，衆見賊蜂擁，駭且走。步雲獨執器械，奮力相向，連斃數賊。賊乃圍迫甚緊，然猶有擊中而傷者。至力竭，始遇害。

陳信熊，字辛吾。天性落落，持志節不肯少貶損。父鳳圖，中道光壬辰經魁。生平勤學不怠，務爲真儒，不欲以寬袍大袖取時望。所著有《傾心録》《日知録》及《通鑑纂要》十四卷、《雙桐山房詩鈔》二卷。熊讀父書，力承厥志，以孝友爲本，詩書爲業。家貧甚窘，而青雲之志，不以窮墜。道光丙午舉於鄉，屢上春官，卒不得第，而砥礪彌嚴，介介特立，不少阿附於人。越咸豐辛酉五月中旬，粤逆從武義、縉雲夾入吾縣。熊不幸被虜，不屈，又求死不得。比及金華界，乃遇野塘，遂一躍而入，以致命焉。同治癸亥正月，縣城收復，採葺忠義，乃上其事。蒙大憲奏請，熊以揀選知縣得恤贈，並給予祭葬銀百兩，廕一子，襲雲騎尉世職。

呂周詳,郡廩生,字敦仁。制行誠篤,語言慎重,規行矩步,不失尺寸。授徒則課教有方。與弟耀丁自爲師友,時相磋切,弟亦得所成就入學。戊午四月,粤賊由處州出,巢於縣,其近鄰黄溪灘莊土寇通賊竊發,遂與族黨密謀剿除之,粤賊始懼而遁,縣城一律肅清。晏中丞達以上聞,恩獎訓導銜。迨辛酉四月,賊陷郡。九月,復據縣鹵掠,周詳與弟耀丁同殉節。見《兩浙忠義録》。

永康縣志卷之八

政　績

設官分職,各有攸司。居其位必思敬其事,品秩之崇庳弗論也。考績以别幽明,而黜陟隨之。君子靖共爾位,必有可紀者矣。

明

朱仲智,字大智,號雲泉。洪武中以人材舉,授江西吉安知府,政績載在《明紀》,有曰:寬厚廉潔,剗革吏弊,禮賢愛民,民甚戴之。被召,改重慶知府。吉安人思慕不已。後得藺芳繼之,其善政大類仲智。至今吉安人稱賢守,必曰朱、藺。《明捷録》稱郡守循良,亦曰朱、藺。大學士楊士奇像贊,以仲智在金華爲衣冠文獻,在廬陵爲文章太守云。

徐隆,字邦治。以國學起家。署篆七邑,所至有聲。授銅陵知縣,治狀益卓。以事忤要津,乃借邊境需人改廣西永康以阻之。隆欣然就道。至則植田疇,教子弟,三年而化行。總鎮陳薦爲左州刺史。康人詣當道留之,不得,勒石頌德,且立祀以報焉。隆曰:"知止不殆,詎必盡宰天下邑乎?"遂載石歸,環堵蕭然。卒年九十有六。

胡伯宏,名裕,以字行。少讀書,能探大義,與宋學士景濂、蘇太史平仲、李助教宗表相友善。李助教之殁也,經紀其喪,卜宅於魁山下,樹松表焉。洪武三十一年,詔拔才俊之士,有司以伯宏應,授彭澤知縣。爲政冰蘗自持。邑面江背嶺,民以漁獵爲務,罕業詩書者。伯宏至,興學育賢,又修陶淵明祠以崇風節,民俗爲之一變。居六年,以疾卒於官。比歸,行李蕭然,同官賻之,始得返櫬云。

胡叔寶,正統中以掾進授四川中江縣典史。平易近民。其地僻陋,教以耕桑之法,修築陂池,以備旱潦,均被其惠。九年考滿,民詣闕保留,陞本縣知縣。勤事不懈,時葺學宫,以作士類。又九年,致仕,保留如初。越二年乃歸。民懷其德,家肖像祀之。林下十載,年八十餘,忽一日,沐浴更衣,坐中堂,命子孫羅拜於下,曰:"吾祖還中江矣。"無疾而逝。

胡瑛,字德光。成化甲辰進士,授大理寺右評事,歷陞左寺副、左寺正。奉差江西審録,出死囚數十人,獄無冤抑。值汀州歲荒,饑民萬餘人相聚剽掠。瑛奉命以單騎往,撫循剴切,聞者感泣,咸謝罪去。朝廷以安寇功,陞廣西蒼梧道僉事,隨陞山東按察巡海副使。歲週,因母老乞養歸,行李蕭然。居家授徒,以供甘旨,二十餘年,孝友著聞,爲鄉閭矜式。雍正八年,崇祀忠義祠。

應奎,字方塘。弘治辛酉舉人,以壬戌乙榜進士,除和州學正。端軌範,嚴條約,以身先之。居八年,擢湖廣武昌教授。尋以憂去職。服闋,授江西廣信教授。其在和州,毁梓潼神祠以祀名宦;在武昌,毁漢陽龜山真武廟,創立名宦鄉賢祠於學宫;在廣信,謝疊山墓侵於民,爲復之,仍立祠,祀其一家死節者七人;又請婁氏没官房以祀名宦鄉賢。皆不顧禍福恩怨而身任爲之。著《三州賢哲録》以記其事。嘗典廣西、廣東鄉試,見明守定,得士爲多。秩滿,假道省墓,遂謝病不起。居家以型家範俗爲事,足迹不及城府。年八十卒。雍正二年,崇祀鄉賢。

朱方,字良矩。登正德甲戌進士,歷知泌陽、丹陽、南皮縣事,俱有惠政,民咸德之。陞淮安府同知,職事畢修,賢聲益著,一時撫按交薦之。陞南京刑部員外郎,尋進郎中。剖決明審,議讞允當。陞寶慶知府。寶慶係南徼,民寇雜居,方寬嚴竝運,上下帖然。陞雲南副使。

秩滿，進本省右參政。未幾，乞致仕。當道疏留之，竟引疾去。方性誠樸，言笑不妄舉。進士時年三十九矣，或勸以隱年，方曰："初學事君，可即欺乎？"至于冰蘗之操，終身不渝。初，令泌陽，官道傍植棗，歲貨可得贏若干金，方不取。後邑人復追餽于丹陽，亦弗納。在淮安，代守入覲，諸屬邑供送行齎，俱峻却，即守贐以履韈亦却之。守驚曰："一至此乎？"乃書"廉吏"二字以贈焉。在雲南凡八年，從惟二僕，一榻蕭然，皆人所難也。歸居屏山，吟詩種菊，怡然終老，蓋十有五年足迹不至城府云。

應照，字芝田。以舉人起家，除湖廣綏寧知縣。縣爲古三苗地，其羅崖、石驛、扶城、芙蓉諸洞，素不服縣徭賨賦，積爲歲逋，且承屢荒後，齊民亦多流徙未復。照平徭緩賦，糴粟賑飢，推誠撫接，於是流民復業，苗人亦皆樂輸。地故僻陋，業詩書者寡。照爲建社學四，延師課讀，文教漸興。酋保二宣司爭地構兵連年，當道檄委撫處。同委者懼弗進，照單騎深入，諭以朝廷威德，爲畫界立石而還。歷六年，課稱最，陞知宿州。州有閔子祠，下車拜謁，見榱桷朽敗，即修葺之。地當孔道，五驛錢糧，例扣什一，以供堂費，峻革之勿染。河南寇發，士民震怖，照募兵繕城，嚴爲之備，寇不敢犯。歲大蝗，照虔禱，蝗不爲灾。冬無雪，禱如初，翼日遂大雪。其誠感多類此。後陞廣西思明府同知。以病致仕，歸三年而卒。

周雍，字仁夫。領正德癸酉鄉薦。嘉靖癸未以首選授和曲知州，著吏治二十條。與土府不協，累求去。當道察其志節有爲，才識優裕，交留之。尋以内艱回籍。服闋赴部，當路留用。會場事畢，選達州，著約法十八條，立鄉社法，徐方伯、胡憲長雅信重之，凡有建白，無不俞允。以議賑忤巡撫，遂棄官歸。甲午，和曲士民請入名宦祠。是年冬，川東守巡道修本道志書，亦載入達州名宦。

徐昭，字德新。弱冠偕程松溪師事朱適齋，受《尚書》，文辭敏贍。既而以所得質於章楓山先生，得聞"真實心地，刻苦工夫"宗旨，歸益發憤讀書,務躬行。正德庚辰,捷禮闈。辛巳廷對,賜進士。尋奉詔,纂修《武宗實録》。文章氣節,傾動中外,吴中諸老悉折行輩禮之。竣役,授蕪湖知縣。輕刑薄賦,撫民造士,逾歲而境内大治。時鵝湖費大學士柄國,家人怙勢作威,淩轢縣驛。昭置之法不少貸,鵝湖聞而賢之。閹寺銜命,氣焰赫霍,郡邑長吏,望塵伏謁。昭獨持風裁,竟奪其氣。當道交章薦之。調上海,善政一如蕪湖。吴中丞薦於朝,略曰:"文學優長,政事精敏。"時以爲確論。第不能刓方爲員,豪貴以此銜之,秉銓者雖心知其能,然撓於多口,僅遷肇慶通判。聞報,憮然曰:"方枘豈能内員鑿乎!"遂解組歸。承歡膝下,與故舊父老敦倫化俗。卒年七十三。

曹贊,字朝卿。正德丙子舉人,授繁昌知縣。縣邊江役劇,民易去其鄉,田多不藝,而賦輒取盈,力能兼并者避弗納,貧弱不能半者倍之,賦以是不平。贊廉知其弊,募耆良,授以方略,合境壤履畝而丈計之,籍其主則因其賦使給焉,强不能以豪奪,富不得以勢劫,賦遂平。繁民立祠祀之。陞邵武同知,政績尤著。嘗總署都鹺,都鹺爲財利府,有勸資囊槖者,贊曰:"封利殖怨,以自焚也。此言何爲?"勸者慚而退。尋丁母艱,以哀毁成疾,卒於家。

陳泗,字道源。由歲貢授福安知縣。鋤强摘奸,民甚德之。每食惟薯一豆,人呼曰"薯公"。及改漳平,廉謹愈勵。甫五月,卒於官,民爲立碑誌思云。

吕鋭,字廷儀。嘉靖甲午,由歲貢中順天鄉試舉人,授江西崇仁訓導。與諸生講究經史,歷寒暑不輟。秩滿,遷泰州學正。丁内艱歸。服除,補徐州學正,尋擢蒙城知縣。頓剔宿蠹,案無留牘。時守需索非分,面叱其吏,被中傷去官,士民惜之。

徐文通,字汝思。母孫恭人夜夢有丈夫至其家,自言江淹,已而誕文通,遂以命之。嘉靖甲辰,登進士第,累官山東德州兵備副使。奉命慮囚西蜀,見追贓人犯多冤抑,乃上疏乞宥積逋,得從省釋。既而提兵鎮守馬蘭二峪，克收安戢之功。初，文通受學於甘泉湛若水，長以能詩名，其詩雄渾悲壯，追踪少陵。太倉王元美世貞爲刻《徐汝思集》行於世。

周勳，字克成。從陽明先生高弟錢緒山遊，得聞良知心學。嘉靖己未，以歲貢除常州訓導。歷官六載，士風烝烝日上，當道才之，檄署武進及江陰知縣，所至民仰之如慈母。逾歲，遷和州學正，繼攝州治。歲歉請賑恤，全活以千計。已而解組歸林下二十年，郡邑長納屨委質交敬禮之。萬曆間，崇祀鄉賢。子鳳岐，見忠節。

應本泉，安遠主簿，歷永新丞，陞兵部典牧所提領。所至皆稱其官，在安遠功績尤多，民立祠祀之。

應鐄，字元洲。恩孫。以貢入太學，就銓試，除順天府通州判官。州距都城一舍餘，當東南水陸要衝，且其地半爲國戚勳宦所盤踞，官此者多以不稱職去。當道以鐄有治劇才，檄攝州事。凡所措置，各適其宜。有國戚及尚書錦衣家受投獻地一十有五頃，賦役仍遺於民，民不勝病。鐄不避權貴，毅然爲斷之。州所最苦者，差役既繁，奸民又多托權勢爲影射。鐄剔釐宿弊，以均其役。時淫雨百日，民饑，賦無所出，請於當道轉奏，得旨停徵二年，百姓皆蒙其利。上官多以勤敏幹濟清慎許之，前後獎書凡十有七。攝篆之明年，擢鳳翔府泗州同知。以督造賢否册，爲故尚書家受投獻者中之於部，罷官歸。尋卒，年五十九。

王洙，字伯顔。嘉靖己酉領順天鄉薦，授滁州學正。當事以才薦，遷岳州推官。未赴，補邵武。弭盗賊，理鹾政，屢讞疑獄，多所平反。尋以課最，陞南京工部主事。邵武商民立祠祀之。

王楷，字子正。性敏，經史皆鈔讀。嘉靖丙辰進士，授揚州推官。值島寇亂，楷守南門，見城外百姓號泣，開門納之。事聞，賜金帛，徵爲給事中，歷刑、禮二科，彈劾無忌。陞湖廣參議，敕守太和宫。會有旨駕幸武當，楷以水灾具疏，遂止。性至孝，居喪哀毁，奠母誕辰，一悼而絶。

應志臣,字松埜。以貢除鴻臚寺序班,出補華亭簿。簿轄顓水利、巡鹺、商賈、牙隸,舊有漏規銀數千兩,志臣毅然却之,曰:"人有染指,詎能執法利民乎!"先是邑頻年旱,民苦之。志臣相度地勢,爲濬雲間諸港,灌田數千頃,民不苦旱,參政唐本堯作詩美之。居數年,左遷邢藩典寶。既入楚,以病力請致仕。

應廷良,字心溪。以甲戌乙榜進士授欒城教諭。愛士如子弟,誘掖獎勸,娓娓不倦。秩滿,除湖廣景陵知縣。縣承大澇,後又繼以旱,小民流徙,田卒汙萊。廷良至,樹幟招逋,且出俸以資耕者,不責償。民漸漸佔籍,荒始墾。逾年春,又饑。廷良以狀上當途,出粟爲粥哺之數月,民全活者無算。屬壤鱗錯王田,藩使者黠驁善侮,易起侵越。廷良預責經司諸役,别區分畝,彙爲二册,即藩田亦爲辨則準賦。比使者來,不得秋毫擾,民始安堵。其聽訟,不差胥役,至則立訊於庭,分别曲直。民皆帖服。居六年,課稱最。以疾去官,景民號泣奔走,如赤子之失慈母云。

黄一鶚,字公升。御史卷子也。天啓中,由廩貢授烏程訓導,陞廣平府威縣知縣。居官雅勵清操,請托不行。當道嘉其廉能,檄攝清河縣篆。以一身任兩地,撫字備至。其時威民曰:"我公也,何可借?"清河民亦曰:"我公也,何不可借?"其得民心類如此。後陞福建延平府同知,致仕。所著有《性理發揮》《小空同續草》《麗澤堂譚記》若干卷。學者稱陬山先生。

曹成模,字國範。天啓丁卯舉人。秉性端方,足迹不謁有司。然與人粥粥,未嘗以清介自異。授星子知縣。星子故疲邑,成模一力自隨,勺水不以累民。又爲請蠲宿逋,民有起色。時江右大擾,悍帥逼餉勒犒,方舟而至,成模談笑却之。又高、黄二寇數萬圍城,殫力捍禦,彈丸藉以無恐。國初定鼎,飄然買舟歸。出署之日,主僕二人,行李朽敝,士民望而泣下。卒祀郡邑鄉賢。

國朝

徐之駿，字亦神。學顔孫。順治辛卯舉人，授知山東嘉祥縣。至則爲之均徭役，寬徵比，以休息之。時承平未久，四境罕聞弦誦聲。之駿爲設社學，聘名師，暇則親詣學舍，談論文藝，色笑如師生。比風會日上，即爲請益試額以激厲之，由是邑有儒雅士。秩滿，改知襄陵縣。爲政大較如在嘉祥。戊午，分校鄉闈，所得皆知名士。尋以親老，引疾歸。既殁，兩邑追念舊德，請入名宦祠。所著有《綠漪園詩集》。

王世鑪，字宥洪。以恩貢授分水訓導。抵任，即廓清齋廡，修飭宫墻。課士以朴誠篤行爲主。康熙癸亥，知縣李檠纂修《分水邑志》，延請主修。書成，咸推信筆。邑有附郭，地多古塚，武弁某謀徙骸骨以爲教場，集同寅具結，請於上官。世鑪堅持不可，議遂寢，分民德之。年八十致仕歸，越九年而卒。

程開業，字敬一，號五峰。雍正甲辰進士，授户部貴州司主事。時常熟蔣相國秉政，重其才，遇事必與諏度。奉命督學粤東，途次聞父喪歸。終制，服闋，赴部，授山東司員外郎，尋轉本司郎中。適東省首郡需人，遂出守濟南。釐剔積弊，興舉廢墜。他郡巨獄，審克簡孚，始成信讞。大府欲墾荒益課，督辦嚴切，而東省野無曠土，有司率謬報升科。開業持不可，曰："是謂殃民，吾不忍。"竟格不報。攝鹽法道篆。鄉闈派内監試，諸生以監臨搜檢嚴刻，忿不可遏。開業曉以大義，皆帖然無敢譁者。乾隆元年，權藩篆。時法中丞初莅任，見措施甚當，深器之，遂奏請補授兖沂曹道，有"才守兼優、十府第一賢員"之語。河帥某者，惎開業名重，而又心服其能，奏請兼管黄河道。嘗遇秋汛盛漲，勢將潰防，開業欲以身捍金堤，鵠跱其上，指揮下埽。暴流衝激，弁兵搶護呼邪許，曳埽不得泊岸，窸窣作聲，將横決，衆且奔竄，有曳裾請暫避者。開業厲聲叱曰："此口直達徐、邳。吾足一移，數萬生靈盡魚鱉矣！悉力保固不暇，顧安所避耶！"語未既，適上流湍溜少緩,埽泊岸廂,傚工訖,民賴以安。後因公左遷湖南寶慶府,治效如在濟南時。旋以前道任誤揭屬縣案,鐫級去任,士民數千人爲栞實政編,詣省門呈乞留。中丞許爲奏准,留湖南委用,仍攝長沙寶慶等郡篆。後以丁母憂歸。著《五峰吟稿》一卷,輯《先儒粹語》一册。

徐蕘,字聖擇。學顔玄孫。以拔貢授桐廬教諭。與諸生講學,於先賢宗旨多所發明。尋陞新津知縣,以興利除弊爲己任。邑與彭山接壤,膏腴地數十里,歲以旱潦爲虞。既而奉檄兼攝彭山。蕘乃親度地勢,於彭山上流濱江處,因地高下,而利導之,濬渠二十里,曰通濟堰,灌溉稻田八萬餘畝。兩邑之民甚德之,爲請於當道,伐石紀焉。當道奇其才。方擬遷擢,竟以積勞得疾,卒於官,士民莫不痛惜云。

應煒,字霞城。雍正庚戌進士,歷知福建上杭、將樂等縣,所至皆有循績。未幾,以憂歸。服闋,授廣西懷集知縣。有耆老父子,僻處村塢,其父爲盗所殺,子以昏夜乞寢其事。煒佯諾之,而密遣幹役往捕,盡擒其黨,寘之法,衆以爲神。城外有税廠曰南溪,空船往來,例率征之。歲大祲,煒命商人赴東省運米平糶,空船仍遵例投報,煒曰:"百姓嗷嗷待哺,征之是阻其來也。國課吾自償之。其弗征。"於是泛舟而至者不絶,民賴以生。居三年,以終養歸。又六年,而卒。

李作瞻,字標士。性耿介。工舉子業,領乾隆壬申鄉薦。初除河南知縣,不赴,改餘姚教諭,轉海寧州學正。時新任長中丞諱琳瑯玕者,微服過署,察其廉静,檄查七十七州縣倉儲。作瞻以非本職,辭。有咎其迂者,輒曰:"若所言,不過爲饋遺計耳,豈足易吾素守乎!"日與諸生講學明倫,朝夕不倦。州人士感其教澤,立主於尊經閣,春、秋祀之。

周咨詢,字載駪。乾隆丁酉拔貢,授嵊縣教諭。事親孝,每食必手自捧持,晨昏不離左右。其居官,清心潔己,時以讀書安分、恪守卧碑訓迪諸生。久之,擢寧波教授,課士大較如在嵊縣。又嘗起錢、張諸忠節祠,梓萬、余兩先生遺書。由是多士皆知以名義自奮。會府以試事羅織諸生，濫及無辜者十餘人，皆知名士，檄學褫革，咨詢不爲動。既而學使者至，咨詢以去就争之，事遂寢。居三年，丁内艱歸。嵊紳士追念教思，延主剡山書院講席。又七年而卒。

潘國燿，字叔榮，號藜莊。嘉慶丙子科舉人，大挑一等，分發江蘇，署松江府奉賢縣。縣瀕海巖疆，歲額徵漕米糧銀，豪强倚衙蠹因緣爲奸，往往包攬浮收，而仍不輸官。官恐誤期限，則稱貸於富紳，墊償民欠。迨軍船啓運，而頑户卒抗不完，以是公私交困，故前任因漕務罷職者居多。國燿莅任，剔釐積弊，令民各自輸將，射利者無所染指。鞫獄必得其情，案無留牘。濬南橋河數十里，水有所洩，民無墊隘。建貞婦總坊，閨閣益勵名節。良善之民咸德之。

潘國徵，字警堂。嘉慶辛酉舉人，以道光初大挑二等，授嘉興秀水訓導。兄弟輩賀曰："秀水，浙中教官美缺也，俗云秀水銀。今得銀矣。"徵遂蹙額言曰："岳武穆云，文臣不愛錢。官豈爲錢耶！"及署，前任孫未撤席，坐與語。有門下餞孫者，衣冠華麗。遂起立，回身背向不與接。既去，孫曰："此好門生，宜禮之。"曰："何好？"曰："此生家裕，光學必豐。"曰："錢耶？吾家多有之。以吾所謂好，在能讀耳。"自是有來者必問，華士却弗見，寒士則見之，且禮以飯。諸生於是皆守樸素，執詩文爲贄。後陞嘉興教諭。有門下富者，縣以事移學，徵怒曰："讀書讀得一衿，不知多少苦辛，乃遽爾褫之耶！此不讀書者能之。我不能。"或私之曰："縣官以老師清苦，故爲籌資耳。"徵益怒，曰："是更可笑。我必不詳，任若爲之。"士民聞之，皆以其能恢士氣。晚因目疾撤任，諸生多方調停，不得。知其囊澀，挽留，謀以贈行，徵恐貨之，遂促速典裝歸。

應芝暉，號秀庭。乾隆辛卯舉人。質性篤厚，器宇豪爽，博通群籍，文藝與德行兼優。初任江山教諭。月課生徒，細爲評隲，時以持躬涉時之要相勉勵。丁未，閩徼臺匪不静，江山實爲衝道，兵差絡繹。佐邑令謝公，調度有方，民不騷擾。癸丑夏，鄰境水灾，米騾昂貴，與司訓蔡君遍勸城鄉紳士捐資,向鄰邑運米平糶,民賴不饑。黌宫禮殿兩廡戟門暨明倫堂久未葺修,集諸任事者次第整而新之。邑宋大儒徐逸平先生舊有祠墓,業已傾圮,祀典闕如。與蔡君捐俸以倡,爲之治墓建祠,并拓基築室爲正學書院,俾鄉先賢俎豆重新。邑有文溪書院,延請講席,課士維嚴,文風丕振。先是江邑縣治中有三河九池,日久污塞,每遇霪,輒泛溢。與邑紳士濬之,乃奠定,得便民居。以秩滿,陞温州府教授。臨行時,頌聲載道,奉以匾額,有"愛育群黎"四字。比抵甌,亦諄諄以修廟制、正人心爲根本,他如惠沾寒俊,澤及窮簷,尤嘖嘖人口。不數月,卒於任,士論惜之。

應清芬,字濟久。由明經授鎮海司訓。至之日,文廟久圮,倡議載建,身任勤勞,期年復焕然宏整。在鎮凡二十三年,教導以法,諸生咸慶得師。秩滿,陞山西澤州府經廳。澤署案牘無多,然於一郡事無大小皆經其手。既抵任,從容明達,略不作張皇狀。接紳士,言論風采,温厚和平,令躁矜俱釋。明年,攝榆社縣事。甫二日,斷事明決,積案一空,榆人奉爲生佛。瓜代時,有交語攀留無策者。

應曙霞,號梧坨。嘉慶戊午舉人。幼失怙,承母訓。性寬仁,才力勤敏。戊辰大挑,奉檄知江右永寧、玉山二縣事。理煩劇,以廉幹稱。乙亥,丁内艱。戊寅服闋,授甘肅大通縣知縣。大通古鄯善地,與蒙番接壤,漢班超守西域發兵處。既至,有素諾木蒙古擅入大通之金泉住牧,西寧辦事大臣秀將以地畀之,觀察駱執不可,遂至互相參揭。霞奉節相長檄,單騎入勘,周視四圍:金泉東爲永安,西爲赤爾兔,南爲一斯門慶,北爲金沙。或遠或近,皆大通城濠營汛,力請驅逐,且言知縣爲國家守土,尺寸不肯與人。節相閲之聳然。既而朝命相國文郎中鄒至,節相長以曙霞所勘覆者示之,遂檄令會營驅逐蒙古於界外。道光元年,西番不靖,迺召募獵户丁壯,厚其食餼,訓以步伐,按山川夷險及虜所出入要隘,嚴設守禦。至冬,西番掠入境。霞親率獵户及白塔營弁,追至清海哈哩察兔河及之,斬酋虜十數人。西番懾伏，不敢入境。壬午，西番抵蒙古地。節相長帥師從西寧、大通兩路出，以曙霞才，檄兼權西寧，辦理糧餉。六月凱旋，以功陞固原州知州。會節相長入相，繹堂那制軍至，留霞辦大通善後事宜。時蒙古經西番騷擾，貧不能自存。霞捐廉散給口糧。制軍召與語曰："瓜代不遠，以此虧缺，誰代君任咎者?"霞因求請賑濟，不已，乃入奏，得糧二萬石。霞隨屠方伯按旗散給，餘糧一千石有奇，方伯語以此償捐廉之糧，霞對曰："此糧應奏請還倉。且前既詳請捐廉，今以餘糧入橐，是前釣名而後弋利也。"方伯曰："始見子之面，今見其心矣!"甲申冬，特旨簡放秦州直隸州知州。時甘省大饑，未莅任，即詣大憲，以秦民苦饑，非行平糶法不足以甦之，大憲首肯。文檄未發，既抵任，即出粟二萬石，減價平糶，并借給籽種口糧。三岔州判及五縣令長皆畏吏議，且恐陪累。霞曰："救饑如救焚溺。"乃擅發倉廩。乙酉歲，大熟，民皆輸納恐後，惟是甘省土瘠而民少，蓋藏歲一不稔，即道殣相望，霞心憂之。會大憲以義倉事下於州縣，霞力任其事，首捐千金爲倡，士民争先捐輸，不數旬得糧一萬五千餘石。又於南街建倉三十餘間以貯之。性尤愛士，課藝必親第甲乙，授以指歸，由是士風日盛。秦之縉紳，至今以爲美談焉。

胡鳳林，號竹溪。性端重，好讀書，屢試不售。同治初，援例得官，署含山運漕鎮巡檢。時粤逆初平，荆榛滿目，行者時有戒心。抵任後，諄諄勸導，盗風漸息，行者以安。運鎮之民，黠而好訟，每有一事，胥吏必虚聲恫愒，兩造頗費數金，始得就理。鳳林聽斷如流，隨至隨解，積弊剔釐殆盡，琴堂控訴爲之一空。期滿，父老咸相謂曰："公來時，父母慈。公去後，繫人思。"上游知其得民心也，後檄署太湖典史，推誠布公，萬民悦服。大中丞吴公嘉其勤慎，獎書屢至，將謀改調實缺，而鳳林竟以勞耗病假乞歸。歸之日，萬民嗟嘆，焚香遠送，曰："今而後安復有如公者來也。"

應寶時，字敏齋。縣游仙之芝英人。芝英世望，多俊傑士。寶時寄居杭州，生長母家。祖筠，巡檢，有惠政。父壽椿，入大興籍，食廪禄，得貢，始改歸本籍，司訓雲和。寳時如祖、父志，亦於童試入永康學，以年二十有四，中道光甲辰恩科舉人。時英夸入据定海，朝廷不忍糜爛兵民，議和通商。寳時屢上春官，不得第。咸豐初，粤逆又竊据南京，寳時方考取國子監學正，志在匡時，乃出京，留心機務與洋人通商事宜。性警敏，胸有智珠，非惟識其字母ㄔ遮工挨乙之至ㄩ天丄地等字及銅錢爲開時、洋錢爲打叻等話言，而併能通曉其意，性以忠篤行之，靡不帖然誠服。所由有事，用之如轉圜。既之竊据南京，粤逆放紛佚出，兩江左右、東西浙並湖南、北諸省，如火燎原，不可嚮邇，惟上海寳時得奉旨隨同官紳督練團勇，復淞江，上海偏隅，仍以兵勇堅守無恙，然猶兢兢在抱，以地爲華夷商賈所聚集，軍貲需之，而又以避寇士民多至百餘萬，不可思議，不可不與爲保全。况賊匪由乍浦竄奉賢、金山、川沙等城東出，與上海睽隔一浦，西南與賊相去不越一舍許。先此寳時既與官紳籌立會防局，預備兵饟。迨曾爵督會剿南京，與官紳建議迎師，一切力任其難，致重幣甘言，説洋人以輪船，與李爵閣兵會同諸大帥規復皖城，東南一帶，以次綏靖。督撫遂以寳時奏准任上海道。既莅政，創建龍門書院，延名師，育士成材，立普育善堂，撫字窮黎老幼，滋以長養。諸凡劇政，皆調理。考最，授江蘇按察使兼署布政事。時蘇省初克，復飭府州縣各立常平倉，勸輸錢粟百餘萬，以惠貧民。淞江古爲三江之一，尤爲吴中要區，寳時巡堤，相度開浚宣洩，民生賴之。其餘勤民政法，一如任上海時。而迎師一役，吴中時論皆推奬之，謂爲寳時一人之功。即於卒年，蘇紳河東河督吴、順天府丞朱聯名稟詳李爵相，奏請旨，准上海建立專祠，列祀典。頃復以浙撫入奏，特旨賜卹，加贈内閣學士銜。寳時自在官時，承祖崇儒基業，重造明倫堂。既致政，又不忘本，始出其餘俸捐助縣中賓興田若干，族姓助立義倉，又别置田畝，培養貞節，安恤孤貧，或立案，或詳具册籍，各有條章。所著有《直省釋奠禮器記序》《詞旨和雅》《上蘇撫計議日本書》，洞中機宜，而詩文尚未及梓，惟《射雕詞》二卷，可與秦淮海相埒，甫刊以傳。

文　苑

劉舍人曰："言之文也，天地之心哉！"非雕琢曼辭之謂也。羽翼夫道，而旁推交通，迎而距之，平心而察之，其皆醇也，而後肆焉。知此可以爲文矣。

宋

徐無黨，從廬陵歐陽文忠學古文辭。嘗稱其文日進，如水湧而山出，其馳騁之際，非常人筆力可到。所注《五代史》，妙得良史筆意。皇祐癸巳省試第一，賜進士出身，初任郡教授，陞著作郎。爲官廉明，轉陞政和殿學士，御賜像贊，有曰："其貌也固，其性也聰。才兼文武，學究鴻蒙。事親合孝，事君合忠。生今之世，藴古之風。"元祐丙寅卒，祟祀鄉賢，優其糧役。

應子和，父文臣，官中散大夫、右文殿修撰，隨高宗南渡，占籍永康，遂爲永康人。朱晦翁有題《應文臣卜居詩》云："買宅曾聞先買鄰，異鄉得見故鄉人。山中儘有煙霞趣，豈特桃源好避秦。"子和登淳熙乙未進士，長於詩。有"蠟炬短燒紅"、"風過落花紅"、"兩岸夕陽紅"之句，時號"三紅秀才"。刺郡，至觀察使，掌中軍都督府事。

應松鑑，字特立，謙之子，少師孟明孫也。年十四五，能記《論語》《尚書》《毛詩》《左氏》《文選》百餘萬言。比長，淹貫百家，至於陰陽、軍法、聲律，悉皆研極原本。又善爲文，深邃追古作者。叔氏純之奇其文，嘆曰："吾兄有子矣！"寶慶二年，成進士，授容州普寧縣簿。丁父憂。服除，以漕薦，召試優等，除直秘閣。尋遷翰林學士，兼侍讀，以文學言語被顧問。嘗值宿禁中，出入侍從，分掌制誥。凡所獻替，上皆納焉。尋以疾，卒於官。

吕潭,字道深。咸淳間補入太學,作《黄班傳》,造語蒼古,咸傳誦之,謂與韓昌黎《毛穎傳》相伯仲云。

潘子高,字伯遠。爲文敏捷,與侄有開登慶元五年榜,詞學最爲精博。每索其文,可立門以俟。適陳貴誼正甫寓直玉堂,子高知友也,心服其文,凡常行之詞,皆屬子高擬稿。子高不吝,輒擬以付,晷刻不差。性至密,不以聞於人。正甫秘之,亦不以上聞,惟時餽以酒而已。龍泉葉紹翁獨知此事,卒議正甫之不如王竹西,不以子高薦之玉堂也,故美王竹西而連類著子高詞學,於《四朝聞見録》之乙集云。

元

陳璪,字仲飭。家貧力學,淹貫經傳,文辭典雅。至正間,縣尹丁從正辟爲縣學訓導。所著有《質菴稿》若干卷。其門人胡仲勉、盧誼、林維,亦皆以文學知名。

明

吕德務,當明太祖下婺駐驆赤松宫,與東陽陳顯道、括蒼章三益詣行在,陳濟世安民之略。上悦,列置左右。

朱師全,字良玉。經明行修。初任新會縣丞,平海寇有異績。其後因事謫官。未幾,以文學薦入文淵閣,同修《永樂大典》。書成,陞刑部主事。

姚汝循,字敘卿。嘉靖丙辰以上元籍登進士第,除杞縣令,入爲南京刑部郎中,出知大名府,謫嘉州知州。素負詩名,所著有《錦石齋集》。其五古遠倣陶、韋,近體能宗大曆。益藩潢南道人品其詩與李夢陽、何景明等,號爲盛明十二家。

俞聞,好古博學。嘗築廬青山下,學者稱青山先生。博通天文、地理、占數之學,尤精乾象。所著有《照天寶鑑》《量地玉尺》《握奇經注圖釋》等書。

程明試，字式言。性孝友，刻苦砥礪，所交皆一時名碩，與太史李本寧、張淩虛、王百穀賦詠贈答。所著有《海運議》《七松吟》《松窗頌古》《程子㰏言》等書。

王師堯，字尚雍。少有才名。及長，砥志爲己之學，事祖母以孝聞。晚年尤好讀書，手不釋卷，於諸史百家多所研究，品學益醇。前後五膺憲獎，士論歸之。所著有《省身録》、《筆古集》二十卷。

程引祚，號東壁。性嚴毅，刻苦力學，下帷五峰，諸子百家靡不貫通，四方執經受業者多所成就。嚴於課子，子七，有聲黌序，懋修、懋昭以明經登仕籍，人服其家教云。

王世鈇，字畏公。崇禎乙亥拔貢。性孝友，持己端方，講切程朱理學，才望藉甚，士林奉爲模範。受業門徒百餘人，多名士。著有《經史管見》《律吕圖説》《璿璣玉衡儀解》。

徐裳吉，性孝謹，喜讀書，守己待人，足爲師法。值甲申之變，棄舉子業，潛心理學，視世味泊如也。著有《儀禮纂集》。

徐浩，字徵巖。潛心經史，至忘寢食。明末，絶意仕進，與金華姜應甲講求性命之學，往來問難，多發人所未發。尤博通天官曆法，每言唐一行歲差未確。著有《尚書賁象敷言》八卷，抉微析要，足備靈臺採擇云。

王同庚，邑庠生。講學五峰書院，助田爲先賢祭資。受業者常數百人。遺有《惜分齋吟》。

國　朝

徐光時，字東白。三任教職，所至修飭學宫，整理典禮。其在嘉興，所獎識悉成名士。年九十餘，吟詠自得。著有《東白軒草》。

樓惟馴，字右驂。博學能文章，以康熙己酉選貢太學，所見愈廣，爲文愈奇，光怪萬狀，盡發於楮墨間。當時才名藉甚，徐大司、成立齋甚器重之。年未及强仕而卒。所著有《燕遊筆話》二卷。

王同靡,字天球。歲貢生。幼讀《小學》,凡一言一行,皆劄記之以自考。深恨少喪親不能盡禮,補服三年。後受學於東陽陳其蒽,讀書五峰者十年,蓋學姚江而得其氣象者。生平著述凡二十種,皆切己之學,爲鶴潭王崇丙所稱賞云。

徐琮,字瑞九。可期孫。母黄,烈愍一鶚侄女,博學工詩文。琮幼承母訓,爲文思如湧泉。康熙戊午登賢書,授蕭山教諭。品行文章,皆堪師表,爲毛西河奇齡所稱許。戊子應閩闈聘,所拔多知名士。未幾以疾歸。生平好爲詩,所至皆有題詠。著有《完石齋集》。

徐若瓊,字覔雙。以明經授訓導。少負才名,受知當事,不肯妄有干求。家壁立,瀟然自得。學者從遊,多所造就。所著有《十字吟》《自鳴草》。

徐宏桓,字毅威。學有淵源,著作甚富。婺州四賢徹明正學,宏桓禀請學臣具題,始得崇祀孔子廟廷。

程夔初,字嗣音。穎悟絶人,於書無所不窺。爲文簡老兀傲,如枯松怪石,苔蘚班駁,絶非耳目近玩。屢困棘闈,思以著述自見,遂肆力於詩、古文詞,尤好讀史,集《左氏》《公》《穀》《國語》《國策》,訂爲一編,名《五家古文》。所著有詩、古文集、《戰國策評注》《西軒前後集》各若干卷,竝刊布行世,其未付梓者藏於家。

程兆鏗,字又籛。五峰仲子。兒時爲詩文,出語不凡,老輩多奇之。乾隆癸酉拔貢,朝考得官,初爲武康縣學訓導。庚寅舉於鄉,歷平湖、山陰縣學教諭。訓諸生,先器識而後文藝。博聞强識,無書不覽。其爲文汪洋浩瀚,不可測其涯涘,而卒合於矩矱。嘗作《讀南華齊物論論》,沈歸愚、杭堇浦諸先生見之,大爲欣賞,一時傳寫,紙爲之貴。尤工楷書,《十三經注疏》及諸大家古文,皆手録而分類詮釋之,約三百餘卷,藏於家。

程兆選,字俊升。五峰季子。幼聰敏,讀書目數行下。隨父兖沂曹道任所，以通家子謁總藩黄叔琳，一見奇之，目爲偉器。乾隆丁卯，領鄉薦。甲戌會試，取明通，以教職用，補寧波奉化縣學教諭。誘掖諸生，多成佳士。秩滿，保舉引見，以知縣升用，補授河南西華縣令。尋以父憂去，士民白衣冠送者踵接於道。服闋，赴部揀發江蘇，署吴縣，政聲卓著。歷署南匯，實授碭山。甫莅任，飛蝗蔽野，搜捕不遺餘力，蝗不爲灾。因公詿誤，降三級調用，歸部銓選，與京朝官能詩者唱酬聯句，有《樫軒唱和集》。以母喪，回籍終制，遂閉户讀書。邑令任進颺勸爲之駕，聘主崇功書院講席，與多士相研磨，自經史諸子百家，靡不提要鈎玄。纂輯各書，有《韓文杜詩讀本》《文選讀本》各十餘卷，著《古雪集》十六卷。尤精於韵學，每謂三十六字母中有宜補宜併者，或宜從古，或宜遵時，剖析精密。於《性理大全》《近思録》《程子遺書》《朱子全書》，俱手録成帖，然不沾沾於章句，以身體力行爲主。其訓士亦然，遊其門者，皆實學能文之士云。

程尚濂，字敦夫。乾隆甲午鄉舉。祖居游仙之文樓，世傳家學，尤工詩。著有《心吾子詩鈔》十五卷，弇山陳聽之濤、錢唐吴内翰錫麒皆樂爲序之。濤曰：心吾子樂府音節之妙，太白後一人。尹集之曰裘亦云：心吾子擬古詩，得莊、列、荀、韓諸子之精，當與《東坡志林》、横渠《正蒙》並垂千古。金華方海槎以爲，《心吾子詩鈔》，擬古自成一子。七古短章，乃孟東野五古格七古，前人無有開此境者，語皆戛戛獨造。范石筠柯且稱之曰：人謂心吾子詩，衆體皆備，不名一家。實則衆體皆化，自成一家。當時詩人皆爲欣賞如此。尚濂官四川，補青神知縣，調升犍爲。以路險遠不得歸，遂家犍爲云。

應中安，字純心。幼入塾，讀書穎異，鎮静有常。師甚愛之，謂其父曰："汝有佳兒，雖寒苦，宜好培之。"漸習時文，即有老宿風味。年十五，應縣試，崔明府大加器賞，拔冠一軍，厥後文名大震。嘉慶辛未，邑令劉下車，遂延課其子在署。狙伺甚多，皆以宛辭謝。己卯領鄉薦。道光壬午會試北上，闔郡寓者十餘人盡愛敬之。同年會稽章槽山亦時至,邀之會課,請能文者評閲,以定殿最,屢奪其螯,一時都人士争購其文者甚衆。而中安孜孜力學,未嘗或間,雖疾作猶不知也。年三十三,卒於京邸。前一月書有遺囑,諄諄以葬父母、和兄嫂、還夙債爲言,且自輓云:"任今朝一去飄然,妻子田廬,省了半生勞碌;把往事平心算過,功名衣食,討來幾許便宜。"又云:"解脱塵緣,願寡婦孤兒,莫羨他人完聚;凄涼旅況,感先生長者,視同自己痌瘝。"又云:"世味何如,好動男兒猛省;人生到此,翻欣父母先亡。"其惇篤之情,出以瀟灑悲凄之況,彌復纏綿,可以想見其爲人矣。同族舉人鍾毓爲之傳。

應鍾毓,字繡梣。嘉慶癸酉拔貢,本科舉人。生而穎邁,器宇不凡。比長,博覽群書,經典而外,尤好《昭明文選》,時以六朝文藻賁飾時藝,綽有前明陳、夏諸公之風。後乃悔其少作,深湛理奥,截斷衆流,詩書之氣,精采流溢行間。嘗爲汪文宗瑟菴所器重。同年友顧倬櫃序其文"篤於古不戾於時,騁其才不越其軌,終非俗子所能到"云。刊有《繡梣制藝》行世。

張化英,字育吾,晚又字西潭。祖居在武平前倉,爲前倉人。其先不無顯者,然罕有著名於時。自化英敦儒術,遂以大顯。初年未冠入學,須短小而堅瘦,情性和緩,廣績學,語言時有古趣。或列坐計議事宜,語有激而戇者,亦無疾言遽色。工楷書,能詩。治制藝,閎肆昌茂。以課教於家,濟濟英多培佳弟子,有謝家風,自是一門光顯。遠方來者日益衆,亦皆因材與之,咸以有造,騫騰而上者輩出不可悉以數。心又甚愛才,田舍兒雖貧,質稍可讀,掖之獎之,切切加意勸之學,時靡有厭,士氣爲之一振。以此桃李競爽,秀挺於時。無如文憎命達,鄉闈膺房薦者七,堂備者二,而卒以郡貢就教職。所著有古文四卷、制藝四卷、駢體文六卷、《毓梧詩草》四卷,皆經經緯史、有功世道之文。道光壬寅,門下士胡鳳丹爲之釐訂存稿,以待剞劂,不幸兵燹後盡被焚燬,人咸惜之。

夏謨，字文敷，號華溪。道光己酉拔貢，同治丁卯並補行甲子科舉人。自幼從長兄燃青學，秉性嚴毅，敏悟過人，與仲兄永修并力切磋，不輟寒暑。始習制藝，能爲驚人語。惟時燃青有聲於庠序，而謨與永修亦各自成隊，惟謨文以閎肆勝，永修以精鋭勝，靡壘而前，不少讓居人後，而謨之下筆，尤見便捷，每一篇出，莫不傳誦於時。及就學省垣，師事陳公琴齋其泰，琴齋爲時名士，大欣賞之。同時三書院吾鄉龔明府潤山、張侍御少蘿最有文名，皆服其才，自以爲已出其右。迨膺選拔入都，在都前輩唐副憲根石覽其文，亦極爲稱許，指同輩咸以爲弗及。報罷歸，猶鋭意於學，才望藉甚，士林奉爲模範，四方執經受業者多知名士。季弟永成，咸豐辛亥登賢書，皆爲謨所教就也。平生遇多偃蹇，七薦不售，至五十始獲一第。主試張香濤尚書極爲贊賞，謂後世必以詩名家者。今所遺古文駢文二卷、古今體詩四卷、試帖詩二卷、制藝大小題四卷，古今詩半選入胡觀察月樵所編《永康十孝廉詩鈔》中，其未付梓者藏於家。謨長兄燃青，字渭朝，號藜閣。恩貢生。性質直，善則好之，不善則翹舉面斥不少諱。爲文亦朗暢，時稱爲直諒之士。著有《松桂林詩文鈔》四卷。謨仲兄永修，字慎思，號贊卿。道光甲辰恩科副貢生。持品端方，學有根柢，課徒謹嚴，工於時藝，勿兢兢於詩詞歌賦，唾棄一切，不自珍惜，所遺衹《贊卿時藝》二卷。謨季弟永成，字雅南，號甸山。咸豐辛亥恩科舉人。善時藝，工楷書。三上春闈不第。天不永年，輿論惜之。著有《甸山詩鈔》，亦選入《永康十孝廉詩》中。

吕觀光，字尚賓。歲貢生。藴藉和緩，接鄉族以禮。家計不裕，惟課徒以自給，然能篤學好積書。或問之。曰："予家無基業，必以此爲書田，昔昌黎韓老所云種學在是，但恨無錢不及多置耳。"自是廣覽博稽，採掇先世遺編如宋吕皓《雲溪稿》、元吕浦《竹溪集》、明吕文燧《雙泉集》等類，裒輯成書，刷印以傳。至所自著，亦有詩文，今皆散佚，僅有存者。

陳德純，字占一，亦字鷲峰。高祖貞如，以儒起家。其後食廩米，登賢書，歲入明經者，不一而足。德純質性清穎，幼出就傅蒙師徐望。師奬之，若説項，掛口不置。而詣行本自恂謹，後乃就學於叔祖鳳巢，惟恐其矜能也，裁抑之，益愈大有所造。所爲文工，詩賦鮮艷，雅近六朝，得庾蘭成者爲多，與世雅夏文夷謨相抗衡。道光戊戌童試，拔隊出，縣、府、道皆第一，時謂之小三元。辛丑，羅蘿村閣學以賦學拔置優等。壬寅科試，曾以賦學取入詁經精舍肄業。癸卯中鄉舉，時年二十有四，以少年騫騰而起，縣人謂其杏苑探花，當如拾芥，即以甲辰春應禮闈。已膺鶚薦，不幸未完場以痘症終於都。叔祖鳳巢哭之慟，鄰友夏文夷哀之以詩，時論亦皆惜之，以德純奉後母密盡孝道，而不知年乃不及長吉，謂其父若母爲無福云。

陳應藩，字屏侯，一字星槎。性聰穎，幼讀過目成誦，伯叔鍾愛之。甫成童入學，既冠補食廩禄，適得桂林易梧岡以名進士來知縣事，觀風課士，見其文異之，遂與應鍾毓、吕東皋同招入署，課以讀。既而易侯升調德清，應藩負笈以從者數年，名噪浙西。以嘉慶庚午科鄉試得中經魁，穆中堂其座主也。既雋，治裝入都應禮闈，薦而不售，座主以應藩善詩文、工書法，聘以館教弟子十餘年。自辛未至道光癸未，屢試屢膺薦而不得一宴瓊林，惟以留滯京都日久，始得挑選縣令。壬辰分發，署順天順義縣，尋授保定定興知縣。勤慎廉明，所至有聲。丙申歲，大憲力保升廣平肥鄉縣。應藩以疲勞成疾辭官，陳情數數，卒不聽。戊戌始丁艱回里。玉府尊夙知應藩積學且室處清貧，聘以主講麗正書院。時應藩體已半枯，猶力疾課學不倦。丙午以壽終於家。詩文散佚，罕有存者。

武　功

四郊多壘，則注意將。禦侮所以列四友也。執干戈以衛社稷，治韜略者優爲之，拔幟登壇，厥功懋焉。

宋

胡巖起，邦直孫。登嘉定甲戌進士，授知閩縣事。卓行危論，奇文瑰句，士大夫皆自以爲不及，廣帥真德秀雅敬重之。轉江西提刑幹辦公事。值贛卒朱世倡亂，殺提刑使者，朝命以陳愷繼其任。巖起調度事宜，佐愷密設方略，遂平之，贛人作《平贛録》紀焉。子居仁，登淳祐丁未進士，累知台州。其文詞政事，亦絶出於一時云。

胡嘉祐，字元祚。至正乙亥，縉雲蒳溪賊杜仲光率衆剽掠，嘉祐不忍鄉里罹害，乃散家財，集丁壯，立保伍，大書其幟爲義兵。賊偵之，不敢犯。會官兵至，嘉祐率衆助討之。賊退，兵駐邑中，頗恣睢。嘉祐白主將，出旗樹於鄉，約曰："敢擾吾民，殺無赦！"士卒皆如約，鄉民安堵。尹嘉其能，白憲府，署曰義士，俾與方允中合而拒賊。賊畏之，不敢越李溪而西。時太平吕元明軍屯方巖，致書嘉祐求援。祐曰："吾衆以義合，將以排難存鄉里耳。委之而去，豈吾志耶?"益勵衆固守，里民受圍者，輒出兵援之。歲丁酉正月，賊寇武平、合德，嘉祐與戰，破之，逐北數十里。二月丙午，戰於前倉，又破之。賊衆復間道出方巖，與吕元明戰巖下。吕不利，其屬孫伯純死於陣。又明日，賊復至，與嘉祐遇於占田。嘉祐盡鋭以戰，顧謂允中曰："賊衆我寡，惟死鬬耳，不可退也。"自辰至午，嘉祐戰益力，厲聲駡賊，死之。士民莫不感泣。

明

吕文燧，字用明。爲人寬厚深謀。其弟文華，字元明，尤慷慨有智略。至正十五年，括寇吴英七等聚衆爲亂。郡縣發兵討之，皆敗，遠近騷然。用明、元明合謀，散家貲，率其弟文烜、兼明、侄元吉、季文等，團結鄉兵以備之，設禁令，明賞罰，日殺牛釃酒飲食之，諭以大義，出粟布以給其貧乏者，於是衆皆有固志。十二月，賊陷縣治，分其衆四出焚掠，文燧使元明、季文率五百人，迎敵於尖山下，累戰皆捷。會沿海翼萬户石抹厚孫統兵適至,與元明等夾攻,賊遂敗走,縣治以復。帥府署文燧諸暨州同知、元明永康縣主簿、季文義烏縣尉,皆辭不受。賊既招安,而恣睢不受約束,人心憂恐。文燧等益添兵葺械爲守禦計。十七年,賊復驅煽饑民爲亂,其勢益張。文燧先詗知,詣帥府白之。府即命文燧總制民兵討賊。邑大族朱世遠、俞榮卿、董仁恕、孫伯純等亦皆以兵來會。文燧命元明出方巖,季文出東窖,而自屯青山口。累與賊戰於左庫、雙牌、胡陳,皆捷,斬獲甚衆。會義士胡元祚敗死占田,賊乘勝復陷縣治,執達魯花赤野速達。而文燧兄弟合兵擊賊,走之,乘勝追至上黄橋,賊大奔潰。山路深險,追兵前後不相及,有賊突出叢薄間,季文被創,死,文燧乃命從弟國明代領其衆。會行臺都鎮撫邁里古思帥師專征,將與元明會兵方巖,賊乘其未到,掩至松明橋,以逆官軍。國明麾諸軍直衝其前,而自率精鋭横出其後,元明繼之,諸軍四面夾擊,合戰移時,適邁里古思大軍至,賊遂大潰。追至胡堰,枕屍三十餘里,死亡略盡。元明、國明及黄彦美諸將分道窮追,地方悉平。論功加文燧婺州總管府判官、元明永康縣尹、兼明永康縣主簿、國明諸暨州判官,復皆辭不受。十八年四月,嚴州城破,樞密院判官石抹宜孫,假元明本院行軍鎮撫,兼義兵萬户,將兵赴援。臺官用讒者計,因其入見,伏兵殺之庭中。其子堪併裨佐濫死十餘人,衆皆冤之。未幾,明兵下婺城,文燧籍其衆歸附,授永康翼副元帥兼知縣事,復召爲營田司經歷,擢知廬州。浙西平,更授嘉興府知府。松江民作亂,襲嘉興,文燧柵内衙,集壯士拒守,而請救於李文忠,移兵擒之。諸將欲屠城,文燧争曰:"據城者賊也。民何罪!"得釋。滿三載,入朝,奉詔持節,諭闍婆國。行次興化,以疾卒於驛舍。兼明授永康知縣,尋致仕歸。

田子貞,名貞,以字行。至正丁酉,寇起縉雲,民多奔竄巖穴,且饑饉相仍,道殣相望。貞出窖中粟賑之。皆羅拜於庭,曰:"我等已在鬼籙,賴公生我。倘有役使,蹈水火無恨。"子貞因結爲義旅,使捍鄉井，賊不敢犯。廉訪司檄授以巡檢，不受。歲戊戌，明兵下浙東，陳友定遣使持空名敕授子貞武義縣尹，欲鈎致之。子貞知天命有歸，殺使者，焚其書。其卓識如此。

朱世遠，貲甲於鄉，歲歉，輒濟貧乏，鄉里稱之。元季處寇侵縣，散貲募衆，同吕元明禦之方巖山下，與王師夾擊殲之，境賴以安。賢達傳鄭柏贊曰："所貴乎士者，謂能排難解紛、賙貧恤匱、見義必爲耳，非有卓然之志者，其能然乎？當元末饑饉薦臻，地方擾攘，民瀕於死，世遠慨然出粟賑貸，糾約同志，上助王師，下殲劇寇，可謂一世之雄矣！"列之武功，蓋紀實云。

應阜，字德厚。恢廓負大略。當元末騷動，與諸季謀募鄉勇，身爲統領，以樹保障。括寇懼，不敢犯。鎮守樞密院判耿秦授義兵鎮撫，督捕山獠，境賴以安。時瘡痍及流離失所者，厚恤之。天下既定，有罣誤於寇者，爲雪其冤。人德之如父母焉。

汪宏，字器洪。以歲貢振鐸南靖，履任九年，造就王玭輩登甲第。時沙尤寇亂，保定伯梁瑶檄宏擒之，殲渠魁劉乾輝等，民賴以安。遷唐府伴讀而卒。

應恩，字鶴丘。弘治乙卯舉人。釋褐高安知縣，清徭平賦，興廢決滯，建筠陽書院，以作士勸學，而於庫役、丁馬之羸，不以絲毫染。己卯，給由過省，值宸濠亂，筠守被囚。恩以城池爲念，亟奔還，集衆備禦。有新昌儀賓李藩率其黨來睨城，恩率衆擒斬殆盡，咸謂恩遲五日不至，則城且失守。旋領義旅，從提督王守仁圍攻省城逆巢，奪門而入。恩慮擾攘之際，玉石不分，請令禁戢，民免横罹者殆數萬。既又從征宸濠，至樵舍，併力擒之。地方平定，恩勞績居多，王守仁捷本詳焉。尋奉委勘變逆産，恩謂此多侵占小民所得，請定爲輕估，聽原主備贖，民不失業者，莫不仰戴。明年庚辰甫竣事，乃挾由册赴京磨勘，竟以積勞成疾，便道還家就醫，卒不起。又明年，嘉靖改元，兵部論功奏陞賞，因故乃致恤典，世復其家。

國　朝

徐元乘,字惟登。好讀書,慷慨負奇略。順治十二年,土寇竊發,邑令吴元襄素耳其名,延之爲城守計,元乘慨然應命,倡率守禦,境賴以安。旋以勞苦成疾卒。士林惜之。著有《書經集解》。咸豐十年,崇祀鄉賢。

義　行

董子《繁露》云:"《春秋》爲仁義法。""義之法在正我,不在正人。"襲而取之者,丕乃敢大言;夷考其行,而不掩比比然矣。故行者所以既其實也。實事求是而無歉於義,君子人歟,其在斯矣!

宋

陳慎,宣和中納粟賑饑,授中州助教。寇亂,積骸平野,躬率二子良臣、良能收瘞之。紹興中,二子並登第授官。乾道間,歲大歉,爲粥以食饑者。鄰有逋税,代償之。復建橋三處,曰上浲,曰下浲,曰東濟,甃道以便行役。孫五人,亦相繼貴顯,人以爲施德之報云。

元

吕汲,字仲修。少嗜學,至老不輟。讀書務窮理,于百家諸子靡不旁通其説。養親具必豐。族人貧者,月有廪;年當入學者,家有塾;鄰里有急,必周之。歲歉爲粥食餓者,所活千百計。至自奉,乃極儉薄。甫逾弱冠,大盜竊發,官軍進討,强起其父懋爲鄉導。汲隨行,身踐重山密林,探其巢穴。事平,口不言功,識者推其雅量。晚益務韜晦,自號水西翁。子機,字審言。刻意於學,通《春秋左氏》大旨,好讀《資治通鑑》,孝父敬兄,事必咨而後行。撫育二妹,逮于有家。待賓客朋友有禮,樂賑鄉人之急。人或懷嶮巇以相傾,忍弗與校,綽有父風。

李叔安，大德丁未中遭時大歉，發粟萬斛賑饑，鄰邑扶杖襁負就食者以數萬計，置大釜煮粥食之，多賴以全。有司表其所居坊曰由義。

章希膏，侍郎服之裔。端莊謹飭，修己行義。永嘉周愷傳其事。

應勝，字尚志。隱德不仕。性孝友，敦睦宗族，有構争者，片言輒服。尤善醫，所全活甚衆，而不責報。邑令杜爲作世德傳。

明

馬文韶，以吏辦事陽武侯府。適永康歲祲，饑民競挾富家粟，或張大其事以聞，命侯剿之。文韶哀告曰："永康之變，實饑窘所迫，無它也。請勘實而後行。"侯如其言，兵止不發，民保無患。

王孟俊，性孝，敦行篤實。念父永昌曾捐百金建府學兩廡，乃繼志出粟千石賑饑，有璽書羊酒之褒。後孫洙楷、世德、世鈁衡聯登科第，人咸謂累德之報云。

金盛宗，敦行好施，捐建櫺星門。正統間，出粟千四百餘石賑荒，璽諭褒美。其餘造橋梁、修道路，種種可風。

應曇，字仕濂。諸生。性孝友。親歿，殯葬盡禮。或間其兄曰："是非若利，他日費不足，將罄若産矣。"兄以語曇，泣不應。既襄事，遂火其藉。既而兄與析産，悉以沃産讓兄，而自取其瘠者。正統己巳，文廟燬於寇，知縣孫禮議重建。曇請獨任其事，鳩工聚材，方閲歲而大成殿、明倫堂次第落成。生平勇於赴義，所在輒有恩及人。在永嘉分金以急人之難而不問其名，在武林還金以甦人之命而不告以姓氏，在家則出廩粟以賑饑荒，置公田以助里役。他如架梁風橋，建普利寺，贖寺産以贍僧，僧構祠報焉，御史黄卷撰有碑記。雍正二年，崇祀鄉賢。

徐賓，字伯珍。事親孝。式穀四子，皆有古人風。且好周急，如家貧親老與喪不能舉、壯不能婚者，多被其惠。正統十四年，括寇掠境，居民多逃竄。先是縣收折鹽糧銀數千兩付寶領銷，未交官而寇至，寶藏於井，蓋之以石，人無知者。後寇退，官議重徵諸民，寶橐其銀以獻曰："銀故在，弗徵也。"議遂寢，鄉人咸德寶。歲首三夕，户設香燈祝之，因相沿成俗。其孫愐以隱德著，孫昭暨文卿、文通、可期、之駿輩，蟬聯科第，而學顔以忠烈膺特典，父老咸羨寶食報云。乾隆二年，崇祀忠義祠。省、府志載徐蒙六。

施孟達，捐資建修仁政橋，後圮，孟通、孟進、孟安、孟綱重修。孟達生平善行，不可枚舉。乾隆二年，崇祀忠義祠。

應杰，字尚道。生有美質，行事悉與道冥合。幼喪父，奉母惟謹，而諸叔父又相繼早世，遺有諸弟，亦皆髫齓而孤。時祖已耄老，杰事之，曲盡孝敬，視諸弟如一體，挾之成人。諸弟與析産，輒自取薄者。季叔母意弗厭，即益以己所得多與之，人尤以爲難。生平雅志好古，尊尚儒術，重建明倫堂，著家範，立祠廟，置祀産，備祭器，制深衣，幅巾方履，行古冠昏喪祭禮。家故有土木像，盡撤而毁之，巫覡僧道之類一切屏絶。其他修梁風橋、代輸鄉民户口逋税諸義事類此者甚多。雍正二年，崇祀鄉賢。

王綸，同弟綉之子淮捐貲建譙樓。王綵、王山建縣廳，王福建總鋪。歲歉，又捐千金賑饑。人稱濟美云。

俞統，成化十九年，大水，家被衝没，妻女皆淹死。先是有商人市苧者寓白金數十兩其家而去。及水退，商人泣而至。統曰："無憂也。家雖破，所寄銀故在。"挈而還之，毫釐勿爽云。

趙鉞，捐資造福梁橋，築溪壩，歉歲施粥食饑人。

張宗禧，娶厲氏，有淑德，生三子。厲卒，宗禧感其賢，誓不再娶。家故裕，賙貧起仆，爲人舉喪葬婚嫁。嘗捐資募傭，築下黄官堰，溉民田萬餘畝。造舟楫，修輿梁，以便官道，鄉人稱之。

朱山，參政方之兄。嘗因水旱代納一都鹽糧，鄉人德之。

應崇正，正德間，嘉、湖歲凶，駕賦于婺、衢、嚴三郡。後遂派爲常額，民不堪命。崇正揮其家資，偕弟廷彰，挺身上控，而賦賴以均，民賴以息。方伯姚有獎語云："十載不思家，可愧守錢之子；一心惟尚義，益彰崇正之名。"義烏知縣胡槱作《義士序》贈之。

應希聖，字崇學。此前志列傳與明倫堂碑石捏誣鑿空，已於光緒十七年並十八年，奉西安曲阜孔翰林博士移文到縣，縣主郭轉移志局奉裁。

俞柏，賑窮周乏，好行其德。建胡塘橋，人賴以濟。又辦湖州官糧。方伯姚表其閭曰義士。

陳樋，字仲器。邑庠生，鄉舉雋秀。治家範俗，風紀肅如。正德九年，楚寇王浩八、蔡六二覬覦猾夏，衢、婺罹殃。朝廷著鄉募義士能克亂者洗之，府主劉公蓰請帖彩段羊酒，委邑令黎公鐸至門徵舉，統屬地方。樋承命，率領民勇，相機乘利，直搗賊穴，寇爲遠遁，境賴以安。嘉靖壬辰，歲旱，饑。縣主毛公衢尊禮耆英議籌賑邺，樋即出粟四百餘石，厚施於饑迫，而餘惠及於貧民，鄉人莫不頌德。後邑侯龔旌匾曰"才良智義"。而應石門典爲之傳，有曰"惟公義行卓卓堪數，德業在人深，人嘆服"云云。

盧仲傳，仗義輕財，每歲於冬至前後，躬拾義塚遺骨埋之。萬曆間，歲歉，煮粥以食饑者，鄉人稱之。

王世琮，邑庠生。親病，刲股得愈。常倣朱子社倉，春貸秋斂，不取其息，以濟荒歉，行之數十年，衆受實惠。

吕一美，字伯輝。幼失怙，母壽至九十四歲，竭力奉養。蚤歲游庠，刻志讀書，孜孜樂善。遇歲饑，煮粥賑濟，瘞埋白骨，建九里橋。年七十九。

王世忠，捐粟賑饑，助田入祠，修宗譜，創追遠祠，建聖廟東廡。

應崇德，與應佩之捐資修府館。

方叔和，捐資造朱鑑石橋二座。歲歉，出粟賑濟。

應恩，出粟濟貧，善乎鄉族。

李世翺，尚義好施，柏臺屢獎，耆年考終，子姓蕃衍，人多稱之。

黄一正，急公趨義，鄉評推重。

盧珮，性孝友。伯氏蚤喪，撫遺孤如己子。同盧琳助修公所，出穀賑饑，邑侯旌其堂曰"樂善"。

周邦義，生平好善，克己周急。年八十餘卒。

盧元奎，天啓間，門外拾遺金四十兩，有蘭谿姓諸葛者來覓，還之，了無德色。又嘗捨棺。

林槐，出粟濟貧，捐資修學。

徐惟啓，出粟賑貧。順治十七年，巡按楊特表其閭，引見親酌酒。年八十餘卒。

吕邦俊，歲饑，命孫正先捐穀濟貧。年九十九。

周惟忠，性醇，赴義，曾於蘇州客邸還金，常捐米賑饑，善行孚衆。

吕國元，樂善尚義。二建王墳橋。子一森，邑諸生，克承先志，歲荒出粟賑濟，計口散給，里中咸賴焉。

王世琨，孝友樂施。歲饑，倒廩千餘石賑濟，邑侯吴獎曰"家貧慕義"。弟世相，並好義，捐資全貧人夫婦，贖遠鄉母子，里多稱之。

盧元參，字若魯。邑庠恩薦。一介不苟，嘗助修學宫，造永濟橋。遇貧乏，多方周恤，鄉人德之。年九十卒。

國　朝

陳惟章，慷慨仗義，嘗以己田易爲堰基，一方利賴。順治辛卯，鄰遭强寇，衆皆閉户。章獨挺身往救，提戈衝先，中利矢傷胸而卒。族義之，爲立昭義祠祀焉。

胡惟敏，敦庸行，好施予。順治二年，與兄惟嘉扶父柩往厝金華下登山。道遇土寇剽掠，止其棺不得行。惟敏哀號涕泣，告以情。賊義其孝，遂得釋。康熙乙巳，路拾遺金二十餘兩，即揭帖憩亭。有陳姓者覓至，還之，無德色。邑侯徐獎曰"慈惠可風"。

呂應光，力行節儉，不侵然諾。歲大饑，捐穀千餘斛賑濟。捐己田爲祖鄉賢文燧春秋祀，又捐己田立義塾以教宗黨。年九十八終。

徐應顯，字子祐。性慷慨。歲大祲，倡施糜粥。有以逋賦告者，貸以錢，爲焚其券，人德之。且精醫術，多所全活。晚年益精，游歷公卿間，貧寒以疾請，匍匐往救。所著有《醫方積驗》。御史牟雲龍表其廬曰“儒修相業”。年八十餘卒。

徐元贊，仗義好施。見有貧欲出妻者，罄囊爲之全凡數家。前令徐旌其閭曰“槩淵碩人”。

應本際，樂善好德。族之嫎修苦節者，歲恒周給。人以緩急告，輒應之，至爲折券，不悔也。嘗得遺金，訪其人還之。

翁文正，出粟賑饑，捐造橋梁，早輸國課。嘗拾舟人遺金三十兩，守還之。

應守誠，性孝友。父元吉，好施。誠善承志，以身任之。兄守謙，仕汝寧經歷，欠糧千餘，誠破産代償。嘗建橋濟涉，捐穀賑饑。一日，偶至墳山，遇有人盗砍樹木，慰諭速去，不令從人逼之，盗亦感化。孫際聘，有祖風。幼失怙，事母盡孝，兄弟五人敦友愛。嘗架石梁，置家塾，能紹祖德云。

徐鐕，字干祥。性本孝義。父晚遘厲疾，躬親饘粥，十有餘年。父歿，祭葬不遺餘力。捐資重修聖廟并十哲四配廚几等項。助建明倫堂梁柱，砌造橋路，還金瘞骨，賑饑濟貧，以樂善好施稱。

徐惟明，樂善敦倫，嘗建西津石橋，出粟賑饑。貧人稱貸者焚其券。年九十。

盧汝翰，性豪爽。建義倉，濟賑饑民，多所全活。嘗立觀善堂，衍析六言，使知性善宗旨。

應本初，字元生。少爲諸生，負膽略，具濟變才。甫入家塾，其題木㯰云：“出則仔肩是任，入則壁立不撓。”師爲驚異。順治乙未，東陽寇起，所至焚掠，蔓延逼境，勢張甚。族人赴縣白狀，防守王領兵禦之,敗没。已而防守之侄妄希恤典,誣族通賊。族衆千家,風聞股栗,無敢出身理者。又當道路梗塞,城守戒嚴,雖有力無所用,皆相顧太息泣下。本初奮然曰:"事至此,忍坐視闔族受禍耶!"冒險夜行百餘里,至城下,不得入,倚城墻號哭,以聲通,始得入訴司理李之芳。之芳見其情切辭壯,爲達上官,誣始白。仲弟本際,爲亂兵所掠。本初赴營往贖,貲不符其額,願以身爲質,而使弟歸取盈。主者義而釋之。康熙初,同修邑志,有貲郎懷重幣求爲其先地者,峻却之,引咎者累日,曰:"此物奚爲至於我哉!"其守如此。

潘守基,性方正。嘗赴郡,拾遺金於浮橋,守而還之。又嘗避寇於王尖山,携金數十兩,欲藏於山坎内,比啓土,已先有藏之者,約數百金。覆之如故,而藏己金於别所。其取與不苟如此。

李汝才,家赤貧,世居邑之青龍。康熙十六年,賃居武義泉溪鎮。其子文,拾遺金於途,歸呈汝才。見有官票發付里長王某,相距可三里,急命其子還之。時王某之妻以失金故,方欲投繯,而文忽至,出金付之,得免於死。武義令聞之,欲給獎。汝才曰:"我不爲利,豈爲名乎!"遂還青龍。

王灝,有志操,嘗於五木嶺拾遺金數十兩,坐俟終日,無覓者。次日赴縣,喧傳某里保昨失糧銀,官逮之急。灝即尋里保某,詢其數符,還之,知縣沈獎焉。

胡啓衍,好周急。康熙乙未饑,鄉鄰多不舉火。啓衍出粟爲糜,凡二閱月。己亥饑亦如之。辛丑歲,大祲,盡捐餘粟以賑,不足,質田接濟。其尚義如此。

倪宗岳,字崇華。幼貧苦,捃拾以養。稍長,學肩販,銖積成家。業既饒裕,自省嗇以濟困乏。康熙甲午、丙申,出粟賑饑。戊戌春,見西津水漲,渡者多險,遂議架石橋,捐建三垛爲倡。橋成,捨田二十畝,以歲收所入爲異日修橋之費。其好義類如此。

應永正,性誠樸,事父母以孝聞。家素封,好行其惠。人有以緩急告者應之,不責其償。訓課子孫,遊黌序者八人。

應一鋕,性質樸。幼失怙恃,事兄嫂如事父母。急公尚義,矜孤憐貧。年八十餘卒。

王世昌,少孤,事母盡孝,濟貧恤族,以樂善稱。

謝景銘,周貧賑乏,而不責報。鄉閭德之。

應洵乾,獨力捐資,重造鎮興橋。

徐思程,好義樂施,宣明十六條,剴切動人。

胡啓桂,事後母孝,捐資立義會,捐田造祠,族人稱之。

李承芳,慷慨樂施。康熙甲寅、丙辰歲歉,捐囊買米賑饑,全活甚衆。

徐宗諫,敦倫樂善。康熙二十二年,麥荒,捐穀賑饑。

陳應德,業貿易。一夕與蘭江布商同宿城東旅店,及明,商去,遺計簿一、銀二百餘兩。應德檢視,度必商所遺,即於旅次守之。越五日,商果踉蹌而至,言所失物甚符,遂出還之。酬以金,不受。商高其誼,以事聞於縣,知縣謝雲從給匾獎焉。

周士疇,字錫成。爲諸生。孝而尚義。父病痺,起止需人,士疇晨夕維護不少離。以父病,入山採藥,遇虎,叱之即去,人以爲孝感。雍正元年,詔核郡邑人文之最盛者,歲科充弟子員數,大學陞與府學等,中學與大學等,小學與中學等。永康故屬中學,而應童子試者千餘人,與陞大學例合。士疇聞之,即自備資斧,糾同志,呈請於學師胡、知縣韓,以次達上司,經部議者再,咨覆者三。士疇奔走二年,不辭勞瘁,未幾命下,陞永康爲大學,增額四。士林至今重其義云。

林佳璨,字璧人。好施予,歲以田三十畝所入之粟别置倉儲。每當雪夜除夕,分給族中之貧者,曰:“吾力所能爲爲之。待有濟人,終無濟人之日矣。”

胡懋略,字漢維。仗義疏財。雍正乙卯,代完一莊累年逋賦。乾隆辛酉歲饑,里中設廠煮粥,懋略捐米爲倡,全活甚多。卒年八十六。

徐昌美,字嘉贊。幼失怙恃,家徒四壁。比長,爲麪食店夥,一日坐具上遺有青囊,檢視約白金二百餘兩、田契數紙。次早,其人覓至,言所失物,不差纍黍。昌美慨然還之,問失者姓名,則縣西華村君正也。處郡都司葉遇春以"信義可嘉"匾獎之。

李繼鑅,字漢英。性醇厚。兄故,敬寡嫂如母。乾隆癸巳歲歉,倣朱子社倉法,出粟三百石以貸鄉鄰,有負者,不責其償,行之十數年不倦。建鼇峰書院,以課族中子弟。割腴田十畝,興立文社。里有河,病涉,造舟以濟。侄孫載懋,成進士,繼鑅栽培之力居多。人以是重其行誼云。

王元寶,性質樸,家僅中産,槖有餘金,輒勇於尚義。嘉慶庚申,内白橋圮,元寶出資重建。永濟、康濟等橋,亦傾囊以助。前後十餘年,所費無慮二千金,人多稱其慷慨云。

吴搏,字選生。孝友尚義。嘗見一諸生貧無卒歲,潛遣家人輸粟其家。乾隆甲申夏無麥,民饑,搏出三百金助賑,不足,請於知縣陳貸庫金百六十金,以賙困乏,賴以全活者甚衆。又嘗獨建迴波橋,以便行人。其好義類如此。

王鳳東,字日升。少孤,大父撫之成立。好讀書,不爲章句儒。《史》《鑑》愛不釋手,多識前賢懿行。事祖以孝聞。兩兄俱早世,奉寡嫂惟謹。未析箸時,有稱貸於人四百金,總其傅别,獨任償之,不貽其兄之子累。後家業稍裕,慷慨好施,嘗慕范文正公之爲人,割腴田二十畝爲義莊,又出穀六十石貯之祠以貸族人,不取其息。凡邑中義舉,如西津橋、城西官道及河堤、寺觀,靡不出力倡先,其勒之碑碣者捐資七百二十餘兩。治家嚴而有恩,子孫銜訓,肅若朝典,仍不失雍熙之軌迹。其實行洵所謂立名義不侵爲然諾者,人比之劉子相、王彦方云。

林和鳴,字岐山。嘉慶間,重修泮池,添建石欄。尤敦族誼,嘗語其子三德曰:"新穀未登,族中會有餓者,吾欲出粟二百石,另置囷鹿,春貸秋斂，爲久遠計。”事未竟而卒。其子仰承父志行之，名曰常存倉。

吕宏忠，質樸謹厚，爲社倉長。乾隆庚寅，發借倉穀六百六十餘石以貸貧民，歲歉無以償，宏忠鬻産易穀，代完五百九十三石。癸卯饑，又代完四百五十餘石，不責其償。鄉里德之。

胡兆熙，字載侯。嘉慶庚辰歲歉，輸金三百，以賙族人。

胡仁楷，字良直，號雅堂。自高、曾下，世有積德。昆仲三，序居次，秉性孝友，孺慕終身，伯仲間怡怡如也。少與兄仁模、弟仁柳相砥礪於學，覃精載籍，世俗帖括之業勿好也，故不爲時所知。然先生亦淡於進取，援例爲國子生，而常以培植士林、振興文教爲己事。道光十五年，捐田百數十畝，爲闔邑生童大小試卷費。又助義塾一區，曰培文書院，並捐貲以給膏火。迨疾革，猶拳拳以經費不足爲虞，故其配施太夫人暨七哲嗣鳳詔，遵遺訓，先後又捐田數十畝，以備歉歲並鄉會士子舟車費。若其周貧乏、焚債券、助宗帑以隆饗祀、代窮黎以完積逋諸義舉，更不勝書。故其歿也，士民咸感泣，共私謚曰惠文先生。同治三年，邑紳張化英等合詞呈諸大吏，請於朝，得旨，迎主入鄉賢祠，可謂有德必食其報矣。所尤難者，咸、同間，粵寇鴟張，騷擾諸省，而其子若侄膺文武仕者，皆以盡忠赴義、爲國捐軀。論者謂本諸先生之家教云。今先生早崇祀典，而子侄輩亦邀榮獎，敕建八烈專祠，春秋俎豆，明德維馨。嗚呼盛矣！以之昭示來兹，當必大有興者。

盧鳳詔，字廷普。庠生。學問淹洽，品行端方，尤慷慨，不吝貲財。道光乙未大祲，輸賑四百餘兩，邑侯廖旌以額曰“樂善好施”。縣建試院，捐輸貳百兩。咸豐壬子大旱，邑侯湯出捐助賑，又與諸弟商出父常貲四百緡。其餘造橋立廟，助喪助婚，不可縷指。晚更明習醫理，施膏丹以濟人，保全者衆，鄉老至今猶多樂爲稱道云。

應邦翰，字繼維。少端謹，隱居養親，不尚華侈。建三省齋，延名師課其子。祖先累世好善，人稱之曰積善家。嘗捐助族中希范義田二十畝以及郡垣、試館、嬰堂、橋亭之類。道光乙未歲大旱，饑者載途,邑尊廖勸賑,慨然出藏鏹數百輸之。咸豐癸丑旱饑亦然。

應參申,字繼甫,又别字鏡人。世居游仙之芝英族望,不尚釋老,以儒爲宗。參申敦篤儒術,飭己端慤,兀兀終日坐,雖至老無倦容。越及中年,不遇,始存不爲良相必爲良醫之志,活人無算。且以幼少失怙,事孀母八十餘歲,侍奉晨夕無違,以禮終。常時歌《杕杜》煢踽,每自承家必持其大體,貽母氏以安。讀攻苦,敦本務,不習膚末。丙戌就試府縣,皆第一。入學復冠郡庠,里中老成宿學以大器目之。既之不得,每自以孤露養不逮存,時以尊德樂義、親親仁民修於家。輸膏腴百餘畝以洽烝嘗,捨錢幣千餘緡以恤宗鄙,倡希范以捐田,倣常平而積穀。種種善事,不惜厚貲。此外,於六服之親、三族之戚,饑荒之歲、貧病之家,又别自裕其後於可久,振其乏而無遺,而一切保嬰以慈幼,施櫬以給孤。九月除道,十月成梁,或納田,或勸幣,亦略有限制,以宣昭先德,用迪前光。西園書院,先世文教之所由興也,造者後人以歸參申,申遂出值受之,捨爲族士講學之所,俾復舊觀。又捨田爲文士三考斧齎。文廟大成殿,亦其先世之所締構而貽謀者也,以咸、同之際,經寇污穢,時初脱劫,參申破産重建,獨力而作新之,併置田爲修葺計,不邀奬敘。與孝友公孫寶時重造明倫堂,支費合請永廣文武學額各一名,以公諸縣人,時論善之。參申以年四十考優等食廩禄,逾耆,以郡歲貢試用司訓。年七十餘而始以君子終。

王永洲,字藻江。恩貢生。象珠人。性寬慈,笑語温婉,肺腑清朗,中有智略。尋常接見,以無禮干之,亦無怒容,臨大事,不以糊塗滋誤。惟生也不辰,不得爲國朝作宣撫使,徒以寇變,周旋鄉里,民藉以安。四月,縣人默商破賊,永洲挺身自臨城下,指畫攻策。既而衆怯散潰,事不濟,賊勢益熾。衆人蚩蚩,復乞永洲出爲籌安計。時永洲子女已被傷死,室廬毁圮悉盡,永洲不得已,復如所乞,并質東陽常田,爲極力調停,縣民始得還家,耘穫種作,稍稍還集,而永洲亦病矣,然猶望官軍至也。及冬仲,病復作,奄奄漸且殆,竟不獲復見天日,自明其志,含憤以卒。時年五十七。門下私謚曰寧愚先生。

胡繼勳,字磻溪。敦本尚義。年十四,父歿,哀毀盡禮。事母克孝。中咸豐壬子科副貢,授州判。友勸之仕,勳曰:“母老不敢遠游。”母年逾九旬,承歡如一日。友敬長兄,兄早世,事嫂惟謹,撫侄成名。尊師重友,承先志,助義田六十餘畝,爲族中恤貧之需。嬰堂育資不敷,奉母命,以錢濟之。鄉間倡設生生會,以繼嬰堂之不給。迨咸豐辛酉,粤逆入郡城,金、蘭、武同時失守,避難者麕至。勳分給錢米賙恤之。後賊據縣爲巢,勳出錢募勇,密約攻巢。同治癸亥,賊平,斗米千錢,病餓者相望於道。勳率家人,鬻産脱簪貸珥易米於甌,以食鄰里四閲月,全活甚衆。戊辰,敬宗收族,不辭跋涉之勞,訪至各府縣合六十餘村,以聯族誼,倡建龍山胡氏總祠於城東,規模宏敞,爲人所不能爲也。其生平善行,鄉里感化,嘖嘖稱羡焉。

黄鼇,字秀山。增貢生,考授訓導。孝義鄉方田人也。性坦率,好賓朋,與邑人士交,始終如一。咸豐末年,粤匪陷境,鼇於鄉倡練團勇爲防禦計。同治元年四月十四日,闔邑勇會集邑城攻賊。鼇偕貢生陳啓瑞等各帶勇數千至圍城,賊盡窘,乃至十七日金、武賊黨數萬來援,城中賊畢出,前後夾攻,勇遂潰。時孝義勇死者二百餘人,各鄉死者五百餘人。鼇退回本里,再議保全一鄉,設局定籌,築寨於義和鄉簕嶺及東邑壬山諸要隘,費則照殷户輸捐,勇則派壯丁輪直,每隘挑取健勇四百餘人,每名日給口糧藥彈,二日更换,有警則彼此皆至,首尾相應,故諸賊不得逞,屢思攻陷是鄉,皆被團勇戰退。故諸鄉多騷擾一空,而孝義一鄉獨得保全無恙,則皆鼇團義勇防禦之功云。

林良易,監生。年近六旬,自同治十年至光緒元年,於王城裏亭始至后吴莊落轎嶺止,沿途修砌凡五六里許,單身獨力,運石搬沙,計數年來,不辭胼胝,不生厭倦。時道旁習見者,咸謂其誠心樸念,爲不可及云。

應學聖,號完人。太學生。封昭武都尉。素性慷慨,度量不凡。

咸同之際,粤賊陷永者再,聖先後出資,佽助鄉團。肅清後,學舍蕩然,獨造司訓培英堂,承建司教西書房,邑侯王公景彝表其門曰“敦篤率典”。他如造橋修路,助田襄祀,焚券濟人,其義行不可縷指。余中書烈、朱編修一新稱其行誼,具詳序之。彌留時,猶諄諄囑其子曰:“汝輩能承吾志,見義勇爲,吾目瞑矣!”庚寅冬,順直水荒,遂遵遺命,出白金千兩以助賑。大府上其事於朝,准建樂善好施坊。

胡鈖博,字溥之。太平山西人。年既冠入學,生有志操,膽力過人,每承事,急公向義。咸豐壬子歲大旱,蒙皇恩賜予冬、春二郵,而春郵,鈖博獨以一力承領,到縣散給,飢者大沐朝廷恩膏,人稱其能。戊午夏初,粤賊由處州出據永康、武義二縣。時鈖博村中有黄溪灘黨匪通賊,偵知,即出貲僱勇剿除,鄉鄰得保無恙。越至辛酉,粤賊復由皖城軼出,蜂起蟻聚,遍滿浙東。四月,入据金華郡城,連陷武義等縣。五月,以我永康有備,一掠而退。九月初,始入縣爲巢,縣接壤皆爲賊穴。鈖博遂與胡繼勳、胡士道,隨同王永洲,一面保全鄉邑,一面仍約團以待。迨同治紀元壬戌四月,聞台、處攻擣賊巢聚而殲之,永洲與鈖博等遂設計密約起團,於十二日圍城,連日攻打不勝,而賊救至,勢益張甚,繼勳乃奉母出避。士道則傾貲慰團勇死者孤苦家屬,以與鈖博謀,借得帑,始自别去。鈖博猶堅守村居,見賊衆猖狂,乃挈眷出居東陽。時永洲孤立,以縣人種作未收,典質常田,以巨款周旋之,縣境稍安。倏以攻賊漏洩,永洲主謀,賊乃幽閉永洲,不得出,苑結以死。鈖博聞永洲訃,遂安置家口於僻静處,即束裝單身,由間道往處郡請兵,留滯月餘,以憤鬱積勞成疾,輿至東陽上宅胡士道寓處,士道爲之求醫,祈禱不效,病革,乃邀其子巨回至三十五都橙里岳家以卒。鈖博當未卒時,疾至沉綿,猶呼“攻賊”不置,聞者咸嗟悼之。

夏開昆,世雅人。衣工度日。自粤賊據縣,分布騷擾,男婦不時逃匿,時昆出避,少憩桃樹浪頭,得小青袋,甚重,坐以俟遺者。日昳,始皇皇一人來云：失一小青袋。還之。其人出數番以謝，悉却勿受。聞者義之，紀以詩。

周樹棫，字拱屏。諸生。世居游仙峴山下。徑路幽隱，土田微薄，常以教讀自補助所不足。性直諒，事師無犯無隱，朋友有過，諷諫亦無匿情。見鄉族大事，力爲排解，如魯連不受謝，人咸信之。迨咸豐己未，錢唐吴同堉以副貢奉朝銓爲永康學諭，因杭城時有警報，乃挈眷併家物來主教事。越辛酉，縣亦告警，聞門下樹棫名，兼以里居僻遠，即付母膳銀三百餘兩，寄藏其家。久之，樹棫家亦被鹵掠。至同治二年癸亥正月克復縣城，意其無有，絶口不言。樹棫倏以還之，主教乃謂之曰："《傳》所云'不爲利回，不爲義疚'者，君其是也。"都人士遂交稱之，皆以爲難。

附　補

明

施茂盛，敦行好施。正統間出粟賑荒，璽諭褒美，崇祀忠義。又命子孟達等創造九橋十寺，仁政橋其一也。生十子百孫，以成望族，人以爲種德之報云。

隱　逸

致身青雲之上，析人之珪，儋人之爵，抱才智者孰不欲焉！乃有懷獨行君子之德，肆志於寬閑寂寞，以自葆其真，確乎不可拔，亦聖人之所與也。厠之群賢之列，夫何忝乎！

後　周

盧琰，字文炳。爲儒堂盧可久九支始遷祖。汴人，仕後周，以工部尚書封越國公。陳橋之變，義不臣宋，抱世宗幼子，竄居永康，遂爲永康人。前志未載。今照東陽許宏綱《盧杜二先生傳》補。

宋

周望素,卓有才名,無意榮達,士君子重其爲人。嘉泰間,過釣臺,慕嚴子陵清風高節,爲文自見胸中之奇,時人傳之。

元

陳塈,字德昇。至元初,仕至都倉。尋解組歸隱,居杜溪之上,清貧好古,博窮典籍,考論諸家。鄉邑從學者,因材造就,彬彬有君子風。

薛藩,幼勤學,有才識,不求聞達。士林高其行,後進多從之遊,有三代逸民風焉。

李宏道,字公茂。博極群書,以《書》魁至正甲午省試。時海内方亂,隱居不出,講學龍溪山。明興,詔徵耆儒,宋濂、劉基交章薦之,不起,遁括蒼,尋歸居白雲山,從遊千餘人。著有《盤谷集》。學者稱盤谷先生。殁,宋潛溪爲文祭之,謂"其出也,以文章鳴,而遘一時之盛遇。其處也,以道德重,而激百世之清流。人莫不欽其高風亮節"云。

應恂,字子孚。純朴好古,頗涉書史。治家勤儉自足,一介弗苟取于人。訓誨子孫,教授門人,必依于孝友勤儉、禮義忠信。嘗自贊曰:"不能執中,寧過于厚。不能有爲,寧過于守。"晚自號曰純朴翁。所著有《純朴翁稿》。

明

唐光祖,字仲暹。其先金華人。父以仁,從聞人夢吉遊,學行爲夢吉所重。光祖幼承家學,長從李曄遊,言動必則古昔,雖造次無戲謔,爲文典實有法。隱居授徒,儼然以師道自尊。邑大夫累以人才起之,不受。號委順夫,所著有《委順夫集》。子道隆,孫蔭,皆淳朴有祖父風。

胡仕寧,歷覽書史,從唐光祖遊,得其底藴。晚號耕讀翁,日與文人詞客徜徉山水間。學士吕源、侍御范林咸有詩文紀其實。

童富,字德武。幼穎敏,經書過目不忘。甫弱冠,以大誥生召見。上悦,欲官之。永樂初,徵民間子弟誦習大誥者,召見於廷而親試之。富辭,退隱田里,讀書自娱。居近華溪,晚乃鼓棹清潭,垂綸碧澗,意不在魚,市舶提舉李大夫繪圖以贈曰"華溪釣隱"。邑人士多爲賦詩,集録成編,桐江姚尚書夔序之。

林宗署,宋樞密大中十世孫。性朴古,早失父,事母以孝聞。正統間,寇亂,嘗上民情三策于鎮守都憲。晚築土室圭竇,巾服儼然,不妄交,不入城市。學問之功,至老不倦。

應炅,字仲乾。弱冠爲諸生,聲譽日起。明亡,隱於耕讀,以所學措之家。事親孝,交友信,有婚喪不能舉者,代舉之無難色。

吕瑗,字某,時稱爲東澗先生。明嘉靖時人。其先自北宋世居縣之太平鄉泰平,歷有知名士。瑗敦篤儒行,志有斂華就實,不求聞達於人。時洪覺山垣爲縣令長,以瑗爲知契士。覺山洪公故稱賢令,究心理學,瑗必以任其傳師事之。時姚江之學盛行於世,而瑗因石門應子於兜率嵓下,實與斯講,如其家南宋雲溪氏皓友朱子、東萊、龍川講學時。太平講求理學,雲溪氏其開先者,始學於林樞密和叔,而得有朱子。瑗與石門諸公相先後,而得有縣令覺山。及縣令升遷京秩,瑗不憚束裝北行,求道於數千里,而遥侍之。於其歸也,贈以圖,作師弟相得狀,曰授受圖,末序語形貌而究諸爾我之似與不似爲之言,遣之南歸。既歸,遂如其先雲溪氏,築室於壽山五峰下,併置田畝,隱居其中。因洪令似不似之義,講求真實心地數十年,乃大有得寤,歌永矢,以壽終。

徐士雲,字蒸綺。可期子。幼慷慨有大志。從宦燕都,史道鄰先生一見器之,授以聖學三關之秘。甲申後,痛父殁於王事,棄青衿,與兄弟偕隱。事母施宜人篤孝,待親友多所推解。閒居,與室人黄氏尚論經史詩文,苦志教子。黄亦有著撰,藏于家。長男璜,蚤世;媳虞氏狥烈,建坊西城。次男琮,戊午登賢書。人謂式穀之貽云。

王同晋,字康生。性孝友,以伯父中丞迴溪重荷國恩,值崇禎末,隱居耕讀,絶意榮名。遺命助建學宫講堂三間。孫丙褒,克承先志,竭力營之。丙褒能文,工書,録先賢格言一册,曰《景行集》。

陳廷宣,字介玉。力學好古,廪食三十年,值崇禎甲申,棄名隱遁,往來五峰,講學不輟,受業門人遍鄰邑。遺稿存《讀史偶録》。

徐士儀,字徵淑。沉潛刻學,有聲庠序。鼎革後,潔身潛隱,自號遁逵。晚好《周易》,釋解多所創獲。年八十餘卒。康熙五十二年,崇祀府縣鄉賢。

徐紹源,字于清。以明經授訓導。生平質直端方,務實學。執經者數百人,多成名。當事甚器重之,未嘗一干以私。赤貧堅苦,一介不苟。至今邑人言清操者,必首推其爲人云。

徐士雷,號惕庵。幼聰敏。鼎革初,退隱樂志。年七十餘,手不釋卷。著有《蜩吟》二卷、《小丘逸志》二十卷。

吕之奇,字正卿。性穎悟,工書法,諸史百家,皆手自評録。明末隱居山林,人罕有見之者。

王京,恬淡朴茂,深自韜晦,歷有善行。

吕經苞,字希九。和厚恂謹,兢兢自守,不以賢知先人。好讀書,未嘗干與外事。自指使後三十年,閉門謝客,足迹不出户庭。年至九十一而終。

永康縣志卷之九

列女志

范史傳列女，搜次才行高秀者，不必專在一操。然行義桓嫠，暨號擅禮宗，皆以從一而終，區明風烈。永康自杜氏女、陳氏長女捐軀立節，闔邑女士咸知貞潔自守，故嫠孀之死靡它，孝舅姑、訓子孫成立者，所在多有。及辛壬寇亂，婦女之烈烈捨生殉義，不一而足。今謹遵孝、貞、節、烈分彙爲志。其貞烈姓氏，並依《浙江忠義録》採入登載。其自道光丁酉修志以來，邑中青年守志、白髮全貞者，則自道光庚戌浙撫彙題請旌後，同光間又經二次具題旌表，至今次訪册所採。凡志行純潔、年例已符者，亦即於本歲詳報請旌，而仍照前志，列已建坊者於前，未建坊者悉爲依彙分鄉紀之。

孝

明

孝婦俞氏　胡國麟妻。性仁孝，年二十三，夫商久外，姑黄氏病危，延醫不起。婦乃稽顙籲天，割股肉進之，病遂痊。有司以聞。萬曆三十三年，撫憲給額曰“旌孝”。後康熙癸酉六月，鄰居遇火，時夏亢旱，風勢莫可撲滅。忽聞中堂聲墜如雷。衆驚視之，乃婦匾也，遂挾以出。廬舍皆焚，孝匾獨存，人皆嘆異。

庠生王師憲妻周氏　年二十四，夫亡。守節，目不窺牖。性至孝,舅宗烇患病,割股療之,延壽三紀。猶子王世德欲陳乞旌表,涕泣以辭。後爲立傳。

國　朝

王元鳳妻金氏　妻舅姑孝謹。舅病危,氏刲股以療。教諭潘顔至堂曰"孝思"。

裘氏寶娘　上裘裘江湖之女。母嘗有疾,寶娘左右就養,終身不嫁。人咸欽之。

庠生林同春妻應氏　性至孝,姑病危,諸藥不效,氏沐浴焚香,祈以身代。夜夢神告曰:"感汝孝心,增壽一紀。"後果如所夢。知縣陳獎曰"永孝錫類"。

林榮宗妻徐氏　妻姑孝。姑年老病痺,氏朝夕扶持,數年不倦。姑彌留時,祝曰:"願吾媳之媳亦如媳之孝。"

主簿吕應遇妻李氏　崇禎初,遇北上赴選,中值寇變,音問不通。時年未及笄,矢志苦守。姑患沈疴,伏侍湯藥,刲股以進,尋愈。郡守賜額曰"節孝雙全"。

樓一璉妻金氏　幼嫻閨訓,孝事舅姑。姑病,焚香禱祝,割股以救,病遂愈。人以爲孝感所致。

朱邦漢妻李氏　事姑誠敬。姑病,醫窮於術,氏割股療之,遂愈,延壽一紀。

程兆昊妻朱氏　年二十七,夫亡。事耄姑孝謹。適比鄰失火,而姑方卧病。衆驚避,氏獨竭力負姑以出,比出户而火已覆其廬矣。人皆太息。氏曰:"吾姑獲全,雖家室爲墟無恨也。"

貞

明

章貞女　名韞奴。幼嫻《内則》,寡言笑。年十六,夫患痘症,將危。女欲往視。父母許之。入門拜舅姑,詣夫室侍湯藥三日。永訣之夕,誓死無二,毁容斷髪,不復歸寧,爲夫治喪事成禮。逾年,立叔子從海嗣,撫養勤閔,四十餘年。朝廷旌其門曰"故童馬世稱未婚妻章氏貞烈之門"。傳載藝文。

國朝

方貞女　豫卿之庶女也,名福妵。幼字吕起瑆之子可昌。十歲,曾割臂肉以瘳嫡母疾。知縣沈藻聞於上,巡撫王表其閭曰"閨英異孝"。年十九,可昌病且劇,福妵請於父,願一往省視。父不可,固請,乃許之。比往一見,而可昌殁。福妵撫屍大慟,遣人訣其父曰:"兒不歸矣。"自是不御脂粉,静室端居,足不逾閾者終其身。終之日,年九十。茹荼飲蘗八十餘年。有司以其事奏,詔旌其門。先是里有虎患,白晝入室攫人,獨至貞女門,則廢然而返,如有鬼神呵護之者。東陽樓更一上層爲傳其事。

周貞女　生員世衍女也。幼字同邑陳兆槐。年二十,已卜期于歸,而兆槐病故。訃聞,女立脱簪珥,跪告父母,願歸陳。世衍曰:"果爾,亦宗族光,但爲節婦難,爲貞女更難耳。"女請益力。世衍見其意堅,乃與俱往。至門拜舅姑畢,即入喪次,拜哭失聲。已乃親視棺殮,衰絰守喪。自此素衣疏食,竭力孝事舅姑,不歸寧,不御膏沐,不與筵宴。唯聞父母殁,一往哭奠而已。乾隆丙辰詔旌其門。

方貞女　王載岑聘妻。年十八,未歸,姑以病,欲見媳。母不許。氏曰:"姑有急,自當趨侍。萬一不幸,黄泉之見無及也。"母乃送女往。比入門一見,而姑卒。氏哀慟成服,既大殮,與母俱返。方逾月,而載岑又亡。女聞,哭請于母,願奔喪。既至,親視飯含,衰絰守喪。已乃浼親族爲夫立後。茹荼苦守,悲泣無時,久之以哀毁卒。知縣方瓚澤表其閭曰"節峻華峰"。

楊貞女　陳法奇聘妻也。年十九,未嫁,而法奇以疾故。女聞,即易服,哭請奔喪。父不許,請益力。其父不能止,許之。入門拜舅姑,隨拜夫柩,哽咽失聲。比葬而返,即請於舅姑,撫一子爲夫後。獨處一房,終身衣素,於繼子愛如己出,長爲之婚。得孫,又含飴以撫育之。孑然老矣,然人未有見之者,共呼爲楊貞女云。事聞,詔旌其門。

徐貞女　幼受金象禹聘。年十六,結縭有期,而象禹卒。聞訃,奔喪。毁容翦髪,幾不欲生。孀姑陳氏泣語之曰:“吾子不幸早世,若以身殉,未亡人誰與終餘年?”乃忍死奉姑,同心守節。非元旦拜謁家廟,不出户庭。嘉慶癸酉,奉旨建貞烈坊。

桃溪胡氏二貞女　一名品姑,副貢胡繼勳長女,王文寶聘妻也。年二十,結縭有期,而文寶病故。女聞之,跪請父母曰:“舅姑早歿,今夫又亡,王家無嗣,願奔喪。”父母嘉其志,即過門成禮,立堂侄爲嗣,教養成人。一名雲琇,督糧道胡鳳丹女。幼字香山盛汝霖。年十七,汝霖訃至,堅請過門,矢志不渝。性至孝,母疾,刲臂和藥,疾旋愈。尤耽書史。嗣子宗瀛,群經皆口授,嘗輯《歷朝列女詩》若干卷,詳《抱璞守貞録》。光緒十一年,浙撫衛請旌合建一門雙貞坊。

徐竹三聘妻金氏　十六歲,未婚,聞訃奔喪,守志不二。

胡修身聘妻施氏　十八歲,未婚,聞夫被擄,守世堅貞,足不逾閾。

厲陳氏　陳鴻業女。幼字厲維城。廿一歲,未婚夫亡。聞訃奔喪,矢志不二,撫伯次子百禄爲嗣。已旌。

吕氏女　幼字朱姓。年十六,未婚,夫亡守志,以殉難終。

徐思烈女　二十歲,未婚殉難。見《忠義録》。

吴少構女　十四歲,未婚殉難。見《忠義録》。

李載哲女　廿一歲,未婚遇賊殉難。見《忠義録》。

謝連三女　十六歲,未婚殉難。見《忠義録》。

徐阿中女　十六歲,未婚殉難。見《忠義録》。

徐永升聘妻陳氏　十七歲,未婚遇賊殉難。

董雲昭女　二十歲，未婚遇賊，與母同殉難。已旌。

王祥開聘妻陳氏　十七歲，未婚殉難。見《忠義録》。

李正漢女　二十二歲，未婚夫亡，守貞，遇賊殉難。見《忠義録》。

李如親女　名玉書。十五歲，未婚，賊至，投水死。已旌。

胡洪漢女　十四歲，未婚殉難。見《忠義録》。

吕仲嶸聘妻黄氏　十八歲，未婚，夫亡守志。見《忠義録》。

程義豐聘妻吕氏　十七歲，未婚殉難。

桑思綢聘妻胡氏　十九歲，未婚殉難。

黄光賀聘妻厲氏　二十歲，未婚夫亡。聞訃奔喪，守志不二，撫伯次子傳韜爲嗣。

章洛虎女　十四歲，未婚，賊至，投水死。見《忠義録》。

黄金第聘妻王氏　十七歲，未婚殉難。光緒九年，奉旨旌表建坊。見《忠義録》。

程安龍聘妻吴氏　十七歲，未婚，咸豐辛酉八月二十四，遇賊不從，自刎而死。

曹樟龍聘妻徐氏　二十一歲，未婚夫故。聞訃，奔喪守志不二。已旌。

王紹輔聘妻陳氏　二十一歲，未婚夫亡，守志不二。已旌。

樓起聘妻　氏　未婚守志。

陳昌亥女　年十六，未字，遇賊不從，以殉難終。

夏如禮聘妻程氏　十五歲，未婚，聞夫被擄，遂矢志不二。貞静寡言，未嘗見齒。見《忠義録》。

陳門雙貞一烈　太學生陳松卿孫女，名采環，字張建楷爲妻。年十七，未嫁也。又孫媳陳康靖妻章氏，名采喬，年十八，亦未婚也。因避亂，來姑家。二女竝幽閒貞淑。時聞寇氛惡，輒掩泣，相謂曰："吾等不幸，遘此兇逆。萬一不及避，計惟以死殉耳。"壬戌四月十六日，賊大掠武平諸邨。二女隨家人奔避，忽失在後。又行四里許，回見賊旗近。二女度不能脱,遂同赴里之七荷塘死焉。越七日,始覓得其屍,則見裳衣密裹,顔色猶生。里人莫不欷歔感憤,謂二女以稚年淑質,視死猶歸,節義凛然,操若素定,洵烈烈不慚女士哉!至七月十五日,陳松卿妻章氏自外旋里,後猝聞賊至,亟登樓避之。少頃,賊隨上樓。氏一見,憤甚,厲聲怒駡。賊脅以刃,欲刺之。氏遂自投樓下,駡聲不絶而死。於時論者咸謂一門完節,允足激揚貞風云。見《忠義録》。

生員胡鳳韶女　名璧姑。未婚殉難。見《浙江忠義録》。

庠生應鍾靈聘妻陳氏　大陳陳士康女。年十七。壬戌四月,賊掠至村。女懼虜,亟赴水死。

監生陳廷鸞女　名采芹。年十六,遇賊逼之行。時適溪水漲溢,女過橋,遂投溪流没焉。

朱廣鋪聘妻周氏　年十七,未婚,聞夫故,奔喪,守志不二。

吴榮選女大姑

節

元

何頎妻吕氏　年十九,頎亡,一子甫三月。至元丙子,盜剽村莊,吕囊篋一空,輾轉劬勞,以鞠其子,竟無二志。至治二年,旌表其門。壽至九十乃終。胡汲仲有傳,王湯陰逢有詩,照《梧溪詩集》補。見藝文。

明

葛吉甫妻徐氏　年二十七,吉甫亡,二子稚。徐養姑教子。聞有欲奪其志者,乃自誓曰:“修短有命。離姑棄子,是無仁義也,寧死不易吾志。”竟全節壽終。洪武十年,旌表其門。

王和欽妻陳氏　年二十九,夫亡,遺孤德中僅歲餘。刻苦守節,治女紅自給。德中性孝，嘗因母病，籲天求代，遂獲痊。一日，東鄰失火，將延及。德中向火稽首，火遂西轉，人皆謂王氏母子節孝所感。洪武十六年，有司奏而旌之。

徐與道妻葉氏　年二十六，夫亡，一子三歲。姑憐其少且貧，閒諷之。葉曰：“飢苦事小，失節事大。棄姑與子而自圖安飽，異日何以見夫於地下！”仰天誓死，守志不二，養姑育子，孝慈兼至。洪武十六年，旌表其門。

吕堪妻何氏　堪父元明，聚義兵討賊，爲臺官所殺。堪往視，亦遇害，時何年十九，無所出，以侄三錫爲嗣，矢心守節。年至六十八而終。建文辛巳旌表。

楊汶妻謝氏　楊以役卒於京，時謝年二十五，聞訃，痛哭幾斃。或憐其少無子，諷以改適。謝曰：“夫兄子可繼，安可失節。”卒不易志。

王士濂妻曹氏　年二十九，夫逝，哀毁幾斃，截髮置棺，曰：“妾不即死，以從君於地下，以有遺孤在也。”躬織紝以訓子，年幾九十。父老欲上其事，曹曰：“此女職常耳，毋庸是也。”識者義之。

李軻妻俞氏、子禄妻吴氏、孫齊妻陳氏　俞年二十五而寡，吴年二十九而寡，陳年十九而寡。相繼守節。台郡王一寧題其堂曰一門三節婦。其後吕氏年二十二，而夫李榮卒。章氏年二十九，而夫李相卒。竝守節終身。蓋一門五節婦云。

應永和妻胡氏　年二十六，夫亡。翦髮自誓，撫子綱成立，以克孝稱。成化十一年，旌表其門。

盧宏三妻曹氏、侄任三妻章氏　曹年二十九，夫亡，誓不改醮。章年二十七，亦寡，或諷其無嗣改適，章答曰：“獨不能效曹節婦耶！”苦節以終。時稱盧氏雙節云。

應敬妻周氏　生一女，敬卒，年方二十四。以死自誓，撫姒子茂爲嗣，家替而守益堅。年逾七十而卒。

進士吴寧妻葉氏　生二女，年二十九，夫亡。撫二女以居，每遇忌辰,輒哀泣不自勝。年八十二而終。

徐仕妻李氏　年二十五,仕亡。家貧甚,一子在抱,未幾亦亡。舅憐其孤苦,命之適人。徐曰:“與其失節,寧飢餓而死。”叔伯受富室賂,逼之。李哭駡,欲自殺。衆知其志不可奪,乃已。年八十而終。

徐叔高妻李氏　年二十九,夫亡,一子甫三歲。父母强其再適,因收回義田以困之。卒不從,静居一室,不輕出閫外,全節而終。

徐季順妻陳氏　年二十四,夫亡,生一女。父母憐其年少無子,諷令再適。乃以死自誓。常獨處一室,雖貧窘日甚,處之裕如。弘治十八年,有司奉詔優恤。年逾八十而終。

俞淮妻陳氏　年二十六,淮亡,哀毁幾不自保。一子三歲。勤於紡績,足不出門限,雖至親兄弟鮮與交接。鄉里稱之。

董璁妻陳氏　年十九,璁亡,一男方逾月。甘守無二志。有求娶者,堅執不從,人咸嘉之。

徐澄妻應氏　年二十四,澄亡,遺孤在抱,家甚窘,終無異志。富室欲强娶之,潛避得免。翦髮自誓。有司嘉之,爲復其家。

黄二一妻徐氏　夫亡,年二十七,貌美無子。有巨姓欲娶之,乃翦髮自誓。家貧志節愈勵。年逾七十而終。

趙鎬六妻吕氏　年二十,夫亡,遺腹一子,誓不改節,子亦蚤世,撫二孫以居。年九十餘而終。

王謙二妻樓氏　年二十四而寡,一子甫三歲,多有求之者,堅執不從,紡績自給,備嘗辛苦,終無二志。

王珏妻童氏　知府信之女孫。年二十四,夫亡,守志不二。嘉靖六年旌表。

金亹妻陳氏、亹弟和妻周氏　俱年二十而寡,同心一節。嘉靖十二年旌表。

程縉妻吕氏　年二十五,縉亡,遺孤在褓,冰蘖自甘,子孫相繼先没,三世一身,年百歲。巡按傅以“貞節上壽”額表其門。

樓偉妻朱氏　參政方之女也。年十九，夫亡。或擁兵欲奪之，自没於水，救得不死。撫侄文昇爲嗣。有司奏旌其門。

胡鉄妻徐氏　年二十，夫亡，無子。矢志苦操，坐卧傍夫柩，足迹不越户外。鄰火，延及寢室。衆勸其出，則堅抱其柩，呼曰："得同燼矣。"須臾，遂反風以免，人咸異之。年八十二，無疾而終。都御史谷表其家曰"貞節之門"。

吕實妻胡氏　年二十二，夫亡，止一女。勵志守節，不出外户，雖近鄰莫見其面。

葉行十妻吕氏　年二十四，夫亡，一子繼夭。居貧守志。年逾七十而終。

何三九妻徐氏　年二十二，夫亡。或議欲改嫁之，輒引刀自刎，勸之獲免。自是人莫敢復言。

吕杉妻丁氏　年二十四，夫亡。撫遺孤成立，孝事舅姑，守節終身。嘉靖乙丑建坊。

吴珪妻徐氏　同知和之女。年二十二，珪亡。齒指自誓，守節終身。

李實妻陳氏　年二十四，夫亡守節，七十而終。

周傑妻陳氏　歸七年，傑亡，居貧守節，年逾八十而終。

吕培妻王氏　年二十七，夫亡，矢志守節終身。

朱桓妻林氏　年二十七，夫亡守節，年逾八十而終。

胡璽妻丁氏　年二十三，夫亡守節，年逾七十而終。

王廷璡妻應氏　年二十三，夫亡守節，家厄於火，居貧自給，終不易志。

施昂妻胡氏　年二十六，夫亡，守節終身。

趙勝妻李氏　歸五年，夫亡，守節終身。

陳秀妻李氏　年二十五，夫亡守節，年逾八十而終。

朱良存妻陳氏　年二十四，夫亡守節，至八十六而終。

姚世玉妻方氏　年二十六，夫亡，守節終身。

李璁妻黄氏　年二十七，夫亡，守節至八十而終。

應鎮妻馬氏　年二十四，夫亡，一子甫三月。撫孤成立，守節無改。應石門典傳其事。

朱曄妻童氏　年二十四，夫亡。善事寡姑，朝夕同寢，守節終身。

李泰妻應氏　年二十八，夫亡，守節終身。

應實妻胡氏　年二十八，夫亡守節，年逾八十終。

李齵妻陳氏　年十七，夫亡，常欲死殉，家人防之甚密。有潘姓者欲娶之，乃大會族人，自矢不二，遂引刀斷髮，守節終身。

吕克堅妻丁氏　年二十三，夫亡，一子甫五月。勵志撫養，終不改節。

應大恩妻李氏　年二十一，夫亡，紡績自給，守節終身。

徐鳳富妻趙氏　年二十二，夫亡，遺腹生一子。家貧，紡績而食，終不易心。卒年六十三。

王洪範妻潘氏　按察使潘徽女。夫亡無子，翦髮毁容，操刃卧内，死不可奪。

樓思妻金氏　年二十二，夫亡，嘗抱一子卧棺側。蔬食三十年，終無二志。

徐秩妻程氏　年十九，夫亡守節，雖家貧子愚，終不易志。

倪瑄妻陳氏　年十九，夫亡，立志守節。叔伯憐其年少，諷令再嫁，迺斷指自誓，獨居一室，足不出門限，雖貧窘，處之裕如。萬曆己丑建坊。

徐啓陽妻斯氏　年十九，適啓陽。未幾，啓陽病。或云人肉可療，遂割股食之。夫亡，誓不再嫁。邑令張表其閭。

童芝妻盛氏　年二十四而寡，遺腹生一子。伯叔逼之改適，終不易志。

胡塞妻李氏　年二十三，塞死，一子甫十月。守節不改。

應八十五妻徐氏　年二十一，夫亡。勵志守節，七十而終。

吕文鰲妻周氏　甫嫁三月，姑病，割左股食之，姑疾竟愈。人稱其孝。

俞培妻池氏　年二十六，夫亡守節，壽八十五卒。

徐懋學妻李氏　年二十，懋學亡。號慟，誓以身殉。舅姑慰諭，洒淚撫孤。未幾，舅姑皆亡，零丁孤苦，勤於紡績四十餘年，六十一卒。

王宗琰妻胡氏　年十九，夫亡無子，苦節七十年，至八十六歲卒。

徐勗妻陳氏　年二十一，夫亡，一子週歲，遺腹一子。耄年見曾孫，孀節凛然。

徐宗晝妻應氏　年二十四，夫亡，家貧無子，矢志稱苦節，年六十三卒。

葉大秦妻黄氏　年十九，夫亡無子，守節七十九歲終。

廩生吕應相妻孫氏　笄年適應相。相死，年十八，遺孤崇簡。姑嫜諷之他適，氏翦髮自矢。戊子，崇簡以明經授垣曲令，奉養於署。年七十五卒。

徐守良妻陳氏　年二十四，夫亡守節，遺腹一子。七十五歲終。

馬崇儀妻施氏　年十八，夫亡，無子，守節，七十歲終。

朱以武妻程氏　年二十，夫亡，家貧，無子。其父生員程國棟給田膳養，終身母家四十餘年。

吕國正妻朱氏　年十六，夫亡，守志終身，不易其操。

朱以卓妻徐氏　年二十六，夫亡，守節終身。

應一進妻陳氏　年二十六，夫亡家貧，矢志守節，五十年如一日，操節可嘉。

應氏三節　應子聖妻周氏，年二十三，夫亡，撫子惟介，娶朱氏，年十九，惟介亡，遺腹子君發，娶朱氏，年二十一，君發又亡。姑媳三代，孀節凛然，壽俱九十餘。邑人周鳳岐有《三節婦傳》。

應明理妻李氏　年二十，夫亡，守節撫伯子一貞成人。年逾八十。金華姜應甲爲之傳。

庠生徐起相妻王氏　年二十六，夫亡，撫遺腹子苦守。府、縣給匾旌獎。年八十七。

應彦官妻李氏　年二十四，夫亡，撫二孤，紡績訓課，垂四十年，未嘗見齒。冢孫本初，髫年入泮，氏之教也。年七旬，不染疾，沐浴更衣而逝。

黄烈愍一鶚妾沈氏　隨烈愍之山東都察院經歷任。崇禎己卯，流賊陷濟南，烈愍不屈死之，闔門三十餘人皆遇害。沈匿水溝中三日，賊退，始出。尋烈愍尸，不能辨，乃認其素所佩錦囊，得尸葬之。遂禿髮尼菴，垂四十年。烈愍侄延吉以事赴濟南，遇焉，因迎以歸。卒年七十。

吕慶妻胡氏　二十二歲，夫亡守志。

徐鳳麟妻朱氏　三十歲，夫亡，守節三十一年。

徐大琭妻周氏　二十九歲，夫亡，守節十六年。

徐行時妻吕氏　二十五歲，夫亡，守節二十三年。

徐鳳球妻趙氏　二十七歲，夫亡，守節二十九年。

徐承徙妻朱氏　二十六歲，夫亡，守節二十一年。

徐濂妻孫氏　二十七歲，夫亡，守節四十九年。

徐梾妻董氏　二十七歲，夫亡，守節四十一年。

徐文化妻周氏　二十九歲，夫亡，守節四十六年。

徐文昌妻倪氏　三十歲，夫亡，守節五十二年。

徐文昌妻施氏　二十歲，夫亡，守節四十八年。

徐文裕妻董氏　二十八歲，夫亡，守節二十九年。

徐文楷妻葉氏　二十九歲，夫亡，守節五十五年。

徐一鳳妻陳氏　二十三歲，夫亡，守節四十四年。

徐祥時妻李氏　三十歲，夫亡，守節二十三年。

徐守誠妻葉氏　十九歲，夫亡，守節三十二年。

徐宗賜妻方氏　二十二歲，夫亡，守節二十九年。

徐文炌妻金氏

國　朝

陳嘉謨妻朱氏　年二十四，夫歿于京師，矢志苦守，事姑孝，撫孤子成立。年七十而卒。郡守李詳請，康熙十二年旌表，建坊於陳氏祠前。

貢生程懋修妻盧氏　年二十六，修以廷試卒京師。苦節撫孤。未幾，子又亡，赤貧堅守。年六十五。有司旌其門曰“苦節幽貞”。

程氏二節　程國瓚妻應氏，年二十四，夫亡，艱苦撫孤。年六十，病篤，其子旭燦割股救療。瓚兄國化妻李氏，年十九，夫亡無子，翦髮自誓，立應氏子旭煐爲嗣。妯娌雙節，兄弟篤孝。邑令徐表曰“節孝聯芳”。

潘爾玉妻應氏

盧一鵬妻池氏　年二十六，夫赴試，身殞。聞訃慟哭，矢志生殉。不二年，翁亡。事耄姑艱苦萬狀，課子成人。康熙二十五年，奉學院王表曰“孤標峻節”。年七十八卒。

生員方震暘妻楊氏　年二十，夫亡。矢志守節，紡績奉姑。姑病久，時刻不離。康熙甲戌年，孫女福姓以奇孝聞，撫院王批云：“童孝由家訓所致。祖孫節孝，尤屬罕遇。”由是同時給匾，一曰“志節淩霜”，一曰“閨英異孝”。時年九十七。

生員徐彦泓妻陳氏　年二十四，夫亡，矢死以殉。姑以遺孤在褓慰勸，撫養訓二子肇基、肇麟，竝遊黌序，時年七十四。

拔貢樓惟駟妻陳氏　駟負才名，入國學，大司成徐立齋甚器重之，久客燕都。氏年二十五，駟亡。家徒四壁。誓死靡他，教子秉詡成立，苦節最著云。

徐國時妻吴氏　年二十四，夫亡。家貧無倚，忍死保孤，紡績覓食,始終不渝。年八十三卒。郡守張表曰"操比松貞"。

盧國釗妻周氏　年二十五,夫亡。事姑孝,撫姑成立,守節至七十歲而終。康熙丙申旌表。

翁仲道妻陳氏　夫亡守節,年九十八,建百壽亭於西津橋側。

周俊初妻應氏　年十八,夫亡,子三歲。矢志堅貞,紡績度日。學憲表曰"節勵冰霜"。時年八十七。

庠生吕一森妻周氏　年二十一,夫亡,痛欲殉死,因姑老子幼,封髮自矢,堅苦最著。時年七十三。

應可綸妻朱氏　年二十四,夫亡家貧,携子依母家堅守,撫養成人,復返故土。年八十卒。

姚國仁妻俞氏　年二十四,夫亡,遺腹生男,刻苦撫孤。親見曾孫,年九十一卒。郡守張表曰"節壽永貞"。

姚君恩妻傅氏　年二十六,夫亡,誓死靡他,撫遺腹孤成立,子姓繁衍。年八十三卒。司理李之芳表曰"柏舟貞操"。

胡兆通妻應氏　年二十六,夫亡,生一女,居貧苦守,年八十卒。

朱振生妻吕氏　年二十八,夫亡無子,繼侄爲嗣,四壁蕭然,刻苦守節,宗黨稱之。

生員周鴻謨妻徐氏　年二十二,夫亡,家甚貧,事姑立嗣,貞操五十餘年,内外肅然。

生員李瓊達妻金氏　年二十三,夫故,誓死守志,孝養寡姑王氏,始終盡禮。年七十卒。

應堯卿妻葉氏　年二十一,夫亡,矢志苦守,年七十七卒。知縣謝表曰"松節永年"。

庠生胡之龍妻應氏　年二十二,夫亡,矢志,遺孤又亡。媳程氏。兩孀竝守。應年八十一卒,程年六十有二,稱雙節云。

河樂巡檢陳日升妻王氏　年二十八,夫亡苦節,孝事寡姑,撫孤娶媳。未幾,復亡。時媳章氏方娠,遺腹生嗣彦。三載,媳又亡。王氏念兩世一孫，教育成立。年七十終。

應鳳虞妻包氏　年二十四，夫亡苦守，教子成立，事後姑克盡孝敬。時年七十七。

盧子謙妻俞氏　年二十一，夫亡，無子，繼侄榮秋，媳胡氏。未幾，榮秋又亡。窮愁變態，姑媳相依堅守。俞年九十卒。胡氏亦年七十卒。稱雙節云。

金邦泰妻張氏　年二十六，夫亡，苦志守節，五十載如一日。

庠生應時起妻朱氏　年二十二，夫亡，誓志堅守，紡績度日，撫子婚嫁，年七十二卒。

生員李爲棟妻林氏　年二十，夫亡，矢死靡他，紡績撫孤。時年八十。

傅泰楨妻翁氏　年二十，夫亡。事姑至孝，貞白勤儉，撫子成立，四十餘年如一日。

廩生李正珙妻徐氏　年二十，夫亡，誓以身殉，後以宗祧爲重，忍死守貞，撫養叔子藝爲嗣。有匾旌獎，時年七十九。

李豳侯妻徐氏

李以成妻倪氏

李茂峰妻胡氏　年十六，適李。甫二載，夫亡，遺腹生子。誓不再嫁，家貧，勤十指以養舅姑，育孤子，守節四十餘年。雍正丙午旌表建坊。

應友美妻包氏　年二十四，夫亡，二子在襁褓。截髮矢志，孝舅姑，撫二子，守節二十八年。雍正癸丑旌表建坊。

庠生應友炳妻蕭氏　年二十五，夫亡，守節終身。乾隆丙辰旌表建坊。

鄭繼鈷妻盧氏　年二十九，夫亡，誓不再醮，守節四十七載。乾隆丙辰旌表建坊。

李仲明妻蔣氏　年二十九而寡，冰霜自矢，至老不渝。乾隆丁巳旌表建坊。

徐廣妻林氏　年二十六,夫亡,守節終身。乾隆戊午旌表建坊。

鄭伯志妻陳氏　年二十六,夫亡守節,卒年八十七。乾隆戊午旌表建坊。

林守官妻應氏　年二十五,夫亡,守節終身。乾隆戊午旌表建坊。

章鈐妻陳氏　年二十六,夫亡守節,撫孤成立。乾隆戊午旌表建坊。

庠生盧嘉學妻程氏　年二十六,夫亡,撫孤成立,守節六十一年。乾隆己未旌表建坊。

監生胡啓璋妻徐氏　年二十六,夫亡,守節至七十一而終。乾隆庚申旌表建坊。

陳振禄妻吕氏　年二十六,夫亡,守節終身。乾隆庚申旌表建坊。

徐氏二節　廩生徐彦深妻應氏,年二十六而寡,撫遺子兆楷成立,娶媳應氏,舉一男。媳年二十二,兆楷亡,遺孤亦殤。繼子承嗣,姑媳孀居,備歷艱苦。乾隆辛酉建雙節坊。

王世謨妻俞氏　年二十八,夫亡守節,事姑孝敬,訓子義方。乾隆壬戌旌表建坊。

李經詁妻池氏　年二十二,夫亡守節,孝事舅姑,撫遺孤嚴慈竝至。乾隆壬戌旌表建坊。

胡祖訓妻吕氏　年十九,夫亡,誓不再嫁,奉孀姑以孝稱。乾隆甲子旌表建坊。

周鳴安妻應氏　年二十六,夫亡,遺孤甫數歲。撫之成立,守節四十三年。乾隆甲子建坊。

吕兆昌妻胡氏　年二十八,夫亡,撫孤成立,守節終身。傳見藝文。乾隆乙丑旌表建坊。

李天培妻吕氏　年二十五，夫亡，遺腹一子。撫育成人，守節六十年。乾隆乙丑旌表建坊。

應氏三節　應鼎鼇妻周氏，及子洪瑄妻徐氏、洪瑚妻徐氏也。鼎鼇卒，周年二十，洪瑄未離襁褓，次子洪瑚，側室出，周撫訓無異。及長，各爲娶婦。不數載，二子相繼卒。洪瑄妻年二十五，一子在抱，一子在腹。洪瑚妻年二十四，一子甫四齡。一門三孀，周視兩媳如女，兩媳事姑如母，妯娌相依如姊妹。同居一室，共撫三孤。周守節四十六年，洪瑄妻守節二十五年，洪瑚妻守節二十七年。乾隆乙丑建一門三節坊。

姚大悦妻董氏　年二十，夫亡，勵志《柏舟》，終身不二。乾隆丙寅旌表建坊。

李天錫妻池氏　年二十四，夫亡，矢志靡他，繼伯子爲嗣。有司詳請旌表建坊。

庠生黄介瑞妻鮑氏　青年矢志，善事耄姑，學使者表其閭曰“純孝完節”。乾隆丁卯旌表。

庠生施仁楨妻胡氏　年二十七，夫亡無子，撫伯子爲嗣，守節至七十四而終。乾隆戊辰旌表建坊。

周御楷妻王氏　年十七而寡，家貧，一子甫週歲。苦守撫孤。或勸其改適。氏正色拒之。終身服素。雖家人，罕見其面。乾隆己巳旌表建坊。

李雲剛妻池氏　年二十餘寡，誓死不二，撫遺孤教養兼施。乾隆己巳旌表建坊。

陳貞猷妻楊氏　年二十九，夫亡。冰霜勵志，勤儉持家。乾隆戊寅旌表建坊。

程開澳妻吴氏　年二十五而寡，撫孤成立，矢志不渝。卒年七十六。乾隆庚辰旌表建坊。

朱魯珍妻俞氏　年廿七，勵志守貞，撫育遺孤，教養兼盡，六十九終。乾隆壬午旌表建坊。

監生胡懋達妻李氏　年二十三，夫亡，守節終身。乾隆甲申旌表建坊。

朱廷桓妻陳氏　年十九，夫亡，遺腹得子，撫養成人，守節至七十五終。乾隆乙酉旌表建坊。

庠生徐錫耘妻應氏　年二十八，夫亡，事姑育子，苦節彌貞。子殤，繼侄承祧。創造特祠，以祀其夫。乾隆己丑旌表建坊。

庠生周景濬妻李氏　年二十九守節。妾王氏，年十五，與李孀居終身。乾隆癸巳建坊。

庠生徐明瀚妻王氏　年二十八，夫病危，刲股以療。已而夫卒，撫二孤有成，事舅姑尤孝謹。苦節歷二十餘年如一日。乾隆乙未旌表建坊。

李正池妻陳氏　年二十八守節，一子在抱，撫之成立。夫墓在家側，每逢夫忌辰，到墓祭奠，皆手自捧持，哭甚哀。乾隆四十年，知縣方瓚澤過其地，聞哭聲，召其子問之，爲請於當道轉奏，乙未建坊。

林伯雲妻盧氏　年二十七，夫亡守節。乾隆年旌表建坊。

章爾鍇妻應氏　年二十而寡，無子，撫侄崇邦承嗣，教養備至，乾隆辛卯，舉於鄉。守節至六十餘終。丁酉旌表建坊。

吕岳松妻應氏　年二十九，夫亡守節，撫孤成立，至九十四而終。傳見藝文。乾隆己亥建坊。

沈爾賢妻李氏　年二十六，夫亡守節。乾隆庚子旌表建坊。

樓元日妻方氏　幼讀書，知大義。年二十二，夫亡，撫孤守節。子殤，立繼承嗣，始終不渝。乾隆甲辰旌表建坊。

貢生吕儀妻朱氏　年二十七，夫亡守節，與妾麻氏，同撫遺孤成立，至七十七而終。乾隆乙巳旌表建坊。

胡嘉元妻吕氏　年二十二，誓不更適，撫猶子繼嗣。卒年八十。乾隆乙巳旌表建坊。

庠生徐發妻吕氏　年二十七，夫以遊學歿于杭。柩回，哭奠悲哀，聞者酸鼻。撫叔子爲夫後，居貧紡績，苦節終身。乾隆乙巳旌表建坊。

應世志妻牟氏　年二十九，夫亡守節。乾隆丙午旌表建坊。

王載岩妻倪氏　年二十六，夫亡無子，繼一子爲夫後，守節終身。乾隆丙午旌表建坊。

顔宗榮妻李氏　年二十二，夫亡守節。乾隆戊申旌表建坊。

胡儒卿妻李氏　年二十四，夫亡，教育二孤，克成家業，守節三十六年。乾隆己酉旌表建坊。

吴氏二節　吴鳴心妻楊氏，年二十二，夫以弟殀遘心疾卒。氏誓以死守。其姒吕氏，鳴龍妻，年十八，將届于歸，鳴龍患衄危。或語之曰："汝夫病劇，盍訊焉，以定行止。"吕曰："婦人從一而終，遑恤其他。"既歸，脱簪飾，具藥餌，朝夕焚香，願以身代。比亡，哀慟幾絶。乃以姑耄忍死，與楊紡績自給，操守彌貞。乾隆己酉建雙節坊。

庠生李作賓妻應氏　年二十八，夫亡，止一女。孤苦守節，孝事舅姑，繼侄徵栽爲嗣。乾隆己酉旌表建坊。

陳孟誠妻吕氏　年二十七，夫亡，姑耄子幼，仰事俯畜，矢志靡他。乾隆癸丑旌表建坊。

方士高妻孫氏　年二十三，夫亡守節五十二年。乾隆甲寅旌表建坊。

監生李祖芳妻章氏　年二十三，夫亡，矢志堅貞，撫伯子炳鋐爲嗣。乾隆甲寅建坊。

王鍾祥妻應氏　年二十八，夫亡，誓不欲生。舅姑指兒女語之曰："若以身殉，此呱呱者誰托！"氏泣受命，撫遺孤有成，守節終身。乾隆乙卯旌表。

吴彩祖妻池氏　年二十九，夫亡，自誓終養舅姑，撫成兒女。操守歷數十年不渝。乾隆乙卯建坊。

李如位妻徐氏　年二十八,夫亡,子甫週歲,撫養成人,守節四十載。乾隆年旌表建坊。

姚兆科妻李氏　年二十六,夫亡守節。嘉慶丙辰旌表建坊。

陳之謙妻顔氏　年二十九,夫亡守節,閨門嚴肅。嘉慶丙辰旌表建坊。

陳天璋妻曹氏　年二十四,夫亡,守節終身。旌表建坊。

池天德妻吕氏　年二十四,夫亡,撫孤守節,親見五代,八十四而終。嘉慶戊午旌表建坊。

王集薇妻胡氏　年二十三,夫亡守節。氏祖姑與姑皆孀居。祖姑胡氏,有"玉質冰操"匾。又助田育嬰堂,有"節孝濟嬰"匾。姑胡氏有"堅節撫孤"匾。氏繼之,孝敬不懈。嘉慶庚申旌表建坊。

孫兆楷妻李氏　年二十三,夫亡守節。嘉慶癸亥旌表建坊。

陳懋全妻徐氏　年十五,夫亡,矢志守節,至六十三終。詳請旌表建坊。

王鴻盛妻李氏　年二十三,夫亡守節,繼子爲嗣。嘉慶癸亥旌表建坊。

池天敘妻吴氏　年二十五,守節撫孤,始終不二,壽八十終。嘉慶癸亥旌表建坊。

王載合妻沈氏　年三十,夫亡守節。嘉慶甲子旌表建坊。

陳有明妻吕氏　年二十五,夫亡守節。嘉慶甲子旌表建坊。

吴起學妻施氏　年二十七,夫亡守節,繼子承祧。嘉慶乙丑旌表建坊。

褚隨元妻俞氏　年二十七,夫亡,旁無伯叔舅。姑哭之慟,氏泣謂曰:"善人宜有後。"勸翁置妾,逾年舉一子,名有後。亡何,舅姑卒,庶姑繼逝。氏以嫂代母,撫幼叔有成,苦節六十五年。嘉慶丙寅旌表建坊。

徐宏賽妻林氏　年十九,夫亡守節。嘉慶丁卯建坊旌表。其姒李氏，宏毅妻，年二十四而寡。黄氏，宏剛妻，年十八而寡，勵志守貞。人稱一門三節云。

庠生吕律妻徐氏　年二十四，夫亡，誓不二天，繼子承祧，視如己出。嘉慶戊辰旌表建坊。

舉人吕鳳儀妻陳氏　年二十七，夫亡守節。嘉慶己巳旌表建坊。

樓景東妻章氏　年二十三，夫亡守節。嘉慶己巳旌表建坊。

樓啓榮妻章氏　年二十二，夫亡守節。嘉慶己巳旌表建坊。

陳修齊妻陶氏　年二十七，夫亡守節，至八十七終。嘉慶己巳旌表建坊。

胡毓匡妻應氏　年二十五而寡，屏絶膏沐，操作維勤，守節六十餘年。嘉慶庚午旌表建坊。

拔貢應洪沂妻馮氏　年二十二，夫亡守節，卒年七十九。嘉慶庚午旌表建坊。

鄭祖泋妻陳氏　年二十三，夫亡守節，卒年八十九。嘉慶庚午旌表建坊。

金象敘妻徐氏　年二十一，夫卒，遺孤僅週歲。矢志貞守，孝事舅姑，撫子成立。嘉慶辛未建坊。

金景歸妻陳氏　幼嘗割股療母病。年二十，歸金越。一月而夫亡，育侄爲嗣，矢志靡他。嘉慶辛未旌表建坊。

金希顔妻盧氏　年二十四，夫亡守節，至七十二而終。嘉慶辛未旌表建坊。

朱美如妻厲氏　年二十四，夫亡守節五十餘年。嘉慶辛未旌表建坊。

胡安玉妻程氏　年二十一，夫亡，遺腹三月，生一子，撫之成立，苦守至六十五終。嘉慶壬申建坊。

周廷吉妻葉氏　年十九，歸廷吉。結褵數月，夫亡守節，繼子承祧。卒年七十六。嘉慶癸酉建坊。

胡能汲妻吕氏　年二十二,夫亡守節。嘉慶癸酉旌表建坊。

鄧奇旌妻應氏　年二十四,夫亡守節。嘉慶癸酉旌表建坊。

金景郎妻陳氏　年二十七,夫亡無子,矢志守節,撫侄象禹爲嗣,聘媳徐氏。未結褵而象禹卒。姑媳相依,治女紅以自給。嘉慶癸酉建坊旌表。徐氏詳見貞烈。

庠生徐萬青妻王氏　年十九,夫亡,誓以身殉。姑諭以立後爲大,乃撫伯子爲嗣,紡織自給,奉姑育子,不逾外户者六十年。嘉慶甲戌旌表建坊。

陳修琅妻楊氏　年二十四,夫亡守節,孝養舅姑,撫孤成立。年七十五。嘉慶甲戌旌表建坊。

李徵仲妻胡氏　幼讀書,知大義。年二十八,夫亡守節,撫侄衍瑢爲嗣,至老不廢紡績。嘗語媳曰:“人勞則嚮義。《小學》言孀婦餓死事小,失節事大。上者能之,若中人多因飢寒改節。勤儉自持,正所以全節也。”教他女子亦然。卒年七十六。嘉慶己卯旌表建坊。

黄懋巍妻陳氏　年二十歲,夫亡守節,撫遺腹子成立。嘉慶庚辰建坊。

倪廷柱妻潘氏　年二十四,夫亡守節。道光辛巳旌表建坊。

陳世鴻妻方氏　年二十四,夫亡,事耄姑,撫孤兒,冰蘖自持,垂四十餘年。道光辛巳建坊。

施國昭妻俞氏　年二十三而寡,守節撫孤,足迹不逾閫外。道光癸未旌表建坊。

徐英昊妻姚氏　年二十五,夫亡守節。道光甲申旌表建坊。

施益三妻徐氏　年二十六,夫亡守節,撫孤有成。道光甲申旌表建坊。

李祖紹妻徐氏　年三十,夫亡,遺一子二女。守節撫孤,二女俱爲擇配名門。子載懋,稍長,俾從師問學,後登嘉慶辛未進士,人咸欽母德焉。卒年八十四。道光乙酉旌表建坊。

華景南妻樓氏　年二十四，夫亡守節。道光丙戌旌表建坊。

池振善妻俞氏　年二十，夫亡守節，終始不渝。道光丁亥旌表建坊。

施仁哲妻徐氏　年二十二，夫亡守節，家貧子幼，紡績自給。道光戊子旌表建坊。

周日梯妻顔氏　年二十一，夫亡守節，撫孤成立。道光戊子旌表建坊。

監生樓望海妻陳氏　年二十九，夫亡勵節，白首完貞。道光戊子旌表建坊。

胡正瓏妻吴氏　幼讀書知義。年二十六，夫亡守節，遺三子教養成立。道光己丑旌表建坊。

章安杏妻周氏　年十九，夫亡，守節三十餘年。道光己丑旌表建坊。

趙允升妻朱氏　年二十四，夫亡守節，孝事舅姑，遺子四歲，教訓成名。道光辛卯旌表建坊。

吕東曙妻胡氏　年二十一，夫亡守節，事姑孝謹，撫猶子尚瑞爲嗣。道光辛卯旌表建坊。

黄彩成妻樓氏　年二十一，夫亡，守節不二。道光辛卯旌表建坊。

周國天妻李氏　年二十六，夫亡守節，孝事翁姑，撫遺子霖椿成立。道光壬辰旌表建坊。

張有明妻李氏　年二十一，夫亡，守節操竝《柏舟》，撫遺孤廷遠成立。道光癸巳旌表建坊。

胡爾善妻張氏　年二十五，夫亡，翦髮自誓。姑老子幼，紡織以供朝夕，人無間言。道光癸巳建坊。

陳儒占妻金氏　年二十八，夫亡，誓不更適。姑年老，孝養有加。繼侄琢爲嗣。道光乙未建坊旌表。享年七十有四卒。

陳相神妻章氏　年二十九,夫亡,痛不欲生。以遺孤幼稚,忍死守貞。道光乙未旌表建坊。享年七十九卒。

郎仕官妻陳氏　年二十四,夫亡守節,撫孤成立。道光丙申旌表。

馬宏篪妻沈氏　年二十八,夫亡守節。道光丙申建坊旌表。

庠生厲容光妻田氏　年二十九,夫亡,矢志守貞,撫三子成立。道光丙申詳請建坊旌表。

周若春妻胡氏　年二十九,夫亡守節,卒年九十七。道光丁酉詳請建坊旌表。

施義恩妻陳氏　年十九寡,遺腹一子,撫育成人。家貧茹苦自甘,不渝其志。道光丁酉旌表。

李紹益妻林氏　年二十九,夫亡守節,撫遺子鳴鏞成立。道光丁酉旌表。

厲人通妻楊氏　年二十五,夫亡守節,卒年八十六。道光丁酉旌表。

義豐鄉

朱瑞山妻陳氏　年二十七,夫亡守節,至七十四終。

周義九妻馬氏　年二十六,夫亡守節,至九十二終。

周瑢妻項氏　年二十七,夫亡守節,至七十六終。

周瓊妻吕氏　年二十四,夫亡守節,至五十六終。

陳蓋妻曹氏　年二十八,夫亡守節撫孤。卒年七十二。

樓柏妻朱氏　年二十一,夫亡守節,撫遺腹子成立,孀居六十五年。

姚錩妻楊氏　年三十,夫亡守節五十八年。

朱春桃妻應氏　年二十三,夫亡守節,卒年六十二。知縣黎表曰“操凛冰霜”。

姚郁妻傅氏　年二十八，夫亡，二子在抱，家貧。其父諷令改適。氏即持刀斫案，厲聲誓曰："吾爲死者，寄二豎命，有如不終而奪之志，吾首與此案同。"言訖大慟，絶而復甦，衆議始息。日撫二子，躬治薪水，雖日不一飽，而終無異志。程學士文德爲作《艱貞傳》。

王魁妻周氏　年二十七，夫亡守節，卒年五十。

趙秉鈺妻施氏　年二十八，夫亡守節，卒年七十四。邑令龔旌曰"慈訓冰霜"。

姚海妻徐氏　年二十一，夫亡守節，卒年八十七。邑人吕欽有傳。

樓俊妻李氏　年二十六，夫亡守節，至八十五終。

郎道妻范氏　年二十九，夫亡守節，卒年六十八。

趙淳妻夏氏　年二十二，夫亡守志，卒年六十二。知縣高旌曰"貞節"。

金銑妻趙氏　年二十六，夫亡，遺孤幼，誓不再嫁。縣丞汪表曰"貞節"。

周廷諒妻盧氏　年二十六，夫亡守節，卒年六十六。

郎鳳欽妻董氏　年二十五，夫亡守節，至五十終。

姚希頁妻郎氏　年十七，夫亡守節，卒年七十二。知縣黎天助有傳。

庠生朱光邃妻李氏　年二十七，夫亡守節四十年。

庠生吕日諧妻徐氏　年十九，夫亡，孝事舅姑，守節終身。傳見藝文。

舒一良妻褚氏　年二十八，夫亡守節終身。

王一斗妻倪氏　年二十一，夫亡守節，至九十一終。

朱光宦妻馬氏　年二十四，夫亡守節，至七十三終。

朱惟忠妻陶氏　年二十一，夫亡守節，至七十八終。

徐時卿妻朱氏　年二十六，夫亡守節，撫子有成。卒年八十一。

金闇然妻方氏　年三十,夫亡守節,至五十九終。

舒一慧妻徐氏　年二十九,夫亡守節,卒年七十三。知縣沈旌曰“節比松筠”。

舒希祥妻徐氏　年二十一,夫亡,撫孤成立,守節六十年。

姚五章妻吕氏　年二十二,夫亡守節三十九年。

庠生朱家鳳妻徐氏　年二十七,夫亡守節,至七十六終。

金明積妻董氏　年二十八,夫亡守節,撫孤成立,卒年六十四。知縣徐表曰“懿範維則”。

周氏二節　周啓祥妻朱氏,年二十二,夫亡守節。知縣謝獎曰“凛節撫嬰”。子允逵,妻李氏,年二十三,夫亡守節。知縣姬獎曰“柏舟矢志”。

朱化熙妻李氏　年十八,夫亡守節六十九年。知縣姬旌曰“貞節遐齡”。

陳時經妻應氏　年三十,夫亡守節,卒年七十五。

陳兆棟妻葉氏　年二十四,夫亡守節,卒年七十三。

陳世定妻徐氏　年三十,夫亡守節,卒年六十四。

金成訓妻陳氏　年二十八,夫亡守節,至七十八終。

傅一仕妻舒氏　年二十二,夫亡守節,至六十終。

周啓祚妻姚氏　年二十八,夫亡守節,至七十六終。

傅一德妻翁氏　年二十二,夫亡守節六十年。有司旌其門曰“婦道克全”。

俞思鈺妻朱氏　年二十九,夫亡,守節撫孤。卒年七十九。有司旌其閭曰“堅節昌後”。

郎承祚妻金氏　年二十七,夫亡守節,卒年八十二。知縣謝表曰“節操冰霜”。

庠生徐爲良妻程氏　年三十,夫亡,守節終身。

周御韶妻應氏　年三十,夫亡守節,孝養耄姑,撫子成立。卒年六十三。

徐家轍妻趙氏　年二十九，夫亡守節，食貧撫孤。卒年五十八。

徐儀妻吕氏　年二十八，夫亡，守節終身。

姚啓逢妻金氏　年三十，夫亡守節，卒年七十四。

徐明鉞妻黄氏　年二十九，夫亡守節，至八十三終。

胡如吉妻章氏　年十九，夫亡守節，卒年六十四。

朱君綬妻葉氏　年二十六，夫亡守節，撫孤成立，卒年七十二。知縣姬表曰“清操勁節”。

姚元璋妻趙氏　年三十，夫亡守節，卒年五十九。

朱元斐妻徐氏　年二十六，夫亡守節，至七十三終。

徐家佐妻李氏　年二十七，夫亡守節，撫孤成立。卒年七十四。

金兆鵬妻陳氏　年三十，夫亡守節，繼子承祧，卒年七十四。知縣張表曰“操等共姜”。

周士浤妻李氏　年二十三，夫亡守節，至七十一終。

庠生徐如齡妻陳氏　年二十九，夫亡，撫孤成立，守節至六十六終。

周繩徽妻吴氏　年十六，夫亡，繼子承祧，守節四十五年。

徐人望妻朱氏　年二十四，夫亡守節，撫孤成立，卒年八十。知縣左表曰“彤管流芳”。

朱可壽妻舒氏　年三十，夫亡守節，卒年八十一。知縣陳表曰“皎月比光”。

朱文珪妻葉氏　年二十，夫亡守節終身。

徐增壽妻趙氏　年二十，夫亡守節五十六年。知縣何表曰“柏翠蘭芳”。

朱舒蛟妻章氏　年二十八，夫亡守節，卒年七十九。

徐得雁妻田氏　年三十，夫亡守節，至六十九終。有司旌其門曰“節茂松筠”。

葉正宗妻姚氏　年十九,夫亡守節,卒年九十二。

庠生陳兆珆妻應氏　年二十六,夫亡守節,卒年六十六。

徐家讓妻王氏　年二十三,夫亡,家貧守節,卒年七十四。

陳兆祖妻金氏　年二十八,夫亡守節,卒年七十。

翁之輝妻徐氏　年二十六,夫亡守節,卒年七十七。

樓元愷妻朱氏　年二十二,夫亡守節,至七十八終。

樓永奇妻陳氏　年二十七,夫亡,家貧守節,卒年七十七。

舒雙福妻陳氏　年二十二,夫亡守節,至五十七終。

董如澄妻周氏　年二十八,夫亡守節,至八十一終。

王其皎妻徐氏　年二十四而寡,性至孝,事舅姑承顏順志,靡有不周,嘗割股以愈姑病。無子,撫侄爲嗣。守節四十六年。

徐良周妻黄氏　年二十九,夫亡守節終身。

郎秉全妻吕氏　年二十六,夫亡守節終身。

陳昌螽妻徐氏　年二十九,夫亡守節,勤儉持家,撫孤成立。卒年七十九。

庠生徐從龍妻應氏　年三十,夫亡,守節四十二年。

庠生朱魁妻林氏　年二十六,夫亡守節,卒年六十六。

金兆翰妻章氏　年二十三,夫亡守節,卒年八十六。

金兆麒妻樓氏　年二十五,夫亡守節,卒年六十七。訓導許表曰“勵節撫孤”。

徐起鳳妻胡氏　年二十九,夫亡,守節五十九年。

朱元官妻李氏　年二十三,夫亡守節終身。

陳兆潘妻夏氏　年二十七,夫亡,守節五十三年。

徐奎光妻童氏　年二十三,夫亡守節,至七十六終。

周學斌妻程氏　年二十五,夫亡守節,至七十五終。

周權妻徐氏　年二十七,夫亡守節,至七十六終。

徐廷植妻李氏　年二十八,夫亡守節終身。

庠生徐鴻磐妻應氏　年二十九,夫亡,守節撫孤,卒年九十二。

徐宏潮妻陳氏　年三十,夫亡守節,卒年六十四。

舒士焕妻朱氏　年二十六,夫亡守節,苦志撫孤,至八十三終。

徐聖茂妻林氏　年二十六,夫亡守節,撫孤成立,卒年四十九。

徐文吉妻應氏　年二十九,夫亡守節,卒年七十四。

吕祖通妻應氏　年三十,夫亡守節,卒年七十八。

徐正楷妻李氏　年二十五,夫亡守節,至七十二終。

陳昌盛妻章氏　年二十四,夫亡守節,奉姑育子,艱苦備嘗,卒年五十。

樓世瀾妻鄭氏　年二十八,夫亡守節,撫孤成立,卒年五十七。

朱茂群妻姚氏　年二十七,夫亡守節,卒年八十一。

陳兆雍妻何氏　年二十五,夫亡守節,卒年六十五。

柴伯友妻王氏　年二十四,夫亡守節,卒年八十七。

徐豐妻應氏　年二十四,夫亡守節,卒年七十二。

吕正開妻程氏　年二十七,夫亡守節,卒年六十八。

王仕金妻俞氏　年二十八,夫亡守節,卒年五十二。

盧樹傑妻夏氏　年二十七,夫亡守節,孝事舅姑,卒年七十二。知縣劉獎曰“芳徽足式”。

陳希徹妻樓氏　年十八,夫亡,守節四十年。

馬廷梅妻徐氏　年二十九,夫亡,守節撫孤,卒年六十二。

施仁宣妻王氏　年二十九,夫亡守節,茹苦撫孤,卒年六十九。知縣劉獎曰“彤管遺徽”。

陳新法妻周氏　年二十七,夫亡守節終身。

王鳳楷妻徐氏　年二十二,夫亡守節,撫孤成立,卒年六十八。

郎正臺妻吕氏　年二十五,夫亡守節,至五十二終。

王仕進妻舒氏　年二十七,夫亡,守節撫孤,卒年七十五。

金象慶妻王氏　年二十二,夫亡,家貧守節,卒年六十七。知縣劉表曰“玉潔冰清”。

胡鴻九妻項氏　年十八，夫亡，矢志堅貞，卒年七十八。

樓守燕妻徐氏　年二十九，夫亡，誓不更適，苦節歷五十餘年如一日。

庠生姚珍妻章氏　年三十，夫亡守節，卒年七十八。

陳兆多妻樓氏　年三十，夫亡守節，卒年四十八。

舒景業妻徐氏　年二十二，夫亡守節，至五十七終。

庠生徐起焜妻林氏　年三十，夫亡守節，卒年六十五。

朱榮志妻翁氏　年二十五，夫亡守節，撫孤成立，卒年六十四。教諭沈表曰“節壽雙全”。

吕庭圭妻楊氏　年三十，夫亡守節，卒年六十一。

吕長嵩妻邵氏　年二十三，夫亡守節，撫孤有成。知縣易旌曰“冰玉清徽”。

周師煒妻應氏　年二十一，夫亡，守節終身。

武舉陳守清妻金氏　年二十八，夫亡守節，卒年五十。

州同馬宏簾妻李氏　年二十六，夫亡，勵志撫孤，守節終身。

傅雙美妻陳氏　年二十四，夫亡守節。知縣劉表曰“彤管增輝”。

劉仁求妻朱氏　年二十五，夫亡守節。

朱有佐妻李氏　年二十七，夫亡守節。

周鼎翀妻徐氏　年二十五，夫亡守節。

庠生徐清輝妻陳氏　年二十七寡，守節撫孤。教諭黄旌曰“節高甌表”。

曹士成妻應氏　年二十七，夫亡守節終身。

陳兆定妻章氏　年二十七，夫亡守節。

王昌全妻樓氏　年十九，夫亡守節。

舒開萬妻陳氏　年二十六，夫亡守節。

章學印妻舒氏　年二十五，夫亡守節。

徐望濤妻李氏　年二十四，夫亡守節，撫孤成立。

徐時蘭妻樓氏　年三十，夫亡守節。

翁學榮妻吕氏　年三十，夫亡守節。

朱鼎發妻李氏　年二十七，夫亡守節。

周洪合妻徐氏　年二十七，夫亡守節。

庠生金先音妻陳氏　年二十七，夫亡守節，孝事翁姑，撫孤有成。

舒人龍妻李氏　年二十六，夫亡守節。

徐榮松妻金氏　年二十九，夫亡守節。

徐錫葵妻潘氏　年三十，夫亡守節，撫孤成立。

庠生徐望濂妻牟氏　年二十八，夫亡守節。

徐思權妻葉氏　年二十三，夫亡守節。司教鍾司訓陸表其閭曰“貞松勁柏”。

長安鄉

應祥妻馬氏　年二十八，夫亡守節終身。

應瑺妻陳氏　年二十五，夫亡，守節五十九載。

應瓊妻施氏　幼歸瓊，年十五，而瓊亡。矢志守節，家政嚴肅，鄉黨稱焉。

吴佳妻柯氏　年二十七，夫亡守節終身。

田文羨妻章氏　年三十，夫亡，勤劬績紝，撫養二孤，守節不渝。

李應孚妻金氏　年二十五，夫亡守節終身。

應大源妻邵氏　年二十四，夫亡守節終身。

李九經妻朱氏　年二十九，夫亡守節終身。有司旌其門。

謝民立妻馬氏　年二十六，夫亡守節，壽至七十九而終。

吴廷週妻徐氏　年三十，夫亡守節終身。

金可成妻趙氏　年二十四，夫亡守節，懿德温恭，撫子成立，至七十八終。

李正玠妻應氏　年二十八,夫亡守節,至八十終。

金朝善妻舒氏　年二十三,夫亡守節,卒年六十一。

潘繼洙妻應氏　年二十二,夫亡守節,撫遺腹子,教養備至,卒年六十四。知縣徐獎曰"松筠竝操",謝獎曰"貞節壽齡"。

華應佳妻倪氏　年二十九,夫亡,家貧守節,撫孤成立。知縣張獎曰"柏舟矢操"。卒年七十三。

金國珍妻潘氏　年三十,夫亡守節,壽八十三終。

田君義妻許氏　年三十,夫亡,一子甫六歲。堅貞自矢,恩勤撫孤。知縣謝給匾獎曰"節操冰霜"。

應之聘妻馬氏　年二十九,夫亡守節,克孝舅姑,善育孤子。知縣張給匾獎焉。卒年八十九。

金守迪妻潘氏　年二十,夫亡守節終身。

李荃妻應氏　年二十四,夫亡守節,卒年五十五。

金汝龍妻楊氏　年二十三,夫亡守節,卒年七十一。

姚之璽妻徐氏　年二十三,夫亡守節,至八十終。訓導臧給匾曰"勁節遐齡"。

樓思富妻應氏　年三十,夫亡守節,壽七十七而終。

應家祈妻馬氏　年二十九,夫亡守節,勤儉成家。性仁慈,好賙恤,康熙五十八年歲歉,出粟賑饑。六十一年,又設廠崆川,爲粥以食餓者。府、縣給匾獎焉。壽九十五而終。

應如昌妻顏氏　年二十六,夫亡,矢志不貳。知縣張給匾獎焉。卒年六十。

謝一雲妻姚氏　年三十,夫亡守節終身。

應日生妻章氏　年二十七,夫亡守節,善承先業,課子有方,卒年九十八。知縣清顏其堂曰"節壽流芳"。

田國元妻王氏　年二十六,夫亡守節,秉性幽貞,持躬淑慎。知縣彭獎曰"正節可風"。

李宮升妻胡氏　年二十六，夫亡守節終身。

田祖陞妻王氏　年二十四，夫亡，長子甫三歲，次子遺腹生，門祚衰微，矢志貞守，壽至八十六終。

李守升妻章氏　年二十三，夫亡守節，卒年五十五。

金兆晃妻何氏　年二十，夫亡守節，卒年六十四。

謝之高妻周氏　年二十九，夫亡守節，壽至七十三而終。

華明連妻章氏　年二十五，夫亡守節，遺孤甫六月，教養成立。卒年七十三。教諭邵給匾曰"柏操松壽"。

應尚春妻李氏　年二十六，夫亡守節，孝舅姑，和妯娌，克勤克儉，人無閒言。壽至八十而終。

金祖德妻翁氏　年二十三，夫亡，守節三十六年。

李光宙妻周氏　年二十四，夫亡，家貧子幼，矢志靡他，壽至八十八終。

李宸妻黄氏　年二十六，夫亡守節，壽至八十一而終。

謝君凡妻李氏　年三十，夫亡守節，卒年六十六。

倪日金妻徐氏　年二十八，夫亡守節終身。

方集書妻徐氏　年二十四，夫亡守節。知縣任給匾曰"追美柏舟"。卒年七十六。

姚正蓉妻葉氏　年二十五，夫亡守節，卒年五十。

葉兆林妻林氏　年三十，夫亡守節，卒年五十。

華紹俊妻金氏　年二十八，夫亡，家貧，撫孤守節五十年。

李宗鍊妻章氏　年二十四，夫亡守節三十二年。

監生陳之美妻趙氏　年二十九，夫亡守節，卒年六十七。

李祖伯妻邵氏　年二十，夫亡守節，撫孤成立，卒年六十四。

陳兆泰妻李氏　年二十三，夫亡，遺二子。勵志冰霜，撫孤成立。卒年六十九。

徐鳳彩妻倪氏　年二十六，夫亡守節，壽至八十終。

潘小美妻董氏　年二十三,夫亡守節,事舅撫孤,均盡其道。知縣易給匾曰"節孝流芳"。壽至八十六而終。

裘獻明妻陳氏　年二十五,夫亡守節,卒年七十二。

陳兆時妻李氏　年二十三,夫亡,堅守不二,訓子成立,苦節四十二年。

王景蘇妻馬氏　年二十五,夫亡,矢志守節,撫二孤成立,卒年六十三。

馬廷梅妻徐氏　年二十九,夫亡,守節終身。教諭梁爲之傳。

樓世瀾妻鄭氏　年二十八,夫亡守節三十年。

范氏二節　范文瓏妻金氏,年二十七,夫亡守節五十年而終。子占順妻金氏,年二十二,夫亡守節,年六十五。知縣劉獎曰"一門雙節"。

金象敦妻徐氏　年十六,夫亡,守節六十二年。

金兆美妻周氏　年二十七,夫亡,守節五十年。

華景斌妻陳氏　年二十六,夫亡守節終身。

倪爲篚妻朱氏　年二十二,夫亡,守節四十六年。

翁德俊妻胡氏　年二十九,夫亡守節,壽至六十七而終。

馬嗣杰妻高氏　年二十七,夫亡守節終身。

翁德芳妻鄭氏　年二十九,夫亡守節終身。

馬嗣蓮妻陳氏　年二十五,夫亡守節終身。

方發來妻王氏　年二十五,夫亡守節,卒年五十一。

金景元妻李氏　年二十九,夫亡,家貧,子幼,苦節不移,卒年四十四。

方志烈妻倪氏　年十八,夫亡守節,撫叔子大均爲嗣。嘉慶丙子,學憲汪給匾曰"冰蘖堅操"。

徐長方妻林氏　年二十七,夫亡守節,卒年五十。

金建彭妻周氏　年二十四,夫亡守節終身。

方鳳棲妻倪氏　年二十二,夫亡守節。

謝文崇妻章氏　年二十五，夫亡守節。

金文照妻邵氏　年二十八，夫亡守節。

謝文湊妻趙氏　年三十，夫亡守節。

潘法彩妻陳氏　年二十七，夫亡守節。

倪發祥妻陳氏　年二十五，夫亡守節。

潘開序妻倪氏　年二十六，夫亡，撫孤成立，守節不渝。

金象興妻樓氏　年二十一，夫亡守節。

承訓鄉

陳仲信妻胡氏　年二十八而寡，守節五十八年。

童韜妻章氏　年二十九，夫亡，撫孤成立，苦節三十餘年如一日。

胡鑾妻葉氏　年三十，夫亡守節，奉繼姑朝夕不替，親自課子，授以《孝經》《論語》，鄉閭稱賢淑焉。

庠生童泳妻朱氏　年三十，夫亡，撫孤成立，守節至五十九終。

童準妻姚氏　年二十三而寡，守節三十二年。

庠生童秀妻吕氏　年二十五，夫亡，撫孤成立，守節終身。

胡良龍妻王氏　年二十七而寡，守節六十年。

陳鳳妻徐氏　年二十五，夫亡，勵志守節，卒年七十二。邑令池表其閭曰"貞節"。

陳蓀熙妻葉氏　年二十六，夫亡，誓不再嫁，苦節四十餘年。郡守井旌其門曰"節壽"。

吕邦恩妻吴氏　年二十七，夫亡。舅姑憐其少寡，諷以更適。氏矢志貞守，壽至五十一終。

馬懋先妻陳氏　年二十三，夫亡，撫遺孤有成，守節三十九年。邑令謝表曰"矢志冰霜"。

童應祥妻徐氏　年二十五，夫亡守節終身。

胡明槐妻應氏　年二十七，夫亡守節，教諸孤，勤儉持家，卒年七十八。

陳應吉妻胡氏　年三十,夫亡守節,閨門嚴肅,教子義方,壽七十六終。邑令謝旌曰"節壽雙全"。

陳氏三節　陳德桂妻俞氏,年二十九寡,子璧挺妻施氏,年二十五寡。孫施鶴妻應氏,年二十八寡。三代居孀,操守不二,人皆欽其壼範云。

陳時星妻王氏　年二十三,夫亡守節。姑早逝,事舅以孝稱。撫孤子成立。郡守葉表其閭曰"柏節松年"。

陳兆愷妻李氏　年二十三,夫亡守節,至八十二終。

陳時壽妻吕氏　年二十二,夫亡守節終身。郡守葉旌其門曰"操竝松筠"。

童士亮妻施氏　年二十八,夫亡守節,七十七終。

陳世彦妻董氏　年二十九,生一子,而夫亡,守節撫孤。卒年八十。

金國羽妻吕氏　年三十而寡,守節五十五年。

王尚哲妻胡氏　年三十,夫亡,翦髮自誓,撫子成立。雍正五年,知縣張旌其閭曰"勁節凌霜"。

陳之琁妻方氏　年二十八,夫亡,子七歲,撫之成立。守節五十七年。邑令游表曰"柏舟勁節"。

王之貞妻陳氏　年二十九,夫亡守節,至八十一終。邑令左旌其門曰"節壽可風"。

董氏二節　庠生董經俟妻胡氏,年二十一,夫亡,止二女,撫侄爾杰爲嗣,娶媳金氏,年二十三,爾杰又亡。姑媳同心苦守。人以爲二代貞烈。

吕憲顒妻陳氏　年二十三寡,家貧苦守。族人義之,歲給粟以成其志。有司旌曰"松齡柏操"。

徐伯慶妻柳氏　年二十九,夫亡,一子甫離襁褓,撫育成人,矢志苦守,壽至八十而終。

胡彩英妻李氏　年二十四,夫亡守節,至八十五終。

董爾璦妻胡氏　年二十七,夫亡守節,壽至七十一而終。

陳之和妻王氏　年二十六而寡,撫孤守志。家貧,治女紅以自給。里黨賢之。卒年七十四。

陳爾攀妻徐氏　年二十九,夫亡,守節四十五年。邑令劉旌其門曰“節勁枝榮”。

陳之鉉妻徐氏　年二十五,夫亡守節,撫孤始終如一,壽至七十六終。

胡聖基妻吕氏　年二十七,夫亡守節,至五十八終。

吕元興妻陳氏　年二十九,夫亡守節。教諭余旌其門曰“德昭壼範”。

姚喜文妻屠氏　年二十九,夫亡,遺孤幼,撫育成人,守節不二。

陳偉亨妻楊氏　年二十八,夫亡,幼子遺腹生。矢志不二,撫諸孤有成。

陳有泮妻董氏　年二十七,夫亡守節。

王培槐妻陳氏　年二十八,夫亡守節。教諭沈旌其門曰“古井無波”。

陳永昌妻柳氏　年二十四,夫亡,一子甫晬。勵志守貞,家貧,紡績以奉舅姑。

昇平鄉

李佑妻方氏　年二十二,夫亡,遺子又殤。或欲奪其志,氏乃翦髮自誓,苦守至六十九而終。

李聿妻劉氏　年二十二,夫亡守節終身。

林瑗妻何氏　年二十九,夫亡,勵志守節,教子有方。卒年八十五。

林愵妻徐氏　年二十八,夫亡,矢志靡他,卒年五十一。

林昶妻黄氏　年二十一,夫亡,家貧守節,始終不渝,年七十八終。

吕景蒙妻徐氏　年二十三,夫亡守節終身。

庠生吕文會妻杜氏　年二十八,夫亡,家貧守志,歷三十餘年。

董芝妻徐氏　年十七,夫亡守節六十餘載。

陳廷鴻妻應氏　年十九,夫亡守節終身。

陳廷瓚妻孫氏　年二十五,夫亡守節終身。

朱鴻妻陳氏　年二十四,夫亡守節,至老不渝。

李希欽妻方氏　年十九,夫亡家貧,撫孤守節,始終不二。有司旌其門曰“清節”。

林濤妻劉氏　年二十,夫客四川而卒,氏扶櫬歸里,守節終身。

庠生陳滄妻胡氏　年十七,夫亡。或勸再適。氏誓死不二,苦節終身。

王絅妻林氏　年二十,夫亡,撫育遺孤,守志終身。

王宗煌妻胡氏　年二十,夫亡,子又殤。苦守終身。縣令周表曰“節操冰霜”。

庠生王子元妻周氏　年三十,夫亡守節終身。

吕有誠妻周氏　年十九,夫亡守節終身。有司旌其門曰“貞節”。

李汝霖妻徐氏　年十七,夫亡,遺腹一子。矢志靡他,卒年八十一。

徐君寵妻胡氏　年二十八,夫亡守節,家貧姑老,孝養終身。

王宗謙妻李氏　年三十,夫亡守節終身。

王宗正妻方氏　年二十七,夫亡守節,歷四十餘載。知縣張獎曰“柏舟勁節”。

李德嘉妻施氏　年二十七,夫亡守節。知縣徐獎曰“霜淩皓月”。

王世守妻陳氏　年二十四,夫亡,矢志不二,事寡姑克盡婦道。

卒年五十三。

徐逢倫妻章氏　年二十，夫亡，守節不渝。郡守張表其閭曰“冰德永年”。

王世郢妻李氏　年三十，夫亡守節，家貧，艱苦備嘗，卒年五十六。

胡春龍妻施氏　年二十，夫亡守節終身。

陳仲順妻馮氏　年二十八，夫亡，奉姑育子，苦節終身。知縣徐獎曰“守一待旌”。

王師熹妻胡氏　年二十五，生一子而夫亡，舅姑早卒，歸依母家，撫孤成立，苦守四十八年。

吕兆珩妻胡氏　年二十七，夫亡守節，至八十終。

王堯健妻馬氏　年二十八，夫亡，遺一子，撫養成人，守節至七十五而終。

王師際妻陳氏　年二十，夫亡，守節五十一年。當道表其閭曰“貞節”。

李如凝妻胡氏　年二十五，夫亡守節終身。

王世維妻應氏　年二十八，夫亡，矢志不二。知縣謝表其閭曰“冰霜秉操”。

徐養懋妻周氏　年三十，夫亡守節。知縣謝表其閭曰“瑶池冰霜”。

王同心妻周氏　年二十三，夫亡守節，事姑克孝，教子有方。知縣徐表曰“蘗節徽彤”。

胡惟龍妻陳氏　年二十六，夫亡。或勸更適。翦髮自誓，守節至八十餘終。

吕鳴鵬妻朱氏　年二十而寡，守節六十四年。

胡之瑞妻陳氏　年二十而寡，守節四十五年。

林一庖妻徐氏　年二十九，夫亡，矢志守貞，卒年八十五。

王逢吉妻胡氏　年二十八，夫亡守節。知縣崔表其閭曰“筠節同青”。

吕國成妻陳氏　年二十五,夫亡守節,足迹不逾户外,歷二十餘年如一日。

林挺穎妻應氏　年二十七,夫亡,遺一子,家貧苦守,歷五十餘年而卒。

童一文妻董氏　年二十八,夫亡,家貧守志,零丁孤苦,終始不渝。知縣姬表曰"柏舟節操"。

吕希洪妻施氏　年三十,夫亡,守節六十一年。

馬士奇妻胡氏　年二十七,夫亡守節,撫孤成立,卒年七十四。

王翀妻李氏　年二十八,夫亡,撫侄爲嗣,冰心永矢,五十年如一日。有司奬曰"柏節松齡"。

王集桓妻胡氏　年二十九,夫亡守節,卒年七十二。

胡正先妻陳氏　年二十六,夫亡守節,不以家貧易操。卒年六十三。

林兆麒妻俞氏　年二十九,夫亡,家貧苦守,至老不渝。

王丙旂妻徐氏　年二十七,夫卒於外。氏矢志守節,終身不移。

徐洪勳妻王氏　年二十四,夫亡。矢志靡他,家赤貧不改其操。卒年六十三。

吕道安妻胡氏　年二十九,夫亡守節,遺腹生子,辛勤撫育。郡守鄭奬曰"節壽垂芳"。

徐洪謨妻吕氏　年二十八,夫亡守志,節操凛然,卒年八十四。

王世錫妻應氏　年三十,夫亡,守節六十七年。

邵之英妻董氏　年二十二,夫亡,家貧守節,終身不渝。

王丙羔妻徐氏　年二十四,夫亡子幼,家貧苦守四十餘年。

林海壽妻胡氏　年三十,夫亡,撫遺孤,養而兼教,守節三十一年。

林知恩妻章氏　年三十,夫亡,撫孤成立,守節三十年。

胡光韶妻吕氏　年二十八,夫亡守節終身。

王世銘妻吕氏　年二十六,夫亡,與伯姒世鋲妻邵氏同心共守,事姑孝敬,孀居四十餘年。

王載瓚妻黄氏　年二十一,夫亡,遺腹三月生一子,撫育成人,卒年六十一。

王丙仁妻李氏　年三十,夫亡,守節不二,撫育遺孤成人,卒年七十二。

李克瀚妻徐氏　年二十六,夫亡守節,事姑孝謹,卒年八十五。

吕士龍妻應氏　年三十,夫亡守節,紡績以事舅姑,卒年八十四。

王元宿妻程氏　年二十九,夫亡子幼,矢志不渝,卒年七十二。

王世昭妻胡氏　年二十九,夫亡,家貧子幼,勵志守貞,壽至八十三而終。

吕端清妻孫氏　年二十七,夫亡守節,至七十一而終。

吴思悌妻胡氏　年二十九,夫亡守節,撫遺腹子成人,紡織自給。知縣高表曰"冰霜節操"。

林隆聚妻王氏　年二十八,夫亡,撫孤成立,苦節終身。

王載巖妻李氏　年二十八,夫亡守節。知縣李獎曰"彤管流芳"。

王丙廡妻應氏　年二十四,夫亡守節,心如金石,事舅姑克盡孝敬,卒年五十三。

王家棟妻吕氏　年二十六,夫亡,守志四十年。教諭俞獎曰"儒門清節"。

何乾益妻金氏　年二十九,夫亡守節,卒年五十八。

胡懋敏妻吕氏　年二十九,夫亡,子幼家貧,堅心苦守,卒年七十四。

李鍾潋妻俞氏　年二十六,夫亡守節,卒年六十九。

胡光明妻陳氏　年二十五,夫亡守節,卒年五十五。

王載有妻胡氏　年三十,夫亡守節,撫孤成立,卒年六十一。

何有紹妻李氏　年二十六,夫亡守節,至七十三而終。

胡吉仁妻徐氏　年二十三,夫亡守節,卒年六十七。

王載鑫妻章氏　年二十九,夫亡守節,卒年八十四。有司獎曰“筠節松齡”。

邵元科妻陳氏　年二十七,夫亡守節,至七十五而終。

林誠識妻李氏　年二十八,夫亡守節終身。

林肇海妻吕氏　年二十三,夫亡守節,撫孤成立,卒年八十二。

監生林兆幹妻吕氏　年二十九,夫亡,撫養遺孤,守節至六十八而終。

林成合妻桑氏　年二十七,夫亡守節終身。

邵日定妻陳氏　年二十二,夫亡守節,家人逼嫁,鳴于官,得全其志。年七十二而終。

王載甲妻施氏　年二十九,夫亡守節,貧且益堅,壽至七十五。

徐玉妻陳氏　年三十,夫亡,家貧守貞,事姑孝,撫遺孤成立,卒年九十。知縣任獎曰“標題彤管”。

陳正朝妻盧氏　年二十九,夫亡,安貧守節,撫孤有成,卒年七十六。

林開喜妻潘氏　年三十,夫亡,守節終身。有司旌其閭曰“冰清著節”。

李起藹妻楊氏　年二十二,夫亡,遺孤六月。姑令更適,氏曰:“烈女不事二夫,且姑老誰依?”翦髮自誓,終身不渝,卒年六十三。

李世金妻徐氏　年二十八,夫亡家貧,矢志撫孤成人。教諭王獎曰“冰清玉潔”。

邵國霄妻吕氏　年二十五,夫亡,守節五十五年。

王同吕妻應氏　年二十九,夫亡守節,善事孀姑。知縣方獎曰“節峻雲峰”。

王化驄妻李氏　年二十六,夫亡守節,事舅姑克盡婦道。舅嘗書一敬事以嘉之。

王丙全妻陳氏　年二十七，夫亡，守節終身。知縣劉獎曰“松筠勁節”。

李熙麟妻王氏　年二十一，夫亡，遺腹六月生一子，育養成立，守節至八十五終。知縣易旌曰“純孝完節”。

吕有讓妻陳氏　年二十六，夫亡守節，食貧茹苦，奉姑必求甘旨。卒年八十三。

王冬官妻童氏　年二十九，夫亡，守節四十六年。訓導吴表曰“苦節幽貞”。

吕德起妻吴氏　年二十八，夫亡守節，撫遺腹子成立，壽至八十一。

胡紹周妻陳氏　年二十二，夫亡守節，壽至八十，親見五代。知縣陸獎曰“純孝完節”。

徐紹燦妻王氏　年二十三，夫亡，守節五十八年。

徐光天妻夏氏　年二十八，夫亡守節，撫育遺孤，備嘗艱苦，卒年七十八。

武舉林嵩妻黄氏　年二十八，夫亡，守志不二，撫孤成立，卒年七十七。

王丙戌妻吕氏　年十九，夫亡守節，卒年六十。教諭魏獎曰“操勵冰霜”。

吕啓雲妻徐氏　年二十四，夫亡守節，五代同堂，壽至九十一。知縣游獎曰“松柏清操”。

林肇淳妻金氏　年三十，夫亡，家貧子幼，勵志守節，卒年七十七。

樓開發妻吕氏　年二十九，夫亡守節，撫二孤成立，卒年五十四。

陳福安妻吴氏　年二十九，夫亡守志，節操凛然。

吕法起妻王氏　年二十一，夫亡，守節四十二年。

徐廷勳妻應氏　年二十一，夫亡，事姑孝謹，撫遺腹子有成，守節五十五年。

陳福增妻應氏　年二十六,夫亡守節終身。

李光愛妻周氏　年二十九,夫亡守節。

林淳楫妻周氏　年二十七,夫亡守節。

林開喜妻胡氏　年二十六,夫亡守節,撫子成立。

吴爾榮妻胡氏　年二十八,夫亡,一子一女又殤,形影相弔,苦節不渝。

陳法安妻周氏　年二十五,夫亡守節,撫孤成立。

王壎妻吕氏　年二十九,夫亡守節,至老不渝。教諭王獎曰"松筠節操"。

王永紹妻胡氏　年三十,夫亡守節。越十餘年,子樂時又喪,零丁孤苦,紡績爲生,鄉里賢之。

李敬孝妻徐氏　年二十,夫亡守節,艱苦不移。

吕如松妻孫氏　年二十六,夫亡,遺孤亦殤。孝事舅姑,矢志貞守。

王永祝妻李氏　年二十九,夫亡,苦守不渝。

胡爾松妻施氏　年二十四,夫亡,家貧守節,撫孤成立。

徐淑剛妻吕氏　年二十九,夫亡家貧,守節不二。

王金玉妻胡氏　年二十九,夫亡守節,訓子有方。

太平鄉

胡氏二節　胡鉅妻程氏,年二十三,夫亡。弟鏗妻馬氏,年十八,夫亡。娣姒矢志守貞,各撫遺孤成立,卒年俱六十五,稱一門雙節。

施氏二節　施仁高妻陳氏,年二十九,夫亡,矢志堅貞,生遺腹子義嵩,撫育成立,娶侄女爲媳。年二十八,義嵩又卒,遺腹一子,貞守如姑。姑年六十三卒。媳現年六十三。

吕恂妻厲氏　年二十三,夫亡,遺孤甫週歲。辛勤撫育,益恢先業，置義田義阡以惠生死，卒年六十四。邑令徐榮叟銘其墓，以子燾貴，封太孺人，贈安人。

徐浩四妻胡氏　年十六，歸浩四。逾年，浩四亡。家人憫其年少無子，勸以他適。氏涕泣斷髮，誓不二夫，遂還母家，紡織自給，貞守不渝。壽至九十五。

吕杝妻王氏　年十八，夫亡，欲以身殉。姑勸止之。勵志貞守，鄰里罕有睹其面者。

胡瑫妻方氏　年二十二而寡，遺一子，又殤。或諷之再適。婦拒曰："吾知守節耳，豈以無子易操耶！"年五十九而終。

吕洪妻胡氏　年二十四，夫亡，撫孤守志，終始不渝。

吕德妻徐氏　年二十三，夫亡。姑憐其年少無子，諭以再適。氏翦髮自誓，立繼承祧，宗黨賢之。

吕金妻胡氏　年二十八，夫亡，苦守五十二年。邑令旌曰"冰操"。

潘孟才妻夏氏　年三十，夫亡，茹苦守貞，至七十六卒。

胡光成妻曹氏　年二十五，夫亡，守節撫孤，至六十三而終。

吕文壽妻李氏　年十九，夫亡，無子，誓不再醮。富室聞其年少而賢，欲强娶之，毅然不可奪，完節終身。

潘孟夏妻屠氏　年二十六，夫亡，遺腹一子。鄰勸其更適，厲聲拒之，堅守至五十而終。

胡光鳳妻樓氏　年二十七，夫亡，苦節自持，至七十四而卒。

金元喜妻高氏　年二十五，夫亡，守志靡他，壽九十一卒。

胡宗衢妻吕氏　年三十，夫亡，矢志靡他，撫孤成立，至七十二而終。

施恩誠妻王氏　年二十三，夫亡，繼一子。矢志不渝。邑令黄給"清節賢能"匾褒之。年七十終。

高會進妻黄氏　年二十一，夫亡，守節終身。

胡一德妻施氏　年三十，夫亡守節終身。

吕可諮妻賈氏　年二十五,夫亡,誓志自守,冰操終身。

施寵斌妻陳氏　年二十九,夫亡守節,繼子承祧,卒年七十七。

吕可和妻朱氏　年二十五,夫亡,撫孤守節,孝養舅姑,内外無間言。

陳法進妻吴氏　年二十四,夫亡,撫孤苦守,至八十一終。

童德龍妻施氏　年二十九,夫亡,冰操自勵,遺二子鞠拊有成,壽九十一而卒。

胡毓瞻妻施氏　年二十六,夫亡,苦志撫孤,至六十八而終。

吕文聖妻周氏　年二十三,夫亡,撫孤守志,苦節終身。

金之得妻施氏　年二十九,夫亡,堅貞自守,至七十二終。

吕起慎妻胡氏　年二十九,夫亡,孝事舅姑,以節壽終。

吕昌濟妻成氏　年二十七,夫亡,守志三十五載。邑令黄旌曰"節操可嘉"。

陳佛賜妻施氏　年二十五,夫亡守節終身。

潘國昭妻胡氏　年二十九,夫亡,守志四十餘年。郡守楊給匾曰"節秉冰霜"。

徐思鲈妻馬氏　年三十,夫亡守節,卒年七十九。

李銅妻樓氏　年三十,夫亡,遺腹一子,撫育成立,守節終身。

陳德月妻施氏　年二十八,夫亡守節,終始不渝。

金德漢妻高氏　年三十,夫亡,遺一女。孝舅姑,勵節操,壽至七十六終。

施明言妻吴氏　年二十三,夫亡,遺孤甫二歲,守節以壽終。郡守袁表曰"節壽流芳"。

金仕房妻李氏　年二十二,夫亡,一子甫週歲。守貞節,年至五十而終。訓導許給匾曰"節操冰霜"。

施義澄妻夏氏　年二十九,夫亡,貞守不二,至八十四終。

施義乾妻杜氏　年二十四,夫亡,艱苦遍歷,操守愈堅,年七十六卒。

吕宗瑞妻施氏　年二十七，夫亡，矢志貞守，遺一子，撫養有成。邑令楊給匾曰“勁節遺徽”。

施恩址妻樓氏　年二十五，夫亡，守節五十二年。邑令楊給“節壽”匾獎之。

徐成參妻胡氏　年二十七，夫亡，守志不二，至六十而終。

施義有妻成氏　年二十三，夫亡，家貧無子，貞守靡他，撫侄爲嗣，至七十四而終。

徐文魁妻吴氏　年二十三，夫亡，孝事舅姑，撫孤成立，年五十四終。

胡瑞花妻朱氏　年二十六，夫亡守節終身。

施孝紅妻徐氏　年二十七，夫亡家貧，苦守至七十一終。

施丙錦妻胡氏　年二十八，夫亡，家貧守節。

徐開吕妻舒氏　年二十五，夫亡，守志撫孤。

施仁琨妻陳氏　年二十六，夫亡，矢志撫孤。

吕蘭繼妻應氏　年二十七，夫亡，冰操自勵，勤儉持家。

施孝輝妻曹氏　年二十，夫亡，遺腹一子，守義靡他。邑令彭獎以“澗松勁節”匾。

吕觀僚妻胡氏　年二十四，夫亡，矢志堅守。邑令劉獎曰“柏舟遺範”。

應希敬妻李氏　年二十九，夫亡，矢志不二。

胡正淳妻陳氏　年二十六，夫亡，翦髮矢志，遺二子，育養成人。

吕廷孫妻朱氏　年二十六，夫亡，食貧茹苦，節操凛然。

成法旭妻程氏　年二十二，夫亡，清操自勵。

施仁廣妻陳氏　年二十三，夫亡守節。

義和鄉

朱炳妻李氏　年三十，夫以役卒於京師。氏撫子成立，守節終身。

朱浦妻郭氏　年十九,夫亡,撫遺腹子成立,守節終身。

黄斌妻吕氏　年三十,夫亡守節,撫二孤成立,卒年九十。

吕曰瀅妻胡氏　年二十九,夫亡守節終身。

吕驊妻夏氏　年二十三,夫亡,守節至七十三終。

朱叔賢妻黄氏　年二十九,夫亡守節終身。

朱元英妻黄氏　年二十七,夫亡,守節至七十五終。

黄汀妻盧氏　年二十三,夫亡守節,撫遺腹子成立,備嘗艱苦,卒年八十五。

朱坊妻黄氏　年二十七,夫亡守節終身。

朱璧妻方氏　年二十九,夫亡守節終身。

朱文淵妻陸氏　年二十八,夫亡守節終身。

吕良福妻胡氏　年二十六,夫亡守節終身。

朱朝元妻周氏　年二十九,夫亡守節,至七十九終。

朱鳳友妻應氏　年二十六,夫亡守節終身。

朱德鑒妻李氏　年十七,夫亡守節,至七十八終。

朱國吾妻胡氏　年二十七,夫亡守節終身。

庠生朱宗伊妻吕氏　年二十六,夫亡守節,至八十七終。

朱三桂妻顔氏　年二十一,夫亡守節終身。

賈崇德妻徐氏　年二十九,夫亡守節,撫孤成立,娶媳某氏,越數年生一孫,孤又亡。媳他適。氏育養遺孫,爲之娶婦,舉二曾孫。卒年八十三。

俞希熹妻張氏　年二十,夫亡守節,卒年六十一。知縣以“節立冰霜”表之。

朱國徹妻包氏　年二十四,夫亡守節終身。

朱孔時妻徐氏　年二十九,夫亡守節終身。

朱明進妻胡氏　年二十,夫亡守節,至六十九終。

庠生朱振纓妻盧氏　年二十三,夫亡,遺孤甫七日,撫之成立,守節終身。

朱麟嵩妻高氏　年二十九，夫亡守節，撫孤成立。邑令姬以“冰清玉潔”表之。

陳志方妻馬氏　年二十七，夫亡守節，至八十八終。

朱守球妻金氏　年二十四，夫亡守節，至七十餘終。

吕思廣妻陳氏　年二十八，夫亡守節，卒年九十二。

賈明達妻陳氏　年十九，夫亡守節，至七十五終。

胡良翰妻朱氏　年二十九，夫亡，矢志苦守四十餘年。

胡良宣妻吕氏　年二十七，夫亡守節，教子成名，至六十九終。

胡明邵妻陳氏　年二十二，夫亡，零丁孤苦，守節彌堅，卒年七十六。

夏應琴妻徐氏　年二十三，夫亡守節終身。

夏承恕妻李氏　年二十六，夫亡守節，至九十四終。

朱宗邃妻李氏　年二十三，夫亡守節終身。

朱之鑑妻陳氏　年二十六，夫亡守節終身。

朱宗愚妻馬氏　年二十四，夫亡守節終身。

朱先薦妻吴氏　年二十七，夫亡守節終身。

朱守遠妻應氏　年三十，夫亡，守節至八十終。

朱希蕃妻陳氏　年二十二，夫亡，撫遺子成立，守節終身。

庠生朱大綬妻王氏　年二十七，夫亡矢志，苦守終身。

庠生朱明善妻程氏　年三十，夫亡守節，至八十終。

朱允琛妻方氏　年二十二，夫亡守節，撫遺腹子成立，卒年九十。知縣張以“勁節延年”表之。

朱德基妻胡氏　年二十六，夫亡守節，艱苦備嘗，卒年六十八。

朱元位妻金氏　年二十九，夫亡守節，至八十九終。

朱瑞方妻吕氏　年二十三，夫亡守節終身。

胡獻如妻吕氏　年二十八，夫亡守志，紡織撫孤。邑令方表曰

“節操冰霜”。卒年八十二。

庠生朱弈亮妻徐氏　年二十六,夫亡守節終身。

朱良貴妻陳氏　年十九,夫亡守節終身。

庠生顔鼎妻樓氏　年三十,夫亡,守節終身。知縣張表曰“正義守節”。

周元綱妻王氏　年三十,夫亡守節終身。知縣姬以“霜節冰心”表之。

賈汝楨妻吕氏　年二十六,夫亡守節,至七十四終。知縣張表曰“節壽”。

朱先恭妻盧氏　年二十五,夫亡守節,至八十四終。

盧仕標妻奚氏　年二十一,夫亡守節終身。

朱元泰妻駱氏　年二十四,夫亡守節終身。

朱元榮妻斯氏　年三十,夫亡守節終身。

朱懷福妻包氏　年三十,夫亡守節終身。

朱韜生妻李氏　年二十三,夫亡守節終身。

朱明星妻俞氏　年二十六,夫亡守節終身。

陳正健妻楊氏　年二十三,夫亡守節終身。

吕宗明妻胡氏　年二十四,夫亡守節,至九十四終。

吕承全妻賈氏　年三十,夫亡守節終身。

朱遠陞妻王氏　年二十八,夫亡守節終身。

吕元德妻賈氏　年二十二,夫亡守節,至八十八終。

吕元聖妻胡氏　年十九,夫亡守節,至八十六終。

吕爲官妻陳氏　年二十五,夫亡守節,至九十一終。

吕承周妻徐氏　年二十八,夫亡守節,至七十二終。

吕茂藩妻董氏　年三十,夫亡守節,撫遺腹子有成,卒年五十八。知縣李以“清標彤管”表之。

周鍾安妻包氏　年二十六,夫亡守節,至七十七終。

胡廣丁妻朱氏　年二十五，夫亡守節，至七十八終。

胡廣洪妻陳氏　年二十九，夫亡守節，卒年七十一。

胡廣衢妻應氏　年二十五，夫亡守節，卒年六十四。

胡廣文妻章氏　年二十八，夫亡，居貧守節，至六十終。

孫起澄妻陳氏　年二十七，夫亡守節，至八十終。

孫家高妻張氏　年二十八，夫亡守節，卒年六十一。

胡宗捷妻朱氏　年二十歸宗捷。結褵數月，夫往遼東，傳聞已死。氏服素悲哭。或勸更適，正色拒之，至老不嫁，自給薪水，節義凛然。卒年七十。

孫起立妻夏氏　年二十六，夫亡守節，遺孤甫三月，又夭，立繼承祧。至九十一終。

夏光繳妻程氏　年十八，夫亡守節終身。

夏應鋭妻胡氏　年二十五，夫亡守節終身。

朱舜誾妻陳氏　年二十四，夫亡守節終身。

夏友初妻徐氏　年二十九，夫亡守節終身。

王伯增妻葛氏　年二十二，夫亡守節終身。

金有賢妻蔡氏　年二十三，夫亡守節終身。

庠生朱璋妻徐氏　年二十九，夫亡守節終身。

朱元楷妻周氏　年二十八，夫亡守節終身。

朱君趾妻應氏　年二十四，夫亡守節，至八十八終。

朱德祈妻俞氏　年二十九，夫亡守節，至七十五終。知縣張表曰“節壽”。

朱啓正妻吴氏　年二十三，夫亡守節，至九十二終。

朱兆璧妻應氏　年二十六，夫亡守節終身。

朱宗福妻陳氏　年二十五，夫亡守節終身。

朱集繩妻吕氏　年二十四，夫亡守節終身。

朱瑄玉妻程氏　年三十，夫亡守節終身。

朱兆誠妻蔣氏　年三十,夫亡守節,至七十二終。

朱明崇妻徐氏　年二十四,夫亡守節終身。

朱志仲妻陳氏　年三十,夫亡守節終身。

朱佑汝妻盧氏　年二十六,夫亡守節終身。

葉恩祥妻何氏　年二十六,夫亡守節,撫二孤,紡織以供朝夕。卒年六十八。

盧啓堯妻施氏　年三十,夫亡守節,至八十七終。

胡國林妻朱氏　年二十九,夫亡,苦節撫孤。郡守陳見智表曰"松柏爲心"。卒年五十二。

黄公照妻方氏　年二十七,夫亡守節,撫孤成立,至七十一終。

陳高妻馬氏　年二十七,夫亡,撫孤成立,守節終身。

顔鼎兆妻吕氏　年二十七,夫亡守節終身。

胡洪生妻李氏　年三十,夫亡守節,撫子女,足不逾閾。乾隆癸卯夏,蛟水陡發,漂没田廬,已及氏居。氏遣子女走避,己獨端坐不移。衆勸之出,氏曰:"未亡人待死久矣。肯越禮偷生乎?"卒不出。須臾,水退獲免,人以爲正氣所感云。年八十二而終。

胡廣有妻杜氏　年二十五,夫亡守節,至八十九終。教諭王表曰"松柏遐齡"。

庠生胡聖宇妻夏氏　年二十八,夫亡守節,至八十六終。知縣以"柏舟遺範"表之。

胡兆敞妻朱氏　年三十,夫亡,撫孤守節。知縣王給匾獎之。

蔣惟道妻盧氏　年二十五,夫亡守節終身。

黄承恭妻胡氏　年二十六,夫亡守節,七十歲終。

吕茂祥妻方氏　年二十六,夫亡守節,卒年六十二。

吕茂經妻胡氏　年二十九,夫亡守節終身。

吕光魁妻應氏　年二十八,夫亡守節,至七十二終。

胡邦震妻吕氏　年二十八,夫亡守節終身。

胡鼎鏗妻任氏　年二十四,夫亡,赤貧,撫孤成立,守節終身。

胡上南妻朱氏　年二十四,夫亡守節終身。

景思明妻邵氏　年二十八,夫亡守節終身。

方茂袗妻陳氏　年二十四,夫亡守節,至七十五終。

顏鼎虬妻程氏　年二十九,夫亡守節,至七十三終。

李思回妻吕氏　年二十八,夫亡守節,撫孤成立。知縣以"香閨烈士"表之。

王廷美妻朱氏　年二十九,夫亡守節終身。

朱聖佐妻胡氏　年二十七,夫亡守節,至七十一終。

朱日灃妻胡氏　年二十八,夫亡守節終身。

吕佑妻朱氏　年三十,夫亡守節終身。

吕以晋妻胡氏　年二十九,夫亡守節終身。

朱金暹妻錢氏　年二十八,夫亡守節終身。

盧仁崑妻施氏　年三十,夫亡守節,繼子承祧,卒年七十二。

周日榛妻程氏　年二十五,夫亡守節。教諭黄獎曰"節操冰霜"。

董永遠妻梁氏　年二十八,夫亡守節,至六十九而終。教諭表其閭曰"節竝柏舟"。

吕承鑑妻應氏　年三十,夫亡守節,至八十四終。

夏起阡妻胡氏　年二十七,夫亡守節終身。

方兆履妻王氏　年二十六,夫亡守節終身。

王化興妻李氏　年二十九,夫亡守節終身。

胡時挺妻朱氏　年三十,夫亡守節終身。

朱喜生妻景氏　年三十,夫亡守節,至九十終。

葉茂如妻王氏　年三十,夫亡守節,携二孤依母家成立,至八十終。

董嘉興妻盧氏　年二十三,夫亡守節,勤儉持家,撫孤成立,卒年七十八。

胡能海妻馬氏　年二十九,夫亡守節,撫孤成立。

吕伯道妻包氏　年二十四,夫亡,守節終身。

吕伯椅妻胡氏　年二十五,夫亡守節。

胡自亮妻葉氏　年二十一,夫亡守節。

董永顯妻朱氏　年二十九,夫亡守節。

朱志胙妻吕氏　年二十五,夫亡守節。

黄公尚妻陳氏　年二十七,夫亡守節,撫孤成立。

吕伯貴妻陳氏　年二十五,夫亡守節。

朱承澤妻樓氏　年二十四,夫亡守節。

胡洪睽妻徐氏　年二十八,夫亡,家貧守節。

吕德源妻胡氏　年二十六,夫亡守節。

景思昆妻朱氏　年二十六,夫亡守節。

吕國檀妻胡氏　年二十一,夫亡守節。

庠生胡元泰妻吕氏　年三十,夫亡守節,撫孤成立。

吕茂華妻黄氏　年三十,夫亡守節。

樓兆端妻胡氏　夫早亡,姑老病痺,氏與同寢處,起止扶持,十餘年不倦。

游仙鄉

盧原貞妻楊氏　年十七,夫亡苦節,紡織爲生,卒年七十五。

應致逸妻胡氏　年十三而寡,雖少,能知大義,守節至八十餘終。

應恳妻田氏　年二十二,夫亡,繼子承祧,守節終身。

胡德妻俞氏　年二十四,夫亡撫孤,守節終身。

應思忠妻朱氏　年三十,夫亡守節,撫孤始終不二,年逾七十。

胡遂本妻黄氏　年二十四,夫亡守節,撫孤成人。

章金三妻孔氏　年二十三,夫亡守節終身。

應瑫妻程氏　年二十七,夫亡家貧,撫孤不奪所守。

胡昌妻趙氏　年二十六，夫亡守節，至九十三而終。

應滋妻孫氏　年三十，夫亡苦節，家替而守益堅，卒年七十五。

王德美妻應氏　年二十六，夫亡守節，卒年八十。

王宗芳妻樓氏　年二十九，夫亡撫孤，守節終身。

沈應珂妻周氏　年二十二，夫亡守節，始終不二。

應傑妻胡氏　年二十八，夫亡守節，撫孤成人。

應兆相妻徐氏　年三十，夫亡全節，撫孤成人。

應完妻趙氏　年二十九而寡，撫孤守節，歷二十餘載。

周氏二節　周鉉妻楊氏，幼讀書史，知節義。年二十六，鉉從陽明先生學，卒于越。或諷他適。氏曰："此生得爲完人。夫雖死，猶生也。"守節至五十八終。媳徐氏亦三十而寡，繼姑守志，人謂雙節云。

杜能妻孔氏　年二十，夫亡，守節撫孤，事姑極孝。府、縣旌之。

庠生應崇新妻童氏　年二十五，夫亡，守節撫孤，年逾八十。

廩生應叔佐妻俞氏　年二十九，夫亡守節，撫孤子成賢登隆慶賢書。卒年七十一。

盧伯奇妻胡氏　年二十二，夫亡守節，撫孤成立，卒年八十四。

周光妻呂氏　年二十三，夫亡守節，卒年七十六。

應釧妻王氏　年十九，夫亡守節，教子成名，年逾七十而卒。

胡枋妻呂氏　年二十七，夫亡，守節不二。

應總妻李氏　年二十，夫亡。舅姑憐其少，諭令再適。氏翦髮自誓。卒年七十。知縣周以"節矢柏舟"旌之。

盧文德妻章氏　年二十五，夫亡，守節撫孤，卒年七十七。

胡氏二節　胡希申妻夏氏，年二十四，夫亡，撫遺孤繼緒成立，娶婦應氏。年二十六，繼緒亦亡。姑媳相依，苦節終身。邑令馮旌其間。

應彦德妻童氏　當塗主簿爲溪女，華亭主簿松埜媳也。通書史，工文墨，年二十六守節，至八十餘而終，有祭夫文。

庠生程明理妻黄氏　年二十七，夫亡守節，孝事孀姑，撫孤成人。

應鐸妻舒氏　年二十三,夫亡,撫孤成立,孝事舅姑,守節終身。邑人御史黄卷有傳。

盧惟明妻楊氏　年二十四,夫亡撫孤,守節終身。

胡從兆妻王氏　年二十九,夫亡,欲以身殉,姑勸之,乃止。有利其財脅改嫁者,氏告姑曰:"兒不獲奉白髮以終天年,數也。今日之事,有死而已。"遂以刀自刎,脅嫁者偵知始解。邑令沈廉其節,以"冰清玉潔"表之。

陳溶妻吕氏　年二十六,夫亡守節,教子成人。

庠生應志道妻吕氏　年三十,夫亡無子,撫二侄以守,壽逾八十,苦操終身。邑令周旌其門曰"貞節"。

應光寵妻陳氏　年二十,寵客遊,不知所終。家貧苦守,紡織撫孤,壽逾八十。

盧惟哲妻應氏　年二十七,夫亡守節終身。

周有章妻應氏　幼刲股救父。年三十,夫亡守節。姑病年餘,晝夜調養不倦,時稱孝婦孝女。

盧良誼妻翁氏　年二十二,夫亡,守節撫孤,卒年八十八。

杜天元妻夏氏　年三十,夫亡守節終身。

盧良裕妻林氏　年二十二,夫亡守節撫孤。

程光遠妻應氏　年二十一,夫亡守節終身,事姑以孝聞。

程國化妻李氏　年二十八,夫亡。翁憐其無子,令他適。氏翦髮自誓,撫幼侄爲嗣,苦節終身。

程器偉妻朱氏　年二十五,夫亡,撫孤成立,苦守終身。

吴應震妻黄氏　年三十,夫亡守節,卒年七十三。

程宗敏妻朱氏　年三十,夫亡守節,撫養遺孤,人咸服其冰霜之操。

李廷潤妻朱氏　年二十八,夫亡守節終身。

周有能妻董氏　年二十七,夫亡,守節撫孤,事姑盡孝。

庠生程懋元妻孫氏　年二十三，懋元赴試，舟覆而死。子二又殤其長。值顛沛流離，堅貞不變，撫育次子，勤儉成家，誠婦德之特見者。

盧惟通妻俞氏　年二十二，夫亡守節終身。

程氏二節　陳氏，程宗序妻，年二十五，夫亡，遺孤在抱，家貧，勵志益堅。朱氏，程君進妻。同心苦守，終始不渝。時稱一門雙節。

李廷周妻徐氏　年二十一，夫亡守節終身。

應世楨妻王氏　年二十九，夫亡守節。知縣沈表曰“苦節幽貞”。

吴鮮瑛妻應氏　年二十三，夫亡守節終身。

陳希裕妻應氏　年二十七，夫亡守節終身。

應豹先妻徐氏　年二十三而寡，苦守終身。邑令張表曰“節操冰霜”。

陳世立妻胡氏　年二十四，夫亡守節，至八十餘而終。

章世祚妻張氏　年二十七，夫亡，勵志終身不二。

陳希署妻王氏　年二十六，夫亡守節終身。

李廷通妻顔氏　年二十，夫亡守節終身。

俞曰春妻盧氏　年二十二，夫亡守節，至九十二終。

何望玉妻陳氏　年三十，夫亡守節終身。

胡德祺妻黄氏　年二十九，夫亡，與媳朱氏，家貧矢志，稱一門雙節。

葉惟聖妻胡氏　年三十，夫亡矢志。子公耀，事母盡孝，嘗刲股以救母。母節子孝，鄉譽翕然。

徐氏二節　徐紹楨妻應氏，年二十六，夫亡守節，撫養二孤。其孫媳通賢妻應氏，亦青年守節，里人不見其面者四十餘年。

應仕偉妻胡氏　年二十一，夫亡守節，撫孤成人。

盧斯松妻胡氏　年二十六，夫亡守節，卒年八十。

盧君嚴妻周氏　年二十一，夫亡守節，卒年七十四。

周爾桓妻徐氏　年二十一，夫亡守節，撫孤成立。

應世起妻徐氏　年二十六，夫亡守節，撫孤成立。

陳應紹妻施氏　年二十五,夫亡守節終身。

程崇羲妻樓氏　年三十,夫亡守節,事姑盡孝,尤喜周恤。康熙辛丑飢,輸粟賑濟。邑令張獎曰"善貽後昆"。卒年八十一。

應道球妻胡氏　年十九,夫亡。姑憐其少,勸令再適。氏以死自誓,守節終身。

盧同登妻徐氏　年二十九,夫亡,家貧苦守,教子成人,卒年七十六。

應調元妻朱氏　年三十,夫亡,矢志撫孤,備歷艱苦,年逾七十終。

應友望妻朱氏　年二十九,夫亡,苦節撫孤,年逾七十而卒。

胡天菊妻徐氏　年二十六,夫亡守節終身。

盧嘉綮妻黄氏　年二十九,夫亡守節,卒年八十六。

應友因妻王氏　年二十八,夫亡,苦節撫孤,卒年八十八。

周若書妻應氏　年三十,夫亡,撫孤成立,苦節終身。

吴嘉祐妻葉氏　年二十,夫亡守節,卒年七十四。知縣禚以"節堅金石"表之。

吴明亮妻朱氏　年二十八,夫亡守節,教子成名,卒年七十一。

周若奎妻吕氏　年二十八,夫亡苦守,紡績撫孤,卒年六十九。

盧君宣妻應氏　年二十四,夫亡守節,卒年七十六。

胡一柏妻王氏　年二十九,夫亡守節終身。

吴友鑲妻王氏　年二十九,夫亡守節終身。

應其六妻徐氏　年二十二,夫亡,撫遺腹子,苦守終身。

程德儼妻陳氏　年二十,夫亡,苦節撫孤,孝舅姑,和妯娌,卒年七十八。

應仕益妻黄氏　年二十五,夫亡守節終身。知縣楊以"節孝流芳"獎之。

應友青妻葉氏　年二十九,夫亡守節終身。

章允文妻杜氏　年二十六,夫亡守節終身。

駱成貴妻應氏　年三十,夫亡守節終身。知縣謝以"松筠堅節"表之。

盧鏗妻徐氏　年三十,夫亡守節,撫孤成立,卒年七十一。邑令宋以"節勵冰霜"旌之。

應仕球妻章氏　年十九,夫亡,撫孤守節,事姑以孝稱。

盧君舜妻施氏　年二十九,夫亡守節終身。

應萬瞻妻章氏　年三十,夫亡守節終身。

顔瑞魯妻程氏　年三十,夫亡,守節撫孤。知縣張以"松柏堅操"獎之。

黄國堯妻應氏　年三十,夫亡守節,卒年八十二。

應元悌妻葉氏　年三十,夫亡守節,撫孤成人。

盧金聲妻陳氏　年二十六,夫亡守節,卒年八十二。

周熙泰妻王氏　年三十,夫亡守志。郡守葉表曰"孝慈貞節"。

盧同鼐妻黄氏　年二十五,夫亡,守節撫孤,卒年八十一。

盧同鼎妻林氏　年二十三,夫亡,守節撫孤,卒年八十三。

應錞妻童氏　年二十七,夫亡,居貧紡績,苦節不二,年逾九十終。

李世端妻應氏　年二十九,夫亡守節終身。

胡高瑜妻俞氏　年二十一,夫亡,勵志撫孤,始終不二。

胡茂禄妻楊氏　年二十,夫亡,守節撫孤,卒年八十。

盧懷能妻陳氏　年二十九,夫亡守節終身。

胡如昂妻吕氏　年二十三,夫亡守節,立繼承祧,享年八十一。

程氏二節　程金柊妻陳氏,年三十,夫亡無子,立繼承祧,娶媳周氏,亦青年而寡。二代守貞。學使者獎曰"雙松倚石"。

程承權妻陳氏　年二十八,夫亡守節,卒年七十五。

胡元彩妻馮氏　年三十,夫爲虎所傷,守節撫孤,卒年八十四。

周若湯妻應氏　年三十,夫卒于京邸。氏居貧苦,守紡績以養姑育子,四十年如一日。

胡國滿妻盧氏　年三十,夫亡守節,卒年八十三。邑令崔表曰"節壽竝隆"。

應明琢妻程氏　年二十八,夫被虎傷,家貧矢志,卒年八十三。

盧同高妻胡氏　年二十九,夫亡,守節撫孤,卒年八十二。

盧可堯妻陸氏　年二十九,夫亡守節終身。

徐玉先妻李氏　年三十,夫亡守節終身。

庠生應美文妻徐氏　年二十九,夫亡守節,壽至七十五而終。應國華爲之傳。

吕景初妻盧氏　年二十八,夫亡,守節撫孤,終身不變。

應世清妻吕氏　年二十六,夫亡守節終身。

金維華妻胡氏　年二十三,夫亡守節終身。

程輔洙妻顔氏　年二十八,夫亡守節,卒年八十三。

吴友壽妻徐氏　年二十九,夫亡守節終身。

應洪吉妻童氏　年二十五,夫亡無子,抱侄爲嗣,苦守終身。知縣陳以"冰霜勁節"旌之。

盧上羽妻林氏　年二十四,夫亡,撫孤成立,守節終身。邑令李以"節操冰霜"旌之。

章永茂妻朱氏　年十九,夫亡守節終身。邑令韓旌其門曰"勁節淩霜"。

周御仙妻應氏　年二十九,夫亡,苦節撫孤,卒年八十六。

盧鳳灌妻胡氏　年十九,夫亡,撫孤成立,守節終身。

程振九妻胡氏　年二十三,夫亡守節,事姑盡孝,卒年七十六。

應世仁妻周氏　年二十六,夫亡守節終身。

監生應漢公妻朱氏　年二十九,夫亡守節,卒年八十。

應時侯妻程氏　年二十三,夫亡守節,撫遺孤成立,年逾八十終。

應志初妻徐氏　年二十一,夫亡,撫遺孤,勵清操,卒年七十四。

盧瑞六妻田氏　年三十,夫亡,苦節終身,卒年八十一。

吴調先妻黄氏　年二十三,夫亡,撫遺腹子成立,孝事舅姑,守節五十五年。

應有財妻葉氏　年三十,夫亡守節,年逾八十終。

應洪金妻徐氏　年二十四,夫亡守節終身。

李開宗妻胡氏　年二十七,夫亡守節終身。

應毓彦妻丁氏　年二十二,夫亡,甘貧力作,事姑育子,始終不二。

陳思啓妻夏氏　年二十九,夫亡,苦節終身。知縣李以“松筠冰操”獎之。

周明松妻應氏　年三十,夫亡守節終身。

胡元侃妻盧氏　年二十四,夫亡,守節撫孤,終身不二。

典史吕紹初妻應氏　年二十七,夫卒于京。聞訃哀毁,典衣飾以歸夫櫬,家貧,翦髪自誓,撫孤成立,茹苦終身。

應景標妻俞氏　年二十八,夫亡家貧,苦守撫孤,卒年七十。

應際亨妻章氏　年二十五,夫亡守節終身。

胡景範妻應氏　年二十三,夫亡守節,撫繼子成立,卒年七十一。

胡祖奇妻陳氏　年二十四,夫亡,撫孤成立,守節終身。

應廷璣妻胡氏　年二十七,夫亡守節終身。

胡德璉妻盧氏　年三十,夫亡守節終身。

周明錦妻吕氏　年二十六,夫亡守節終身。

盧雲漢妻童氏　年二十八,夫亡,守節撫孤,事舅盡孝,卒年八十三。

顔宗全妻徐氏　年二十一,夫亡,守節撫孤,終身不二。

程家志妻俞氏　年二十九,夫亡,憂傷成疾,至四十二終。

應洪權妻李氏　年二十六,夫亡,矢志撫孤,終身不二。

應恒灃妻黄氏　年二十九,夫亡守節終身。知縣李表之曰"婺焕冰操"。

應徐氏　誥贈朝議大夫應成秀側室,年二十四而寡,感恭人内教,同守至八十七而終。

應春心妻程氏　年三十,夫亡,家貧苦守,終身其節,爲人所難。

金喜香妻陳氏　年二十三,夫亡,苦節終身。

盧建友妻胡氏　年二十三,夫亡守節,遺孤又夭,立繼承祧,卒年七十一。

庠生應瑞芝妻林氏　年三十,夫亡,家貧苦守,卒年七十一。

顔宗義妻程氏　年二十九,夫亡守節終身。

應繡位妻俞氏　年三十,夫亡,守節撫孤,終身不二。

程家聰妻應氏　年二十一,夫亡,守節終身。

程廣純妻周氏　年二十五,夫亡,遺一女,立繼爲嗣。無何女夭,繼亦殤,苦節終身。學憲李以"志勵冰霜"表之。

應志和妻杜氏　年二十九,夫亡,苦節終身。邑令易以"松柏清操"旌之。

李開德妻徐氏　年三十,夫亡守節終身。

胡有志妻應氏　年二十七,夫亡,撫孤成人,苦節終身。

庠生應端儒妻吕氏　年二十三,夫亡,苦節終身。

應洪采妻朱氏　年三十,夫亡,家無立錐,勤十指以養姑育子,至老不渝,苦節實人所難。

黄道孫妻胡氏　年三十,夫亡守節終身。

盧起攀妻周氏　年二十七,夫亡,赤貧艱苦,守節終身。

吕景學妻應氏　年二十八,夫亡守節終身。

應成遒妻王氏　年二十六,夫亡撫孤,守節終身。

章學燕妻李氏　年二十一,夫亡守節,事姑盡孝,卒年七十七。邑令易以"坤德永貞"旌之。

楊君問妻胡氏　年二十五，夫亡守節，撫孤成人。

應開鳳妻王氏　年二十四，夫亡，撫孤成立，守節終身，鄉黨無間言。

周景道妻陳氏　年二十一，夫亡，守節四十餘年。

楊君清妻程氏　年二十七，夫亡守節終身。

顏秉雙妻程氏　年二十五，夫亡，撫孤成立，守節終身。

盧肇興妻應氏　年三十，夫亡守節，撫孤成立，卒年七十五。

池友泰妻葉氏　年十八，夫亡，遺孤僅四月。居貧守志，苦節最著。杭嘉湖道葉士寬旌其門。

蔣琦妻汪氏　年二十八，夫亡守節終身。

池天聖妻黄氏　年二十七，夫亡。赤貧堅守，撫孤成人，始終不二。教諭王以“志堅金石”表之。

錢法謙妻顏氏　年二十六，夫亡守節，教子成人。

應開文妻郎氏　年二十八，夫亡守節，撫孤成立，事姑盡孝，卒年七十九。

盧有福妻王氏　年二十八，夫亡守節，卒年七十五。

李守川妻施氏　年二十二，夫亡守節終身。

黄洪財妻陳氏　年二十八，夫亡，家貧守節，立繼承祧。

程家德妻顏氏　年二十九，夫亡家貧，苦節終身。

吴瑞傑妻黄氏　年十九，夫亡守節終身。

程志蕚妻應氏　年二十六，夫亡守節，事姑盡孝。

應兆閶妻周氏　年二十七，夫亡守節終身。

程學武妻周氏　年二十七，夫亡守節終身。

徐兆提妻陳氏　年二十九，夫亡苦節終身。

杜葉有妻陳氏　年三十，夫亡守節終身。

應開武妻施氏　年二十六，夫亡守節終身。

應聖琹妻胡氏　年二十九，夫亡守節，撫孤成人，年逾七十。

杜秉直妻陳氏　年二十八,夫亡守節終身。

吴學統妻陳氏　年三十,夫亡守節終身。

杜爾高妻胡氏　年二十九,夫亡守節終身。

胡占蔚妻林氏　年二十三,夫亡,立繼承祧,守節終身。

顏宗洪妻程氏　年二十九,夫亡,家赤貧,守節終身。

杜汝玉妻黄氏　年二十九,夫亡守節終身。

胡敏强妻應氏　年二十二,夫亡守節終身。

周李標妻徐氏　年二十九,夫亡,撫孤成立,守節終身。

徐開合妻施氏　年三十,夫亡守節終身。

杜徐灝妻桑氏　年二十九,夫亡守節終身。

程志寅妻胡氏　年二十九,夫亡守節終身,撫遺孤成立,事舅姑克盡婦道。學憲杜獎曰"清標彤管"。

胡繼廉妻夏氏　年二十八,夫亡守節終身。

徐筆賢妻夏氏　年二十八,夫亡守節終身。

盧仲日妻應氏　年三十,夫亡守節,撫孤成立。

程聲化妻徐氏　年二十五,夫亡家貧,苦守終身。

應志維妻李氏　年二十六,夫亡守節,撫孤成立,事翁尤孝。

應志明妻程氏　年三十,夫亡家貧,守節終身。

施上達妻程氏　年二十九,夫亡守節終身。

庠生應大經妻趙氏　年二十七,夫亡守節終身。

程兆儀妻王氏　年三十,夫亡苦節終身。

盧洪蘇妻吕氏　年二十六,夫亡守節終身。

胡敏宣妻徐氏　年二十二,夫亡守節終身。

程名念妻吕氏　年二十七,夫亡守節終身。

合德鄉

俞廷安妻陳氏　年二十八,夫亡守節,紡績自給,撫孤有成,卒年八十一。

陳淵妻姚氏　年二十二,夫亡守節,撫育遺孤。知縣戴表其閭。

俞南泉妻胡氏　年二十六,夫亡,家貧無子,節操自持,卒年七十九。

庠生王淵妻陳氏　年二十,夫亡,守節五十三載。郡守給匾旌焉。

王思法妻章氏　年二十八,夫亡守志四十七年而終。知縣譚給匾獎焉。

胡德明妻王氏　年二十九,夫亡守節四十一載。

王道善妻李氏　年二十七,夫亡,事舅姑以孝,守節至六十而終。

王應華妻胡氏　年二十五,夫亡,孤在襁褓,辛勤撫育,守節五十三而終。

孫如禧妻徐氏　年二十一,夫亡守節,至七十而終。

王于秀妻陳氏　年二十七,夫亡,敬事舅姑,守節五十四而終。

胡宗良妻應氏　年二十九,夫亡,誓不改適。有司旌其門曰"柏操松齡"。壽至九十而終。

周嘉瑜妻吕氏　年二十六,夫亡,遺腹三月。守節撫孤,卒年七十八。知縣沈表曰"節操松筠"。

章希藻妻倪氏　年二十,夫亡,守節六十年。

王國化妻吕氏　年三十,夫亡守節,奉姑鞠子,賢淑著稱,壽至八十四而終。知縣徐表其閭曰"冰清齡鶴"。

王道松妻陳氏　年二十七,夫亡守節終身。

庠生孫昌龍妻應氏　年二十五而寡,守節四十九年。

周嘉宗妻吕氏　年二十九,夫亡,守節三十一年。

王忠亮妻鄭氏　年二十,夫亡,守節不二。知縣謝表其閭曰"柏舟繼美"。

王鳳翔妻李氏　年三十,夫亡,守節四十年。郡守張通判于表其間。

金元泰妻陳氏　年三十,夫亡,守節至九十一而終。

章爾銓妻葉氏　年二十七,夫亡守節終身。

郎芝妻應氏　年二十七,夫亡守節終身。

王有章妻李氏　年二十八,夫亡守節。知縣張表其閭曰"節竝松筠"。

陳安資妻林氏　年三十,夫亡,守節撫孤,卒年五十九。

王憲時妻池氏　年二十九,夫亡守節,撫二代遺孤,備嘗艱苦,壽至七十而終。

俞日福妻胡氏　年二十五,夫亡守節終身。

胡鼎誼妻楊氏　年二十七,夫亡,堅貞自矢,卒年六十五。有司旌其門曰"節操冰心"。

章洵妻李氏　年二十六,夫亡守節,卒年七十一。

馮辰車妻胡氏　年二十五,夫亡,撫叔子爲嗣,守節終身。

王美觀妻程氏　年二十九,夫亡守節。知縣任表曰"彤管揚休"。

庠生周芳妻應氏　年二十九,夫亡守節,至七十二而終。

季逢湊妻李氏　年二十七,夫亡,繼子承祧,守節終身。

章崇疇妻徐氏　年二十二,夫亡守節。訓導陸表其閭曰"冰荼勵節"。

章崇佐妻潘氏　年三十,夫亡,撫孤守節。知縣劉給匾獎之。

楊必煥妻王氏　年二十五,夫亡,矢志守節,撫子成人,卒年七十八。嘉慶壬戌學使者文給匾獎焉。

林兆熙妻胡氏　年二十五,夫亡,守節撫孤,卒年五十六。

孫明官妻章氏　年二十八,夫亡守節,卒年七十三。

俞秉揆妻應氏　年二十四,夫亡,撫孤成立,守節至六十八而終。

俞秉芑妻李氏　年三十,夫亡守節終身。

俞明映妻黄氏　年二十六,夫亡,家貧子幼,勤儉自持,守節至八十一而終。

俞夏公妻章氏　年二十九,夫亡守節,家貧姑老,孝敬不衰,里黨賢之。

庠生周在濱妻俞氏　年二十六，夫亡守節終身。

王積書妻葉氏　年二十六，夫亡，苦節撫孤，卒年八十五。

傅道星妻胡氏　年二十四，夫亡，撫孤勵節。嘉慶癸亥學使者文給匾旌焉。卒年九十。

季法登妻金氏　年二十九，夫亡守節，至七十八而終。

馮從璜妻陸氏　年二十四，夫亡，守節五十六載。知縣劉表其門。

范友初妻楊氏　年二十五，夫亡家貧，守節撫孤，壽至八十終。

王廷紳妻孫氏　年二十六，夫亡，撫遺孤有成，守節五十二而終。

俞懋苑妻應氏　年二十六，夫亡守節，始終不渝。

吕宗岳妻俞氏　年二十八，夫亡，翦髮自誓。家貧，紡績以育遺孤。宗族嘉其節操。

章養鍾妻陳氏　年二十二，夫亡，守節終身。

陳元德妻章氏　年二十四，夫亡守節，撫遺孤養而兼教。

俞立法妻吴氏　年二十五，夫亡守節，勤苦撫孤。

章文榮妻徐氏　年二十九，夫亡守節，撫孤成立。知縣劉給匾獎焉。

王廷韶妻華氏　年三十，夫亡。妾雙翠年十九，同矢《柏舟》，守節俱歷數十載。

郎廷和妻周氏　年二十九，夫亡守節終身。

周兆元妻吕氏　年二十四，夫亡守節終身。

胡懋添妻王氏　年二十六，夫亡守節終身。

胡恩照妻陳氏　年二十八，夫亡，家貧矢志，撫孤有成。

庠生章宗岳妻李氏　年三十，夫亡，矢志堅守。

俞秉貞妻章氏　年二十六，夫亡守節，事姑以孝聞。

章淯南妻顔氏　年二十七，夫亡守節。

范作有妻黄氏　年二十一，夫亡，哭泣喪明，勵志苦守。

武平鄉

李氏二節　李之瓊妻胡氏，年二十九，夫亡。弟之珪妻魯氏，年二十二，夫亡。貞守如一。邑令獎曰“柏舟交詠”。

李氏二節　李兆順妻□氏，年二十六，夫亡，遺腹生子光曉，苦守撫孤。教諭姚獎曰“青鸞弱質”。子光曉妻陳氏，年二十六而寡，《柏舟》誓志，操守如姑。邑令王表曰“志凛冰霜”。

李氏二節　李景元妻王氏，年二十九寡。子雲瓚妻吴氏，年二十六寡。節操凛然，壽皆六十餘。

朱氏二節　朱賜麒妻李氏，年三十，夫亡，撫遺孤茂通成立。娶媳周氏，年二十七，而茂通又亡。守節各三十餘載。有《雙節傳》志其幽貞。

李氏二節　李必傑妻池氏，年三十，夫亡。子同梘妻章氏，年二十六，夫亡。姑媳孀居，守貞無閒。

曹氏二節　曹希賓妻吕氏，年二十八，夫亡，守節至八十歲。子正時妻徐氏，年二十九，夫亡，勵志守貞，享年七十九。人稱一門雙節云。

陳燧妻胡氏　年十九，歸未及期，而燧亡，遺腹得一男。矢志守節，奉姑課子，各盡其道。當道旌表其門。

吴之選妻徐氏　年二十七，夫亡，遺孤在抱，堅節自持，不以飢寒易操。邑令謝表曰“儀昭七戒”。

吴之蘭妻李氏　年二十二，一子甫晬，而夫亡。義不二天，事舅姑以孝，撫子成立，卒年七十六。邑令徐表曰“冰蘗遐齡”。

樓守嘉妻王氏　年十九，歸守嘉。未二載而守嘉卒，遺腹生子，守節不渝，事舅姑以孝著，親見五代，壽七十九。學使者劉獎曰“冰蘗爲心”。

吴彬基妻李氏　年三十，夫亡，堅貞自誓。一子三歲而瞽。氏以宗祧所係，默祈神佑，九歲而目忽明，咸謂苦節所感。郡守楊表曰“節壽可嘉”。

李日東妻吴氏　年二十六，夫亡，撫伯子爲嗣，刻苦守節七十餘年。教授夏爲立傳。

李雲惓妻應氏　年二十九，夫亡，孝事舅姑，義方訓子。邑令王獎以“玉潔冰清”。

章希盛妻麻氏　年二十一寡，孝事舅姑，繼侄純高爲嗣，守節七十年。有司表曰“節媲松筠”。

李文燦妻王氏　年二十五，夫亡，矢志靡他，撫孤成立。邑令徐表曰“勁節松筠”。

章希遠妻李氏　年二十七，夫亡，守節撫孤，咸稱貞淑。有司表曰“玉潔冰清”。

褚瑞有妻章氏　年二十九，夫亡守節，事孀姑以孝，撫二子克盡母道。邑令王給匾獎焉。

周毓傑妻應氏　年二十，夫亡守節，至六十一終。

周聖元妻李氏　年二十四，子未週歲，而夫逝，苦守完貞。邑令游表曰“松筠特操”。

徐運堯妻王氏　年三十，夫亡，一子甫四齡。事姑鞠子，貞心不二。邑令任旌曰“松筠勁節”。

李紹之妻沈氏　年二十五而寡，撫遺腹子成立。邑令以“貞節”獎其門。

金位法妻章氏　年二十八，夫亡，苦守撫孤，冰霜自勵，卒年八十七。邑令王表曰“勁節堪旌”。

李作元妻章氏　年三十，夫亡守節，卒年七十四。

李作位妻應氏　年二十八，夫亡守節，至八十七終。邑令任表曰“節竝松筠”。

陳開榜妻李氏　年二十四，夫亡，撫孤有成，貞心不改。邑令易表曰“松筠著節”。

李𨖟之妻陳氏　年二十七，夫亡守節終身。學使者陳表曰“勁節長存”。

李遇榜妻褚氏　年二十，夫亡，零丁孤苦，堅守四十餘年。

蔣時盛妻陳氏　年三十，夫亡守節，至八十而終。邑令獎以“節壽雙嘉”。

吴希文妻田氏　年二十七，夫亡守節，至六十八而終。知縣徐獎曰“淑節垂芳”。

池灝妻陳氏　年二十五，夫亡守節，嘗捐金百餘兩建石橋。

池潮妻褚氏　年二十五，夫亡守節終身。

李宗元妻應氏　年三十，夫亡，矢志守節，至老不渝。

李儒璋妻俞氏　年三十，夫亡，繼侄爲嗣，守貞不二，壽八十而終。

庠生李可珩妻童氏　年二十二，夫亡，勵志守貞，辛勤教子，壽九十二終。

任儀生妻陸氏　年二十四，夫亡，撫孤成立，娶媳得男，而子又卒，復養其孫，葬祭婚娶，皆自十指中出，苦節歷五十餘載。

吴逢祚妻章氏　年二十四，夫亡守節，事耄姑，撫孤子，茹荼耐苦五十餘年。

李穎槐妻陳氏　年二十五，夫亡，奉舅姑愛敬，繼侄爲嗣，守節七十一而終。

徐士美妻胡氏　年二十九，夫亡守節，八十四終。

李雲濟妻朱氏　年二十六，夫亡守節，撫養繼子，以壽終。

庠生李作揆妻應氏　年二十九，夫亡守節，六十二終。

李雲高妻俞氏　年二十九，夫亡，守節五十五年。

吴曰韶妻周氏　性貞淑，年二十二，夫亡，奉姑育子，孝慈兼至，守節至八十終。

李方德妻陳氏　年二十孀居，食貧撫孤，母儀貞淑，壽九十二終。

李宗聖妻陳氏　年二十三,夫亡,冰心自勵,壽八十六終。

李爾珙妻舒氏　年二十四孀居,撫孤守志,白髮不渝。

胡德正妻張氏　年二十五而寡,守節五十六終。

褚明颺妻施氏　年二十一,夫亡守節,六十二終。

章洪衕妻李氏　年二十八,夫亡,守節撫孤,九十六終。

庠生章聖和妻陳氏　年二十八,夫亡,守節撫孤,六十五終。

李作股妻趙氏　年二十四,夫亡,撫遺腹子夢庚有成,守節至八十而卒。

丁若雲妻胡氏　年三十,夫亡,撫遺孤成立,守節終身。

陳開業妻盧氏　年二十五,夫亡守節,六十一終。

黄懋明妻王氏　年二十二,夫亡,貞守五十九而終。

樓梅松妻應氏　年二十九,夫亡守節,至七十四而終。

李作邦妻胡氏　年二十八,夫亡守節終身。

李徵輪妻胡氏　年二十三,夫亡守節終身。

陳相祚妻李氏　年二十八,夫亡守節終身。

樓望英妻黄氏　年二十六,夫亡守節終身。

樓啓美妻黄氏　年二十三,夫亡守節終身。

吴日程妻褚氏　年二十七,夫亡守節,至六十三而終。

吴學明妻楊氏　年二十七,夫亡守節,至五十二而終。

周在濬妻李氏　年二十三,夫亡守節,六十一終。

李蕃和妻應氏　年二十七,夫亡守節,事姑以孝,撫孤有成,卒年三十七。

高守欽妻徐氏　年二十六,夫亡家貧,撫二孤貞心不二。

李作勇妻陳氏　年二十二,夫亡,繼侄承嗣,誓守不渝。

李忠式妻范氏　年二十七,夫亡守貞,享年五十八。訓導周表曰“冰霜勁節”。

李雙妹妻章氏　年三十,夫亡守節,孝舅姑,教孤子,人稱賢婦。

周國乾妻章氏　年二十六，夫亡，守節不渝，撫孤成立。

章桂孝妻季氏　年二十五，夫亡，守節撫孤。

王陞文妻徐氏　年三十，夫亡守節終身。

李雲品妻俞氏　年二十三，夫亡，家貧甚窘，子早世，撫孫成立。

孝義鄉

陳彬妻楊氏　年二十九，夫亡未葬，設榻柩側，歷四五年，守志終身，人多嘉其節操。

盧廷春妻孔氏　廷春精武藝，嘉靖甲寅，倭寇犯境，廷春禦於麻車嶺，援絶被害。氏聞，哀毁幾絶，乃以姑老子幼，忍死守貞，時年二十九，苦節歷五十餘年。

陳鏞妻胡氏　年二十九，夫亡守節，卒年八十一。

陳大討妻羊氏　年二十四，夫亡守節，六十一而終。

盧金妻郭氏　年二十八，夫亡守節，事耄姑，撫孤子，始終不貳，卒年七十。

陳文禮妻王氏　年二十六，夫亡守節終身。

陳啓麟妻孔氏　年二十八，夫亡守節，至八十五終。

陳兆學妻李氏　年二十八，夫亡守節，至六十一而終。

陳邦恕妻王氏　年三十，夫亡守節終身。有司旌其門曰“操比柏舟”。

陳仲容妻胡氏　年二十四，夫亡守節終身。

陳應繼妻黄氏　年二十一，夫亡守節，茹荼飲蘗，不以家貧易操。

陳恒烈妻黄氏　年三十，夫亡，家赤貧，守節不二，事舅姑務得歡心，壽至八十六終。

盧國欽妻陳氏　年三十，夫亡守節。姑早喪，事舅以孝稱，撫遺孤成立。有司獎曰“筠貞節勁”。

陳時麟妻胡氏　年二十三，夫亡守節，五十四載。知縣姬給匾獎焉。

陳修謙妻楊氏　年二十九，夫亡守志，繼子承祧。知縣任獎曰“玉潔冰清”。

陳正托妻朱氏　年二十四，夫亡，家貧守節，壽至八十九終。知縣劉表其閭曰“貞閫德恒”。

陳應合妻楊氏　年二十，夫亡守節終身。

陳應職妻張氏　年二十九，夫亡守節終身。

陳士涵妻黄氏　年二十四，夫亡守節終身。

厲光益妻陳氏　年二十八，夫亡，《柏舟》自誓。家人欲奪其志，百折不回，得完其節。

盧文考妻金氏　年二十五，夫亡，撫孤有成，守節至七十五終。

陳仲璋妻盧氏　年二十七，夫亡，止一女，立繼承祧，守節至八十四而終。

孔繼球妻潘氏　年二十六，夫亡守節終身。

盧國真妻陳氏　年二十六，夫亡守節，撫孤成立。

陳正陛妻馬氏　年三十，夫亡，守節撫孤，足不逾閾。

補　柳于位妻陳氏　省志：于位貰陳老璣肉脂一觔，次日老璣來索，適于位他出，見氏獨處，出語調之。氏叫呼，老璣逸去。于位歸，泣告受侮狀。至夜分，潛赴水死，時年二十二。歷審得實，候題請旌。

應廷熙妻周氏　年及笄，歸廷熙，生四子，而廷熙病且卒。周決意守節，家故四壁立，至是益窘甚不可支，遂有導之更適者。周因自念古之女子，義不踐二庭，吾不幸早寡，又無毫髮可恃以守，倘不遂吾志，異時何以見夫子地下，迺決計從死。既而手刃，謂家人曰：“適有召我去者。”家人救止之，不得死。及夕，登樓號泣不絶，聲至漏下二十刻，遂自投樓下以死，時乾隆甲辰五月一日，距其夫之卒三十有三日也。

吕好書妻朱氏　年二十一，夫亡，守節撫孤，始終如一。學使表曰“柏舟矢志”。

池涯妻虞氏　年二十,夫亡守節終身。知縣龔表其門。

池浩妻陳氏　年二十六,夫亡守節終身。

林新圭妻陳氏　年二十七,夫亡守節終身。

沈陳氏　沈如鈺庶母也,年十八,歸沈越。七載而寡,如鈺甫五齡。氏守義撫孤孀居。道光丁酉旌表。

以上前志。

永康縣志卷之十

節

施義飛妻樓氏　十九歲守節，歷久不渝。道光丙申，詳請奉旨建坊旌表。

俞世震妻陳氏　青年守節，人言無閒。詳請奉旨建坊旌表。

儒童周南薰妻陳氏　二十六歲守節，卒年五十四。道光戊申，詳請奉旨建坊旌表。

胡爾善妻張氏　二十四歲守節，青年勵志，白首終身，享年八十五。道光壬辰，詳請奉旨建坊旌表。

舉人陳德純妻應氏　二十四歲守節，矢志靡他，始終如一。詳請奉旨建坊旌表。

胡修萊妻朱氏　二十六歲守節，遺腹生子，撫養成人，享年七十四歲。詳請奉旨建坊旌表。

吴紹穀妻賈氏　青年矢志，守節不渝。道光間詳請奉旨建坊旌表。

葉三多妻馬氏　二十二歲守節。詳請奉旨建坊旌表。

陳汝超妻李氏　二十九歲守節。詳請奉旨建坊旌表。

童信燦妻鄭氏　十八歲守節。咸豐八年奉旨建坊旌表。

黄懋恭妻顔氏　二十五歲守志，享年七十六。詳請奉旨建坊旌表。

童承之妻胡氏　二十一歲守節。光緒乙酉奉旨建坊。

黄忠庫妻徐氏　三十歲守節,姑孀子幼,仰事俯畜,苦節終身。詳請奉旨建坊旌表。

徐英昊妻姚氏　二十五歲守志。道光甲申詳請奉旨建坊旌表。

庠生周壹妻胡氏　青年守節,現年五十八歲。詳請奉旨建坊旌表。

儒童馬良連妻李氏　二十三歲守志。咸豐壬子詳請奉旨建坊旌表。

陳應琪妻周氏　二十七歲守節。詳請奉旨建坊旌表。

儒林郎樓步雲妻李氏　二十七歲守志,咸豐二年詳請奉旨建坊旌表。

單金旺妻翁氏　二十四歲守志。同治七年詳請奉旨建坊旌表。

胡自安妻黄氏　二十一歲守志。光緒戊寅詳請奉旨建坊旌表。

胡兆蓮妻吕氏　青年守志。道光戊申詳請奉旨建坊旌表。

黄尚魁妻厲氏　二十七歲守節,操凛冰霜。道光己酉詳請奉旨建坊旌表。

胡炳福妻吕氏　十八歲守節,現年七十二歲。光緒辛巳詳請奉旨建坊旌表。

李作慶妻丁氏　二十九歲守節,奉旨建坊旌表。以上建坊。

應老臺妻吴氏

張焕南母王氏

盧瑞基妻韓氏

李延陵妻張氏

徐廷旺妻姚氏

應履倉妻張氏

應立山妻徐氏

朱雙珪妻陳氏

李貞祥妻張氏

黄熙春妻張氏

徐金儒妻方氏

王晋昌女大姑

李阿位妻俞氏

吕榮株妻李氏

徐大寶妻孫氏

徐柏松妻章氏

俞理久妻王氏

盧洪照妻胡氏

胡嘉永妻吴氏

徐時聞妻吕氏

吕鴻多妻盧氏

姚新鴻妻朱氏

傅挺懷妻李氏

姚徐青妻周氏

應新坦妻　氏

張培英侄婦歐氏

汪文燦妻童氏

陳紅芳母應氏

潘濟川妻張氏

樓望暘妻方氏

陳瑩妻楊氏

陳廷邦妻樓氏

李芳榮妻周氏

以上見《浙省忠義録》鄉貫不詳者。

樓址妻陳氏

樓綱妻吕氏

葉醇妻童氏
徐國梓妻李氏
李作槩妻王氏
樓兆岺妻金氏
樓永繼妻顏氏
詹思夏妻徐氏
徐開朝妻朱氏
陳元德妻章氏
潘海洋妻顏氏
胡起廳妻朱氏
金象昌妻趙氏
王新如妻樓氏
徐振和妻倪氏
吴學運妻施氏
徐鳳苑妻盧氏
章安泗妻李氏
李希康妻俞氏
徐自保妻應氏
褚明坦妻吴氏
俞汝欽妻董氏
吴立珍妻陳氏
吴雙興妻應氏
樓融如妻胡氏
樓獻元妻胡氏
章安禄妻李氏
李志璠妻金氏
徐啓龍妻胡氏

應成橋妻李氏
樓子冕妻蔣氏
樓攘妻胡氏
樓璠妻金氏
樓子黎妻牟氏
樓中雙妻吕氏
吴立章妻徐氏
陳希大妻胡氏
樓泫妻胡氏
吕盧孝妻周氏
徐士聘妻楊氏
胡本端妻應氏
樓肇垌妻王氏
曹法進妻胡氏
童新喜妻胡氏
徐文峰側室王氏
以上照道光二十三年呈報登載。
吴輝妻吕氏
吴星妻陳氏
吴節妻章氏
吴衎妻孫氏
吴討妻張氏
吴旺妻倪氏
胡文瑛妻項氏
施孟進妻夏氏
儒童樓琦妻江氏
吴福妻楊氏

應開六妻陳氏

廩生李基妻吴氏

應璟妻周氏

應玘妻胡氏

陳鈿妻樓氏

庠生李坪妻王氏

吴高妻曹氏

胡文道妻葉氏

庠生李鳳儀妻徐氏

陳麟妻項氏

杜德文妻盧氏

盧士鑑妻郭氏

李宜妻陳氏

應鋭妻田氏

徐能妻夏氏

黄應雷妻王氏

吴琳妻姚氏

黄士鼎妻汪氏

吴希汀妻周氏

黄德興妻周氏

黄一嵩妻蔣氏

汪文通妻蔣氏

李廷儒妻潘氏

黄德賢妻應氏

徐明廷妻朱氏

李正冠妻周氏

吴斯圓妻夏氏

胡應志妻應氏
吴斯益妻葉氏
李宗元妻應氏
胡良龍妻王氏
舒一琦繼妻章氏
吴維宣妻馬氏
胡繼廉妻夏氏
徐士元妻陳氏
胡應良妻蔣氏
陳良梓妻吕氏
李儒章妻俞氏
吴國榮妻孫氏
陳邦和妻施氏
吴懋進妻許氏
胡澄然妻李氏
胡維高妻陳氏
胡一禮妻李氏
陳應龍妻柳氏
王承明妻胡氏
吴國語妻吕氏
吴明湯妻朱氏
黄祖月妻錢氏
吴嘉善妻黄氏
王崇林妻施氏
吴應利妻方氏
胡明昌妻吕氏
黄祖通妻王氏

吴國灝妻周氏
王可行妻施氏
徐明鈁妻朱氏
吴國粹妻方氏
李守芳妻施氏
吴國誼妻陳氏
陳鳳娃妻任氏
胡啓沆妻陳氏
吴國祥妻傅氏
朱良貴妻陳氏
儒童樓朝祖妻周氏
王國達妻吕氏
王國盛妻施氏
吴友鈴妻陸氏
胡明金妻金氏
朱集正妻章氏
胡兆璋妻吕氏
吴兆攀妻吕氏
王國宇妻施氏
胡有高妻徐氏
胡君先妻池氏
黄學侃妻樓氏
胡時元妻董氏
陳世銓妻徐氏
吴國化妻俞氏
丁法官妻胡氏
陳有福妻沈氏

金思鳳妻王氏
沈兆球妻應氏
黄懋明妻王氏
徐明演妻馬氏
吴友魁妻胡氏
黄懋驤妻應氏
湯洪月妻應氏
陳世柏妻倪氏
吴明英妻金氏
董繼衡妻朱氏
陳鼎公妻孫氏
陳有通妻黄氏
施瑞岐妻李氏
監生李繼鋥妻林氏
徐明林妻王氏
葉良理妻胡氏
監生章爾銘妻宋氏
黄思通妻方氏
李開道妻徐氏
吴國養妻吕氏
應洵乾妻姚氏
吴鴻初妻應氏
厲人志妻黄氏
王備法妻程氏
吴明英妻葉氏
儒童陳宗崇妻徐氏
周栩妻徐氏

黄孝章妻蔡氏

盧樹傑妻夏氏

胡明翰妻金氏

監生程兆熙妻錢氏

黄懋琴妻傅氏

李成值妻胡氏

林文吉妻樓氏

吴學賜妻胡氏

盧希昭妻胡氏

吕周發妻酈氏

黄懋添妻樓氏

胡麟邦妻王氏

應明選妻林氏

儒童胡應官妻吴氏

朱其高妻陳氏

邵元紬妻朱氏

庠生徐獻梧妻王氏

李志良妻吕氏

章元文妻應氏

施義起妻盧氏

林春旦妻程氏

監生章成彙妻施氏

吕三多妻黄氏

馮雲樞妻應氏

李周浩妻陳氏

高兆和妻黄氏

林開謙妻李氏

徐明遠妻丁氏
王文友妻楊氏
庠生陳廣仁妻倪氏
李元惠妻胡氏
施義彬妻姚氏
錢金有妻陳氏
陳兆仕妻方氏
吕友鄉妻陳氏
徐正魁妻王氏
胡洪球妻應氏
李徵瑞妻朱氏
李芝發妻應氏
胡廣德妻王氏
章雲秀妻田氏
李若官妻范氏
應志林妻樓氏
李作佳妻馬氏
程禮樂妻胡氏
施孝蒙妻吕氏
舒能湊妻施氏
儒童周榮琳妻徐氏
李志盟妻翁氏
李雲集妻胡氏
胡懋崇妻杜氏
吕大儒妻陳氏
施正先妻陳氏
胡兆漢妻徐氏

周榮堦妻徐氏
庠生林廷珍妻盧氏
儒童徐新起妻姚氏
周貽穀妻吴氏
胡起涵妻徐氏
武生吴鳳岐妻吕氏
王永佳妻陳氏
胡元彩妻應氏
黄孝鸞妻陳氏
儒童李尚勳妻胡氏
儒童應開朝妻胡氏
陳景照妻樓氏
應聖琴妻胡氏
庠生李蕃佩妻章氏
胡若時妻周氏
李徵登妻王氏
田兆起妻倪氏
章安恪妻李氏
牟漢魁妻裘氏
朱一富妻厲氏
夏開基妻朱氏
儒童應漢賓妻王氏
李徵禄妻姚氏
朱勤美妻吕氏
庠生厲容光妻田氏
吴學端妻李氏
吴芳美妻陳氏

陳若合妻郎氏

吕兆文妻盧氏

王陞文妻徐氏

庠生徐紹麟妻潘氏

夏希寶妻朱氏

錢鼎澤妻黄氏

陳正陛妻馬氏

應琴南妻葉氏

黄丙東妻朱氏

儒童方祖德妻吕氏

陳應復妻徐氏

王廷東妻施氏

胡廣厚妻陳氏

應慶亨妻趙氏

葉伯勳妻胡氏

監生潘汝蔭妻楊氏

夏開旺妻陳氏　二十四歲守志。

盧望察妻胡氏

俞季欽妻陳氏

施如琢妻池氏

金建望妻謝氏

應明高妻程氏

翁法朝妻徐氏

胡兆瑶妻程氏

朱泰然妻徐氏

吕開案妻楊氏

程敦魁妻朱氏

陳守炳妻葉氏

朱周德妻王氏

謝三喜妻倪氏

夏長奎妻樓氏

林兆全妻胡氏

傅開篆妻周氏

孔廣聞妻陳氏

任啓朗妻應氏

林成芬妻胡氏

方兆釧妻吕氏

胡承軒妻賈氏

王明魁妻郎氏

盧文左妻杜氏

庠生金振聲妻朱氏

應洪光妻陸氏

王柏升妻章氏

李珠聖妻朱氏

胡志傑妻程氏

賈久川妻吕氏

賈逢通妻胡氏

李徵美妻朱氏

儒童陳其餘妻徐氏

胡兆富妻應氏

徐英選妻王氏

儒童吕仲炃妻方氏

李漢龍妻徐氏

程珍育妻應氏

吕仲爌妻樓氏

儒童倪國緒妻金氏

童登旺妻邵氏

盧起負妻范氏

儒童王樂英妻邵氏

陳松維妻吴氏

儒童徐時亨妻王氏

吕洪起妻胡氏

庠生胡肇基妻應氏

胡正焕妻王氏

胡有商妻吕氏

李著齋妻王氏

王新美妻徐氏

朱鳳謙妻金氏　二十九歲守節。

舒新串妻姚氏

李志璠妻金氏

李志光妻孫氏

樓尚初妻李氏

儒童徐文美妻郎氏

林進美妻金氏

儒童吕開芹妻胡氏

林新懺妻施氏

胡兆庚妻杜氏

陸昌月妻林氏

舉人章鳳岐妻陳氏

增生徐祖壽妻應氏

以上道光三十年浙撫彙題旌表節孝姓氏不詳事迹。

周學敬妻徐氏　二十八歲守節。同治癸酉請旌。
馬邦祚妻陳氏　二十七歲守節。已旌表。
王文培妻徐氏　三十歲守節。已旌。
徐敬銘妻朱氏　二十七歲守節。
郎雙鳳妻朱氏　二十六歲守節。
吕觀海妻胡氏　二十九歲守節。光緒辛卯請旌。
徐敦務妻胡氏　二十四歲守節。光緒辛卯請旌。
徐泰時妻周氏　二十四歲守節。光緒辛卯請旌。
庠生徐炳奎妾沈氏　二十一歲守節。見《忠義録》。
王聖寬妻陳氏　二十九歲守節。
徐炳成妻陳氏　二十九歲守節。
徐集腋妻郎氏　二十三歲守節。已旌表。
徐慕衡妻應氏　二十四歲守節。
徐開聯妻翁氏　二十四歲守節。光緒辛卯請旌。
徐逢儀妻馬氏　二十九歲守節。
趙志敘妻王氏　二十九歲守節。已旌表。
盧雲宫妻朱氏　二十七歲守節。同治癸酉詳請旌表。見《忠義録》。
王邦典妻徐氏　二十二歲守節。已旌。
郎瑞蘭妻王氏　二十四歲守節。已旌。
徐永傳妻胡氏　二十二歲守節。已旌。
王葆霖妻胡氏　二十四歲守節。已旌。
王邦友妻李氏　二十三歲守節。同治癸酉請旌。
郎文星妻陳氏　二十六歲守志。學憲以“清標彤管”額旌之。
郎朱貴妻王氏　二十三歲守志。學憲旌有“清標彤管”額。
徐珍發妻胡氏　二十九歲守節。已旌。
徐思緒妻胡氏　二十七歲守節。
徐明綸妻金氏　二十二歲守節。同治癸酉請旌。光緒壬辰建坊。

吕泰和妻夏氏　二十三歲守志。同治癸酉請旌。

陳儒林妻何氏　十七歲守志。同治癸酉請旌。

徐伯鎮妻陳氏　二十八歲守節。同治癸酉請旌。

儒童盧雲凑妻周氏　二十二歲守志。同治癸酉請旌。

葉正宗妻姚氏　十八歲守節。享年九十一。

陳其桐妻傅氏　二十八歲守節,奉姑育子,艱苦備嘗。光緒辛卯請旌。

章起明妻李氏　二十七歲守節。已旌。

朱宗桂妻徐氏　二十九歲守志。

應鍾吉妾王氏　二十歲守志。已旌。

陳其才妻徐氏　二十六歲守節。光緒辛卯旌。

盧大法妻吕氏　青年守節,終始不二。

陳允甫妻傅氏　二十九歲守節,善事舅姑。光緒辛卯請旌。

陳允土妻徐氏　二十二歲守節。同治癸酉請旌。

金效蘇妻王氏　二十七歲守節。

董雲霓妻李氏　三十歲守節。同治癸酉請旌。

陳其調妻翁氏　二十九歲守節。光緒辛卯旌。

黄松齡妻謝氏　二十八歲守志。光緒九年詳請旌表建坊。

陳其程妻吴氏　二十三歲守節,奉姑育子,艱苦備嘗。光緒辛卯旌表。

翁新蘭妻邵氏　二十九歲守節。光緒辛卯請旌。

陳進沐妻舒氏　二十七歲守志。光緒辛卯請旌。

徐起倉妻朱氏　十九歲守志。光緒辛卯請旌。

陳進良妻金氏　二十三歲守節。光緒辛卯請旌。

陳允讓妻周氏　二十九歲守節。光緒辛卯請旌。

章興然妻徐氏　二十八歲守節。光緒辛卯請旌。

陳進舞妻舒氏　三十歲守節,事舅姑孝。光緒辛卯請旌。

王廉科妻胡氏　二十二歲守志。光緒辛卯請旌。

陳京都妻吴氏　二十三歲守節。光緒辛卯請旌。

李珠聖妻朱氏　二十五歲守節。光緒辛卯請旌。

曹雙月妻陳氏　二十八歲守節。光緒辛卯請旌。

陳進詳妻李氏　二十三歲守節。光緒辛卯請旌。

章華妻趙氏　二十五歲守節,事孀姑以孝。旌建“一門雙節”匾。

歐陽尚錦妻樓氏　二十九歲守節。光緒辛卯請旌。

章怡然妻應氏　二十歲守志,玉潔冰清,足不逾閾。光緒辛卯請旌建坊。

章學印妻舒氏　二十五歲守節。已旌。

章正信妻胡氏　二十三歲守節,事舅姑以孝。

章正元妻梅氏　二十歲守節。光緒辛卯請旌。

徐嗣淹妾陸氏　二十八歲守節。光緒辛卯請旌。

王廷德妻徐氏　二十一歲守節。光緒辛卯請旌。

王周升妻章氏　十五歲守節。道光己酉詳請旌表。

吕國獻妻王氏　三十歲守節。道光庚戌詳請旌表。

姚錫傑妻林氏　二十八歲守節,事翁以孝。同治癸亥詳請旌表。

吴天德妻曹氏　二十五歲守節。光緒辛卯請旌。

沈德正妻王氏　二十七歲守節,勤儉持家,鄉里稱美。光緒辛卯請旌。

王士達妻潘氏　二十二歲守節。詳請旌表。

周榮貴妻樓氏　二十八歲守節。同治癸酉請旌。

吕尚甯妻杜氏　三十歲守節。道光庚戌詳請旌表。

盧尚達妻章氏　二十九歲守節。光緒己丑請旌。

陳起良妻胡氏　二十五歲守節。

周鴻日妻胡氏　三十歲守節。道光間詳請旌表。

盧大江妻吕氏　二十八歲守節。道光間詳請旌表。

周永譜妻徐氏　二十七歲守節。同治癸酉詳請建坊。

盧雲鑲妻胡氏　二十歲守節，志比《柏舟》，心同金石。道光己酉詳請旌建坊。

盧玉瑩妻林氏　三十歲守節。光緒己丑學憲給以“節比松筠”額。

盧貞堃妻李氏　三十歲守節。光緒己丑詳請，有“節比松筠”額。

周朝梁妻徐氏　三十歲守節。同治間詳請建坊。

吕永明妻應氏　二十九歲守節。同治間詳請，給有“彤管貽芬”額。

吕永嘉妻程氏　三十歲守節。同治間詳請建坊。

吴海有妻陳氏　二十七歲守節。光緒辛卯請旌。

吕開鸞妻應氏　二十六歲守節。光緒辛卯請旌。

吕佩華妻沈氏　二十五歲守節。光緒辛卯請旌。

吕大江妻章氏　二十八歲守節。

吕佩莘妻李氏　二十一歲守節。光緒辛卯請旌。

吕佩菁妻周氏　二十四歲守節。光緒辛卯請旌。

儒童徐大武妻胡氏　二十六歲守節。光緒辛卯請旌。

徐永朝妻陶氏　二十四歲守節。光緒辛卯請旌。

徐敦經妻黄氏　二十四歲守節。光緒辛卯請旌。

陳俊明妻徐氏　青年守志。

徐廣元妻胡氏　三十歲守節。光緒辛卯請旌。

庠生徐思杰妻闞氏　二十九歲守節。光緒辛卯請旌。

徐清泰妻胡氏　二十四歲守節。光緒辛卯請旌。

徐燦林妻王氏　二十六歲守節。光緒辛卯請旌。

徐敦郁妻曹氏　二十六歲守節。光緒辛卯請旌。

徐元盛妻應氏　二十四歲守節。光緒辛卯請旌。

徐志郁妻胡氏　二十三歲守節。光緒辛卯請旌。

徐祖貴妻陳氏　二十八歲守節。光緒辛卯請旌。

徐法來妻林氏　二十八歲守節。光緒辛卯請旌。

徐時純妻應氏　二十八歲守節。道光庚戌請旌。

徐新法妻胡氏　二十七歲守節。光緒辛卯請旌。

周如坦妻應氏　二十七歲守節。光緒辛卯請旌。

王氏二節　修職郎王釗培妻沈氏,二十九歲守節。咸豐九年奉旨旌表建坊。子監生王彭慶妻章氏,二十七歲守節。光緒戊子詳請旌表。

徐氏一門三節　徐式衢妻潘氏,二十三歲守節。徐志道妻王氏,二十五歲守志。徐時亨妻王氏,二十五歲守志。光緒辛卯詳請旌表。

徐紹麟妾潘氏　二十一歲守節。

徐恪妻陳氏　夫亡守志。同治壬戌詳報旌表。

徐貫亭妻李氏　二十四歲守節。道光甲辰旌表表。

徐選軒妻章氏　二十四歲守節。學憲給以"貞操冰清"額。

胡永廉妻王氏　二十九歲守節。光緒九年請旌表。

王阿苟妻周氏　二十三歲,夫被擄,守志。光緒辛卯請旌表。

盧英美妾周氏　三十歲守志。光緒辛卯請旌。

監生郎亨豐妻朱氏　二十九歲守節。光緒癸未詳請旌。

胡鴻九妻項氏　十九歲守節。

樓新成妻鄭氏　二十六歲守節。光緒辛卯請旌。

監生徐文媚妻郎氏　二十八歲守節。光緒辛卯請旌。

監生徐啓珧妾李氏　二十三歲守節,給有"志堅從一"額。

庠生馬行初妻應氏　二十七歲守節。道光年間詳請旌表。

千總徐朝贊妾王氏　二十一歲守節。學憲給以"貞操冰清"額。

徐朝賜妻胡氏　二十一歲守節。已入省志總坊。

徐君日妻胡氏　同治癸亥詳報。

庠生徐理齋妻牟氏　二十八歲守節。道光甲辰詳請建坊。

徐錫鳳妻趙氏　三十歲守節。道光壬寅詳請建坊。

徐友萱妻王氏　二十五歲守節。道光壬寅詳請旌。

徐元崇妻田氏　二十七歲守節。道光壬寅詳請旌。

徐廷志妻鮑氏　三十歲守志。道光壬寅詳請旌。

徐振崇妻李氏　二十七歲守節。道光壬寅詳請旌。

蔡芳郎妻應氏　二十歲守節。光緒辛卯請旌。

徐彝崇妻李氏　二十八歲守節。光緒辛卯詳請旌。

徐子林妻潘氏　三十歲守節。光緒辛卯請旌。

徐世禄妻傅氏　二十六歲守節。光緒辛卯請旌。

周邦柱妻徐氏　二十六歲守節。光緒辛卯請旌。

王鍾旦妻程氏　二十四歲守節，奉姑撫孤，紡績度日。光緒辛卯請旌。

議敘王邦選妻胡氏　二十四歲守節。給有"志堅金石"匾。

庠生王祖繩妻胡氏　二十七歲守節。光緒辛卯詳請旌。

王文爲妻胡氏　二十九歲守節。光緒辛卯詳請旌。

王文琴妻李氏　二十四歲守節，不出閨闥。光緒辛卯詳請旌表。

徐望諏妻胡氏　十九歲守節。光緒辛卯請旌。

庠生徐敦詩妻王氏　二十九歲守節。光緒辛卯請旌。

徐英齊妻趙氏　二十四歲守節。光緒辛卯請旌。

增生夏鼎彝妻樓氏　二十七歲守節。光緒辛卯請旌。

徐大魁妻張氏　二十七歲守節。光緒辛卯請旌。

王士朝妻吕氏　三十歲守節。光緒辛卯請旌。

徐福年妻馬氏　三十歲守節。光緒辛卯請旌。

徐炳錢妻陳氏　二十九歲守節。光緒辛卯請旌。

徐時魁妻王氏　二十七歲守節。光緒辛卯請旌。

庠生徐履綏妻陳氏　三十歲守志。光緒辛卯請旌。

陳禹敷妻徐氏　二十歲守節。光緒辛卯請旌。

李環星妻吕氏　三十歲守節。光緒辛卯請旌。

吕師竹妻錢氏　二十五歲守節。光緒辛卯請旌。

舒福貞妻陳氏　二十一歲守志。已旌表。

監生王連慶妻章氏　二十七歲守節。已旌表。

李錦春妻吴氏　二十六歲守節。已旌表。

監生周連本妻徐氏　二十六歲守節。已旌表。

朱金儀妻楊氏　三十歲守節。

朱志紅妻舒氏　二十三歲守節。

舒新通妻童氏　二十四歲守節。

郎鳳鳴妻李氏　三十歲守節。給有"節操冰清"匾。

胡法治妻朱氏　三十歲守節。

郎鳳昂妻章氏　三十歲守節。

郎承達妻陳氏　三十歲守節。

郎開清妻陳氏　二十六歲守節,現年六十歲。

趙忠涇妻金氏　二十三歲守節。

徐英銓妻金氏　二十二歲,夫被擄,守志。

俞丙丁妻朱氏　三十歲守節。光緒辛卯請旌。

葉攀桂妻金氏　二十八歲守節。

俞加益妻陳氏　三十歲守志。光緒辛卯請旌。

葉洪彦妻陳氏　二十五歲守節。

徐敦卓妻王氏　二十九歲守節。

陳光笏妻王氏　二十八歲守節。

陳夢霖妻葉氏　三十歲守志。邑令給匾旌之。

吕觀禮妻黄氏　二十六歲守節。光緒辛卯請旌。

朱春環妻周氏　二十七歲守節。光緒辛卯請旌。

朱金元妻葉氏　二十九歲守節。光緒辛卯請旌。

朱有山妻王氏　二十七歲守節。光緒辛卯請旌。

朱師韜妻應氏　十八歲守節,撫孤有成。
朱志南妻王氏　二十六守節。已旌表。
楊開緒妻朱氏　二十二歲守節。道光庚戌請旌表。
舒仁龍妻李氏　二十五歲守節。光緒辛卯請旌表。
舒福元妻郎氏　二十九歲守節。光緒辛卯請旌表。
呂泰德妻曹氏　二十二歲守節。
以上義豐鄉。
潘文麟妻王氏　乾隆節孝。
李兆元妻趙氏　光緒九年詳請旌表。
姚登階妻徐氏　二十九歲守節。光緒九年請旌表。
李佩瓆妻章氏　二十六歲守節。已旌表。
李兆起妻謝氏　二十九歲守節。光緒九年請旌表。
章隆春妻馬氏　二十八歲守節。
顔德有妻陳氏　二十六歲守節。
田焕文妻姚氏　三十歲守節。光緒辛卯請旌。
金鑌妻王氏　二十八歲守節。已旌表。
潘鍾華妻倪氏　十九歲守節。已旌表。
樓尚高妻徐氏　二十歲守節。已旌表。
樓邦然妻酈氏　二十歲守節不二。已旌。
金象源妻章氏　咸豐元年詳請建坊。
金思斐妻倪氏　咸豐元年詳請建坊。
金建望妻謝氏　咸豐元年詳請建坊。
金三斗妻趙氏　咸豐元年詳請建坊。
監生金燦文妻陳氏　咸豐元年詳請建坊。
金效淮妻徐氏　咸豐元年詳請建坊。
庠生金河清妻趙氏　咸豐元年詳請建坊。
金象蘭妻周氏　咸豐元年詳請建坊。

監生金萬宗妻祝氏　咸豐元年詳請建坊。

謝茂蓮妻王氏　道光二十七年詳請旌表。

李志聖妻翁氏　二十九歲守節。道光丙午請旌。

金承序妻王氏　二十九歲守志。已旌。

金象效妻徐氏

李崇開妻謝氏　二十六歲守志。道光己酉詳請旌。

陳其久妻金氏　二十九歲守志。

陳俊新妻金氏

顔春荀妻□氏

倪國曙妻金氏

倪有生妻方氏

倪有柏妻方氏

倪足意妻陳氏

廪生楊逢原妻章氏

楊國風妻胡氏

潘汝馨妻楊氏

潘開序妻倪氏　道光十七年請旌。

庠生潘錫圭妻賴氏　咸豐六年請旌。

王起齊妻方氏

陳兆和妻金氏　二十二歲守節。

陳琪妻徐氏　二十九歲守志。

監生金式禮妻趙氏　二十四歲守節。

金效書妻楊氏　二十五歲守志。

金爐妻林氏　二十四歲守節。光緒辛卯詳請旌。

金起旭妻程氏　三十歲守節。光緒辛卯請旌。

裘德豐妻胡氏　二十一歲守節。光緒辛卯請旌。

謝貴松妻金氏　二十九歲守節。光緒辛卯請旌。

方振乃妻錢氏　光緒辛卯請旌。
謝貴良妻沈氏　二十六歲守節，事姑克孝。光緒辛卯請旌。
謝儒欽妻應氏　二十八歲守節。光緒辛卯請旌。
謝配法妻金氏　二十七歲守節。光緒辛卯請旌。
李祖勳妻趙氏　二十二歲守節。光緒辛卯請旌。
李佩珣妻傅氏　二十九歲守節。光緒辛卯請旌。
李永慶妻梅氏　十八歲守節。光緒辛卯請旌。
華紹俊妻金氏　二十八歲守志。光緒辛卯請旌。
章四官妻徐氏　二十八歲守節。光緒辛卯請旌。
倪新學妻潘氏　二十五歲守節。光緒辛卯請旌。
田文恕妻王氏　二十二歲守節，撫嫡侄爲嗣，里閭重之。
以上長安鄉。
胡作良妻馬氏　二十二歲守節。
陳得三妻方氏　二十歲守志。前已旌表。
胡正然妻董氏　守志不移。
陳炳銓妻潘氏　二十五歲守節。同治癸亥請旌。
胡正東妻陳氏　二十二歲守節。
吕天降妻陳氏　守志不移。光緒辛卯請旌。
吕洪彩妻方氏　二十一歲守節。
胡天有妻張氏　二十七歲守節。
朱景韜妻應氏　十八歲守節。
徐敦良妻李氏　二十九歲守節。
陳孝萬妻吕氏　守節不移，人無閒言。光緒辛卯請旌。
黄文杓妻吕氏　咸豐元年採入省志總坊。
黄忠仁妻胡氏　咸豐元年採入省志總坊。
黄忠有妻杜氏　咸豐元年採入省志總坊。
庠生徐獻梧妻王氏　守志靡他，撫孤成立。光緒辛卯請旌。

錢純湊妻童氏　二十五歲守節。光緒辛卯請旌。

徐志芬妻施氏　守志不二，人無間言。光緒辛卯請旌。

錢雲時妻潘氏　守志不二，人無間言。光緒辛卯請旌。

胡金榜妻陳氏　守志不移，繼子承後。光緒辛卯請旌。

呂天錫妻王氏　守志不移。光緒辛卯請旌。

陳深量妻徐氏　三十歲守志不移，撫孤成立。光緒辛卯請旌。

呂國綱妻王氏　堅志從一。光緒辛卯請旌。

陳王高妻吴氏　二十九歲守節不移，撫孤成立。光緒辛卯請旌。

胡彦積妻呂氏　守志不移，繼子承嗣。

陳雙元妻胡氏　二十三歲守節，鄉里稱之。

庠生陳文鸞妻方氏　守志堅貞。採入浙省總坊。

王獻峰妻樓氏　二十三歲守節。光緒辛卯請旌。

董錫貴妻陳氏　二十八歲守節。

陳呂德妻呂氏　詳請旌表。

陳偉海妻徐氏　二十七歲守節。光緒辛卯請旌。

陳榮昌妻柳氏　守節不二。詳請旌表。

以上承訓鄉。

監生王永泰妻徐氏　二十三歲守節不移。

林繼理妻樓氏　二十七歲守節。

邵元珠妻葉氏　二十四歲守節。道光庚戌詳請旌。

儒童胡仁登妻呂氏　二十二歲守節。同治癸酉請旌。

徐孝哲妻呂氏　二十七歲守節。已旌表。

儒童王成三妻胡氏　三十歲守節。已旌。

王炳燎妻應氏　二十九歲守節。已旌表。

沈景傳妻應氏　二十九歲守節。同治癸酉請旌。

王永波妻陳氏　三十歲守節。光緒辛卯請旌。

沈景雲妻徐氏　二十九歲守節。同治癸酉請旌。

王永祝妻李氏　二十九歲守節。已旌。

吕國儀妻李氏　三十歲守節。同治癸酉請旌。

庠生王宋銘妻方氏　二十八歲守節。光緒辛卯請旌。

吕文瀾妻胡氏　二十五歲守節。同治癸酉請旌。

李熙謐妻吕氏　二十五歲守節。已旌表。

王際鑫妻胡氏　二十四歲守節。已旌表。

項美好妻徐氏　三十歲守節。已旌。

王載正妻樓氏　三十歲守節。

徐志寶妻胡氏　二十九歲守節。

王景緺妻陳氏　三十歲守節。已旌。

項松齡妻方氏　二十七歲守節。

林文銓妻應氏　二十九歲守節。光緒乙酉詳請旌。

庠生林三寶妻盧氏　二十五歲守節。採入總坊。

林淳珪妻陳氏　二十八歲守節。光緒辛卯請旌。

林純培妻王氏　二十二歲守節。光緒辛卯請旌。

夏登郭妻陳氏　三十歲守節。光緒辛卯請旌。

林良至妻胡氏　二十三歲守節。光緒辛卯請旌。

林隆維妻應氏　二十六歲守節。光緒辛卯請旌。

陳有茶妻田氏　三十歲守節。

陳鳳池妻胡氏　二十八歲守節。光緒辛卯請旌。

李德彝妻吕氏　二十五歲守節。光緒辛卯請旌。

吕國璉妻李氏　二十七歲守節。光緒辛卯請旌。

吕樟欄妻童氏　二十八歲守節。已旌表。

監生吕雙吹妻胡氏　二十九歲守節。已旌表。

李玉麟妻胡氏　二十五歲守節。已旌表。

胡炳福妻吕氏　二十六歲守節。已旌表。

儒童胡恒亨妻邵氏　二十九歲守節。已旌表。

林文謨妻王氏　二十九歲守節。已旌表。

胡坊堦妻應氏　二十五歲守節。

林隆哲妻徐氏　二十六歲守節。

童啓周妻何氏　二十五歲守節。

胡方吉妻馬氏　二十八歲守節。

儒童樓金鑣妻施氏　二十三歲守節。

李雙禄妻胡氏　二十三歲,夫被擄,守志。

儒童樓其祥妻應氏　二十一歲守節。奉旨旌表。

儒童李金枰妻胡氏　三十歲守節。

儒童樓祖錫妻胡氏　二十三歲守節。學憲以"清臺表潔"匾獎之。光緒辛卯旌。

儒童樓祖恩妻徐氏　二十九歲守節。學憲以"金石其心"匾旌之。

吕六合妻王氏　二十一歲守節。學憲以"清標彤管"旌之。光緒辛卯請旌。

王樂才妻李氏　二十九歲守節。學憲有"匪石盟心"匾。光緒辛卯旌。

庠生王鼎鏘妻黄氏　二十九歲守節。

王濟時妻徐氏　二十八歲守節。

武生王樹韓妻徐氏　二十九歲守節。學憲給以"清標彤管"額。光緒辛卯旌表。

王肇專妻盧氏　二十九歲守節。光緒辛卯請旌表。

胡璧玉妻陳氏　二十一歲守節。

胡成豐妻李氏　二十六歲守節。

李載鑣妻施氏　二十九歲守志,現年五十九。光緒辛卯旌。

童雙慶妻李氏　二十九歲守節。

姚士標妻何氏　三十歲守志。

李敬孝妻徐氏　十九歲守志。已旌表。

庠生李載華妻胡氏　二十歲夫亡守志。奉旨旌表。

李衍蕃妻胡氏　十九歲夫亡守志。光緒辛卯請旌。

庠生李載華妾王氏　十八歲守志，現年六十七。

李敦銓妻盧氏　二十六歲守節。

以上昇平鄉。

胡伯銘妻施氏　二十三歲守節。已旌。

施汝徽妻應氏　二十八歲守節。已旌。

胡熙球妻陳氏　二十八歲守節。已旌。

施義興妻吴氏　二十四歲守節。同治癸酉請旌。

陳崇有妻李氏　二十五歲守節。已旌。

施紹翰妻金氏　二十八歲守節。

胡起潮妻吕氏　二十一歲守節。光緒辛卯請旌。

王振哲妻胡氏　二十九歲守節。

胡永車妻朱氏　二十九歲守節。光緒辛卯請旌。

胡兆賢妻吴氏　二十一歲守節。學憲旌有“古井盟心”額。光緒辛卯請旌。

曹正管妻施氏　二十二歲守節。已旌。

胡兆勳妻童氏　二十五歲守節。

徐嘉田妻鄭氏　二十七歲守志。學憲旌以“昭我彤管”額。光緒辛卯請旌。

施友諒妻吴氏　三十歲守節。學憲給以“貞操冰清”匾。光緒辛卯請旌。

施紹琨妻樓氏　三十歲守志。光緒辛卯請旌。

施孝林妻胡氏　二十八歲守節。光緒辛卯請旌。

施友淹妻林氏　二十四歲守節。光緒辛卯請旌。

施正璜妻吕氏　二十三歲守節。光緒辛卯請旌。

施友清妻朱氏　二十八歲守節。光緒辛卯請旌。

胡坊鄭妻徐氏　二十三歲守節。已旌。

施孝森妻樓氏　二十三歲守志,鄉里稱之。光緒辛卯請旌。

儒童胡珍盼妻吕氏　二十六歲守節。詳請旌。

施友倆妻王氏　三十歲守節。光緒辛卯請旌。

施正望妻吴氏　三十歲守志。給有"志堅金石"匾。光緒辛卯旌。

胡尚達妻施氏　二十歲守節。學憲給以"松筠比節"額。光緒辛卯請旌。

庠生吕錇妻朱氏　二十九歲守節,撫孤成立,教以義方。光緒辛卯請旌。

庠生吕錇妾蔡氏　二十二歲守志,堅忍茹苦,節操冰清。光緒辛卯請旌。

胡洪切妻施氏　二十四歲守志。

胡尚鏡妻施氏　二十一歲守節。光緒辛卯請旌。

吕師友妻胡氏　二十四歲守節。光緒辛卯請旌。

徐嘉旌妻施氏　三十歲守節。光緒辛卯請旌。

吕松鐲妻黄氏　二十四歲守節。光緒辛卯請旌。

吕良正妻施氏　二十七歲守節。光緒辛卯請旌。

高兆和妻黄氏　二十三歲守節。光緒辛卯請旌。

庠生吕周攀妻胡氏　二十三歲守節。光緒辛卯請旌。

吕希載妻胡氏　二十六歲守節。光緒辛卯請旌。

吕金榜妻胡氏　二十六歲守節。光緒辛卯請旌。

吕啓迪妻吴氏　二十五歲守節。矢志撫孤,紡績自給。

通奉大夫施孝堂妻楊氏　三十歲夫亡守節。奉旨旌表。

施紹之妻胡氏　二十三歲夫亡守節。奉旨旌表。

吕立慶妻施氏　二十六歲守節。

施紹泰妻李氏　三十歲夫亡守節。光緒辛卯請旌。

吕純柳妻朱氏　二十八歲守節。已旌。

施友徽妻應氏　二十八歲守節。

胡珍莪妻邵氏　二十八歲守節。已旌。

施義寬妻徐氏　二十歲守節。學憲給以“古井盟心”匾。

周如栽妻胡氏　二十八歲守節。已旌。

夏仲寶妻朱氏　二十五歲守節。咸豐乙卯詳請旌表。

金國堂妻胡氏　二十四歲守節。光緒辛卯請旌。

施枝一妻胡氏　二十六歲守志。光緒辛卯請旌。

單廷瑶妻胡氏　二十六歲守節。光緒辛卯請旌。

以上太平鄉。

胡自鏗妻李氏　二十七歲守節。

黄開先妻吕氏　二十四歲守節。

胡斯明妻夏氏　十九歲守節。

董嘉興妻盧氏　二十二歲守節。道光庚戌詳請旌表。

胡恩章妻陳氏　二十八歲守節。已旌。

方望謙妻朱氏　二十七歲守節。

朱尚勳妻夏氏　二十三歲守節。光緒辛卯詳請旌表。

胡元商妻程氏　三十歲守節。

朱從昆妻周氏　二十六歲守節。已旌表。

儒童朱日興妻賈氏　三十歲守節。旌表建坊。

朱燧煌妻應氏　三十歲守節，治家勤儉，教子義方，鄉里重之。同治戊辰詳請旌表。

賈賢槓妻周氏　二十九歲守節。光緒辛卯請旌。

生員胡廣菊妻陳氏　二十八歲守節。學憲有“清標彤管”匾額。

胡會怡妻王氏　二十三歲守節。學憲獎以“峻節孤標”額。光緒辛卯請旌。

胡鳳岡妻徐氏　二十九歲守節。光緒辛卯請旌。

胡鳳嘉妻王氏　二十五歲守節。光緒辛卯請旌。

胡自保妻李氏　三十歲守節。學憲獎以"清標彤管"額。光緒辛卯請旌。

胡自定妻俞氏　二十歲守節。詳請旌表。

李起賢妻王氏　二十九歲守節。學憲給以"清標彤管"額。

李斯雍妻陳氏　二十六歲守節。學憲給以"清標彤管"額。光緒辛卯旌。

胡見通妻陳氏　二十七歲守節。光緒辛卯請旌。

胡見書妻賈氏　二十四歲守節。光緒辛卯請旌。

胡見皋妻朱氏　三十歲守節。光緒辛卯請旌。

胡洪衙妻陳氏　二十七歲守節,撫孤勤苦,人無間言。光緒辛卯旌表。

胡芳舟妻盧氏　二十七歲守節。學憲有"清標彤管"額。

胡斯道妻吕氏　二十八歲守節。教諭陸詳請旌表。

郡庠胡樹棠妻應氏　二十七歲守節,紡績撫孤,義方教子。

胡斯洋妻鮑氏　二十七歲守節。學憲獎以"昭我彤管"額。光緒辛卯請旌。

胡會綸妻吕氏　二十六歲守節,孝養舅姑。

胡東義妻周氏　十六歲守節。光緒辛卯請旌。

胡正起妻黄氏　二十四歲守節,勞苦撫孤,矢志不二。光緒辛卯旌表。

胡肇庚妻杜氏　二十五歲守節。學憲有"貞操冰清"額。光緒辛卯旌表。

胡洪楷妻朱氏　三十歲守節。欽旌節孝。

孫承晶妻胡氏　二十三歲守節。光緒辛卯請旌。

胡目睦妻黄氏　三十歲守節。光緒辛卯請旌。

王友春妻朱氏　二十四歲守節。學憲給以"冰清柏操"匾。

武生胡占魁妻吕氏　二十七歲守節。詳請旌表。

夏起基妻王氏　二十四歲守節,事翁姑以孝。

夏崇清妻盧氏　二十六歲守志。光緒辛卯請旌。

樓啓珠妻吕氏　二十五歲守節。學憲給以“貞操冰清”額。光緒辛卯請旌。

胡正涓妻吕氏　二十九歲守節。光緒辛卯請旌。

夏法喜妻鄒氏　二十五歲守節。光緒辛卯請旌。

王同珪妻胡氏　二十四歲守志。學憲有“峻節孤標”匾額。

夏國傑妻施氏　二十九歲守節。光緒辛卯請旌。

夏肇績妻朱氏　二十七歲守節。光緒辛卯請旌。

顔之粥妻應氏　二十九歲守節。光緒辛卯請旌。

盧子雲妻吕氏　二十四歲守節。光緒辛卯請旌。

賈守金妻朱氏　二十四歲守節。光緒辛卯請旌。

庠生夏惟和妻吕氏　二十七歲守節。光緒辛卯請旌。

鄭繼緒妻朱氏　二十五歲守節。詳請旌表。

夏志和妻胡氏　二十五歲守節。光緒辛卯請旌。

陳齊固妻朱氏　二十三歲守節。學憲給以“節操冰清”額。

夏國袍妻胡氏　二十九歲守節。光緒辛卯請旌。

夏法育妻胡氏　二十五歲守節。光緒辛卯請旌。

俞兆和妻胡氏　三十歲守節。

黄文勉妻胡氏

黄公尚妻陳氏

黄公炤妻方氏

程濟寬妻俞氏　三十歲守節。光緒辛卯請旌。

施廣達妻程氏　二十九歲守節。光緒辛卯請旌。

陳定開妻吕氏　二十九歲守節,事姑孝敬,訓子義方。光緒辛卯旌表。

俞氏三節　顯嘉妻董氏,二十六歲守志,遺一子一女,又殤,育二侄爲嗣。學憲趙詳請坊表。繼子庠生經鎔妻應氏,二十八歲守志,撫孤成立。學憲潘給以"松筠比節"額。胞侄經文妻吕氏,二十七歲守志。學憲潘給以"松筠比節"額。光緒辛卯詳請旌表。

俞兆堅妻夏氏　三十歲,夫亡,水漿不入口,抱兒伏柩而泣,曰:"所不忍俱亡者,爲此呱呱耳。"勵志二十餘年。諸長老爲之請旌,辭曰:"此予之分也,豈敢沽名哉!"年逾九十歲而終。光緒辛卯詳請旌。

董忠秀妻顔氏　二十二歲守節。光緒辛卯請旌。

吕茂傑妻胡氏　十八歲守節。

任起大妻金氏　卅歲,夫亡守志。

應瑞岸妻俞氏　二十一歲守節。學憲旌以"苦節可風"。光緒辛卯請旌。

應尚德妻吴氏　二十六歲守志。學憲潘表曰"節比松筠"。光緒辛卯請旌。

黄秉基妻吕氏　二十八歲守志不二。儒學表曰"柏節松齡"。光緒辛卯請旌。

應瑞元妻朱氏　三十歲守節。給有"操比松筠"匾。光緒辛卯請旌。

吕仲泮妻方氏　二十四歲守志。道光壬午詳請建坊旌表。

景茂忙妻朱氏　二十四歲守節。咸豐丁巳詳請建坊旌表。

吕伯蘭妻朱氏　二十九歲守節。光緒辛卯請旌表。

朱從意妻俞氏　二十七歲守節。光緒辛卯請旌表。

吕仲華妻俞氏　二十四歲守節。採入總坊。

顔來敦妻吕氏　十九歲守志。奉旨旌表。

方祖德妻吕氏　二十五歲守節。咸豐丁巳詳請旌表。

吕伯銘妻胡氏　二十八歲守節。奉旨旌表。

方子溪妻吕氏　二十五歲守節。奉旨旌表。

吕壬昂妻方氏　三十歲守節。

朱逢炳妻王氏　二十七歲守節。光緒辛卯請旌。

吕廷珍妻胡氏　二十八歲守節。光緒辛卯請旌。

吕仲僕妻應氏　三十歲守節。光緒辛卯請旌。

吕靈芝妻朱氏　二十九歲守節。光緒辛卯請旌。

朱文坊妻胡氏　二十七歲守節。光緒辛卯請旌。

吕伯潛妻黄氏　二十四歲守節。光緒辛卯請旌。

方國壬妻程氏　二十一歲守節。奉旨旌表。

吕仲侅妻胡氏　二十二歲守節。光緒辛卯請旌。

朱孝時妻吕氏　二十四歲守節。光緒辛卯請旌。

庠生吕銘妻夏氏　二十四歲守志，遺一男一女，俱殤，紡績自給，矢志靡它。光緒辛卯請旌。

樓修之妻程氏　三十歲守節。光緒辛卯請旌。

蔡學登妻朱氏　二十九歲守節。光緒辛卯請旌。

朱東吉妻胡氏　二十八歲守節。光緒辛卯請旌。

朱開定妻黄氏　二十五歲守節。光緒辛卯請旌。

朱克洵妻胡氏　二十四歲守節。光緒辛卯請旌。

朱占潮妻陳氏　二十四歲守節。光緒辛卯請旌。

朱崇文妻胡氏　二十五歲守節，矢志靡它。光緒辛卯請旌。

朱文瀾妻陳氏　二十五歲守節。光緒辛卯請旌。

朱永能妻任氏　二十七歲守節。光緒辛卯請旌。

朱福先妻俞氏　十九歲守節。光緒辛卯請旌。

葉逢烟妻施氏　二十八歲守節。光緒辛卯請旌。

陳洪鐵妻吕氏　二十九歲守節，矢志靡他，紡織自給。光緒辛卯請旌。

胡能長妻吕氏　二十九歲守節。光緒辛卯請旌。

酈桂林妻吕氏　三十歲守節。

佾生酈福林妻樓氏　二十九歲守節。

朱國珍妻陳氏　二十九歲守節。

朱士英妻俞氏　三十歲守節。學憲旌以“冰霜勵志”。

朱國器妻程氏　二十五歲守節。學憲給以“節比松筠”額。

朱文通妻陳氏　二十九歲守節。

陳朱球妻朱氏　二十六歲守節。光緒辛卯請旌。

朱春球妻任氏　二十歲守節。光緒辛卯請旌。

王金荀妻周氏　二十四歲守節。

朱兆臻妻胡氏　二十四歲守節。光緒辛卯請旌。

任起元妻吕氏　二十四歲守節。

以上義和鄉。

一門五節　武生胡繼昌妻施氏，三十歲守志，孝以事姑，撫孤成立。妾藍氏，二十一歲，矢志堅守，艱苦不辭。媳包氏，生員宗湄妻，年三十歲，夫故，冰清玉潔，節操凛然。繼侄承嗣，撫養成名。一弟婦鳳恩妻王氏，年二十五歲，夫統兵陣亡，哭泣悲號，聞者酸鼻，教子成人，苦節終身。一侄婦宗藩妻王氏，年十九，藩故，氏撫侄爲嗣，教養備至，事翁姑尤孝敬，茹苦食貧，終身如一。一門五節，時人莫不悼而敬之。光緒間，有司奏請奉旨建坊旌表。

應學思妻朱氏　二十二歲守節。同治癸酉請旌表。

胡修純妻吕氏　二十四歲守節。同治癸酉請旌。

舉人應鍾毓妾徐氏　二十二歲守節，刲股自誓，貞操可風。同治癸酉請旌表。

應學監妻李氏　三十歲守節，謹事舅姑，鄰里稱美。同治癸酉請旌。

應文漣妻李氏　二十八歲守節。同治癸酉請旌。

應毓麟妻胡氏　二十五歲守節。同治癸酉請旌。

應崇佳妻吕氏　二十三歲守節。同治癸酉請旌。

應祖愛妻吕氏　二十歲守節。同治癸酉請旌。

庠生胡夢熊妻吴氏　二十八歲守節。同治癸酉請旌。

程家郁妻葉氏　二十九歲守志。光緒辛卯請旌。

杜伯奎妻章氏　三十歲守節。

陳會科妻周氏　二十九歲守志。同治癸酉請旌。

盧廷陶妻章氏　二十八歲守節。光緒庚辰詳請旌表。

程義辨妻厲氏　二十五歲守節。光緒辛卯請旌。

庠生程映奎妻胡氏　三十歲守節。

應崇元妻楊氏　三十歲守節。

盧壽法妻金氏　二十六歲守節。已旌。

程時棖妻湯氏　二十八歲守節。

監生吴廷庚妻施氏　二十九歲守節。

邵君清妻程氏　二十六歲守節。

庠生王百齡妻應氏　三十歲守節。同治癸酉請旌。

胡修簡妻應氏　二十二歲守節。光緒辛卯請旌。

程文河妻胡氏　二十八歲守節。同治癸酉請旌。

章建槐妻李氏　二十四歲守節。同治癸酉請旌。

盧新標妻金氏　二十六歲守節。已旌。

程禮秋妻陳氏　二十九歲守節。

應毓豪妻程氏　二十三歲守節。

庠生盧家齊妻胡氏　二十八歲守節。光緒庚辰詳請旌表。

贈登仕郎應啓濾妻盧氏　二十九歲守節，賦性温淑，謹事舅姑。光緒癸未詳請旌表建坊。

監生盧思訓妻王氏　三十歲守節。光緒庚辰詳請旌表。

應崇乾妻胡氏　二十八歲守節。同治癸酉詳請旌。

儒童應文秀妻施氏　二十五歲守節。詳請旌表。

應崇妹妻夏氏　二十一歲守節。詳請旌表。

應學和妻淩氏　十九歲守節，能盡婦道，博舅姑歡。光緒戊寅詳請旌表。

程鳴斌妻樓氏　二十八歲守志。有"清標彤管"匾。光緒九年詳請旌。

程崇雅妻胡氏　十九歲守節。同治癸酉請旌。

黄仁義妻夏氏　二十八歲守節。同治癸酉請旌。

黄仁淵妻童氏　二十四歲守節。同治癸酉請旌。

楊景龍妻應氏　三十歲守節。光緒辛卯請旌。

武生應衛清妻施氏　三十歲守節。已旌。

盧新洛妻杜氏　二十七歲守節。已旌。

周開察妻何氏　三十歲守節,家貧苦守。光緒辛卯請旌表。

周金環妻朱氏　二十六歲守節,下無遺孤,矢志彌篤。光緒辛卯旌表。

周開仕妻丁氏　二十六歲夫亡,家貧勵節,矢志靡他。光緒辛卯請旌表。

胡雲軒妻吴氏　二十九歲守節。詳請旌表。

胡文科妻王氏　二十四歲守節。給有"清標彤管"匾。

應雲藍妻胡氏　三十歲守節。光緒辛卯請旌。

周子文妻胡氏　二十二歲守節。道光二十三年請旌表。

胡萬順妻夏氏　二十四歲守志,家貧紡績,矢志靡他。光緒辛卯請旌。

胡文庚妻盧氏　二十七歲守節。給有"清標彤管"匾。

何文龍妻金氏　三十歲守節。光緒辛卯請旌。

杜鳳儀妻周氏　十八歲守節。光緒辛卯請旌。

章泰通妻李氏　二十九歲守節。光緒辛卯請旌。

盧望柳妻胡氏　二十九歲守節。光緒辛卯請旌。

何金雲妻鄭氏　二十六歲守節。光緒辛卯請旌。

儒童駱金聚妻程氏　二十五歲守節。

陳匯源妻吕氏　二十九歲守節,下無遺孤,矢志不二。里黨稱之。光緒辛卯請旌表。

陳道學妻徐氏　十六歲守節。學憲給以“貞操冰雪”額。

應兆武妻徐氏　二十八歲守節。光緒辛卯請旌。

胡顯波妻應氏　二十四歲守節。光緒辛卯請旌。

徐英流妻陳氏　二十九歲守節。

應學章妻王氏　二十三歲守節。光緒辛卯請旌。

應儒繼妻周氏　二十九歲守節,善事舅姑。光緒辛卯請旌。

應鼎珊妻胡氏　二十五歲守志。光緒辛卯請旌。

應崇素妻胡氏　二十九歲守志,善事翁姑,節操凜然。詳請旌表。

應起來妻胡氏　二十三歲守節。詳請旌表。

儒童應崇睦妻王氏　二十八歲守志。光緒辛卯請旌。

應起來母王氏　二十四歲守節。學憲趙給以“貞操冰清”額。

應景達妻陳氏　二十八歲守節。光緒辛卯請旌。

應建五妻胡氏　二十六歲守節。光緒辛卯請旌。

應金桂妻王氏　二十七歲守節。光緒辛卯請旌表。

應夢榆妻李氏　二十七歲守節。光緒戊子請旌表。

舉人應中安妻楊氏　二十九歲守節。詳請旌表。

應鄭蘭妻夏氏　二十七歲守節。已旌。

應學森妻周氏　二十七歲守節。詳請旌表。

應學蓮妻程氏　二十五歲守節。詳請旌表。

應崇本妻李氏　二十六歲守志。光緒辛卯請旌。

應學全妻陳氏　二十七歲守節。詳請旌表。

榮禄大夫應壽椿妾劉氏　二十三歲守節。詳請旌表。

儒童應文博妻盧氏　二十三歲守節。光緒辛卯請旌。

應毓德妻胡氏　二十三歲,夫亡,苦節可嘉。光緒辛卯詳請旌表。

應文美妻盧氏　二十二歲守節。光緒辛卯詳請旌表。

應洪厚妻吕氏　二十八歲守節。光緒辛卯詳請旌表。

胡思洙妻李氏　三十歲守節。光緒辛卯請旌。

厲金友妻傅氏　二十九歲守節。光緒辛卯請旌。

雲騎尉吴柏枝妻駱氏　三十歲守節。光緒辛卯請旌。

吴景孟妻史氏　二十八歲守節。光緒辛卯請旌。

吴德安妻應氏　二十歲守節。光緒辛卯請旌。

胡思奇妻李氏　三十歲守節。光緒辛卯請旌。

應學仕妻胡氏　三十歲守志,笑言不苟,金石其心。學憲趙以“貞操冰清”匾表之。壬戌殉難,卒年七十有一。

胡敬聚妻應氏　二十歲守節,食貧茹苦,人咸稱之。

胡方印妻朱氏　三十歲守節。

胡鳳蘭妻黄氏　二十歲守志。

胡和富妻包氏　二十七歲守節。

胡振純妻陳氏　二十五歲守節。光緒辛卯請旌。

胡敬緒妻應氏　二十八歲守節。

胡洵淼妻應氏　二十一歲守節。光緒辛卯請旌。

胡洵東妻應氏　二十九歲守節。

吕鐘雷妻方氏　三十歲守節。光緒辛卯請旌。

庠生池鳳韶妻胡氏　二十九歲守節。光緒辛卯請旌。

池鳴鐘妻胡氏　三十歲守節。光緒辛卯請旌。

武舉池鳳洲妻朱氏　三十歲守節。光緒辛卯請旌。

池鐘恕妻朱氏　三十歲守節。光緒辛卯請旌。

武生池廷翺妻張氏　三十歲守節。光緒辛卯請旌。

池鐘魯妻葉氏　二十一歲守志。光緒辛卯請旌。

池鐘雅妻朱氏　三十歲守節。光緒辛卯請旌。

黄思甲妻朱氏　二十一歲守節。光緒辛卯請旌。

應伯魚妻徐氏　三十歲守節。光緒辛卯請旌。

錢崇玉妻吕氏　三十歲守節。光緒辛卯請旌。

錢錫槐妻朱氏　二十九歲守節。

程美珍妻王氏　二十一歲守節。已旌。

程克韶妻徐氏　二十五歲守節。光緒辛卯請旌。

程德巖妻應氏　二十九歲守志。現年六十三。

程志雕妻張氏　二十六歲苦守堅貞，事舅以孝。光緒辛卯請旌。

錢洪浪妻程氏　二十九歲守節。光緒辛卯請旌。

程志禄妻朱氏　二十八歲守節。

程修掌妻高氏　十九歲守節。

程崇福妻胡氏　二十九歲守節。

程尚樵妻駱氏　青年守節。學憲以"勵志冰霜"表之。光緒辛卯旌表。

武生李文波妻馬氏　二十五歲守節。

儒童李鳳涵妻胡氏　二十一歲守節。

武生李文湯妻應氏　二十八歲守節。

程名報妻胡氏　二十歲守節。光緒辛卯請旌。

程志朗妻施氏　二十歲夫亡，茹苦含辛，守志不二。

程志昉妻徐氏　二十二歲夫亡，勵志守節，人無閒言。

程義楚妻酈氏　二十九歲守節。光緒辛卯請旌。

程惟全妻應氏　二十四歲守節。

程文學妻胡氏　二十九歲守節。

吴友鰲妻施氏　三十歲守節。邑侯陳給匾曰"芳徽足式"。光緒辛卯請旌。

程禮松妻錢氏　二十六歲守節。光緒辛卯請旌。

葉志連妻程氏　三十歲守節。光緒辛卯請旌。

吴學運妾林氏　二十四歲守節。光緒辛卯請旌。

程崇富妻陳氏　三十歲守節。光緒辛卯請旌。

吴克静妻應氏　十七歲夫亡守節。光緒辛卯請旌。

應元美妻林氏　二十七歲守節。光緒辛卯請旌。
應湯銘妻胡氏　二十三歲守節。光緒辛卯請旌。
應學熢妻吴氏　三十歲守節。光緒己丑請旌。
應金階妻陳氏　二十三歲守節。光緒戊子請旌。
胡有信妻嚴氏　三十歲守節。
陳時略妻李氏　二十五歲守節。
應善登妻王氏　二十二歲守節。
胡洵風妻王氏　三十歲守節。
胡能敏妻周氏　三十歲守節,現年八十九。
以上游仙鄉。
章富禄妻陳氏　二十二歲守節。同治癸酉請旌。
胡德完妻汪氏　二十九歲守節。
章富學妻施氏　二十一歲守節。同治癸酉請旌。
庠生章文華妻徐氏　二十九歲守節。同治癸酉請旌。
章貴雄妻陳氏　三十歲守節。同治癸酉請旌。
王逢顯妻徐氏　三十歲守節。同治癸酉請旌。
章春慶妻胡氏　二十七歲守節。同治癸酉請旌。
朱興通妻李氏　二十九歲守節。同治癸酉請旌。
陳李臺妻章氏　二十四歲守節。
王李成妻夏氏　二十八歲守節。已旌。
胡錫墩妻吕氏　二十七歲守節。已旌。
楊爲滿妻郎氏　二十六歲守節。同治癸酉請旌。
郎吕乾妻陳氏　二十四歲守節。同治癸酉請旌。
楊洪琳妻邱氏　二十三歲守節。同治癸酉請旌。
周思仁妻應氏　二十一歲守節。同治癸酉請旌。
俞兆有妻陸氏　三十歲守志,現年七十五。
俞雙興妻吕氏　三十歲守節。同治癸酉請旌。

吕開瘵妻徐氏　二十九歲守節。同治癸酉請旌。

吕開盛妻胡氏　二十九歲守節。同治癸酉請旌。

俞一諸妻陳氏　二十四歲守節。光緒辛卯請旌。

章富汸妻顔氏　二十七歲守節。

章富仁妻施氏　二十一歲守節。同治癸酉請旌。

王廷東妻池氏　二十八歲守節。

王枝發妻周氏　二十六歲守節。光緒辛卯請旌。

林兆春妻胡氏　二十六歲守節。光緒辛卯請旌。

郎兆基妻徐氏　二十六歲守志。光緒辛卯請旌。

章鳳翔妻胡氏　三十歲守節。已旌。

郎兆聰妻李氏　二十七歲守志。光緒辛卯請旌。

范作友妻黄氏　二十一歲守志。光緒辛卯請旌。

監生范世華妻周氏　二十八歲守節。

孫洪沐妻陳氏　二十二歲守志。同治癸酉請旌。

庠生章宗岳妻李氏　三十歲守志。已旌。

項金全妻應氏　二十六歲守節。

周鳳林妻楊氏　二十八歲守節。同治癸酉請旌。

以上合德鄉。

黄氏二節　敕贈安人黄克勳妻樓氏,三十歲夫亡,守節潔清,不易其志,撫子成家,克孝翁姑。同治間奉旨旌表,敕贈安人。黄茂妻樓氏,二十五歲,夫亡,冰清玉潔,矢志終身,孝事翁姑,和睦妯娌,勤儉持家,撫孤成立,嘗於光緒六年出己資爲闔邑彙報節孝費。七年奉旨建坊旌表。

吴尚儲妻李氏　二十六歲守節。同治癸酉請旌。

褚希松妻陳氏　二十八歲守節。

吴榮標妻應氏　二十八歲守節。已旌。

褚鳳德妻曹氏　二十五歲守節。

周正統妻李氏　二十一歲守節。同治癸酉請旌。

監生李衍楊妻陳氏　二十七歲守節。同治癸酉請旌。

黄美慶妻樓氏　二十二歲守節。撫憲楊以“貞操冰心”旌之。

李邦恩妻章氏　二十九歲守節。已旌。

李新登妻褚氏　二十八歲守節。

褚明旭妻吴氏　二十歲守節。

李徵璧妻王氏　二十二歲守節。同治癸酉請旌。

李廷有妻陳氏　二十四歲守節。

朱廷魁妻章氏　二十四歲守節。學憲給以“清標彤管”額。

李衍科妻陳氏　二十九歲守節。同治癸酉請旌。

李廷嬌妻章氏　二十六歲守節。同治癸酉請旌。

朱安局妻章氏　二十九歲守節。學憲給以“清標彤管”額。

李汝輝妻朱氏　三十歲守節。同治癸酉請旌。

張拱菁妻李氏　二十九歲守節。同治癸酉請旌。

李瑞武妻吴氏　二十九歲守節。同治癸酉請旌。

李安郎妻應氏　二十歲守節。同治癸酉請旌。

李章勤妻吴氏　二十七歲守志。同治癸酉請旌。

章周發妻褚氏　二十八歲守節。同治癸酉請旌。

吴朝福妻陳氏　三十歲守節。學憲獎“清標彤管”匾。

陳望禎妻王氏　三十歲守節。光緒己卯請旌。

陳鰲妾蔡氏　二十五歲守志,享年八十七。同治癸酉請旌表。

武生陳品三妻胡氏　三十歲守節。光緒己卯請旌。

樓啓詞妻李氏　二十三歲守節。同治癸酉請旌。

朱正宣妻章氏　二十五歲守節。學憲給以“清標彤管”額。

李作飛妻俞氏　二十二歲守節。同治癸酉請旌。

樓加政妻黄氏　青年守志,終始不二。

章金回妻李氏　二十九歲守志。已旌。

庠生吴桂林妻王氏　三十歲守節。同治癸酉請旌。

監生李鳳翥妻應氏　二十四歲守節。同治癸酉請旌。

樓啓誥妻楊氏　二十八歲守節。光緒辛卯請旌。

陳鴻槐妻應氏　二十六歲守節,矢志堅貞。光緒辛卯請旌。

朱師模妻盧氏　青年守節,矢志終身。

陳正義妻應氏　二十九歲守節。

李徵輪妻周氏　二十三歲守節。

陳其宗妻黄氏　三十歲守節。光緒辛卯請旌。

任以儉妻周氏　二十七歲守節。同治辛卯請旌。

儒童樓啓諴妻應氏　二十八歲守節。奉旨旌表。

任啓囊妻應氏　二十八歲守節。光緒辛卯請旌。

黄子來妻胡氏　二十九歲守節。奉旨旌表。

高守欽妻徐氏　二十六歲守節。撫憲旌以"淩霜古幹"匾。光緒辛卯請旌。

范海雲妻陳氏　二十七歲守節,紡績自給,矢志不渝。光緒辛卯旌表。

厲齊山妻徐氏　二十三歲守節。光緒辛卯請旌。

吴榮恩妻張氏　三十歲守節。已旌表。

李亨謙妻盧氏　二十一歲守節。已旌表。

陳廷桂妻王氏　二十五歲守節,矢志靡他。已旌表。

陳昌金妻李氏　二十七歲守節。已旌表。

陳成郁妻章氏　二十九歲守節。已旌表。

周雙惠妻應氏　二十九歲守節。已旌表。

陳文達妻吴氏　二十七歲守節。已旌表。

一門三節　王明魁妻郎氏,二十四歲,夫亡守世。學憲給以"節比松筠"匾。王道衆妻胡氏,二十八歲,夫亡守志。王洪地妻淩氏,二十八歲,夫亡守志。學憲俱以"清標彤管"額旌之。

吴伯齡妻周氏　三十歲守節。採入浙省節孝總坊。

張拱曜妻李氏　二十七歲守節。詳請奉旨坊表。

張拱茂妻胡氏　二十四歲守節。已旌表。

吴孫豐妻應氏　十六歲守節,矢志堅貞,人無閒言。

吴朝東妻李氏　三十歲守節,躬操井臼,影隻形單。學憲給以"清標彤管"匾額。

李衍陶妻吕氏　二十九歲守節。

增生張建初妻胡氏　二十六歲守節。

庠生張拱政妻李氏　二十八歲守節。光緒辛卯請旌。

李崇訓妻應氏　十九歲守節。

李作福妻褚氏　二十八歲守節。給有"貞操冰清"額。

張拱瑶妻周氏　二十九歲守節。學憲表曰"節比松筠"。光緒辛卯旌表。

監生李廷琪妻朱氏　三十歲守節。

任大量妻吕氏　二十七歲守節。已旌表。

李廷多妻孫氏　二十七歲守節。

庠生章在含妻褚氏　二十三歲守節。光緒辛卯請旌。

李亨焰妻吴氏　二十七歲守節。

章正西妻董氏　二十九歲守節。

徐兆錫妻李氏　二十七歲守節。

褚邦揆妻樓氏　二十三歲守節。已旌。

章泰開妻李氏　二十七歲守節。

章平直妻李氏　二十六歲守節。

章之銘妻李氏　二十七歲守節。

李維華妻胡氏　二十七歲守節。光緒辛卯請旌。

庠生胡麟邦妻王氏　三十歲守節。學憲表曰"金石爲心"。光緒辛卯請旌。

胡金海妻周氏　二十六歲守節。學憲表曰“貞操冰清”。光緒辛卯請旌。

李沐妻應氏　二十八歲守志。採入浙省總坊。

李榔妻方氏　二十七歲守節。採入浙省總坊。

李恢妻柯氏　二十九歲守節。採入浙省總坊。

李聚饕妻盧氏　二十七歲守節。光緒辛卯請旌。

李徵理妻章氏　二十四歲守節。

儒童徐時星妻張氏　二十八歲守節。給有“清標彤管”額。

李大品妻應氏　二十二歲守節，孝事舅姑，人無閒言。學憲給以“節操冰清”表之。光緒辛卯旌。

陳步育妻章氏　二十八歲守節，含辛茹苦，矢志靡他。光緒辛卯旌。

王登彩妻黄氏　二十八歲守節，現年九十三。

任新印妻周氏　二十七歲守節。已旌表。

以上武平鄉。

陳定芳妻申屠氏　夫亡守節，始終不移。

鄭崇流妻陳氏　三十歲守節。光緒辛卯請旌。

黄光瓊妻吕氏　三十歲守節，孝事舅姑。詳請旌表。

吕景助妻陳氏　二十八歲守節。有“貞操冰清”匾額。光緒辛卯請旌。

盧文考妻金氏　二十五歲守節。邑令表曰“心如金石”。光緒辛卯旌。

周茂獻繼妻吴氏　二十四歲守節。儒學給以“冰霜節操”額。光緒辛卯請旌。

陳天商妻馬氏　二十五歲守節。邑令表曰“德節並嘉”。光緒辛卯旌。

陳茂蓮妻盧氏　二十三歲守節，紡績度日，誓不再嫁。光緒辛卯旌。

鄭世棠妻吕氏　二十九歲守節。邑令表曰“貞操冰清”。光緒辛卯旌。

陳尚耀妻盧氏　二十九歲守節。給有“瑶池冰雪”額。光緒辛卯請旌。

監生陳定明妻吕氏　二十九歲守節。光緒辛卯請旌。

程禮淵妻胡氏　三十歲守節,人無間言。光緒辛卯請旌。

義民黄立梧妻陳氏　二十八歲守節。光緒辛卯請旌。

陳守梧妻馬氏　二十八歲守志。光緒辛卯請旌。

陳仲亥妻胡氏　二十七歲守節。學憲獎曰“荻影霜清”。光緒辛卯旌。

武舉馬步雲妻應氏　二十七歲守節。光緒辛卯請旌。

陳啓寶妻張氏　二十八歲守節。光緒辛卯請旌。

陳正仕妻何氏　三十歲守節。儒學給以“淑慎可風”匾。光緒辛卯請旌。

陳正學妻馬氏　三十歲守節。光緒辛卯請旌。

陳仲庶妻黄氏　二十九歲守節。

孔廣居妻范氏　二十歲守節,享年八十五歲,五代同堂。光緒辛卯請旌。

鄭裕橋妻羊氏　二十八歲守節。儒學以“彤管流芳”匾旌之。光緒辛卯請旌。

葛廷海妻陳氏　二十八歲守節。光緒辛卯請旌。

陳世選妻楊氏　二十歲守節。

以上孝義鄉。

烈

宋

杜氏女　宣和庚子,方臘倡亂,所在嘯聚,有悍賊輩謁杜氏門大言:“爾以女遺我,否則滅汝宗。”舉家驚泣。女曰:“無恐,以一女易一宗,奚不可?”賊歡笑以俟。女乃沐浴盛飾,既而潛縻帛於梁,而圈其下,度不容冠,抽去之,籠其首,整髮復冠,乃死。家人惶遽號泣,賊聞之,亦驚去。陳龍川爲作傳,贊曰:“方杜氏之不屈於賊以死,猶未足難也。獨其從容整冠,無異於子路之結纓,是其難也。雖古烈女,何以加焉!”傳見藝文。

陳氏長女　宣和辛丑,官軍討賊,所過乘勢剽掠。邑富室陳氏有二女,併爲賊執,植白刃於傍,脅之曰:“從我,妻之。否,且死!”其長女神色自若,掠髮伸頸,厲聲曰:“請受刃。”被砍而死。陳龍川爲傳其事,贊曰:“世之人斥人者,必曰兒女態。陳氏之態,亦兒女乎?”傳見藝文。

章氏二烈婦　章侯妻應氏,其姒周氏。方臘之亂,村莊咸走避。應病足,與十歲兒居。其姒亦歔欷不忍去。應曰:“吾以足病,死,命耳。姒宜急避。”周曰:“生死同之,何避焉!”未幾,賊入,應、周俱遇害。當殺應時,兒泣謂賊曰:“殺我,無殺我二母。”賊併殺之。宋太史濂爲傳其事,贊曰:“婦姑勃磎者有矣,况娣姒乎! 娣姒不相能者有矣,况與之同死乎! 永康二婦,何其賢也!”

應復祖妻徐氏　夫亡之明年,猝罹外難,不屈而死,時宋景炎丁丑十一月十有四日也,年甫二十有三。

明

吕元明妻朱氏　括郡吴英七等聚衆爲亂,元明舉義兵討賊,有功。時臺官受賊賂,令宣差召而殺之,子堪亦被害。朱乃借助於東陽陳顯道,追至途中,擒宣差還,就夫靈生取其心以祭。義烈之聲震天下云。

胡蓋妻陳氏　正統己巳,括寇掠境,陳氏携子自外家歸,道遇寇。以刃加其頸,曰:“從我,不死。”陳紿之,曰從。拽之前行,至塘濱,棄子於岸投水死。

李淳妻盧氏　嫁二載而淳亡,一男一女相繼夭。李宗咸迫其再嫁。歸依母家,弟亦迫之。盧度不免,乃紿之曰:"吾所以不從者,夫子亡未薦,服飾未備耳。"衆以爲然。乃潛治自己衣衾喪具。及期,置夫神主哭祭之,夜自縊而死。

周烈女　幼字鮑勤。其後鮑家日替,父二三欲改嫁之,女曰:"大人曾許鮑家乎?"父曰:"然。"曰:"然則奈何以貧富易心? 縱死,不敢從命。"有陳姓者,恃勢脅娶,女聞,自投於水。母救,不得死。脅者愈急,遂縊而死。

程浪妻朱氏　名妙禄,年十八歸浪。未一月,浪游學南都,行至句容,遘疾亡。柩回,朱日夜號慟,誓不再嫁。有黄姓者欲娶之。朱泣告舅姑曰:"烈女不更二夫。願終吾志。必欲嫁我,惟有一死。"舅姑不聽,潛許黄矣。朱聞,拊夫柩大哭。其夕沐浴更衣,自經死。郡守劉蒞以其事奏,詔表其門。

吕烈女　名主奴,一名淑。適李汀。汀溺死,慟哭仆地,水漿不入口數日。舅姑憐其少寡,强之更適。吕聞,密縫白衣裙,搇其手足,夜分秉燭,赴汀溺所死。是夜風雨,燈光不滅。後督學張按郡夜坐假寐,見白衣女子遍體淋漓,作聲曰:"淑!"行查八邑,至永得之。奏請,奉旨建坊。立祠山川壇側,有司歲時致祭。

程章甫妻黄氏　年十七歸程。三年而章甫卒,即翦髮繫夫手,誓同死,遂絶飲食,蓬首垢面,依夫像號泣,淚盡,繼之以血而死。

庠生胡萬安妻盧氏　夫亡,氏誓同穴。家人防護甚密,遂翦髮毁容,足不逾閾。既而有議再醮者,氏泣曰:"吾所以不即死,以舅姑在堂、夫柩未厝故也。苟爾,又何生焉?"日夜慟哭,不食而死。

王世慶妻應氏　年二十寡,避寇青山口,聞警,赴水没。女覓其屍,死袴皆結如密縫,人異之。

恭人楊氏　周鳳岐繼室也。崇禎癸未,鳳岐殉難澧州,時恭人留金華郡城。及城陷,恭人曰:"吾夫已死於難,吾輩肯視息偷生乎!"遂率婢僕縱火自焚而死,一時殉節者,僕劉小四、文童等共十餘人。

國　朝

童懋嘉妻徐氏　順治甲申,賊掠村莊。氏從夫負姑出避,道遇賊,被執,驅迫以前。不從,賊殺其夫以脅之,氏遂投水而死。賊駭散,姑乃獲全。

庠生程懋銓妻徐氏　年二十,順治乙酉,寇至。聞有被污者,閉户自刎死。有司旌其門曰"幽貞奇烈"。見封贈。

項文全妻陳氏　字三姑。椒川陳良季女也。年十六歸文全。逾二歲,舉一子。既而歸寧,適山寇剽掠,氏抱子走匿於大坑塢,卒遇賊,不屈。脅之以兵,亦不從。强挾馬上以行,氏奮身墜地者三。至楓坑口,紿賊曰:"此吾母家也。幸釋我,得見父母,而甘心焉。"比下馬,觸石而死,子亦遇害。越日,父覓得其屍,面如生時。順治丙戌七月六日也。

應叔卿妻胡氏　順治戊子,土寇掠境。氏聞警,恐污,赴池水死。時六月二十有四日也,年甫二十有七。

王所推妻陳氏　順治戊子,土寇所過焚掠。氏歸依母家,方飯,而群寇猝至。氏倉皇出避。寇見之,彎弓呵曰:"止則生,不則死。"氏即赴池中死,時六月一日也。寇退,夫殮其尸,當盛暑,顔色如生。

吕鳴道妻朱氏　順治戊子,土寇焚掠村莊。氏聞警走避,中途爲賊所執,脅之以刃,不從,迫之前行,至河畔,赴河而死。

吕良梧妻黄氏　順治戊子,土寇掠境。爲盗所虜,欲污之,不從。驅迫前行,遂投水而死,時年二十有三。

王三輔妻胡氏　秉性幽貞,不妄言笑。康熙甲寅,閩寇掠永,衆皆星散。氏恐被污,遂死之。

節烈二虞氏　庠生徐士霽妻虞氏,名登,二十二歲,夫亡,矢志貞守。繼叔子璜爲嗣,聘女侄枝淑爲媳,育一女。淑年十九,璜又亡,號慟絶食,誓以身殉。姑以婦有遺腹,力勸之。逾月生男。兩孀零丁孤苦,歷十有二年,男女又相繼亡。淑遂自縊,年三十。姑亦卒,年六十三。撫院陳疏請于朝,部文以節婦虞氏登合格,而烈婦枝淑與《會典》不符。總督李題云"虞氏枝淑初爲遺孤,忍死以全嗣,後爲子殤,捐身以殉。夫節烈之志,始終不渝,均堪矜尚"等語。奉特旨依議。康熙十七年建雙節坊于邑西門。

胡良盛妻盧氏　年二十一,夫亡,撫孤貞守。遇寇至,以投水獲免,五十餘年完節。其孫胡明睢妻黄氏,配二載,夫亡,遺孕得子,又亡。或諷之改適。黄泣曰:"我前不死,爲此孤耳。今孤亡,何生爲!"遂密縫遍體衣,夜自經死。一門節烈,學使者張給匾特獎。

胡烈女　徐明濟聘妻也。年十八,未嫁而明濟以病夭。訃聞,女立脱簪珥,哭請於父母,願奔喪。父不許,其姻親又百計阻撓之。女憤甚,即入室自髡其髮。其母見之,抱其首而哭。女蒙被悲啼不顧,進以水漿,亦不内。其家慮他變,防之甚密。歷七日,終不食而死。徐氏聞而義之,遂迎其櫬,與明濟合窆焉。當道表其墓曰"奇貞"。

程崇泮妻吴氏　年二十,夫亡。秉性貞淑,家貧乏嗣,親族不諒厥志,勸令再醮,通媒具聘,議婚期於元宵。吴廉知其情,絶不露聲色,與諸姒握手言别,若甘心他適者,人亦不之察。迨是夕已,雉經而逝。

潘烈女　還金守基之女孫也,名玉姑。幼許字徐灝,性端静,知大義。年八歲,母病,晨夕扶侍,不解帶者五年。年十七,灝以中漆毒暴亡。女聞力請奔喪,父母以其未歸也,堅不允。女即登樓,欲自墜以殉。父母救阻之,不得死,乃扃户禿髮,晝夜悲啼,不食而卒,歷二日夜,目不瞑。母撫尸而哭曰:"得毋欲與灝同穴乎!"乃瞑。遂迎灝棺同窆焉,距灝卒之日纔二十日也。知縣金臺姬肇燕爲之傳,立表其墓曰"香閨列士"。傳見藝文。

程德福妻陳氏　年十六適程。甫一載而夫亡。時舅姑已歿，遺腹生子，矢志撫守，歷七載，夫之祖以身老孫幼且家貧，慮氏不克終也，許聘吕氏子，婚有日矣。氏知難挽，遂祭奠其夫，入室扃户，沐浴更衣，密縫下衵，從容自經死。康熙五十五年具題，奉旨建坊旌表。

徐聖鳳妻童氏　性貞潔，以禮自持。有强暴某，瞰氏夫他出，入室欲犯之，堅拒不從，大呼望救，遂遇害，時年二十有九。康熙丁酉獄成，以全節殞命具題，奉旨建坊旌表。

葉正輝妻應氏　芝英鼎善女也。適正輝，方數月，夫爲虎傷。氏奉湯藥，傅瘡灼席，月餘不倦。及死，哀痛毁瘠，矢志守節。姑因其早寡，將改嫁之。女知，密縫裙裾，夜赴池水死。知縣張啓禹表其門曰“節烈”。

胡球玉妻吕氏　年十九，夫亡，撫遺孤以守。家人以其年少，勸令改適，不從。後有希圖奪節者，恃勢强求。氏泣曰：“既污吾耳，又欲玷吾身，貪生何爲！”夜閉户悲啼，自縊而死，時年二十有四。

吕國成妻應氏　芝英維殷女也。年二十有二，夫亡，遺孤在抱，竭力撫育。已而遺孤亦歿，泣曰：“吾所以不即死者，祇爲吕氏一塊肉耳。今復何望！”遂絶食而死。道府表其門曰“貞烈”。

胡正蘧妻王氏　年二十，夫亡。氏抱屍號慟，幾絶者數四。翁姑泣諭之，氏徐曰：“姑俟終喪。”後三年，晝夜哭泣，家人百端勸慰，不從，遂絶粒而死。聞者咸推爲貞烈。

程家浦妻施氏　年二十三，夫亡，立志守節，無子。或勸再醮，甫經議，闔户自經。當事具詳，建坊旌表。乾隆甲午奉主入節孝祠。

應福德妻王氏　幼歸福德，姑早喪，年十九，夫亡。家貧乏嗣，形影相弔，誓不欲生。越月，遂投水而死，時嘉慶庚申八月十一日也。

景思韜妻周氏　仙居人。幼適思韜，生一子，而思韜以疾卒，家赤貧，盡典衣飾以葬之。其家以其年少，逼令改適。氏乃扃户撫孤而哭曰：“吾所以不死者，只爲此一塊肉耳。今若此，尚可偷生乎！”居無何,子驚啼,破户視之,已自縊而死矣。

陳士暉妻朱氏　夫患瞽,家貧,紡織以養。有欲妻之者,啗以重聘,夫爲所惑。氏知之,密縫襟袵,赴水死,時年二十有三。知縣易以"冰玉清徽"匾奬之。

施仁遠妻張氏　少仁遠二十一歲,家貧無子。夫病,氏針紉傭力以食其夫,極愛敬。比夫死,氏年猶壯,閉户號慟失聲,伴屍卧,不忍易狀。既葬,回家沐浴更衣,暗至石橋,墜流而没。衆覓之,行里許,見屍横夫墳前而止,咸謂烈氣所感,聞者異焉。

陳際雲妻柳氏　年二十七,夫故。越一日,伯又繼逝。家壁立。氏貸於族中以葬之。家有利其嫁者,示以意。氏泣謂所親曰:"一馬不被兩鞍。欲予再嫁,有死而已。"後逼之,遂赴水而死。

應兆潘妻俞氏　年二十五,夫病不食,氏亦不食。及亡,氏號慟幾絶,遂携其遺孤與女至姑前跪而哭曰:"翁姑有伯叔奉養,遺孤有翁姑可托。兒不獲終侍左右矣。"姑知其情,急遣人迎其母勸慰之。未至,而氏已自縊而死。聞者義之。

以上前志。

徐烈婦　名宗愛,字絳雪。嵊縣教諭吴士騏女,庠生明英妻也。工詩律,善字畫。康熙間,紿賊舍生,保全一邑。著有《緑華草》《六宜樓詩集》。詩、傳詳見藝文。許楣《傳略》:康熙十三年,耿精忠叛於閩,僞總兵徐尚朝寇浙東,陷處州,犯金華。六月,游兵至永康,邑人麏竄。尚朝令人宣言曰:"以絳雪獻者免。"時絳雪已寡,聞亂匿母家。絳雪之幼也,慧甚,多藝能。九歲通音律,十餘歲,父教令作詩,詩輒工。嘗代父與同年生倡和,服其精當,已知爲小女子作也,乃大驚善。寫生間作設色山水,皆有致。繡回文詩鏡囊,見者歎雙絶。既寡,猶盛年,以才故,艷名尤噪。尚朝嘗官浙東,故稔知之。至是衆議行之以紓難,勢洶洶。絳雪念徒死,將貽桑梓憂,乃慨然曰:"未亡人終一死耳。行矣,復何言!"賊得絳雪喜,即出境,以兩騎翼絳雪行甚謹。

至三十里坑，絳雪度賊且止營，紿騎下取飲，投崖死。或曰：其地近溪口，下有潭，絳雪蓋投潭内死云。吴越康《序略》：余宦永康，訪得徐烈婦殉節事，乞名人爲作傳，且播諸管弦以表彰之。既傳絳雪之烈，因以傳絳雪之才，則詩又烏可以不傳，乃取王氏重刊本，屬海鹽陳孝廉其泰校勘，序而梓之。絳雪兼工繪事，其父娶邑東之芝英莊應氏，故至今猶藏有絳雪書畫。嘗從應榆亭茂才乞得"杏林春燕"小册，設色精絶，書法酷似董香光。《燃脂續録》：閨秀吴絳雪，清詞麗句，目不暇賞。如《送人北上》云："雪高添嶽色，冰壯失河聲。"《元夜》云："笙歌地覺春如海，鐙火人忘月在天。"《送外弟》云："夕照桑麻新鷺堠，春風桃李舊鱣堂。"《春日漫興》云："寒食烟新官柳緑，飼蠶天近女桑穠。"《憶外》云："貧家蔬筍憐佳節，驛路風波阻遠人。"《贈某世弟》云："貧笈曾稱高足弟，閉門重著等身書。"《送外云》："遠志誰人呼小草，荷花自昔號夫容。"《暮春》詩云："社燕將雛花漸落，晴鳩呼婦甚初紅。"皆膾炙人口，艷絶一時。《國朝詩别裁集》初刻一卷之末，有合肥龔尚書題絳雪畫册，詩云："賣珠補屋意高閒，萬疊煙霞擁玉顔。想像亂峰晴雪裏，自臨眉黛寫青山。"沈尚書評云："其人品高潔，可知林下之風，不止閨房之秀。"《圖繪寶鑑》："絳雪工畫花草翎毛，著色山水亦佳。"章汝銘曰：予在嘉善時，於龔太守筵上和《鷓鴣天》詞，一夕中得十數首。次日，吴教諭贈予詩云："詞人按板稱三影，文士濡毫擅八叉。"前繫小序，用駢體，中有云："吟詩希逸，兒郎擅風月之名；泛水元真，奴婢悉漁樵之選。"全篇典麗稱是。余愛玩不忍釋手。及詢之，乃知其女代作也。女名絳雪。教諭有三女，俱能作詩，此其最少者。張南士曰：女史吴絳雪，淑而多才，早寡，抱姊子爲繼。作詩云："子易陰陽柏，榮分姊妹花。"案《太平清話》，宋高宗時，高麗國進陰陽柏一株，僅二尺許，每歲左華則右實，右華則左實。以"陰陽柏"對"姊妹花"，工巧絶倫。又七律云："人誇似舅同無忌，我羡生兒讓莫愁。"案莫愁有二：梁武帝歌云："河中之水向東流，洛陽女兒名莫愁。莫愁十三能織綺，十四采桑南陌頭。十五嫁爲盧家婦,十六生兒字阿侯。”此莫愁與妓名莫愁者迥别。以之對《宋書》何無忌,典巧不纖。晚唐詩:“西園公子名無忌,南國佳人字莫愁。”推爲千秋巧對,此亦以無忌、莫愁作對,而另有二人,真天造地設也。見《兩浙輶軒續録》。按,吴絳雪才德並著,節烈獨奇,少以詩畫鳴於時,致令耿逆僞帥聞名必欲致之。邑人遂謀以紓難。此其大不幸也。前康熙間沈志未之載者,以國朝定鼎,戡亂致治,教化維新。和戎之謀,當事所諱,故沈華亭諱之。至分修諸士,自以士民爲苟免,無丈夫氣,亦諱言不載。厥後道光丁酉,仍循沈志。然而節烈之氣,動天地感鬼神,潛德幽光,有積久彌彰、歷劫不磨者。昔在康熙,與絳雪同時者,有卅里坑項安山紀其椒坑殉節事甚詳。安山居與椒坑接壤,必得其實。乾隆時,沈尚書歸愚著《今詩别裁集》,評龔芝麓題絳雪詩册,以絳雪爲高潔。後又經彭剛直、許農部、俞太史、吴二尹諸名公,記載精詳。越至今日,潘學憲採《輶軒録》,又以絳雪冠閨秀之先。凡有識者,莫不知而交稱許之,絳雪得以大顯於世。今届修志採訪,衆口一詞,故特拈此,補入烈中,附潘學憲《輶軒續録》後。今兹閤邑公稟具詳奏請旌表。

監生胡洪魁妻姚氏　咸豐辛酉,賊逼,不從,即墜崖而死。同治間詳請。

呂炳照妻李氏　罵賊不從,被殺,時年二十五歲。見《忠義録》。

徐開朗妻郎氏　賊逼不從,被殺。

徐永普妻倪氏　賊至,屋後有塘,投之而死。見《忠義録》。

陳錫傑妻應氏　遇賊投水死。見《忠義録》。

監生徐金鳴妻盧氏,側室樊氏　賊至,仝殉難。見《忠義録》。

翁長壽妻朱氏　同治壬戌賊至殉難。見《忠義録》。

歲貢樓岑妻朱氏　見夫被害,遂投水死。見《忠義録》。

柯梵音妻傅氏　賊至,自刎而死。見《忠義録》。

王永金妻黄氏　十八歲,賊逼不從,殺害。

徐英蘭妻胡氏　遇賊殉節。見《忠義録》。

梅景亮妻徐氏　同治壬戌，賊至殉節，時年二十二歲。

章廷亨妻陳氏　賊至殉節，時年二十一歲。

徐國衷妻盧氏　遇賊殉難。

章龍興妻樓氏　咸豐辛酉，遇賊殉節。

鄭昌來妻樓氏　遇賊不從，殉難。

章希高妻方氏　遇賊殉難，時年二十四歲。

監生徐英集妻李氏　遇賊殉難。

章崇苗妻徐氏　賊至殉節，時年二十八歲。

程安隆妻吴氏　遇賊殉難。

徐金斗妻吕氏　賊逼，不從，見殺。

徐式松妻王氏　賊至，投水死。

胡夢齡妻徐氏　遇賊殉節。見《忠義録》。

徐兆法妻方氏　賊至，抱子投水。

徐錫瑚妻應氏　同治壬戌，遇賊，投水死。

鄭志清妻王氏　賊至，投水死。

曹永對妻應氏　遇賊，投水死。

徐阿興妻王氏　賊至殉難，時年二十二歲。

徐丙炎妻傅氏　遇賊殉難。見《忠義録》。

徐新隆妻朱氏　賊至殉難，時年二十二歲。

王文云妻陳氏　遇賊殉難。

徐永芳妻吕氏　遇賊，抱子投水死。

舒祖奇妻朱氏　遇賊不從，殉難。

舒周法妻王氏　遇賊，投水死。

陳光禄妻翁氏　遇賊，投水死。

陳昌喜妻金氏　賊至，與媳仝子俱投水死。

陳雙根妻王氏　遇賊，投水死。

陳李蔡妻李氏　遇賊不從,殉難。

陳錫稑妻徐氏　咸豐辛酉,遇賊殉難。

潘陳基妻林氏　賊至,投河死。

陳樹瓊之女大姑

姚纏奎妻陳氏　賊至,殉難。

單金聚妻徐氏　同治壬戌,賊逼不從,墜崖而死,時年二十四歲。

姚占薰妻林氏　見《忠義録》。

姚占椿妻成氏　同子大官、二官俱殉。

胡洪魁伯母徐氏

胡洪甲妻姚氏

陳昌奠妻潘氏

翁長壽妻朱氏　遇賊殉難,時年二十四歲。

以上義豐鄉。

馬紹川妻徐氏　遇賊,不屈而死。見《忠義録》。

牟藩祝妻李氏　賊逼,不從,被殺。

范松廳妻朱氏　遇賊投水死。見《忠義録》。

牟開臺妻金氏　賊逼,不從,殉難。

潘喜東妻倪氏　遇賊殉節。見《忠義録》。

謝祖斌妻徐氏　見《忠義録》。

潘國崇妻徐氏　不從賊,見殺。見《忠義録》。

謝朱發妻劉氏　遇賊殉難。

葉發登妻方氏　賊至,抱子殉難。見《忠義録》。

翁承歡妻徐氏　遇賊殉難。

金象培妻梅氏　不從賊,見殺。見《忠義録》。

孫進旺妻徐氏　見《忠義録》。

金象有妻方氏　遇賊投水死。見《忠義録》。

童儒相妻潘氏　遇賊殉難。

金國勳妻周氏　遇賊不從而死。見《忠義録》。

姚景端妾沈氏　遇賊被害。

王大武妻樓氏　賊至，抱女投水。見《忠義録》。

方進學妻金氏　遇賊，不從，殉難。

方開旺妻陳氏　遇賊，不從而死。

副貢姚作濬妻陳氏　遇賊而殉。

姚方興妻章氏　遇賊殉難。

金道珠妻朱氏　遇賊，死之。

王曰書妻樓氏　賊逼，不從，殺害。

金發琳妻徐氏　遇賊，殉節。

樓廣與妻王氏　遇賊，投水死。

金起進妻徐氏　賊至，殉節。

樓邦貞妻徐氏　賊至，不屈而死。

金文明妻章氏　賊至，不從而死。

金象祝妻程氏　賊至，殉節。

金承嵩妻湯氏　賊至，不屈而死。

金承法妻吴氏　賊至，殉節。

金承皋妻徐氏　賊至，殉節。

章羲高妻方氏　遇賊，不從而死。

范老諫妻洪氏　賊至，殉節。

謝儒業女　遇賊，不從而死。

金氏是娘　賊逼，不從，而死。

李載愬女采蕙、采芝　遇賊，不從而死。

方天賜女貝娘　賊脅，不從，而死。

潘小婦妻方氏　賊至，殉難。

蔣丹娘　賊逼，不從，而死。

徐永有妻裘氏　遇賊殉節。

應聚法妻方氏　賊至，殉難。
應金理妻方氏　遇賊殉節。
應喜兆妻胡氏　遇賊，不屈而死。
應日琴妻方氏　遇賊殉節。
應開照妻方氏　遇賊殉難。
姚良寶妻王氏　遇賊殉節。
梅徐鑲妻潘氏　遇賊殉節。
潘陳球妻胡氏　遇賊殉節。
應成魁妻田氏　遇賊殉節。
潘宗有妻馬氏　遇賊殉節。
潘永祥妻邵氏　見《忠義録》。
以上長安鄉。
周如壽妻徐氏　賊至，投水死。見《忠義録》。
陳桐孫妻胡氏　遇賊殉難。見《忠義録》。
周祖蔭妻李氏　遇賊不從，而死。見《忠義録》。
錢雲燈妻顏氏　遇賊殉難。
童正洪妻陳氏　遇賊殉節，時年十六歲。
徐金川妻吕氏　遇賊，不從，殉節。
胡金坦妻徐氏　遇賊殉難。
陳王印妻胡氏　遇賊，不從，投水死。
陳爾盛女　適武義，回母家。賊至，抱嬰投水而死。
以上承訓鄉。
吕金滿妻陳氏　遇賊殉難，年二十一歲。見《忠義録》。
吕軼群妻黄氏　賊至，投水死。見《忠義録》。
徐景湖妻吕氏　遇賊，投水死。
胡景德妻黄氏　遇賊，不屈而死。見《忠義録》。
徐景仙妻陳氏　遇賊殉節。

呂阿喜妻黄氏　賊至殉難,二十一歲。見《忠義録》。
王阿富妻夏氏　遇賊不從,被殺。見《忠義録》。
陳福游妻王氏　遇賊,投水死。
呂崇奎妻胡氏　遇賊不從,被殺。見《忠義録》。
徐啓義妻呂氏　遇賊,不從而死。
李春多妻邵氏　賊逼不從,被害。見《忠義録》。
林仁舒妻王氏　遇賊,投水死。
庠生呂鴻妻王氏　賊逼,不從,被殺。見《忠義録》。
林焯成妾謝氏
呂新水妻　氏　駡賊不從。見《忠義録》。
呂國漣妻李氏
武生呂文龍妻李氏
呂文瀾妻胡氏　守志不渝。
林良滿妻應氏　同子國進殉難。
武舉林擷芳妻盧氏　賊至殉節。光緒辛卯請旌表。
王家鳳妻施氏
陳王印妻胡氏　遇賊殉難。
以上昇平鄉。
施孝兹妻夏氏　聞夫被擄,遂投水死。
鄭洪渭妻陳氏　駡賊被殺。見《忠義録》。
呂秉督妻俞氏　賊至,同夫赴水死。
施孝坦妻李氏　遇賊不屈,投水而死。
呂周南妻杜氏　駡賊,被殺。
呂泰運妻徐氏
以上太平鄉。
鄭國良妻董氏　賊至,自刎而死。
朱尚笏妻胡氏　遇賊殉難。

周鳳怡妻胡氏　賊至,不從,被殺。

周有相妻吳氏　賊至,投水死。

胡元泰妻吕氏　賊逼,毒死。

王望榻妻胡氏　賊至,投水死。

胡元藻妻盧氏　賊逼,投水死。

王文祖妻吳氏　賊至,投水死。

胡自鏡妻鮑氏　遇賊不屈,投水死。

王志美妻　氏　賊至,投水死。

陳炳箱妻王氏　賊至,投水死。

胡錫權妻吕氏　賊至,投水死。

夏小那妻程氏　賊至,抱女投水死。

胡斯江妻王氏　遇賊不從,投水死。

朱思豪妻周氏　賊至,投水死。

胡必錢妻吕氏　賊至,投水死。

吕正静妻胡氏　殺死。

胡斯含妻朱氏　遇賊,不屈而死。

胡斯緒妻鮑氏　賊至,投水死。

朱尚好妻施氏　賊至,投水死。

胡元書妻吕氏　殺死。

任式章妻吕氏　賊至,投水死。

胡坤妻吕氏　駡賊,被害。

以上見《忠義録》。

吕仲起妻胡氏　同媳正耕妻許氏,同治壬戌,遇賊俱投水死。

胡肇瑶妻程氏　同治壬戌,遇賊殉難。給有"貞操冰清"額。

胡際彬妻章氏　遇賊殉難,見《忠義録》。

從九胡香洤妻吕氏　遇賊殉難。

夏張福妻吕氏　遇賊,不從,而死。

胡洪林妻陳氏　同治癸亥,遇賊殉難。

任以克妻夏氏　同治壬戌,遇賊殉難。見《忠義録》。

孫金堆妻胡氏　賊逼,投水死。

庠生黄紹瓊妻胡氏　駡賊,被殺。

夏思連妻胡氏　賊至,投水死。

顔金美妻葉氏　聞夫被擄,遂投水死。

監生朱嘉林妻吕氏　賊至,抱子投水而死。

夏法川妻程氏　賊至,投水死。

朱廷謙妻高氏　賊至,投水死。

吕正藩妻胡氏　遇賊,殉難。

吕正涓妻高氏　咸豐辛酉,遇賊殉難。

陳崇滿妻胡氏　同治壬戌,殉難。

吕正潘妻俞氏

酈洪運妻應氏　賊至,投塘死。越數日,出其屍,上下衣褲皆有線密密縫之,聞者莫不嗟敬。

朱歸業妻吕氏　同治癸亥,遇賊,投水死。

朱美延妻陳氏　遇賊,不屈而死。

胡自勉妻吕氏

以上義和鄉。

桃溪胡氏二烈婦　一杭協營千總胡鳳標妻盧氏,事舅姑以孝,處妯娌以和。同治元年七月初三,賊至,氏投水死。一庠生胡鳳韶妻王氏,事姑以孝,同治元年七月,見夫死、子死,一慟幾絶,痛心泣血,誓以身殉。殯殮後水漿不入口者數日,形容銷毁,延至八月十七日絶命,時年二十八歲。同治七年五月,撫憲李奏於朝,奉旨旌表。

胡茂森妻應氏　遇賊,不屈而死。

應純琪妻池氏　賊至殉難。

胡顯鸞妻吴氏　賊至,投水死。

應大序妻范氏　遇賊,不從而死。

應崇道妻吕氏　賊至殉難。

應金妹妻任氏　遇賊,不屈而死。

應瑞周妻周氏　咸豐辛酉,遇賊殉節。奉旨旌表。

應毓潮妻程氏　遇賊不從,伸頸受傷而死。

周崇合妻楊氏　賊至殉節。

胡瞻宣妻李氏　同治壬戌七月,賊至,投水死。奉旨旌表。

胡嵩歲妻應氏　素明婦道。同治壬戌十月,翁考宜遇賊不屈,氏在傍痛駡不去,並罹于難。

周有方妻李氏　遇賊不從,赴水死,半月面如生。

吕金旺妻應氏　遇賊不從,殉節。

胡茂全妻應氏　遇賊殉節。

應崇頂妻王氏　遇賊,不屈而死。

胡成玉妻鄭氏　遇賊,不屈而死。

應毓茶妻吕氏　遇賊,不從而死。

應法希妻胡氏　遇賊,不從而死。

從九應起升妻胡氏　駡賊,殉節。

黄永隆妻程氏　遇賊殉難。

應福時妻王氏　遇賊殉節。

黄廷滿妻任氏　遇賊殉難。

盧來興妻應氏　賊至殉難。

駱光壎妻陳氏　遇賊,不屈而死。

庠生駱如麟妻胡氏　駡賊被害。見《忠義録》。

庠生應汝霖妻章氏　同治壬戌,賊至殉節。奉旨旌表。

胡成良妻應氏　與弟成主妻鄭氏同時遇賊投水殉節。

陳思雨妻徐氏　殺死。見《忠義録》。

應祝年妻王氏　同治壬戌,駡賊殉節。奉旨旌表。

應瑄周妻周氏　咸豐辛酉,賊逼殉難。奉旨旌表。

監生駱焕文妻樓氏　罵賊被殺。見《忠義録》。

盧興隆妻胡氏　賊逼不從,墜樓而死。

應崇榜妻章氏　賊至殉節。奉旨旌表。

胡雨良妻李氏　賊至,投水死。

胡洪奇妻徐氏　賊至,投水死。

盧崇球妻林氏　遇賊,不從而死。

胡鳴鏘妻徐氏　賊至,投水死。見《忠義録》。

鄭成祖妻李氏　賊至,投水死。

杜樂嬌妻胡氏　罵賊殉節。見《忠義録》。

徐俊偶妻顧氏　遇賊殉難。

盧鴻照妻胡氏　賊至,投水死。

應崇淮妻胡氏　賊至,抱子投水死。

應志波妻胡氏　同媳節婦遇賊殉難。

程禮絲妻胡氏

應雙成妻陳氏　遇賊,投水死。

胡洪擢妻張氏

應志槐妻池氏　同治壬戌,賊至殉難。崇祀節孝祠。

應繼曾妻王氏　遇賊不屈而死。詳請建坊入祠。見《忠義録》。

飲賓黄陳倉妻胡氏　殉難。

胡載高妻陳氏

胡道簡妻黄氏

胡敬義妻程氏　罵賊而死。

胡德福妻施氏

李志府妻周氏　賊至,投水死。

庠生黄紹瓊妻胡氏

陳思財妻金氏　賊至,抱女赴水殉難。

陳思玉妻應氏
陳學橙妻朱氏　賊至,投水死。
胡德錢妻應氏
應志柱妻樓氏
從九應學瀇妻程氏　賊至,投水死。見《忠義録》。
應崇譜妻吕氏
胡能立妻程氏
以上游仙鄉。
章貴祥妻李氏　賊至殉難。見《忠義録》。
郎連福妻周氏　賊至,投水。見《忠義録》。
章貴員妻周氏　賊至,投水死。見《忠義録》。
范其月妻陳氏　遇賊殉節。見《忠義録》。
楊經滿妻金氏　賊至殉難。見《忠義録》。
陳洪貴妻孫氏　罵賊殉節。見《忠義録》。
王敦貴妻徐氏　賊脅,不從而死。
俞觀星妻應氏　賊逼,不從而死。
俞崇啓妻黄氏　賊逼,不從而死。
周國清妻金氏　罵賊殉節。
周金有妻楊氏　罵賊殉節。
盧成顔妻楊氏　賊至,投水死。
胡龍求妻王氏　賊至,投水死。
章漢星妻華氏
章貴瑗妻范氏　賊至,投水死。
章富賢妻徐氏
陸正時妻應氏
范阿海妻徐氏
王廷蘇妻林氏　三十歲守節,後罵賊殉難。

以上合德鄉。

莘野李烈婦二徐氏　二徐氏者，莘野李亨迪妻，一則迪嫡侄李昌五妻也。壬戌正月十八日，二徐之被虜也，其同堂伯叔亨青亦在虜中。時二女飲泣，隨賊隊行。行時密相謂曰："賊不殺我，將辱我，我與汝盡。今日中得速死爲幸矣。"未幾，至川塘元灣，見路旁有塘，水深且溢，遂相繼踴躍投没水中。賊既退，家人旋里，亡二徐。渠翁若姑哭曰："以二氏之質之賢而肯從賊者耶？不從賊必死。"亟踪迹之，卒不獲。於時爲存爲殁，且訝且疑，惟有付之悼嘆而已。及四月初三日，則同虜之伯叔青自閩逃回，至家白二徐之死，家人始駭且痛，往覓其尸，得之塘中。時距死之日幾八旬矣，而尸則神色不變，肌肉猶生。見者乃咸驚異，嘆曰："吁！貞烈之英，固如是夫！"見《浙省忠義録》。

吴邦綱妻李氏　遇賊，不從被殺。

周有方妻李氏　遇賊，投水死。

張建楷妻陳氏　賊至，投水死。

吴文武妻張氏　年七十餘，駡賊殉難。

張拱薇妻倪氏　賊至，投水死。

應鳳丹妻陳氏　賊至，投水死。

朱福嚮妻　氏　賊至，投水死。

徐春有妻應氏

任濟育妻董氏　賊至，投水死。

陳安匡妻應氏　遇賊，墜崖而死。

李聚培妻徐氏　遇賊，不屈而死。

庠生樓式金妻黄氏　賊至，投水死。

李聚儀妻姚氏　殉難。奉旨入祠。

樓孝德妻黄氏　賊至，投水死。

周老統妻李氏　遇賊殉難。

庠生樓瞻衡妻應氏　賊至殉難。

吴曾達妻李氏　遇賊,投水死。

李大元妻陳氏　駡賊不止,自刎而死。

吴朝擇妻李氏　賊至,投水死。

黄高印妻李氏　賊至,投水死。

李徵雙妻俞氏　賊逼,不從而死。

李崇墨妻馬氏　賊至,投水死。

李徵雍妻楊氏　賊至,母子俱投河死。

李景池妻陳氏　助夫殺賊而死。

厲大珍妻樓氏　賊至,投水死。

李聚鍾妻胡氏　奉旨入祠。

徐伯松妻姚氏　賊至,投河死。奉旨建坊入祠。

李芳畇妻周氏

盧騰蛟妻李氏　遇賊殉難。

李逢敏妻章氏　遇賊,不從而死。

盧掌鐃妻李氏　不從賊而死。

李文焕妻胡氏　駡賊被殺。奉入祠。

陳金球妻李氏　賊逼,不從而死。

李開來妻周氏　賊逼,不從而死。

陳宗珠妻周氏　遇賊殉難。

以上見《忠義録》。

李朝發妻胡氏　賊至,投水死。

監生李春光妻胡氏

李衍陵妻章氏

陳昌登妻吴氏　賊至,墜崖而死。

州同李聚蓮妻吴氏　賊逼殉難。奉旨入祠。

監生李亨光妻胡氏　賊至,投水死。

任熊妻郎氏

樓椿妻應氏
曹亨江妻李氏　賊逼不從，墜崖而死。
周國禮妻李氏　罵賊，不從而死。
任以正妻俞氏　賊至，投水死。
烈女章氏　蓮花井人。奉旨建坊入祠。
樓瞻華妻章氏
李新忠妻章氏　賊至殉難。奉旨旌表。
李芳榮妻周氏　賊至，投水死。
李福亨妻陳氏　賊至殉難。奉旨旌表。
徐若海妻高氏　賊至，投水死。
李祖起妻陳氏　賊至，投水死。
黄尚定妻周氏　賊至，投水死。
張拱鄒母李氏、妻徐氏、子媳徐氏　俱殉難。見《忠義録》。
張拱端妻李氏　隨舅殉節。見《忠義録》。
李萬年妻章氏　遇賊，不從而死。
歲貢吴鳴鏘妻李氏　罵賊殉節。
王大榮妻應氏　遇賊殉難。
吴昌蓮妻郎氏　遇賊殉難。
以上武平鄉。

補　遺

張雙慶妻王氏　二十八歲，夫亡守志。
章思明妻吕氏
張金回妻李氏　二十九歲，夫亡守節。
徐啓明妻章氏
倪世陛妻程氏　見《金華徵獻略》。
徐慕銓妻章氏

樓尚火妻朱氏　年十八,賊至,不屈殉難。

徐世培妻胡氏

李隆哲妻徐氏

應學朱妻盧氏

千總徐慕謙妾王氏

胡正朝妻徐氏

樓尚杰妻徐氏　二十六歲,遇賊不從,殉難。

傅桐妻胡氏　十九歲,夫亡守志。

徐克虔妻陳氏

傅宣妻翁氏　二十三歲,夫亡守志。

傅實妻吴氏　二十七歲,夫亡守志。

章如福妻翁氏　卅歲守志。義豐鄉人。

胡元貞妻徐氏　二十六歲,夫亡守節,遇賊投水而死。

任濟品妻盧氏　武平鄉人。

胡金臺妻樓氏　十九歲,夫亡,守志。太平鄉人。

周有蕃妻吕氏　二十九歲守志。

周汝淮妻朱氏　二十歲守志。義和人。

吴華蕚妻李氏　二十三歲守志。

吴征瑞妻章氏　二十六歲守志。

胡能錦妻徐氏　二十九歲守志。

以上武平鄉。

程崇掌妻高氏

程志根妻夏氏

顔法珍妻胡氏　十六歲守志。並游仙鄉人。

徐永溪妻趙氏　二十八歲守志。義豐鄉人。

陳定芳妻申屠氏　二十七歲守志。孝義鄉人。

沈兆球妻應氏　二十九歲守志。

樓孟軒妻胡氏　三十歲守志。並昇平鄉人。

應學仕妻胡氏　遇賊，仝姑殉難。游仙人。

附義婦

張拱照妻樓氏　同治壬戌避寇，伊伯氏先行于途，恐賊勢亟，乃拋棄遺腹孩于水田，自行奔避。少頃，樓氏見之驚曰："是吾侄也。吾伯已亡，此侄決不可棄。"乃拋去己子，抱侄奔逃，侄得無恙。越三日，有異村人抱樓氏所棄子送還其家。時人皆奇之，且稱之爲女伯道云。

孝　女

盧志叠之女　因母孤苦，以身奉待，甘守不字，人無間言。義和人。

謝金寶妻金氏　辛酉殉難。

韓中郎妻金氏　辛酉殉難。

范占順妻金氏　夫亡守志。

范文瓏妻金氏　夫亡守志。

永康縣志卷之十一

寓賢

邑號朝歌，墨翟迴車；里名勝母，曾子不入。境有賢人之迹，亦風俗之良哉！登五峰拜麗澤祠，朱、吕之流風餘韵猶有存者。歷覽魁山之勝，觴詠流芬，至今猶未沫也。雖曰雪泥鴻迹，而蘭亭以右軍而傳，峴山亦因羊叔子而益著矣。

朱晦菴，淳熙八年以提舉浙東常平茶鹽舉行荒政按台，過婺州，題孝友二申君墓。至永康，與陳同甫上下其議論。晚又與吕東萊、陳同甫三人講學於壽山石洞，石上有朱書“兜率臺”三字，可丈許，乃朱子手迹也。乾道間，又至東陽訪吕敬夫，有留别詩，中有云：“泥行復幾程？今夕宿麗州。”又于淳熙十一年訪陳同甫于永康。慶元四年，又以時禁避居石洞，定《大學章句》，草本存歌山郭家。按《東陽志》詳載之如此，則朱子之往來于永康非一次，亦非一時，誠溪山之幸也。

吕東萊，金華人。講道明招山，至永康訪陳同甫，會於壽山石洞，相與上下其議論，陳、吕門人翕然嚮往。又嘗讀書於石鼓寮，與石天民有買田之約，吕子陽爲置田四十畝，竝集材焉。淳熙壬寅，朱子來游，訪吕東萊讀書處，欲屋之，以事不果行。

韓循仁，字進之，金華人。明經潔行，隱居授徒，一時名士如宋濂、吴履皆爲深交。元末避兵，居邑之岡谷，專以山水文籍自娱，貧寠不以介意。濂嘗爲作《菊軒銘》，稱之曰：“進之耆年碩德，爲後進矜式。濂四十年老友也。"所著有《南山集》。光緒間,山門莊郎觀河啓興等倡捐建祠三間於谷口以祀焉。

聞人夢吉,字應之,金華人。父詵嘗遊王魯齋之門。夢吉生有異質,受學家庭,父子自爲師友,手鈔七經傳疏,深究義理,凡訓詁家説有紛雜者,皆爲别白是非,使歸於一。閉户十年,學者雲集。泰定中,因薦者起,爲校官,累遷泉州教授。其教先道德而後文藝,前後學徒著籍者無慮二千人,隨其資質裁之,多爲成材。至正戊戌,治書侍御史李國鳳經略江南,承制授福建等處儒學提舉,不上。晚避地,依其婿胡伯宏、唐以仁,僑居邑之魁山下,卒年七十五。平生信道甚篤,涵養益純,皆稱之爲有德君子。門人宋濂等謂其執醇而弗變、含和而有耀,私謚曰凝熙先生。

唐以仁,金華人,説齋先生裔也。悃愊無華,從聞人夢吉學,與宋景濂相爲莫逆,學行爲夢吉所重,妻以女。元季兵亂,因奉夢吉避地,卜築邑之東鄙魁山下,不求勢利,恬然自得。洪武初,邑令吴宏道薦爲本學教諭,嘗以身率諸生。善吟咏,有《耕餘稿》若干卷。道光間,胡錫法捐建於魁山鄉主廟側,以祀聞人夢吉、唐以仁并李曄,曰三賢祠。

李曄,字宗表。其先汴人,元季徙家錢塘。少從永嘉胡僖游。僖奇其才,以女妻之。學成,結草閣北關門外以居,人稱草閣先生。後避兵金華,往來永康、東陽二邑間。入明,有司薦上考功,奏補國子助教。未幾,以病免歸,卜築永康之魁山下,講學授徒,與諸人士酬唱爲樂,不以貧窮介意。天台徐一夔稱其詩"緣情指事,機動籟鳴,無窮搜苦索之態而語皆天出,不逾盛唐家法",識者以爲確論。門人唐仲暹編其詩文爲《草閣集》,凡七卷。子轅,字公載,亦能詩,嘗被薦爲宜倫縣丞,所著有《筠谷集》。

耆壽

《記》曰:"虞、夏、商、周,天下之盛王也,未有遺年者,年之貴乎天下久矣。"《論衡》云:"太平之世,多長壽人。"言稟氣和,而民樂其生也。聖天子斂時五福,敷錫庶民。凡年臻期頤,竝逮事祖父而下見曾玄者,旌其門曰昇平人瑞、七葉衍祥。綸綍焜煌,何王澤之隆歟!

徐伯敦　嘉靖癸卯年一百三歲。有司爲建百歲坊。郡守朱禮致之,問曰:"何爲得此上壽?"對曰:"無他,只寡欲而已。"

周　琮　嘉靖間建百歲坊。

吕　玨　年百有八歲。

傅　堂　年九十二。

徐　時　舊遊甘泉先生門,時年八十九。遨遊西湖天竺間。年至九十九卒。有司爲建百歲坊。

俞希聲　年八十五。見辟薦。

胡　璵　年九十一。

黄　珪　年八十四。禔身教子,卓有古風,能作蠅頭小楷。

汪大滿　年十六,獨往福建奔父喪,嘗還遺金于中市火中,三赴郡邑賓筵。年九十一,值子浩七旬介眉,鬯飲而卒。

章　端　崇禎間旌表,有"百壽齊眉"、"壽匝百齡"扁額。

王師禹　邑庠生。怡情古學,樂善好施。年九十三,子登甲第,屢請賓筵不赴。

國　朝

徐宗書　字廣生。痛父武昌殉難,覓骸歸里,隨請邺典,教子成名,倡族中拓祠産興文會,創蒙六祖祠,建聖廟大門,敦本急公。年九十。

徐宗瑞　敦鄰睦族。年八十七。

胡文明　嫻習禮法。年九十尚康强,洵耆碩可風。

李正言　性孝友,助學建橋,創修祖祠。康熙壬戌歲荒,賑穀五百石。年九十。

徐　銓　性忠直,急公仗義,嘗出粟賑荒,周人之急,遇貧者輒焚其券。年七十餘,屢請賓筵。

盧懷玉　輕財好義,嘗於客邸拾遺金百兩還之。年八十一。

吕惟禎　年九十五。

翁廷鶴　年九十。

應秉華

應穎懷

應憲賓

應憲正　年八十餘。

吕文良　年百三歲,能細楷書。

王宗烇

方仲教　年九十五。

方應佐　年九十八。

方仲啓　年八十三。

金伯可　年九十三。

胡仲浩

李芬春　年八十。

李以壽　年八十三。

賈可卿

馮國道

馮子祥

潘惟盛　年九十六。

潘　積　年九十五。

陳文用　年八十六。

胡良煙

施思靈　年八十。

高惟思

周元修　年九十二。孝友質誠，義方教子。

胡汝秀　年九十。

徐嘉達

胡廷彩

施思美

應昌文　年八十。

李君茂　年八十一。

金守善　年九十五。

傅惟才

陳仲芳

李啓成　年八十。

應明光　年九十。

金仲彩　業儒敦行。

李惟順

胡廷卓

李國序　修祠建堰。年九十九。

謝思達

王公敬

陳希位

陳君理

王公彝

金邦佳

杜應鍾　年九十四歲。事親以孝聞。

陳希匡　年九十歲。

盧　煊　年百一歲，乾隆庚戌，巡撫琅送京祝釐，御賜筵宴、銀牌、鳩杖。

徐　機　郡庠生，年八十一，乾隆庚戌，巡撫琅送京祝釐，御賜筵宴、銀牌、鳩杖。

胡宗護　字助九。年百歲。精醫術，多所全活，不計其酬，人德之。嘉慶庚午建“昇平人瑞”坊。

施嘉錫　字瑞欣。庠生。年百五歲。樸素渾厚，勤儉好施。嘉慶乙亥建“昇平人瑞”坊。

胡宗端　年百歲，嘉慶丙子建“熙朝人瑞”坊。

章賢初　年百四歲，五代同堂，欽賜“七葉衍祥”額。道光丙戌建“昇平人瑞”坊。

胡兆鵬　年百歲。道光丁亥建“昇平人瑞”坊。

應世雷　年百歲，知縣裘給“百世休徵”匾。

盧懷禮　年百三歲。

李天順　年百歲。

李雲耀　年八十三，五代同堂。乾隆乙卯欽賜“七葉衍祥”額。

胡廣嶽　監生。五代同堂。嘉慶丙辰欽賜“七葉衍祥”額。

吕可厚　監生。年八十三，五代同堂。有“盛世休徵”匾。

童昌桂　年八十五，五代同堂。嘉慶己未欽賜“七葉衍祥”額。

樓思昉　年八十七，五代同堂。嘉慶壬戌欽賜“七葉衍祥”額。其父朝交，壽八十七，先見五代。

黄　祥　太學生。年八十八，親見五代。欽賜“七葉衍祥”額。

施丙熤　監生。年八十四，五代同堂。嘉慶丙寅欽賜“七葉衍祥”額。

錢永貞　年八十八，五代同堂。嘉慶丁卯欽賜“七葉衍祥”額。

朱開騂　年八十六，五代同堂。嘉慶己巳欽賜“七葉衍祥”額。

樓思高　年九十五，五代同堂。嘉慶己巳欽賜“七葉衍祥”額。

陳元獻　年七十七，五代同堂。嘉慶壬申欽賜“七葉衍祥”額。

施仁詩　年九十四，五代同堂。嘉慶癸酉欽賜“七葉衍祥”額。見援例。

應開鸞　年八十三,五代同堂。嘉慶乙亥欽賜"七葉衍祥"額。

杜思南　年九十六,五代同堂。嘉慶己卯欽賜"七葉衍祥"額。嘗甃杜山頭大路,費金百餘。

吕兆錫　年九十,五代同堂。嘉慶己卯欽賜"七葉衍祥"額。

吕中清　年九十二,妻俞氏齊眉,五代同堂。嘉慶庚辰欽賜"七葉衍祥"額。

胡瑞奇　年九十,五代同堂。嘉慶庚辰欽賜"七葉衍祥"額。是年歲歉,輸金三百,以濟族人。

胡允律　年百一歲,五代同堂。道光辛巳欽賜"七葉衍祥"額。

胡國川　"七葉衍祥"。

吕海壽　年八十九,五代同堂。道光辛巳欽賜"七葉衍祥"額。見旌獎。

王國安　庠生。年九十三,五代同堂。道光辛巳欽賜"七葉衍祥"額。

潘啓榮　年九十三,五代同堂。道光癸未欽賜"七葉衍祥"額。見援例。

盧峻天　年九十四,妻顔氏齊眉,五代同堂。道光丁亥欽賜"七葉衍祥"額。

王勝開　年九十三,五代同堂。道光戊子欽賜"七葉衍祥"額。

曹德書　捐職從九品。年六十五,五代同堂,夫婦齊眉。道光辛卯欽賜"七葉衍祥"額。

徐承申　監生。年八十,五代同堂。道光壬辰欽賜"七葉衍祥"額。

金啓意　孝友端方,五代同堂,年九十五。欽賜"七葉衍祥"額。

王儒璋　字席珍。太學生。年九十六,建百歲坊。

王兆龍　年九十八。邑侯饒給匾"天錫純嘏"。

應思德　年九十一。

應明堂　年九十四。

吕良柱　年九十四。

朱朝陽　年九十。

朱惟昌　年九十。

俞希伋　年九十一。

楊光璧　庠生。年九十一。

應康臣　年九十六。

應康先　年九十，好施濟，嘗往他鄉買穀，回道遇遺金者，哭甚哀，則以所買穀與之，以恤其困。知縣姬肇燕獎焉。見援例。

應　嘉　庠生。年九十。

應鼎雨　年九十一。

應載志　年九十三。

應載發　年九十。

盧同彩　年九十六。

盧懋林　年九十四。

盧秉燔　年九十二。

陳恒瞻　年九十一。

盧秉睦　年九十二。見貢生。

周永登　年九十三。

徐　梁　年九十八。

胡繼忠　年九十。

應紹福　年九十一。

程德明　年九十二。

程德侃　年九十。

程兆清　庠生。年九十五，生平尚義，捨資建叔母吴氏節孝坊。

張元潤　年九十，守己端方，好施予，重族誼，遺命其子出金千餘兩建造宗祠，又助産爲祭祀需。

吴國鼎　年九十九。

程兆傳　年九十二。

吕起經　年九十。

曹一儀　年九十八。

王宗鶴　年九十。

王濟世　年九十一。

吕調鉉　庠生。年九十一。

胡啓光　年九十。

胡宗鏮　年九十一。

徐學桂　年九十一。

李希彬　年九十。

徐學備　年九十三。

陳惟浩　年九十一。

陳德秀　年九十二。

陳重傅　年九十二。

陳仲孟　年九十五。

陳公趨　年九十四。

朱宏照　年九十四。

胡天瞻　年九十三。

陳宗亮　年九十一。

應毓盛　年九十。

杜中行　年九十。

程家敏　年九十二。

程日洪　年九十七。

程尚彩　年九十四。

應洪月　年九十。

高天瑞　年九十。

應成鰤　年九十一,由監生授按察司照磨,精醫理,不計貲財。

應洪意　年九十，嘗捐金六十兩修試院，邑侯易表曰“公義可嘉”。

徐懋德　監生。年九十，運粟濟飢，邑侯張顔曰“孝義可風”。

胡洪桂　年九十四。

方學星　年九十四。

陸元正　年九十二。

施恩光　年九十一。見封贈。

陳三德　庠生。年九十八。

盧文奇　年九十。

黄正隆　年九十。

朱希洛　年九十。

朱虞生　年九十四。

吕兆志　年九十四。

吕逢化　年九十一。

周士龍　年九十。

朱登俊　監生。年九十一。

朱明望　年九十一。

陳時球　年九十三。

陳崇忠　年九十四。

黄元海　年九十五。

賈宗志　年九十六。

賈崇益　年九十四。

吕宗學　年九十。

胡邦和　年九十。

葉洪瑞　年九十四。義和鄉人。

葉恩元　年九十一。

朱逢葉　年九十六。

胡廣文　年九十四。

朱之敞　年九十四。

方日華　年九十四。

姚大定　年九十三。

徐懋謙　庠生。年九十三。

朱之蕙　年九十三。

朱舜麒　年九十一。

朱舜聞　年九十。

夏曰寵　年九十二。

吕元福　年九十。

吕錫諧　年九十三,嘗於仁政橋拾遺金數十兩,俟其人還之。

舒春景　年九十四。

徐在敓　年九十。

徐　貴　年九十三。

王希仁　年九十三。

馬克韶　年九十一。

應法連　年九十六。

應性德　年九十五。

應洪序　年九十。

應茂壽　年九十一。

胡茂筐　年九十一。

徐公先　年九十一。

胡應季　年九十四。

應道泙　年九十三。

吴　昌　庠生。年九十四。

應道瓊　年九十一。

吴聖昊　庠生。年九十三。

何李文　年九十一。

吴聖坦　年九十二。

李士鈺　年九十。

童德標　年九十一。

陳明大　年九十一。

施君岐　年九十一。

施仁功　年九十五。

金之淳　監生。年九十一。

施恩秀　年九十。

吕可祥　監生。年九十三。

施恩耀　年九十三。

吕如瑨　年九十四。

徐文德　年九十一。

葉洪瑞　年九十六。義豐鄉人。

馬　龍　年九十四。

王世正　年九十四。

王集斌　年九十。

吕　績　年九十六。

李廷機　年九十三。

林伍謨　年九十三。

黄學仕　年九十。

方承佐　年九十一。

胡佳友　年九十三,五代同堂。

胡　華　年九十七。

童全德　年九十三。

陳趙連　庠生。年九十二。

方得鶴　年九十。

董若琨　年九十。

張茂理　年九十四。

褚雲珪　增生。年九十一。

褚兆始　年九十。

李尚盤　年九十四。

淩雲翔　年九十三。

李翰升　年九十。

倪日道　年九十二。

華君正　字應芳。年九十三。乾隆辛未，出粟賑饑，又於五錦橋煮粥以食餓者。

倪夢麟　年九十四。

倪逢吉　年九十七。

方爾法　年九十三。

顔國長　年九十三。

陳從喜　年九十三。

陳時雨　年九十。

吕士桔　年九十三。

鄭若茜　年九十三。

胡承珮　年九十二。

蔣惟世　年九十一。

陳崇上　年九十六。

李鍾秀　監生。年九十二。

蔣惟有　年九十二。

吕宗推　年九十一。

吕宗瑜　年九十二。

任有巧　年九十一。

王士月　年九十三。

徐　錫　年九十二。

陳兆璣　庠生。年九十。
賈志純　年九十二。
胡昌淮　年九十。
朱明相　年九十三。
盧尚玖　年九十二。
朱大昭　年九十。
朱舜顯　年九十四。
陳元其　年九十。
景惟成　年九十。
顏有曙　年九十一。
吕承虞　年九十二。
胡孟先　年九十四,五代同堂。
吕承高　年九十五。
王聖聰　年九十一。
周尚奇　年九十一。
徐明淇　年九十。
周之凰　年九十四。
徐友葵　年九十一。
陳懋賢　年九十一。齊眉。
徐宏年　年九十。
樓光勳　年九十。
吕祖明　年九十三。
翁元紹　年九十三。
顏有貢　年九十二。
應開元　年九十。
吕可程　年九十六。
吴明松　年九十一,五代同堂。

金廷元　年九十。

施仁溪　年九十二。

施寵鳳　年九十六。

施義登　年九十。

胡光鋒　年九十五。

陳志性　年九十五。

王同裔　年九十。

王邦泰　庠生。年九十三。

吕　禄　年九十三。

吕　淇　年九十四。

黄學成　年九十三。

陳元標　年九十。

吕茂升　年九十三。

徐逢綱　年九十二。

童錫鶴　增廣生。年九十。

陳之能　年九十一。

張秉餘　年九十一。

李藜輝　監生。年九十二。

李立初　年九十。

李彦志　年九十二。

黄懋澤　監生。年九十一。

樓朝穀　年九十二。

李繼緯　年九十二。

章崇順　年九十三。

周玘官　年九十二。

朱友兆　年九十二。

王化承　年九十。

陳正祚　年九十二。

陳華國　庠生。年九十一。

陳正厚　年九十三。

胡肇盤　年九十三。

胡兆智　年九十。

胡廣仔　年九十三。

胡如震　年九十。

賈久潮　年九十一。

朱志建　監生。年九十一。

顔鼎順　年九十三。

胡廣璠　年九十。

朱紹業　年九十一。

周文豐　庠生。年九十二。

金兆國　年九十一。

俞福仁　年九十一。

吕祖齊　年九十三。

錢崇九　年九十一。

駱光富　年九十一,五代同堂。

程名彬　年九十三。

吴瑞顯　年九十一。

吕如貴　年九十。

李　討　年九十一。

陳道良　年九十三。

金國璋　年九十四。

施仁德　年九十二。

施仁偵　年九十二。

徐佛園　年九十四。

王廷調　年九十三。

吕中叶　年九十。

吕寬順　年九十三。

吕起發　年九十六。

李啓芳　年九十。

吕順元　孔博士。年九十五。

徐啓雝　年九十五。

鄭世馨　年九十三。

胡方升　年九十一。

胡道魁　年九十。

童秉廉　年九十一。

董家琅　年九十。

王文瑞　年九十二。

李永逢　年九十三。

項榮璀　年九十一。

陳之昌　時年九十七。

成光元　時年九十二。

李爾元　時年九十二。

胡秉葉　時年九十一。

吕純亨　庠生。時年九十一。

程名標　時年九十一。

林文雕　時年九十。

徐康侯　年九十六。

陳　霄　監生。年九十二，五代同堂。恩賜"七葉衍祥"額。

應秉鋼　年九十，妻朱氏齊眉，五代同堂。例賜"七葉衍祥"額。

陳應節　年九十八。子三洪，年九十八。元孫正江，年百有五歲，五代同堂。

黄忠日　例貢。年九十三。“七葉衍祥”。

樓思昉　年八十,親見七代。欽賜“七葉衍祥”額。

徐御星　年八十二,五代同堂。

馬宏慶　年九十四,五代同堂。欽賜“七葉衍祥”額。

李作漢　年八十,五代同堂。欽賜“七葉衍祥”額。卒年百歲。

吕鳴珍　年八十,五代同堂。

周守開　年八十九,五代同堂。

胡丙葉　年九十六,五代同堂。

施國楨　飲賓,年九十六,五代同堂。

樓肇經　年九十四。

郎士美　年八十三,五代同堂。

錢永貞　五代同堂。

程開佩　監生。年九十五,親見七代。詳請“七葉衍祥”。

程輔玉　監生。年九十,五世同堂。

徐啓條　年九十一。

王樂般　年九十殉難。

樓兆仲　年九十一。

吕金魁　年九十。

俞友德　年九十一。

盧肇連　年九十三。

胡　焕　年九十一。

胡秉兆　年九十六。

胡延培　年九十三。

胡廷恩　年九十四。

徐思芳　年九十二。

項仁寶　年九十。憲給“瑞應昌期”匾。

葉新凑　年九十三。

徐啓灘　年九十二。

徐伯土　現年九十二。

應炳府　年九十。

胡廣禹　年九十。

胡聚五　年九十。

胡有嘉　年九十一。

胡國棟　年九十四。恩賜舉人。

童忠慶　年九十一。

應希雲　年九十。

陳新美　年九十。

王彦容　年九十五。

胡士華　年九十三。

李宗山　年九十二。

胡承九　年九十。

陳俊彩　年九十一。

蔣瑞金　年九十一。

陳玉書　現年九十五。

陳德邦　年九十。

黄正隆　年九十。邑侯給“角里高風”匾。

程時福　例貢。年九十一。

周子韶　年九十四。有“天壽平格”匾。

王集來　年九十三。

吕志倉　年九十。

胡正嶺　年九十一。

陳運福　年九十。

黄從彦　年九十一。

胡廣花　現年九十一。

應如相　年九十三。
李兆仁　年九十一。
俞秉魁　年九十一。
俞　瀾　年九十二。
俞希范　年九十五。
陳爾獻　年九十。
陳爾孟　年九十。
曹閏生　年九十。
吕秉騫　年九十三。
胡希敬　年九十四。
應秉錦　年九十一。
吕應光　年九十八。見義行。
吕秉景　年九十一。
盧昌廷　年九十。
吕志貴　年九十。
吕應祥　年九十六。
吕兆貴　年百十七。
高兆孝　年九十。
吕正階　年九十。
吕仁壽　年九十。
金兆芒　年九十。
陳啓興　年九十。
陳世能　年九十四。
吕經苞　庠生。年九十一。
陳從上　年九十六。
陳時球　年九十三。
陳時會　年九十。

陳修贊　年九十。

陳齊友　年九十。

陳齊載　年九十一。

陳齊勉　年九十。

陳修嶸　年九十。

陳正助　年九十。

陳齊韶　年九十二。

陳正栻　年九十二。

黄朝晝　從九。年九十。

陳鳳儀　從九銜。年百有二歲。府憲陳給"期頤衍慶"額。

黄朝旺　年九十一。

黄鳳高　年九十。

黄璣傾　年九十二。

賈逢斗　年九十二。

陳連城　同知銜。年九十二。府憲陳給"壽考維祺"匾。

賈逢所　年九十。

蔣新葛　年九十五。

陳啓燻　年九十一。

陳三盔　年九十。

胡承進　年九十四。

胡承安　年九十三。

陳正紹　年九十。

陳國樞　年九十一。

陳正潮　年九十。

馬隆福　年九十二。

葛招選　年九十二。

車能智　年九十。

朱氏二壽　家仁，年九十。一子朝松，現年九十。
陳德光　監生。現年九十四。
夏起松　年九十一。
應兆雙　年九十一。
應紹蘭　庠生。年九十。
應志來　年九十六。
應漢榮　年九十。
應志田　年九十。
應志偉　年九十三。
應志經　年九十一。
應志汀　年九十。
應學來　年九十。
楊雲梯　現年九十。
楊順德　現年九十。
金有學　年九十四。
金茂題　年九十。
金開進　年九十一。
吕正語　年九十。
吴雙等　年九十五。
童明遠　年九十一。
陳正傑　年百歲。儒學給“天錫遐齡”匾。
徐法定　年九十。
成斯圖　年九十三。
吕日隆　監生。年九十。
吕雙印　年九十。
施孝賢　年九十六。
黄朝景　年九十。

周發興　年九十。

施義履　年九十一。

施孝協　年九十。

盧肇增　年九十。

施仁鱗　年九十一。

施仁玠　年九十二。

施義粱　年九十三。

施孝律　現年九十。

施寵顯　年九十一。

施正本　現年九十。

李正路　年九十三。

王兆忠　年九十四。

王繼榮　年九十一。

孫鴻珠　年九十。

范志法　年九十。

章安泮　監生。九十歲。

吕志高　年九十五。

陳元萊　年九十二。

李作安　年九十二。

胡漢彩　年九十一。

酈漢陽　庠生。年九十，重遊泮水。

胡一夏　年九十二。

胡道魁　年九十。

李陞三　年九十三。

丁國柱　年九十三。

厲其封　年九十。

任啓煜　年九十一。

樓李玉　年九十二。
丁明龍　年九十三。
丁若塤　年九十一。
胡茂良　年九十。
高尚德　年九十三。
胡承珮　年九十。學憲給“俾壽而康”匾。
吴静瀾　年九十四。
應開和　年九十四。學憲給“延葉累祥”匾。
吕伯楨　年九十。
吕伯适　年九十。
吕伯印　年九十。
朱德龍　年九十六。
方子倪　現年九十。
朱開産　現年九十。
酈應言　年九十一。
朱全德　年九十一。
張佳禮　年九十。
程瑛財　監生。年九十二。
李彦志　年九十二。
徐時章　年九十。
胡三虎　年九十三。
李炳望　年九十一。儒學給“高邵邦榮”匾。
程禮儀　年九十六。
李明光　年九十。
盧洪有　年九十三。
陳守忠　年九十三。
王鍾佩　年九十。

胡詢意　祀生。年九十一。

周丙來　年九十三。

程兆法　從九。年九十三。

胡能田　年九十。

王以文　年九十二。

胡能源　飲賓。年九十三。

陳仲孟　年九十五。

包佳乾　年九十一。

池永賢　介賓。年九十一。

王鳳坦　年九十一。

金白構　年九十三。

程宜棣　監生。年九十四。

吕作箴　庠生。年九十一。

舒全美　年九十二。

傅一朵　年九十三。

葉妙儀　年九十八。

陳明祐　年九十三。

陳吕堯　年九十。

陳士銀　字彭菴。年九十八,婦年九十六,齊眉偕老。道光戊申詳報建坊。

胡　源　年九十。

朱毓湊　年百歲。

陳協美　年九十。

胡國柄　年九十。

陳爾備　年九十。

金象琨　年九十二。

金開泰　武生。年九十一。

陳兆統　年九十七。

田新全　監生。年九十。

倪景資　年九十七。

胡正登　年九十一。

王時來　年九十。

金象欽　年九十。

潘兆煜　年九十六。

潘惟善　年九十一。

華景培　庠生。年九十二。

潘　江　監生。年九十一。

潘景芬　年九十。

李戴逢　年九十二。

李景顏　年九十六。

葉成玉　年九十三。

孔繼順　年九十一。

孔廣祝　年九十。

王亨祖　年九十七。

厲孝仁　年九十。

朱百元　年九十一。

朱士君　年九十五。

朱榮江　年九十。

朱鳳時　監生。年九十一,夫婦齊眉。

王錫通　年九十七。

朱開商　年九十二。

楊茂春　監生。年九十。

楊開絨　年九十。

方茂聖　年九十七。

成斯鸞　年九十三。

成文登　年九十。

胡升業　登仕郎。年九十。

胡　禮　年九十三。

胡良聘　年九十一。

胡廷滿　年九十三。

金禹團　年九十三。

金永法　年九十。

潛元武　年九十一。

孫法興　年九十三。

胡希樂　年九十二。

李起嘉　年九十一。

沈洪滿　年九十三。

應秉箱　年九十。

壽爲五福之一。五福者,《洪範》所謂"維皇建極,斂而錫之"者也。國朝禮隆尚齒,錫賚儒臣,又有重宴鹿鳴、重宴瓊林之典。乾隆間,袁簡齋輩仰體聖謨,援倣典例,自是推恩學校,天下郡縣皆得仿而行之,曰重遊泮水。吾邑昔未舉行,近始因之,用昭我朝棫樸作人之盛,故列諸耆壽,而别爲志。

酈静山　歲副貢生。光緒元年乙亥重遊,年七十六。

潘樹棠　拔貢生。光緒十二年丙戌重遊,年七十九。見薦舉。

女　壽附

翁文正妻陳氏　年百歲。西津橋頭建有百歲亭。

貢生胡廷偉妻應氏　五代同堂。嘉慶甲戌欽賜"七葉衍祥"額。年百三歲。道光甲申賜帑建坊,書曰"貞壽之門"。

監生施義逢妻吴氏　五代同堂。欽賜"七葉衍祥"額。年百歲。

賜帑建坊,書曰“貞壽之門”。

監生施丙履妻胡氏　年百歲,五代同堂。嘉慶庚辰欽賜“百齡徵瑞”、“七葉衍祥”額。

吴玉敘妻胡氏　年百歲,五代同堂。欽賜“七葉衍祥”額。

張秉餘妻蔡氏　年九十六歲,五代同堂。欽賜“七葉衍祥”額。

應洪策妻徐氏　年九十二歲,五代同堂。道光壬辰欽賜“七葉衍祥”額。

監生施德廣妻胡氏　年九十七歲,五代同堂。欽賜“七葉衍祥”額。

監生陳士銑妻李氏　年八十三歲,五代同堂。道光乙酉欽賜“七葉衍祥”額。

陳聖球妻吴氏　五代同堂。道光辛卯欽賜“七葉衍祥”額。

周祖運妻黄氏　年百三歲。邑侯張以“榮徵百歲”表之。

應茂環妻黄氏　年百歲。邑侯王表曰“壽臻期頤”。

賈旭望妻王氏　五代同堂。道光癸巳欽賜“百齡七葉”額。

庠生程懋燧妻陳氏　百歲。邑侯方獎曰“柏節松齡”。

周恩生妻張氏　百歲。邑侯黄表曰“淑德遐齡”。

吴逢略妻朱氏　年百一歲。儒學梁匾曰“萱蔭恒春”。

應永嘉妻俞氏　年百三歲。

飲賓陳昌湖妻姚氏　年九十三,親見五代。給額“七葉衍祥”。

陳崇澄妻韋氏　年百二歲。

朱若志妻樓氏　年百歲。

鄭若軾妾許氏　年百四歲。

孫承菊妻朱氏　年八十七,親見七代。“七葉衍祥”。

胡文救妻陳氏　年九十三,親見五代。“七葉衍祥”。

監生陳如美妻朱氏　年九十七,親見七代。學憲潘給匾“祥開累葉”。

童忠賢妻成氏　年八十四,五代同堂。咸豐辛酉賜額。

金紹多妻施氏　年八十九,五代同堂。同治癸酉賜額。

胡元福妻吕氏　年八十七,親見七代。五世同堂。

胡萬化妻施氏　年八十七,親見七代。五世同堂。

陳一配妻馬氏　年九十四,親見七代。五世同堂。

胡正瓏妻吴氏　年八十二,五代同堂。例賜"七葉衍祥"額。

胡如龍妻俞氏　年九十二,五代同堂。恩賜"七葉衍祥"額。

胡元金妻蔡氏　年九十九,五代同堂。恩獎"七葉衍祥"額。

應有孟妻吕氏　年九十六,五代同堂。教諭葉給"百齡七葉"額。

黄立平妻陳氏　年八十八,五代同堂。

從九應學圭妻李氏　年九十六,五代同堂。

例貢胡爾譜妻俞氏　年九十一,五代同堂。恩賜"七葉衍祥"額。

監生盧逢軒妻應氏　年八十四,五代同堂。恩給"七葉衍祥"額。

吕聖膏妻施氏　五代同堂。

徐開謨妻牟氏　五代同堂。

徐國球妻方氏　年七十六,五代同堂。

俞翼孝妻盧氏　年八十六,五代同堂。

監生范安通妻章氏　年九十六,五代同堂。

陳廣仲妻胡氏　五代同堂。欽獎"七葉衍祥"額。

陳昌後妻任氏　親見七代。欽獎"七葉衍祥"額。

庠生陳嗣虞妻任氏　百歲,五世同居。欽賜"七葉衍祥"額。

黄明泰妻林氏　年八十一,五代同堂。

監生應國治妻周氏　年九十二,五代同堂。欽賜"七葉衍祥"額。

州同徐啓瓊妻胡氏　年八十七,五代同堂。欽賜"七葉衍祥"額。

貢生李洪發妻王氏　年八十五,五代同堂。

李顯珠妻鄭氏　年八十五,五代同堂。欽賜"七葉衍祥"額。

胡開田妻朱氏　年九十二,五代同堂。欽賜"七葉衍祥"額。

李彦志妻陳氏　年九十六，五代同堂。欽賜“七葉衍祥”額。

同知銜程純一妻施氏　年九十二，五世同堂。

錢登印妻程氏　年八十九，五世同堂。詳請“七葉衍祥”額。

監生徐肇淮妻陳氏　年七十八，五代同堂。欽賜“七葉衍祥”額。

貢生陳世謙妻施氏　欽旌“七葉衍祥”額。

飲賓王高陞妻陳氏　詳請五代同堂額。

飲賓陳之炳妻胡氏　詳請五代同堂額。

黄朝興妻趙氏　年七十四，五代同堂。

節婦孔廣居妻范氏　年八十五，五代同堂。

議敘張有星妻董氏　年八十四，五代同堂。欽賜“七葉衍祥”額。

章桂孝妻季氏　年八十二，親見七代。欽獎“七葉衍祥”額。

胡和仁妻周氏　年百有二歲。

鄭世範妻孔氏　年百有一歲。

胡希孝妻應氏　年百有二歲。

陳崇澄妻韋氏　年百有三歲。

陳修泰妻吕氏　年百歲。

黄爕友妻朱氏　年百歲。

陳國興妻厲氏　年百歲。

應崇餘妻胡氏　年百歲。

應志影妻吕氏　年百歲。

監生吕立星妻施氏　年百歲。

方兆碑妻吕氏　年百歲。

庠生周炳賡妻應氏　年百歲。

方　技

《前漢書》：方技三十六家，“皆生生之具，王官之一守也”。范蔚宗《後漢書》又别爲《方術列傳》，其言多荒誕不經，著述者亦罕稱焉。

舊志載良醫數人，間亦有精占術者。雖小道，必有可觀，故并記之。

應勝，號行素。精醫術，百試百效。人顔其堂曰“濟生”。

應昌魁，字叔梧。世業醫，魁益精。人有請者，不辭寒暑，不責酬報。或病家貧，更給以善藥、薪米，雖再三往，應之如故，全活甚衆。人多德之，顔其堂曰“種德”。

俞聞，詳文苑。

胡墀，號松雲。治病多奇驗。嘗受知於邑令張，由是名重燕趙間，至九十六歲卒。孫文震及煜，亦善醫，又得異傳治疾，能預決壽殀，多奇中。

徐應顯，詳議行。

應克信，性敦厚，精于醫，叩門者無虚日，未嘗責報，且好施予，人德之。

吴辰賜，字克恭。宋少師芾之裔。業儒，精醫理。

盧君鎔，貫徹《内經》，全活多人。子源，潛心窮理，善承父業。

賈以德，精岐黄。鄉邑之貧而疾者咸倚之。

盧潛，字奂若。邑庠生。精醫理，手到病除，無德色，無倦容，道氣盈襟。

應岐山，名昌儀。治病多奇驗。沈縣丞天章之弟病瘵，尫羸骨立。岐山診之曰：“蟲也，非瘵也。頭足皆赤。”餌以散，下蟲二升許，形如所言，病遂瘥。其家人婦孿産後，腹痛欲裂。岐山診之曰：“腹左尚有男，胎已死。”左右皆掩口而笑。藥之，果下一死胎，男也。知縣徐亹源患痞，每發，有物如卵上衝，昏眩欲絶，數十年痼疾也。岐山曰：“元氣尚未傷。”乃針之三，灸之三。越三日，出囊中丹服之，針灸如初，而胸中壘塊已不知何往矣。奇驗多類此。性嗜酒，不修邊幅，然醫不擇人，藥不論價，人皆稱爲國手云。

吕泰，字朝嶽。工丹青，嘗至都赴畫工試，以翎毛録取，載入畫譜。凡山水、花卉、人物，靡不精絶，購得者如獲奇珍。幼孤，事母以孝聞。

仙　釋

二氏之教，曷嘗出聖人範圍哉？不能實踐，而後遁於虚無；不能感通，而後淪於寂滅。彼固非與吾道敵也，假吾道而竊其似以爲教者也。彼其意以詩書禮樂不能盡人而知，於是創爲謬悠荒唐之辭，而蚩蚩者往往怵於其説，此如蜃樓海市自起自滅於空中，莫能測知其故，而亦不必深辨者。天地之大，何所不有！偶焉托迹於斯土者，存而弗論可也。

《後漢書》：趙炳，字公阿。能爲越方。時遭兵亂，疫疫大起，以其術療病，與閩人徐登遇於烏傷溪上，各試所能。登乃禁溪水，水爲不流。炳復禁枯樹，樹爲生荑。二人相視而笑。其道貴尚清儉，禮神惟以東流水爲酌，削桑皮爲脯。但行禁架，所療皆除。後登物故，炳東入章安，百姓未之知。炳乃故升茅屋，梧鼎而爨，既而爨熟，屋無損。又嘗臨水求渡，船人不和之，炳乃張蓋坐其中，長嘯呼風，亂流而濟。於是百姓神服。殁後，人爲立祠於永康，至今蚊蚋不能入也。

《徵獻略》：馬湘，字自然。建中元年八月十五日，湘南自霍山至永康延真觀，《續仙傳》作天寶觀。前指庭松曰："此松已三千年矣，當化爲石。"已而果然。忽大風震電，石作數段。刺史楊發异其兩石入郡齋，以其二置龍興寺九松院。霜皮鱗皴，各高六七尺，深三尺。故根尚存，有亭蓋其上。其時他山松亦有化者。湘爲人類風狂，能與人治疾，不用藥，但以竹杖擊病處，或指之吹杖頭如雷鳴，疾即愈。又喜爲詩。相傳其登泰山詩曰："太初一分何處尋？空留曆數變人心。九天日月移朝夕，萬里山川换古今。風動水光含遠嶠，雨添嵐氣没高林。秦皇漫作驅山計，江海茫茫轉更深。"

《耆壽補》：彭曉，永康人也。父真一。初爲道士，後偕蘭溪僧貫休入蜀。返初服，仕蜀至郡守，誥授朝散大夫、守尚書祠部員外郎。曉嘗注《參同契》，復約其義作《明鏡圖》，列八環以符動静，明二象而定陰陽。詩曰:"造化潛施迹莫窮,簇成真訣示蒙童。三篇秘列八環内,萬象門開一境中。離女駕龍爲木壻,坎男騎虎作金翁。同人好道宜精究,究得長生路便通。"又曰:"至道希夷妙且深,燒丹先認大還心。日爻陰耦生真汞,月卦陽奇産正金。女姹朱砵男孕雪,地藏熒惑丙含壬。兩端指的鉛金祖,莫向諸般取次尋。"或曰曉父真一,亦道流,能詩,時失傳。

《神仙傳》:方坤,字寂然。永康人。學道有覺悟。一夕睡去,凡百日不起。自後常睡。命其徒曰:"我睡慎勿叫動。"醒知明日吉凶,毫釐不爽。年四十五,一日,早將炭於石筍上,畫爲級而上,被鄰居之童子以手指,墮於地。後得解化。

吴子汀,幼有異致,不火食,亦不冠履。及長,明導納之術,永日默坐,灑然塵外。父欲議婚,固辭不娶。萬曆乙未八月二十七日,無疾忽逝。時族中火起,延及屍旁。其家人欲舉其柩,不能動,火亦尋滅。卒年四十有二。人咸謂其尸解云。

《先型録雜記》:紫霄觀執爨道人,人以其爨也,常輕之。一日方飲酒賦詩,道人曰:"爾輩謂我不能乎?"援筆賦云:"披荆鉏棘汗如流,曾憶當年此地遊。丹甑空懸琴煮鶴,紅塵牢鎖網羅鷗。飢餐爽氣消炎夏,醉飫清風度晚秋。跨鶴仙人今在否,山空葉落白雲留。"衆始驚而禮之。他日訪之,已不知所之矣。

癡鈍穎和尚,少時遍歷叢林,嗣法於或菴體和尚,初住蔣山,道價盛行,後移住天童,終於徑山。

本大真和尚,應純之子也。少有高致,飄然脱世。遊天目、台山,在天目禮和尚座下作《寒衲頌》。天目奇之。迨歸,脱化於里之靈巖洞,作辭世偈云:"浄智圓妙,體尚空寂。黄面瞿曇,何曾得力?且問得力者是誰?不識。"放筆而逝。

淵叟元和尚,法名行元。受業金仙院,住平江萬壽寺。咸淳辛未年七月十六日,作偈云:"來亦無所從,去亦無所至。來去既一如,春風滿天地。”放筆趺坐而逝。

平州從垣和尚，以詩名。有云：“石泉天象轉，花月地痕虛。”“習字帶秋收柿葉，吟詩和月咽梅花。”“作詩已得池塘句，學《易》獨明天地心。”“杜宇一聲蒼樹遠，黄鸝三囀落花深。”皆妙得唐人家法，爲世所稱賞云。

祥　異

天甸其道，地杝其緒。時行物生，厥有常度。戾乎其常，斯爲異矣。《春秋》灾異必書，不言事應而事應具存。蓋五事之得失，庶徵之休咎係焉，非可委諸氣數之偶然者。謹天戒而恤民隱，惟歲惟月惟日各有，宜深省矣！一邑雖小，曰旦曰明之所及，不在兹乎！

宋

宣和三年，寇火，縣治、學宫、民居皆燼。

紹興六年秋，大水。

乾道五年，旱。

淳熙十二年，大水。

慶元三年，螟。秋九月，水害稼。

開禧元年夏，大旱。

嘉定三年，大水。八年，大旱。九年，大水。十四年，蝥螣。十五年，大水。

元

至元十三年，火。

明

正統十四年夏五月，雨霜。處寇焚公署、民舍殆盡。

成化十九年,大水漂没田廬不可勝計。冬,大雪,一夕深五尺。二十三年秋,旱。

弘治四年,大旱。民採蕨食之。五年,大有年。八年秋九月十六夜,有星如月,自東南流於西北,有聲如雷。十一年,下市火,延及布政司門、城隍廟門。十三年,雨雹,大如卵,屋瓦多碎。十八年秋九月十三日子時,地震。

正德三年,大旱。自五月不雨,至于冬十月,民採蕨根、樹皮、野菜以聊生,飢死者甚衆。五年,大水,又旱。八年三月,城東火,燬民居幾盡。十年春正月,大雪彌月不止。三月,雨雹。四月,又雹。十六年春正月元日,彗星見。二月,仁政橋火,延及譙樓。

嘉靖三年,大旱。八年夏,中市火。秋七月,大水,城中可通舟楫。十八年,大雨浹旬,壞民田舍。二十四年,赤氣見西方。大旱,餓殍相枕藉。

隆慶三年秋七月,蜃發,水溢,山阜多崩,禾稼盡没。

萬曆七年春正月,縣吏舍火,文卷燬盡,民居多火。六月、七月,大旱。二十年,大水,城中可通小舟。二十六年,大旱,人多流離。次年春,發預備倉穀一十八廒賑濟。三十九年,中市火。四十七年九月六日,縣東五里樹頭有甘露。

天啓三年,上市火,延燒北鎮廟、五聖殿,兩街燬盡。七年夏五月乙酉,地震。戊子,大火。

崇禎三年春二月庚午,大雨雪,麥多凍死。越十日,復抽麥苗加盛。五年春正月,永寧坊火。七年春正月,自己丑雨雪,至二月壬申。秋七月,城中水滿過膝。九年,大旱,斗米千錢,民食白泥。十年,縉雲界上獲一人,裸體被髮,黑肌深目。問之,言語不通。禁於獄,月餘而死。十六年冬,東陽寇亂,連陷東、義、浦三邑。初至永康,十三都民拒之。後從東路入邑城。署縣事教官趙崇訓誘而殲焉。其大隊敗於金華,悉伏誅。十七年,長生教煽亂,知縣單世德密請捕殺之。次年，方兵肆掠金華，將入永康。知縣朱名世築城茭道禦之。又次年，田兵過邑，城中男婦悉走，兵屯城中一日，掠捲財帛而去。夏旱，斗米千錢。

國朝

順治三年六月，王師下金華。初選知縣劉嘉楨老成愷悌，民賴以安。四年，大飢，斗米千錢，民食樹皮。昇平鄉民阿雨産一兒，四手四足若相抱者，面與腹則渾爲一。五年，土寇亂，城中作木栅固守。五月，入仁政橋。協鎮陳武力戰寇，敗走之。離城十里外，悉寇蟠踞，凡六閱月。後上司檄官兵督保甲挨都廓清，投誠者隨給免死牌，然後東、義、永數萬之寇一朝解散，其渠魁皆伏誅。八年，大飢，斗米千錢。以台鹽場廢，民暫食杭鹽數年，商民俱困。十一年四月癸酉，雨雹，大如雞卵。夏、秋，大旱。象山有熊。八月，東、義寇從八仙坑入境，火民居殆盡。寇至長恬。城中恇駭。知縣吴元襄嚴守木栅，静以鎮之。十二年，大飢，米每石銀三兩，民食糠粃。十三年春正月，自甲申雨雪，至己亥，雪深五尺，樹木盡枯。夏、秋，亢旱，民食草根。十八年，東、義寇又從八仙坑入境，東北居民悉遭焚劫。後府中調兵至，寇皆伏誅。

康熙四年，大澤民坊火。諸暨劇盗嘯聚十二都柘坑，連都四十里内保甲共起逐之，衆駐十三都，知縣李灝給牛酒勞焉。五年，亢旱，奉旨蠲租。六年，有年。冬十一月，永寧坊火。七年、八年，有年。九年，大有年。冬十二月，雨雪五日，高與身等。十年春，雨，麥爛。夏、秋，亢旱，稻生青蟲。黎民疑懼不安。知縣徐同倫嚴點保甲勘踏災傷，隨奉旨蠲租。民掘山粉食之，亦有兼食石粉者。七月，大澤民坊火。是日鄉間火者五處。十一年春，大飢，知縣徐同倫發倉米賑濟，分守道梁萬禩請米平糴，竝捐銀買米施粥，民賴以安。十三年甲寅正月，三藩糾亂。六月壬子，耿逆徐尚潮陷温處道永康。丁巳，兵數千突至，都人倉猝避於山僻。戊午,寇進據金華,至道山,距府城一舍,與官兵對壘者半年。大兵於十二月丙申乘霧襲破山寨,殺萬餘人。次年春正月癸亥,知縣徐同倫單騎回縣,招集殘黎,迎請王師,恢復安堵如故。十四年,大有年。十五年,有年。十六年、二十年,旱。二十一年,太白晝見。二十二年,無麥。二十三年,旱。二十五年春、夏,大水。二十七年,旱,太白晝見。二十八年,大有年。邀皇恩全免錢糧。二十九年、三十一年,旱。三十二年,大旱。三十五年、三十六年,旱。三十七年,有年。四十二年,旱。五十三年,大旱,自夏五月不雨,至于秋八月。五十五年,大旱。五十八年夏,旱。秋七月壬午,雨,枯苗復青,有未刈者一莖生三四穗,稔竟得半,民賴不飢。六十年,大旱,自五月庚戌不雨,歷一百二十日。民大飢,争入山採榆皮、蕨根以爲活。次年,知縣張發禀倡賑,各鄉皆設廠煮粥,以食飢民,多所全活。六十一年,大有年。

雍正元年,旱。

乾隆十年夏,蟲。秋,瘟疫盛行,民飢。次年三月,奉憲平糶。十二年夏五月,雨潦傷禾。自六月不雨,至于秋冬,泉脈盡枯竭,菽麥皆不能下種。次年二月始得雨,民食草木,道殣相望。十六年,大旱。知縣楊瑛捐粟濟飢。尋得旨賑恤,民賴以生。四十一年、四十二年,大有年。四十三年閏六月辛酉夜,有星大如瓮,五色有聲。五十一年夏,蟲。五十五年冬十二月,雨木冰。

嘉慶元年春,大寒,無麥苗。夏旱。五年夏六月癸卯甲辰,大雨,蛟水陡發,漂没田廬,近水居民溺死者無數。水退,知縣張吉安捐廉,掩埋淹斃,爲粥以食飢者。通詳各憲,奏請奉旨賑荒。

附治蛟法　《禮記·月令》:季夏之月,命漁師伐蛟。《周禮·秋官》:壺涿氏掌除水蟲。夫聲罪致討之謂伐,去惡務盡之謂除。然欲謀攻治之方,當先求伏匿之處。其地霜雪不積,草木不萌,鳥雀不集,土色赤,隱隱有氣。其氣朝黄而暮黑,星夜視之,黑氣上沖於霄。卵既成形，聞雷聲自泉間漸起而上，其地之色亦漸顯而明，遠聞之，似秋蟬鳴。其出也，多在夏秋之交。善辨者於未起二三月前，視地之色與氣，掘之三五尺，其卵即得，大如二斛甕，預以不潔之物或鐵與犬血鎮之，或用利刃剖之，其害遂絶。又蛟畏金鼓及火，山中久雨，夜立高竿，掛一燈，可以辟之。夏月田間作金鼓聲以督農，則蛟不起，即起而作波，但疊鼓鳴鉦多發火光以拒之，水勢必退。

六年七月，水。七年，大旱。奉旨緩征。冬十二月戊申，有白氣著天如布，西北行，有聲歘如雷。八年，饑。知縣王斯颺借領烏程、歸安二縣倉米平糶。十五年，大有年。十六年，彗星見，大旱，奉旨緩征。二十五年，大旱。七月己未，縣治火。冬，桃李華。

道光二年，大有年。五年春正月，雨雪，雷電。三月戊戌夜，雨雹，大風拔木。十二年夏，旱。秋、冬，潦。十三年春、夏，潦，蟲。秋，疫。十四年，斗米六百錢，人多食樹皮，道殣相望。春、夏，大疫，疫所染，飢民爲多，至有全家死亡者。六月壬戌夜，嶺脚、木渠、雅呂等處蛟水發，橋路多漂没。知縣李汝霖捐廉修築。十五年，大旱。巡撫烏奏請奉旨賑恤，竝照被災分數蠲租。知縣廖重機勸捐接賑。十七年秋，早禾、中禾大熟。七月己亥夜，雨，大風。庚子，水沿河，晚禾、豆苗、木棉多被傷。十九年冬，大寒，雨木冰，大樹被壓皆折。二十五年冬，大寒，樟柏多枯死。二十六年，旱，自五月初旬至七月凡六十餘日不雨。二十八年秋，大風拔木，禾盡偃。三十年六月朔，天狗墜東南方，大數圍，色白，其聲如雷，至地不見。

咸豐元年，地震山鳴。二年夏五月初至十二月，不雨，歲大祲。邑侯湯力請賑恤，得冬、春二賑，民賴以生。并奉旨蠲免三分有奇。三年六月，連日雨。七月，螟螽爲災。秋熟將穫，一霎時稻禾立槁，穀實多耗，歲又歉。四年，水溢塘池，皆沸起高尺餘，逾時乃伏。五年冬，大雪平地尺餘，一夕忽暖風大作，山地雪即時盡消。八年四月十二日，粤逆由處縉寇永康，六月初八遁去。是歲夏秋之交，彗見西方，數閲月乃没。十一年,粤逆復由金、武寇永康,佔跨邑城,民始困。是年夏,彗見斗旁。

同治元年四月,攻剿城賊不勝,殺掠無算。六月,武平等鄉大雨雹,填滿山谷,六七日不消。二年正月,寇聞官軍即遁。民大饑,夏、秋疫染者多死。奉旨蠲免荒墾地丁錢糧。三年,旱,四鄉多獸噬人。是年又蠲免民租。五年六月,地震。六年至七、八年,大有年。十年春、夏,潦。十一年、十二年,歲大熟。

光緒元年春,水潦。四年春、夏,水潦。五、六年,大有年。七年,大雨雹,昇平、義和等鄉屋瓦皆裂,稻穀盡壞。奉旨蠲緩錢糧。十五年,無麥。七月,孝義鄉蛟水爲害,田地沙石堆積,橋梁亭閣漂没無數。

咸同間寇亂紀略

道光季年,粤匪構亂,始事金田。諸僞號有曰天王洪秀全、東王楊秀清及蕭朝貴、石達開、李世賢等,皆僞稱王號,合謀爲逆,覬覦各省。楚南北與江右先受其殃。至咸豐三年,金陵失守,賊踞爲巢,寇勢愈猖,流毒幾遍。八年三月,僞翼王石達開陷處郡。四月十二,分遣僞帥憲天燕及僞軍政司程姓者襲永康,假招安爲名,强設各鄉軍師旅帥,刻剥民財,誅求無厭。幸郡城固守,賊不能安。六月初八日,遁去。是歲城居之民雖被騷擾一空,而四鄉尚未甚罹害。至十一年辛酉四月,僞侍王李世賢出江西路,陷金華,尋又分股陷處州。五月十八日,遂由縉雲入永康。時各鄉民團防守盡力,故賊亦時至時退,蹤迹不常。至八月,僞帥蕭大富領賊數萬來踞縣城,亦假安民之術,於各鄉要路多設賊卡,號召鄉官設立門牌,多方嚇詐。而城中賊夥及他郡賊之往來經吾邑者,四散分掠,無處不到,計邑中惟孝義一鄉地險人和,賊不能至。外則方巖及絶塵山,賊亦不能上。焚燒殺戮,慘莫名言。十鄉雖密有民團,苦於賊衆蟻聚蜂屯,勢難措手。越次年壬戌,同治御極元年也。

四月初，武平鄉團民憤不能忍，遂率衆突至石柱，將守卡賊十數人盡行誅戮。次日，城中賊疑官軍近，下令各鄉卡賊盡撤回城。十二日，僞帥蕭大富親領賊黨數百，自行出城，望南來偵軍民消息。不圖是日四鄉民團已多伏於留金嶺山曲，伺賊過嶺，一聲炮響，四面伏勇喊聲齊起，奮力誅擊，賊多殺傷。時蕭賊在馬上，魂飛魄落，勢莫云何，亟於懷中出洋百數十元，望空亂墜，計圖脱身。却被勇中壯悍者奔至馬後，以刀斫倒於地，隨即挫作數段。餘賊飛奔回城，閉門固守。是日誅賊魁蕭大富，殺賊黨百數十人，奪馬四匹，自是人心一快，民團氣奮。約日齊集邑城，攻打賊巢。十四日，團勇畢至，紮圍甚密。城中賊大駭。到十六日，賊開門出，團勇迎擊之，傷賊數人，旋退入城。十七日，賊復出，勇又迎擊之。戰方合，不防金、武賊黨數萬來援，突從桐琴路殺至。是時吾民腹背受敵，正欲分路擊之，奈中怯者已望先驚潰，勢莫能止，遂至四散奔竄。賊迺乘勢追擊，各路被傷者無算。嗣是賊連日四出，大縱擄掠，窮兇極惡，莫可名狀。鄉民惟有各據山險，多取巖石以與賊抗。賊至，攫石壓之。賊屢有被傷者，餘賊亦多却而走。逾月後，賊復出示招集，僞曰安民，而害虐如故。四鄉民之罹難者，雨夕霜晨，幾無暇刻，東奔西竄，迄莫寧居。最痛者寒迫饑驅，坐斃山之南北；尤憐者妻離子別，未知人否存亡。嗚呼慘矣！幸癸亥正月，左文襄、蔣果敏大軍克復衢之龍游、壽昌暨金華、蘭、湯等處，吾邑賊亦於是月十三日自遁，民始得蘇息焉。然計數載以來，闔邑之衆已損十之七，所餘者又是飢民，房屋幾燬五之三，獲免者亦衹破屋。村墟零落，嗚吠無聞，粒米珠珍，炊煙罕舉。所賴皇朝體卹深仁，撫綏厚澤，蠲民之賦，除民之租，貸民以耕，給民以種，吾民乃猶得有孑遺耳。嗚呼！亂離之慘如此，兹特爲紀其略，亦欲後之人知未亂不可無防亂之思，臨亂須亟籌禦亂之策，庶幾能免於亂，而亂可不及矣乎！按壬戌勇潰後，邑民猶多獲餘生者，亦正賴王明經藻江濟變調停之力，故當時私謚之曰寧愚先生，可謂允當云。

永康縣志卷之十二

藝　文

天地間物莫不有理，即莫不有文。山之嶙峋，水之淪漣，草木之英華，鳥獸蟲魚、羽毛鱗甲之萋斐璀璨，悉從其類，以有其符采，况人文之炳炳烺烺者哉！金華鄒魯遺風三大擔，以文章居一，荷而趨者，代不乏人。永去郡城百餘里，風教不殊婺學，固有淵源也。宋嘉泰間，始有邑志。唐以前文獻，闕有間矣！比五星聚奎，文教昌明，時則有若胡子正、陳同甫、林和叔、應仲實諸賢，皆以理學功名爲己任，文藝固其緒餘，然其道腴之所發洩，窺其陳編，猶有氣臭芳澤之遺焉。自元及明，作者踵接不懈，而及於古，其精粹殆可以步武宋儒。我朝重熙累洽，醲化覃敷，士君子沐浴膏澤，争自淬磨，蔚然而虎鳳躍，鏘然而磬鈞鳴，將力追往哲而又過之。今輯歷朝諸人所著書目，臚於簡端，采其有關邑故而文尤雅馴者，表而出之，以備覽觀焉。

書　目

《五代史注》　宋徐無黨著。

《龍川文集》卅卷　宋陳亮著。

《雲溪稿》六卷

《事監韵語》　並宋吕皓著。

《新定志》八卷　宋陳公亮重纂。〇今照陳振孫《書録解題》補。

其載公亮爲武義者誤。

《雲谷集》 宋胡邦直著。

《易解》二卷

《論語解》三卷

《孟子解》三卷 並宋章服著。

《凝塵集》 宋章徠著。

《孝經釋》

《論語釋》 並宋胡侁著。

《續通鑑節編》

《西漢律令》

《晋史鈔評》 並宋吕殊輯。

《敏齋集》 宋吕殊著。

《易圖説》一卷

《太極圖説》一卷

《大學辨疑》一卷 並宋吕洙著。

《左傳闕疑》

《全歸集》

《俟命録》 並宋吴思齊著。

《大學疑問》一卷

《史論》

《竹溪集》 元吕溥著。

《瓦缶編》

《南昌集》

《胡汲仲集》 見《婺志粹》。

《建昌集》

《顔樂齋稿》 並元胡長孺著。

《質菴稿》 元陳璪著。

《�谷集》 明李轅著。

《尚書要略》

《四書索微》 並明應璋著。

《或問遺言集》

《望洋目録》

《光餘或問》 並明盧可久著。

《雙泉文集》 明吕文熒著。

《草窗集》 明胡相著。

《徐汝思詩集》 明徐文通著。

《左氏兵法纂》 明王世德輯。

《四書日衷》

《尚書日衷》

《握奇陣圖》 並明徐學顔著。

《五經統紀》

《四書事類通考》 並明金大材著。

《孝經刊誤補注》 明應綱著。

《質疑稿》 明李洪著。

《四書五經發微》 明黄卷著。

《性理發揮》

《小空同續筆》

《麗澤堂譚記》 並明黄一鶚著。

《中庸本義》

《周易經解》

《周禮輯説》

《禮記類編》

《四書説約》

《郊祀考義》

《史鑑纂要》

《經濟要略》

《南京刑部志》

《讀律管窺》

《金華先民傳》

《永康縣志》

《字類釋義》

《明詩正聲》

《訓儉編》

《卮言録》

《自敘編》　並明應廷育著。

《詩文集》二十四卷　明姚汝循著。照《明史・藝文志》集類補。

《麓泉文集》

《池州府志》九卷　照《明史・藝文志》地里類補。並明王崇著。

《春秋纂例》　明戚仲咸著。

《白翁吟稿》　明程梓著。

《宸華堂集》十卷　明程正誼著。

《海運議》

《程子樗言》

《松窗頌古》

《七松吟稿》　並明程明試著。

《純朴翁稿》　明應恂著。

《委順夫集》　明唐光祖著。

《書經貫言》

《太極正蒙宗旨》

《蜀游詩稿》　並明徐可期著。

《治心編》

《蘧菴鏡帖》　並明徐士震著。

《東白軒草》　明徐光時著。

《蜩吟》二卷

《小丘逸志》二十卷　並明徐士雷著。

《史衡》

《孤臣録》　並明徐明勳著。

《讀史偶録》　明陳廷宣著。

《景行集》　明王丙褒著。

《淵潛集》　明吕一龍著。

《尚書賁象敷言》八卷　明徐浩著。

《省身録》

《筆古集》　並明王師堯著。

《儀禮纂集》　明徐裳吉著。

《照天寶鑑》

《量地玉尺》

《握奇經注圖釋》　並明俞聞著。

《四書旁見》

《讀書管見》　沈志作《經史管見》。

《律吕圖説》

《世法里言》

《相長卮言》

《自怡偶筆》

《律吕淺圖》　並國朝王世鈇著。

《燕游筆話》　國朝樓惟駟著。

《四書微旨》　國朝應錦郁著。

《緑漪園詩集》　國朝徐之駿著。

《五經提要》

《論史彙集》

《明紀輯略》

《數目典故》　並國朝樓秉詡輯。

《攬秀樓文鈔》　國朝樓秉詡著。

《完石齋集》　國朝徐琮著。

《盤北詩草》

《書經衍》　國朝徐友基注著。

《古雪集》　國朝程兆選著。

《十字吟》

《自鳴草》　並國朝徐若瓊著。

《惜分齋吟》　國朝王同庚著。

《書經集解》　國朝徐元乘輯。

《學庸解》　國朝徐淇著。

《四書輯要》

《通鑑綱目輯要》

《左國要語》

《楊子文中子粹言》　並國朝應國華輯。

《大學中庸章句或問》

《薛胡粹語》

《盧子精語》

《群書彙序》

《養正編》

《先型録》

《課餘録》　並國朝應正禄著。

《國策集注》

《西軒前集》

《西軒後集》　並國朝程夔初著。

《明儒理學編》

《周易管窺》　並國朝王同廱著。

《心吾子詩鈔》七卷　國朝程尚濂著。

《徐明經詩文鈔》　國朝徐宏桓著。

《蔚思堂集》

《勤學記》

《孝傳》

《童史》

《女史》　國朝應曙霞輯。

《雙桐山房詩鈔》二卷　國朝陳鳳圖著。

《永康詩録採輯》共十八卷

《中庸脈絡圖説》

《帝王世紀》

《列國源流》　並國朝陳鳳巢著。

《經世要略》

《卜地中庸》　並國朝李南棠著。

《中庸引悟》

《杜律正蒙》　並國朝潘樹棠著。

《山瓢集》三卷　同上。

《大别山志》

《黄鵠山志》

《鸚鵡洲志》

《桃花源志》

《黄陵廟志》

《漂母祠志》

《青冢志》

《曹娥江志》

《馬嵬志》

《露筋祠志》

《岳陽君山志》

《嚴瀨志》

《孤山志》

《先澤彙編》十二卷

《六朝唐四家詩考異》　附《駱丞集》《宗忠簡集》《龍川集》考異。並國朝胡鳳丹撰。

《退補齋詩文存》四十四卷　國朝胡鳳丹著。

《識字一隅》十卷

《退補齋藏書志》

《殉鄂浙宦録》

《金華鄉賢録》

《刑案彙要》　尚有《疑獄彙編》,未刊。

《永康十孝廉詩鈔》十四卷

《金華文徵續編》

《續金華詩録》

《詩話正軌彙編》　並國朝胡鳳丹輯。

《射雕詞》　國朝應寶時著。

《直省釋奠禮樂圖説》　應寶時輯。

《育吾詩草》六卷

古文四卷

駢體文二卷　並國朝張化英著。

《菜圃文集》　國朝吕唐壽著。

《唾餘録》二十卷　國朝吴景瀾輯。

《周易提要》

《味易山房詩鈔》二卷　並國朝徐雨民著。

《世德源流集》　國朝吕觀光著。

《雙竹山房詩鈔》五卷　國朝程鴻逵二卷,應瑩三卷。

《先賢語録》　國朝周新擴輯。

《繡佛菴詩鈔》　明徐士雲妻黄氏著。

《燕玉樓詩鈔》　國朝徐琮妻程氏著。

《六宜樓詩集》

《緑華詩草》　並國朝徐明英妻吴宗愛著。

《白雲樓燼餘草》　國朝胡貞女雲琇著。

補　遺

《石崖漫雜稿》

《山川人物記》

《石崖文集》

《知非録》　並明吕璠著。

《新菴文集》　明盧自明著。

《則古要語》　吕純芳。

賦

夏雲賦　　應孟明

太空之中,中有奇物。縹緲悠揚,飄逸滃鬱。遠之則咸睹其狀,近之則莫知其質。舍之則藏,用之則行。其藏也,樹林陰翳,巖穴晦明,飛禽隱迹,猛獸潛形。不矜其能,不知其靈,若無所用,泉石而盟。其出也,氣類相感,勃然而興,或起於山林,或起於滄溟。昭回層漢,彌滿八紘。人之定名兮不知其幾,曰祥曰采而曰慶。彼之作色兮不知其幾,或黄或白而或青。不比三春之閒散,不比秋冬之無情。梅霖之歇,火傘已乘;甘雨未濟,嘉禾如繩。農夫於此而仰望,神龍仗此而依憑。假其勢以震電,倚其威以雷霆。身近九天,奴使六丁。風力爲之略動，天河爲之一傾。渴者以愈，病者以醒，乾者以潤，槁者以榮。其神用有如此之博，農事於此而有成。若夫衛瓘披之而睹青天，文王披之而睹白日。映聖主於芒碭之間，覆賢人於林泉之密。楚王之臺兮有時而想像，滕王之閣兮終日而閒逸。難以盡狀，筆硯羞澀。俄而風姨、月姊二客駢集揖予而言曰：昔襄王披襟而稱賞，明皇斂袵而遨遊。誇我光霽，世無與儔。未聞舍我而他有與之綢繆者也。今子之賦，頗工於此，不及於我，無乃太鄙耶？予曰：不然。樽俎秩秩，談笑云云。良辰美景，此則惟君。大旱之望，實勞我心。油然而作，潤澤生民。此彼之功，所以不在汝下，余又安得而不珍重，其惟雲云。

鱸魚賦　　　　　呂　浦

東吴主人問于渭川叟曰："子客東南，亦知吾都土物有可珍者乎？"曰："未也。"主人曰："吴江拍天，浩浩無垠，中有嘉魚，絶類超倫。匪鱣匪鮪，波行粼粼。白質黑章，巨口細鱗。鬐尾玉潔，腹腴冰紋。松江既秋，笠澤尚春。弄菰根於水渚，吹葦絮於江漘。避曲鈎之新月，驚沉網之行雲。白鳥熟睨以延頸，漁蓑臨羨而逡巡。退結網於江皋，進鳴榔於水津。看玉尺之横罟，引銀梭而出綸。響跳鳴之撥剌，煦濡沫以繽紛。愛霜鱗之肥白，喜風味之鮮新。鄙流水桃花之春鱖，纛北溟跛浪之大鯤。似者尚或樂坡仙於赤壁，幻者亦能光曹瞞之會賓。況其真者，豈不能引秋風之西起，鼓張翰之思蓴。迺所謂金虀而玉鱠，又豈非東南之所珍！於時蘭堂啓宴，鸞刀紛紜。聶瓊兮研雲，切玉兮絲銀。娩蕙肴兮椒藉，芼薑橘兮芳辛。會蘭臺之公子，來高堂之美人。問春色於烏程，醉妖歌之紅裙。擅一筯之肥脆，厭四事之羶葷。且賞一鱠之郎官，寧美雙魚於王孫。又何慕乎熊之掌，復何羨乎猩之脣。曰魚固我之所欲，又豈若鱸之美之純者乎？子蓋未之味也。"渭川叟曰："子，吴人也。味鱸之美矣，亦嘗味夫磻谿之魚乎？小者曰鮒，大者曰鯉。釣必纖其綸，鈎必芳其餌。豈假任公投以五十之犗,衛人貪以半豚之體。法鈎餌之自然,豈式魚之云爾。終一釣以得璜,啓八百於姬女。應吉卜於非熊,耀崇勳於青史。豈屑屑乎一絲之鱠,竊竊乎一味之旨。主人吞八九雲夢於胸中,迺獨羨一鱸魚之足美。盍一釣以連乎六鰲,際風雲乎龍門之裏?”主人曰:“善,子盍爲我賦之?”渭川叟曰:“主人既味魚之美矣,豈亦知魚之樂乎?”主人曰:“莊生有言,子非我,焉知我不知魚之樂乎?”渭川叟曰:“然則主人既知魚之樂矣,又豈不兼知魚鳥之樂乎?《傳》不云乎?‘鳶飛戾天,魚躍于淵。’渺雲飛而川泳,合道體之大全。前賢喫緊爲人處活潑潑地,主人豈亦知其所以然而然。”於是主人長揖而謝客。客遂援筆,而竟以賦鱸魚之篇。

蜀鳥賦

緊粤山之晚春,嗟蜀鳥之愁人。歎流光之飛電,感往事而沾巾。童子怪而問答曰:“客何爲者?”客曰:“肇昔蠶叢,啓邦西蜀。後王杜宇,嗣德匪淑。禪位鼈靈,竄身巖谷。化爲子規,羈棲林木。追傷亡國之恨,每深春則痛鳴而悲哭。故蜀人聞其聲則爲之迸泉而墮淚,睹其形則爲之再拜而慴伏。蓋以其爲古望帝之魂,而致其尊君懷古之意也。方其三春向晚,九扈既鳴,遺恨填臆,悲衷塞膺。迺振羽於北林,遂鼓翼乎東坰。望西土之萬里,發南山之壹聲。訴悲風於千古,慨往事於平生。既蚤叫而暮號,復夜哭而宵征。至若芳郊未暝,花雨猶濕。一望晚煙,千峰落日。反舌息聲,嬌鸎斂翼。於斯時也,沸百酸之攪腸,快一憤之欲雪。繞大地以哀鳴,叫蒼天而出血。羽不停飛,聲無住舌。千林夜驚,百鳥悲咽。聲聲入碧宇之雲,夜夜落空山之月。巖花爲之曉紅,庭竹爲之宵裂。夫何爲而至斯極也?蓋傷亡國之遺恨,慨家山之阻隔,悲白帝之芳春,憶錦宫之故闕。渺歸路之茫茫,念音書之永絶。痛百感之積中,奮繁聲之激烈。聞者莫不情感而魂驚,心飛而神越。遂使行人灑淚,孀婦沾衣。花寂寂兮春忽暮,草萋萋兮人不歸。望南浦兮靡極,渺予心兮傷悲。”於是童子垂頭而聽,抆淚而泣。松影月寒,楝華風急。客栩栩兮付莊生之一寐,何悲乎古蜀帝之亡國。

雙溪賦　　陳　樟

繄金華之麗區,實勁越之西陲。配三洞之雄觀,惟雙溪之交奇。若乃花翻巨浪,碧湛清漪。沃萬頃以溯湃,繚孤城以委蛇。遡兩源之浩渺,各在天之一涯。既夾抱而東迤,乃會流而西馳。乾坤之蘊,蓄洩於兹。山川之精,瀜液於斯。鼓蕩夫元氣,淩裂乎地維。注奔聲於子陵之浦,貫寒光於婺女之墟。影卧長虹,則百丈浮梁之駕其腹;翼翔飛鳳,則八詠層樓之聳其湄。迨夫雨色初收,晴紋始粲。水天上下之蕩磨,煙波遠近之瀰漫。疑投杼於天孫而肇舒乎千尺之絲,若鼓鞴於干將而未凝乎兩函之劍。春風游泳於鼉魚,寒水浮沉於鳧雁。朝暉夕陰,簸雲河之滃泱;官客征商,簇帆檣之隱見。漁翁舟子之歌呼,岸芷汀蘭之葱蒨。視四時景象之萬千,而莫得以窮夫幽玩也。故能以景之勝,爲地之靈,以人之産,發德之馨。鬱餘秀以亭毒,毓遐邇之俊英。激仁孝之心而爲顔烏馮子之烈,洗名利之汙而爲志和伯珍之清。觀夫汪洋文彩之光輝,奔騰震悍之噴礡。泚沈郎之筆則灑然吟嘯之豪,淬留贊之戈則凛然雄武之略。猗歟佳名,毁不入於柳之愚與栝之惡;混其一色,亦不分乎渭之清與涇之濁。此騷人墨客之所放浪而磅礴者也。於是灑流於雙溪之上,而爲之歌曰:拍闌干以長嘯兮,對雙溪之風。滌塵襟之颯爽兮,酌雙溪之淵。攬雙溪之秀兮,豁吾雲夢之胸。倚雙溪之篷兮,起吾汗漫之蹤。彼美山川兮,重興感於衷!

卧雲樓賦　　李　曄

夫何梅山之麓,華溪之濆,景物寥遠,人煙糾紛。突百尺之飛樓,錫嘉名曰“卧雲”。觀其樓之勢也，寥窌穹窿，峥嶸迢遰；廣能中臬，崇不逾制。宅高岡以拓基，流丹臒於天際。楝紋絢以虹擲，瓦縫拶以鱗次。昔邪覆霤，類紫芝之葳蕤；水網浮梁，駭翠濤之鬵沸。其中則有鳴琴之韵，投壺之聲，琅琅玲玲，鏦鏦錚錚。危梯躡空以迤邐，綺窗射日以晶瑩。文人詞伯，簪纓雜遝，疑身世之蓬瀛。其外則仙桂團圞，巖松挺特。簾風透香麝之臍，蘭影挂蒼龍之脊。亦有方巖、五指、華釜、翁嫗，馳青走翠，輸奇獻詭。崚嶒峆岈，若畫屏之在邇。其雲之狀也，非霧非霾，非霞非煙。托地游宇，如錦繡攢錯；友風子雨，如纊絮牽纏。攙兮如白衣蒼狗之幻，璀兮如金柯玉葉之妍。或觸石而漸起，或出岫而高褰。或柱蒸而煦潤，或簷宿而留連。縹縹渺渺，聯聯翩翩。謂其無心耶？望之欻驚而變化；謂其有迹耶？就之罔測其周旋。斯所以流形於六合之外而服御於靈仙者歟！若元龍之裔，希夷之孫，貌若冰潔，辭如玉温。實兹樓之所主，餐雲氣之氤氲。於是峨高冠，御輕縠。佩瑀振其衝牙，杖龍鐫其結緑。暫逍遥以遊憩，繼前人之芳躅。於是以山氣爲牀，魚鱗爲褥，枕崑崙之石，簟蘄州之竹。從容舒膝，婉轉凝目。偃仰而心張，委蛇而肱曲。鼻息吼春空之雷，臉痕印殷紅之玉。始侵尋於蓎境，漸相忘于蕉鹿。發軔於太行之巔，弭節于華山之麓。興裔裔以溶溶，思紛紛而郁郁。人之于雲，儷徘徊以相藉；雲之於人，竟紆徐以相逐。神交於廣漠之野，魂遇於虛無之谷。鄙巫峽之荒唐，真寣言而寣宿。當是時也，樓爲雲居，雲爲人身。止卧其形，匪睡其神。槐安螻蟻，於以悟榮名之妄；漆園蝴蝶，於以體天性之真。豈比夫思鄉之作，玩月之計，如粲亮之倫也哉！噫！黄竹之樓，清則清矣，竹有時而枯瘁；花萼之樓，麗則麗矣，花有時而飄零。詎若兹樓，以雲爲名。漠乎無倫，澹乎無情。游於帝鄉，其樂冥冥。亘古今而不息，與天地而長生。客有登卧雲之樓，嘉卧雲之趣，睆目始青，棲神太素。磨松煙，滴薇露。硯池飛北溟之魚，筆鋒埽中山之兔。倚淩雲之奇才，遂臨風而作賦。

憩耕樓賦　　俞　圮

迂生嘗夜讀書，神疲體倦，俯檻以憩。明月在地，銀河清淺。顧視四宇，渺渺乎若忘其侣，乃細詠屋梁之句。更闌興盡，弛然就寢。魂息神遊，夢與樂耕叟梅齋，履平疇，升高丘，遡清溪之流，涉芳杜之洲。優游以休，坐生於憩耕之樓。坐定，迂生起曰："憩耕之號，可得聞歟？"叟曰："道不同不相爲謀。出入廊廟，笙鏞治道。從容退食，俯仰紫閣。誦二代之典謨，彷彿有見於稷契。此子之志，將以書麒麟、標淩煙，爲號於天下後世者也。我則異於是。"生曰："何傷哉！吕出夷處，人不病其殊軌；稷通顔窮，亦不害其爲同。各適其志而已矣！"叟乃莞爾而笑曰："東皇司春，百物發生。芳草離離，烏犍正肥。緑水澌澌，新秧正齊。楊柳依依，布穀屢啼。土脈既動，人力可施。於是操彼鎡基，舉事以時。人力既完，夕陽在山。於是載笑載言，言歸言旋。濯足於滄浪之煙，憩息於是樓之間。茹美汲新，杯觥交傳。酒酣起舞，和風在户。擬以龎公之伍，不復知世間孰得而孰失，充然自若，有所得也。况復遭逢聖明，時和政平。五風十雨，萬寶告成。兵革不驚，官無横征。什一之外，則嘻嘻然以卒歲。遇美景佳時，輒聚東鄰西舍，相與而樂之。撫有虞之操，和淵明之詩。南窗之清風，西窗之明月，惟吾所取而不竭者，皆憩耕之勝玩也。是吾蓋將以此終其生，遂命以爲樓之名。子知之乎？"生曰："然。吾聞獨樂不若與人。盍亦出堯舜其君民乎哉！"叟曰："吾將付諸子孫之賢者。"言已，遂援筆以賦其事。

君子花賦　　王世鈇

周茂叔先生有言曰："蓮，花之君子者也。"而世之賦蓮花者，擬洛神之出水，比蔡女之盪舟。甚謂太真爲身而初浴，六郎似面而含羞。由是群花怒甚，張拳戟髯，千百成隊，如招如迎，呼我解穢。余乃潛心祓志，含毫構思。思夫衆芳競於春，蓮獨長於夏，有君子陽明之德；萬卉榮於陸,蓮獨滋於水,有君子潔清之性。其葉之中規,似君子之圓神;其幹之中繩,似君子之直敬。其花之外炳也,似君子之文章;其實之内含也,似君子之忠信。且淵泉溥博,似可大之業;代謝循環,似可久之德。故其沐浴膏澤,風動從欲,似虞帝端冕邃延,火丹藻緑。群后揖讓而濟濟,庶官拜稽而起伏。或展洛書之龜文,或執元圭而鋭首。其亭亭參差,如同律度量衡;其燦燦灼爍,如繪華蟲絺綉。如在璣衡而七政熒熒,如列山澤而萬炬簇簇。若乃化雨初淋,流風乍過,又似洙泗群賢,同心而浣濯;三千七十,聯袂而切琢。或布縹緗,或執干籥。卷曲兮飲水之瓢,飄翳兮浴沂之服。有時皓月揚其白羽,有時赤虹流爲黄玉。孰范冠有其蟬緌,孰紺衣表其素襮。縈雨不假卜商之蓋,簪筆堪贊言游之牘。要之,其始生也,乘六龍之德,是謂律天時;其取材也,當中央之令,是謂襲水土。自夏徂秋,歷天道小變之節;斂華就實,有風霜不隕之貞。其托根也深矣,立在三之大節;其植蒂也固矣,秉七竅而爲心。由是刻落舜英,上返太極。斗毓星羅,貫珠合璧。或藏二十四氣之仁,或含三十六宫之春。蓋向所言者君子之貌,兹所言者君子之神也。由是群花加其舒愉,載其窈窕,或斂色而忘言,或掀髯而一笑。但覺香氣徐來,元元入妙。雖然,莊生有言曰:"子非魚,何以知魚之樂?"我非君子也,又何能爲君子道而嘵嘵不已者?聊爲羯鼓一通,逐彼粉黛窈渺。後有讀者,尚鑒吾之謬謬。

秋海棠賦　　徐　琮

朱明謝暑,素灝迎涼。芸香舒白,苔色鋪蒼。嫣然小草,近於女墻。其花粲粲,名曰海棠。爾乃紫莖珊映,翠蓋紺籠。葩微茜而四出,房輕緗而在中。弱質如扶,輕肌似醉。姿嫋嫋而還羞,態亭亭而疑睡。於時蘭芬漸謝,菊蕊方胎,木樨有約,芙蓉未開。惟兹卉之冷艷,乃近人而嬋娟。曾郎呼爲名友,王公品以神仙。香本静涵,空傳楚材之恨;性甘闃寂,不待少陵之篇。豈蜂蝶之腥染,羌泉石兮蹁躚。

方其淺靨微呈，纖枝甫發，疑巫女之方來，恍宓妃之乍謁。將訴兮語誰？欲前兮還歇。或乃緑衣風動，杏臉露零。儼越姬之怯舞，佯妃子之初醒。色授兮燕昵，魂飛兮娉婷。若夫秋雨微過，秋月始波，雨殘月霽，在彼中阿。花光零亂，花影婆娑。長信悽兮紅葉怨，昭陽望兮團扇歌。已矣哉！信知宇宙之内，惟時光之迅邁，亦歲月之蹉跎。憐香者固惜時而領取，負艷者亦撫景而誰何！拙如僕者，夢筆非淹，悲秋似玉。對窈窕之方鮮，撫葳蕤之若浴。聊舒臆以奏詞，願乘時以共勖。

詩

五古

夜坐聞竹聲示侄　　宋胡　則

室明窗有燈，夜暗天無月。趺坐依蒲團，竹聲助清絶。初疑小雨至，蕭蕭俄復歇。忽然變軒昂，風湍散巖穴。聽從耳根静，萬慮皆瑩徹。塵凡不待掃，境妙心自潔。奇哉不二門，欲倩維摩説。此首《詩粹》載胡侯作，而《金華詩録》《宋詩紀事編》皆定爲潘默成居士詩。

和慈雲大師桂子

孤峰聳高桂，千載同一日。秋氣正飛霜，天風落丹實。紛紛寶砌旁，顆顆露珠密。始自月中來，又從驪頷出。香浮古佛刹，光照高僧室。吴越饒珍異，金玉非儔匹。嘗詠賢人詩，未載史臣筆。至矣天竺山，山靈誕奇物。

懷嵩樓晚飲示徐無黨無欲　　歐陽修

滁山不通車，滁水不載舟。舟車路所窮，嗟誰肯來遊。念非吾在此，二子來何求？不見忽三年，見之忘百憂。問其别後學，初若繭緒抽。縱横漸組織，文章爛然浮。引伸無窮極，卒斂以軻丘。少進日如此,老退誠可羞。敝邑亦何有?青山繞城樓。泠泠谷中泉,吐溜彼山幽。石醜駭溪怪,天奇瞰龍湫。子初如可樂,久乃歎以俅。云此譬圖畫,暫看已宜收。荒涼一作村。草樹間,暮館南城陬。破屋仰見星,窗風泠如鎪。歸心中夜起,輾轉卧不周。我爲辦酒肴,羅列蛤與蚌。酒酣微探之,仰笑不頷頭。曰予非此儂,又不負譴尤。自非世不容,安事此爲囚。幸以主人故,崎嶇幾摧輈。一來勤已多,而況欲久留。我語頓遭屈,顔慚汗交流。川塗冰已壯,霰一作霜。雪行將稠。羨子兄弟秀,雙鴻翔高秋。嗈嗈飛且鳴,歲暮憶南州。飲子今日歡,重我明日愁。來貺辱已厚,贈言愧非酬。

有馬示徐無黨

吾有千里馬,毛骨何蕭森。疾馳如奔風,白日無留陰。徐驅當大道,步驟中五音。馬雖有四足,遲速在吾心。六轡應吾手,調和如瑟琴。東西與南北,高下山與林。惟意所欲適,九州可周尋。至哉人與馬,兩樂不相侵。伯樂識其外,徒知價千金。王良得其性,此術固已深。良馬須善馭,吾言可爲箴。

陳同甫抱膝齋　　葉　適

昔人但抱膝,將軍擁和鑾。徒知許國易,未信藏身難。功雖愆歲晚,譽已塞世間。今人但抱膝,流俗忌長歎。儒書所不傳,群士欲焚删。譏訶致囚箠,一飯不得安。珠玉無先容,松柏有後艱。内窺深深息,仰視冥冥翰。勿憂兩髀消,且令四體胖。徘徊重徘徊,夜雪埋前山。

音駭則難聽,問駭則難答。我欲終言之,恐復來噂沓。培風鵬未高,弱水海不納。匹夫負獨志,經史考離合。手捩二十年,柔條起衰颯。念烈儻天回,意大須事匝。偶然不施用,甘盡齋中榻。寧爲楚人弓,亡矢任輓踏。莫作隨侯珠,彈射墜埃壒。

題山外歸人　　胡長孺

結屋北山阿，境趣適有契。閒寂聊悦心，深密非避世。誰令賦遠遊，山空泠蘭蕙。人間萬得喪，欣戚隨所制。頗似觀優伶，笑語雜悲涕。戲弄刻漏間，陳迹安所寄。策杖歸去來，溪深亦朝厲。陟嶺見我屋，竹柏松杉桂。雨餘青一色，浄埽如作篲。行可休此足，無言得深詣。

擬　古　　吴思齊

平原一遺老，九重未知名。臨危觀勁節，相視膽爲驚。折隊猶舉手，籲天閔無成。九隕期報國，萬古猶光晶。亦有布衣人，烈烈死彌貞。回風惜往日，輝映豈獨清。滔滔肉食輩，泚顙徒吞聲。我聞同志士，野祭激高情。配享遺斯人，憂心每如酲。

秋夜讀書自勉　　陳　璪

微雨滌秋暑，灝氣清室廬。志士切自喜，夜可讀我書。涼風自西起，日月易居諸。不及此時學，歲晏空長吁。

夏夜望雨

夏夜苦炎熱，浹衣汗淋漓。就寢不能寐，起愛南風吹。東郊競車水，音響一何悲。西北閃電光，雨意猶愆期。仰望浮雲翔，俯察萬物衰。徒能爲此憂，天意當何爲。

秋　夜　　程正誼

夜月臨前池，愛此蕭疏竹。清波摇蟾影，泠泠如可掬。知心有明月，虚堂豈云獨。寒花庭際香，孤鶴籬邊宿。懶飲穆生酒，甯賣君平卜。馮道終身愚，顔子不遠復。風波良可畏，世事多反覆。可憐夢不醒，黄粱久已熟。

過釣臺

布衣有知己，但識漢王孫。吾道在雲山，何知萬乘尊。客星干天象，四海咸驚奔。終古激清風，顯晦何足論。赤符久銷歇，釣石此猶存。清廟松楸古，高臺題詠繁。山靈護林谷，野鳥不呼喧。千載憶高士，過兹久停軒。徘徊雲海暮，感慨寂無言。

郡齋詠懷　　姚汝循

巴江清且駛，日有東歸舟。凛凛歲復暮，而我何淹留。才不瘳民瘼，位固忝邦侯。負擔過所任，跼蹐增煩憂。南山有薄田，猶堪具膳羞。棄捐久不理，稂莠將盈疇。至道貴兼濟，豈固爲身謀。十羊方九牧，雅志悵悠悠。安能逐時態，坐取素餐尤。

夏夜對月

落日暑暫歇，微風蕩靈襟。囂塵淨庭宇，竹樹森繁陰。皎月墻東來，照見石上琴。揮手一再鼓，悠然生遠心。鍾期久不作，千載誰知音。

姊歸立秋

晷運相推斥，昨夏今已秋。寒蟬鳴不歇，大火莽西流。人生寄一世，漂如波上漚。乃爲一尺組，而來萬里遊。琴書委不理，與言非故儔。曉起戴星行，入夜尚不休。勞勞寡懽悰，戚戚增煩憂。短景易以邁，兹歲且復周。功名建何時，霜華欲盈頭。自不堅始願，及此將誰尤。

道中遇雪　　程開業

軒車午睡餘，寒氣忽侵骨。風烈鳥偏翻，雲濃山漫滅。須臾雪霰飛，塵氛淨皓潔。著樹梨花繁，入澗水紋裂。籬邊凍犬喧，廣途行客絶。起視茅簷中,炊煙殊未歇。今年秋潦盈,野田胥汩没。賴此太倉米,窮途救涸轍。最貧五月糧,下亦給三月。丁男日一升,黄叟紛提挈。脱粟飯壯夫,婦女糁羹啜。頓覺黍谷春,暖律無煩設。但得民安堵,身寒心亦悦。

早行東平道上

征軺侵曉發,遥岑横淡煙。蕎花紛皎潔,霜葉紅欲燃。方塘流潏潏,零露滴涓涓。相彼沮洳地,泥潦漸已乾。農夫蓐食出,驅犢向東阡。來牟争播種,力作分後先。歲歉少蓄聚,各自忘胝胼。睹此發長喟,予勞亦固然。

擬謝靈運登石門最高頂　　應　梁

晨遡石門澗,巍峨標兩山。危峰信横絶,迴出層霄間。策杖尋絶頂,縹緲來雲關。遠拱衆峰秀,俯臨迴溪灣。玲瓏抗高館,庭户翠陰環。户外連深竹,徑路迷往還。寒雲蔭落落,飛泉聽潺潺。白日起幽意,清虚絶人寰。静理越可悟,只此足心閒。雲梯近在望,誰與同躋攀。

驅車行　　王　環

仁人不遺世,志士願致身。讀書長太息,投筆思古人。功名謂易就,勳業堪自陳。時際求賢會,敷奏須及辰。慨然舍兒女,逖爾别故親。渡江二千里,沿洄幾易艙。舟行多阻滯,車行多苦辛。舍舟且登陸,步步生風塵。冰花飛馬足,石路碾車輪。泥濘虚脱輻,艮限悲列夤。風寒毛髪蝟,氣肅面皮皴。冰霜隨唾落,雪霰攪淦淪。輓推夫已瘁,軒輊體難伸。行行望畿甸,役役厲清晨。舉頭魏闕近,三月始知春。豈知棘闈内,欲上更嶙峋。捷足已先得,我乃躓而屯。仍復驅車行,回首懷紫宸。未效窮途哭,聊作苦行呻。少壯須努力,敢不思自珍。

題湯雨生將軍金陵殉難卽呈湯果卿明府

國朝張化英

將軍儒雅流,掛冠久隱豹。壯歲感馳驅,垂老尚圖報。人謂將軍忠,我謂將軍孝。授命殫綏成,衹是佩庭教。絶筆示兒孫,性命非輕棄。骨肉何忍離,丹心惟取義。人謂將軍愚,我謂將軍智。所欲甚於生,全歸完天地。雙思池水清,一去到蓬瀛。且抱遺編殉,上界質詩盟。人謂將軍死,我謂將軍生。從來抱義者,至今名莫争。成人亦何奇,所奇在立志。慷慨矢居恒,未免懔臨事。人謂將軍難,我謂將軍易。視死本如歸,見危豈有二。臣子何所慕,所慕在君父。君望能致身,父欲光門户。人爲將軍悲,我爲將軍舞。忠孝今兩全,名教垂千古。

感　遇

王錫享

碔砆無足珍,藴璞在良玉。靈蛇吐明珠,永不混魚目。輝山而媚川,精耀常四燭。物貴識者希,世途多碌碌。雖遭按劍瞋,豈竟泥塗辱。登薦朝廟上,禦灾庇嘉穀。

咏胡黄氏烈女詩

施紀椿

烈士貴殉名,烈女貴殉夫。殉名甘若薺,殉夫苦如荼。卓哉黄家女,哀哀獨何辜。十年貞不字,十八嬪於胡。三載御瑟琴,所天忽云殂。詩書委丘壑,風雨泣庭隅。蒼天不憖遺,一慟漸以蘇。我生亦何爲,低徊戀舅姑。舅姑奉終老,兢兢保微軀。驀然聞寇警,預以防所污。尺組自圈項,魂歸與夫俱。皎皎冰雪質,朗朗玉肌膚。綱常賴以植,名教賴以扶。維彼二心人,對之愧何如。

俗吏吟

胡揞中

士俗不可醫,吏俗亦可嗤。行人試静聽,聽歌俗吏詞。俗吏溺於酒,麯生不離口。郫筒若下春,能教不脛走。不解文字飲,惟知醉紅友。俗吏溺於花，碧玉招香車。艷姬踏筵舞，摻手弄琵琶。不識周郎顧，節拍按紅牙。貪戀米囊膏，睡鄉唤不起。客至玉山頹，筋骨多懈弛。談笑忽風生，博趣卧遊裏。黄紬蒙合歡，日高聞放衙。忙來理計帳，刻剥到魚蝦。取之盡脂膏，用之如泥沙。會斂仗衙胥，盗鈴不掩耳。魁柄人持之，好官自爲爾。騶從故翩翩，冤民銜没齒。夤緣奉上司，饋金問誰知。悖入復悖出，循環理亦宜。一朝覆公餗，何以爲孫兒。

門蠹吟　　胡揞中

千古閽人害，數難更僕終。諸君且聽之，聽我歌門工。方寸咽喉地，骨鯁輒難通。海市興突兀，蜃樓駕憑空。明者受掣肘，昧者恣朦朧。大則腰纏滿，小則腸腦濃。甚且投所好，擇肥誘主翁。朘削及無告，憒憒擬天公。是宜禦魑魅，豈應近簾櫳。胡爲膺民社，甘受此輩蒙。四知噤弗語，相倚如蟨蛩。人其謂我何，毋乃可憐蟲。

胡氏義田　　黄　鴻

讀罷《義田記》，誰不欽范公？何乃千載下，無人繼芳蹤。豈曰非宰相，立心靡與同。卓卓胡宏齋，慕義追高風。有志雖未逮，遺命囑克終。子能述父事，弟力纘兄功。更難聖善母，觀成閲我躬。割田三千餘，拯急周族中。咸豐歲辛亥，莅盟馨祖宗。規條約文正，斟酌折其衷。顛連與匱乏，時輸常餼充。又凡婚嫁事，給予俾無窮。延師更設塾，教育占發蒙。洽比雅《詩》歌，保息《周官》通。登愧齊三量，貸漸宋一鍾。九族躋親睦，合户盡歌豐。此舉誠難得，古誼今獨隆。家祥知世衍，福禄自來崇。

解　蟻　　姚躔奎

秋日雨初晴，淫淫走蟲豸。博雅爲蚼蟓，莊子名螻蟻。渺少行不疾，牽率上筵几。引入盤盂中，當先往染指。俄焉紛紛來，聚衆若遷徙。厥性最饕餮，舍此遽及彼。虎欲兼狼吞，一飽不復止。主人適陳饋，陡然投箸起。此乃先生饌，胡敢分甘旨。屬饜雖無多，鼠竊得毋恥。蟻聞而褎如，意若曰否否。蚯蚓曾稱廉，虛生亦可鄙。鳴蜩但飲露，牢騷果何以。我食不爲泰，古聖重蟻子。爾徒飽終日，恐負雕蟲技。今但分一臠，嘵嘵何聒耳。蟻説良足思，莫空負寸晷。

七　古

送徐生無黨之澠池　宋歐陽修

河南地望雄西京，相公好賢天下稱。吹噓死灰生氣燄，談笑暖律回嚴凝。曾陪罇俎被顧眄，羅列臺閣皆名卿。一作才能。徐生南國後來秀，得官古縣依崤陵。脚靴手板實卑賤，賢儁未可吏事繩。携文百篇赴知己，西望未到氣已增。我昔初官便伊洛，當時意氣尤驕矜。主人樂士喜文學，幕府最盛多交朋。園林相映花百種，都邑四顧山千層。朝行緑槐聽流水，夜飲翠幙張紅燈。爾來飄流二十載，鬢髮蕭索垂霜冰。同時竝遊在者幾？舊事欲説無人應。一作膺。文章無用等畫虎，名譽過耳如飛蠅。榮華萬事不入眼，憂患百慮來填膺。羨子年少一作少年。正得路，有如扶桑初日昇。名高場屋已得儁，世有龍門今復登。出門相送親與友，何異籬鷃瞻雲鵬。嗟吾筆硯久已格，感激短章一作章句。因子興。

贈永康周嘉成詩　樂清王十朋梅溪

樂清之東，地名左原，中有古井，深數丈。時冬旱水枯，井僅盈掬。有女子數人，提罌而汲，綆絶罌墮。俄有男子鋭然解衣，入井取之。既而石陷，聲震山谷。井深石重，咸謂壓者必虀粉矣。越三日，事聞於邑，尉周以職事來，環井而視，惻然嗟悼，命役夫具畚鍤，扶石取骸，將以瘞焉。自旦逮午，猶未及尸。俄而役者驚相告曰："井底有聲，其鬼物乎？"周曰："此陷者不死，須吾以生。"於是捐資募出之。衆力争奮，頭顱稍露，而語可辨矣，土石撼動，勢將復壓，救者驚潰。周乃整衣焚香，叩井而拜，命工植板以捍危石，益以緡錢啗役夫，俾蹈死以救。時尚未飯，吏以進，却之曰："必活人而後食。"日没井昏，繼之以燭，用長綆繫衾挽而出。觀者數百人，歡呼震動。梅溪目擊其事，作詩一篇以紀。周，名劭，字嘉成。婺州永康人。

樂清有地名左原，地幽井古知幾年。一朝陷溺誰氏子，萬石壓腦沉黄泉。路隔幽冥生望絶，三宿沉魂豈能活。鬼神莫救功莫施，天遣仁人爲之出。彩旆來臨驅五丁，抉石求屍俄有聲。頭顱半露語未辯，人疑鬼物相視驚。拯溺辛勤功未果，土圮石欹紛欲墮。争言陷者不復生，救者徒遭頹壓禍。梅仙惻然臨井傍，焚香再拜祈彼蒼。散金募衆蹈死救，手植板榦加堤防。土石相銜危不倒，虀粉餘生僅能保。須臾奪命鬼窟中，萬口歡呼喜填道。翕然輿論咸奇公，異事行將達帝聰。感物誠居耿恭上，活人手與温公同。况公才學俱超絶，吏隱那能久淹屈。使君前日飛鶚章，莅事詳明已廉潔。鯫生桑梓居此間，具書目見非妄傳。太史採詩儻見取，願付銀管書青編。

謫仙歌　　陳　亮

李白字太白，清風肺腑明月魄。揚鞭獨步止一人，我誦白詩手屢拍。嘗聞太白長庚星，夜半星在天上明。仰天高聲叫李白，星邊不見白應聲。又疑白星是酒星，銀河釀酒天上傾。奈無兩翅飛見白，王母池邊任解酲。我游金陵自采石，玩月乘舟歸赤壁。欲上箕山首陽巔，看白餐雪水底眠紫煙。又不知，在何處，漱瑶泉，酌霞杯。悵望不見騎鶴來，白也如今安在哉！我生恨不與同時，死猶喜得見其詩。豈特文章爲可法，凛凛氣節誰能移。金鑾殿上一篇頌，沉香亭裏行樂詞。此特太白細事耳，他人所知我亦知。脱靴奴使高力士，辭官妾視楊貴妃。此真太白大節處，他人不知我獨知。歌其什，鬼神泣，解使青冢枯骨立；呼其名，鬼神驚，惟有群仙側耳聽。我今去取崑山玉，將白儀形好雕琢。四方上下常相隨，江東渭北休興思。會須乞我乾坤造化兒，使我筆下光燄萬丈長虹飛。

靈　巖　　　　何子舉

靈巖之境最超卓，高隱翠微浸碧落。迢迢一逕倒青松，壁立危門敞虛閣。敞虛閣，見寥廓，萬疊青山連海角。山田疏密布棋文，行看遠近分鳧雀。入虛堂，真邃寞，太古以來天所鑿。上如屈曲老龍腰，下似空明巨鰲殼。豁然平鋪如琢削，低不礙人高可摸。洞徹中開隱籟傳，虛通遠映飛光鑠。煙嵐前後如簾幙，洞户東西迢鎖鑰。明月宵涵兩玉壺，白雲曉度長銀索。壺天春秋長不惡，瓊室夏涼冬燠若。老僧雪夜不新爐，童子炎天尚狐貉。夜静風清冰露薄，天碧境寒河漢爍。泠泠風吹叱斗牛，浩浩清聲生萬壑。我欲飛王喬之鳧，呼丁令之鶴，架羽仗之輕車，奏靈臺之妙樂。披星機繪素以爲衣，舉金莖沆瀣以爲酌。呼群仙以遨遊，休此巖而宴樂。酒容漁父參，棊許樵夫著。不知烏之東飛、兔之西躍，相將遠逐無窮濱，逍遥永脱塵緣縛。

題秋江唤渡　　　　胡長孺

道旁木葉如渥丹，歸急不知行路難。青嶂碧溪自唤渡，蹇驢破帽西風寒。裹頭長須甚德色，肩輕不惜有餘力。人間塵土深復深，謹勿重賦招隱吟。

耕漁樂贈金華相士

憶昔力耕金華野，緑蓑青笠風煙下。扶犂荷耒豈不倦，春醅映琖清如寫。亦曾扁舟釣錢塘，長緡短棹浮滄浪。顛風駕潮濤更惡，若比世路猶康莊。安有高情唐許協，深閟神光形亦僳。還騎官馬走黄塵，江山過眼空重疊。少年壯氣若不羈，西川南海去如馳。二毛已非折腰具,況與志願常參差。長官怒駡沸于爚,口自唯諾心自怍。升斗未療饑寒憂,低徊獨羨耕漁樂。老翁雙瞳秋月如,何時照我歸鄉閭。江湖耕漁樂復樂,挂冠徑歸良不惡。

憶梅　　　陳璪

覓句狂遊五千里,辜負歲寒三友志。江南十月號小春,不知梅花已開未。驛使不傳消息來,迤北天寒夜無寐。忽然有夢入江南,夢與梅花敘情意。巡簷索笑如尋常,不知身世居何地。醒來仍復在他鄉,憶著梅花心欲碎。

王子約雙鉤竹歌　　　李曄

王君金華人,畫竹誇當代。此竹乃是鉤勒之所爲,坐上千人萬人愛。愛君爲人清拔俗,興來踏遍篔簹谷。籠鐘桃枝紛入眼,簕簩笆簟常經目。往年曾見吴門道士張溪雲,歸晚軒中事幽獨。有時不作山水圖,戲拈銀毫書此竹。王君筆法乃過之,比似張生更神速。王君寫竹能寫形,脱略粉墨辭丹青。或如金錯刀,或如鐵鉤鏁。或如金節羽衣之婀娜,或如銀幡寶勝之飄颻。或如白鳳尾,或如蒼龍髯。天機逞其妙,形狀何瑰奇。唐時亦有蕭協律,所至清風起蕭瑟。眼昏手顫藝轉工,一十五莖稱絶筆。宋時亦有文湖州,畫竹人推第一流。能令萬籜起厓谷,出墻之梢爲最優。東坡作竹短而瘠,别試蘢葱在林僻。玉堂多暇圖一枝,别有小坡能畫石。前元作者李仲賓,琅玕卓立無纖塵。薊丘家世不易得,父子相傳俱絶倫。吴興學士趙公子,飛白之石誰能比。水晶宫中春日長,移得籃枝落窗几。後來又有柯丹邱,大葉長梢動冕旒。天顔有喜頻賜予,晚節衰颯江湖秋。諸公畫竹工畫影,隔簾彷彿瀟湘景。我欲鼓柁游瀟湘,碧雲萬頃浮天光。美人娟娟隔秋水,欲來不來空斷腸。我來乘風發清嘯,扁舟直過湘妃廟。中流鼓瑟聲鏗鏘,和取湖南竹枝調。何如曩昔行李遊,京都故人爲我共作翠竹紅梅圖。原父寫梅君畫竹，價重已壓青珊瑚。挂在成均之左廡，交遊軒冕觀如堵。天上歸來十二年，柴扉草閣荒山田，此君風節還依然。王君王君聽我語，我歌長歌君起舞。花溪水接雙溪長，與君百里遥相望。不如坐君西郊之草堂，歙坑舊硯櫧而蒼，鵝溪素練雪色光。風晴老嫩任君寫，無使古人專擅長。

踏車行

南岸北岸聲咿啞，東鄰西鄰踏水車。車輪風生雷轉軸，平地雪寒生浪花。借問老農何太苦，低頭欲語還咨嗟。前月有雨田未耘，非其種者紛如麻。縣吏促人應差役，令嚴豈得營私家。況當今日滴雨無，陂塘之水争諠譁。雖如抱瓮沃焦釜，蹄涔豈足供泥沙。語罷踏車車轉急，田水何如汗流濕。老妻貸穀猶未歸，力疾無奈吞聲泣。

喜雨行

五日不雨中禾焦，十日不雨晚禾死。農夫田父心煩勞，桔槔搰搰徒爲爾。俄然雲起從西北，一片飛來頭上黑。六丁雷斧開天關，不盡天瓢瀉天澤。沛如萬頃之銀潢，疾如江漢流湯湯。怒如乖龍騰變化，颯如白帝行秋光。在坑滿坑谷滿谷，此雨何殊雨珠玉。甌窶汙邪無復分，但見芃芃稻花熟。東家老翁賒酒勸，西家女兒賣釵釧。青黄未接渾未憂，屈指豐年眼中見。我歌不獨如元豐，我歌直與康衢同。此身願作飯牛翁，耕田鑿井堯無功，嗚呼！耕田鑿井堯無功！

題煙波疊嶂圖

憶昨扁舟上南斗，順風看山如馬走。前山在眼後山失，紫翠繽紛落吾手。當年見山如畫圖，畫圖得似當年無。臨軒把玩笑絶倒，蚤覺詩思生江湖。江風蕭蕭煙水暮，盡是漁翁釣魚處。安得身輕如白鷗，江上飛來又飛去。

題濟源聽泉樓

泠泉亭子深且幽，我昔杖屨曾追遊。山中正當朝雨霽，坐聽泉水涓涓流。初如松風灑萬壑，忽如仙佩鏘鳴璆。又如蛟龍起潭窟，霹靂閃電催林丘。黄猨抱子挂秋影，良久不下聲啾啾。是時同行四五人，相對毛髪寒颼颼。乃知福地難久住，却載酒壺登綵舟。故鄉一别幾十載，江湖浪迹如沙鷗。風塵澒洞箭滿眼，欲歸洗耳嗟何由。飛來山色入我夢，碧松丹桂枝相樛。每逢泉石必留宿，題詩感慨無時休。胡君亦是聽泉者，胸次磊落非常儔。何當暇日登君樓，與君作記樓上頭。

青山白雲圖

若有若無青山之嶙峋，欲斷不斷白雲之氤氳。往往何人得此意，高公彦敬下筆藝絶倫。我歌紫芝白雲裏，白雲却向青山起。裁雲爲我衣，堆山作我几。松花釀酒三千石，醉後高歌歌未已。歌罷仰天笑，此樂人中仙。心摇赤城霞，目斷蒼梧煙。左執容成袂，右拍洪崖肩。五雲之佩何翩翩，乘風欲往蓬萊巔。蓬萊巔，渺何處，金銀樓臺隔煙霧。青鳥銜書海上來，千歲胡麻欲成樹。悵不往兮心茫茫，雲皓皓兮山蒼蒼。人間亦自有真樂，還君之圖兮贈君青山白雲作。

題陳世恭所藏山水圖歌

米公老手無人繼，從此乾坤少清氣。畫師落筆頗似之，素練曲折開秋意。上有青山萬疊之嶙峋，下有白雲千頃之氤氳。丹楓翠柏森左右，年深乃成十抱文。白石坡頭野亭小，一葉漁舟蕩清曉。對岸想像忘機翁，坐石蒼苔談未了。我嘗四載客金華，每見畫圖成嘆嗟。垂老歸來愛幽獨，欲借雲根半間屋。

次何贊府游壽山韵

我昔手持緑玉杖，遍觀壽山寺外崒嵂之奇峰。天風吹我衣，雲氣盪我胸。峰形峙爲五,煙霞有路遥相通。横秋雙澗橋,影枕寒潭空。上有欲落不落之怪石,下有半枯半活之欹松。一峰淩紫霄,曙色何曈曨。金雞唤醒海底日,絶頂尚有蒼涼蹤。一峰翠氤氲,怳如武陵之景迷西東。山泉春雨餘,流出桃花紅。左右一峰若覆釜,氣蒸雲霧秀所鍾。西看瀑泉吼飛雪,乃有一峰迥出倒挂虹影於晴穹。一峰後顧復何似,贔屭儼若蟠蛟龍。輸青獻翠千萬狀,竝視培塿誇豪雄。香爐紫煙遠莫致,廬山漫詫金芙蓉。伊昔當年紫陽翁,二三賢俊題名同。嗟余寥落生苦晚,不得親陪杖履遊其中。兜率臺高花雨濛,金仙趺坐青蓮宫。何當復約哦松公,靈巖石室幽絶處,笑揮白玉麈尾盡日相過從。

章三益匡山行

仙人休吹紫鸞笙,聽我一曲匡山行。青蓮居士讀書處,至今石室丹霞明。龍泉西南百餘里,四面峥嶸翠峰起。先生結菴當畫圖,正與匡山景相似。屋前屋後皆種松,坐看百尺蒼青龍。苔皮深含霜雪古,鐵幹返走風雲從。一亭下浸蒼波冷,縹緲煙雲成萬頃。中有神魚長比人,翠鬐翻動玻瓈影。一亭上與浮雲齊,赤闌干外青天低。分明投壺笑玉女,彷彿出海聞金雞。東南一亭隱林樾,地位清高隔炎熱。人間赤日如火流,疏篁琅琳自蒼雪。最其秀者環中亭,周遭萬朵芙蓉青。朝來爽氣落吾袂,蘿風吹日天冥冥。鶴怨猿驚歸未得,繡衣今作青雲客。故山回首五情遥,歸夢時時到寒碧。自古山林鐘鼎同,先生况有前賢風。少待功成拂衣去,入門依舊山花紅。

題胡元鼎白雲樓 胡名鈞,永康人。官袁州教授。　劉　基

少年辭家往京國,蓬根一斷無消息。有時長望白雲飛,江海茫茫淚沾臆。歸來拜母悲且喜,悔作他鄉遠遊子。更起高樓對白雲,綵服翩翩足甘旨。昔日望雲煎百慮,今日看雲美無度。却憶天涯望雲日,平生心事從此畢。

題胡元鼎白雲樓集　　危　素

昔我使過永康縣，不及一登白雲樓。今晨開卷誦佳句，十載看雲思舊遊。徵君卜宅面青壁，中峰最高倚天碧。千巖萬壑何玲瓏，雲去雲來窅無迹。狄公昔日登太行，飛雲迴首倍悲傷。今君養母不出户，白雲滿樓煙樹蒼。我憶結巢棲危巘，手持白雲堪寄遠。脱巾欹枕望青天，浩蕩晴空自舒卷。玉堂學士黄石公，文章變化如游龍。定傳題詠到京國，五采貫日觀長虹。

過安國公舊居有感　　趙　良

靈巖之北山盤環，宋臣遺址居其間。龍文虎脊相掩映，靈光上應斗牛寒。山川孕秀信不偶，篤生膚碩文章首。棘闈鏖戰掇巍科，風流肯落他人後。爵班翰苑鳳池香，詞頭假手焕天章。家學繩繩輝雙璧，弈世禮樂身綱常。請纓一疏志恢復，煌煌使節驚沙漠。長驅直擣賀蘭山，天驕斂手黄塵没。天運升沉可奈何，將星殞寨虚枕戈。幃白風煙萬餘里，悲切何由奏凱歌。聖明幸不負忠義，安國錫封恩殊至。胡爲黍稷秋離離，千載令人此翹跂。

賦戒行 子可久有志理學，往越師事姚江新建伯王陽明先生，作詩以戒之。

盧　連

阿兒有志投明師，異時獨抱稽山歸。阿兒無志荒於嬉，眊我老眼徒依依。惟勤有功念在兹，能安汝止惟帝畿。至官堯舜人可爲，我聞有道歌緇衣。既殫我力遐爾思，不學無術真卑微，不學無術真卑微。

照《五峰書院志》補。

題苕溪漁隱圖　　蘇伯衡

臨江郡守居吴興，飄然便學嚴子陵。釣臺正枕霅溪水，春融苔滑東風晴。落葉流水慰饑渴，三尺蠶絲釣明月。粟窩雨過藤蘿香，洞門雲鎖茶煙歇。石盤酒熟詩思并,滄浪一曲看長庚。醉後忘情欲成卧,濯足踏碎波光凝。如公至樂世應少,反惜淵明歸不早。數竿修竹排翠屏,長安何似山中好。七尺梅枝拖雪遊,北風冽冽吹羊裘。夜半論詩翦珠燭,唾調皆爲天下憂。當今昭代同堯舜,我將持策趨王命。觀風使者如未知,爲爾敷陳著名姓。

東溪行　　徐文通

仙源何處訪東溪,溪上人家秦世遺。路僻春生芳草遍,水流日坐白鷗期。白鷗相對青精飯,布衣有客從來願。岸幘談詩每入玄,逢人貰酒常折券。兩岸桃花物外春,煙艇漁蓑空一身。樽前楚塞三湘雨,棹裏潯陽九派津。只憶臨流慣洗耳,不學垂簾隱都市。飄飄把釣自滄洲,即有蒲輪終不起。林間歲月山水經,茅屋數椽多聚星。陶公五柳門前緑,蔣生三徑几上青。鍊藥更求採瑶草,白髮紅顔稱綺皓。西山日落歌紫芝,南浦雲深卧蒼昊。藉藉令弟中丞公,擁麾開府雄山東。功名要在稷契上,逸思高出風塵中。一見爲予話山水,予心久逐澄江沚。水中居兮荷可衣,河之清兮誰能俟。

赤城行贈王恒叔　　程正誼

赤城東蟠滄海隅,天台雁蕩争奔趨。三山會合秘靈氣,紫芝瑶草神仙居。神仙不來洞天隱,精靈鬱結鍾爲儒。王郎之儒太豪俠,批鱗迫取驪龍珠。悲歌日從燕趙客,縱酒偏喜高陽徒。仰視浮雲白日晚,心中等閒萬事無。得意之時酒千石,醉墨淋漓滿江湖。嗟嗟王大夫,神仙有路蓬萊迂,長生有術不死誣。君家大藥熟鼎爐,不朽之業復何圖。爾衣一振華岳動,爾氣一嘘海水枯。五斗折吾腰,長揖何拘拘。會須直上太華三峰巔,太乙真人邀與俱。揮毫引動巨靈掌,玉女之盆操作觚。長吟一泄天地秘,仍餘真宰還太初。

明日歌　　應　耀

今日復明日，明日何其多！事事待明日，萬事成蹉跎。世人苦被明日累，明日無窮老將至。朝昏滚滚水東流，今古悠悠日西墜。百年歲月能幾何，請君聽我明日歌。

松化石吟　　徐之駿

余邑有延真觀，唐羽士馬自然修真處也。門外有松化石，相傳是其幻化。蟠根入土，人莫能取。其皮節膚理，宛爾如松，焚之有煙，猶松脂然，既化則松炭也。山中雖或偶見，未能多得。余家所藏一石獨妙，因賦之。

僊家幻事何處索，顛倒五行任驅策。有松孤挺干雲霄，忽作崚嶒體全易。人言是石還似松，我言似松終是石。松耶石耶真幻觀，此事驚人頻赫赫。驚人此事不知年，手試神通聞馬僊。鶴背乘風偶然過，指松化石延真前。延真門前古松赤，霧鬣風鬟舞空碧。不費壺中半黍丹，已成山下千尋石。雙龍天際交盤旋，雷電擘成石貌妍。皸皴輪囷霜皮古，凹凸槎枒鐵節堅。有時割取入香鼎，裊裊數縷隨生煙。即今十里靈山路，石色依稀樹色鮮。色鮮此石無冬春，綽約寒光恒照人。我曾頓石高齋内，袍笏轉向案頭親。彈指鏗然是山骨，照眼蔚爾固龍鱗。相傳此中仍不測，莫道石朽松還新。吁嗟我鄉多靈宅，洞源何處無僊迹。松脂石髓總爐丹，幾時與我紅塵客。君不見，黄初平，金華山中大藥成，白石叱作白羊鳴。又不見，馬自然，延真觀裏妙術傳，蒼松指作蒼石圓。何不芒鞋竹杖早入山，與爾攀松弄石白雲間。

秋日寄俞晛蒼

秋静雁孤鳴，響入重雲寂。念予舊連枝，今胡夢中折。舊事夢中難具陳，冷雨幽窗交苦辛。看潮錢塘幾回首，聯袂又步金臺塵。金臺花滿三春路，予也春殘花不遇。齊門抱瑟豈一人，喜君得賣千金賦。

君才八斗本難量，一出蜚鳴四海揚。齒上新花多秀粲，胸間列宿自光芒。紫微正是需君急，君偏掉頭不肯入。百里殊非展驥時，一琴却向栽花邑。琴聲花色總悠然，何必鳳池雞樹邊。魚出釜中寧是吏，鳧來雲外自爲仙。一旦秋高動歸慮，三異聲騰留不住。君心豈爲松菊縈，君心豈爲蓴鱸遽。吁嗟誰識君心微，北堂草緑心遥依。予今此情視君切，何事予身今不歸。飛塵陌上迷行道，君在深山秋正好。松逕巖扉月色閒，羨君高致何時到。

報國寺古松　　樓惟駟

移來泰巔干日表，勢如天池物夭矯。老枝勁幹鎖寂寥，金鼎篆煙同杳渺。四旁佔踞管窺天，只道大雄梵宇小。行經東廊過重階，綿亘虬龍猶了了。虬髯蟠風風亦狂，龍鱗攪日日偏忙。寺鐘高隨濤聲亂，簷鳥低映顔色蒼。蒼蒼横竪都錯落，摩梢止堪踏老鶴。不入漢時處士家，并辭秦代大夫爵。古貌挺然懷古心，枯僧練摩宜般若。

海　棠

繁枝直聳欲横天，如松如柏歷千年。高低深淺迷紅赤，香在昌州翻不傳。春夜倚窗睡未足，照妝燒盡滿階燭。東坡若見此間奇，須補花中一語録。

落齒歌　　王世鉄

昔有常樅子，借人視吾齒。舌以柔故存，齒以剛故毁。余意獨不然，剛柔天所使。使齒而不剛，無所用吾齒。《易》卦明《噬嗑》，《風》詩歌相鼠。君不見巢父漱流并礪石，又不見蘇武齧氊又吞雪。忠臣駡賊聲切切，諫官對君懷中拾。斯是正氣爲至剛，何必久留乃金石。不慕蔡澤肥，不受范睢折。不誇編貝希早榮，不矜紅綾悲晚缺。餘論奬後生，任達戒前轍。嚼出宫商措大能，齩得馨香老儒業。成虧消息天之時，昌黎動摇今或脱。

松化石歌　　應泰華

延真觀前奇樹多，虬松鬱鬱森婆娑。茯苓芝節雙呈瑞，經霜彌茂不改柯。物窮則變變則化，此理由來兩代謝。雖然頑質未通靈，指迷自有神仙咤。鹽官羽客馬自然，燒丹煉汞松之前。丹成已就飛昇術，無忘嘉樹幾留連。指謂此松栽植久，蟠桃子結尚未朽。沐浴日月三千年，會當蜕骨離塵垢。是時仰顧天宇清，夕陽照滅照山城。忽見片雲生遠岫，風伯雨師相繼行。頃刻階前水盈尺，萬木怒號喧坐客。一聲霹靂震林坰，十里鉛松成怪石。松性何如石性堅，鐵皮鱗甲相新鮮。貞心不肯拜秦爵，罅漏待補媧皇天。自唐迄今歷千載，土中往往見精彩。謾訝根枯葉不抽，細睇膚理松紋在。邇來好事勤搜尋，或以枕筆或薦琴。大者數尺小數寸，珍玩有如球與琳。咄哉世事幻莫測，俯仰今古爲太息。試看靈根護井欄，一任風雨苔蘚蝕。神物顯晦自有時，仙踪寧久埋荒陂。會見大力與拂拭，焕發精光照鼎彝。

吕孝子詩 名宗福。賣身葬親。　　樓　杰

孝子生來性椎魯，養親不惜身勤苦。用勞用力奉晨昏，委曲承歡欣且舞。無何風木悲不寧，哭不成聲淚如雨。四壁蕭然剩一身，棺槨衣衾何處買。遍呼將伯肯助余，吁嗟盡是守錢虜。自顧此身儼尚存，何妨鬻作富人豎。倀倀東入淮陽家，署券欣然色無沮。因兹博得楄柎財，郭外纍纍封抔土。一盂麥飯别荒丘，委身甘與輿臺伍。殷勤服役凡幾年，隱姓埋名圖報主。主家有女求媵臣，屈指首將孝子數。孝子知之慘傷懷，百感茫茫摧肺腑。引身避去恨逋逃，贖身歸來乏資斧。乃返商於族中兄，名春生。兄亦赤貧嗟無補。再四營得如千金，持以歸元離網罟。可憐兄弟各煢煢，相依不啻扶兩瞽。似續迄無一綫延，天道悠悠竟難睹。我知天道與善人，不争一時争千古。君不見，

伯道當年亦無兒,孝悌休聲自宏溥。即今孝子身雖亡,應有鴻名光宗譜。

登鹿息嶺十八灣山尖避亂有感　　章慶培

鹿嶺千重灣又灣,芒鞋踏破坐愁嘆。向來不解離家苦,從此始知行路難。行路難,汗流浹背髮冲冠。宵藉茅而枕石,晝露吸以風餐。相對唏嘘時淚彈,未卜何日歸,得與二三知己慶安瀾。

張節婦 為仙居庠生王授時祖母作。　　陳德純

何年瑶池雪,照見冰心結自血。血愈碧,心愈潔。括蒼有母挺勁節,嬪王郎七載,蟲夢杳斷絶。吁嗟乎!連理枝齊胡爲殘,比翼鳥好胡爲單!節母有夫歸蓉城,夜臺寂寂天漫漫。欲留兮不能,欲殉兮不得。念賤妾兮誰依?望黄泉兮路黑。魂渺渺兮何歸?夜暗暗兮無色。思夫志兮未酬,傷妾心兮曷極!上有雙雙白髮之翁姑,下無膝前嬉戲之弱息。無弱息兮,誰承夫祧?念翁姑兮,誰代夫職?展轉思維不可禁,淚痕和血漬胸臆。是淚是血雜如許,爲繼阿咸正學語。一盞糠燈兼熊丸,幾丈繭絲織斷杼。上弦别鶴驚,下弦孤鸞鳴。淚痕題詩悲入骨,節母有《禫祭先夫子》詩。哀哀訴盡平生情。勵志冰霜清復清,一片冰心一片雪。應是兩間嚴凝正氣盤礴成,長令千秋萬世同羡貞心貞。

八烈歌　　桐城許　蕙桂山

壽山不頽,屭海不枯,正氣所鍾,永康之胡。一解。胡氏多才,時罹浩劫。激勵同氣,淬刃殺賊。二解。嘘虹仰天,風悲日曛。衆寡不敵,先後殞身。三解。臣身雖殞,臣心耿耿。不屈不污,霜潔星炳。四解。子可以報親,臣可以報君,弟可以報諸昆,婦可以報良人。五解。死於戰者爲國殤,死於家者宗族光,遐邇聞之涕沾裳,朝廷旌之同流芳。六解。子則孝,臣則忠,婦則貞,弟則恭。迹則異,心則同。七解。吁嗟噫

嘻！壽山之下，蜃海之滸。淋漓碧血葬黄土，一門八烈各千古。八解。

八烈歌　　日照丁守存心齋

八烈歌，歌八烈，洪鑪鍊出錚錚鐵，千淬萬灌堅不滅。臣死忠，子死孝，婦死節。霹靂聲中飛列缺，將軍昆季兩摧折。幼弟復讐不反兵，奮臂直陷豺狼穴。更有貞媛明且哲，肝腸皚皚湔冰雪。廣文羞吞蘇武氊，茂才自齧常山舌。稚子亦國殤，地下隨嗚咽。陰霾倒卷海爲枯，天鼓悲鳴雲欲裂。咄咄八烈萃一門，又聞弱婦雛嬰泣盡紫鵑血。噫吁嘻！自從粤逆陷金閶，苦海茫茫肆毒孽。青燐白骨慘天涯，豈獨腥風生兩浙。高岸爲谷川爲陵，錦繡爲塵玉爲屑。其中沉埋姓字知幾多，電埽煙飛歸一瞥。永康胡氏嗟可傳，日月争光難磨涅。八烈歌，歌八烈。

次韻陳青柯先生水仙歌 以“出門一笑大江横”爲韵。　　程尚濂

朔吹凌兢披弱質，玉人慘淡精神出。緑牙屏下小彝尊，阿誰微步款重門。孤標漫擬竹林七，遍數寒交今第一。弄珠江上春初到，綽約風鬟渾欲笑。不須重憶瑶池會，約取花魂如黍大。珊瑚小架碧玉缸，煙波渺瀰凌秋江。夢殘燈炧月五更，凌波一去蒼煙横。

五峰石洞懷陳龍川　　應曙霞

巨靈一掌翹天關，劈出聳壑昂霄五老山。巖根壁立拔地起，山城圍合如大環。四週獨闕西一面，中有平原水如練。愚公肯移一山當其闕，武陵桃源眼中見。我來踏遍翠屏隈，桃花片片飛落小蓬萊。峭壁何人持天斧，洞天石扇訇然開。石扇開，自有天地已如此，不逢君子過，埋没蓬蒿裏。吾鄉大儒文毅公，究心皇帝王霸之略於其中。文章推倒世智勇，議論開拓古心胸。名賢聞風次第至，東萊紫陽欣把臂。講求上下二千載，石室化爲鄒魯地。流風今已七百年，名山何處

尋龍川。兜率臺前策杖望,空有龍湫飛瀑懸。

題金陵方曉六秀才松化石圖　　潘國詔

昔有畸人馬自然,驅策雷雨凌紫煙。蒼髯老叟飽霜雪,一夕化作蓬萊仙。雲根突兀起千尺,上映蔚藍下涵碧。人間散落如風沙,怒濤猶撼虬龍格。枝峰蔓壑孕懷奇,枕材琴薦珍二遺。何年飛到鍾山側,豈徒靈鷲紛離披。方君雅有元章癖,得此一卷如拱璧。解衣盤礴畫入神,蒼秀欲奪嵩衡色。嗚呼!松之貞也可棟梁,石之堅也宜柱碣。胡爲寂寞深山中,肖以妙墨誰省識。赤松黄石兩茫茫,還君此圖三嘆息。按儀徵阮芸臺相國《定香亭筆談》云:金華之士,不質亦不文,而横經負耒,有四先生之餘風。其士之佳者,則有東陽盧炳濤、徐大酉,永康潘國詔,浦江張汝房。徐大酉《試院雙柏》。潘國詔《崔白健翮鏖風圖》云:"崔君磅礴真畫者,解衣一掃仗毚毫。畫風得勢先畫木,刁寥萬竅争怒號。一鳥摩雲整逸翮,愁胡側目嘑猩猱。收縮遠勢歸尺咫,匹練如有蒼天高。"

五　律

送顧少府之永康詩　　唐馬　戴

婺女星邊去,春生即有花。寒關雲復雪,古渡草連沙。宿次吴江晚,行侵日徼斜。官傳梅福政,地故赤松家。燒起明山翠,潮迴動海霞。清高宜閲此,莫嘆近天涯。

送顧少府之永康詩　　唐項　斯

作尉年猶少,無辭去路賒。漁舟縣前泊,山吏日高衙。幽景臨溪寺,秋蟬織杼家。行程須過越,先醉鏡湖花。

梅　花　　陳　亮

疏枝横玉瘦,小萼點珠光。一朵忽先變,百花皆後香。欲傳春信息,不怕雪埋藏。玉笛休三弄,東君正主張。

偶　成　　　　　　　　吕　浦

往近清谿曲，灘聲十二時。雨深莎草徑，風壞槿花籬。欲學淵明曠，難禁宋玉悲。麯生風味好，時復一中之。

孤山次李明之韵

古是逋仙宅，今遊昔未過。停車三奠酒，彈鋏一悲歌。鶴去衝霄遠，梅存占月多。春風枝上夢，遺恨滿庭莎。

山　行

紅樹一村曉，黄花兩逕秋。好山原不改，淺水自長流。風落經霜果，人驅渡水牛。山翁聞客至，隔屋喚新芻。

思　歸

凍雀噪疏籬，雲愁雪半垂。梅函春信蘂，松老歲寒枝。心醉非關酒，羈愁欲廢詩。雁飛山月上，歸夢遶天涯。

餞俞邑侯歸鎮江

名重金閨彦，行魁玉筍班。春風花縣静，秋月棘闈閒。欹枕一軒雨，開帆兩岸山。歸舟何日到，北固是鄉關。

秋　曉

破扇未盈篋，殘燈猶照窗。夜涼人静獨，月曉鵲飛雙。俗慮詩分遣，愁魔酒借降。酒醒愁復戰，白露滿秋江。

東覺明寺　　　　　　　　李　曄

招提重到處，秋色正紛紛。紅葉皆新句，青山只舊雲。姓名雖動俗，心迹喜離群。因與閒僧話，相忘落日曛。

山　居　　　　　　　　韓循仁

避地來東谷，蹉跎已二年。青山常對面，白髪漸盈顛。釀黍時邀客，餐芝謾學仙。此生通與塞，一笑總由天。

桃　巖　　　　　　　　黄　滑

立石平如削，飛雲近可梯。莫窮千古勝，但惜衆山低。靈草經年長，珍禽隔樹啼。人言舊朝士，感事有留題。

夜訪石門於壽山麗澤祠　　　　　　　　程　銈

淅淅聞山籟，遥遥起洞天。五峰雖永夜，孤鶴自長年。巖瀑飛珠雨，桃花散錦川。我來忻對榻，山外任浮煙。

遊壽山　　　　　　　　陸　鰲

嘉靖丙戌九月既望，余自仙居訪石門子於芝英，遂相與遊壽山，累宿不能去，因次石門韵。

昔聞壽山勝，今上壽山臺。白日千峰合，清秋萬壑哀。冥濛觀衆妙，磊落見群才。共識無言意，非關有象來。

寶山院方丈　　　　　　　　程文德

喬木山門古，疏鐘晚閣初。文轅此同憩，客興欲全舒。酒共燈花落，詩還貝葉書。百年吾道在，谿谷任盈虚。

昆盧閣

高閣欣鳴鳥，清樽對落楓。雲開朝雨後，日散午煙中。坐久地逾寂，心虚山更空。菊殘猶見爾，歲暮與君同。

靈巖山　　　　　　　　徐文通

歇馬空山裏，蹉跎又隔年。法筵春雁改，梵語客心憐。雨颯瓊花落，經翻貝葉傳。上方聊假寐，明月夜深懸。

鐘磬叩禪扉，松蘿釣客衣。煙霞來復去，車馬是還非。秋色浮甘露，泉聲滿翠微。祇應留石室，累月未言歸。

客子憩東林，翛然俯北岑。花陰趺座淺，草色卧鐘深。衣著翠微潤，琴虚流水音。平生慕丘壑，從此豁塵襟。

重過吕家莊

再向田家宿，青山好月來。主人饒逸興，場圃一尊開。耕叟携鎡入，漁翁罷釣回。狂歌不惜醉，呼取盡餘杯。

送　客

長安送歸客，忽漫起鄉愁。對此園中樹，猶疑江上樓。秋風鴻雁度，落日暮雲浮。誰忍窺旌旆，平林黯自收。

别李三員外

世路誰知己，聯曹獨使君。高懷傾白日，古調入青雲。可惜三秋月，言將萬里分。新詩如欲寄，予在越江濆。

過東林寺

晋代東林寺，名山廬嶽峰。不逢蓮社客，空覓虎溪蹤。落日榮巖桂，秋風響澗松。星軺違夜宿，回首白雲重。

詠趵突泉

斯泉何滚滚，日夜不曾閒。彷彿來銀海，嵯峨到雪山。倒流衝漢上，歕玉向人間。無謝金莖露，如君可駐顔。

長　途

長途傷客思，日暮不成歌。馬踏湘雲重，衣霑楚雨多。秋山看木葉，遠水落魚蓑。蜀道千巖外，江鄉意若何。

宋　生

宋生詞賦客，何處訪孤墳。楚國唯秋草，陽臺空暮雲。心期恒異代，揺落重懷君。獨有宜城土，啼鵑不忍聞。

松陵驛阻雨

雲失松陵道，篷窗醉復歌。江城春欲盡，客路雨偏多。岸折迷青竹，村虚長緑莎。飛鷗不解事，故故掠帆過。

草　堂

何事江南客，偏憐至後春。草堂懷古地，杯酒遠遊人。歲逐寒潭暮，梅開醉眼新。同袍萬里外，佳句共風塵。

小　園

結廬臨越水，却類楚鄉青。野曠浮雲夢，天高瀉洞庭。蔣公求友徑，范客種魚經。萬事歸來好，江湖有釣星。

夏日過崔園亭同汪李員外謝山人三首

長夏耽幽興，園亭特地來。人從松徑入，席向竹林開。細雨添詩思，輕風上酒杯。不愁歸路晚，膠漆有陳雷。

勝地一相過，言同鄴下才。開尊臨曲徑，隨意坐蒼苔。深院高雲度，青天細雨來。幽懷須好月，歸騎莫頻催。

月臨花影静，雨過竹痕新。不共芳辰醉，其如百歲身。風流朋與好，疏散性情真。何日辭城郭，南山守角巾。

留别徐員外

祇役趨南國，踟躕别故人。寒砧催木葉，落日下城闉。古調嗟誰識，高懷覺自真。不知燕市月，何處又相親。

獨　坐

吾道未爲艱，歸來好駐顔。分畦花與竹，鑿牖水還山。卧聽樵夫語，坐看漁子閒。無須尋五嶽，只此出人間。

方巖晚眺　　吴安國

峭壁平如削，晴嵐望更賒。泉飛峰際雨，石鎖洞中霞。松老還巢鶴，林深欲斷鴉。疏鐘夕陽外，長共飯胡麻。

壽山瀑布

桃花峰上水，萬丈灑晴空。到壑看珠碎，懸崖曳練同。非煙籠樹杪，疑雨濕花叢。總覺塵心洗，清音瀉晚風。

石室小酌酬徐大夫

不信桃源路，招尋路轉深。日斜蘿徑靄，雲鎖石門陰。丹竈茶猶沸，琳宫磬已沉。願留徐稚榻，同卧碧山岑。

題延真觀　　吕文燊

昔日追遊地，今來路不迷。樹深重閣晚，天闊亂雲低。玉訣憑誰問，松醪不自攜。倚欄還獨立，點筆一留題。

自横梁泛舟還郡　　姚汝循

解纜横梁渡，鳴橈濯錦川。秋山初過雨，夕漲欲浮天。四野明殘照，孤城合暮煙。愧無仁者政，竹馬亦橋邊。

古　意　　程正誼

寶鼎檀煙細，銀瓶鬱酒香。曉鶯啼玉樹，春燕語金梁。粉黛宫妝麗,笙歌秋夜長。可憐更漏盡,猶未罷《霓裳》。

王恒叔以諫議大夫出試蜀多士未幾擢參蜀藩余亦偶補
蜀憲且喜竝轡天涯而恒叔尋調粤余入蜀閲月則亦報移
粤藩與恒叔同舍相見歡甚爲我賦一律用韵答之

嶮巇西蜀道,萬里錦江橋。巴水注三峽,峨眉淩九霄。征矛渝嶺暮,客夢楚天遥。却恨乘槎客,先移粤水橈。

孤劍桑乾水,雙旌大石橋。彩毫空萬古,芒屩破層霄。玉壘銅梁舊,巴山錦水遥。此中饒勝事,明月渡江橈。

憶昔西征事,停驂駟馬橋。封章留瑣闥,桃李種雲霄。天竺西來近,金臺北望遥。壯遊誇絶勝,千里錦江橈。

八月君來蜀,頻游濯錦橋。眉山元積雪,秦嶺忽重霄。石室千篇壯,金門萬里遥。那堪青瑣客,學鼓洞庭橈。

席間和魏雲叔楊瑶文韵　　國朝樓惟馴

咄咄何年客,魚車不望鄉。五窮媚骨短,一淡交情長。落塵携餮冷,夢花入榻香。青鏤君可獨,捧句怯評章。

癯儒耐百拙,翻肖虎頭癡。貧樂親朋許,煖寒客主宜。囊空境自寂,壁固路無歧。更快馬帷近,指南獲我思。

方　巖　　尚登岸

盤巖驚力倦,遥擬就山眠。選樹全遮影,挑雲半壓肩。竹斜清宿澗,松漲碧留天。耐險淩幽勝,斜陽醉晚巔。

登壽山遊五峰書院先儒晦菴公及
東萊龍川諸先生講學地也爲賦小詩誌感　朱　謹

披襟雙洞口,策杖五峰前。天影留巖壑,松聲禁瀑泉。亂雲樵擔出，斜日客心懸。獨立空懷古，回眸一惘然。

禮樂青山在，弦歌白日長。眼前春草意，塵外早梅香。穿洞登儒域，凭樓面聖墻。詠歸循石徑，飛雨欲沾裳。

籃輿巖下去，何事首頻回。惘惘悲遲暮，行行入草萊。忽從歧路轉，别有一天開。田父休相問，桃巖看瀑來。

戊寅新春雪鴻先生遊於壽山方巖值予有
太末之行不獲與偕稍次原韵代柬　　沈　藻

吏治難乘暇，尋幽足不前。無由眠醉石，遥擬看飛泉。夢逐鳴騶往，心隨顧兔懸。閒雲度遠嶺，相望亦悠然。

開春早行役，極目水雲長。桂櫂帆偏急，蘭谿酒自香。林開松竹徑，門掩薜蘿墻。瞻彼幽人吉，何須露濕裳。

涉江千里道，仰首睹昭回。曉月流寰宇，春風遍草萊。洞延高士入，山自大儒開。遥擬遲留處，森然萬象來。

方　巖

絶壁無他徑，懸崖只一關。昔賢從此入，今日未曾還。道在非仙佛，神存亦孔顔。愚民知報祭，信極反成頑。

竹月明初地，松雲覆古祠。竝無開士法，今有寓公詩。高步神明接，清吟草木知。塵襟猶未洗，來日願追隨。

戍樓燈　　徐　琮

敵樓燈焰紫，征士正思家。白草關山笛，黄雲日暮笳。星河摇雁磧，燐火冷龍沙。五漏聲聲轉，燭殘泪亦花。

壽山石洞　　應　壤

策馬古樵路，清幽别一天。巉巖藏虎豹，深谷走雲煙。野菊疏籬放,孤松峭壁懸。登臨企風烈,仰止景前賢。

不覺登臺晚,啣山落日斜。野煙迷遠岫,村霧落平沙。度嶺歸雲疾,争林倦鳥譁。蒼茫深樹裏,何處是人家?

次劉明府登方巖韵

長虹横木末,盤轉一峰高。斷澗安橋上,懸崖置屋牢。雲中聞鳥語,天半聽松濤。速客山僧老,欣然進濁醪。

扶笻登絶巘,飛鳥逐人投。放眼千尋頂,置身百仞樓。詩情誰與共,遊債老難酬。但得山房静,何妨五日留。

過德州城　　王　環

大道通南極,河關地勢雄。野平天似幕,岸曲水如弓。客路青無限,人家翠一叢。危檣歸睥睨,鄉思月明中。

晚過武城

薄暮臨河曲,回看幾溯沿。水濴疑地轉,野曠覺天圓。北上千檣列,南歸一棹旋。武城今夜月,對景試鳴舷。

滄州晚眺

極望情何限,間觀興亦豪。沙平殘照遠,水落浪痕高。一葉漁家艇,千檣柳外漕。維舟鄰草屋,幾憶舊蓬蒿。

壽張舟中

閏五月初吉,輕舟過壽張。平山青入郭,曲水碧圍莊。南北沙河路,東西石磧梁。歸途消客況,相向正他鄉。

兖州道中

西出闌漫道,寒深二月辰。風塵生馬足,冰雪碾車輪。南北途千里，關山客一身。自憐樗里士，不是浪游人。

夜至永康縣　　儀徵阮　元文達

四山看野燒，一路入荒榛。石卧頻疑虎，松明遠照人。城闕延過客，行李累齊民。爲憶去年好，山陰畫舫春。

泊桐琴　　陸　坊

百折二三里，難爲旅客心。空塘喧水碓，野市入桐琴。篙刺雲根活，舟移石角侵。翻宜逢暴漲，涣涣碧流深。

又和種桂

纍纍丹桂子，秋落古禪關。乍到圓蟾窟，潛依靈鷲山。始知塵外有，會向月中攀。千載孤峰上，清陰與客閒。

夜　坐　　陳應槐植三

夜坐小堂東，簾腰頸有風。擡頭雙鬢白，照眼一燈紅。守理事忘拙，無思詩不工。抗心輒希古，五内俗緣空。

擬古從軍行一百首 集句，選六首。　　菉園應　瑩

其　一

屢厭黄塵起張巡，孤懷興歎初方干。白猿慙劍術李白，黄石受兵書李嶠。未枉周王駕杜甫，聊安張蔚廬駱賓王。應圖求駿馬杜甫，計日斬鯨魚錢起。

其　二

旗焰拂蚩尤温庭筠，干戈不肯休杜甫。鼓鼙悲絶漠郎士元，江漢失清秋杜甫。老幼相離别儲光羲，煙雲盡慘愁杜牧。忠臣思報國戎昱，按劍立城樓張蠙。

其　三

警急烽常報杜甫,登高望幾回宋之問。群凶彌宇宙杜,天仗役風雷張九齡。戰鬼秋頻哭李昌符,嚴城晝不開劉希夷。誰能將旗鼓沈佺期,拔劍起蒿萊陳子昂。

其　四

詔出未央宫岑參,星門召五戎駱賓王。揮戈出武庫駱,飛檄佇文雄楊炯。戎馬關山北杜甫,旌旗渭水東王維。卜征從獻告韓王元嘉,田獵舊非熊杜。

九十九

元戎催獻捷李嘉祐,萬國賀唐堯李舒。聖祚山河固鮑氏君徽,天恩雨露饒張嘉貞。玉筵鸞鵠集鮑氏,仙管鳳凰調李嶠。鎬飲周文樂宋之問,歡聲徹九霄李。

一　百

善用子房籌高適,乾坤一戰收杜甫。小臣瞻日月袁暉,天子富春秋温庭筠。霖雨思賢佐杜,巖廊抱大猷高。德星銷彗孛白居易,長願紀鴻休上官昭容。

冬夜感懷　　　　應志廉養心

榻冷三秋夜,孤檠剔不紅。雞鳴巖際雪,犬吠水邊風。結念黄昏後,飛心碧落中。離愁無所訴,有句擲詩筒。

次王魯齋先生大安失道原韵　　　　王元垓高士

明明成大道,何事多分歧。争奈心神亂,茫然行險巇。迷途幸未遠,轉念休游移。倘又憚更改,前行儘可疑。

鶴亭書院賀成課藝　　　　徐宏桓彦威

高軒松作牖,桃水瞰澄清。琴鶴來花縣,弦歌遍錦城。傳經藜映閣，啓蟄羽蜚聲。月窟天香滿，雲飄玉案傾。

南國家聲舊，花封惠露新。宏文開傑閣，選士際芳辰。製錦槐千樹，敲詩月一輪。龍門欣仰止，席上愧稱珍。

餞劉郡守汝璆升任杭州次王右丞維《送劉司直》韵。

酈静山印仁

地接蒼甌境，公來掃劫塵。得延無量壽，爲是孑遺人。膏雨承郇伯，春秋奉素臣。委懷嘉績在，康樂本和親。

五言排律

別方巖　　胡　則

端拱元年春，僕與湖湘陳生東書居方巖僧舍。暨命駕求岳牧薦應天子舉，將與僧別，率爲五言十二韵，書于屋壁下。卜商曰："動天地，感鬼神，莫近于詩。"僕罔敢知而復爲？或言之者無罪，庶幾懷矣，知我無所隱焉。仲秋月朔胡則書。

寓居峰頂寺，不覺度炎天。山叟頗爲約，林僧每出禪。虛懷思往事，宴坐息諸緣。照像龕燈暗，通霄磬韵傳。冥心資寂寞，琢句極幽玄。拾菌寒雲下，烹茶翠竹前。遠陰臨岳樹，清響答巖泉。僻徑無來客，新秋足亂蟬。林風生井浪，溪雨長苔錢。自省隨浮世，終難住永年。遍遊曾宛轉，欲去更留連。明日東西路，依依獨黯然。

武侯祠　　程正誼

魚水誠難得，奸雄恨未除。盡心勛漢室，誓死托遺孤。兩世三巴國，千年八陣圖。貞心能自竭，衰運不堪扶。上將雄才蹶，英君中道徂。出師還食盡，報主豈謀疏。二表憂思切，三升骨血枯。誰能支大廈，自分委微軀。一念臣愚畢，千秋帝業蕪。明良堂陛有，忠義古今無。元像依松壑，英風滿蜀都。

和佑順侯别方巖原韵　　　　沈　藻

昔賢遊息地，門掩一方天。山是仁人宅，心爲儒者禪。林泉爲故業，雲物是良緣。花向澗邊落，香從空際傳。放歌邀太白，結想入重玄。道在先民後，神遊皇古前。仁恩滋蔀屋，明德配清泉。遺愛春池雨，歡聲夏木蟬。建功開甲帳，爲國免丁錢。雲去常留影，松高不記年。像依金地設，身與婺星連。蠹簡披清詠，臨風一爽然。

秋日署中述懷　　　　徐之駿

郭外經行罷，簷端景色開。寒蟬鳴斷續，弱燕舞低徊。暑入濃雲散，涼隨細雨來。夜初螢半出，秋早雁方回。酒氣消孤榻，茶聲沸亂杯。棲遲身漸懶，俛仰意旋灰。奉檄羞微禄，盤根歎菲材。夢中三徑隔，鏡裏二毛催。報國憂顛蹶，思家願溯洄。梁雲空屬望，謝樹未知裁。山好無叢桂，溪清不近梅。何當酬雅志，落日一登臺。

永康縣志卷之十三

詩

七　律

二遺詩　　陸龜蒙

二遺詩者何？石枕材、琴薦也。石者何？松之所化也。永康之地多名山，中饒古松，往往化而爲石，盤根大柯，文理具析。好事者攻而置於人間，以爲耳目之異。太山羊振文得枕材，趙郡李中秀得琴薦，皆兹石也，咸遺予。以二遺之奇，聊賦詩以謝。

誰從毫末見參天？又到蒼蒼化石年。萬古清風吹作籟，一條寒溜滌成川。閒追金帶徒勞恨，静格朱絲更可憐。幸與野人俱散誕，不煩良匠更雕鐫。

奏免衢婺丁錢　　胡　則

六十年來見弊由，仰蒙龍敕降南州。丁錢永免無拘束，苗米常宜有限收。青嶂瀑泉呼萬歲，碧天星月照千秋。臣今未恨生身晚，長喜王民紹見休。

紫霄觀

綺霞重疊武陵溪，鸞嶺相將路不迷。白石洞中人乍到，碧桃花下馬頻嘶。深傾玉液琴聲細，旋煮胡麻月色低。猶恨此身閒未得，好同劉阮濯芝畦。

水　村 此首《詩粹》亦載胡侅。然《詩林萬選》《宋詩紀事》俱載金華俞紫芝作。

畫橈兩兩枕汀沙,隔岸煙蕪一望賒。翡翠閒居眠藕葉,鷺鷥别業在蘆花。溪雲漠漠迷漁屋,野旆翻翻露酒家。一幅江南真水墨,無人寫得寄京華。

答侍郎胡則　　　范仲淹

都督再臨横海鎮,集仙遥綴内朝班。清風又振東南美,好夢多親咫尺顔。坐笑樓臺淩皓月,行聽鼓吹入青山。太平天子尊耆舊,八十王祥未賜閒。

清渭八景詩

清渭晴嵐　　　何子舉

清渭盤旋似太行,嵐光過雨鬱蒼蒼。氤氳如霧淩空起,縹緲隨風到處揚。谷轉孤村芳樹緑,水流雙澗落花香。興來秣馬尋高隱,泉石徜徉樂更長。

箭山晚翠

日落啣山照畫屏,箭山鬱鬱歲寒青。昂霄巨幹成梁棟,裂石盤根長茯苓。風撼碧濤驚鶴夢,雷轟鐵鎖悦龍形。由來秀蔭觀音廟,血食千年顯電靈。

北澗雙流

華溪有水緑如苔,迎會雙溪右澗來。二派合流川兩道,四山環擁翠千堆。尋源未許停漁棹,修禊應堪泛羽杯。夾岸桃花開爛漫,落紅隨浪泛天台。

指崖一覽

指崖屹立鎮山川,萬丈巍巍勢插天。風日雙清時有限,乾坤一覽景無邊。東西兩峴丹青獻,南北群峰紫翠連。我欲淩風登絶頂,一聲鐵笛叫飛仙。

桐畈犁耕

村北村南布谷聲,《豳風》歌罷足關情。携朋日向東園酌,佩犢時從谷口耕。花雨一犁春信早,稼雲萬頃歲功成。君王正此招賢用,胡不當初顯姓名。

派溪釣隱

派溪有水碧無瑕,結屋臨溪釣隱家。稚子敲針依柳樹,扁舟罷釣泊蘆花。子陵辭漢千年遠,尚父歸周兩鬢華。衹恐客星難障掩,一竿未足了生涯。

大隴秋雲

迢迢大隴似眠牛,多少村莊築此坵。玄室幽深埋玉樹,曉雲飛遶護松楸。栖遅每入林間渺,變化長從海上浮。正是蒼生多渴望,作爲霖雨濟田疇。

高村夜月

緩步高村納晚涼,徘徊更覺景難忘。一輪月照碧梧影,萬壑風飄丹桂香。蘇子何須遊赤壁,群仙正好泛瓊觴。洞簫吹徹東方白,玉兔還留不夜光。

及第謝恩和御賜詩韵　　陳　亮

雲漢昭回倬錦章,爛然衣被九天光。已將德雨平分布,更把仁風與奉揚。治道修明當正寧,皇威震疊到遐方。復讎自是平生志,勿謂儒臣鬢髮蒼。

春　日　　胡之純

春風蒲柳曲江頭,恨與春波不盡流。鶯喚新聲啼緑樹,燕尋舊壘認朱樓。百年驕豢吴兒脆,一味清談晋士休。千古興亡惟有淚,漫山花雨杜鵑愁。

壽　山　　　　　　黄　溍

鑿開混沌是何年？一石垂空一髮懸。飛瀑化爲天下雨，老僧常伴白雲眠。舊遊不改桃源路，化境能同杞國天。回視人間成壞相，無端劫海正茫然。

和　韻　　　　　　胡　翰

一峰横闢五峰連，巖屋層臺勢絶懸。日月只從空外擲，雲煙渾似洞中眠。泉飛玉雪常清暑，木落軒窗始見天。四十餘年黄太史，足音兩度走跫然。

和　韻　　　　　　朱　濂

講筵陳説記當年，須念蒼生急倒懸。曾奪鴻儒重席坐，却分老衲半牀眠。玉堂雲霧真成夢，石室煙霞别有天。明日紛紛塵土裏，可憐回首一淒然。

梅　花　　　　　　吕　浦

歲晚天寒日易曛，竹籬茅舍自相親。槎牙老樹一痕月，摘索疏花數點春。山澗水明冰骨格，江堤雪隱玉精神。逋仙去後知音少，强倩微吟爲寫真。

前　題

夜踏江邊一徑沙，手摇殘雪折梅花。多情索笑探春信，有恨相疏隔歲華。香透暗風過野徑，影隨寒月到山家。膽瓶貯水和冰插，到曉花開未吐葩。

九　日

病倚西風雨鬢華，門前水竹是吾家。無錢誰解憐陶令，有帽從教學孟嘉。絶岸未霜猶緑樹，疏籬過雨欲黄花。鄰家小瓮今朝熟，一笑呼童且問賒。

五老峰 即桃巖。去家西十里。五世祖雲溪翁構亭爲憩玩地。山有五峰，因借廬阜五老以名之。又構堂曰六老，亦猶六一居士意。臨卒，有“雲迷五老難尋覓”之句，遂葬是山下。

桃巖水落桃花洞，散入江湖无盡頭。明月不隨流水去，白雲長伴故山幽。龍歸雨送千峰瞑，虎嘯風生萬壑秋。六老堂空山寂寂，雙泉飛處使人愁。

雜　興　　　　吕文熒

南國金湯氣勢雄，吴山越水本相通。比來將相臨邊待，不覺塵埃掃地空。翡翠拂雲連甲帳，蛟龍隨仗出離宫。太平無事修文物，制誥還追兩漢風。

由來雲物喜從龍，草昧英雄此日逢。南海蠙珠頻入貢，東吴秔稻舊曾供。招摇光動朱衣舉，閶闔天開紫氣重。早晚車書當混一，再修玉檢事東封。

贈許存禮

空山雨雪正愁余，乘興相過慰索居。百代文章心事苦，十年戎馬鬢毛疏。遼東避地還成邑，稷下遭時各著書。何日雙泉重把盞，蒼茫分手意躊躇。

遊青山詩　　　　李　曄

行人遠問青山口，主者頻迎緑水頭。遮午樹陰纔入路，滿身雲氣忽登樓。桃源雞犬隨親到，盤谷詩書不外求。景物蒼茫題未盡，杖藜他日重來遊。

壽　山

雙澗橋西五老峰,分明朵朵翠芙蓉。半空絶壁開金像,一道飛泉噴玉龍。怪石坐來斜聽鳥,曲欄憑處倒看松。平生自倚淩雲筆,不愧山僧飯後鐘。

方巖喜雨

觸熱區區到上方,疏簾小簟夢秋光。片雲忽作千峰暗,一雨能爲五月涼。從此統兵無戰伐,況今多稼免逃亡。天涯野客雖寥落,吟罷新詩喜欲狂。

石室山

石室初從混沌分,呀然一竅氣氤氳。山僧常住黿鼉窟,野老能穿虎豹群。行怪帽簷常碍蘚,坐驚衣袖忽生雲。何時更借禪牀卧,六月松風絶頂聞。

大通寺

大通寺裹題詩處,鎮日晴雲繞筆端。蘇晋醉來偏好佛,陶潛老去不求官。紺樓未午鐘聲動,緑樹生秋雨氣寒。因學山僧燒筍法,瓦杯行酒罄交歡。

和李草閣遊青山原韵　　方孝孺

先翁延士能青眼,草閣尋盟已白頭。雲外桂叢招隱地,窗前山色賦詩樓。當年道義非深契,經世文章豈易求。繼述有人遺翰在,珍藏千古仰交遊。

答胡叔敬對菊　　韓循仁

臨觴便擬邀陶令,對景還應憶孟嘉。世事無情惟白髮,秋容難老只黄花。吟邊自嘆愁長在，客裏無因興倍加。天上故人成久别，幾回清夢到京華。

東籬佳菊足娱情，洛下名花只寧馨。共許松篁同隱逸，未應風雨遽飄零。留賓且酌杯中酒，進德須觀座右銘。爲語同懷隱君子，茹芳端可制衰齡。

題胡季祥華溪送别圖 時季祥以才名徵。　　謝　忱

寄迹林泉鶴與群，於今翻翮入雲程。文章詩禮須年少，事業功名屬老成。溪柳生煙偏綣意，山花笑日若多情。吴江水滑風尤疾，一片征帆上帝京。

華溪釣隱　　童　燧

釣隱華溪誠自豪，齊門操瑟非吾曹。綸竿百尺水雲渺，鐵笛一聲山月高。放鶴引尋紫芝洞，得魚醉卧滄江濤。黄塵滿地不歸去，萬里天風吹布袍。

題府館風月臺　　潘　珏

兩度華溪驛裏栖，重來移館驛亭西。便誇景勝乾坤别，莫怪年來屋宇低。坐執簿書銷舊案，閒收風月入新題。悠然清興誰能會，正是山前雪漲溪。

黄花澗　　朱　方

佳致奚容俗眼觀，蕭然只好伴幽閒。花生陰地無多蕊，澗入深秋大半灘。冷澹況居煙雨外，孤高偏在水雲間。半生誤入迷途過，詩酒將來補舊歡。

石壁亭

天公偏解助幽奇，一壁如屏立翠微。地不多餘亭子隘，石居强半

竹莖稀。巖花隨意争春發,山鳥忘機傍客飛。愛勝不知歸去晚,煙雲滿地月東輝。

屏山樓

危樓高架倚層空,天造屏風體勢雄。竹樹巧敷濃淡碧,杏枝分抹淺深紅。鳥飛不出煙蘿外,雲散還歸石洞中。晴景不迷陰更好,雨花浮翠入簾櫳。

茂清軒

爲嫌塵務日囂如,擇勝營軒共客居。萬緑壓簷墻過竹,一清遶屋石通渠。鳥啼深樹延賓罷,魚散澄淵洗硯餘。醉卧不知雲氣重,就牀沾潤讀殘書。

登白雲亭　　　　應廷育

誰揭新亭號白雲,應教後學踵芳塵。層巒曲澗原依舊,往古來今只此人。清世衣冠還樂聚,空山草木總回春。追思當日歌游盛,彷彿《簫韶》滿大鈞。

見一堂

清朝風誼激儒紳,未老投簪詎一人。名德如公真絶俗,隱淪愧我亦同塵。洞清纓濯黄花水,地迥堂延緑野春。擬就書軒分半榻,肩輿端不畏公嗔。

静觀亭

不將車馬競京塵,解組歸來自養身。偃仰一亭天地小,卷舒千古簡編親。翠交庭草禽聲滑,碧湛虚池月色新。商略静中真趣味,逍遥信是葛天民。

續蘭亭

亭上茂林修竹攢，亭下幽蘭曲水環。幻出山陰真勝概，結來洛社舊衣冠。未須俛仰嗟陳迹，剩有風流紹壯觀。我賦新詩追逸少，他年應付畫圖看。

長洲訪常劉二子　　程文德

籃輿春晚度浮梁，懶問城闉六十坊。小艇忽臨山盡處，美人宛在水中央。疏籬仄徑紆郇巷，稚柳夭桃映草堂。流寓江山元有分，翛然安土即吾鄉。

送徐汝思參議之山東　　王世貞

散帙明燈至故人，焚魚酌醴坐相親。未論開府諸侯貴，且數遊燕萬事新。説劍寒星高北斗，褰帷春雪滿東秦。憐予莫嘆薪從積，留得朝來爨下身。

岱　宗　　徐文通

岱頂淩霄十八盤，中原蕭瑟思漫漫。振衣日觀三秋曙，倚劍天門六月寒。風雨黄河通瀚海，星辰紫極近長安。小臣願獻蓬萊頌，閶闔高懸謁帝難。

紫氣騰空護帝都，山川杳藹入看無。乾坤忽合東溟注，日月還臨北極扶。秋色歸鴻淹客鬢，清樽過雨對蓬壺。憑高莫問前朝事，帝子不回空大夫。

天簇峰巒青帝居，層陰晝鎖漫踟躕。中原郡國秋笳晚，萬里山河夕照虚。玉女空傳三島藥，秦王不駕五雲車。當年却笑相如誕，身後還遺《封禪書》。

秋同王元美登蓬萊閣

起草明光漢近臣，三齊心迹共風塵。天邊蓬鬢逢秋色，海上清樽對故人。末路黄金誰得問,中原白羽自堪論。南夷重譯何年事,擬共銷兵慰紫宸。

高閣淩虚大海開,秋風蕭瑟逐人來。波濤勢接兵戈氣,鴻雁聲添鼓角哀。倚劍中原雙對酒,放歌萬里一登臺。浮雲何計收西北,悵望京華首重回。

秋同王元美憲副遊雲門

秋山海色坐相望,箭括穿空劃大荒。玉女自開明月嶂,仙人遥度赤城梁。天盤渤澥呑蓬島,地敞青丘吐少陽。環珮聲稀霜闕近,欲寒星斗賦長楊。

雲門高峙古青州,一望逶迤海氣流。使者靈槎疑泛斗,神仙遺世只居樓。中原雉堞秋風早,大峴旌旗暮雨收。齊塞年光同滯客,清樽相對笑吴鈎。

五月舟中有感

孤舟客思感長安,細雨衝帆夏亦寒。寡和《陽春》歌自好,見疑明月擲空難。書生敢論麒麟相,劍略多慚獬豸冠。昨夜南風吹緑柳,鸎聲真作故園看。

泛　海

蓬萊有客此淹留,落日波光大海流。積水奪將天地色,浮雲不盡古今愁。十洲瑶草環宫闕,八月靈槎泛斗牛。瀟灑庶幾神可遇,莫言簪笏滯青丘。

日觀峰

日吐雞鳴夜色寒,攬衣相對近長安。雲間蓬島開金闕,海上仙人捧玉盤。萬國山河驚入照,九天閶闔迴臨觀。浮雲莫向愁心起,佇望何勝葵藿丹。

永　康　　　文　林

畫舸乘風入永康，疏花緣岸一溪長。山淘麥浪青重疊，雲釁魚鱗白渺茫。王事有程行作吏，勝遊無侶夢還鄉。直輸漁父蘆汀畔，斗酒渾家醉野航。

登靈巖同諸君飲洞中　　　吴安國

危巒千仞白雲限，玉洞凌空積翠開。怪石却愁羊化去，野花誰遣鹿啣來。題詩顧我憐芳草，載酒勞君掃緑苔。解使山靈容吏隱，可令猿鶴莫相猜。

憶上封古刹　　　徐可期

古寺由來莫記年，碧波翠岫兩依然。輕陰淡淡描秋色，落照溶溶雜野煙。谷鳥倦棲三徑地，禪鐘夢入五更天。小山招隱知何日，暫爾潛踪到法筵。

讀沈休文泛永康江詩因賦　　　黄一鶚

八詠曾傳沈隱侯，誰知乘興此拏舟。題詩人去風流在，鼓枻聲遲岸影留。水鳥拂波追錦纜，機舂盡日搗寒洲。長干髫鬌聞桑語，欲挽飛湍抵上遊。

詠天桃　　　樓惟駟

自來不惜買花錢，倩植花枝灼灼鮮。色醉龍門三月雨，光瑩仙棹一溪煙。杏林紅已春爭麗，柳浪青纔火欲然。獨向閒庭移雅步，堪誰秉燭續新編。

遊玉泉

雨霽携朋京郭西,舒徐款轡問招提。危亭挂嶺斜川窅,老洞横天曲徑迷。柳岸蟬聲流四野,蓮汀水鳥憩長堤。暮雲急促酣歌客,乘輿歸來縱馬嘶。

破屋漏花香

馥郁疑從天際頒,無須杜厦始歡顔。香生淡酒塵俱滌,譜入殘琴韵不慳。賦景閉窗遊趣逸,尋芳坐榻客心閒。柴扉掩翠教春住,且任東風自往還。

永康道中 小阜平疇,草堆細路,全似黄州。 張希良

黄葉蒼松大道邊,寒塘清甽小山前。天交婺女才垂野,地過烏傷始變田。蓑樹草堆籠薄霧,燒畬原火起新煙。細看風物真吾土,移得齊安到越川。

登絶塵山 俞有斐

絶巘岧嶤萬仞間,森森古木映霞關。捫羅徑險疑無徑,到壑山深復有山。數畝白雲呼鹿起,一池青靄釣魚還。相逢野老渾閒事,茅屋清風好駐顔。

桃溪錦浪 徐友范

桃花洞口泛澄波,水底花開古洞多。瀾沁紅衣浮石出,竿移錦樹釣霞過。月明恍入秦源路,春漲疑臨瓠子河。漁父當年曾到否,浪華深處有雲窩。

雲峰晴翠

奇嵐磊落疊層雲,聳碧昂青怪石紛。挹翠無心時出岫,傍晴有色

靚含皫。閒閒煙樹圍丹鼎，藹藹瑶華種錦雯。千仞瓏璁當泮水，常看䰀鬛幻成文。

石城羅碧

峭壁淩空蒼翠平，爲山亦復得爲城。雲消石竇重闉啓，風捲松濤成角鳴。倚樹問天搔首近，懸崖避地置身輕。秋來霜葉紅于火，彷彿人從絳縣行。

南浦春煙

芳草迷離緑滿溪，板橋春水碧雲齊。有村皆傍煙波鎖，無石不容苔蘚栖。近岸鐘聲蕭寺午，孤舟釣影夕陽西。遊人行帶韶華去，一路氤氳黄鳥啼。

《金華詩録》書後　　黄　彬

閒從石室啓雲函，鬖鬖松多看鶴銜。釣隱詩成聞鐵篴，謫仙吟穩駕風帆。樹排遠勢陰還密，泉奏清音響未緘。詩卷長留生氣在，不徒靈顯說方巖。“遠陰臨嶽樹，清響落巖泉”，胡公句。公諱則，居官忠義自矢，嘗讀書方巖山中，鄉人即其地立廟祀之。歷代追封，屢著靈應。

客邸秋懷八首　　程兆選

塞鴻嘹唳正南征，又卧秋風古北平。傍海涼雲時慘澹，銜山瘦日轉峥嶸。黄花有約垂垂放，白髮無情故故生。屈指圓蟾知幾度，朅來二十四回明。

酒畔蒼華匪昔顔，紅鱗時與照斕斑。三更蟋蟀愁中月，一枕芙蓉夢裏山。窟兔無心營狡獪，磨驢何計得蕭閒。菰香鱠美秋如許，冷却蘆花幾釣灣。

梧井驚寒一葉飛，閒庭漸覺緑陰稀。欺霜瘦蝶闌珊舞，戀蕊殘蜂次第歸。繞屋秋山渾淡淡,窺窗涼月尚依依。年來萬象爲賓客,小憩蘧廬且息機。

垂老間關計轉疏,儒冠相誤定何如。銷磨壯志空彈鋏,辛苦塵顔爲倚閭。啼鴂蒼涼三徑草,歸鴻迢遞數行書。柘湖秋水蘭江樹,幾處臨風悵索居。

煙霜頻醉鳳城秋,倚遍元龍百尺樓。珠斗闌干山似戟,銀河迤邐月如鉤。蘋洲蓼渚迷歸夢,菊璲萸囊惹暮愁。何日雙溪重放艇,一枝柔櫓盪輕鷗。

望月無端一愴然,空悲千里共嬋娟。桑榆有志曾何補,苜蓿承歡實可憐。猶記連牀同翦燭,幾回分袂獨登船。懸知憶弟深宵立,數盡寒更正未眠。

閒愁重溯未抽簪,鵲渚虹橋喜盡諳。露冷雲龍曾放鶴,花開金虎幾停驂。驚回蕉鹿緣何淺,憶到蒓鱸興轉酣。料得煙光渾似舊,霜楓搖落滿江潭。

目送南雲度碧虚,半林紅葉記吾廬。寒江射鴨朝回棹,細雨聽猿晚荷鋤。萬感蒼茫渾一映,百年滋味盡三餘。秋燈照眼熒熒在,擬讀人間未見書。

文丞相祠　　盧正禄

拚將碧血扶臣極,誰願黄冠返故鄉。正氣不隨燕市散,貞心還向海波揚。干戈已往成陳迹,俎豆於今有耿光。猶憶留題雙廟句,姦諛無許過門墻。

龜潭莊　　王　環

誰占此中五畝園,石龜潭裏訝桃源。問津不假漁郎引,入境惟聞雞犬喧。萬笏青山環柳郭,一灣春水漾花村。賦詩觴酒人安在,且向林間聽鳥言。

九日載酒登白雲山

傲睨諸峰頗不群，登臨載酒任微醺。山池水落魚愁雨，江浦天低雁出雲。石鼎當年誰鍛鍊，萸囊今日我殷勤。龍沙逸興無多遠，直放豪情薄夕曛。

之任永康諸生俱以詩文相質喜而有作　　張吉安

風俗相親氣誼敦，城居寥落即山邨。愛看裹飯朝盈市，忍令催租夜打門。安得官貧胥吏餓，最憐縣古士人尊。吾今未脱酸寒氣，公暇詩文細與論。

謁陳文毅公祠

手集龍川恨未平，今來祠下謁先生。目空餘子譚王霸，胸有千秋富甲兵。奇禍屢遭騰物議，巍科至竟重公名。錢江短盡英雄氣，淚灑西風建業城。

伏闕陳書漢賈生，晚途知遇竟何成。此身已中偏枯病，大厦原非一木撑。痛哭萬言真怪物，麤豪兩字目奇英。我經龍窟山頭路，髣髴當時歎息聲。

永康道中

到來恰喜石梁成，時楊公橋落成。舊地重經快此行。竹馬似迎新令尹，杖鳩多半老諸生。尊前迸落千行淚，道上訛傳萬口名。吹得好聲過括嶺，者番何以慰輿情。

過交河潘雲留令此邑　　端木國瑚

瀛海東頭麥穗黄，九河交道鬱相望。城濠放馬隨春草，社樹啼鴉近夕陽。美政長官聞飲水，豐年民俗見登場。愁看此地連畿輔，多緩征徭惠一鄉。

辛亥滇闈分校次同人韵　　　　樓　瓊

煌煌天語寶光籠,至公堂懸高宗御製詩四首。取士端宜秉至公。關節不過簾内外,俊髦錯坐屋西東。虚堂直接三台瑞,列座分持一鑑融。蕊榜未開人擾擾,惟憑慎選答蒼穹。

文光遥射斗牛中,猶恐遺珠索未窮。漫詡我分衡鑒任,可堪人苦揣摩功。爲燒赤尾魚初變,豈點朱衣眼轉蒙。風月一簾忙展卷,敢將頭腦任冬烘。

回逆扇亂滇城被困已閱四月委辦濟餉心力俱瘁口號七律一首

弄兵群醜滿潢池,極目烽煙驚四陲。旁午軍書頻我促,惟寅心事有誰知。握籌沙已空囊久,殺賊槍疇半段持。待掃殘氛報天子,投鞭好詠遂初詩。

岵節婦胡黄氏聞警遂自經故爲長律二首紀之　夏燃青

十八于歸誼孔諧,一爲寡鵠命何乖。清壺自鏡冰爲骨,白璧無瑕玉作骸。無奈狼聲頻告警,肯隨鼠輩共沉埋。綱常萬古長繩繫,清操風高足永懷。

風聲鶴唳警華溪,弱質魂歸小閣西。十載悲棲憐寡鵠,三年浮夢斷鳴雞。《柏舟》肯讓共姜獨,帛絡能將杜女齊。節烈綸褒旌綽楔,哀猿峽外不須啼。

輓陳鶱峰德純孝廉　　　　夏　謨

其　一 哀其雙親也。

歿不知時疾不聞,茫茫南北死生分。夢中猶問平安信,痛極還將筆硯焚。曾否京師傷水土,先疑客路受塵氛。遥知病裏思親苦,强倚牀頭望白雲。

其　二 悲其妻女也。

英雄此去效鵬摶,誰識音容再見難。湯藥未經親手灌,棺衾空想此身寒。欲看舊物心如割，相對高堂淚暗彈。莫怨女兒偏尅父，笑啼猶足伴形單。

其　三 慰其先生也。

一慟顔回可若何，儼然父母哭聲多。偶聞被疾先驚問，翽齋先生待鶩峰有過尋常。今春府試時聞京中病革之謡，先生即遍覓親友訪問。奈説歸陰竟不訛。先生説，有相士嫌其人中太短，恐不永年。感慨人生如大夢，聞訃日，家兄急作書慰先生，先生答札中有叫回癡夢之語。約聯親友寫哀歌。就中更有傷心事，剩稿零星費揣摩。鶩峰詩素不存稿。先生遍處搜檢，得若干首，選入《永康詩録》者四首。

其　四 感交情也。

淩雲競著祖生鞭，誰信奇英不永年？七步詩才留緑簡，《舊學商量加邃密》題有"緑簡情千古，青燈酒一斟"句，大爲羅宗師賞識。三都賦學落黄泉。輸他已卜登科早，慰我曾言食餼先。鄉榜得報後，曾過予家，謂我稍遲待補廩耳。今差喜其言有據，然不料其遽亡也。底事丹忱懷鼎甲，憑空一語露前緣。鶩峰有甲字謎，其句云："四山佳氣鬱徘徊，直到憑空勢不回。干得功名成第一，飛章新報狀元來。"蓋以狀頭自許也。往歲省試，與予誦之。予喜其立志甚壯，而深病憑空一語爲不祥。誰料至今，果成詩讖。

其　五 憫不幸也。

吾鄉黄甲待成三，永康尚少一探花，此鶩峰説也。登榜後，予料其可紹鄉先生者，必在此矣。此去蓉城定不甘。未見馬群空冀北，偏驚鵑血泣江南。玉樓作記知安在，丹旐招魂忍又談。墓傍先人相托否，淚珠一想一回含。

其　六 慰幽靈也。

文章竟不假年華，是科省試題乃"學易"二章。風雨無情促落花。聞其歿時，乃三月廿一日。劍氣未消吴季子，自愧前科落第，不能共到都中相見面别。仙才須遇賈長沙。前輩應純心先生亦會試，卒都中。人間蓬館經三島，地下萱幃又一家。鶩峰生母已歿十數年。長往九原君莫痛，門閭好待夕陽斜。

登横翠樓 李延平讀書處。　　　　朱　方

四山横翠擁書樓，獨倚危欄最上頭。劍合雌雄龍並化，江分南北水交流。八閩道統傳伊洛,百代文光射斗牛。仰止高風無復見,斷碑荒草使人愁。

爲宋太學生陳東立盡忠祠成　　朱　方

百鳥争喧一鶚鳴,誰將國是概生平。舌存恢復名猶在,身殄偏安勢亦成。編帙已看收散佚,數楹聊以奠精英。奸諛當日疇能死,公死千年氣若生。

七言排律

南　郭　　徐之駿

南郭新籬芍藥栽,香飄繡陌吐花纔。馬蹄漸入青山去,人面都從緑柳來。豆隴潤時深得雨,麥場乾處净無埃。濤衝厚磴盤輪急,井架高幹音寒。墜綆催。種韭地空通磵道,蒔荷渠遠接城隈。佛燈夜過長河渡,馬市春移古寺槐。霽後虹橋鳴雪瀑,風前茆店壓香醅。人家盡築城爲堡,野廟多臨舞有臺。浣婦砧隨泉響發,餅師爐向樹陰開。柴車伯道村中出,果榼留侯墓上回。民樸足知風最古,官閒應識治無才。課耕忘却歸來暮,燎火籃輿月滿苔。

五言絶句

待　客　　吕　浦

一陣松花雨,半窗蓮葉風。老龍將雨去,人卧月明中。

春　愁

花落黏蛛網,芹香襯燕泥。多情窗外月,夜夜入空閨。

半峰禪院遲同遊諸君　　姚汝循

策杖款禪扃,垂籐交古路。却顧後來人,蒼蒼隔煙霧。

漁　艇　　　　程　銈

小艇不盈丈，滿載風月輕。一蓑秋浦夜，横笛二三聲。

秋　夜

砌冷草蟲喧，月明如積雪。美人不可期，空林墮殘葉。

上方巖　　　　顧咸正

層層白雲堆，石屋架其上。鳥雀静不喧，半空人語響。

春江曲　　　　程尚濂

莫汲春江水，江中雙鯉魚。魚鱗三十六，恐有故人書。

采蓮曲 二首

采蓮弗采葉，葉底雙鴛鴦。但令鴛鴦睡，弗令鴛鴦翔。
泛舟若耶溪，溪流湛如許。祇照蓮花紅，弗照蓮心苦。

古遊俠　　　　李載懋

擊筑復擊筑，欲歌雙淚垂。瀝酒趙州土，肝膽可向誰？

愛日歌　　　　周新擴

今日非昨日，明日非今日。日去不復回，人生無多日。
昨日待今日，今日待明日。自來玩日人，誤了無窮日。
前莫計去日，後莫計來日。曷云日日新？一日新一日。

七言絶句

酥　溪　　　　戴叔倫

酥溪亭上草漫漫，誰倚東風十二闌？燕子不歸春事晚，一汀煙雨杏花寒。

答胡侍郎則　　　　范仲淹

千年風采逢明主,一片靈襟慕昔賢。待看朝廷興禮樂,天衢何敢鬭先鞭。

閒　適　　　　胡　仔

溪邊短短長長柳,波上來來去去船。鷗鳥近人渾不畏,一雙飛下鏡中天。

秋雲漠漠煙蒼蒼,蓮花初白蓮葉黄。釣船盡日來往處,村南村北秔稻香。

羅漢洞　　　　應　材

石磴巍峨促膝行,行時不覺看時驚。縱教良匠描難就,自是天工造化成。

集　句　　　　胡長孺

拜埽歸來走鈿車,二年寒食住金華。自憐慣識金蓮燭,奉使虚隨八月槎。

慈母年高鶴髮垂,鄉書無雁到家遲。初過寒食一百六,一日思親十二時。

殘花悵望近人開,不盡長江滚滚來。寒食清明都過了,鷓鴣飛上越王臺。

寒食家家出古城,滿川風雨看潮生。八千里外飄零客,起向朱櫻樹下行。

一百五日寒食雨,風光别我苦吟身。尚書氣與秋天杳,同是天涯淪落人。

秋　興　　　　　　吕　浦

槿花籬落夕陽收，秋色愁人易白頭。涼月滿庭新促織，溪風吹老碧牽牛。

旅　思

澤國蓴鱸入夢思，涼飇絺綌漸淒其。蕭蕭一夜簷牙雨，老却梧桐客未知。

紅　梅　　　　　　李　曄

滿林紅雪影毿毿，夜静和香浸碧潭。却憶騎驢二三月，杏花微雨看江南。

暮　歸

山腰小路曲如蛇，薄暮疏疏雨潤沙。醉裏亦知春色老，西風開遍木棉花。

西巖瀑　　　　　　韓循仁

雲根飛瀑瀉巖隈，松壑砂泉響似雷。誰謂人間無此境，五老峰前曾看來。

宫　詞　　　　　　程　銈

長春宫畔百花香，薰得幽人睡思長。倚遍象牀渾不寐，垂簾依舊繡鴛鴦。

回雁峰　　　　　　姚汝循

回雁峰頭望帝京，寒雲黯黯不勝情。賈生已道長沙遠，今過長沙又幾程。

巫峽書所見

巫山萬仞鬱嵯峨,巫峽嘈嘈湧白波。多少行人齊下淚,漁郎猶唱《竹枝歌》。

讀繡佛菴老人苦節編年感賦三絶句　　王喆生

繡佛菴老人,予同門孝廉徐瑞九之尊慈,爲《兩虞節婦紀事》,殊悽惋不能讀。

展卷無端涕自零,雲埋碧月水沉星。可憐宇内無中壘,獨許深閨有汗青。

班管無勞史筆塵,毫端碧血濺如新。一門風義今誰似,常見松山月照人。

我來嘆息謁高祠,曾謁瑞九家祠。又誦瑶編感母儀。莫怪臨風頻下淚,祇因曾聽《柏舟》詩。

探　梅　　應　煒

不是山限定水限,知從何處覓春回。一枝折得花如雪,消受寒香漠漠來。

料峭東風壇笠斜,衝寒十里爲梅花。無端引我清閒興,夢入孤山處士家。

覺明寺　　應世衡

擾擾塵氛誰自覺,昏昏醉夢幾人明。入門笑問西來意,一帶斜陽送梵聲。

過露筋廟　　樓惟駟

蚊陣攢蜂苦作讎,香肌欲盡了無求。千秋不死英雄骨,甓社生輝繫客舟。

望焦關

欲過將行步不成，望關顫胆數惶驚。低徊無限撚鬚意，一陣濤聲白一莖。

詠水仙

雪浣花容月種根，懶隨春卉問寒温。湘妃既席瑶池會，不染紅邊竹上痕。

題　畫　　程兆選

平岡迤邐赴亭皋，幾樹寒松半折腰。落日西風原上路，滿襟秋思入霜濤。

夢中題山水卷

無多落葉三丫路，何處叢蟬百疊峰。卷裏霜稜渾起粟，那教人世不秋風。

蘇屬國

禿節曾經十九年，殘氊猶自怯孤眠。已拚馬革情難斷，一笑男兒絶可憐。

題醉王母圖　　胡長孺

宴罷瑶池醉不任，仙人那有世人心。良工欲寫無言意，自托丹青作酒箴。

白雲洞　　吕元明

劈出豹關拔劍看，濕雲深擁洞天寒。水晶簾外晴風健，坐對秋陽血羽乾。

孤　山　　　　金　銈

臨安富貴百千家,臺閣丘墟日已斜。争得孤山今夜月,依稀雪裏照梅花。

咏百可園　　　　王　崇

百可園中結小堂,秋風吹水蓼花香。道人若解真滋味,月滿寒潭夜未央。

石翁山龍潭　　　　胡天民

噴珠日夜不曾休,潭有老龍清欲秋。天識我翁能豢養,長教夫婦坐峰頭。

徐烈婦吴絳雪詩集題詞八首　衡陽彭玉麐剛直

一雙佳偶荷天成,女貌郎才遂此生。著有《緑華》詩稿在,春花秋月最怡情。絳雪著有《六宜樓稿》並《緑華草》等集。

生就容華畫不如,鶼鶼比翼最憐徐。我家藏有梅花在,押角圖章愛讀書。予家藏有絳雪畫梅一幅,有小印曰"懶於針線因貪畫,不惜精神愛讀書"。可想見其丰采矣。

仙郎赴召杏花枯,血淚頻教染繡襦。鼙鼓攖城軍事急,退兵無策倩羅敷。

從容慷慨保全城,一女能當十萬兵。卅里坑前看撒手,是何清潔與英明。

鏡箔迴文詩繡來,鮑家小妹最憐才。衹今煙雨江南夢,杜宇聲聲唤不回。絳雪繡有迴文詩帕,不亞蘇蕙《璿璣圖》。與族妹素聞最相憐愛,題素聞山水,有"滿窗煙雨夢江南"之句。

絶代才華正妙年,好從錦瑟數芳弦。傷心玉碎珠沉處,夜夜山頭泣杜鵑。俞蔭甫太史編絳雪年譜,至殉烈時,年二十五。

斷線風箏語可哀,堅操節烈赴泉臺。徐郎塚似韓憑塚,應有鴛鴦共化來。

天遣龍眠老叟來,六宜樓稿未湮埋。許多緑慘紅愁句,寫出班香宋艷才。

題徐烈婦吴絳雪詩集二首　德清俞　樾蔭甫

曾向秦臺泣鳳凰,紅顔碧葬更淒涼。春風寫入黄荃筆,卅里坑邊土尚香。

綺年才調女相如,翰墨留題遍國初。一擲危崖千古事,眉樓羞殺老尚書。龔芝麓尚書有題絳雪畫册詩。

謝鯉門千戎殉節紀事　徐世傑

百折剛腸鐵石成,枕戈豈獨肯輕生。自憐奉檄與斯土,未敢隨人遽棄城。

琴堂人去俗空成,未遇豺狼亂已生。還幸東山霖雨後,萬家倚處有長城。

蛇鳥空懸陣不成,肯將面縛丐殘生。興師莫問同袍侶,遺恨當時未背城。

一死君恩報未成,劍光應逐碧燐生。千秋戰守歸青史,桃水松山不設城。

補　遺

及　第　胡　則

金榜名傳四海知,太平時合稱男兒。五言似劍裁麟角,七字如刀折桂枝。御苑得題朝舜日,家鄉佩印拜親時。小橋花畔人人慶,一帶清風雨露隨。

題嚴子陵祠堂

占斷煙波七里灘,漁蓑輕拂漢衣冠。高踪磨出雲涯碧,清節照開秋水寒。澤國幾家供廟食,客星千載落雲墩。我來亦有沙洲興,願借先生舊釣竿。

送吕子陽自永康携所解老子訪余留未久其家報以細民艱食急歸發廩賑之 宋葉　適水心

收纓古蜜浦,抱袂生薑門。九九書自注,邀余綴其端。久衰余學廢,彌隱子道尊。時惟冬雷數,雲雪嘗晝昏。火把起夜色,丁輾明齒痕。小邦肥羜闕,鰕蛤濫充盤。椒橙失滋味,糁絮勞傾吞。詰朝報家問,翦書徵阿孫。苦陳鄉人饑,採蕨啖其根。封倉井花滿,淘米安得渾。覓翁如覓父,願假東飛翰。念之不遑處,喟焉整歸鞍。我老澹百慮,身世兩莫存。欲私一壠潤,豈救大培乾。西城柳摇摇,北寺江漫漫。勿令嗟來死,以慰道路難。

送陳同父 張　鎡秦川

事因前定漫驅馳,諳盡人間合似癡。萬卷經綸大儒業,一生忠憤上天知。長安又見垂楊老,淮甸將興故國悲。雞彘竹籬歸夢否,會閒方稱是男兒。見《南湖集》。

九日前子善來會山中 謝　翱皋羽

朝尋寒露枝,暮摘不盈把。風吹西南雲,幽情誰與寫。有客來縉州,遺我古琖斝。中有鴛鴦文,色如銅雀瓦。浮以鬱金蕤,蒼蘚藉其下。此物寧足感,聊用助歌者。但懷郢曲悲,豈計所知寡。

同胡汲仲兄弟登香遠樓 浦江方　鳳韶卿

策杖探幽勝,同登況二難。江山雙極目,宇宙一凭闌。春色嘌鶯破，孤城擁浪寒。遥遥煙靄裏，猶作故宫看。《存雅堂稿》。

二胡節士詩 有序　　元王　逢

二胡節士，婺之永康人，長穆仲，次汲仲，前後並寓於杭。穆嘗風雪高卧，午未啓户。道士黄松瀑至，叩之曰："得無饑乎？"曰："不饑。""得無寒乎？"曰："不寒。"黄别去，見宗陽宫杜南谷真人言其狀，急饋米酒綿炭。復慮不受，不敢過多。及饋臨，穆曰："此殆松瀑與南谷言濟吾饑寒耶？吾固不饑不寒也。"卒不受。汲一日趙文敏公來求撰羅司徒墓銘，楮鏹百定，他物稱是。汲曰："吾豈宦官作墓銘者！"辭之，時絶糧一日矣！後趙文敏挽詩有曰"淚濕黔婁被，心傷郭泰巾"，概可知矣！黄，台人。杜，當塗人。咸有儒文行。前鄉貢進士錢塘錢惟善云。

列仙之癯山澤儒，連璧迴映清冰壺。一寒太高黄道士，一貧不諂羅司徒。古來夷齊勵風節，元方季方方軌轍。祥麟威鳳不可招，斷霞落日鵶明滅。

輓桃溪胡母施太淑人　　海鹽徐用儀小雲

豺虎縱横滿路歧，耿蘭書報隔年遲。斑衣正擬娱慈母，絳帳俄傳失女師。續命有田蘇凍餒，延齡無藥起衰羸。憐渠捧檄違烏哺，腸斷《南陔》一闋詞。

畫荻丸熊厲志勤，釋奴龍子總超群。張彪鄉里能完節，卞壺兒郎解報君。裕後獨傳忠孝印，全歸偏護吉祥雲。從知福應如操券，試讀《瀧岡》六一文。

贈　人　　王廷高

萍蹤邂逅歷艱辛，玉汝應須重此身。憔悴暫時嗟浪迹，飛騰有日出風塵。斯文不墜緣良貴，所學無荒可療貧。一瓣心香曾默祝，搜從珊網識儒珍。

沁園春

游金陀園　　　　應寶時

悶緒猶多，韶光已少，聊尋古園。見樓臺重疊，將平又起，林亭屈曲，欲斷還連。窄徑堆紅，平地繚碧，衹覺迷人出路難。徘徊久，聽隔墻蓮漏，響到花間。　　當時鄴架争傳，把玉軸牙籤次第安。歎英雄老去，新書自著，岳鄴侯於此著《金陀粹編》。江山改後，往事誰言。鴨脚花開，夕陽滿地，一樹婆娑不忍看。園有鴨脚樹一枝，乃岳鄴侯手植。神傷處，是風流銷歇，忽忽千年。

齊天樂

呈兩大人

還家少住無多日，悤悤又來齊地。半戀師恩，半從親命，半爲蕭條生計。白平雲夢裏，問誰炙銀笙，白華吹起。水遠山長，一緘和淚怎堪寄。　　底事許久，都無故鄉人，帶與平安雙字。落日空城，西風古驛，數遍歸鴻千隊。壯遊未已。敢推道天涯，不禁憔悴。但恐柴門，昏黄愁共倚。

上　書

上孝宗皇帝書　　　　陳　亮

臣竊惟：中國天地之正氣也，天命之所鍾也，人心之所會也，衣冠禮樂之所萃也，百代帝王之所以相承也，豈天地之外夷狄邪氣之所可干哉！不幸而能干之，至於挈中國衣冠禮樂而寓之偏方，雖天命人心猶有所繫，然豈以是爲可久安而無事也。使其君臣上下苟有一朝之安而息心於一隅，凡其志慮之所經營，一切置中國於度外，如元氣偏注一肢，其他肢體往往萎枯而不自覺矣，則其所謂一肢者，又何恃而能久存哉？天地之正氣，鬱遏於腥羶而久不得騁，必將有所發泄，而天命人心固非偏方之所可久繫也。東晉自元帝息心於一隅，而胡、羯、鮮卑、氐、羌迭起於中國，中國無歲不尋干戈，而江左卒亦不得一日寧。然淵、勒遂無遺種，而愍、懷之痛猶有所諉以自安也。晋之植根，本無可言者，而江左諸臣若祖逖、周訪、陶侃、庾翼之徒，皆有虎視河洛之意。而桓温之師西至灞上，東至枋頭，又於其間修陵寢於洛陽，蓋猶未盡置中國於度外也。故劉裕竟能一平河洛，而後晋亡。百年之間，其事既已如此，而天地之正氣固將有所發泄矣。元魏起而承之，孝文遂定都洛陽，以修中國之衣冠禮樂；而江左衣冠禮樂之舊，非復天命人心之所繫矣。是以一天下者，卒在西北而不在東南。天人之際，豈不甚可畏哉！一日之苟安，數百年之大患也！恭惟我國家二百年太平之基，三代之所無也；二聖北狩之痛，漢、唐之所未有也。堂堂中國，而蠢爾醜虜安坐而據之，以二帝三王之所都，而爲五十年犬羊之淵藪，國家之恥不得雪，臣子之憤不得伸，天地之正氣不得而發泄也。方南渡之初，君臣上下痛心疾首，誓不與虜俱生，卒能以奔敗之餘而勝百戰之虜。及秦檜倡邪議以沮之，忠臣義士斥死南方，而天下之元氣惰矣。三十年之餘，雖西北流寓皆抱孫長息於東南，而君父之大讎，一切不復關念，自非逆亮送死淮南，亦不知兵戈之爲何事也。況望其憤中國之腥羶，而相率北向以發一矢哉！丙午、丁未之變，距今尚以爲遠；而靖康皇帝之禍，蓋陛下即位之前一年也。獨陛下奮身不顧，志在滅虜，而天下之人安然如無事時，方口議腹非，以陛下爲喜功名而不恤後患，雖陛下亦不能以崇高之勢而獨勝之。隱忍以至於今，又十有七年矣！昔者春秋之時，君臣父子相戕殺之禍，舉一世皆安之。而孔子獨以爲三綱既絶，則人道遂爲禽獸夷狄，皇皇奔走，義不能以一朝安，然卒於無所遇，而發其志於《春秋》之書，猶能以懼亂臣賊子。今者舉一世而忘君父之大讎，此豈人道之所可安乎！使學者知學孔子，當迫陛下以有爲，决不沮陛下以苟安也。南師之不出，於今幾年矣。河洛腥羶，而天地之正氣抑鬱而不得泄，豈以堂堂中國而五十年之間無一豪傑之能自奮哉！其勢必有時而發泄矣。苟國家不能起而承之，必將有承之者矣。不可恃衣冠禮樂之舊、祖宗積累之深，以爲天命人心可以安坐而久繫也。“皇天無親，惟德是輔。民心無常，惟惠之懷。”自三代聖人皆知其爲甚可畏也。春秋之末，齊、晋、秦、楚皆衰，諸侯往往困於陪臣而不自振。當此之時，雖如魯衛之邦，苟能舉大義以正諸侯，則天下可以一指麾而定也。孔子惓惓斯世，而卒莫能用。吴越起於蠻夷之小邦，而舉兵以臨齊、晋，如履無人之地，遂伯諸侯。黄池之會，孔子之所甚痛也。天地之氣發泄於蠻夷之小邦，可以明中國之無人矣。王通有言：“夷狄之德，黎民懷之，三才其捨諸。”此今世儒者之所未講也。今醜虜之植根既久，不可以一舉而遂滅；國家之大勢未張，不可以一朝而大舉。而人情皆便於通和者，勸陛下積財養兵以待時也。臣以爲，通和者所以成上下之苟安，而爲妄庸兩售之地，宜其爲人情之所甚便也。自和好之成，十有餘年，凡今日之指畫方略者，他日將用之以坐籌也；今日之擊毬射雕者，他日將用之以決勝也。府庫充滿，無非財也；甲胄鮮明，無非兵也。使兵端一開，則其迹敗矣。何者？人才以用而見其能否，安坐而能者不足恃也；兵食以用而見其盈虚，安坐而盈者不足恃也。而朝廷方幸一旦之無事，庸愚齷齪之人，皆得以守格令，行文書，以奉陛下之使令，而陛下亦幸其易制而無他也。徒使度外之士，擯棄而不得騁，日月蹉跎而老將至矣。臣故曰：通和者所以成上下之苟安，而爲妄庸兩售之地也。東晋百年之間，未嘗與虜通和也，故其臣東西馳騁，而多可用之才。今和好一不通，而朝野之論常如虜兵之在境，惟恐其不得和也，雖陛下亦不得而不和矣。昔者虜人草居野處，往來無常，能使人不知所備，而兵無日不可出也。今也城郭宫室，政教號令，一切不異於中國；點兵聚糧，文移往返，動涉歲月；一方有警，三邊騷動，此豈能歲出師以擾我乎？是固不知勢者之論也。然使朝野常如虜兵之在境，乃國家之福，而英雄所用以争天下之機也。執事者胡爲速和以惰其志乎？晋楚之戰於邲也，欒書以爲：“楚自克庸以來，其君無日不討國人而訓之于民生之不易，禍至之無日，戒懼之不可以怠；在軍，無日不討軍實而甲儆之于勝之不可保，紂之百克而卒無後。”晋楚之弭兵於宋也，子罕以爲：“兵所以威不軌而昭文德也，聖人以興，亂人以廢。廢興存亡，昏明之術，皆兵之由也，而求去之，是以誣道蔽諸侯也。”夫人心之不可惰，兵之不可廢，故雖成康之太平，猶有所謂“四征不庭”、“張皇六師”者，此李沆之所以深不願真宗皇帝之與虜和親也。况南北角立之時，而廢兵以惰人心，使之安於忘君父之大讎，而置中國於度外，徒以便妄庸之人，則執事者之失策亦甚矣。陛下何不明大義而慨然與虜絶也！貶損乘輿，却御正殿，痛自克責，誓必復讎，以勵群臣，以振天下之氣，以動中原之心。雖未出兵，而人心不敢惰矣；東西馳騁，而人才出矣；盈虚相補，而兵食見矣；狂妄之辭不攻而自息，懦庸之夫不却而自退縮矣；當有度外之士起，而惟陛下之所欲用矣。是雲合響應之勢，而非可安坐而致也。臣請爲陛下陳國家立國之本末，而開今日大有爲之略；論天下形勢之消長，而決今日大有爲之機。伏惟陛下試幸聽之。唐自肅、代以後，上失其柄，而藩鎮自相雄長，擅其土地人民，用其甲兵財賦，官爵惟其所命，而人才亦各盡心於其所事，卒以成君弱臣强、正統數易之禍。藝祖皇帝一興，而四方次第平，藩鎮拱手以趍約束，使列郡各得自達於京師，以京官權知，三年一易。財歸於漕司，而兵各歸於郡國，朝廷以一紙下郡國，如臂之使指，無有留難，自管庫賤職，必命於朝廷，而天下之勢一矣。故京師常宿重兵以自固，而郡國亦各有禁軍，無非天子所以自守其地也。兵皆天子之兵，財皆天子之財，官皆天子之官，民皆天子之民，紀綱總攝，法令明備，郡縣不得以一事自専也。士以尺度而取，官以資格而進，不求度外之奇才，不慕絶世之雋功。天子蚤夜憂勤於上，以禮義廉耻嬰士大夫之心，以仁義公恕厚斯民之生，舉天下皆由於規矩凖繩之中，而二百年太平之基從此而立。然夷狄遂得以猖狂恣睢，與中國抗衡，儼然爲南北兩朝，而頭目手足混然無别。微澶淵一戰，則中國之勢浸微，根本雖厚而不可立矣。故慶曆增幣之事,富弼以爲朝廷之大恥,而終身不敢自論其勞。蓋夷狄政令,是主上之操也;天子供貢,是臣下之禮也。夷狄之所以卒勝中國者,其積有漸也。立國之初,其勢故必至此。故我祖宗常嚴廟堂而尊大臣,寬郡縣而重守令;於文法之内未嘗折困天下之富商巨室,於格律之外有以容獎天下之英偉奇傑;皆所以助國家之勢,而爲不虞之備也。慶曆諸臣,亦嘗憤中國之勢不振矣,而其大要,則使群臣争進其説,更法易令,而廟堂輕矣;嚴按察之權,邀功生事,而郡縣又輕矣。豈惟於立國之勢無所助,又從而朘削之。雖微章得象、陳執中以排沮其事,亦安得而不自沮哉! 獨其破去舊例,以不次用人,而勸農桑,務寬大,爲有合於因革之宜,而其大要已非矣。此所以不能洗夷狄平視中國之恥,而卒發神宗皇帝之大憤也。王安石以正法度之説,首合聖意,而其實則欲籍天下之兵盡歸於朝廷,别行教閲以爲强也;括郡縣之利盡入於朝廷,别行封殖以爲富也。青苗之政,惟恐富民之不困也;均輸之法,惟恐商賈之不折也。罪無大小,動輒興獄,而士大夫緘口畏事矣。西北兩邊,至使内臣經畫,而豪傑恥於爲役矣。徒使神宗皇帝見兵財之數既多,鋭然南征北伐,卒乖聖意,而天下之勢實未嘗振也。彼蓋不知朝廷立國之勢,正患文爲之太密,事權之太分,郡縣太輕而委瑣不足恃,兵財太關於上而重遲不易舉。祖宗惟用前四者以助其勢,而安石竭之,不遺餘力。不知立國之本末者,真不足以謀國也。元祐、紹聖,一反一覆,而卒爲夷狄侵侮之資,尚何望其振中國以威夷狄哉! 南渡以來,大抵遵祖宗之舊,雖微有因革增損,不足爲輕重有無。如趙鼎諸臣,固已不究變通之理,而况秦檜盡取而沮毁之,忍恥事讎,飾太平於一隅以爲欺,其罪可勝誅哉! 陛下憤王業之屈於一隅,勵志復讎,而不免籍天下之兵以爲强,括郡縣之利以爲富;加惠百姓,而富人無五年之積;不重征税,而大商無巨萬之藏;國勢日以困竭。臣恐尺籍之兵,府庫之財,不足以支一旦之用也。陛下早朝宴罷,以冀中興日月之功,而以繩墨取人,以文法莅事。聖斷裁制中外,而大臣充位;胥吏坐行條令,而百司逃責。人才日以闒茸。臣恐程文之士,資格之官,不足以當度外之用也。藝祖皇帝經畫天下之大略,太宗皇帝已不能盡用,臣不敢盡具之紙墨,今其遺意豈無望於陛下也!陛下苟推原其意而行之,可以開社稷數百年之基,而况於復故物乎!不然,維持之具既窮,臣恐祖宗之積累亦不足恃也。陛下試幸令臣畢陳於前,則今日大有爲之略必知所處矣。夫吴、蜀,天地之偏氣也;錢塘,又吴之一隅也。當唐之衰,而錢鏐以閭巷之雄起王其地,自以不能獨立,常朝事中國以爲重。及我宋受命,俶以其家入京師而自獻其土,故錢塘終始五代被兵最少,而二百年之間,人物日以繁盛,遂甲於東南。及建炎、紹興之間,爲六飛所駐之地。當時論者固已疑其不可以張形勢而事恢復矣。秦檜又從而備百司庶府以講禮樂於其中,其風俗固已華靡;士大夫又從而治園囿臺榭以樂其生於干戈之餘,上下晏安,而錢塘爲樂國矣。一隙之地本不足以容萬乘,而鎮壓且五十年,山川之氣蓋亦發泄而無餘矣。故穀粟桑麻絲枲之利歲耗於一歲,禽獸魚鱉草木之生日微於一日,而上下不以爲異也。公卿將相,大抵多江、浙、閩、蜀之人,而人才亦日以凡下;場屋之士以十萬數,而文墨小異已足稱雄於其間矣。陛下據錢塘已耗之氣,用閩、浙日衰之士,而欲鼓東南習安脆弱之衆北向以争中原,臣是以知其難也。荆襄之地,在春秋時,楚用以虎視齊、晋,而齊、晋不能屈也;及戰國之際,獨能與秦争帝。其後三百餘年,而光武起於南陽,同時共事,往往多南陽故人。又二百餘年,遂爲三國交據之地。諸葛亮由此起輔先主,荆楚之士從之如雲,而漢氏賴以復存於蜀。周瑜、魯肅、吕蒙、陸遜、陸抗、鄧艾、羊祜,皆以其地顯名。又百餘年,而晋氏南渡,荆雍常雄於東南,往往倚以爲强,梁竟以此代齊。及其氣發泄無餘,而隋、唐以來,遂爲偏方下州。五代之際,高氏獨常臣事諸國。本朝二百年之間,降爲荒落之邦,北連許汝,民居稀少,土産瘠薄,人才之能通姓名於上國者,如晨星之相望。况至於建炎、紹興之際,群盜出没於其間,而被禍尤極。以迄于今,雖南方分晝交據,往往又置於不足用,民食無所從出,而兵不可由此而進。議者或以爲憂而不知其勢之足用也。其地雖要爲偏方,然未有偏方之氣五六百年而不發泄者。况其東通吴會,西連巴蜀,南極湖湘,北控關洛,左右伸縮,皆足以爲進取之機。今誠能開墾其地,洗濯其人,以發泄其氣而用之,使足以接關洛之氣,則可以争衡於中國矣。是亦形勢消長之常數也。陛下慨然移都建業,百司庶府,皆從草創,軍國之儀,皆從簡略。又作行宫於武昌,以示不敢甯居之意。常以江淮之師爲虜人侵軼之備,而精擇一人之沈鷙有謀、開豁無他者,委以荆襄之任,寬其文法,聽其廢置,撫摩振厲於三數年之間,則國家之勢成矣。至於相時弛張以就形勢者,有非書之所能盡載也。石晋失盧龍一道,以成開運之禍,蓋丙午、丁未歲也。明年,藝祖皇帝始從郭太祖征伐,卒以平定天下。其後契丹以甲辰敗於澶淵,而丁未、戊申之間,真宗皇帝東封西祀以告太平,蓋本朝極盛之時也。又六十年而神宗皇帝實以丁未歲即位,國家之事於是一變矣。又六十年而丙午、丁未,遂爲靖康之禍。天獨啓陛下於是年,而又啓陛下以北向復讎之志。今者去丙午、丁未,近在十年間爾。天道六十年一變,陛下可不有以應其變乎?此誠今日大有爲之機,不可苟安以玩歲月也。臣不佞,自少有驅馳四方之志,常欲求天下豪傑之士而與之論今日之大計。蓋嘗數至行都,而人物如林,其論皆不足以起人意,臣是以知陛下大有爲之志孤矣。辛卯、壬辰之間,始退而窮天地造化之初,考古今沿革之變,以推極皇帝王伯之道,而得漢、魏、晋、唐長短之繇,天人之際,昭昭然可察而知也。始悟今世之儒士自以爲得正心誠意之學者,皆風痺不知痛癢之人也!舉一世安于君父之讎,而方低頭拱手以談性命,不知何者謂之性命乎!陛下接之而不任以事,臣於是服陛下之仁。又悟今世之才臣自以爲得富國强兵之術者,皆狂惑以肆叫呼之人也。不以暇時講究立國之本末,而方揚眉伸氣以論富强,不知何者謂之富强乎！陛下察之而不敢盡用，臣於是服陛下之明。陛下厲志復讎，足以對天命；篤於仁愛，足以結民心；而又仁明，足以臨照群臣一偏之論，此百代之英主也。今乃驅委庸人，籠絡小儒，以遷延大有爲之歲月，臣不勝憤悱，是以忘其賤而獻其愚。陛下誠令臣畢陳其前，豈惟臣區區之願，將天地之神，祖宗之靈，實與聞之。干冒天威，罪當萬死。

上孝宗皇帝書　　　　呂　皓

臣聞：言動之過，而非故爲之，此士君子之所不免，而王法之所宜宥也。父兄之難，而不能以死救，此天地之所不容，而王法之所宜誅也。宜宥而不獲宥，宜誅而不及誅，是雖匹夫之幸不幸，猶螻蟻之自生自死於天地之間，固無損於造化之功也。然一夫之不獲，尚足爲至治之累。自昔聖人在上，蓋甚憂之。凡下民之微，有一不平，而義激乎其中，莫不使之朝聞而暮達，不啻如家人之相與以情通焉。嗚呼！父子兄弟之際，天下之至情也。以不獲宥爲不幸，而自幸其不及誅，揆之常情，猶不能以自安，况夫至情所在、渾然一體、無所間斷，庸可以幸不幸爲區别、坐視而弗之救，畏一死之輕，而廢大義之重，不一仰叩天閽，以庶幾一悟，而甘自投於不孝之域也邪！臣，婺之永康人，世修儒業，而未有顯者，於是臣父縱臣之兄與臣宦學於外，以從四方之士游，而求光其先業焉。中間郡縣旱暵相仍，聖意軫念赤子無以爲生也，降詔捐爵勸諭富室出粟以賑之。臣父慨然動心，令臣首出應命。既而朝廷雖特授臣以一官，臣不佞，自少稍有立志，不忍假父之資以食君之禄，于兹三年矣。去年之冬，獲從群士貢于禮部，未能以遂其志，而讎人怨家所競不滿百錢，至誣臣之兄以叛逆，誣臣之父以殺人。叛逆，天下之大懟也；殺人，天下之元惡也。非至棘寺，終不能自明。一門父子，既械繫而極囹圄之苦。獄告具，而無纖芥之實，卒從吏議，以累歲酒後戲言，而重臣兄之罪；搜抉微文，以家人共犯而坐臣父之罪。夫酒後果有一二戲言，而豈有異意！此所謂言動之過，而非故爲之者也。深山窮谷之中,蓽門圭竇之戲,言而至上瀆九重之尊,則幾於失朝廷之體矣!且讎怨告訐之情,累歲不可知之事,所不應治也。有司今獨受而窮究之,則幾於長告訐之風矣!子實有罪,則子受之,固也。搜抉微文以致其父,則忠厚之意,亦少損矣!昔漢女緹縈上書,自乞爲官婢,以贖父罪,猶足以感動文帝之聽。臣不佞,亦嘗聞義矣。父兄不幸,誤入於罪,而有司一致之以法,則上以失朝廷之體,下以長告訐之風,而損忠厚之意。所關如此其大也!乃不能乘是略出一言以動天聽,甯不愧死於一女子乎!臣重念士之求仕於時也,亦將以行其志云耳。今日閨門踐履之基,即異日朝廷設施之驗也。平居父兄落難,乃庸懦顧惜,不能自出死力而哀救之,是無父也。天下豈有無父之子可以受君之爵、食君之禄,而立乎人之本朝者哉!臣願納此一官,以贖父兄之罪,而甘以末技,自鬻於場屋之間。毋甯冒此一官,以爲無父之子,而無所容於聖明之世。苟以爲國家自有定法,置之不問,是非陛下之聖明有虧於漢之文帝,實臣之不肖有愧於一女子,而不足以盡感動之誠也,則臣惟有先乎父兄而死爾。復何憾哉!

疏

論建儲疏　　趙　良

刑科給事中臣趙艮謹題,爲陳言端本事。臣聞元良主器,則前星炳燿,而萬國由貞;樹子承祧,則國本滋殖,而庶孽屏息。所以尊宗廟,重社稷,繫四海仰望之心,絶群小覬覦之念。自古帝王創業垂統,莫不以此爲先務。而當時宰臣輔世長民,莫不以此爲令圖,乃古今之通義,天下之達禮也。洪惟皇上,德符穹昊,仁被宫闈,愛及賢妃,篤生皇子,年方二歲,望隆一時。皇上憂深思遠,慨從群臣之請,特允建儲之議。此蓋防微杜漸、慮患於早之意,甚盛舉也。然臣犬馬之心,竊以皇上春秋方富,皇后嫡嗣未生,遽以支庶之弱,使承神器之重,誠恐慮之太早,爲之已速,非所以重伉儷之情,長忠厚之風,將以係天下之心，祇以起天下之議。事體既大，所關匪輕。思昔成周之時，惠王娶於陳，生太子鄭及叔帶。愛叔帶，欲立之。齊威公以其廢長立幼，將啓亂階，遂率天下諸侯會王世子于首止，示天下戴之，以爲天王之貳，以尊國本，絶亂階。説者謂齊威此舉，得禮之變，而孔子予之，所以正天下之大本也。夫世入春秋，王綱解紐，亂臣賊子，接迹當世，而聖人猶嚴於立法，以正大本，而況於清明之時乎！雖曰冢嫡未生，而支庶實繁，已足係人心、慰人望矣，而奚俟乎建儲之速乎！且皇上以英妙之年，皇后以貞静之德，此天然之配，萬世之嗣。迄今數載，未有所出者，蓋以時未至耳。《傳》曰："君舉必書。"書而不法，後嗣何觀。儻一旦天心仁愛，聖子出於中宫，則今日之議，必將改圖。其舉動煩擾，何以詔天下、遺後世哉！臣又按《春秋》桓公六年九月丁卯，子同生，孔子特筆書之。而當世大儒胡安國，謂經書"子同生"者，所以正國家之本，防後世匹嫡奪正之事。是則國本之定，在於始生之初，而不在於建儲之日也明矣。臣愚伏望皇上繼自今嚴妃匹之分，厚全體之恩，然後推一視同仁之心，遍九宫同體之愛，使本支百世，宜君宜王，遲遲數年之後，徐定建儲之策。儻得立子以嫡，固禮之正，萬世之法也。萬一又如今日，然後擇其長而賢者立之，則人心悦、天意得，而今日聖嗣亦可以出就外傅，隆師就學，以培養聖德，講求治理，以慰天下之望。此則天地之義，正大之情，所謂公天下爲心、變而得其中者也，顧不偉與！《書》曰："圖厥政，莫或不艱，有廢有興，出入自爾師虞，庶言同則繹。"惟皇上萬幾之暇，留神省察，仍與二三執政大臣熟思而審處之，以爲久安長治之計，則宗社幸甚，天下生民幸甚！臣待罪言官，偶有所見，不敢緘默，謹以危言上陳，不勝惓惓爲國之至。

乞宥群臣争大禮被繫杖疏　　俞　敬

後軍都督府經歷今陞貴州思州府知府臣俞敬奏，爲乞天恩宥敢言以張大孝事。臣嘗聞孔聖云:“天地大德曰生,聖人大寶曰位。”洪惟陛下,德配天地,位等聖人,以不忍人之心,行不忍人之政,凡大小臣工,皆樂有更生之機,而争奮敢言之氣。邇者翰林院學士豐熙,并部寺科道等,不諒聖心至孝,改“本生”二字,故聯名抗疏,伏闕呼號。言雖狂妄,實激愚衷。冒觸尊嚴,罪固莫逭,已蒙或下獄問罪,或薄示責罰。法網鮮漏,朝署爲空。今聞編修王相、給事中裴紹宗、主事余楨等已故矣,豐熙等在獄者亦垂亡矣,而呻吟衽席恐不能起者,又不知幾矣。内外驟聞,驚惶無措。夫天下之生才,以供世用。且古者設誹木諫鼓,以招直言;恕引裾折檻,以彰直臣,誠以人君高拱穆清之上,日應萬幾,一人聰明有限,而天下事變無窮,所以補王闕、保王躬者,實惟弼直之臣是賴焉。恭惟皇考恭穆獻皇帝神主入廟,正宜赦過宥罪,體悉群臣,潤澤萬民,以張大孝于天下。伏望陛下量恢宇宙,怒霽雷霆,恩鋪雨露,于王相等已故者優恤其後,豐熙等垂亡者宥釋其身,則威福竝行,寬嚴有濟,而死者不冤,生者感激。俾凡爲臣子懷有一得之忠者,無復以言爲諱,于凡國家忠孝利病、政事得失、生民休戚,莫不明目張膽,一一敢以上陳寬明之聽,以共讚維新之治,而綿祧祚于無疆也。臣職外官,言非其分,但兔死狐悲,擊目痛心,故昧進狂瞽之説,伏乞垂寬明之聽,亟賜採行,則宗社幸甚,天下幸甚!

乞列何王金許四先生從祀疏　　朱　方

雲南布政司右參政臣朱方爲乞褒崇正學事。臣原籍金華府,有故宋儒何文定基世稱北山先生、王文憲柏世稱魯齋先生,俱金華縣人;金文安履祥世稱仁山先生,蘭谿縣人;元儒許文懿謙世稱白雲先生,亦金華縣人。四子師承,克繼道統。蓋文定親炙於勉齋黄文肅幹,文肅則親受業於徽國朱子熹之門而獨得其傳者也,踵武相接,機鑰相須,繼往開來,彌大而昌,匪直有功於朱子,抑實有功於聖門。揆之祭法人心,允宜從祀文廟。成化間,浙江按察司僉事辛訪特具奏請，蒙敕禮部備行，本部尚書兼翰林院學士陳文等會議題准，當蒙崇尚先世儒修理學諸名士，欽賜正學祠額并祭文，准龜山楊中立例立祠鄉郡，未秩從祀。臣考當時議者，謂何基等於道不爲不造其涯涘，然達淵源則未也；不爲不躡其徑庭，然入堂奥則未也。臣固宫墻外望未識堂奥者，然嘗歷考宋、元國史列傳及一應制誥行狀與凡墓誌誄詞并諸先輩論述而論其世矣。謹按文定者，受業勉齋，的傳濂洛，深潛沖澹，精體默融，立志以定其本，居敬以持其志，力學以致其知，躬行以踐其實，抱道隱居，樂天知命。宋朝以其一德一心踐行不爽，謚之曰"定"。文定之道，傳於文憲，通睿絶識，窮聖賢之精藴；雄辭偉論，發理象之微著。格致服行，真傳的緒，誠精明達，有體有用，日明霜潔，玉栗金精，風力宏撫，足以濟世綜物；著述規爲，足以解棼主度。道在經綸，進有可行之真；安老陋巷，退有可藏之實。宋朝以其廣聞多能，善行可紀，謚之曰"憲"。文憲之道，傳於文安。省察克治，涵養充拓，嘗進牽制擣虚之策，欲以紓宋祚於阽危，而時不能行，遂謝歸不出。簞瓢樂道，著書忘老，立德立言，可法可師。窮理盡性，誨人不倦。治身接物，毫髮無歉。而謚之曰"安"，蓋以其温良敦仁也。文安之道，傳於文懿。誠明兩盡，知行竝進，精絶詣識，戰兢惕勵。讀晦菴之書，而泝伊洛之源；跋夫子之墻，而見宗廟之美。萬殊之差，無微不析；一本之同，會歸有極。酬酢萬變，必用其中；涵養本源，以敬始終。而謚之曰"懿"，蓋以其温柔聖善也。竊又惟四賢之謚，不特一節。四謚之上悉連"文"字者，蓋以朱子師生，上自楊、李，下逮蔡、黄，無不皆然，所以明一原、盡衆美也。制謚之意，正以表四賢之道德、造朱子之淵源耳。宋誥何基有曰"睠言山澤之癯，獨得淵源之正"，而《宋史》亦曰遂安淵源之懿。金履祥祭王柏有曰："猗與先生，世濟淵源，克己亦顔，弘毅似曾。"而范榦亦曰："學貫天人，道源洙泗。"許謙挽金履祥有曰："統緒傳朱子，淵源繼魯翁。"而《元史》亦以其親得何、王二氏之傳，而竝充於己。淵穎吴萊之稱文懿，則曰"上追洙泗之本源，前泝伊洛之宗派。”而文靖虞集,亦以其德性道學之淵微未易知。文肅柳貫亦曰“其授受之淵源,粹然一出於正。”致蒙恩欽賜祭文,亦曰“接晦菴之源流。”合而觀之,四子於斯道淵源不可謂不達,而堂奥不可謂不造,亦既章章明矣。議者又謂羽翼斯道,莫如著述。程朱之後,如胡安國之《春秋傳》,蔡沈之《尚書傳》,真德秀之《大學衍義》,吴澂之《五經纂言》,學校以之育材,經筵以之勸講,其功偉矣。何、王、金、許之所爲書,其用恐未若是之專,其功恐未若是之偉。臣竊謂如此議擬,是尚未嘗深加查考於四儒之所謂制作著述及其顯用之顛末也。何基所著有《大學中庸發揮》《易大傳啓蒙發揮》《太極通書西銘發揮》《近思録發揮》,而《朱子感興詩解》一編,雖出於一時之載筆,實所謂萬理之指南。王柏所著有《讀易記》《讀書記》《讀春秋記》《讀詩記》《讀論語衍義》《太極衍義》《伊洛精義》《魯經章句》《論語孟子通旨》《書附傳》《左氏正傳》《續國語》《朱子旨要》《道學志》《詩可言》《天文地理考》《墨林類考》《大爾雅》《六義字原》《帝王曆數》《正始之音》《伊洛指南》等書,永樂中多已呈進,而《研幾圖》一編,固聖門心學之要領;《上蔡講義》尤學者修治之實功。金履祥所著,有《論孟考證》,補《集注》之未備;《尚書表注》,正《集傳》之誤遺;而《通鑑前編》,則擴先賢之所未發,以復見帝王之盛治,尊經黜誕,雖微詞必有折衷;考舛訂訛,於大義尤爲明當。誠五經會通之旨歸,萬世不刊之要典。他如《大學疏義指義》,天曆初廉訪使鄭允中亦嘗上其書於朝矣。許謙所著,有《四書叢説》《詩集傳名物鈔》《書集傳叢説》《春秋三傳管窺》《觀史治忽幾微》《儀禮三傳義疏》等書,皆有補於聖道,有功於後學者也。四賢之書,雖不能如胡安國、蔡沈、真德秀之顯行於時,亦皆羽翼經傳,裨益程朱,其功不少。永樂間,纂修《五經四書性理大全書》,亦既蒙與楊中立、吴澂諸人之書一體採録,頒降學校,要不可謂非學校養士經筵講貫之資也。特當時議擬忽焉,未之深究,故止令照楊中立例立祠鄉郡而賜之祭。厥後楊中立已封將樂伯,進入從祀之列,而何基等未有爲之上請者。臣竊又以勉齋黄文肅榦，上承朱統，下啓何傳，與夫豫章羅文質從彦、延平李文靖侗，派接程宗，教興朱學，皆與楊中立道同功等，竝宜優崇，乞敕多官會議，將羅從彦、李侗、黄榦、何基、王柏、金履祥、許謙，俱加其封爵，列諸從祀，庶幾上以奉宣我朝皇上表正儒宗尊崇道化之盛意，下以作興後學而興隆世教也。

乞恩宥積逋疏　　徐文通

爲恤刑事。臣聞王者總一寰宇，司牧黔黎，而薄海稱治，卜世無疆者，此豈有他術哉，良以任德之意溢于任刑，惠澤之施逾于戮辱，甯約己裕人，弛禁捐負，輕賦重民，而無罄竭膏血、草菅生靈之心也。是故教化不及，而民作奸，觸死罪，犯贓逋，不得已而有眚灾之赦，又不得已而有不孥之罪，無非體天地之大德、弘好生之至治焉。《易》有之，“損下益上”謂之損，“損上益下”謂之益。《記》有之：“一張一弛，文武之道。”自昔賢聖履天位、流聲稱、享永年者，皆由此其選也。惟我太祖定律：以贓入罪者，身死勿徵。老幼犯罪者，拷訊有禁。我孝宗定例：追贓年久者，竝許奏聞。親屬各居者，不許濫及。仁心仁政，垂法盡善。暨我皇上臨御以來，屢厪詔旨：起解錢糧，係小民拖欠、未徵在官者，盡蒙蠲除。監追贓物，係正犯身死、勘無家産者，悉蒙宥免。濊澤渥恩，繼悉惟良，後先一揆，真無愧於古帝王者。又五年一次差官審録，矜疑之外，凡追贓冤苦，悉得上聞，我皇上又無不稱可。而哀此煢獨者，是宜逋負悉完而囹圄空虚也。頃臣奉命慮囚西蜀，睹兹僻遠之地，多觸刑戮之民。苟有生道，無不冒陳，仰體德意，用協刑中。除具題外，竊見追贓人犯，父死子代，兄死弟代，宗死族代，叔死侄代，義男代家長，族婦代户丁，動千百計，監數十年，號泣悲楚，願訴宸聰。或編髻而覯三木之刑，或垂白而罹桎梏之慘，或煢寡而受械繫之辱，身無完衣，體無完膚，各類鬼幽，無望人世，其爲冤苦，所不忍言。是豈我皇上德不遠逮而澤不旁究哉？但奉行者循故事不燭其情，查勘者責虛文不核其實，是使聖明之世有及孥之刑，欽恤之朝多冤被之命也。且巴蜀之地，惟山石居多，而生計甚微。贓逋之民，亦惟巴蜀爲多，而法度難禁。蓋臣嘗之臨卬。臨卬，沃野之地，非山田之比。乃至春乏耕農，田多蔓草，一望無際，百里邱墟。民之流亡，膏腴如此，至于山谷，荒竄可知。此其故何也？山土額于旱虐，派辦廣于户工，盜賊繁于征役，邊運疲于轉輸，是以田空存而糧不減，人多亡而賦如昨，窮苦無聊，十倍他省。臣嘗閲夔州府追贓文册，有賀登瀛者，内開止有生女一口，堪變還官。臣讀至此，不覺流涕，爲之食不下咽。賣妻鬻女，恐又不止一賀登瀛者！故臣察其如賀登瀛者，凡在贓不多，遵查節年詔書，用昭大賚，徑自釋放召保外，數内袁閣等十一名，俱正德年遠之贓，祖父遺孽，非其自犯之罪。余周生等六十八名口，俱親屬故絶，同姓貽累，非有居爨之素。蔡傑之贓，既戮其身，又監死其子若孫，三命因其故絶，今又監追族侄蔡躲陽。一人之惡，非止二世之逮。孫男之代，猶可説也；户族之代，不可説也。且查各犯屢報無産，必若照舊監追，是明以瘐死難完之贓而斬艾無辜之命也。抑豈皇上哀衿元元之德意哉！死罪而下，其身親自犯者，荷蒙矜疑具奏，得從輕減，是于絶生之人，尚求可生之路，况于此輩，止因貽累代追，原非應死之人，而竟置必死之域！宇宙至廣，無陰以憩，豈不痛哉！臣是以謹按律例，除贓數太多、監追未久、正犯尚存、家産未絶者無敢濫開外，今擇其情尤可憫者，并事犯緣由、贓數多寡、監追年月久近，録其略節，開具奏聞。伏望聖明俯賜憐察，敕下法司，再加詳議，明于損益之道，察于弛張之宜，寬而赦之，棄蠲積逋。始雖憫窮，生齒日繁，終以藏富，無疆之恤亦無疆惟休焉。且臣聞政寬舒，則民樂其生。天下有樂生之民，而軍旅會朝，國家之需，不誅求而足矣。政迫促，則民輕其生。天下有輕生之民，而土崩瓦解，國家之患不徵令而至矣。况于今日邊方多事，尤當以寬民爲急，不可使有愁苦無聊之心。西蜀僻遠，民隱難達，皆陛下之赤子也。臣不勝懇切之至。

國朝恭奉俞允同治七年五月二十四日浙撫李中丞瀚章奏請胡氏一門八烈專坊專祠摺

臣瀚章言：據鹽運使銜候選道胡鳳丹呈報，咸豐十一年至同治元年間粵賊竄擾江浙時，在籍兄弟副將銜儘先參將胡鳳鳴，擬保游擊嘉興協都司胡鳳雝，五品軍功胡鳳恩，鄞縣訓導胡鳳岡，附生胡鳳韶偕妻王氏、子宗壽，杭協千總胡鳳標之妻盧氏，一家八口，或赴敵捐軀，或駡賊被害，併懇奏郵，並請於浙江永康縣本籍自行捐貲專立坊祠等情。臣查胡鳳鳴、胡鳳雝、胡鳳恩、胡鳳韶等經升任撫臣左宗棠、馬新貽先後彙奏，其胡鳳岡、胡宗壽、胡王氏、胡盧氏未及臚敘，復經御史樓震於六年十一月併案奏郵。奉旨允准，各在案，惟未經請立坊祠。伏讀同治五年九月前署兩江督臣李鴻章片奏：安徽桐城縣監生姚徵甲等闔家殉難，奉上諭，准在桐城本籍建立專坊專祠等因，欽此。兹胡鳳鳴等死事情形，與姚徵甲等大率相同相應，據情代懇天恩，准其在永康縣本籍自行捐建專坊專祠，以妥幽魂而彰忠烈。謹附片具奏，伏乞聖鑒訓示。謹奏。

恭奉俞允光緒十七年五月十六日直省李相國鴻章奏江蘇按察使司應寶時請建上海專祠摺

臣鴻章言：據江蘇紳士、前東河河道總督吴大澂、前奉天府府丞朱以增等聯名呈稱，已故江蘇按察使司應寶時，當咸豐十年粵匪竄陷蘇、松等處，奉旨隨同辦理團練，督帶勇團，克復松江府城。十一年冬，浙江省城復陷，東南大局注重上海一隅，因與官紳設立會防局，並籌兵餉，聯絡中外。其時賊由乍浦竄陷奉賢、金山、川沙、南匯等城，東路賊氛與上海僅隔一浦，西南之賊距城祇數里，守兵聞警即潰，勢幾不支。該故員以滬地避難士民數逾百萬，且爲華洋衆商總匯之地，税餉所出，尤當極力保全，會商官紳，倡議迎師，力籌鉅餉，雇備輪船。事屬創辦，該故員力任其難，迎臣軍由皖東下，實爲規復東南一大轉機。嗣在上海道任内，創建龍門書院，俾士知向學。並立普育善堂，收養窮黎。署布政使任内，飭各州縣立常平倉，勸輸銀穀，存公生息，通計所積數逾百萬，至今緩急賴之。吴淞江爲水利最要之區，籌款二十餘萬，設法開濬，以利宣洩。閭閻愛戴，淪浹彌深。而同治元年迎師一役，獨肩鉅任，力顧餉源，保護百萬避難之生靈，挽回數省淪陷之危局。追思往績，尤不能忘。謹援原任浙江寧紹台道顧文彬、記名道潘曾瑋成案，合詞籲懇，奏請將已故江蘇按察應寶時在上海地方由紳民捐建專祠，俾申報享等情前來。臣竊維咸豐末年，蘇、浙淪陷，獨恃上海一隅之地，爲臣軍東下根本。迨後肅清全吴，固由將士百戰之力，而其先官紳危苦艱守，以待援師，其功實不可没。方事之殷，設立會防局，總筦兵餉諸事，主之者紳則顧文彬等，官則應寶時等。其迎師雇用輪船，由金陵賊巢泝江上駛，爲向來所未有，忌者多陰撓之，英領事青華陀尤力恃其可。應寶時素與洋人相習，既以利害説其水師提督何伯，復出重資啗洋商，始願以船應召。又與約船中得增竈治餐、馬匹軍械得入船、抵皖泊舟聽行止一段。我法皆輪船創格，則應寶時一人之功。故中允馮桂芬所著《滬城會防記》《皖水迎師記》言之最詳。馮桂芬身預其謀，目擊其事也。戡定之後，吴人追念前勞，每論迎師一役，輒以此數人爲稱首。顧文彬等殁後，並經呈請，捐建專祠，奏蒙恩准在案。應寶時又歷任該省司道大員，卓著政績。臣昔自兵間及在蘇撫、江督任内，親與共事，知之最深。前後督撫臣如曾國藩、丁日昌，皆盛稱之。今吴大澂援顧文彬等成案，請捐建專祠，具見功德在人，遺愛未泯。合無仰懇天恩，俯准該紳士等所請，爲已故江蘇按察使應寶時在上海捐建專祠，由地方官春秋致祭，以順輿情，而彰藎績。如蒙俞允，再由臣咨行兩江督臣、江蘇撫臣知照，理合附片陳請，伏乞聖鑒訓示。謹奏。

永康縣志卷之十四

書

上饒州路太守書　　應孟明

某切思，古之人成德有大過人者，無他，能受盡言而已。古人之事上也，期無負于上之人者，無他，能盡言不諱而已。今之人聞人之稱善則喜，聞人之諫己則怒，諛言以媚人則能之，忠言以救人則蓄縮而不敢。吁！是焉得爲古人歟！某不敢以今人望明公，而敢以古人期明公。某之身不敢以今人自待，庶幾以古人自待。某之所學在是，所行在是。身爲下邑之微官，仰視太守之尊，知而不言，言而不盡，則有負于明公，亦有負于所學。明公，古人之徒也，幸一聽之。天子置二千石，爲民也，非取民也。龔遂、黄霸之徒，撫摩涵養，使民安，使民富，使民耕鑿有餘力，不徒爲是空言而已。使其追求之速、禁令之嚴，督促期辦，州責之縣，縣責之鄉，不容頃刻暇，始號召于外曰："民力果得紓乎？縣令其無横取乎？"是欺民也。令行禁止，非嚴者不能辦。錢流地上，非取民者不能辦。大水失期，失期法斬，秦是以亂，令行禁止之弊，乃至此極。此豈撫民之良法歟！錢流地上，而曰斂不及民，天下寧有是理哉！催科政拙，書考下下，後人之論陽城、劉晏，果如其賢乎！令固不可不嚴，太嚴則酷。財固不可不辦，辦則傷民。明公開府之初，諸邑令尹受約束之始，某則傾耳而聆，曰必有寬徭薄賦愛利吾民之言乎？乃聞曰："日揞月解，月十五日不到，追坐押之官坐于客位，朝入而暮出。其官之趨走輩則梏縛械繫于客位之傍。"某聞之而驚,歸語子弟曰:“新使君之言及此,百姓之禍未歇也。”既而又聞之:鼎新樓店,聚州人飲酒,日之所獲餘數百緡。當饑民一飯無得之時,招而來之,日之輸酤者數倍,謂之能官可也,謂之善政可乎?行一約束,倉卒倚辦,官吏股慄,不敢後期,使人不敢可也,使人不忍可乎!荒飢之餘,縣邑凋敝,商旅不行,税入無幾,民飢乏食,酒課不登,月數解錢不爲少矣。一文一縷,不取之民,將焉取之?月十五日,數足于曆,錢足于帑,官吏有賞,縣邑有能辦之稱,此明公之所知也。嬰木索,受箠楚,纍纍監繫者,明公不知也。閭巷細民,賣妻鬻子,明公不知也。中人破産,上户空匱,明公不知也。其吏之催拘者曰:“新知府之令,汝不聞乎?”其官之行其箠楚禁械者曰:“非我也,新太守也。”彼民亦曰:“吾知新太守之令嚴也。然饑餓之身,未知死所,令雖嚴,若我何?”嗚呼!明公忍受此名而不知察歟!且以某之身親者一事言之:坊渡拘解,某之職也。遭荒拖數,坊渡之常。前者非不拘催,量其有無,爲之多寡,計其辦否,爲之遲速。今者不然。慮約束之嚴,憂月十五日之至,枷禁者日有人,鞭箠者日有人,追逮者日有人,猶不足于月十五日之數。某之枷禁箠楚其無從出之人,如己之受枷禁箠楚也,惴惴然不能以朝夕。而七年之拖下以千數,明公又下追索之令矣。以某之不安于追治坊户,不得已而塞明公之責,諸縣之于百姓,死人甚于某之急諸坊户也。某之所管坊渡二十一人,其輸官及期者,鄒祉一人而已。有頑猾户楊璘,欲攘而奪之,某方不從,則厲聲于某之前曰:“州府不過欲多得錢耳。吾當高價以取之于州,以與鄒祉抗,且與縣丞抗。”某遂具稟劄詳告,意者明公灼見小人之情,楊璘者必得重罪。及行下前縣,以某之所稟與彼之所告,較短量長,而爲之先後,則是明公以利計不以義計。某之所忠告于明公,非以坊渡之爲己累也,因丞聽而推縣邑,見坊渡而思百姓,庶幾以某之言不虚,而得于身親耳。今之官賦,上司催州,州催縣。若不加料理,其何以爲政?明公之理財是也。然殺人之中,猶有禮焉。一切不恤,而以嚴取之,睹板榜行下，則徒曰寬民力、無横取，不知民力果若是寬乎？取民果可不横乎？先儒謂操其器而諱其事者，或者其似之。《傳》曰："惟有德者，能以寬服民。其次莫如猛。"此非至言也。有德者不偏于寬，惟其中而已。其次莫如猛，其流弊殆如秦法之密乎！子産倡之，子太叔和之，後之爲政者，不知先王仁義之中，其寬也，非懦也；其剛也，非虐也。甘棠蔽芾，其禁之而不伐乎？其愛之而不伐乎？鍦箭鈎距，其禁之而不犯歟？抑畏之而不犯歟？前太守以柔弱去，今以剛强代。困窮之民，栖栖無所告訴。邇者漲水爲灾，其來也不以漸，没禾黍，漂廬舍，敗塚墓，激突浩蕩，若甚酷者。不知天意何所因而爲此歟！明公一麾出守，其僚屬之在府與在縣者不知幾人，出言嫵媚，稱道明公之盛德與古無前者，往往皆是。某一介頑鈍，獨抱區區之忠，獻之明公，自謂委曲面諛事上官求爲容悦者，非敬上官也，誤上官也。誤上官者，誤百姓也。誤百姓者，誤所學也。某上不敢負明公天子，下不敢負百姓，内不敢負所學。以明公之高明而可望古人也，某也知而不言，言而不盡，則于門下爲有負。明公知而不行，則于百姓爲有負。漢宣帝有言："庶民所以安其田里，而亡歎息怨恨之聲者，政平訟理也。與我共此者，其惟良二千石乎！"明公試反覆思之。

與後谿劉先生書名光祖，字德修。四川人。宋丞相。　吕　皓

皓聞之：言不足以達吾所素藴，故敘其志於文；文不足以盡吾所難言，故寓其意於詩。皓，山林一野人也，生十有五年而能文。今文不偶於世，且老矣，情有不能已，敢略陳慨慕先生之始末，而終之以詩焉。蓋皓自弱冠，則獲從世之名公游。淳熙、紹熙之閒，侍鄉先生正惠林公寓中都，林公退朝，與諸生燕居，輒驚歎曰："汝知蜀有劉夫子者乎？當今第一流也。"皓曰："方之先生何如？"曰："吾所畏也。節操猶可勉焉，文采藴藉，非我所及矣！"皓時固深識之，自諉異時相遇江湖之上，摳衣函丈，似未晚也。不謂志與世違，蹉跎至此。因觀裴公，

年出三十,便不復詣人,末與張公遇,乃定忘年交,亦切慕之。及自教其子能屬文,則携以屬今文昌戴先生,一見則曰:“有子如此,君可以老矣!”皓遂俯首東歸,屏迹不出,寧復與當世之賢有邂逅之遇邪!比年以一二老師儒在要津,偶一出聽時論焉,因又問劉夫子無恙否?今何官?朋輩有抽架上一紙以示曰:“子獨知拳拳於劉夫子,爾亦知劉氏世有人乎?”徐讀之,乃先生之伯子奏疏,論時事上泰而下危者也。皓爲之喟然起立,曰:“英才萃於一門,天豈徒將以世昌劉氏也哉!國與有休焉!”自度年益邁,志益惰,第能歸而語諸其子爾。惟是此子方拙更甚,守節安分,語不出口,人罕識其面者。入學舍餘十年,雖親故在朝列,未嘗一躡其門,還舍則閉坐一室,士友來自遠方者拒之不能,而非有意於衒鬻也。知子莫若父,世人未必盡知之,故不敢以爲嫌而直以告焉。今適承見次,以不肖父不與俱,欲回舟者屢矣。偶有時貴先幣之招,皓欲其乘此易近地,以便往來,嘗有詩以諷其歸矣。續聞荆州易帥,而先生實當之,皓爲之喜而不寐,遂又亟馳一詩勉其留矣。不意上勤崇重,枉教下逮,欲俾父子遂團圞之私,衰草枯木亦爲增輝,何其幸哉!夫皓以三十年慨慕先生之誠,而又知有子,先生以一旦遇不肖子之故,而及此老父,賢愚貴賤,雖甚懸絶,以類推類,未大相遠也。然皓猶有二説焉,敢卒言之。昔嵇紹入洛陽,或稱其爲昂昂之野鶴,而人則曰:“君復未見其父爾。”此先知其父而得其子者也。至桓沖見劉驎之,必强其先詣家君,有如桓使君知其子不知其父,見子而不見父,未爲失也。而驎之必爾者,何哉?若嵇康名勝固不待其子之自陳矣,先知其父,而得其子,嵇氏父子遂能齊名輝映於百世之下。因其子而施及其父,而驎之之父竟没世而名不稱焉。賢不肖父子不能以相及,其來尚矣,而可以厚誣哉!若皓不肖父子何敢自擬於其中?然退而視履考祥,少壯而老,所以飭身厲行,所以齊家居鄉,銖銖而較之古之隱逸,則容或有愧,至於今世之所謂處士云者,則固不敢多遜也。特風馬牛太不相及,微蠓之聲不到大賢之耳爾。有若自顧其身，而念所出，情之至也；既知其子，而施及所尊，義之隆也。殊念其所當念，先生施其所當施，皓也何辭焉！然世之人固有因子出仕，或曲狥其請以掩議，或喜從其後以爲榮寵者，皆非山林之士所暇及也。區區之迹，則盡見於《雲谿雜集》。先生儻自以物無巨細，欲無一之不知，則呼殊立前而叩之可也。野人不敢事苛禮，以自取外於膺門，是用援筆直書，敘其志於文，而寓其志於詩焉，惟執事其裁之。

與水心先生葉侍郎書名適，字正則。　　吕　皓

皓自分山林，窮老待盡，直時未到爾。至於胸中抱此耿耿，亦自分曉，更向誰説得？蓋自東萊、晦菴二三儒先生相繼長往，東南之士，十十五五，各自雄長，有類鄉村團結保伍，斬木揭竿，各自標號，而亡所統屬。龍川於此時不能表爾堂堂之陣、正正之旗，師出以律，乃反身入行隊中，欲人折其木而奪其竿，固宜保伍紛迸四出，人與爲敵，雖身死而論未定也。士論一至先生而無異辭。雖然，時異事變，先生亦少孤矣。且吾亦知先生之微意矣。有如大厦，非一木所能支，而猶往來教誘不輟。人情誰不願即安？人心誰不畏禍首？適當世道之責，而屬海内之望，有不容自私而自閟者。仁以爲己任，不亦重乎！死而後已，不亦遠乎！而謂當今若儒先生尚得而棄重就輕以自脱乎？尚得謂吾已向晚而遂置此事不之入念慮已乎？邵康節所謂前千百年無我，後千百年無我，中間只一綫子。惟先生尚須豁闢門户，廣示堂奥，與後學共之，使十十五五之徒，望而震驚，失其所固執，遁者自遁，伏者自伏，聽之而已。皓不自量，别有一紙，請問晦菴、龍川二先生論辨條目。尚惟先生有教無類，或思得狂士以誘來者，不罪僭妄，賜之一言，以爲印證，俾後輩知所循持，亦先生廣示堂奥之微端也，惟先生其熟念之。

與陳龍川先生書　　吕　皓

前代英雄豪傑之士，其行藏用舍，必有一定不易之規。天下有大

變,迫之而後動,不得已而後應,神色不動,志氣不撓。鳴條之役,莘野之定謀也;牧野之師,渭濱之素略也。方二公耕釣時,未聞一言及此。近見執事《酌古》著論,雖孫、吴不能遠過,固吾儕所喜聞而樂道者,况在吾鄉願進之列乎!二帝北狩之恥未雪,凡有人心所宜裂眦張膽、奮不自顧者,况爲吾鄉講義之士乎!然卜而訪之,同載以歸,始與之陳韜略;聘幣三至,幡然而起,始與之陳堯舜之道。下至漢末大亂,事亦急矣,猶待三聘之勤始出,而與論當世之故。非固自重以要其上也,誠以在我者,養不裕則用必窮,道不宏則震必泥。在人者,望不切則聽易藐,得不難則行易怠。豪傑之士,雖無文王猶興,至於出處之大節,率不苟也。儻人不我問,吾牽裾而强告之;人不我求,吾躡門而强售之。吾懼夫千鈞之弩屢爲鼷鼠發機,氣泄力減,異時出爲時用,未必愜滿人意也。皓偶與儕輩聚議一笑爾,而執事已大不能堪。嗟乎!一笑之餘,執事盡在吾胸中矣!昔陳勝堪隴上之笑,大呼而隳嬴氏之七廟;欒布堪驪山之笑,仗劍歸漢而受裂地之封;韓信堪淮陰之笑,北滅燕趙,南滅楚,以成漢氏四百年之基業。正將假是三者之笑以試執事爾,乃不能堪,勃然盛怒,遇人誚詈,謂皓不足與語此。嗟乎!一笑之餘,執事盡在吾胸中矣。

與龍川先生論事書　　　　吕　皓

自昔英雄豪傑之舉動,雖甚當乎理,亦未嘗敢自恃。吾心之可察,而不恤其迹之可嫌,詞語意氣之間,一涉群小之疑,皆足以萃無名之怨,而招無名之禍。蓋在我者彌高,則知我者彌鮮。世俗昧昧,得吾心之真者,寧有幾!而其所謂迹者,固已表然爲的於天下矣。瓜田不納履,李下不正冠,兹固多事自勞者,皓不敢以是蹇蹇之語狹望於門下,但私心所疑,謂既已無心於得瓜李,乃復試引手取之,比主人怪而詰其故,乃曰:"我豈屑竊瓜李之人哉!偶一爲之,而非真有心者。"心伏於内,眇忽難見。主人見迹而不見心,將引何者以自明邪!無以自明，則主人將不我恕矣。區區之意，不過欲門下不自恃其心，亦略顧其迹爾。況人心惟危，善惡瞬息，出入無時，莫知其鄉，雖聖人亦甚凛凛焉。凡所以正色出辭，閑邪存誠，合内外而交相爲養者，亦以心、迹之不可判而爲二也。不然，則舉天下皆魯男子爾，豈可以一下惠而遂廢男女不同巾櫛、不親授受之禮哉？縱吾心可保其無闇室之欺，非所以爲男子訓也。此爲士常行之道，執事固自能知之、能言之，宜不待皓具陳。但皓重念當先生開門受徒、四方雲集之時，而皓獨以年少庸陋、不足以當大陶冶，乃遠而他之。惟是與門人高第往來最厚，遂得窺墻仞之萬一。其能作一家門户看者絶少，夫聚十百人於大屋之下，棟折榱崩，乃旋逃避駭散，此與麇鹿之聚何異！當是時，室人交致悔咎，已無及矣！皓生多幸，獲與門墻相比，一言一動皆將取則。故平居或有未契於私心，不敢狥衆詭隨於答問之際，因一二語執證於行事，正謂以自修其慝爾，何敢有一毫簡傲求勝之心哉？有不謂然，天實臨之。

上林樞密大中書　　　　呂　殊

殊聞舉事者必順人心。蘇公軾常言：古今未論行事之是非，先觀衆人之向背。謝安之用諸桓未必是，而人之所樂，則國以乂安；庾亮之召蘇峻未必非，而勢有不可，則反爲危辱。是非疑似之際，尤必取決于人心，而況今日函首之事，是非較然，詎可以犯人心、獨行而不顧乎？何者？誅竄奸魁，收召舊德，雖未及大有所設施，而天下翹然想望至治者，無他，衆人之歸則未爲，而人已信之也。夫未爲而人信之，則易爲力；欲爲而人議之，則難爲功。盛名之下，其實難副。竊爲閣下惜此舉動。是舉也，不審閣下其以爲誠然耶？或心不從而貌從之耶？抑嘗誦言其不可而卒不勝同列者之議耶？今京都之内，兒童孺婦，舉以爲非，至有掩口而不願言、塞耳而不願聽者。人心所在，相去不遠，想閣下必知其爲非也。豈惟閣下知其非，想同列之人所謂異議者亦未必自以爲是也。夫未必自以爲是,而復不肯中止,徘徊顧望,若將力排衆議而爲之者,其毋乃以力排衆議之罪小、而重違虜情之罪大耶?夫重違虜情,則和議未決;和議未決,則邊釁未彌。此固今日主議之人所爲徘徊顧望者也。抑不知和好之所以可恃者,在吾國有以服其心,不在事事而從之以求,厭其虎狼之欲也。數日以來,學校諸生,詣闕授匭,已嘗及此,想閣下亦必聞之矣。今區區欲爲閣下言數語而已。閣下以爲持三公之首以送虜庭,自開闢以來有之乎?無之也!閣下以碩德重望爲蒼生而起,乃使開闢以來所未有之事書之史册、傳之後世,自閣下始,豈不惜哉!閣下以爲虜得吾三公之首其止以謝邊民而已耶?其必將用是以薦宗廟也,其必將用是以傳告諸國也,其必將用是以改元賜赦、奉上尊號也,其必將用是以東封西禪、刻石頌功也。其君負中興之名,其臣受不次之賞,而吾君吾相,乃含羞忍恥,偷安一隅,猶爲國有人乎?虜自得志以來,八十年矣,國力民心、將帥士馬,皆未必逮昔。兩年之間,技已止此,吾不能少忍,乃舉三公之首而函授之以成其名,是所謂藉寇兵資盜糧也,是所謂借樞于敵而授人以柄也,其爲失計,不言可知。衆怒難犯,專欲難成。今者人言藉藉,萬口一辭,大決所犯,傷人必多。不如小決,使道路聞而樂之也。爲今之計,誠能一紙布告遠近,明言昨來以生靈爲念,勉從所請,而内外臣庶以爲未安,所有已差通謝副使等姑遲未行,而前所謂小使者不憚再遣。彼以吾爲有人,未必不從,猶有難者,則雖往復數四,未害也。况虜叵測,和議雖成,邊備其可弛乎?均之未能弛備,何至若是之迫哉!殊昨到京師,首聞斯議,疏遠之人,未知廟堂實意,徒見人言如此,不無私憂,故切爲閣下惜此舉動也。夫人固有好議論、口辯捷給、訕上不遜以沽直者,閣下視殊平日何如人耶?閣下被召,親故滿前,不過謂閣下行取高官厚禄以爲宗族交遊光寵耳。如殊者,正以功名事業期閣下,閣下其無以位在五人之下、立議不專,異時或可藉口也。昔元祐諸公,坐棄地之議,而擯死者非一。今日之事,未論爲國計，正使爲身計，亦已疏矣！時事變遷，詎可保耶！惟閣下熟籌之，毋以人廢言，則天下幸甚，社稷幸甚！

答朱悦道論春秋書　　呂文熒

辱書承論《春秋》大義，其辭汪汪博肆，累數千百言，而議論之嚴，辯析之精，援據之密，皆非常人造次可及者。觀執事之志，自三《傳》以來，皆欲翦拂之、整齊之，以合乎夫子之經，而其末乃責之於某。某豈其人哉？累日思之，不知所對。某於《春秋》，不可謂得其門户而窺其堂寢，抑不可謂無其志者也。執事所言，不可以一二奉復，請姑誦其所言，以質於執事。夫所謂君子者，能持公論而已。所謂公論者，能使天下之人皆知其孰爲是、孰爲非，而無所疑者是也。曷爲而能使之知之而無疑？考之於事而實，載之於言而明白簡直焉耳。孰爲實？孰爲明白而簡直？今有殺人者、毆人者、奪人之財者，號於衆者曰某殺某，某笞某，某奪某之財，則聞之者不辯解而知其非矣。某實殺而不曰某殺之，某實笞之而不曰某笞之，某實奪之而不曰某奪之，而宛轉回遠，遷就其辭，使人自推而知之，使老生宿儒相與解之，數百言而不能盡其義，豈足以曉於人哉！欲曉於人，而深其辭，使人不能曉，豈能言者之爲哉！故某嘗以爲《春秋》之作也，直書時事而不深其辭者也。必如《傳》者之言，或書族，或去族，或書字，或不書，或稱名，或特著一字以示褒，或特著一字以示貶，或予或奪，或抑或揚，則是聖人有意爲奇辭新意、自神其書，使人不可盡識也。噫！孰謂聖人之心如天地之簡易易知、而若是之迂僻而難測哉！且名也，字也，族也，皆當時之人稱於人者也，孰得而增之？孰得而去之？且增之人何由而知其褒？去之人何由而知其貶？聖人之言，決不如是之艱深而難曉也！問者曰："若是，則《春秋》之作，不待聖人，而人人皆可爲矣？"曰："非聖人不能作也！何者？好惡生於私心，而是非定于君子。周之衰，王政不綱，諸侯擅制，霸主威行於天下，而權臣交政於中國。天下之人惕於勢利,狃於見聞,尊卑生於俗尚,而是非淆於時論。當時史官,又皆妄庸之人,往往曲爲隱諱遷就,而書法失實,故聖人因而正之。其正之也,皆因舊文而修之,非聖人之所創爲也。故某嘗以爲《春秋》之辭當有二種:有因其舊而不變者,有聖人筆削之者。凡國之常事,聖人必因其舊而不變;凡國之大事與事雖小而足以垂戒者,而舊史失其實,聖人因取而正之,以明天理,以正人心,以達王道,使人較然知是非之正,以爲鑒戒焉。但聖人筆削之迹,不可復見,不可妄爲之説耳。故曰聖人之作《春秋》直書其事,而不深其辭者也。"曰:"直書時事,則得失何所見?"曰:"得失焉得而不見!鄭伯克段于鄢,兄弟相賊也。兄弟相賊,可乎?武氏子來求賻,賻可求乎?求,非也。不賻焉而使之求,亦非也。取郜大鼎于宋,賂也。鄰國相賂,可乎?天王求金,不貢王賦,而使天子有求焉,不臣也;不能令其諸侯,顧反求焉,不君也。某入某,某伐某,某會某,天子在而擅相伐,可乎?古之會盟也以義,今之會盟也,義乎?不義乎?某弑其君,某君可弑乎?某殺其大夫,某無天子之命而擅殺無罪之大夫,可乎?若是,則又何待加一辭、去一辭而後得失可見?自有《春秋》以來,爲訓注者何止數十百家,大抵好自立論,穿鑿附會,而自謂深得聖人筆削之旨。其間豈無一二得之者?吾恐其於聖人之大旨終不合也。某嘗妄謂自有《春秋》以來,唯廬陵歐陽子、考亭朱子二君子之論,深得《春秋》之旨。歐陽子謂:學《春秋》者,當信經,不當信傳。謂經不待傳而通者十七八,因傳而惑者十五六。朱子謂:仲尼據魯史以書其事,使人自觀之以爲勸戒。謂推求一字以爲褒貶專在於是,非仲尼之意。謂以傳者之意而觀《春秋》,則權謀智略譎詐之書耳。聖人晚年流涕痛哭而爲此書,豈若是之纖巧哉!嗚呼!二子之論若此,可謂深得《春秋》之旨矣!惜乎歐陽子無所著述,朱子於《易》、於《書》、於《詩》、於《禮》、於《論》《孟》,或親爲注釋,或合其經傳,或考其異同,或命門人釋之,而獨未及乎《春秋》。然朱子之修《綱目》也,因《通鑑》舊史而變其書法,亦《春秋》之意也。戰國之君,《通鑑》曰王,《綱目》則曰君。周之亡,《通鑑》即以秦爲正統,《綱目》則於既滅六國之後始以秦爲正統。漢之分,《通鑑》以魏爲正統,《綱目》則以蜀漢爲正統。漢中斜谷之師,《通鑑》曰入寇,《綱目》曰伐魏。劍閣之敗,《通鑑》曰伐蜀,《綱目》曰入寇。曹髦之死,《通鑑》歸罪于成濟,《綱目》則曰魏司馬師弑其主髦。二書書法不同,而其是非予奪之間,相去遠矣!某以爲仲尼之作《春秋》亦不過如此而已,非如傳者之云云也。朱子雖不注《春秋》而修《綱目》,其於敦典庸禮、命德討罪之法,是亦《春秋》而已,又何必親爲注釋而後聖人之旨可見!"某過不自料,嘗欲倣《綱目》,大書《春秋》之經,而約左氏之文注其下,先儒議論有可取者亦附焉,使學者以經統傳、以傳附經,而考見得失,不假立説辯議,而聖人筆削之微意隱然可見。又嘗欲效柳宗元《非國語》,作《非三傳》,取其穿鑿牽合之説辭而闢之。三《傳》之非見,則聖人之經明矣!聖人之經,猶水也;三《傳》之非,障水也。聖人之經,猶日月也;三《傳》之非,蔽日月者也。壅塞去則水得其道矣,翳霾去則日月之明復矣。嗚呼!自三《傳》以來,諸儒之所不能明,歐陽子之所不敢言,朱子之所不暇爲,而某乃欲以蕪陋之學去千載之弊,其不量力甚矣!是以恐懼眩惑,未能措手,誠若執事之所慮也。雖然,區區之志,猶未已也。苟遲之數年,賴師友之功,有分寸之益,必當勉成二書,以畢其志。執事少須焉,無遽爲余慮也。

上谷中虛書　　　　王　崇

永康民間疾苦,惟錢糧、盜賊二者最大。錢糧不在見年常賦之追征,而在積歲諸逋之併急。蓋一歲所入,止有此數,頻年積欠,何堪取盈一時!吏卒之所追呼,桁楊之所箠楚,甚至質子於官,挈妻于路,根連蔓及,瓶罄罍空。官府利其易完,明知鹿馬;親戚責之代賠,何擇牛羊?冤泣籲天,怨聲載道。以上皆積逋併急致然,爲康人患者若此。盜賊不在於親被其敚斁,而在于他方之追捕。讎口誣扳,詭如妄報,上司信爲真情,吏書視之奇貨,捕隸遣而之先,失主隨尾其後,池魚殃及,以假爲真。或卷户潛逃,或闔門被逮,窮兇拷掠,贖命行求,田無服鎛之農,野有夜嘯之鬼。以上皆他方追捕致然,爲康人患者若此。雖有藩臬大夫分路之名賢,當郡長貳親民之碩彦,顧一時之議論,争尚嚴急,深刻之分數多,寬大之分數少。在積逋,則口非不知百姓艱難,各處之支用缺乏;在追捕,則曰重犯不得不拿,公差不得不遣。一則上修潔者避嫌疑,自不覺流於殘忍;一則慮違忤者事完報,自不敢爲之調停。未聞有破格出套、冒忌諱、明目張膽爲烝黎作砥柱者。即有之,又皆制於衆論之所未然,而持閣於群情之所不樂,始終鬱不能施已矣!非有寬仁長者臨于其上,方内何以得有更生之日耶!夫錢糧以一條鞭之法追徵,既無耗費之漁,又絶侵欺之弊,亦甚善矣。誠恐衣食於官者,巧名色以中其奸,訛議論以變其法,則非所以惠民矣。然必分限而不厭其數,零收而不責其全。蓋少則易辦,不取必於速完;有則收受,不那奪於他用。里遞若見年之先倡,則貧不贍者破其家;逃移若甲長之代賍,則存未逃者効其避。至積逋一節,只宜相時擇急,立法帶徵,必從用一緩二之謨,以爲積寸成尺之漸。寬期而不嫌夫歲月之多,自限而不至於差遣之擾。譬昨日之饑已過,明日之餓宜思。故不可盡其所有,而尤當亮其所無;不可責於救死不贍之時,而尤當伺其飽自棄餘之日。當使不足在官,而有餘在民,所謂什一在内,而什九在外者也。夫是,事則集而官不勞,逋則完而民不病矣。地方之有盜賊,猶目中之有刺,恨去之不速,而捕之不早也。乃委之於上官差人。夫差人豈能獲賊?只放賊耳。蓋賊在,則獲之已矣,無所肆其横索。惟賊走,則既得賊之重賄,又可以指賊而逞其溪壑。聲勢威於巨寇,賄賂多於强劫。打網之風大興,追捕之文益盛。其害民反有甚於强賊,又何以差人差官爲哉!繼自今,只一檄下本縣,而責之掌印正官,奉文之後,一面如檄追捕,一面多方查訪。苟真賊也,則親屬懼其連累,團保懼其干害,里遞懼勾擾,官府因以責之訪拿,合謀併力，豈有不獲者哉！苟非賊也，家長必保之，團保長必保之，糧里老十遞年必保之，官府便須白於上司住提止解。若以團保長、糧里老爲不足信，則亦别無可信之人矣！夫張官置吏，無非爲民。民之利病，死生以之，是先民而後己也。世乃有攘民食以應上征求，奪民力以供上役使，殘民命以干任怨之譽，入人死以矯執法之能，攫身高舉，以博美官，畢竟惟己私而已，其於民也何哉！

禀蘇撫張中丞之萬書　　應寶時

本司恭讀密諭，紬繹再三，謹體聖主思患預防之旨與中外大憲振興積弱之謀，密揆事機，從長計議，謹將管見所及，略陳梗概：日本介在東洋，密邇中國。其人狙詐多端，素無信義。近者一切效法西人，潛圖開闢，狡焉思逞久矣。今乃背約稱兵，藉詞構釁，闖入我邊地，虔劉我番民。中國欲全舊好，據理與争，不遽用武，并許爲之建望樓塔表護彼商船，可謂寬大極矣，禮義著矣。詎料彼虚言款我，而久踞番社，誘脅番人。又運屋材，携農具，爲築室屯耕之計。群番迫於兇燄，勢必盡受羈縻，則臺灣之地與我共之，異日難保不驅群番爲前導以與我争臺郡。夫臺灣地雖小，我聖祖皇帝勤勞二十年而得之者。臺灣有事，則閩、粤、江、浙處處戒嚴。古人謂："一日縱敵，數世之患。"今日臺灣番事之謂也，且自諸國通商以來，猶就範圍不啓戎心者，以其有條約在也。今日本不守條約，若令得志，非惟爲日本所竊笑，西人更將藐視中國。爲今之計，宜舉日本背約之罪布告諸國，并援公法嚴捕倭人。在臺諸軍，分據險要，務遏絶其歸路，勿輕與戰。密諭番人，伺閒狙擊。厦門一口，未知能扼以舟師斷敵船往來之路否？一月以後，彼之糧饟、煤火、子藥必漸告罄。番人見官軍相助，亦必奮力抗拒。彼前阻深山，不能驟進，又畏官軍之逼其後。臺洋風濤險惡，彼船雖利，豈能久泊？勢孤心怯，宜無不退。所慮者，既退而修怨，必擾我沿海諸省，則設防之具自不可不預籌也。現在本省防務，業經憲臺嚴密布置。惟以全局而論設防之法,必使諸省各自爲戰,則守禦有責成;亦必使各省互相救援,則氣勢方聯絡。何者?今之倭寇,與前明之倭寇異。明之中葉,各島奸商乘明綱紀廢弛,勾結莠民爲亂,其迹同乎流寇,故蔓延而害廣。今日本兵士二千有奇,工役二千有奇,聞尚雇有西洋及中國人。其國王所遣,成軍以出,志在開邊,故力聚而勢專。然竊料日本之兵力,可以注我一路,多亦不過兩路,萬不能分擾各省。今察地勢,直隸可與奉天、山東併力,江蘇可與浙江併力,廣東可與福建併力。彼省有警,則此省出兵以救之。一省有警,則四五省酌度分兵以救之。輪船迅疾,可朝發而夕至,宜陸續購備。合閩、滬兩廠所造火輪戰艦,須過三十號以外,再得銅包戰船四五號,分撥少許,以扼最要之口。共配精卒萬餘,會合訓練水師。宿將如前陝甘總督楊宫保,智勇兼備,戰功卓犖,威名播於遐邇,應請奏懇皇上,特召視師,專督輪船,追逐寇蹤,與之南北。又檄各省陸軍攻擊。客主順逆之分,勝負必有所在,籌防當不外此。雖然,古之馭外夷者,必能守而後和可恃,亦必能戰而後守可完。與其戰於内地,不如戰於外洋;與其戰於外洋,不如戰於彼國。竊觀今之日本,有可伐者數端:往者日本國王不改姓者,逾二千年。國中七十二島,島各有主,列爲諸侯。自美加多簒國,廢其前王,又削各島主之權。島主失柄而懷疑,遺民念舊而蓄憤。常望一旦有事,乘間蜂起。彼昏不悟,尚復構怨高麗,使改西服,效西言,焚書變法,於是通國不便,人人思亂。今宜師《管子》攻瑕之説,乘中國寇平未久,宿將多存,勁旅未散,有事東洋,亦藉以練習船礮,興起人材。失此不爲,後數十年,彼基益固,而中國承平日久,民不知兵,猝爲所乘,悔將奚及!此揆之於時宜致討者一也。昔年中國由普陀趨長崎,水程四十更,風浪巨險。由厦門趨長崎,水程七十二更,商民渡海皆由之。元代征倭,會兵合浦,亦由南道。今則往來者衆,新道益開。自上海至長崎,水程不過千四百餘里,輪船兩日夜可達,斷無元代颶風之虞。且中國所以屈絀於外人者,以彼合從連横,協以謀我,不得不防决裂,含忍至今。今幸泰西諸國未與合謀,尚得用全力東注,而日本之國小援孤,亦斷非泰西諸國之比。此酌之於勢可致討者一也。議者每以元代征倭喪師十萬用爲殷鑒,不知元人以徵貢不至,遽興無名之師,又用宋降將范文虎爲統帥,一遇颶風,遽自棄師潛遁。蓋其理不直,其用人又不當,以至於敗,使倭人至今有輕中國之心,正宜因此折其驕鋒,破其故見,使之有所震慴。古來兩國交兵,苟能仗義執言,則勝者十常八九,反是則敗者亦常八九。今日本敗盟棄約,侵犯我疆,我之興師,以奉辭伐罪爲主,初無耀兵域外之心;以征撫降服爲圖,非存拓土開疆之見。將所謂堂堂之陣,正正之旗,於是乎在此。質之於理當致討者一也。今中國海疆,自瓊崖迄於遼碣,迴環幾二萬里。若欲處處設防,中國勞費固已不支,而又未能保處處無虞。誠選勁旅萬人,徑擣長崎,進逼倭都,則彼已先奪氣,將撤兵自救之不暇,斷無餘力以犯我,兵法所謂批亢擣虚、形格勢禁、攻其所必救也。夫是之謂以攻爲防。以攻爲防,則合數省之力,萃於一路,勞費省而防轉可恃。以守爲防,則竭數省之力,分備諸路,勞費繁而防且難恃。此其得失,不待明者決之。且我軍戰内地,一有挫失,則全省震驚。即戰而獲勝,而内地之民被其荼毒,受其誘脅。我軍戰倭地,雖偶有挫失,不過損傷軍士而已,添募以往不難也。若戰而勝,則我可因糧於敵,招彼民爲嚮導。夫攻人之與受攻於人也,豈可同日語哉!此籌之國計與民瘼尤不得不致討者一也。凡此數端,機不可失,亟宜預爲布置,速購船械,以備訓練。倘若廟謨早定,以李伯相節制沿海軍務,仍鎮天津,拱衛畿甸。楊宫保節制戰輪水軍,直指長崎,必可以内外協力,奮揚威武。檄令高麗起師,渡對馬島,使震盪日本之北路,以分其兵勢。高麗本我屬藩,必願乘時略地,以洩舊憾。我師宜禁止殺掠,號召其前王舊將與故臣遺民願舉義匡復者,俾求故主之後,立以爲王,許盡復其國舊制。各島主有挈地投誠者,封以王號,使各爲自主之國。夫日本之人望變久矣,臨以大兵,蔑有不瓦解者。且事固有措注不勞而厥效甚博者:漢武帝時,募良家子及有罪謫戍諸科,得自請奮擊匈奴。雍正中,選各省技勇數千人,號勇健軍,屯巴里坤,故内地盜賊絶蹤。道光回疆之役,選南北路,遣犯二千爲死士,屢挫賊鋒。今宜遠仿漢制,近法先廟,廣募沿海梟徒、蛋户、漁丁及閩粤間械鬭之民、哥老會中鷙悍之士,許令投効軍前,優其廪餼,統以健將,濟以輪船,用爲前驅。此輩皆亡命犯法不畏死之人,正所謂以毒攻毒。死固無損於中國,不死必能建威於外國。中國之患,少有豸乎!然則綜而計之,畀以番地,曲全和約,兵端若可暫弭,而後患無窮,和亦難恃,策之下也。決計驅逐,待其入寇,隨時禦之,策之中也。先爲非常之舉,以奮積弱之勢,雖得失之數參半,猶愈於坐而自弱,策之上也。使彼聞天威赫怒,知中國未可與争,願守和約,不戰自屈,尤善之善者也。抑本司更有望者:自來天下大事,往往敗於二三,成於決斷。在昔庚子、辛丑之間,洋人初入中國,朝廷未悉外夷情狀,和戰迄無定局,每變一議,則罪其前議之人,當事者不敢任事,局益變而勢益以不振。迨剿辦粤孽,堅持定見,不稍改移,卒能使賢才勃興,殲除巨寇,此蓋斷與不斷之效也。應請奏求皇上,博採群議,衷於一是,然後乾斷獨運,默定至計,俾中外大臣奉而行之。用人則慎之又慎,方略則精益求精,盡屏局外之浮言,勿視東洋爲過重,此即制勝之道也。檮昧之見,妄參末議,不敢不盡其區區之愚。謹略。

序

送徐無黨南歸序　　歐陽修

草木鳥獸之爲物,衆人之爲人,其爲生雖異,而爲死則同,一歸於腐壞澌盡泯滅而已。而衆人之中有聖賢者,固亦生且死於其間,而獨異於草木鳥獸衆人者,雖死而不朽,愈遠而彌存也。其所以爲聖賢者,修之於身,施之於事,見之於言,是三者所以能不朽而存也。修於身者，無所不獲；施於事者，有得有不得焉；其見於言者，則又有能有不能也。施於事矣，不見於言可也。自《詩》《書》《史記》所傳，其人豈必皆能言之士哉？修於身矣，而不施於事，不見於言，亦可也。孔子弟子有能政事者矣，有能言語者矣，若顏回者，在陋巷，曲肱饑卧而已，其群居，則默然終日如愚人。然自當時群弟子皆推尊之，以爲不敢望而及，而後世更百千歲亦未有能及之者。其不朽而存者，固不待施於事，况於言乎？予讀班固《藝文志》、唐《四庫書目》，見其所列，自三代、秦、漢以來，著書之士多者至百餘篇，少者猶三四十篇，其人不可勝數，而散亡磨滅，百不一存焉。予嘗悲其人，文章麗矣，言語工矣，無異草木榮華之飄風、鳥獸好音之過耳也。方其用心與力之勞，亦何異衆人之汲汲營營？而忽焉以死者，雖有遲有速，而卒與三者同歸於泯滅。夫言之不可恃也蓋如此。今之學者，莫不慕古聖賢之不朽，而勤一世以盡心於文字間者，皆可悲也。東陽徐生，少從予學爲文章，稍稍見稱於人。既去，而與群士試於禮部，得高第，由是知名。其文辭日進，如水涌而山出。予欲摧其盛氣而勉其思也，故於其歸，告以是言。然予固亦喜爲文辭者，亦因以自警焉。

中興遺傳序　　陳　亮

初，龍可伯康游京師，輩飲市肆，方叫呼大噱，趙九齡次張旁行過之，雅與伯康不相識，俄追止次張，牽其臂，迫與共飲。次張之父時守官河東，方以疾聞，次張以實告，康伯曰："毋苦。乃翁疾行瘳矣。子可人意者，爲我姑少留。"次張不得已從之，箕踞笑歌，詼諧縱謔，傍若無人，次張固已心異。一日行城外，過麻村，觀大閱之所，伯康勃然曰："子亦喜射乎？"次張曰："頗亦好之，而不能精也。"伯康曰："姑試之。"次張從旁取弓，挾矢以興，十發而貼中者六七。次張心頗自喜。伯康拾矢而射，一發中的，矢矢相屬，十發亡一差者。次張驚曰："子射至此乎！"伯康曰："此亦何足道。千軍萬馬，頭目轉動不常，意之所指,猶望必中。況此定的,又何怪乎!"次張吐其舌不能收。俄指其地而謂次張曰:"後三年,此間皆胡人。子姑識之。火龍騎日,飛雲滿天,此京城破日之兆。"因吁嗟長嘆,不能自禁。後三年,京城失守,其言皆驗。中原流離,伯康自是不復見矣。豈喪亂之際,或死於兵,抑有所奮而不能成也?次張每念其人,言則嘆惜。紹興初,韓世忠拒虜於淮西,力頗不敵。次張獻言,乞決淮西之水以灌虜營。朝廷易其言而不之信,已而虜師俄退,世忠力請留戰。虜酋使謂曰:"聞南朝欲決水以灌我營,我豈能落人計中!"次張言雖不用,猶足以攻敵人之心者類如此。次張嘗爲李丞相所辟,得承務郎。督府罷,次張亦徑歸。大駕南渡,次張僑居陽羨。故將岳飛嘗隸丞相軍中,次張識其人於行伍,言之丞相,給帖補軍校。後爲統制,遇大駕巡永嘉,與諸將彷徨江上,莫知攸適;又乏糧,將謀抄掠。次張聞而竟往,説飛移軍陽羨,州給之食,飛得無他,而州境賴焉。人有言次張生平於趙丞相者,丞相喜,欲用之,復有譖者曰:"此人心志不可保,使其得志,必爲曹操。"丞相疑沮而止。次張度時不用,屏居不出,竟死。昔參政周公葵屢爲余言其人,且曰:"我嘗薦之朝廷,諸公皆詰我:子端人正士,胡爲余言此等狂生?我因告之曰:吾儕平居譚王道,説詩書,一日得用,從容廟朝,執持紀綱,可也;至於排難解紛,倉卒萬變,此等殆不可少。吾儕既不能辦,而惡他人之能辦,是誣天下以無士,而期國事之必不成也。是烏可哉!"余嘗大周公之言,異二生之爲人而惜其屈,嘗欲傳其事而不能詳,因嘆曰:"世之豪偉倜儻之士,沈没於困窮,不能自奮以爲世用,欲用而卒沮於疑忌,如二生者寧有限哉!然自古亂離戰争之際,往往奇才輩出,嶄然自赴功名之會,如建炎、紹興之間,誠亦不少,雖或屈而不用,用不大,大或不終,未四十年,已有不能道其姓字者。記事之文,可少乎哉!"自是始纂集異聞,爲《中興遺傳》。然猶恨見聞單寡,欲從先生故老詳求其事,故先爲之纂例,而以漸足之。其一曰大臣,若李綱、宗澤、吕頤浩、趙鼎、張浚。其二曰大將,若种師道、岳飛、韓世忠、吴玠、吴璘。其三曰死節，若李若水、劉韐、孫傅、霍安國、楊邦義。其四曰死事，若种師中、王稟、張叔夜、何㮚、劉竩、徐徽言。其五曰能臣，若陳則、程昌禹、鄭剛中。其六曰能將，若曲端、姚端、王勝、劉光世、劉鋭。其七曰直士，若陳東、歐陽澈、吴若。其八曰俠士，若王友、張所、劉位。其九曰辯士，若邵公序、祝子權、汪若海。其十曰義勇，若孫韓、葛進、石竩。其十一曰群盗，若李勝、楊進、丁進。其十二曰賊臣，若徐秉哲、王時雍、范瓊。合十二册，而分傳之，總目曰《中興遺傳》，聊以發其行事，而致吾之意。然其端則起於惜二生之失其傳，故序首及之。昔司馬子長周游四方，纂集舊聞，爲《史記》一百三十篇。其文馳騁萬變，使觀者壯心駭目。顧余何人豈能使人喜觀吾文如子長哉！方將旁求廣集，以備史氏之闕遺云耳。

忠臣傳序　　陳　亮

余讀《書》，至武庚之事，何嘗不爲之流涕哉。嗟夫忠孝者，立身之大節，爲臣而洗君之恥，父讎而子復之，人之至情也。度不可爲，不顧而爲之者，抑吾之情不可不伸也。逆計而不爲，人烏知吾心？生猶愧耳，况卒不免於死，則將藉口謂何哉！夫武王之伐紂也，以至仁順天命，以大義拯斯民。然君父不以無道貶尊，則武庚視太白之旗，必有大不忍於此者。然而未即死者，猶有待也。及武王既立而没，嗣子幼，君臣兄弟之間疑間方興，故將挾管、蔡之隙以義起，成敗之不問，姑明吾心，奮而爲之，是以殞首而不顧。余以爲武庚者，古之忠臣孝子也。世立是非於成敗，故無褒，而孔氏又諱而不道，然則武庚之死越二千載，目之瞑未也。雖然，武庚受之嫡嗣，處義之必不可已，而非有深計於後世也。若翟義、王陵、毋丘儉、諸葛誕之徒，非清議之所必責，俛首相隨屬，未過也；而數子者，忠膽憤發，視其國之傾、身之危，不啻不暇熟權其力，趣起扶之，意雖不就，此其心可誣也哉！作史者謂宜大書以示勸，廼惟旅次之，然且不免不量之譏，甚遂傳之《叛臣》。

語曰:"蓋棺論乃定。"果是可信乎!昔者貫高有言:"人情豈不各愛其父母妻子乎!今吾三族皆已論死,顧豈以王易吾親哉!"然則數子之心壯矣,迺其冤有甚於武庚者。余悲之,故列爲《忠臣傳》,信千古以興頹俗,此聖人懲勸之法也。

義士傳序　　陳　亮

昔三代之王也,賢聖之君商爲多,敷政出令,不拂民欲,惇德行化,以固民心。雖紂之暴,而民未厭商也。故文王抑畏,以全至德。孔子曰:"三分天下有其二,以服事殷。"豈不大哉!至武王,不忍天下之亂而卒廢之,雖違商而周者十室而八,然商之餘民,睠念先王之舊澤,執義以自守,雖諄復喻之,囂乎其不肯順從也。而周家卒不敢以刑罰驅之;不惟不敢,亦其心有所愧而不忍。故惟遵商之舊政,以漸服其心。歷三世,而後帖然從周。推此之時,稚者已壯,壯者已老,老者已死。耆舊强壯之民卒不肯從,而從之者皆生長於周之民也,可不謂義乎;然猶見稱"頑民",則周人之言也,於商義矣。夫伯夷、叔齊,孔子以爲義而許之,而商民之事,亦詳見於《書》。夷、齊是,則商民不非矣。夫夷、齊非以一死爲足以存商,明君臣之義雖有聖者不可易也。商民非以不肯順從爲足以拒周,顧先王之德澤有以使之,而弗克自已也。夫義者,立人之大節,而愛生憚死,人之情也。其不以此而易彼者,誠知所處矣。由商而降,惟東漢之治,惇節義,尚廉退,有商之遺風。故其亡也,義士亦略如之,然亦可以爲流涕也已。若夫王蠋、申包胥之倫,皆非有所激而興,故特行其志,而從之者不衆也。然使夫人氣沮而膽褫,則其功効豈少哉!嗟夫!商遠矣,其名之姓氏不得詳也,故序存之,而傳夷、齊以爲義士首,於東漢之士加詳焉,其他時起者附之,庶乎有聞風而興者,豈徒補觀覽而已哉!

謀臣傳序

昔堯舜之際專尚德化,三代之王以仁政,伯國以謀,戰國以力。

治亂之不同，所從來異矣。由漢迄今，有國家者始兼而用之，然德化之與仁義，皆人主之躬行者也。至于排難解紛，則豈可以不謀，而力烏用哉！此權智之士所以爲可貴也。雖然，權智可貴矣，行之以譎，則士以辨，亦或以否，否必不可繼也。故君子行權於正，用智以理，若庖丁之解牛，是以智不勞而事迎解，功已成而無後患。蓋五常之用，智爲難，仁、義、禮、信，過則近厚；過於智，賊矣。故凡列國之策士，皆行穿窬，而衣人之衣以自齒於編民者也，此不足論；論漢已來智而不賊者，然亦無幾。故身名俱全，惟張子房，他皆不逮已。要以排難解紛，故不得而舉少之。雖然，事固有幸有不幸，遇左、馬之筆，則片謀寸長，聲迹焜灼；史筆中絶，雖奇謀至計，類鬱而弗耀。余甚慨焉，故將章列其行事，以備謀國者之覽。迺取太史遷之所嘗載者，若張、陳之徒，標于卷首；其他刪次論列，惟意之從，合而曰《謀臣傳》。其奇可資以集事，其賊可以戒，不爲無取云耳。

英豪録序

今天子即位之初，虜再犯邊，君憂臣勞，兵民死之，而財用匱焉。距靖康之禍，於是四十載矣。雖其中間嘗息於和，而養安之患滋大，踵而爲之，患猶昔也；起而決之，則又憚乎力之不足。嗟夫！事勢之極，其難處非一日也。蔡謨有言："創業之士，苟非上聖，必由英豪。"今上既聖矣，而英豪之士闕乎未有聞也，余甚惑焉。夫天下有大變，功名之機也，撫其機而不有人以制之，豈大變終已不得平？此非天意也，顧天實生之，而人不知所用耳。彼英豪者，非即人以求用者也，寧不用死耳，而少貶焉不可也。故饑寒迫於身，視天下猶吾事也；見易於庸人，謂强敵可剿也；信口而言，惟意之爲，禮法之不可羈也，死生禍福之不能懼也。一有事焉，君子小人，一見而得其情；是非利害之間，一言而決。理繁劇則庖丁之解牛也，處危疑則匠石之斲鼻也。蓋其才智過人者遠矣。然而旅出旅處，而混於不可知之間，娼之者謂狂,而實狂者又偶似之,將特自標樹,則夫虚張以求賈者又得而誤之矣。此英豪之所以困而不達,而謂無人焉者非也。嗟夫!承平之時,展才無所不用,職也;而困於艱難之際者,獨何與?且上之人亦過矣,獨不可策之以言而試之以事乎!雖商、周之於伊、吕,不廢也;廢之而不務,而憂無人焉者,亦非也。抑余聞之:昔人有以千金求千里馬者,不得,則以五百金買其骨焉,不逾期而千里馬至者三。何則?趨其所好,人之情也。不得於生者,見其骨猶貴之,可謂誠好之矣,生者之思奮,故也。故余備録古之英豪之行事,以當千里馬之骨,誠想其遺風以求之,今未必不有得也,顧其誠好不耳。蓋晋武帝稱"安得諸葛亮者而與之共治",正使九原可作,盍亦思所以用之。凡余所以區區於此録者,夫豈徒哉!夫豈徒哉!

石泉分韵序　　　　吕文燧

洪武元年四月壬戌,余與朱君材可、何君彦誠、族弟國明、族子伯貞、思恭六人者會于石泉之麓。時積雨新霽,天氣淑清,佳花美木,攢夾兩岸,牧人樵豎,行歌往來其間,望之如繪。乃命童子疏泉爲流觴曲水,加石灌奔之上,六人者以次列坐,觴酒置之水,使順流而下。觴之所直,人輒飲之。酒半,余閒語座人曰:"吾今日之會,視晋人蘭亭之事固不可同日語矣。然彼數君子者,或建節統師,或剖符典郡,或插貂入直,皆被青懷紫,食夫人之禄。而是時,朝廷方介居江左,壤地日蹙,胡羯分割中土,故宫委於蓁蒿,衣冠淪没,禮樂文物爲之埽地。不能枕干席甲,攻苦茹淡,戮力王室,以復君父之讎,狥社稷之危,而留連麯糵,貪惜光晷,以風流藴藉,純盜虚名可乎?今我與諸君子,無官守之責,職思之憂,而一觴一詠,自放於林泉之閒,亦人之情也。然則蘭亭之會,視吾今日之樂,若不及矣!雖然,終身之憂,重於一職。輟學之失,甚於曠官。今吾數人者,年益長,志益荒,聰明强識益不及於前時,而名不加立,道不加修,其所憂豈不有大於當時者!奈何襲其故事、蹈其遺弊哉！然則吾與晋人皆失也。"五人者乃皆謝，曰："當相與戒之。"酒竟，以杜少陵"願吹野水添金杯"之句析而爲韵，各賦一詩。章既就，乃書此語，序諸卷首，以相愧厲云。

應氏世德録序　　章　懋

世德者何？示遠也。《傳》曰："德厚者流光，德薄者流卑。"是以貴始，德之本也。夫人之所以艱難辛苦、力行孝義以求無愧於天地者，初非有心以基後福也。而彼蒼者天，自豐其報，譬之水木，源深則流長，本固則末茂，理勢自然，無足怪者。若今永康應氏，不既可徵也哉！應在南宋時有周夫人者，卓然以孝義稱，嘗愈舅氏之疾，而不圖古塚之藏，蓋有丈夫之所不能者。其子少師公，又能以經濟之資、忠貞之望，自小官受知人主，屢更任使，動出上意。觀其念邊防，釋冤獄，匡郡守，拒權臣，矯詔賑飢，築墻服盜，要皆不存形迹，務竭忠貞，以答一時之殊遇。惜乎竟止於斯，而卒不能以底于大用，識者恨之。以至提舉之明正學，侍郎之死王事，均之爲才子弟而足以世其家者也。是何應氏之多賢與？人徒知應氏之大發在於少師，而不知少師之忠貞，實母氏之孝有以啓之也。夫天下之賢德，莫大於孝義，而孝義之能盡者，尤莫難於婦人。大蛇之賜，其與孟宗之筍、王祥之鯉異世而同符者與？至於焚香以祝，而不希冀於非望，則又李氏之母掩築而願徼福於諸孤之心也。是故忠孝本無彼此，天人實相流通。自古求忠臣必於孝子之門，宜乎懷才抱藝者，恒萃聚於其族，而宣力効忠，以馳驅於當世者，往往皆應氏之子孫也。嗚呼！宋有天下三百餘年，中間宰輔不下千數，其譜牒蓋無家不有也，而余平生所見，纔及數家，則其子孫之不肖而失之者多矣。其視少師，官不過部貳，位不在政府，後人迺能痛譜牒之毁于兵，稽史傳，考郡書，捃摭遺文，彙以成帙，而求取正於有道，以期傳播於無窮者，其相去一何遠哉！雖然，祖功宗德，用罄顯揚，仁也；繼志述事，爰圖永久，義也。仁且義，雖孝子慈孫愛其祖考之甚者,何以加此?由是而觀,應氏先後一門,本支綿衍,其德厚而流光者歟!懋爲鄉後進,在告以來,衰病日尋,欲薦芳蘭而不可得,然而高山仰止,素切于衷,而喜其後人之知本始也,於是乎言。嗣孫之賢者曰璋,曩從余游,席珍待聘,爲博士弟子員,將通顯於時有日矣。行看穹碑十尺,大書特書,以樹立乎神道,以揚厲乎先德,以昭示乎嗣人。余,史官也,雖老矣,尚當爲應氏任之。

贈姚虛谷守金華序　　　　程文德

嘉靖庚寅正月皇帝郊祀之明日,慶成大禮,錫宴廷臣,自公卿大夫暨侍從之臣咸與焉。方入門,偶值虛谷姚公、東竹趙子相揖。東竹顧謂:"吾郡缺守,必得如公者,乃諧僉議。"私心躍如,意公亦勿能辭也。既數日,命下,果爾。某歎曰:"幾之先見,有如是哉!"於是同郡之士官京師者,咸以得人爲慶。又數日,相與醵餞於靈濟之宫。公至,則曰:"將濟謀瀕,入境問俗,古之訓也。愛必思助,贈不忘規,友之道也。兹行也,諸君子曷以裨我?"僉避席曰:"何能裨公?《易》稱虛以受人,我虛谷公實有之,敢不敬展所私,以酬來辱?"則有作而言者曰:"民財日屈,朘削滋豐,民力告竭,奔走作慝。率之維何?小大弱强,咸欲有咨,臧否旌别,易眩厥施。平之維何?"公曰:"惟廉惟公,敢不慎諸!"則又有作而言者曰:"誠僞枉直,莫訊其端。大盜若愚,奸法宄度。正之維何?郡比圮水,民用遷止,因之饑饉,賦額靡蠲。卹之維何?"公曰:"維明維仁,敢不懋諸!"則又有作而言者曰:"暴横陸梁,閭里勿寧。胥徒舞文,官方幾毁。讋之維何?"公則曰:"予不佞,安敢縱焉弛度,以廢厥威!"於是在座者咸起而爲賀,知公之必能踐言也。蓋公服膺尊翁慎修公之訓勿怠,自癸未登進士,拜秋官,迨今凡七年。介而辨,徵其廉;守法不撓,徵其公;吏事精核,而寬厚存焉,徵其明且仁;儼然以肅,而人不犯,徵其威。蓋先行其言矣。夫廉以率下,公以平軌,明以正物,仁以卹民,威以讋暴。下率則官勵貞,軌平則人順，物正則不欺，民邮則孚惠，暴讋則君子勸而小人懲。夫君子勸而小人懲，物不欺而民孚惠，官勵貞而人順軌，其何功不樹？於郡何有也？是不足爲公賀，且爲金華得人慶乎？然則幾之先見，非偶然者，而且見於慶成之日，公之大成，固可俟也，郡爲之兆爾。於是衆復起爲公壽。某因書以爲别。

盧新菴文集序　　程正誼

吾儒性命之學，自生人以來，聖帝明王所以植乾綱、垂道統、維世教、作治功，使天理得以常存，人心得以不死，皆此學爲之根柢，如日月三光之在太虛，六合資之以不毁，萬有賴之以生成者也。無此學，則聖王繼天立極，無所爲立極之具、御世之柄。雖有天下，豈能一朝居乎？世謂堯舜開精一之傳，而性命之學始得原委。不知自伏羲御世，畫八卦，造書契，則此學已行於政化之中，特洪濛之世，大道難明，至堯、舜造其精微，始得象得名耳。歷禹、湯、文、武，以至孔、孟，此學大明，如日中天。聖門諸弟子又從而羽翼之，堯、舜心傳至此爲萬古熙明之會，雖楊、墨、老、莊輩邪説竝興，此學不無晦蝕，然孟子辭而闢之，人心廓如，不能爲吾道損矣！自秦、漢之興，迄於五季，上下千餘年，其中學士經生，乘時自奮：或慨詩書之缺，工讎校以佐六經；或感興廢之殊，紀得失以垂勸戒；或因功令之設，誇詞賦以備文章。究其要歸，於吾儒性命之學，均爲無當，然其孜孜强學之意，皆欲羽翼聖真，未有叛吾道而從異端者也。宋興，當治教休明之會，真儒輩出，表章六經，提孔、孟之宗旨而昭揭之，使與日星竝曜，無復晦蝕之災，豈獨學子經生之幸，千百年道脈之幸也。元主中夏，正學衰微，然何、王、金、許四公，皆婺産也，猶然倡理學於八婺之中，其要歸以"真實心地，刻苦工夫"爲主，雖各得其資之所近，然其説不詭於聖賢。我明論學，如文清、文成、甘泉、楓山諸公，雖所入門徑不同，皆得聖功要領，而"良知"二字，尤自心源提出，明切易從。當時豪傑士蒸蒸奮起，正喜我明之學不讓皇宋。奈何今之學者,乃有大謬不然者乎!天台氏言學楚中,謂孔子素王、釋氏空王,合儒、釋而竝尊之。天台之作俑也,李載贄師之,岩言陰騭之事,止以其身爲緇流,害猶未甚。管登之師之,爲轄闔其説,以爲佛、老二宗,異吾夫子之身綱常,同吾夫子之言性道。性道難聞,而於竺經聞所未聞,當與《周易》《詩》《書》竝傳者也。嗟嗟!自古惑世誣民,寧有至此極者哉!今其説浸淫宇内,學士經生往往喜其不經之談,争奔走之;飯僧放生之事,家傳而户習之矣。不佞非才綿力,恨不能息邪説以正人心,不知將何底極,心切憂之。吾友新菴盧君,年相若也,竝有擔當斯道之志,以弘毅相責難。未幾,不佞叨升斗之禄,周遊於齊、梁、楚、蜀間三十年,而歸南畝,復會新菴君於五峰,則君年逾七十矣。樂道安貧,砥節礪行,心業業如少壯時,君其有衛武之風乎!責難於髫稚之年,踐言於黄髮之後,友道其庶幾乎!一日,君持其所作詩文稿凡十數卷,詣余乞數言弁諸首。余披閲之,卒業,歎曰:"吾儒正學,此其爲中流砥柱耶!吾不意狂瀾既倒之後而猶得見此學也。"新菴君志肩斯道,今果不食其言。他日異端息,吾道無恙,非君之力而誰?自今而後,吾黨同志士誦君之功且不衰,詎不佞一人之喜已也。是爲序。

永康二義士序　　胡　橒

我朝立法,綱舉目張,無微弗悉,而于賦税尤嚴。蓋自祖宗混一以來,畫野分州,各因封域之洪纖、土壤之肥瘠,以定征輸之上下,毫髦不容增損于其間者,而况容之相假借乎!久假不歸,終相侵奪,而當路莫之裁也,亂由階矣!浙之嘉、湖,正德間藉口歲凶,分厥賦若干,告貸于吾婺、衢、嚴三郡,移粟就民。三郡不辭,是吾仁也,暫也。而輒派爲常額,不可矣!至吾三郡亦荒,乞歸原貸,而竟不獲償,是猶晋饑而秦輸之粟,秦饑而晋閉之糴也。用是浙東疲敝,民不勝籲天。此吾郡生靈,均之赤子,而乳或攘之,彼何幸,此何乖!牧此五郡如牧牛羊者也，以吾芻牧給彼牛羊笑，彼牛羊之主則逸而我獨勞也。余婺屬邑永康有應崇正者，奮不顧身，自願上其事。厥弟廷彰，挺然任翼之。於是歸謀諸父。父命之曰："汝舉爲公，志大矣。毋以我爲慮而且計費也。"遂力請於郡伯兩山張公，公許之。迭奏數年，家四壁立。後繼張公知府事，則虚谷姚公也。公謂國之有賦，固以爲國，尤以爲民。民病矣，而不以聞，是予之辜。時因入覲，崇正偕行，聽其再奏，命下監司，爲直之。屬有讒人交鬭妒其成而利其敗者，日覬覦焉而媒孽之。應志益堅，不以賄通，不以威挫，克承父命，卒歸所負，而賦賴以均，民叨以息。二郡公惠愛于焉溥矣！夫均賦息民，本我有司之事。今一布衣能代行之，而余司牧者反重席其庇焉。崇正其義士歟！崇正其義士歟！今之貪婪者，以身殉貨；自愛者，以身殉名。若而人者，果爲貨耶？爲名耶？抑無所爲而爲善耶？臧文仲曰："見有禮于其君者，事之如孝子之養父母也；見無禮于其君者，誅之如鷹鸇之逐鳥雀也。"余承乏烏傷，乃于鄰封得此義士，豈惟三郡之民有攸利，更喜江湖俊彦而肯爲廊廟豎勛若此，故書以俟觀風者採焉。

左氏兵法纂序　　王世德

余幼治《尚書》，十七始讀《春秋》，若《左氏傳》，則手録一過，然特取便於舉業耳，於大義則茫如也。通籍後，役役閩、楚間二十載，必備是書於行李中，蓋未敢忘筌蹄意耳。歲甲子，有召募浙兵援黔之役，因嘆安酋吾故屬，其崛强，不能敵一大郡，乃全黔不足以禦。試思國家平日屯養於衛所、廩食於州縣者幾千萬，而盡歸無用。何哉？蓋今天下之病，全在狃於治平無事，祖宗所爲防禦良法，率蕩焉若掃。即以武世官，以武取士，徒供文具，故一旦患生而失措。然余謂小醜竊發，乃天所以眷顧我國家，而與以修政立事之時。此時一失，弗可追冀。左氏不云乎："勇夫重閉，况國乎！"又曰："春蒐，夏苗，秋獮，冬狩，皆於農隙以講事也。三年治兵，入而振旅，歸而飲至，以數軍實。"古者四時講武，猶三年大習，故管氏作内政，寄軍令，而齊桓以霸；子犯蒐被廬，一民聽，而晋文以興。莒恃陋而三都傾，楚易吴而藩籬撤。一展卷間，而善敗燦如，其陣法、軍志，雖乏全篇，而可以錯綜互見。至出奇料敵，挫鋭乘衰，雖後之知兵者，舉莫越其範圍。故古之爲將者，多好《左氏春秋》。杜元凱有《集解》，世稱武庫，卒成平吴之功。范希文以《左氏春秋》授狄青，曰："將不知古今，匹夫勇耳。"青自是折節讀書。其討儂智高也，交趾願出兵助陣，青上奏曰："以一智高，横噪二廣，力不能討，乃假兵交趾。倘彼貪得忘義，因而起亂，何以禦之？"事平，人服其遠略。若公者，真能讀《春秋》者也。余暇因取其有合兵法者，手自録之，凡一百十則，題曰《左氏兵法纂》，將以公之同志，使得有如狄武襄者出，吾知其必有以辦賊而無事求助於外，庶不負經學取士之意，不徒爲取功名之筌蹄也。尚有志取秦、漢以來諸將帥用兵有與左氏合者，以類相收，使有經有緯，尤稱明備。而才愧行秘書，姑以俟之異日。

金華先民傳序　　　　應廷育

金華爲浙東名郡，人物踵生，自昔稱小鄒魯，而於斯爲盛。其傑然者，國史固已有傳，而卷帙浩繁，不便考求。其或鄉評可稽、史所弗録者，歷世漸遠，傳聞日微，亦將聲銷迹泯，竟與石火電光同歸變滅而已，此即尚論者之所憫也。吴禮部緣是輯《敬鄉録》，然僅止宋季，且本因文以著其人，其諸嘉言善行、崇德茂勳，無文可托者，或未之詳。勝國以及創業之初，鄭清逸《賢達傳》彬彬具矣，惜乎偏徇目前，而往事多漏。成化間太守周公所輯郡志，大率襲鄭舊耳，其於銓量之予奪、科條之前後、記載之詳略，觀者均不能無遺憾焉。矧閱今餘七十年，亦未有嗣而輯之者。居閒論古，慨思有述。輒本二公遺編，參以歷朝史傳及諸大家文集，并採名賢家狀、碑誌而附益之，於是因人而詳著其事，因事而核定其人，分爲道學、名儒、名臣、忠義、孝友、政事、文學、武功、隱逸、雜傳十類，臚而列焉，總之曰《先民傳》。其記載之體，一節著稱者，雖數語不爲簡；群行兼備者，雖累牘不爲繁。要以一覽悉其人品大小之實。至於舊存歷銜而事行無徵及事行僅存而無取於觀法者，則皆輟而弗書，以從實録。非敢謬司鑒定人物之權，亦聊以攄景行之私焉耳。尚友君子，或將有取於斯云。

永康縣學教思碑序　　程正誼

宋淳熙間，吾邑龍川陳公及金華東萊吕公、新安紫陽朱公倡明理學於永康。迨宋末元初，則有北山何公、魯齋王公、仁山金公、白雲許公相繼出於金華，而吾婺稱“小鄒魯”，實永康之學倡之也。士生兹邑，固不難於興起，而所以端其表儀、定其趨向、以陶成士者，不在師哉？萬曆癸卯，邑庠教諭缺。主爵謂永康故道學里，學校賢才所自出也，兹邑師表，實難其人。倘非正直方莊、光明淵粹，足以陶鎔士德、矯鎮世風者，未堪此任。乃於海内諸博士中，採輿望所共歸者，得嚴陵翁公，以平原司訓領今職，雖循資，實拔異也。公下車，即進多士於庭，而與之約曰：“國家設師儒之官，以訓迪多士，非止課其藝文，稽其勤惰，爲多士青紫計，而欲與爾多士切磋砥礪以聖賢相責難也。爾邦先哲，遠有東萊、龍川、紫陽，近有北山、仁山、魯齋、白雲，皆爾師也。其所謂窮理致知、反躬實踐者，有無體驗而窺其籓籬；所謂真實心地、刻苦工夫者，有無繹思而得其要領。不佞所責難於多士如此，多士勉旃！”由是定章程，申約束，要在敦行維風。諸士亦蒸蒸奮起趨於正矣！不期年，公聲華播於八婺，婺士民無問知不知，皆曰公非庠博士才也，即百里不足以居公矣。丙午秋，不佞抱疴謝客，外事久不聞。忽道路諠傳曰：“翁先生擢司牧矣。”居無何，又相傳曰：“翁先生擢六館矣。”不佞未見邸報，且信且疑。有同業友盧君應試、葉君之望等詣不佞請曰：“翁師之師華水也，化深淵海，望竝嵩華，恩義洽於士流，吾不忍其去也。今擢報且至，有計可留乎？”余曰：“無之。人臣無以有已,卧轍攀轅皆虚也。”又曰:“吾多士詣中丞臺、御史臺及藩臬諸司請之,可乎?”余曰:“不可。兩臺監司,以天子之心爲心,不敢私華水也。”“然則何如?”余曰:“周人之思召公也,不翦伐其甘棠,棠存而愛存矣。晋人之思羊祜也,爲樹石於峴山,石存而思存矣。君輩森森豪傑,竝爲桃李於公門,其爲棠不既多乎?披拂公之清風,幾更寒暑,又不止一時之蔭已也。公去矣,公之心教,諸君佩服而力行之,以風後學,使其化大行華水之上,彌久彌光。觀之野,則禮樂弦歌;徵之朝,則端人正士。千載後觀風使者採之曰:此翁師之教所遺也。則公之棠陰,永於召公矣!况峴山之碑可樹也,君何患焉!抑公自下車以來,美意芳猷,有難更僕。往年博士君輿馬取給驛中,公以民貧賦逋、官帑不繼,諸期會所需輿馬,募以俸錢,爲編民省費無量,是恩逮編民,而民思之矣。鄉賢祠年久未葺,公諭先賢子孫之在泮者,各捐貲有差,責書記一人爲之鳩工飭材、會計出入,而始終綱紀其事,則以身親之,勞心焦思,不憚煩焉。諸所費浮於所捐,又出其俸金濟之,不責諸生償也。不三月而輪奂更新,神明獲妥,是恩及先賢,而諸賢在天之靈與其子孫皆思之矣。前後邑大夫,重公材品,有所咨詢謨議,罔不攄赤披忠,而公則以禮自閑,守官常惟謹,大夫之用情日篤,而公之事大夫益虔也,則愛深於寅寀,而前後邑大夫皆思之矣。君欲爲公樹石,垂芳聲於不朽,則華溪士民無遠邇有同心焉,匪獨多士教思之無窮也。矧不佞固編民乎?亦鄉賢子孫乎?不佞子弟亦公門桃李乎?衆士民之思公者一,不佞之思公者三。若採華溪之石,共樹峴山之碑,不佞願執鞭以從諸君之後。若曰徵詞以宣令德,則不佞無文,何足以辱君命?惟諸君圖之。”

義田序

鎮遠李文森恕皆

選舉之法,三代尚矣!漢以下,公車徵辟,每歲郡不過數人。列侯、御史大夫、刺史、二千石,身爲勸駕,傳遣詣京師,僅於殿廷一試,其法似疏，而其禮特隆。自科第制興，代有損益。大都命多士挾策以進，至於禮部。公車雖存其名，而實澤之下，逮者鮮焉。國家沿前代之舊，詔郡邑之秀，試之守令，升之提學，復升之於鄉，以迄於禮部。每試必覆。凡閱數十試，而後成進士，於法不可謂不慎。惟一郡一邑之試，人衆動以數千百計，鄉會試恒倍蓰之。舟車行李諸費外，有所謂卷費，所司不能事，吏給例許自備。又或慮其參差也，遂仍備之所司，而令多士出資以贖。於是府史藉以居奇，學官間亦分潤，而士之貧者，雖行如顔、曾，才如揚、馬，有舍是無由進者矣！嗟乎！朝廷待士以禮，至不得已，而令其自備試卷，猶曰庶人傳贄爲臣，以是爲羔雁焉耳。至於府史學官，竟有居奇分潤之事，是誠何心哉！顧其弊接踵卒不可革，賢士大夫目擊而心傷之，遂有蠲置試費者。或貸錢取息，或佃田收租，皆所以救其弊，而義田之法尤善，故其行可久。永康雅堂胡公，少習儒業，年十二，應郡邑試，即列前茅，有神童之目。卒困於芹水，遂援例入太學，而其族人之由科第者衆。嘗有慨焉，晚年蠲己産膏腴田百四十畝，以歲所入租爲歲科兩試生童贖卷費，邑士咸便之。已而其配施夫人暨其哲嗣虞卿文學又推廣其意，先後蠲田四十畝有奇，以備荒歉及鄉會試舟車行李諸費，統謂之胡氏試費義田，已各有記序，並科條若干則刊行矣。經亂毁失，虞卿之兄月樵觀察將重刊之，以貽同志，復以問序於余。憶余少時應童子試獲雋，府史索卷費至數十金，貧不能償，嘗立府史門外，至漏盡人散，而後以數金得之。及登賢書，舟車行李之費以數百計，戚友稱貸幾遍，至今猶有未報，而論者以余每試輒捷，所省已多。則夫久困場屋者，其苦當何如！而公及夫人與哲嗣虞卿所以爲德鄉里之士者，又當何如也！抑凡爲德者，類皆以有餘濟不足，且或先親而後疏，范希文義田事至今稱道弗衰。然而身爲宰相，功止贍族，其量似猶有歉焉者。公，處士也，聞爲其子七人置産，每不過得十六畝，其身後祭田，亦僅得三十畝。又嘗蠲置書院膏火并代貧户納未完錢糧，所費俱不訾，而於卷費事，竟毅然舍己而爲之。其配若嗣復有繼之者,此不當賢於希文乎哉!生膺封誥,没祀鄉賢,宜矣!故亟書之以爲世之積而不能施者勸。同治四年乙丑秋九月。

惠文先生崇祀鄉賢序　涇縣朱宗濤荻舫

古制謚之法,細行受細名,大行受大名。《説文》曰:謚者,謚"行之迹也"。《五經通義》曰:累生時之行而謚之。在昔處士楊厚,鄉人公謚曰文父。蕭穎士卒,門人私謚曰文元先生。豈非德修道高而遺愛之在人者罔或阿所好歟!宗濤生於皖,學於梁,宦於楚中,間一游浙,四詣京師,歷吴、魯、齊、趙諸域,每聞越士稱其鄉先生以惠文謚者,行甚高,蘭芬羶慕,膾炙如一日,然不知所謚者之爲中議公也。及讀胡氏八烈傳,慨然於忠孝一門卓有千古,論者歸其美於中議公,曰:"此義方之訓使然。"則嗟嘆之,嚮往之,然又不知中議公之即惠文先生也,且未聞其祀鄉賢事也。歲丁卯,月樵觀察將梓其贈公入祀鄉賢録,首奏疏,次事實,又次以諸巨公題辭,凡數萬言,命宗濤校字,然後知世所稱惠文先生者,即中議大夫胡雅堂公而生我月樵觀察者也。校未半,喟然嘆曰:中議公之入祀鄉賢,宜哉!天之報施善人,厚矣哉!春秋時,公叔文子謚惠文,其爲惠,饘粥哺餓而已。惠文先生焚積券不下萬金,遭歉歲,憫貧户追呼,代償逋賦,並永肩其濫糧。助同異姓嫁娶喪葬,爲本宗貧族輸田,俾藏主祔廟、生男書名例錢,終都攸費,奚翅煮糜。他若捐金數千兩並宅一區爲培文書院貲,捐膏腴百六十畝論價幾及六千金,爲合邑歲科試卷費事。固並關文教,而其經畫規制,條理井然,與修班制睦四鄰者施國施家事殊義一。昔人謂范文正公作秀才時便有宰相氣象,惜惠文先生僅以鄉里老耳,令假尺寸柄,出其所學,宏遠謨,將文用,黻黼昇平,惠用造福子孫黎民,當更有大於前事者。近代以來,惟爵得謚,惠文先生以韋布援歿而祭社之例,詔立尊祠,視彼勢位富厚烜赫一時而歿世無稱,不數傳並血食斬,其榮辱賢不肖，相去何如耶！明德之後有達人，積善之家有餘慶，故修德獲報，不於其身，必於其子孫。惠文先生之流澤長矣！我觀察承家報國，顯親揚名，必大有澤被蒼生而聲施後世者。惠文先生昭假之靈，當亦默佑而心喜之也。

大别山志序　　胡鳳丹

大别爲漢沔最著之山，一名魯山，一名翼際，俗名龜山。山名屢易，而朔稱反晦。嘗讀《禹貢》，其導水所經，一則曰“内方至於大别”，再則曰“過三澨，至於大别”。大别之名，由來舊矣。自鄭康成引班固《地志》，謂《禹貢》之大别在廬江安豐，遂起後來箋注家之聚訟。杜元凱《春秋解》云：定公四年，吴師伐郢，楚子常濟漢而陳，自少别至於大别。二别近漢之名，無緣乃在安豐也。考禹之至大别，先自内方。《通志》云：内方山，在江夏郡竟陵縣東，今荆門軍長林縣也。安豐在江南今六安州霍山縣。以今輿地論之，則離漢太遠。《水經》亦以大别繫安豐，而酈氏《注》不敢信其説。故唐、宋以來，主杜説者多，主鄭説者寡也。國朝王氏《尚書後案》專主鄭説，辨之甚力。然《禹貢錐指》《禹貢圖説》及《水經注》《釋地》等書皆云：《禹貢》之大别，在漢陽城東北，無可疑議。余客游楚水，九載於兹，公暇渡江，每過大别之下，仰窺則怪石嶙峋，俯矚則江流浩淼，回望武昌，黄鵠對峙，雄踞東西，實爲鄂漢唇齒，故三國南北之際，恒爲必争之地。今則瀟湘、洞庭，萬派安瀾，夔、巫、襄、沔，衆流順軌，朝宗之慶，砥柱攸賴，此大禹治水之功也。既蒙其利，而不正其名，可乎？爰撿家藏群籍，凡有關於是山者，悉采録之，成志十卷。山靈有知，其亦嗤余好事也夫！

北山集序　　胡鳳丹

北山者，鄭忠愍生長之鄉也。公登紹興間進士第，補温州判官，秦檜薦之於朝，爲殿中侍御史，識者非之。然公雖受檜薦，卒弗與比。

當是時，檜主和議，公則抗疏力争，由此忤旨，降秘書少監。求歸田，弗許。繼除川陜宣撫使。適金人求和尚原，檜恐公敗盟，又改爲四川宣撫，則公之不肯依附於檜者，公之氣節爲之也。覘其氣節，可以知其文藝矣。公秉性聰慧，以文章名世，力追古人。其初集十二卷，中集八卷，皆公自定。後集十卷，公子良嗣所編。公有自序，已載諸集中。是編，其里人曹定遠重刻於康熙間，首序者，膠西趙泰甡也。嗚呼！始公之官於朝也，其奏疏條議，直以存亡禍福之幾，上動主聽，未嘗依阿權奸，存纖毫富貴利達念。及制蜀八年，興屯政，救錢弊，肅軍威，諸所設施，其一一形諸歌詠者，皆據事紀實，蜀之人至今猶稱其功。奈何奸宰銜之於内，悍將怨之於外，謡諑媒孽，以至始謫桂陽，再謫濠州，三徙於復，而終卒於封，其困阨爲何如也？然而人雖阨公於生前，而公之灝氣英光，卒賴是編之存而不能磨滅於身後，則當時群小百端以摧抑之者，庸詎知非所以玉成而顯鑠之耶！而或乃齦齦然猶執公受檜薦一節以相訢病，夫豈知公心者哉！公字亨仲，名剛中，金華人。殁後，詔復資政殿大學士，謚忠愍云。

直省釋奠書序　　應寶時

九兩之職曰儒，以道得民，數仞之墻，諸生以時習禮，崇術立教，履中蹈和。學校之制，造因乎三代，詩書之澤涵，育乎群生，所以明人倫、廣教化者，百世不易也。惟聖人集大成之統，金聲而玉振之。惟天子立建中之極，鼓舞而作新之。幽蘭扇發，而馨烈以流；和玉剖瑩，而瑑采斯耀。英材蔚林，善寶華國，有由來矣。洎夫年載既遥，典籍或缺，聞見易歧，儀文多盭，加以潢池盗弄，虵豕流腥，戎馬肆乎城闉，封熂爝乎郊野。經術之氣，蝕於干戈，横舍之地，鞠爲榛莽，遂至俎豆，亦且闕如。今上繼序，景運重光，海波鏡澄，山谷塵靖。蕩穢滌瑕，修文偃武。圜橋璧水，肅觀聽於千萬億人；鎬鼓豐鐘，紹承平於二百餘載。凡夫冠述履絇之士，陶元浴素之徒，罔不蹈德詠仁，雜服操縵，豈惟施緜蕝以修儀，射瓠葉以校禮而已！江南地濱湖海，星分斗牛。炳文學之科，言子遺徽可溯；染丹青之化，鄱陽治行最先。固文物之所興，秀靈之所彙也。同治甲子春，寶時承乏蘇松太兵備，時上海縣學始改建於城西北隅。春秋二仲，人襄祀事，几筵既布，燔燎既升，而簠簋不具，金石渺聞。登降綴兆之度，又率未嫻。寶時恧且憾焉。爰詳稽今制，蒐採舊聞，庀材度工，按圖製器，積有歲時，輒成紀載。既遷江蘇按察使，於庚午十月，乞假餘閒，與常熟宗廷輔、平湖錢炳奎，排比篇帙，繪具圖説，名曰《直省釋奠書》，釐爲六卷。初一，曰祀位尊聖統也；次二，曰制度遵王制也；次三，曰陳設昭肸蠁也；次四，曰儀節肅駿奔也；次五，曰樂譜；次六，曰舞譜，備聲容、象功德也。凡所援引，悉著於篇。自維譾陋，幸值修明，彙俊彦於膠庠，備文物於黌序，雖於黼黻盛治、闡揚聖功，未能希冀萬一，而遠方同志之士，將欲修廢舉墜，或亦有取於是編云爾。共纂輯者，上海蔡松齡、李曾珂、葉和、賈履上、徐恩灝、鄭德鍾、王恩溥、倪學稱也。

重刻龍川文集後序　　　　應寶時

嘗讀葉氏水心序《龍川集》云：子沆聚他作爲四十卷，以授予。今本爲三十卷，蓋以《三國雜事》十卷併入也。余向所見《龍川集》有二：一爲萬曆本，邑人王氏刊於楚；一爲康熙己丑本，族裔刊於永康家祠。仁和朱氏尚有元季重修宋本、明成化中刊小字本、嘉靖中史朝富刊本，而義烏族裔亦有刊本，與永康本同。咸豐庚申歲，粵逆竄擾吴越間，凡故家世族之藏弆書籍、金石者幾無復留遺，吾邑《龍川集》版得存其什七，邑中諸君子廣書於余，屬補刊之。適海虞宗孝廉廷輔見之，謂是刻非善，且簡首載李贄《藏書》一傳尤爲無識，以橅宋本相約。余因是有重雕之役，遍求嘉泰本不獲，宜稼堂郁氏以所藏舊刻本見眎。余熟審其字畫，亦係明人所刻，首尾不載序跋，無自稽其刊刻歲月人氏。後又從朱氏壻溦得元至正刊行本，多附録一卷，亦有目無書。余聞嘉道間吴中張氏、汪氏兩家藏宋、元舊刻爲最富，又多校勘精本,菉竹堂、汲古閣、曝書亭、傳是樓故物尚有存者。今檢《愛日精廬藏書志》《藝芸書舍宋元本書目》均不載陳龍川集,豈所謂舊刻之顯晦自有其時者耶?抑精本之留遺於後世者固已絶少耶?夫刻以校讐爲第一義。校讐精,乃爲不虚覆墨。是以前人經年累歲,旁搜博采,再勘三勘,始成一書,然所據必善本而後丹黄甲乙,如風庭之掃落葉,廓如也。否則,以意爲之,所失彌多。今不獲以宋刻刊播,又僅得元、明本相參校,與其妄有增删,何如姑存其真之爲愈乎?刻既竟,敬識緣起如此,以質世之讀《龍川文集》者。

金華叢書書目提要序　　胡鳳丹

吾郡以金華山得名。山周數百里,崱屴蟠鬱,雄秀之氣,上與婺女争輝。其最勝處,道書稱第三十六洞天者是也。夫地靈所炳,人傑斯興。吾郡人文薈萃,曩有小鄒魯之目。歷考自來著作家,其目録載在郡邑志者不下千餘種。書缺有間,已考我朝《四庫書目·存目》所采録者,自唐逮今,凡一百六十五種。爰仍書目之例,釐爲經、史、子、集八卷,鈔付梓人。烏虖!區區一郡,而撰述者乃如是其富,可不謂極盛歟!雖然,此特其目耳。我浙自咸豐間,疊遭兵燹,先哲遺書,散佚略盡。兹從敝簏中覓得數十種,以次開雕,爲《金華叢書》所托始。至其目僅存而其書未見者,則冀海内藏書家,相與公諸同好,俾得次第鈔刻,以成完書。顧卷帙浩繁,非要以十年之久,未克蕆事,吾願之能償與否,尚在可必不可必之間。然苟聽其沉晦湮塞而不彰,夫豈山川所以鍾毓人文之意哉!且往哲有靈,又安知冥漠之中不相與呵護扶持以有成也!噫!余日望之矣!

永康縣志卷之十五

記

重修法輪院記　　　　胡　則

夫巖谷窮邃，或生龍蛇；雲泉高潔，或居聖賢。廬岳虎溪之間，法音靡墜；天台石梁之外，神應無方。皆所以拯濟衆生，誘掖群品，使知趨向。大千世界，實繁於兹。婺州東陽縣峴峰，勑賜法輪院，即其一也。始建之曰峴峰禪院，其峰峭怪，逾數千仞，其巔砥廣十餘里，佳氣蓊鬱，迭爲形勝，飛泉激越，散作清涼。爰有神僧，環草而處，猛獸循擾，常護左右，居人瞻仰，罔知名號。檀越章鐸，躬訪靈蹤，深加諦信，遂崇法宇，以廣金田。唐乾符三載丙申歲，締建既圓，誠請於上，果以峰名爲額矣。星霜暗易，緇流屢更，梵刹峨峨，千古如一。神宋太平興國八年，本縣傳法僧義修、檀越章從紹，同士庶之心，持邑宰之命，恭召金華山智者寺重禮上人主領之。上人，餘杭人也，潔白僧行，通明佛果。學者參尋，若闇投燭；檀信親附，如渴就飲。於是堂集毳侶，廚豐天供。上人以悲心導群心，以智力勸衆力，與門弟子重建法堂，尊三寶也；次崇廚、庫，濟二時也；高大其門，專啓閉也；嚴浄其室，備澡浣也。至道元年乙未歲始就。復有本邑信士胡細、厲號，俱捐巨賂，同誓浄緣，營立釋迦尊殿一間兩厦。咸平五年壬寅歲告畢。輪奐相宜，金碧交映，憧憧來往，目不暫捨。而又唄梵時作，香華間設。我慢者生精進心，調伏者證菩提果。得非神僧肇開於前，上人嗣興於後，聖賢俱止，靈效昭然！大中祥符元年，詔改峴峰禪院爲法輪院。

善矣哉！郡邑改觀，道俗增信，植福之地，垂於無窮者也。則以永樂縣君哀制，居苫凷間。靈泉院繼初上人，鄉關碩德，布素舊友，三訪倚廬，請述記誠，且云重禮上人集本院僧誦《大乘金剛般若經》五千四十八卷，爲永樂縣君之冥薦，而啓予述作之誠心。荼苦之際，嘉彼精意，禫除之日，愧此鄙辭，聊紀堅珉，用貽來者。

驚秋塘記　　　　樓　炤

余嘗典樞務，入揆庶政，出綜戎行。今上駐蹕臨安，登吴山，覽西湖，輒動北顧之思：二聖未還，境土未復，昔人中流擊楫，聞雞起舞，豈漫然哉！蓋以國步多艱，四郊多壘，志士所以觸物而感激於中而不可遏也。余適在衰絰，哀痛之際，益深懷國之憂。偶自南府，往觀故居，見池水清漣，天光雲影，某童子時所釣遊處也。正金風蕭瑟，梧葉飄颻，遊魚出没，芰荷菱芷，殊香異馥。四顧雲山，萬木蒼蒼，胥商意也。物遭之而色變，木遇之而葉脱。徘徊斯塘之上，而惕然若有所驚，因名曰“驚秋”。何也？四時之行，百物之生，時至於秋，凡物之生長於是乎收焉。觸目激中，寧無故宫禾黍之思乎？二聖之在朔漠，寧無宴饗北面之情乎？王業偏安，寧無拓清圖大之志乎？夫尺土皆王土也，開府南郊，君之賜也，故居之適，亦君之遺也，余有焉，余自安焉，君之故都何在也？臨斯塘，睹斯景，戚焉而驚動於心，擊楫起舞，誠有異代而同情者。余願因秋風之驚，凡荷戈執戟者同此心焉，百揆庶司同此心焉，文吏思死其職，武吏思死其兵，追奔逐北，蕩平中原，以雪祖宗數百年之恥，而大我輿圖，則今日驚秋之塘亦激發忠憤之一機，其有關於社稷爲不少也，因記之。

赫靈祠記　　　　胡廷直

廷直四世從祖尚書兵部侍郎保定公，於婺州爲鄉里，其生也，利有以惠之；其没也，功有以庇之。婺之人廟公於方巖，歲時奉祭甚謹，鄰境别祠又甚多，而秩文未克耀。紹興三十有一年，廷直爲建安縣丞，有請於上。朝廷可之，賜廟額曰“赫靈”。明年二月，命下，廷直跪拜伏讀，至於感泣。聚族敬睹，咸曰：“此盛事也。曷不書？”又明年，隆興元祀秋，廷直自州丹陽東歸婺，以拜公之廟，謹齋祓稽首而記之曰：生當侯封，死當廟食，大丈夫生平之志也。能禦大灾祀之，能捍大患祀之，朝廷報神之典也。論撰其先祖之美而著之，後世子孫明其善之義也。先保定公由儒業登顯仕，入典藩郡，爲良二千石；七按錢穀，爲能刺史；出入禁闥，爲名從臣。開國建功，生有榮焉。始公被天子知遇，申命進秩，乃奏免衢、婺民身丁錢，到於今受其賜。自今之薨，謀報無從，即弦誦之所，廟而食之，殁有靈焉。公於平生之志，可謂盡矣。宣和中，盜起清溪，保險方巖，弄兵逾月，王師不能下。首惡夜夢神人飲馬於巖之池，是池盜實怙之以濟朝夕，平明往視，已涸矣。其徒駭亂。大兵一臨，即日蕩平。由是邦人事公有加於他日。若水、若旱，若疫、若癘，有求無不應，有禱無不答，迹實表表，滿人耳目。“赫靈”之賜，於義爲大。公蒙報祀之典，可謂至矣！先是賊平，廉訪使王導以聞，封佑順侯。倉卒不審，止用方巖神奏，而逸其名氏。衢、婺之人，凡厥祀事，板祝旗幟，皆實公爲佑順侯，從舊也。繼而闔邑之士狀於有司。廷直於公爲孫也，詎宜緘嘿，於是詳述始末，力請正名。自天發號，緊公之神，載祈載享。顧廷直才不卲，不敢自任論撰，亦庶幾由此以見拳拳明其善之萬一也。嗚呼！公始官，能以文章知孫丁於許田；既出守，能以功名知范文正公於宛丘，其識度必有大過人者。蘇東坡頌韓昌黎，謂其“在天爲星辰，在地爲河嶽”，明而爲人，幽而爲鬼神，蓋天下之士高明瑰傑理所必有也，廷直於公亦云。

重建紫霄觀記　　　　陳　亮

道家有所謂洞天福地者，其説不知所從起，往往所在而有。然余觀世人之奔馳於耳目口腹之欲，而顛倒於是非得喪、利害榮辱之塗，大之爲天下,淺至於錙銖,率若蟻鬭於穴中,生死而不自覺,宜其必有超世而絶去者,當於何所居之?則洞天福地亦理之所宜有。大較清邃窈深,與人異趣,非可驟至而卒究,故君子常置而弗論。余居之南凡二十五里,而得洞靈源福地焉。川埜平衍,居民錯雜,又近在驛道之旁,非有所謂窈深不可尋究者。中有觀,曰紫霄,茂林修竹,大抵皆道士手植以自蔽,亦非其地本然也。考其圖志,皆缺裂不全,其説以爲梁氏望此山有王氣,掘其地,蓋雙鶴騰飛而去。山川深長袤遠,猶懼其氣之不足王,是區區者亦足以勞有國者之思慮乎?又言其傍有僊人煉丹之所,大同間始爲觀依焉。而錢氏有國時,嘗崇奉而修起之。水部員外郎陳矩記其事,曰清泰三年者,後唐廢帝之年號也。五代之際,天下分裂,錢氏據兩浙自王,然猶倚中國以爲重。當是時,貨財干戈,一日不自整齊,則四鄰争得,窺伺其國。兩浙本非寬廣閒暇,而道家方修土木之工於其間,晏然無異於平時,豈真有所謂靈異足以動人耶?何其地之不稱也!本朝混一區宇,是觀因以不廢,而焚毁於宣和庚子微細之盜。盜平,無尺椽片瓦可爲庇依,道士結茅以居,相與敞三門於其前,使人有所觀仰,而三清未有殿也。知觀事劉居靖自初得度時,以殿之役爲最大而經始焉。其後乃建堂説法,爲殿以崇奉聖祖,翼以兩廡,而齋堂、庫宇、鐘臺、藏室、庖湢之所,及若道家所宜有者,無不略備。殿之西偏,則爲明窗浄几以自啓處,道經儒者更閲不休,而文墨琴棊皆所不廢。客至,蕭然終日,忘其爲驛道居民之爲可厭也。方山川未通,居民未多,林木陰翳,禽獸麋鹿出没於其間之時,其静深當不止今日。而超世絶去者,豈必其不樂此,所謂洞靈源者其幾耶!地之變遷,觀之興廢,與其人之勤勞相望,居靖願得文以紀,而余不足賴也。

浚井記　　應孟明

予訪峽山之明日,齋臧以無水告,曰:“此地難得水也。”取之東家之井，東家之井勿能以旁及；取之西家之井，西家之井道迂而且長。凡涉數門，奔一里許，而後得水至。吁，其憊哉！且盥瀹烹餁，今玆固不乏也，不知火雲燒空，汗流息喘，挽天河而濯之猶恐不逮，升斗之潤，何能快此亡聊耶！予於是焦然以無水憂。睡三夕，山空月生，萬籟不作，有泠泠而徹枕間者，如擊盤之珠，如滴槽之酒，如瑟瑟而弦斷續，如珊珊而佩瓚瑶。豈山能相予哉！推枕起坐，伺曉以叩諸友。諸友曰："是山之址，是窗之隅，有泉脚焉。汙廢而弗治，不以水見知於人也。"予因董前日告勞之僕，揮鍤運石，浚爲泓井。其深五尺，方廣稱之。清湛泠然，呼吸以足，一塵不到，鏗乎太虚。諸友相與聚觀，且嘆之曰："盥瀹足於是，烹餁足於是，三伏澡雪之須又將足於是。"人以爲隘，我視之南溟也；人以爲淺，我視之九淵也。孑孑之僕，庶其少息肩乎！吾嘗聞貳師拔刀扣山，飛泉湧出。天畀吾數公盍簪於此，豈特芳潤漱九經、淵源浚師友而已？兵洗潢池，浪空鯨海，他日志也，肯無水以濁吾心、垢吾體乎？斯井之成，天也，非人也。諸友欲走筆誌諸壁，予曰："諾。"

贍學田記　　應　材

人之在官，有一善可書，則其不可書者未必皆善。終一政，無可書之善，然後知一政無非善，書之則不勝也。孫公伯虎來尉我邑，士民之大惠，無日無之。添置學糧，亦吾儒所當爲者，宜不書之，以隱蔽孫公爲善之大概。然學糧無碑，不可傳久。異日有萌攘取之心，何所據依？主教導姚公龍興甲申來視勾稽纂，屬意於學，戮力克終。其事不可没，其實即不可無書。學者葉儔以二公添置者，乞文立石。材謹俾其具元所有學田并刊之，爲永康縣庠不刊之定額，非敢輕記孫公之善也。

永康縣學記　　宋吴　邃

寶祐四年春，方君來攝永康邑事，載見於學，顧齋廡仰漏俯濕，拜弗容膝,蹵然曰:"政有先是者耶?"吏環聽而駭:"帑廩四壁立,甫急急之符旁午,若此何!"君子舉願以禄入,朝經暮營,若償重負。縉紳學士,弗勸而集,斧斤争先之,不動有司。閲月月告厥成,乃更繪從祀群賢之像于屋壁,又祀邑之先正襄靖樓公炤、正惠林公大中、文毅陳公亮,以致高山景行之仰。揖諸生而策之曰:"古麗山秀水腴,斯文之符也。自胡公則開科於端拱,徐公無黨冠南省於皇祐,先後以行顯,文風日起。逮於南渡,有迭位樞筦爲國柱石者;有持崇槖登臺省歷郡麾表表以名節炤世者;有首唱廷陛抗中原大義爲社稷吐氣者。其他魁偉傑出,磊磊相望,固不止三賢而已,蓋天子所嘗褒謚以風勵方來者也。當乾道、淳熙間,巨儒元夫,或自武彝、自金華、自臨川、自永嘉,來遊於靈沼蕭寺之下,糲食蔬酒,累晷浹夕,相與講明聖賢之深緒。一草一木,經其盼矚者,猶有光彩。聲迹寖遠,風旨尚存,得無漱餘芳、叩逸響者乎?"咸拱手曰:"敢弗力!"於是諸生轉相語,重請於予,願有述也。予乃言曰:邑大夫游刃動中窾節,日劊千牛,無難也,然蘧廬其身而棟宇厥士,可不謂知所先後乎哉!繼自今吾黨入肄於學,弗孝弟謹信是務,出仕於時,弗修潔忠直是邵,其何顔見邑大夫耶!邃嘗竊聞之先生長者,爲學之要不過明辨義利而已,辨義利者莫要於一念之初。孟子指雞鳴而起爲學者一大期會,截然分舜蹠善利之間二者何?一念將分之際也。雞鳴之先,萬慮俱寂,一念纔分於毫芒,善惡已判於天壤。吁!可畏哉!唤醒群迷之路,端無切於此矣。《書》謂之幾,《中庸》謂之獨,孟子謂之間,周子謂之動静未形,一也。有能存夫静以涵動之所察,察夫動以見静之所存,一念微差,勇鋤勾蔓,去其不如舜者就其如舜者,庶乎誦詩讀書,光紹前哲,目溪山而有耀,對邑大夫而無慚色。願吾黨共進焉!方君名夢玉,永嘉人,以《春秋》擢第,當路方交薦。其助斯役者,趙侯必蘧、林侯子應、松陽丞樓泳、定遠宰吕撫、制僉方焯、運幹方庫、嵊丞方羡、國學士陳雷奮、正奏名趙由鎮、國子進士趙與韡,而吴邃亦與末云。《府志》。

宋建宣聖殿記　　周虎臣

詔復鄉舉里選之法，十有三年矣。黨庠術序，應時營繕，無有遠近，咸務極宏麗，以侈上之賜，獨永康循襲卑陋，逮今弗革。虎臣列職之明日，祇故事奉奠告於學，視其廟貌弗嚴，規制狹冗，因惕然不敢寧於心，大懼不足以本一邑之風化。越明年春，有事于上丁，牲幣既陳，樽俎不得成列，登降執事，周旋不能。退而嘆曰："此豈有司奉承詔旨哉！"乃度地慮庸，力請于提舉學事司，乞錢四十五萬。既得請，即敷告于邑之士民。不待訪山擇木，而巨楹傑棟，文梁勁桷，水運陸馳，合沓四集。於是範金凝土，攻木礱石，涂塈設色之工，争出其巧。逾月而殿成，結桴增棼，重拱疊楹，煒煒翼翼，視之使人不戒而有肅心。又裒材力之餘，以新外廡，以作重門，階序牖闥，弈弈完密。庖湢器用，纖悉畢具。乃諏吉日，以十月戊辰，奉安宣聖神位，而以配享從祀次焉。越三日辛未，虎臣率諸生齋戒奉籩豆如上丁之禮，諸生咸唯唯懌於心、見於色，且曰不可無志。宋政和四年縣令兼教諭周虎臣撰。

敕書樓記　　洪清臣

藝祖皇帝制詔：郡邑建樓，以藏敕書。惟時守令奉以周旋，罔敢失墜。永康婺支邑，建樓崇奉敕書，厥惟舊矣。宣和間，睦寇竊發，猖狂入境。官舍民居，蕩爲煨燼。民力日益窘，官吏或牽制不敢爲，或倥偬不暇作，迄二十餘年，未曾復古。紹興辛酉秋，毘陵强公友諒來領是邑，顧其門户迫褊頽圮，而藏敕書于廳事，大懼無以稱國家垂訓之意，乃相舊址，增卑而崇，拓隘而廣，鳩工度材，經始于季冬之己巳，落成于明年孟春之庚子。役方閲月，而土木之工，丹雘之飾，恍然一變。危梯層檐，翬飛壯麗，前此未有也。清臣備員二令，不欲使無傳，書之以告來者。

佑聖觀捐施題名記　　胡長孺

佑聖觀以祀帝玄武，名祠之盛，始建逮兹今，一百四十一年如一日。跨浙水東西,盡江漢南,無與是雁行。歲元旦日至上巳時節朔望,虎林士女,大集庭下,勢若禹峽春流,胥濤秋壯,蹙赴岸滅,前擁後推,轡騎巷休,輿轎道息,武無可布,視不得留。集者亦咸嚴戒潔齋,澡絛洗沐,專壹志慮,肅齊形容,喜怒不行,哀樂不入,好惡不作,驕吝不生,靈府明净,渟湛静瑩,俯仰鞠跽,瞻望像儀。香氛燭光,呈露隱見;雲冠霞佩,芝蓋華旛。御氣乘風,輝映飆舉;聆音觀影,忽儵後先。其或孝隆尊親,慈覃幼稚;義鍾伉儷,愛厚弟昆;益友善鄰,嘉姻懿戚:禱言甫發,響答旋臻;疾痛遂瘳,菑害隨弭,訟争銷息,吉慶大來。敬極信深,忘吾有己。何況金帛聚散無常,傾廪倒囊,非所悋惜,受福食德,絶意覬覦。體異而同,磁石傳針;類鳴必應,銅山感鐘。環循無端,報施之道。牢辭固拒,所不能回。儻非絶席祠官,祝釐共二,紛華永謝,嗜欲弗萌,淡乎平虚,己私净盡,如鏡懸室,不受垢塵,去來經行,無不呈露,顧安能致其如此哉！祠之建也,施貲者有差;歲三月三日齋醮費,施田者亦有差;度道生爲道士,又有施田。提點住持孫君益謙、提點觀事吴君存真,懼歲序之易遷,致捐施之無紀,將取氏名爵里與貲田、材石數,鐫堅珉,與觀祠同爲長久。二君俱來請記,故爲具道如此云。延祐三年九月戊申記。

卧雲樓記　　　　陳　樵

雲,山川之氣間物也。雖勇如賁育,知如樗里、弘羊,富貴如金、張、許、史,不可得而奪者。山林之士,欲寢而卧之,不亦異乎！自古迄今,卧者非一,皆莫得其真。至吾希夷子一卧乎華山之上,與群仙浮游天地外,可謂得其真矣。余亦慕之,卧西崑峰一十年,闇谷澗二十年,少白山諸洞穴中又二十年。或者以爲得其真矣,猶未也。今年八十有八,心若死灰,形若槁木,忽不知其雲之爲人、人之爲雲,顧視林下,寥然無一人能繼者。乙巳春,吕審言來曰:“華溪陳生世恭,結樓於其上,以‘卧雲’榜其楹題,請記之。”余聞之,如空谷足音,跫然而喜曰:“何知之晚也！非斯人之徒與而誰與,况吾同姓者乎！無其具可也,况有其具乎？雲不孤矣！雖然,智勇不能奪,欲將其具而奪之乎？苟欲奪之,誰與争之？惟世之人莫與争,余亦莫得而争之。非余莫與之争,吾希夷子亦莫得而争之矣！吁！使有可争,知、勇者奪之,又奚待山林之士哉！使知、勇者可奪,則山林之士棄而不取,夫何言焉！非亘古今人所不争奪,吾徒惡得而取之？是所謂山林之士之所爲也,可爲異也矣。生欲取人之所棄,必將棄人之所争奪者,斯得其真也。若夫人之所争奪者,長物皆是。有長物,雲不留矣！使有索長物於吾山中,俱無有焉。審言曷以斯言告之。”

仁政橋記　　李棠

永康縣東南三十步,有水匯而爲淵,涵浸汪濊,名曰華溪。溪當處、婺之交,行旅輻輳,舊以木爲橋,隨廢。勝國至元間,改石橋,覆之以屋,揭名“仁政”。國朝洪武中,屋燬于火,知縣張聰新之。永樂戊戌,樗菴葉先生講《易》于華溪之上,予摳衣侍席者期年。講誦之隙,與二三同志散步于溪之南,睹長橋垂虹,萬室鱗次,環溪之傍,列肆張市,珍貨山積,黄童白叟,歌舞戲遊。予以承平之久,民被休息,故樂業豐裕如此。堪輿家云:仁政橋跨長流,通四遠,爲邑吭喉。邑之盛衰,于橋之興廢卜之。予既成進士去,官轍東西殆數十年,景泰乙亥春,歸自南嶺,由瀫水舍舟即路,薄暮宿芠道,晨望華溪,見滄波浩渺,空闊無際,昔之橋若從而去者,諦視之,則傾覆盡矣。遂刺船而渡,顧市肆,鞠爲瓦礫。訪故老,僅一二在,皆欷歔而言曰:橋壞于水,市井焚蕩于寇,民奔迸未復,故四望寥落如此。予爲之默然,低徊不能去。豈堪輿家之言果有可徵,抑盛衰相尋理勢然耶？其年秋,浙江按察僉事馮公誠,行部過之,視橋之廢,惻然興嗟。遂以贖刑之金,庀材命工。悉將就緒,而馮弭節他郡,厥功未究。明年春,安成劉君珂以進士來宰是邑,治民事神,動必思古。屬橋未就,乃毅然曰:“此有司責也。賢使者作之于前,我可不成之于後哉!”遂殫力竭思,窮日夜經營之,不數月而橋成。其長若干,廣若干,石以方計若干,工以日計若干,屋凡若干楹。完美壯固,有加于舊。費出自公,不取于下。衆德之,請記其事。嗚呼!有位者心乎愛人而無其政,是爲徒善。故乘輿濟人,君子譏之。今橋之費,不啻數百金;而民不知。其濟人也博,其垂後也遠。一念之發,利澤無窮。“仁政”名橋,豈虚語哉!予嘗以巡撫爲職,每思安民之術無他,在賢守令而已。今永康得劉君,興廢舉墜,幾復承平之舊。他日予重過仁政橋,見溪山改觀,民物阜繁,既以信夫堪輿家之言,而又得賢宰爲邑民慶也!善始而善終,君其勉之!景泰七年歲在丙子冬十一月望吉。

譙樓記　　張元正

邑有麗譙樓,古也。永康,古麗州之域,當婺、括孔道,行旅喧闐,使傳絡繹。公私寄舍者,伺漏鼓晨興趍道,憧憧逐逐無虚日。則永康麗譙,誠非偏州下邑比矣。正統己巳,括寇煽亂,長驅入境,民居焚剽十六七,麗譙亦相隨燼焉。前政扼于勢力,飭堂舍視事,具大較而已,卒未有能宏舉以焕其備也。成化己丑,山陽高侯鑑奉命來令,疏通愷悌,求民利弊建除之。甫再期,政通人和,乃進父老于庭而告曰:“麗譙實司晨昏,警荒惰,以崇一邑瞻望。俾今不圖改觀,則蕪莽瓦礫,擾擾黄埃。若等雖恝然,典守亦寧免過!”衆曰:“諾!”于是侯請于郡守李公嗣,捐俸爲倡。貳守雷公霖、節推郝公榮協贊之,邑之富民義士輸貲獻材。經始于成化辛卯之春月,四易弦晦,告成。翼日,侯率僚寀父老登焉。父老咸羅拜致慶。縣貳甌寧劉肇、簿樂亭李傑、幕蓬萊紀能,咸預有力,迺屬邑訓分宜歐陽汶、建安田麟,走書幣豫章,請記于余。永康俗故謹厚,山顔水腹,士民樂業。自經寇變,民始困乏。于此而興作焉,非特不能爲,亦不可爲也。比年來,沐朝家清明之澤,省刑簿斂,田野宴然,侯尤能正其本,倡教化以導之,故民不戒而集,有不爲,爲之孰禦其成哉!天下之事難成于不易爲,而恒怠于不能爲。若侯誠可謂之能爲而善用民矣!昔有以更鼓分明覘爲政者,侯之政,殆將恢宏遠到,此特其權輿爾。因侯之善,余故喜而志。

重建縣治廳堂記 洪垣

永康,巖邑也。凡令是者,率以嫌疑自避,懦懦然重足不敢有所爲。養濟者,羈縶者,居而肄者,儲備而賑者,善惡之明旌,監司之彌節,與吾一邑之官長僚友所以莅而聽政者,各無其所。予初至,乃考厥治,作而嘆曰:"縣事,猶家事也。家之弗飭,爲厥長者已之乎!"維時乃院養濟,乃葺犴獄,乃修學校,乃祠啓聖,乃造預備倉于興聖寺西,教養舉、善惡昭矣,乃悉檢其故址,立申明亭,建布政司。惟縣堂朽腐浥爛,不忍勞民也,乃支以兩木,權坐理于堂廡間,將待倉庫之餘而後舉焉。居閲月,義民趙廷懷輩各自輸所宜有,或以其楹,或以其棟,或以其榱桷,與其灰石瓦磚若干,輦致堂下。予三止之,不可,乃遂成其志。始于甲午年七月,訖于是年十一月,凡五月而完。計其費凡五百一十金。高廠宏壯加于前。是舉也,當時巡按有聞而固止之者,其意以永康舊俗重儉嗇、好强戾,苟一聽其所爲,恐彼得以一日之力要求于令,而令不敢復裁抑,以爲不便。其爲令謀則善矣,實亦有未盡然者。或曰是廳某初造于某年,其財力全出于官,某繼造于某年,其財力復出于民某而督之以官,故民猶以爲官事,弗究其力,工雖速成,壞亦不久。不若即令廷懷輩自成其志,彼將顧身後之義,不爲苟免杜塞計。其爲利一也。或曰:官民之財一也,官不足,不能不取于民。與其取于民,不若從諸富民爲之,事省而衆不擾。其爲利二也。或曰:化民者每因其所向而利導焉。應氏所尚,義也。縣學以創,而應氏子姓至今多良善者。今斯民之倡爲義也,安知其不因而不敢爲不善乎!其爲利三也。或曰:古者君民一體,上下一心,故有興作力役之事,任之農隙,而民不以爲厲。爲之君者,亦直任其力之所供,不以爲勞,而義之名亡。夫自井田學校貢賦之法廢,民心日不如古,故在上者常疑其民之挾詐,在下者每疑其上之貪暴。甚至有倡義于官者,則又疑其以義行詐,始弗之信。是以上下卒于相疑,如頭目與手足不相聯絡。欲教化之入人心,以復三代之治,難矣。今夫諸民者,獨非三代之民乎!乃執疑而固遠之,則已過矣!覺山洪子聞之嘆曰:是吾志也。夫一體之道微而後義彰,尚義之意息而後科索起,科索之毒起而後猜疑生,猜疑之念生,生民之道其不至于滅絶也幾希。故使民科索不如使之以義,使之以義又不如使之與吾爲體。與吾爲體,是吾志也。是吾志而未能如斯堂之有成也,吾其安焉!吾嘗清税糧、興水利以養民矣,猶有不能舉煙火者十常二三,是民之得其養猶未如吾也。嘗立石巖精舍與石門應子倡斯學以教民矣,猶有溺于舉業之習而未能自信者常若安焉,是民之得其教猶未如吾也。嘗立十家牌約以變民俗矣,而健訟好鬬至有殺身破家而不知反者,是民俗之化猶未如吾也。常定淹没子女之戒以生民矣,猶有婚嫁之慮十不舉一焉,是民之能生生猶未如吾也。亦嘗嚴火葬之禁以厚民矣,猶有陰陽之忌十不能葬其一焉,是民之送死者猶未如吾也。吾不能充一體之心以體斯民,使斯民雖有一體之義,又不能體吾之志,達之于其親族鄉里也,居斯堂也,吾其安焉?雖然,吾限以召還去斯民之速也,斯民之于吾真三代之民之心也。去縣二年,以命按治淮陽,掌教事。可韋李子欲謁記于南山戚子賢而未果。又二年,梅坡甘子翔鵬政績用成,備述斯民之意,求記于余。余直以當創造之義告于來者,且以見余之未嘗一日安于斯堂也。時同義預茲事者二十人,而往來督役者某也。嘉靖十八年仲冬月。

李溪橋記　　洪　垣

李溪渡,東浙要津也。當衆壑衡流,其地墳沙。舊有橋,不久爲洪波横擊以去。嘉靖癸巳,予承乏永康。耆民章德昭三走予,論茲渡利害甚悉。遂告諸府大夫，竟以剽悍難知，未得其方，而土人以爲此渡終不可復梁矣。越七年庚子，予自嶺南外補永嘉郡，束裝晨涉，見德昭之子章根致、四明上人德顯，相與經始其事，若指諸塗，不以困意。予頗訝之。上人曰："無吾異也，吾法則異耳。舊法立垛者以九，黎其石，或衡而乘之，其亘逾丈。其首之經，則僅減亘之半。迎水而與之争，故不利于水而爲水所勝。若吾之爲法也則不然。視舊垛之疏數，而殺其三，條其石相比以屬，鋭其首，縱而應之，復深浚以浚其止，其浚一丈，其亘八尺。其首之經，則減亘而漸收之，以致于秒。故其合也如錐，其戢也如謝風之鵰，其洞門之相鬭爲分水也，則如九河之道，各安其故，無所于忤，是自避以避于水也，故水與石不相奪，而吾得以自存。夫何異焉?"予曰："汝何以知之?"曰："以吾師之學而知之。吾師之言曰：毋炫爾華，毋燿爾精。炫其華則奪神，燿其精則奪形。不炫不燿，順而與之，以歸于無有，是謂至人。吾因其言，推之兹橋也，是以知之。豈惟有生之道爲然哉? 雖我公之治温也，亦莫不然。遂其生，不以我生。復其性，不以我性。糾者理之，梗者達之。公好公惡以委和其情，則民自歸于正。若曰我能立某事，興某圳，善惡由己，自以爲烈，吾日見民之壅腫，而彼不知其甚也，則潰亂四出，欲其無所奪焉不可得也。故曰爲政之道，推之兹橋也亦然也。"予曰："然。"上人蓋學釋而慕老氏，且知竊附吾儒，故其論如此。既二年，予以科場事出華溪，而兹橋亦成，屹屹然且試以三春之水矣。乃嘆曰：天下之性，以利爲本。學道者觀此，其所得也多矣! 庠生章子樹詣予，遂爲之記其説。是役也，所費千金。括郡脈泉李公、永康尹敬齋陳公、寒泉龔公實督成之。若夫盗息民安，刑平俗厚，使一方士庶各樂捐其所資以成斯舉者，則兵憲沖庵歐陽公舉之德。

覈田記　　吴　寬

永康縣令王君爲縣三年，廉慎有爲，賦平訟息，縣大稱治。君謂吾所爲至此者,其勞亦甚矣!蓋縣爲里百二十有奇,田數出糧賦爲石萬八千有奇,皆立之長,以司其事。國初至于今日,每十歲一造版籍,司其事者更易數輩。其人良則已,否則轉相爲弊,蓋以田可隱也,則有詭寄之術;糧不可除也,則有灑派之方。豪家鉅室有收穫之利而無征斂之苦,其害悉歸之小民。于是其賦既無所出,往往毀屋廬、鬻男女償之。弱者忍不敢發,稍强而自立者始訴于官,而訟由是起。其事不獨永康,而永康爲甚。君既數爲清治之,嘗曰:今争者雖小息,然彼豪且鉅者終賄其長,能保其不更起而訟乎!且弱者獨不能訟,又何忍其終無伸乎!吾將躬視之以究其弊。則移于上以示其事之不敢專,復誓于神以示其事之不敢慢。至其里,則召其長,若書役輩操版籍、緣丘壟從事,悉按圖式,求其主名。有争辨者,輒復驗之,無不貼服。歷半年而事畢。疆界既分,罔敢逾越,諸弊皆去,而賦始平,而訟始息。人以君公且明,亦無敢怨者。而小民則相與感之,欲生祠君。君不欲,乃止。會縣學生應綱貢于京師,乃請文以述君政績。予曰:"君之賢,予固知之。然小民感而祝之則已,何事于文哉!文之,恐非君所欲也。"應君曰:"民欲之,奚暇爲君計邪!"乃書以遺之。君名秩,字循伯,蘇州崑山人。成化丁未進士。其美政甚多,巡按御史嘗奏請旌異,朝廷行將召之矣。

司諭徐君教思碑記　　程文德

嘉靖丙辰冬十二月,永康儒學教諭徐履素先生秩將滿,遷湖廣榮府教授。先生自揆衰病,致事而歸。諸生悦服先生素教,一旦聞别,皆齎咨涕洟,謀所以留先生而不得,咸皇皇然。通邑人士,民無少長,亦皆嘆惜。既行,諸生思不釋,則謀建亭礱石,圖所以志其思者。維時某初里居,因見屬。而予兄文思、弟文謨、文訓皆承履素愛好,故不得辭。竊嘗怪今天下牧民之吏,其去也,往往有去思遺愛之創,播人耳目,而學校之敷教者,寂然無聞焉。豈善教不如善政之多耶?既而思之，無亦勢利殷而道義薄，不免於世情耶？若履素先生之教吾邑，則諸生之思先生也固宜然哉！先生忠信篤厚，剛方正直，表裏無間，始終如一。初任遂昌司訓，嘉靖庚戌，擢掌吾邑教，於今七年。始至，修祭器，煥然一新。當祭期，夙夜綜理，務竭明禋。凡應事，敦大體，明義利，秋毫無苟。人或少干以私，則嚴詞以拒之。教諸生，先德行而後文藝。不率教者，恒婉言以導之，猶不率，斯扑之，一皆欣然感悟。又教諸生習射禮，歌周雅，肅肅雍雍，恍然鄒魯遺風。昔人謂經師易得，人師難求。先生確乎君子，真人師也！其於諸生，蓋恩義兼盡云。孟子曰："以德服人者，中心悦而誠服也，如七十子之服孔子也。"《易·臨》之象曰："君子以教思無窮。"於戲！先生以德服人，諸生之思先生也，容有窮哉！僉曰："然。"遂書之以復諸友。先生諱鑑，字明中，福建泉州府惠安人。

重建社學記　　徐顯臣

牧父挺菴吴侯，由進士高令奉廷命更賢康邑，以興道善俗爲首務，繕學宫，飾俎豆，彬彬改觀，而闡經程藝所以奬翼士類，意烝烝厚，士争澡濯激昂，酬千載一遇矣！侯思盛際，家有塾、黨有庠、術有序、國有學，因地設教，兹賢才彙興。國家稽古，建置社學，而湮墜弗舉，司教化者謂何？迺尋故址，捐俸庀材，建有造堂若干楹，後爲燕息所若干楹，衛以門屋，繚以垣墉。工始于某月某日，閲月告竣。延耆儒王興禮爲師，遴子弟秀穎者居其中，贍之訓之，希闊盛典，伊始自今。邑博士胡君以準、徐君朝陽、夏君景星相與協贊，而樂觀厥成，屬臣記之，以風示永世。臣不佞，敬以侯建學造士之德意，爲多士申之。保奭曰："若生子，罔不在厥初生，自貽哲命。"故蒙以養正，聖王重焉。夫嬰質冲齡，天真未斵，猶水之不波，而木之方蘖。不此之豫閑，而遽責善于他日，是猶水之源未浚而汲其流、木之本未培而擷其實，其不涸而瘁也者幾希。故必先群之小學，示孝弟以惇其本，游六藝以博其文，躬灑掃應對以節其逸性，習升降周旋以消其鄙心，授之弦歌誦讀，俾優而游之，以興動其天趣，則筋骸束，耳目齊，心志一，所以養之者豫且備也。由是而熟之，所謂大學體用全功即此而在，君子之育真才、挽醇俗，端不越是矣！嗟夫！社學之廢興，固人才風化之所繇盛衰也，其攸繫豈淺鮮哉！昔班史傳循吏不及邑令，世恒疑之。設有如侯之學窮本原，政先風化，與文翁教蜀者埒，班詎能遺哉！吾于侯之善政善教而益有感矣。勗哉小子，尚敬體有造之意，以無忝所生可也。是爲記。

遊永康山水記　　黄　綰

從剡入永康，與石門子遊壽巖。行見五峰相亞，意即壽巖。石門子曰：此俗呼爲翁婁巖者，請爲易之。其嶄然而出者曰天柱，其覆而左者曰石鍾，其踞而右者曰維摩臺，又左曰石甑，又右曰蟾蜍。行度一舍，沿溪折入，見大石插空，嵬屼不可仰視，群木森茂，雜然其間。又行，從木杪見樓閣在石壁中。梯石而升，弛擔而休，倚檻見東南一峰突起，曰鷄鳴。少進，一峰竦出而俯，曰覆釜。覆釜之西，一峰尤傑，曰桃花。北一峰稍低，水時時下滴，曰瀑布。瀑布左連大石壁下，梯石望之，高闊數百丈，若晴霞爛然，曰固厚。壁下皆洞，其一即所居樓閣，謂之壽巖。時日欲晡，谷中有雲氣籠木，蓊然蒼碧，日穿木葉，入照洞中，光景甚佳。西上塗堊僅存，煙痕荏苒，皆宋、元人書遊觀詩及歲月姓名，陳龍川、朱晦翁、吕子約嘗同遊，乃龍川親書其上。又有"兜率臺"三字，亦云晦翁親書。石門子設酒茗閣上，飯罷西行。又一洞，中置觀音像，旁設大士像十八，洞口有四楹，楹間有粉壁，屢經塗治，新故數層。見題詩畫竹，皆剥落不全，惟胡彦恭詩及鐵木普化耳會兵識字無恙。洞廣而邃，可居。又西有石峽，飛泉直下，上有龍穴，祈禱輒應。同遊林典卿、周鳳鳴、應抑之、周德純，羅坐其中，周晋明、周仲器後至。石門子欲即此建麗澤祠。日落歸僧廬宿焉。明日，去方巖山。山口見一峰，昂首北立，曰天馬。下有村塢，石穴中有居民，垣竹茨牖，儼若太古。逾澗南行，豁石窈窕，上有一屏，名青玉。循青玉右行，至一岡，坐望方巖如方城，向夕餘霞隱映，路從削壁升，石階八九轉未至，見崖端中開一門，既登，如行雉堞樓櫓間。忽而青山蜿蜒，中藏寺宇如平野，不知爲方巖絶頂。世傳有胡侍郎則嘗讀書其中，歿遂爲神。宋徽宗時，睦賊方臘寇永康，鄉民皆避于此。賊顧絶澗，緣大藤，將至，赤蛇嚙藤中斷，賊皆墮死。澗兩石並起百餘丈，中僅一線，名千人坑。賊乃緣間道登據，夜夢神人騎白馬飲泉，明日泉涸，賊懼遂降。皆謂胡公靈異，其民至今崇信。寺後有石洞可坐。又陰崖巔絶，有小石洞，爲胡公讀書堂。日已暮，乃下，復至壽巖，擁蒲然燈。又十餘宿，霜風盈急，木葉盡赤，諸友漸去。應天監、趙孟立、徐子實相繼復來，論各有得。山中小生程梓、周玲、孫桐，皆奮有志。他日，去石鼓寮，程舜敷載酒于路，邀坐其叔父池亭。天欲暮，促行四五里，至山口，風雨至，崖松黝黑，白煙横飛，窅然不知所入，遂過靈巖。洞在山上，南北通明，可容千餘人。由洞後石嶺登入，黄葉蕭蕭，客皆凄然。倦即洞中草鋪，燒地爐環坐，夜久乃卧。明日天晴，出洞南，仰視洞上，蒼峰矗立，崖端柏枯死，小樹綴石，若藤蔓下垂，掩映屋瓦，丹碧可愛。稍西一門，下出崖半，棧石爲道，曰飛橋。下望陂田，自成村落。東門有井，深可百丈，僧云昔有龍飛去。復由後嶺下，沿溪望北山，崖石數，松林鬱鬱，皆可遊。不暇顧，再至石鼓寮，翠壁參差。入谷中，小洞邃寂，即晦翁欲屋吕東萊讀書處也。西南見瀑布下注，其下有潭，泓深澄黛，斑魚數尾，游揚自得，聞人聲即逝。石門、舜敷、鳳鳴列坐石上，皆喜，呼童携酒共酌，久之不忍去。又云東萊嘗買田四十畝，今屬方巖寺，故籍猶存可考。既出，僉謂當紀以俟來者。

遊方巖諸山記　　吴安國本縣知縣

永康諸山，方巖其最名者也。予至邑之明年，以公暇，偕二客爲登山之遊。而諸山俱有賢主人,具酒肴以俟,予迺獲畢所遊焉。去邑五十里,未至方巖,曰壽山。予遊自壽山始。山盤旋而上,萬仞壁立如削,而五峰屏列于前,蒼翠蓊鬱:一曰桃花,二曰覆釜,三曰雞鳴,四曰固厚,五曰瀑布。峰之名,或以色,或以形,望之誠然。山之巔有石洞,廣可五六丈,深十餘丈,開朗瑩潤。洞前有臺,曰兜率。依石爲梁,石上有丹書"兜率臺"三字,相傳爲考亭朱先生書。按志,考亭嘗與東萊、龍川三先生講學于此。洞傍有瀑布,泉自峰頭半空而下,飛珠濺玉,望之若近若遠,渺焉莫可測也。又西曰三賢堂,危樓層疊,亦依石爲之,即三先生講學之所云。自壽山可三四里,始至方巖。山形益峻峭,駕石橋,凡幾百丈,緣崖纍級,曲折而上,掖而行。既上,則有崔嵬大石,劃然中開,對峙爲關。自關而入,山徑平衍,中爲廣慈寺。寺有佑順侯祠。侯,邑人,胡姓,仕宋爲兵部侍郎,有德于民,嘗讀書兹巖,歿而爲神,有靈應。祠後爲屏風閣,亦就石洞爲之。洞復幽雅,有井,曰研井,清冽可鑑。有坑,曰千人坑,深幾百丈,俯而瞰,股栗不止。傍有小石穴,曰讀書堂,胡侯所憩也。時春夏始交,萬緑如染,而雲霞落照,與山翠争色。憑高四顧,塵襟爽然。自方巖十里計,轉而至靈巖。靈巖之高,與方巖等,中亦有洞,廣如壽山,深倍之,坐可容數百人,前後通豁,境益佳勝。宋少師應公墓在焉。自靈巖可二十里餘,曰石室山。山亦秀峻,上有洞,洞差小,舊有洪福寺,今廢。至石室而歸云。予嘗考載籍,天下山水名勝不可勝紀。今觀諸山之勝,有載籍所不及紀者。蓋石洞平豁,樓臺入雲,一奇也。飛泉灑落,霧雨溟濛,二奇也。危橋鑿空,煙霞入袖,三奇也。中峰忽開,人境迥隔,四奇也。至于嶙峋突兀,幽窈嚴邃,天之所造,地之所設,又奇之奇也。特以道僻境幽,騷人逸士足迹罕及,則兹山之不名于天下,豈亦有數歟!兹遊也,以庚辰暮春之念有六,二客爲邑博士徐君朝陽、夏君景星,主人爲邑大夫程翁養知、徐翁師皋,而予,長洲吴安國也。

龜潭莊記　　　　葉　通

龜潭莊者,致政侍郎林公之别墅也。古麗近治之山水,皆土岡小阜,龜潭山特横亘一里許,石壁峭出,一石蜿蜒入潭,浮水面而上如龜,因以名其潭。潭源出酥溪,自北東而西南,匯爲潭。又西而小花溪。圖誌:溪旁有碧桃洞,時浮出花瓣者,此溪也。東面酥溪,西背山,右枕潭,爲莊娱老堂。正東面,群峰環列,而可名者華釜、翁媪、方山、黄崗、東巖、馬鞹、石馬、巾山、白氈、白雲尖凡十,而不可名者,大抵簇簇如芙蓉。四方相距三十里,皆平地。大溪盤貫其間。天水相照,衍迤明秀,景物歷歷可數。古麗絶勝之觀,蓋在是矣!娱老堂左,爲海棠之亭,曰數紅。右爲雜花之亭,曰秀野。堂陰相比,有軒。軒前有荷池。軒曰龜巢。秀野少南有桃,曰霞隱。少西有橘,曰霜餘。霜餘少北而西,有月池。循月池而北,有竹,曰細香。南爲藏書精舍。循月池而西北,夾徑稚松毵毵。行百餘步,爲射圃,曰吾不爲。鞦韆滑臺,是足爲戲耳。西爲望邑,屋數千家,朝暮煙靄葱蒨,樓觀翬翼。江山城郭之勝,實兼有之。此山間之大凡也。自霞隱而下石壁,倚壁瞰流,爲鷗渚,可以俯石龜。有古桃、石竹,懸崖而横出檐間。亭去水不數尺,夏潦蕩突,亭不爲動。客至則偃卧其下,仰玩桃竹,睥觀波流之浩渺,竟日忘去。自秀野而下,連壁木芙蓉百數株,爲芙蓉城。過芙蓉城,而登舟泛潭。潭袤可二里,深緑多魚,時與客把釣,課得魚多少爲酒罰相笑樂。自數紅而下,爲安坻,壁跟有小池。安坻之左,伊渠經焉。舟行自潭北小浦入渠,過安坻,抵伊渠橋,望見湖石灘而止,則泊舟柳下,飲詠徜徉,無不得所欲。此又山麓溪干之勝也。莊占山百畝,其可著亭榭處甚夥,公獨曰:"吾得退而享是,亦過矣,又何以多爲?"凡所名亭之花,往往散漫無倫次,菜甲草花,叢出其旁,公方有夸色。而富人貴公子來觀之,輒掩議竊笑。要之龜潭之勝,不以人力。天地之所劃、仙靈之所繪,與公之胸次犁然而當、超然而相得者,豈待土木花卉而後爲工哉!遊龜潭者,水陸有三道:其一從邑之泉井巷逾澗北上,步至東南三里,至龜潭莊之門;其一自澗東南沿溪而上,至霞隱後重門而入;其一自公所居第,步至下小花溪,而上至龜潭。凡三道,皆三里云。

徵德堂記　　王　崇

應氏徵德堂者,大宗祠。歲祀禮成,合宗人以餕享也。堂初名餘餕,尚書久菴黄公易今名,仍手題其榜顔之。宗人蕃,堂深廣能受,然自天成公特建,費甚大。人情斗粟尺布不忍予,公能特建堂。久菴公乃爾其嘉樂公也。徵德者何?祖宗積洽百餘年,而應氏始大,宗始蕃,實惟德是祚,乃應氏能以其大且蕃也,益祗遹世庥,爲邑巨室,以昭受祖宗之成,亦惟德是祚。善作善述,其爲德也,信矣。應氏自台遷縉雲,再遷永康,居芝英,其上世長者,以忠信孝悌起家,率子弟誦法孔、孟,修服先王,一時奇杰相項背興,若鶴丘、方塘、芝田、石門、伯宣、天純、克之諸公,今又若古麓、晋菴二老。其間應歲辟、歌鹿鳴、舉進士,或振鐸宫墻,或握符郡縣,或持憲外臺,或列卿尚寶,聞道媲賢者有之,篤學名世者有之,他如挾策待問、操觚飛芬,學士經生,户不勝踵。若庶人也,則家千金、夫千畝者豈少也哉!此堂所以開而鬼神爲之歆饗者也。然則登斯堂也,其有不仰止前修而追思上世者乎!仰止者不曰盛哉其風澤乎!盛,難乎其繼也。追思者不曰盈哉其庇庥乎!盈,不可爲久也。昔我先公既以德世其澤、世其庥矣,德盛則澤從,而盛德隆則庥從而隆。吾後人也,容有不順乎親、不敬其長者耶?自欺其心、自詭其行者耶?不畏孔、孟之言、不率先王之訓者耶?有一於此,是謂背德,要必去其非而從其是,監諸昔而戒諸今。無念爾祖聿修厥德,則履盛持盈之道得,而風澤庇庥之慶可衍於無窮。徵於前者,不將有徵於後耶!是堂也,裸於斯,脤於斯,少長疏戚之揖且讓于斯,不可以觀且興乎!矧有神焉聳其上也,夫是知天成公建堂者之功爲烈也,夫是知久菴公之名堂者之所爲旨也。

報功祠碑記　　陳見智

永康，山邑也。去縣東六十里，曰銅山，舊産銅。宋元祐、紹興中置場輸課，後以地力微薄，所産不及所輸而止。山之麓爲普利寺，又曰銅山寺，屢興屢廢。明初，邑博士應子仕濂精形家術，捐私橐，徙大雄殿于翠微環繞之中，而又捐贖其寺産，由是緇流彙集。浮屠氏德其力，於正刹後建專祠，尸而祝之，額曰“報功”，誌勿忘也。鄉大夫黄公惺吾備記其事，勒諸石。國朝戊子、乙未年間，兩爲土寇所摧殘，蘭若鞠爲茂草，祠亦頽敗。應氏後裔，不忍先德泯没，謀所以復之。舉族議出祠帑，建殿修祠，焕然一新。昌黎云：“莫爲之前，雖美勿彰；莫爲之後，雖盛勿傳。”應氏可謂善作善述矣！其重修後裔及寺山墓兆，詳勒祠碑。

重立戒石碑記　　徐同倫

莅永之明年，重葺戒碑亭于堂廡之間，揭官箴也。凡物之廢興有數，恒視乎人與地。人與地失其宜，則廢易而興難。丁未夏，余受永令。八月望後，晨抵蘭江，宿婺郡旅次，詰朝疾馳，至芰道。夜闌至永，黎明履任。四顧荒頽，黯然削色。門内有亭，欹如就傾者，戒石碑也。碑則半卧半竪，劃焉中斷。余因力舉諸廢，自兹石始。鳩工運斤，礲錯交下。余問曰：“攻于石有法乎？”工曰：“唯唯。小人服習于斯，知有繩墨矩度而已，法則未之前聞。凡夫違繩墨者務盡去之，再則護惜之，惟恐其少損，更加以琢磨，合乎矩度，殫心援植，而屹然立焉。”余曰：“噫嘻！此立石之法，而非止立石之法也。”夫永之未立者多矣，則政治其可弛乎？彼且違于繩墨也，余將以去之者立之。民生其可置乎？彼且護惜之未周也，余將殫心援植以立之。風教其可緩乎？彼且鮮合于矩度也，余將引繩切墨、礲焉錯焉以立之。立吾永，要無異于立斯石之法而已矣。况乎碑之立也，所以觸于目、惕于心也，欲厚于持己，薄于責人，嚴于御役，而寬于育衆也。更藉以砥礪躬行,顧畏民嵒者,胥視此矣。雖然,永之未立者,余知之,余將以立之。余之難以自立者,又誰知之?而誰立之?凛凛乎其敢即于安也?惟恪守斯銘,以無負素心,不負吾君與吾民而已。是爲記。

重建永康縣治廳堂記　　沈　藻

皇帝御極之三十年,歲辛未十月,臣藻奉命出宰永康。邑在萬山中。方視事,公宇頽敗,上雨旁風,靡所遮覆。諸父老目擊公宇之不可以安處也,聿來聚謀,請撤而更築之。予慮勞民,因循未果。未幾,烈風震撼,棟橈榱折,因遷案以避。諸父老子弟復申前請。予乃上其狀于各憲,咸報可。遂支俸發值,助者疊至,於是諏日興作,凡出納錢帛、採辦材木,邑人任之,胥吏勿與。物酬平價,工計傭值,因是物料不期而集,工役不召而至。首建廳事,翼以挾廡,繚以周墉,其餘若穿堂、儀門、賓館,以次新飭。於壬申九月立址,明年春二月工竣,計費四伯四十餘緡。落成之日,士民載酒稱慶,請予立石記之。予不獲辭。昔人之言曰:凡民不可與慮始,而可與樂成。然不有始之,何以成之?蓋成之者匪難,由於始之者得其道也。夫上下之所以感通者,情也。事之所以易成者,法也。情洽則一倡而百和,法立則綱舉而目張。情與法并,仁智出焉矣。仁以厚民,智以御事,施設在上,率由在下,于成事何有!今予初莅兹土,情未孚于民,法未施于事,而民之響應若是,是則民之期望乎我者深也,予何以加于民哉!予惟日夜孜孜以求,不負我君我民,併不負於斯堂已耳。予不敢謂己仁,惟以寬牧民;不敢謂己智,惟以逸使民。予之用情用法如是,亦期民之不負乎我之寬且逸之也。予之坐斯堂也,自今伊始,與民期約,亦自今伊始,積日而月,積月而歲,我寬之逸之也終不改。設或有因我之寬之也而不知懼,因我之逸之也而不知勞,而我之所以寬之逸之者終自若也。然而今日之民情亦大可見矣!我與斯民,自可預卜其相與有成也。今既不難于慮始矣,又豈難于他日之樂成也哉!用抒我衷,以爲斯堂記。

山羊記　　仇兆鰲

沈侯爲永康令，鄉民有以山羊來獻者。問所從來，則曰：羊與虎鬬，不勝，匿于隘巷。民獲之，獻于公所。沈侯曰："縱之。"以木牌繫諸項下，書曰"放生"，驅之郊外。翼日，羊突至縣署，馴擾于庭。侯異之，復縱于郊。越三日，羊復至，縱之如初。自是不復見矣。羊有大力，牛身犀蹄，頭則羊也，皮可用，血能療創，肉亦肥雋，獵者争欲得之。羊幸免虎攫，難免人攫。嘻！人更猛于虎耶！侯縱之，匪示羊以恩，乃示民以仁也。昔者程明道爲上元主簿，見有黏鳥者，取其竿折之，戒勿復爲。仁者之用心如是。沈侯之縱羊也，明道先生之心也。仁政可知矣。永邑之民，忍於殺物，極之至於淹女、錮婢、鬬很、傷命。今亦漸革矣。夫上之化下，民之相率爲善，總自不忍之心。始觀夫侯之縱羊，羊之一再迴顧，有不爲之惻然動心者乎？予爲此言，不特爲沈侯頌，而併爲永民告也。告之維何？曰仁人在上，遵而行之，民之福也。

永康縣社學記　　徐之駿

古之立學也，自鄉以至於國，而人之未嘗去于學也。自幼至于長，無一日而或離焉。黨有庠，術有序，國有學。故八歲入小學，學六甲五方書記之事。十五入大學，學先聖之禮樂焉。自是而别其雋秀者以次升之，命曰俊士，曰造士，以及于進士。後世社學之設，猶有先王之遺意焉。雖然，學之名即存，而其實不舉，猶之乎無學也。永邑察院司側，舊有社學，規模卑隘，不足以廣納生徒，又往往爲冠蓋停驂所，今且并其名而忘之矣。邑令謝公，莅治三載，修葺黌宫，振起吾黨。又念社學頹廢，教失厥初，遂擇地于舊藩司行臺故址，建造書舍十餘間。有堂寬然，有廊翼然，明窗净几，松扉花砌，位置秩然，榜其上曰"來學書院"，歲捐金若干爲贄，延邑中名宿，開函席爲師。凡鄉城弟子願學者，聽其就學，而不取其束脯之費。以故遐邇咸集，數載于兹,琅琅書聲,風雨晦明不輟也。又慮後來不繼,爲之置腴田十餘畝,歲收租息,貯作修儀,如范文正公學田法,俾千秋若一日焉。歐陽永叔曰"學校,王政之本也",而權輿于社學。今邑學與社學兼修,侯可謂得其本矣!夫童而習之,長猶慮其遷焉,况不習乎!吾邑不乏敦詩説禮之家,若乃單寒白屋容有穎異不群之子弟足以相進于學者,輒又限于負笈之無資,其不至終墮于愚蒙者幾希矣。今侯以愛民之餘,復有訓幼之舉,飲之食之,教之誨之,非古所謂父母而師表者乎!書院之鳩工也,以康熙十九年冬。其落成也,以二十年秋。侯諱雲從,楚之黄陂人也。《府志》。

貞女碑記　　姬肇燕

貞女潘氏玉姑,本邑九都監生文達之女也。祖諱君登,有積德,還金不昧,舉鄉飲耆賓,年逾八旬,持家有法,訓子孫以禮,故女幼而端静,則知大義。甫八齡,母嬰夙疾,女親侍湯藥,晷刻不離,衣不解帶者凡五載,且自任其勞,勉兄課業,無荒於學。其孝友兼篤者如此。迨年十七,許聘徐灝爲配。灝亦出自儒門,應童子試,曾拔前茅。因數奇不偶,忽中漆毒云亡。女時未經于歸,聞訃,則哀號擗踊,欲披麻往弔。父母堅執不允行。女貞烈之性成於天,視死如歸,遂截髮墜樓,誓以身殉。父母救阻,得免。從此扃户悲啼,粒米不沾脣吻者十有五日,竟溘然長逝。尤可異者,既没之後,兩睫不合,歷二晝夜如故。母察其微,撫屍痛哭,云:"我必以汝夫之櫬葬汝同穴,以遂汝志。"語畢,目忽瞑,無復留人世矣!徐子以己丑歲十二月廿六日病故,而女以庚寅歲正月十六日殉身。死之日,通都士庶老幼男婦莫不咨嗟嘆悼,遂具事公呈於縣。余閲其狀,不禁擊節嘆曰:"此真貞女子也!此真烈女子也!"夫以蘭姿蕙質,而具鐵骨冰心,一旦聞夫喪,了明大義,毅然從夫地下,是死於義,死於禮,非死於情,死於名也。則古之烈女子烈丈夫何以加此?豈非得天地之正氣、鍾山川之靈秀,而能立萬古之綱常者哉！女雖死，而精英散之人間，可以愧天下之女子而從二夫者，并可以愧天下之人臣而懷二心者！於此而不傳，亦宰斯土之過也！爰旌其門，顏曰“香閨烈士”，仍勒諸石，用垂不朽云。

重修明倫堂碑記　　姬肇燕

余莅永七載，每朔望叩謁先聖禮畢，偕學師佐貳，集邑内縉紳士庶耆老子弟於明倫堂，宣講聖諭十六條暨御製訓飭士子文。盛暑嚴寒，歷久不輟。辛卯夏，堂爲蠹朽，棟折榱崩，磚瓦皆裂。余顧而愀然曰：“斯堂也，綱常是賴，風俗攸關，不可不亟整之。”雖工費浩繁，簿書旁午，念慮勿置也。謀於司教徐公瀾、司訓張公文燿。僉曰：“邑人應姓之有功於此堂，由來舊矣。盍召而謀之？”迨與語，舉欣然以繼述自任，踴躍趨事，鳩工庀材，易棟梁，增磚瓦，築垣墉，朽者新之，頹者起之，缺者補之，兩越月而焕然告成功焉。朔望集講，余又不禁顧而欣然曰：“微應氏之力不及此！”因考諸志，知此堂創自有明正統間，應公諱曇字仕濂者尚義捐建。成化中，其孫尚道重加修葺。越四十年，又復傾圮，尚道之子天啓、天祥、天澤、天文，丕承先志，重創造焉。邑紳宦遊京師者請於太史王公作記勒石，班班可考。至萬曆間，天澤之孫志臣捐貲重修不墜。本朝壬戌，尚道裔孫輸銀捌拾兩更理新之。今三十年來，公裔復大加修葺，統計前後創建者二、修理者五，更七世而無倦焉。余因之有所感矣：世之齷齪者，銖積寸累，田宅是計，既不足以語此。一二慷慨好施之流，亦不過創修梵宫道宇、平治橋梁塗路、祈福田利益而已，求如仕濂與尚道諸公之爲人倫計，捐建此堂，後先繼美，而其後人追念祖德，克紹前徽，殆弗可及也已。爰記其本末，俾後之登斯堂者覽觀而勸興焉，是亦維風易俗之一助云。

永康縣學宫建修碑記　　賓光鼐

永康縣學，自明正統己巳燬於寇，邑士應仕濂捐貲重建，至弘治庚申，大成殿灾，仕濂孫尚端拓基重建，尚端子天成繼成之。而明倫堂則自成化間仕濂孫尚道重葺，至正德癸酉尚道子天澤等復修崇之。嗣是後裔分掌一墻之圮、一木之蠹，不以煩有司，子孫繩繩，視若世業焉。嘗立學宫會備歲修之費。我皇上御極三十有二年，尚端裔孫秉璋，以文廟建置歲久，鋭意大修，功宏費鉅。會貯殫盡，復議捐貲立會。族人踴躍争先，重貯修用。比年歲修，有嬴無絀。予按試，經由學側，教諭方卓然具道其事，請爲之記，而予未暇也。後三年，予復使浙。又三年，試竣，麗水學教諭應正禄録其志乘碑記可稽者以呈予。予惟自古設學，以明人倫，《中庸》所謂天下之達道也。聖人修道爲教，而夫子集其成，故殿曰大成，堂曰明倫，所以正教也。道之不明，教術分歧。佛刹道觀，無慮貴賤，不惜厚施營構，以資禱媚。而郡邑學宫之繕修，率由有司督糾衆力，然後成事。其故何也？蓋生人理義之心，與欲利之心同禀生初。顧理義微而難見，而利之爲欲易溺，異端詭説導以所欲，浸淫肺腑，貪生倖福之私，雖賢智不免，而使之適於理義，非彊勉不能服從，習漸然也。應氏之族，獨能力建文廟，祖作孫述，傳數百年，承修不怠，可謂知所擇矣！抑夫子勖子夏，爲儒有君子、小人之分，不可不察也。君子務躬行，不尚口説。子臣弟友，夫子猶云未能。治己治人，皆是道也。真儒不世出，而訓詁之傳，多逞臆説，甚至侈言性與天道，區儒林與道學而二之，則已好名而失其實矣。後之人復拾其唾餘，爲時文應試，父兄以之爲教，子弟以之爲學，每以小人之心而欲假君子之辭，近且竝其辭亦失之，而傳播習襲，恬不知怪，所學愈陋，故所就愈鄙。嗜利之爲，或反出二氏下，可哀也已！我皇上壽考作人，刊頒經史，復特頒《四庫全書》以資博學觀覽，近復石刻蔣衡書十三經於辟雍，御製序文，宣示道要。蓋聖人久道觀文，所以成化育材、儲天下國家之用者，如此其至也。而諸生猶各安故習，徒學爲近年科舉文字，司鐸不得辭其咎，予甚恧焉。今既奏禁講章，異端邪説放黜務盡，爲儒者亟正所趨，而志於君子之學,窮經述史,别擇子集,用以反求諸己,由獨知之不欺,深造以致其道,是予所願與諸生共勉者,非直爲一邑一家言也。乾隆五十七年六月記。

康濟橋碑記 代知縣劉垂緒作　　徐紹開

粤稽川梁之設,自有夏迄今,尚矣！顧《夏令》總曰成梁,而《禹貢》必言濬川者,凡以因勢利導川濬然後梁成,其大較也。雖然,成梁之法在利導,而利導之方又不可不揆時度勢也。永康東南鄉二十里名曰石柱者,上達蒼甌,下通衢、婺,東浙要津也。舊有橋,廢興無定。明嘉靖庚子,陳敬齋公倡捐,時四明上人授其法,洿一丈,亘八尺,屹如履坦。前令洪覺山先生補永嘉郡經此而爲之記,信足徵矣。厥後不免復圮者,非惟歲久則然,亦其勢迥異也。勢不審,縱有志勸葺,大抵補偏救弊,迄無成則。嘗歷其地,綜其勢,詢諸土人而熟審之,蓋其源出四十四都,迤邐而西,至石室山。圍繞山麓,又轉而北,經石柱,自北而南。其兩岸也,南岸而西多依山,利在深;北岸爲野涂,利在淺。各安其故,無所干忤,故舊橋不過九垛而濟。今南岸墳沙日長,洪水冲入北岸,漸冲漸闊,建橋須十七垛,視前幾倍。不峻其防,北岸靡所底止也。竊意堤防北岸弗致泛溢,當於岸北之上流約四百步外疊石爲擺,避其冲擊,斯水勢仍復故道,而橋功可竣。凡爲此計,詎自詡一勞永逸耶？而於因勢利導之時宜庶或有合耳。且夫《大學》一書,莫要於絜矩。矩者,平也。然必度其左右并上下前後無不方,而後協一以均平,君子平其政類然。彼成梁,豈有異道歟！橋成,顔曰"康濟",取古詩"有謀必康濟"之義,兼寓邑名於内,昭茲來許焉。是役也,所廢數千金,始以李生鶴庚請,余慨然任之而董其事。闔邑樂輸者,則王生儒璋、徐生啓璋、應生道種、樓生煜、徐生行、王生惟精、馬生聖簾、吕生尚選、王生鍾佩,王鳳坦、李松年俱與有勞。竝書於石,以誌贊美云。

學宫碑記　　黄宗漢

教莫大於宗聖,孝莫重於守先,崇祀事而愛及棟榱,慎貽謀而訓承堂構。此薄俗之所難期,而守土者所嘉尚也。洪惟皇上御極之元年,首頒欽定四言韵文,振勵中外,所以崇正學,黜異端,敦本化俗,爲天下先,豈不以經正民興、邪慝不作,則風俗蒸蒸、日進於古哉!嗟乎!自漢以來,言六藝者折衷於夫子,厥後郡國立廟,歷年久而典遞隆,庶幾人心知所向往矣。然而愚民易惑難曉,其有奉佛、老二氏之學以祈福者,是猶拔本塞源而欲末之榮流之長也,其傎不已甚乎!夫晚近之世,樂善好施者既不數數覯,而一二有力之士復相與創浮屠、立道觀,殫膏竭脂,乞靈土木,而於昔聖昔賢之功德被於古今者,祠廟之役,則相率而諉之曰:"此有司之責也。"夫有司繕修之費,非請於度支,即糾諸衆力。舉焉未能速成,成焉不能無弊,往往然也。夫以謍媚禱者如彼,舍正路也如此,試與揆厥由來,輔翼之、衣被之、生成之,伊誰之賜?顧作無益害有益,其謂之何!應氏爲永康著姓,邑之學宫爲其遠祖仕濂所創造,而以大成殿、明倫堂分屬尚端、尚道兩支,爲世承之業,圮者修,廢者舉,不詢於衆,不請於官,繼繼承承,歷數百祀無敢替,可謂知所本矣。甲寅仲春,有國子監學正應寶時等,環叩具呈,懇撰碑文,以垂永久。余覈諸《永康縣志》,其事無一虚飾,已爲前人所嘉許,且可爲世之建修寺觀以禱福謍私而不知崇正務本者愧,意頗韙之。雖然,善始者期於善述。彼夫見理之明,守道之正,赴義之勇,一或不備,鮮克有終。應氏自明迄今,其繼志不可謂不久且遠。方今正學昌明,異端屏斥,後之人聰聽祖考之彝訓,率由高曾之規矩,矢慎矢勤,毋俾隕越,將見人才蔚起,以之食舊德而答皇仁,則善量且無既也,豈僅爲一家事一邑風哉!爰從其請,而爲之記。

永康縣學碑記　　馬新貽

三代盛時,自天子之都,以至於比閭族黨,莫不有爲學之地。自天子、諸侯、卿大夫之元子以至於士庶人，莫不有爲學之事。而入學，則必釋菜、釋奠於先師。師者，教之所由立，道之所由明也。三代聖王莫不重道而隆師，故荀子曰："君師者，治之本也。"曾子曰："君子之行於道路，其有父者可知也，其有師者可知也。"師嚴故道尊，道尊故學正。孔子生於周之末世，以匹夫明堯、舜、禹、湯、文、武之道，著書垂教，爲萬世師。至漢之賢君，始爲廟以祀。歷魏、晋、隋、唐，而其祀幾遍天下。宋仁宗命郡邑皆得立學，即學以祀孔子，而其事遂迄於今，典莫鉅焉，意莫隆焉。金華在浙江，爲東南山郡。永康又爲山邑，地瘠而民醇。明正統間，邑人應仕濂嘗以私財獨建縣學。弘治間，其孫尚端重建之。成化、正德間，尚道、天澤相繼重葺之，而益儲經費爲歲修計，俾子孫兩支分掌其事，蓋四百餘年矣。咸豐、辛酉之歲，粤賊擾浙江，破金華，永康亦被寇，學燬於火。至同治癸亥，城始復。今尚端裔孫參申獨力承造大成殿，尚道裔孫寶時等質常産、輸私橐，重建明倫堂。族人併力籌辦，閱兩載而告成。永康始脱兵火，邑人士即喁喁向學，可謂知本，而應氏子孫，又能成先人之志，以無廢數百年之盛舉，則其尤賢者矣！夫學官之設，豈徒曰爲廟祀以崇我夫子而已哉！蓋孔孟之時，所謂詖辭雅説陷溺人心者，楊氏而已，墨氏而已。降及後世亦不過佛氏而已，老氏而已。至今日而蠻荒絶域，自古不通人迹之民，挾其怪誕不經之説，縱横於中國，誘之以貨財，道之以聲色，眩之以奇淫之技，痼之以酖毒之媒，中國之人趨之若流水，雖儒生學士或貿然墮其計中，不知其用心之毒與爲禍之深也，則道之不明也甚矣。天下豪傑有智術之士，求所以禦之之方，以爲必講富强，利器械，使我之巧力足以敵彼而後可以勝之，而不知其本固在於務學也。夫孔子之學非有待於他求者也，其人則士、農、工、商之列乎四民者是已，其事則君臣、父子、兄弟、夫婦、朋友之存乎五倫者是已，其爲書則《易》《禮》《詩》《書》《春秋》之著乎五經者是已。而其導之以所從入則曰義利之辨也，視聽言動之不可以非禮也，是非羞惡之各有其端也。

使舉天下之人凛然於不可無義,不可無禮,不可無羞惡是非,則怪誕不經之説若糞穢臭腐之不可以一朝居,而又何爲靡然從之哉!故吾謂孔子之教不可一日不明於天下,而以救今日之人心風俗則其事尤切而不可緩。何也?楊也,墨也,佛、老也,其亂吾道也猶依托於吾道也。至今所謂怪誕不經之説,則顯與孔子爲敵,而與今日好利無廉恥之人心適足以相中而相引,則所以矯而正之者,不可以無術矣。今東南甫定,聖天子方修中興之政,所見中外士大夫漸有意於儒者之事,蓋亦人心之窮而將有所轉。而金華固吕成公、王文憲之所講學,陳同甫經世奇才,其産實在永康,其獨先奮興於學也固宜,而亦可見孔子之道無日不在人心,而非怪誕不經之教所得而汩没之也,是在居民上有學校之事者倡率而風厲之耳。故不憚極論之,以爲之記。

雅堂胡君義田記　海鹽陳其泰琴齋

歲庚戌,永康胡生鳳丹從余游,閒有請曰:"生之父嘗捐腴田爲童子試卷費,事在道光十五年。先是縣應童子試者七百餘人,至於今遂千一百餘人,亦既鼓舞有效矣。顧恐後嗣之私售也,佃户之欺隱也,與夫董其事者之更易舊章、書吏之需索溢額也,雖已呈諸縣,縣有案呈諸府,府如之,以至學使者亦如之,迄未能遍喻而垂永久也。敢以記請。"余曰:"善哉乎,斯舉也!田若干?"曰:"爲畝百四十有餘。""租若干?"曰:"歲收穀若干石。""其章程奈何?"曰:"别有册。"余謂胡生曰:"子之親,可謂知本者矣!余觀近世士大夫,服洙泗之教,發名庠序,其擁資自殖者無論已,而篤信乎福田之説者,遇緇衣羽流,則汲汲焉日思所以利益之,至向所與角藝相後先之士,轉若異端之不與我同類。何其本之弗思也?子之親,其可謂知本者矣!雖微子請,余固將大書特書,以示所謂福田利益者固不在彼而在此。"胡生父,名仁楷,號雅堂,太學生,生子七:長鳳林,州同知;次鳳翺,三鳳儀,皆中武舉科;五鳳標,六鳳岡,七鳳韶,均入邑庠。鳳丹,其第四子也,篤於學,其將以文章科第顯名揚親之善者與！是爲記。

重建試院落成記　　胡鳳丹

永康爲婺州望縣，山川文物，載之志乘，班班可考。乾嘉以來，應童子試者五六百人。道光乙未，先大夫創義田給卷資，士知嚮學，自後應試者恒千二三百人。每歲科屆期，就縣廨扃試之，詹風廊日，聯肩接趾，幾不能容也。庚子辛丑間，都人士集資創試院於西街，費白金萬七千兩有奇。咸豐間燬於寇，鞠爲茂草久矣。閱今二十餘年，遂無議及此者。予蓄此志久，慮力之不逮，不敢發。長子宗廉，承予之志，嘗慫恿之。光緒九年，卜日選工，集資庀材，就舊基而經營之。建東西號舍六十八間，深二十餘丈，闊各四丈餘，每舍列坐具焉。上有堂三楹，曰衡鑑堂，仍舊址也。暖閣後爲過亭，左右翼以屋，各三楹，爲吏胥供事之所。繚以垣，垣之北爲後堂，凡五楹，額曰藜青軒，爲縣官寮佐校藝所，至慎密也。東西旁舍各二楹，僕從居焉。外此若庖若湢，纖悉具備。號舍之外有儀門，大門高廣，視堂之度而加敞焉。號舍之中爲甬道，爲射廳，歲試校閱弓矢，俾中的焉。右文之世，武事固亦不敢廢也。是役也，經始於癸未六月，休斧於丁亥二月，用資一萬三千二百餘兩。落成之日，與鄉士大夫相與揖讓於其下，知後之登龍門冠多士者有人。登高自卑，其以此爲始基也。噫！予，邑人也，幼從父師之訓，忝附功名之末，初建義塾於鄉，復增置義田，悉聞之大府，奏咨立案矣。今復遂此初願，不敢謂大庇寒士使之歡顔，庶將來邑之績學能文章者，懷鉛握槧，而從事於斯，不至有上雨旁風之憾焉，此予之大願也。脱使榮慕軒冕，不知止足，雖欲任此而不能；或因其費侈而工鉅，中道輟止；或精力苶朽，不足以終其事，皆予之大懼也。今幸告厥成功，及予老健，日忘其疲，以往來督治於其間，此非予之幸，實亦鄉里之幸也。若歲時葺治，或因而加廣焉，此後來之責也，予胡敢私焉！程其功者，應生德成、予侄宗衡二人之力居多，例得備書。

光緒十一年歲次丁亥九月記。

重修邑城北鎮廟前廳記　　胡鳳丹

北鎮廟,在邑城之上街。咸豐辛酉,粵逆竄東浙,擾金郡。同治壬戌,陷永康,城中舍宇,焚燬略盡,是廟亦僅留基址。越數載,官軍來復我城。善後之次,乃就廟址重葺佛堂。迨歲庚午,吾族方構總祠於山川壇,邑紳某某,以宋時佑順侯之父、贈朝散大夫吏部郎中達人公墓適在廟後,因勸於祠工之餘成厥廟,先兄磻溪韙之。惟廟西有屋,障蔽墓門,復與同族仰山、亮軒、繡之、性之、竺船等,相度規制,於佛堂之前,隆起五楹,翼以兩廂,各樓其上。廟西之屋,以啓墓道後,可不復重修。經始於癸酉冬十一月,休斧於甲戌秋八月,凡費白金一千兩有奇,皆族人所捐也。嗚呼!始因睦族而建祠,繼因祠事而及廟,終乃因廟工而永保祖墓。是役也,與佞佛者之求福田乞利益者,不大相逕庭哉!竊念自宋迄今,八九百載,其間陵谷變遷,祠墓湮没,未可更僕數。而吾祖達人公,英靈未泯,馬鬣猶存,正氣昭垂,輝映佛宇。子若孫瞻拜墓下,豈有不流連先澤者乎!或者又曰:廟與試棚近,遇歲科縣試,可爲士子棲止之所。余曰:善哉!廟既成也,墓可守也,雖無萬間廣厦,而一族之寒士亦得庇以歡顔也,是一舉而三善備焉,余故樂爲之記,以鍥諸石。光緒四年正月。

明黄孝子墓碑記　　張化英

孝子,初不知何許人也,墓在神壇山之原。黄姓,巨族也。巨族有孝子,何以弗傳久而失傳也?昔失傳今何以傳?信諸碑也。碑雖漫漶,字猶未泐也。其碑奈何?所謂明孝子黄宗支墓是也。題碑者誰?八旬老父也。勒碑者誰?侄承梅也。今之傳以証碑者誰?族之文學載文也。載文於戊申歲因修葺祠宇,與祠長談静齋公孝行,方有味乎其言,環而聽者名孝龍,誤以爲即此孝子也,遂云孝子葬某所,汝輩盍爲之修墳？衆方愕然與辨，彼即拉諸文學往觀，果於荒丘上蹲一華表，土花剥蝕，中猶班班可考，信乎其爲孝子也。歸而考諸譜，遍閱無宗支名，惟於守祐公下載一子名宗，而闕支字。再閱承梅圖系，乃知梅爲守祐公侄孫，而宗支爲其子無疑也。然第載其生於崇禎癸未，而不載其卒於何時，蓋以宗支未婚早逝，而其父暮年，不忍其子湮没，故書之碑而表其墓也。守祐公生萬曆己亥，卒康熙年間，適符八旬以外人，當國初鼎革之餘，康熙六十年失修宗譜，其間殘缺脱遺者不一，宜孝子之寂寂無聞也。然原其立碑之始，距今百五六十年矣。夫百五六十年中，凡富貴之子、豪華得志之徒，埋滅丘壟間不足道者，不知凡幾矣，獨孝子之名，一經有識者之聞見，必爲之摩挲熟視，必爲之考鏡來歷，而不使其與草木同腐，豈不以孝德之感人，雖在百世之下，猶將聞風而興起歟！而或者曰：孝難言矣，孝無實行相傳，尤難信矣。然孔子稱閔子第曰："人不閒於其父母昆弟之言。"兹則父題碑，侄勒碑，則父母昆弟之言可信也。且碑題於當日，而人莫之非；碑立於今時，而人莫之仆。則人無閒言，又若有神物護持之者，尤可信也。特以孝子生易代之秋而不永其年，又無文士發潛德之光，遂使扶綱植紀之人，沉淪於蔓草荒煙之際，此固孝子之不幸也。然雖未筆於文士之書，猶傳於鄉人之口，而以晦於昔者顯於今，此又孝子不幸中之幸也。是以静齋公孝行暴於當時，榮名彰於身後，而因論彼之孝即連而及此之孝，豈非冥冥中以類相感而實德終不可磨滅者歟！今而後，斯墓所碑，得以加其土封，崇其明祀，顯姓名於大堤之上，俾四方聞之，無有不過而敬、敬而頌、頌而傳者，此又孝子千載之遇也。不然，殘碑斷碣，積於丘墟者多矣，安能屈文學之士扼腕墓道、太息流連不置哉！載文與同社諸君，嘆斯墓之徒有其石也，請予爲之記。予謂人不能以無死，而不可以徒死。既死之後，雖未冠婚之流大有關於名教如此。於此見士之欲垂芳後世而不與身俱亡者，可以知務本矣。載文名册。諸君者，其堂叔植三，名槐。從弟文甫，名煜。堂侄儀韶，名鳳來也。

越國公祠記　　程正誼

越國公者,玉川盧氏始祖也。公諱琰,字文炳,世居汴之玉川,鄉人稱玉川盧氏。其上祖諱仝者,發祥於五季之初,生子雲及孫鶉,仕梁,官至上卿。鶉生清,爲越州令,即公父也。公文武全才,仕後周,歷官典檢尚書,事太祖鞠躬盡瘁,不避險夷,太祖致太平,類多公績。曾爲竪碑太廟以紀其勞,謂公學精德粹,比之於璠璵冰霜。則公雖未歷艱屯,而清風勁節已見知於朝寧間矣。比宋祖受禪,公自以柴周大臣,義不臣宋,挾柴氏孤蘄王熙誨,隱於永康,卜居於靈山,仍稱玉川盧氏,不忘本也。仍以女妻熙誨,皆從公姓。比宋太祖既定天下,以仁厚立國,興文教,崇節義,訪先朝臨難不屈之士,追封爲越國公,以示激勸。嗚呼!有宋享國長久,非太祖厚德有以培之哉!盧公之精忠大節,非太祖一旌異之,何以爲後世忠義之勸哉!世衰道微,君臣義薄,至五季而極矣!馮道歷事五朝,終身富貴。陶穀袖出禪詔,遂爲佐命元勳。黄袍加身之時,盧公肯一屈膝,富貴詎可量哉?而公不爲也!竊謂靈山之隱,有首陽遺風;二孤之存,追嬰杵大義。惜乎《宋史》之不載也。蓋宋祖革命,人謂之狐媚欺君,而盧公挾孤以逃,存柴氏一綫之緒,正宋室之所忌也。當時操史筆者又學士陶穀之流,焉肯存忠義之迹於青史以自形其短哉!脱非野史有稽,盧公事將泯泯無聞矣!嗚呼!高節清風付流水,忠肝義膽埋草萊。司風教者可不爲之流涕長太息乎!洪武初,石馬一門,爲公嫡長,應主公祀,遂創祠於宅之左,棟宇森嚴,門廉整肅,祀公爲不祧之主,祠門額曰"越國公祠"。其孫新菴、松泉二君請記於余。余與二君同志,且慕越公之爲人久矣,輒爲公記之,非敢贅言也。公之節義弗傳,此累朝史籍之一缺。異日史臣搜羅節義之士,有能採摘余言,將越公潛德貞忠補傳史籍,使得與舊史之所載者同耀日星,則志士仁人不見知於千百年之前,猶得知於千百年之後,庶以快天下忠義之心,而臣節益勵也。嗚呼!士君子立心宇内,當以聖賢之道自待。奈秦、漢以來,士鮮實行,苟可以得富貴，則必攘臂争先，求其有爲有守、勿愧聖賢之學者，鮮矣。而公也，生於五季，正聖學不講之時，乃其行己立身，確遵孔、孟家法。處常則得君行道，足以開草昧而定中原；處變則全節完名，足以植綱常而寒不軌。此非吾鄉人物之卓卓者哉！往者一松盧公暨新菴、松泉二君，俱挺然以身任斯道，講明理學於五峰，吾以爲華溪鍾秀，而不知越公者以璠璵冰霜之品，開其源於五百年之前，所從來遠矣。異日人品必有建大業、樹大節、震耀寰宇如越公者出於其間，則越公兹祠非獨以備烝嘗、供祀事已也！至若鼓舞作興，以斯道自任，則在新菴、松泉二君而已。是爲記。

重建胡公廟記　　應寶時

光緒二年，余既得公墓，稍稍修葺，規制未備，心竊慊之。按省志，公廟在墓前，今遺址悉爲土人種茶，無可辨識。不知何時，土人於風篁嶺腹建公廟，爲祈報之神。於是後來訪墓者，往往徘徊廟側，惟見山石嵚崎，樹木蒙翳，而終不能得墓之所在。曩昔之歲，績溪胡君楠生館於戚氏杭張君漱珊，以治先塋宿是鄉，窮足力者累旬，乃獲髣髴公墓，爲之披荆斬棘，一抔僅存，而碑碣已杳不可得矣。適余與丁君松生，以事至龍井，遂得瞻拜，爲樹一碣。丁君以爲有墓無廟，公之子姓遠在數百里，不久恐仍湮没。相與循山而下，訪宋廣福廟院故址，即東坡、淮海與参寥、辨才游息處，我朝嘉慶僧頂明結茅其間，創爲指雲寺，尋亦廢，其徒慧通，雲游年老，歸就昭慶寺前僧寮。小憩談次，知僧固曾納指雲寺糧者，界址瞭然，土人無可争，始得以價售。丁君捐貲爲倡，余附之，俾里之人戚大成董其役。伐石運木，肇工於光緒八年十一月，至次年十月而成。前堂三楹，供公象。後五楹，從里人之請，供佛。後奉宋四賢二開士之栗主，作碧櫥障之，其前翼以兩廂，左右各三楹，蓋即《淮海集》中所載方圓庵故址也。左側小屋爲庖湢所。共糜錢五千五百五十千有奇。最後隙地，度可建樓五楹，去墓不過數十武，招吾邑方巖寺僧元球供香火，其寺之師悟蘭、悟品、元檀分歲助錢三千四百二十千有奇。又携匠來，加丹漆，黝堊赩翼，儼然琳宫紺宇矣。余不知較宋時公廟爲何如，以視風篁嶺腹之廟，似足肅觀瞻而申景仰。廟成不數月，遠近鄉民争助冠袍、幢節、爐鼎、鐘鼓之屬，幾無虚日，於以知公之靈，至今猶赫濯如守土時也。余郡暨紹、台、温、處諸郡，公廟以千百計，風篁嶺距兹地不滿二里，何必再建一廟？第廟在，則墓可守；無廟，則恐異時併墓而無之。余移修墓之貲以建廟，亦有鑒於前之失，非好興土木崇飾非族之祀且求福田利益也。竊謂公之生平，載在史册，余不敢有所辨論，惟浙東千里，幾無一邑一鄉無公廟，則公之能使桑梓遠灾害、蒙芘覆，亦彰彰可信矣！悠謬之口，豈能掩公靈爽哉！丁君乃共成斯舉者，謂宜敘其緣起。今年春，適過公龍山故里，乃自忘其不文，而謹爲之記。

瓜涇橋分水墩記　　　應寶時

太湖之水，皆自西北横穿運河，以東南注於海。經流之大者，爲吴淞江。其首受湖水，在吴江縣，縣之所由名也，地最窪。湖尾之北出胥口入運者，又自東北分注運河，與運河南來之水匯，匯而東南，趨之港，曰分水港。港西，受瓜涇橋出河之水，合運河南北之流三派以入，而名曰分水者，因墩而名之也。天下之合，本以合其分。而不先分，則無以爲合。合衆水以入一港，其勢不能不互有强弱，此强而駛則彼弱而阻，必有受其患者矣。昔之浚是河者，留土爲墩，以踞港口，使水之未入港者不驟合，而得順其滥流之性。及其合也，則已入於港而流愈迅，此港所以必有墩。墩所爲以分水名，以見水不分，則港亦終幾於廢矣。禹於河下流分爲九而後合之，作者其或師此意也乎！惜入港數里後，水又由斜港入麗山湖以達黄浦，不能專注吴淞。吴淞東北諸水，亦多貫吴淞而南流入黄浦。黄浦日盛，吴淞日衰。青、婁懼潦，太、昭夏涸，則吴淞下流及東方諸渠之不治，非斯港所能爲力者也。歲庚午，大府以朝命修三吴水利，俾實時次第其事。舉湖之漊港河之橋、實堤岸與七浦、徐六涇諸河，浚之築之，修之作之，復大濬吴淞，以竟治湖之業。迨癸酉，瓜涇橋成，乃刻石此墩，竊記所見於前人之意者如此，使後之覽者，知吴淞所以導洩太湖者於兹港始，兹港所以合受三派而無强弱争軋以得暢入者，兹墩分水之所爲也。因覆石以亭，俾無速泐。夫豈爲北眄胥瀆、南睞松陵、西望龍威馬迹，攬湖山、數帆楫、流連光景之地云爾哉！

少萼樓記　　吴景瀾

麗州無城郭，而松山挺秀，桃水瀠洄，别多佳勝。自皖之吴晋齋二尹來贊是邦，因谿以桃名，植桃千樹，復完舊觀。城之東建門，并以八分手書其額曰“望春”。時王子介菴、蕉窗、蔭三昆仲三人，喬居於是門之外云。黄荆古處，新構一樓，顔曰“少萼”。樓成，而蕉窗不幸仙逝。介菴工書法，蔭三喜吟咏。碧蘿緑野之旁，月夕花晨之際，與姚君懷湘、徐君雨民、化辰、章君皞熙、景森、應君振華唱和，其中詩酒交歡樂矣。惟斯樓也，地交甌、括之衢，東望則春馬桃花，南流則秋船蓮葉，其西畫舫通明，可云望江；其北高峰聳拔，有似齊雲。吾意伯仲相偕，吟紅浮白，並伸雅懷，視青蓮鄉桃李園之故事殆有過之。昔唐玄宗性篤友于，製長枕大被，與同卧起，於宫西南置樓，其西書曰“花萼相輝”，時召諸王讌集賦詩。今樓名“少萼”，殆仿其遺意歟！抑又聞之，田氏之荆枯而復茂，開元之竹密自相親，而玉谿生兄弟並以文名，遂號爲《李氏花萼集》，此又余所深期於蔭三異時所以名其集者，即亦可以斯樓永其傳。

明倫堂聖裔碑記　　南宗主鬯孔慶儀

惟我子姓，系出湯孫。周興，世封於宋。春秋時，孔父公由宋之魯，遂家焉，是爲遷魯之祖。及叔梁公食采於鄒，篤生我聖祖尼父，世居曲阜昌平鄉之闕里，迄今七十餘世，歷受褒封，宗支繁衍，從未有假冒者,以家乘所載班班可考,不容紊也。然自趙宋建炎間,扈蹕南遷,寓衢始祖,則有宋封衍聖公端友。寓婺始祖,則仕宋爲大理寺評事公端躬。緣端躬公隱居婺永之櫸川,去城寫遠,子孫相安,耕鑿於山隅,以致前明邑人應希聖及俞柏等不知底蘊,誣指端躬後裔冒認聖裔,事載邑乘、學志,并勒石焉。幸今重修志乘,族人生員孔憲成得與採訪,始知其事,率同族人,隨帶譜志,奔衢禀請,乞一洒之。稽其譜牒,與我衢世系相符,乃爲轉移邑侯郭明府,請爲更正。嗣準移覆,以儒學明倫堂立有碑石,未便删除,並行查有無存案等因。到衢後,查前明舊案,並無是項卷宗,碑志之説,已難憑信。況本朝乾隆年間,高宗純皇帝東巡,臨幸闕里釋奠,先大夫傳錦公奉命選舉,族人陪祀觀禮一案,内有金華府項移文,保送櫸川及大小盤等處孔姓幾人,同赴闕里陪祀觀禮。禮成,均沐恩施。是櫸川一派之爲孔氏子孫更有可據。嗟夫!一本之親,被人誣冒,復鑿空而書之碑,則端躬一脈所傳,將如陸沉之羽,不可復振。忍乎哉!因不憚冒暑,跋涉而來。至之日,趨謁邑侯郭明府暨儒學戴、施兩師尊及邑中諸先達,約於六月二十六日齊集明倫堂,將帶來案牘並南北合修宗譜與櫸川族譜互相查閲,核對明白。所有志書誣載之處,當經公允更正。於是邑人之疑盡釋,而櫸川孔氏三百餘年被誣冤屈亦明。惟此堂側舊碑,有不篆不隸冒認聖裔字迹,不識仿何款式。揆厥碑詞,大率因科派差徭而設。今櫸川子孫,散居鄉曲,不下二千餘丁。現未邀恩優免,實與平民無異。且此碑非關明季朝廷頒發,而出於私意書空,應請仆而去之。旋經邑侯學師與闔邑紳士,咸以刊立新碑辨明前碑誣冒,則舊碑可無庸毁,並命爲文識之。爰不揣譾陋,直陳顛末,俾信而有徵,永垂不朽云。爾時光緒十八年閏六月朔日記。

附:新立永康孔氏聖裔碑文跋

合肥郭文翹本縣知縣

恭惟泰山巖巖,魯邦所詹,降神於曲阜之昌平鄉闕里,以明德後,篤生至聖，世爲天下師表。自漢以來，歷受褒封。子姓系胄，星粲以繁，未敢有冒黷者。兹奉博士敬謹合稽繫世，衢州祖宋封衍聖公端友、永康櫸溪祖大理評事公端躬，由宋南渡，兄弟偕來，世世相承，與祖爲體，傳至於兹，未涉混淆。是舉也，博士以永康重纂志乘，櫸溪茂才孔憲成始與採訪，得見志書中人物門義行條有應希聖以鬼溪冒認聖裔字樣，乃率宗人奔訴衢州，乞一判白，以洗污穢。博士殊爲詫異，即移文到縣。文翹時知縣事，以信有徵，移會志局，删除希聖本傳及俞柏傳"闢冒認聖裔"五字。越月，見《學志》及明倫堂載有碑石，乃粘抄碑文，復移於博士。博士敦篤宗盟，每自念承襲以來，恪守宫墻，未嘗越境，而乃以一本之親，被人誣陷鑿空冒認二字，加以石焉，屈抑三百餘年，不憚數百里，而遥躬冒暑熱兼程而行。見之日，約與戴、施兩師臺訂期六月二十有六日，招邀城鄉人士，將所携衢譜與櫸溪譜齊集明倫堂，互相校對，同出一源，咸無異議。博士復觀覽碑首"冒認聖裔"字，且其下詞語非出自朝廷，議仆之，防微杜漸，以除根株。文翹與兩師臺慫恿博士自爲文，新泐一碑，與爲對峙，則舊碑不足憑信矣。博士允諾，親製碑版鴻文，併約文翹與兩師爲言以傳信。乃會同志局彙纂潘樹棠、陳憲超、陳汝平及永康城鄉闔屬耆紳採訪都人士，並奉博士，綴數言於碑尾，以諗後之來者。爰敬謹盥手公同拜跋。

傳

二列女傳　　陳　亮

列女杜氏，永康大姓女也。生而端莊且麗。宣和庚子冬，妖臘起，所在嘯聚相剽殺。里有悍賊輩，謁杜氏門，大言曰："以女遺我。即不肯，今族汝矣！"其家驚泣，欲與則不忍，不與禍且及。言於女，女曰："無恐，以一女易一家，曷爲不可！待我浴而出。"趣具湯。其家以告，賊相與歡笑以俟。既浴，取鏡抹朱粉，具衫衣，盡飾。俄登几而立，縻帛于梁而圈其下，度不容冠，抽之，籠其首，整髮復冠，迺死。其家遑遽號嗷，賊聞，亦驚捨去。嗚呼！學士大夫遭難不屈者，萬或一見焉，而謂女子能之乎！方杜氏之不屈以死，猶未足難也，獨其雍容處死而不亂，無異乎子路之結纓，是其難也不可及已。陳子曰：余世家永康，去杜氏不十里許。余雖不及目其事，大父母屢爲余言如此。雖古之烈女，何以進焉！余既傳其事，以示余友應仲實。仲實因爲余言：宣和辛丑，官軍分捕賊，所過乘勢抄掠。道永康，將之縉雲。及境，富民陳氏二女并爲執，植其刃於旁，曰："從我，我婦之；否者，死。"長女不爲動，掠髮伸頸請受刃。官軍斫之。次女竟污焉。後有誚之曰："若獨不能爲姊所爲乎？"次女慘然連言曰："難，難！"世之喜斥人者必曰兒女態，陳、杜之態，亦兒女乎？人之落患難而兒女者，事已即縱辭自解，昂然有得色，視陳氏次女已愧，他又何説！仲實得之胡先生經仲。二君，謹言君子也，余是以志之。

吕節婦傳　　元胡長孺

節婦吕氏，婺州永康何頎季長妻也。何爲郡著姓。吕氏名清，年二十九。季長逝去，有一子三女。子述，甫三月。時南方寇盜充斥，人死兵戈者十七八，吕氏能保育其子女，且全其家人。勸之再適，則誓曰："馬不被二鞍，况人乎？死而後已。"聞者疑笑。後卒，遂其初志。郡邑長吏文學博士奉旨備醪禮幣表其門。同里胡長孺撰。本《顔樂翁稿》補。

章氏貞烈傳　　陳調元

貞烈，章姓，韞名，永康青龍人。生而莊静。年十二，許字馬氏。越七載，結褵有期。而馬生害疹，險惡不救。韞聞之，放聲而哭，欲往省。父母憐之，恐不測，乃聽往。至則拜舅嫜，逕入室。時馬生已不省，韞擗頓啼呼。馬生覺曰："吁。"張睛言："負汝，負汝。"指贈二釵訣。女曰："家，余家也，何釵爲！"馬生吁吁而絶。韞哀慟，脱珥笄，髽麻、親爪櫛、飯含、視襲斂，囑卜兆者虛右，憑棺約："爾前遲我，我爲爾圖後事。"逾年，抱叔氏初孕之子從海嗣。孝敬雍睦，性不耐逸，孤檠夜雨，絡緯蕭蕭，四壁凉風，翦尺鏦鏦，凛如也。郡縣歲交旌。今週甲子，臺憲上其事于部。禮臣議：女子從一，不亦貞乎！未醮而決，不亦烈乎！命之貞烈，以彰厥里。遂下所司，旌曰："故童馬世稱未婚妻章韞奴貞烈之門。"馬生故名家子。貞烈父名龍，母金氏。初，母娠，族博士員璠夢幢蓋鼓吹送狀元來，是夕貞烈誕焉。

應仕濂傳　　朱　謹

君諱曇，字仕濂，永康芝英里人也。應氏自有宋時居芝英，以敦本尚義世其家。君生於洪武辛未，少補弟子員，以舉子業無與實學，遂棄去，與四方賢士討論實義。其所學綽有餘裕，郡邑事每從之咨詢以行，輒有實效。父殁，喪葬盡禮。兄仕清，與之析産，君悉以沃産讓兄。亡何，仕清卒，君乃專志撫孤，代理婚嫁云。君性好義，所在輒有恩，及激人心腑。常於温州市上見一少年，倚棗筐而泣，泣甚悲。君詢之，則曰："予自東陽來者，父喪，母子苦守。貸於人貿易，於此日久，貨不行，母望於家而身不得歸，是以悲耳。"君惻然，就其值償之。其人大悦，悉君姓氏而去。又嘗徵租莊上，忽聞旅店中哭聲甚厲，往視之，則一襤縷婦人也。有兇徒怒杖之，君亟勸而止。杖之者曰："我以重價得此婦。兩售於人，兩不肯就而反。今安所得值乎？彼實累我，是以恨而擊之。"君愴然曰："擊之奚忍？我償而值。"其人大喜，遂以金贖之，挈至家。忽洗容易服，姗姗而前。詢之，則宫人也。發遣而出，落於販奴之手。具以告君，復從絮裹中出一囊授君。君以此益廣利濟。僕人有拾遺金百兩於杭州寓舍者，歸而入舟，始白於君。君大駴，亟返于杭，訪失金者還之。歸途遇一羽士，相之曰："君陰德溢面，福未可量也。"先是君所遇東陽少年不復省憶矣，後數年，君以事過東陽，聞人言：某所胡姓者家供一牌位，書君姓氏於其上。君迹至其地訪之,牌固在。亟命撤去之。胡姓者母子感泣不已,其後兩家子姓結婚媾,成世戚云。君於邑中義舉,罔不勇赴,捐金以葺學校,置田以助里役,築橋賑饑,修復佛寺,計其生平,所費不貲,而卒莫之竭也。迄今芝英一區丁允數千人,其賢裔猶能守禮好義,宛如仕濂公存日云。

節婦徐氏傳　　樓上層

節婦徐氏,諱某,永康河東吕日譜之妻,同邑庠生徐堯時之女。日譜卒崇禎丙子。維時節婦年十九,欲與俱殞者數矣。家中人救之,得不死。哭曰:"我夫麟鳳其文,而虎羆其氣,竟不禄,早死。夫亡,我質殊綿,奄奄遺一綫命耳。"竟乞死,不得。蓋日譜學問詩禮,爲邑名諸生,會吕氏族方建祠河東,日譜負力揭巨磉,分擲左右如轉丸,曾不屑意,故節婦云然。頃之,節婦掇日譜故所嘗讀書零編剩牘,悉裝貯笥篋,其他冠履櫛沐具,雖敝皆珍而有之,閉户執箴,稱未亡人某,卸脱簪珥,曩漆髪付飛蓬焉。節婦性至孝,屬姑有疾,姑廢食,節婦亦廢食。頃之疾愈,姑就食,節婦亦就食。其起居懼哀,惟姑之從,不主自己。有丈夫子一,以建祠時生,故名曰兆宗。卒時年二十有六,垂革,家中人勉使就藥。節婦辭曰:"吾乃今獲就木吕氏矣。藥雖良,其慎勿我强。其有能使我姑忘其老而子忘其少者,實維某存殁無窮之感。"

樓子曰:余以甲寅三月載泛舟永康桃溪,河東吕新之來見。其人彬彬有古君子風,數爲我言徐氏事。當崇禎朝,巨盜猝起,揭竿斬木,掠婦女,遊行東西,男女之化不振者慘甚。而節婦獨義狥其夫。雖其地非兵刃之所及,而貞心烈膽初不以死思,轉若以死幸焉。蓋新之之祖,曰增廣生瑄。瑄字自西,雄於文,世所爲錢吉士、徐思曠不遇老生,其研經砥史,故當稱天下才也。自西則於諱兆宗者爲子,於節婦爲子之子。兆宗壯亢激越,視金帛如土芥,氣雄一時。以父早卒,學於日譜兄日昌。日昌爲庠序秀。節婦曰:"婦人義不聞梱外事,況稱未亡人者哉！雖吾子家而幸不罹水火之厄，弟婦之責也；學而幸不墜詩書之訓，兄公之任也。”以故終節婦身内外無奪倫者。則諱堯時者之教行於其子，而諱日諧者之教閑於其家也。維節婦誠賢矣哉！

吕母節孝胡孺人傳　　盧 檠

昔晋程杵之謀匿趙氏孤也，曰死易立孤難。臣道也，妻道也，二而一也，吾於吕母節孝胡孺人有感焉。孺人者，永康河東吕兆昌之妻。系出下溪胡氏。考諱宗玉，妣金氏。幼時即知父母劬勞，以孝聞。其歸於吕也，兆昌年既長矣，又以早失怙恃，家中落。孺人至，不數日，即脱去簪珥，相以勤勞，一切米鹽淩雜，憔萃代匱，絶口不言苦辛，而歲時祭祀，則必腆必誠。嘗言吾不獲逮事翁媪矣，每歲承祀只一二日，固不少用吾情耶！兆昌既病劇，延醫攻以萬方不效，籲天求代，不應，康熙辛巳五月十有六日竟不禄以死。孺人痛甚，絶而復蘇者再已，指四歲孤言曰："吾不難從夫以死，然此子未成立而遽棄之死，是再死吾夫也。”蓬頭垢面，益自作苦，奩中物不贍，則紉針補綴佽之，至漏下二三十刻不已。每寒食，携其孤，展墓伏哭，良久乃歸，歸途涕猶潸然，非《禮》所稱有終身之喪者耶！孤子懋池，年甫七歲，即爲覓句讀師教之，曰："家故貧賤，豈爲拾青紫計哉？他日明於大義，俾人稱吾夫有後，吾願足矣！”稱未亡人垂三十餘年。有二女，既嫁，懋池亦且成立，懋池乃請於姻族曰："他人母之爲母也易，懋池母之爲母也難。他母，母也。懋池之母，不惟爲母，爲父、爲師、爲傅。其節也，以慈也；其慈也，以孝也。年符旌格前此矣，長者曷亦哀而憐之而以請於有司乎？”於是爲論次其事，告於邑侯嶺南黄公，遞達於大吏請題。乾隆十年歲乙丑，天子命下，予大府金錢，表厥宅里，樹風聲焉。君子曰：人生天地間，忠孝廉節得其一皆足不朽。如婦人以節聞，固婦人之不幸也，然欲立孤而孤立，俾其夫得有後於千世，而其以節孝坊表，亦無異丈夫之以忠孝著稱也。若孺人，其亦可以無憾矣！

吕節母應氏傳　　程尚曾

節母姓應氏,岳松吕公配也。年二十一,婦于吕。逾八年而吕公亡,遺子一,曰行元;女一。當吕公之未卒也,卧疴逾時,凡左右扶掖暨藥裹湯餌之費,拮据萬狀,率惟節母是賴。及公之卒,母年才二十有九,行元僅九齡耳。家故貧,寒燈敗簀,遺孤孑焉。母必辨色而起,一切勞苦委瑣之事悉獨肩之,即艱難踣頓,未嘗告瘁也。嘗以祭,牽其子拜且泣曰:“而子而佑之。其教之育之,未亡人之事也。”鞠育恩勤,勞瘁備至。行元既冠而娶,生子曰開成。母曰:“吾夫真有後矣。”未幾,媳蚤世,復爲行元繼娶應氏。喪葬問徵之費,悉籌畫于母。應氏生子,曰開學,母始粲然曰:“吾夫後不單矣。”鄰里賀者僉曰今日黄河清,蓋以母自守志以迄于今未嘗露齒云。方冀含飴弄孫,卸所肩于子,詎料行元復未竟厥緒,捐母以殁。嗚呼!母之遭,可謂再不幸矣!斯時二孫男皆未成人,旁觀者咸慮之。母則毅然曰:“吾夫九京所睜睜者,此二雛耳。吾遂委諸孀媳乎!吾雖老,吾子死,則吾責猶未既也。”于是總攬家計,凡内外淩雜,率身親之。家素業杜康,醫釀篘漉,必自點檢,勞瘁之況,無異疇曩,而家亦因之而少康。歲丁酉,開成輩俱已生子,開成且以貲入太學,邑之紳士僉仰母之節且賢,謂事關風教,宜有坊表以章婦順。條其事上于州。于時州大吏按之,悉如狀,乃據以請上,奉俞旨焉。嗚呼!母之榮可謂極矣!而母則服其命服,肅拜以虔恩命暨謝姻族,後遂摒擋庋置篋中不復服,曰:“吾一生苦志,得布衣以終足矣!”母之識,又何高人一等也!母現享年九十有三,曾玄且繞膝矣,而矍鑠不衰,斯固熙朝之人瑞也。予故傳其梗概,以明天人之際應若影響有如此者,以爲當世勸焉。

一門八烈合傳　　大理馬恩溥雨農

一門八烈者,永康胡氏鳳鳴、鳳雝、鳳恩、鳳岡、鳳韶、宗壽、胡盧氏、胡王氏也。胡氏遭亂死者不止八人,而八人者尤烈。鳳鳴、鳳雝、鳳恩，爲封武功將軍仁柳之子。鳳岡、鳳詔，爲誥贈中議大夫仁楷之子。宗壽，鳳詔子。胡盧氏，仁楷第五子鳳標之妻。胡王氏，第七子鳳詔之妻。仁楷居鄉，有厚德，崇祀鄉賢祠，生七子。弟仁柳，生子四。皆課以詩書兼戎略，多登仕版者。而鳳鳴由武科進士挑用侍衛。鳳鼈武生。鳳岡廩貢，鄞縣訓導。鳳詔附生。鳳恩業儒。咸豐三年，逆賊洪秀全陷據江寧，毘連浙省，驚擾無虛日。適鳳鳴假歸省親，浙撫因疏留在籍團練，旋派越境助防寧郡，遂與鳳鼈俱往，克復寧國縣城，功第一，授游擊，陞參將，加副將銜，賞戴花翎，并給協勇巴圖魯名號，督守南陵三載。鳳鼈亦以戰功，保藍翎千總，洊升嘉興協都司，賞换花翎，殉難後加贈參將。當是時，皖南稍安，賊乃另以大股竄擾江西，破廣、饒，將以窺杭，氛甚惡。鳳鼈奉調協剿，至景德鎮，血戰數日，猝中大礮，尸骨粉碎，蓋死事最慘者。已而寧郡失陷，嚴、衢皆不守，杭州被圍，浙撫乃飛檄調鳳鳴回援。轉戰千餘里，四面皆賊，至台州之黄巖縣，力竭死之。鳳恩奉母避亂山中，聞兩兄耗，賊擾及鄉里，不勝痛憤，招集鳳鳴所帶餘勇，力與賊鬬年餘，戰歿於壬山。時浙中雲擾，鳳岡尚未赴訓導任，鳳詔以侍母在家，誓死不去，永康再陷，被執，鳳詔駡甚厲，賊怒斫之。其子宗壽哭伏屍旁，亦被殺。賊以鳳岡曾辦鄉團，知其能，誘以僞官，矢志不屈，强之行，至昌化之白牛鎮，不食數日死，賊義而藁葬之。當賊至永康時，胡盧氏避弗及，即慷慨赴水死。胡王氏以哭夫死。蓋自咸豐十一年二月鳳鼈死浮梁，十一月鳳鳴死黄巖，至同治元年鳳岡諸人相繼死，胡氏之死義者，於是而八人矣！鳳鳴等之兄秩觀察名鳳丹者，與余友善，歷述其死事略，因彙爲之傳。

論曰：匹夫匹婦，未嘗不知慕義。至搢紳士大夫家，事窮勢迫、闔門殉難者，亦有之矣。若其時其地各有不同，要其後先相望，同有合於取義成仁之道，而出於同氣之人，不尤烈哉！余聞贈將軍嘗扶老至寧營，勉鳳鳴兄弟以忠義，因病死營中。鳳詔之妻王氏，亦後夫兩月殉以身。意其家範之醞釀者深歟!

節烈吴絳雪别傳　　潘樹棠

茂才徐明英之妻,姓吴氏,女士也。本名宗愛。孩幼性聰穎,愛讀書。少長,隨父官之任,以工詩、畫鳴於時,每有所作,自題其册曰"絳雪",世遂以是知名。爲縣游仙鄉之厚堂人。生當國朝定鼎之初。既嬪於徐,越康熙十有二年,夫明英以客於外而不禄。改歲十三年甲寅,絳雪新寡。忽以三月,耿逆踞閩叛。六月,耿逆屬將僞都督徐尚朝踞處州,使諜者宣言於永康曰:"必得絳雪,可免屠戮。"縣故無城,聞處州失守,皆奔避僻村,城中虚無人焉。絳雪亦以寡匹,還匿母家。聞人言紛紛,默自爲計,以爲有死無貳,古之教也。未亡人與故夫,既爲清時人,當爲清時鬼,終以必死殉吾夫於地下。然徒死貽鄉邑憂,何益?古亦有改嗁爲笑,卒至投井、投火而殉夫者,真計之得矣。於是有以賊言告之者,絳雪佯應之。縣人遂亦宣言揚絳雪意。尚朝至,喜,戒將卒過永康勿犯。絳雪言必以禮聘乃可,尚朝即遣二心腹老婢與及數卒於厚堂邏守之,自率將卒趨往金華,插營積道山,乃遣賊卒迎絳雪於永康之厚堂。賊卒以輿舁絳雪。及卅里坑白窖峰下,絳雪見四圍皆山,命易以馬。右阿深峻中微有村,即椒坑也。紿賊卒且駐,謂與老婢就村取飲,緩轡行得最高處,遂拚命一躍,墮馬死。時二十九日也。二老婢與賊卒無所爲計,亦各散走。是時縉雲賊躪最慘,永康始終不染兇刃得無恙者,皆絳雪力也。而絳雪不污其身,莫之點辱,卒不食其言,以盡節死。絳雪故夫明英,縣之西城人。舅懋問,歲貢生。姑朱氏,世族女也。父士騏,歲貢生,由秀水任嵊縣教諭。母芝英應氏,亦縣著望。皆以儒世其家。

論曰:絳雪一嫠婦耳。么逆欲漁其色,遂出其智計,保疆邑不罹兇惡,卒能周旋其身以不辱,自脱於網羅之外,得盡節以死。《易》曰:"苦節,不可貞。"絳雪其能貞之矣乎?然而烈矣!

永康縣志卷之十六

説

茉莉説　　應孟明

茉莉之生，宜於閩而不宜於浙。閩之地，籬旁舍下，山樊水涯，如刺如藤，不植自繁。浙之好事者，遠而求之閩。既得之，則辛苦培之，不敢植地上與群花偶，瓦以爲缶，木以爲斛，植其中，求遷徙便，夜歸於室内，晝出之庭下。時而寒之，則晝夜不出，居火之近。然猶十植而八九不生，而六七不繁。余於庚辰歲寓李溪，見有鬻茉莉而號於市者，余出數百錢，易數本以歸。植群花之圃，亦以群花視之，不甚貴重也。更四年，花之繁不止十倍。其植之初，纖纖其根，垂不盈尺，今焉環其土而四五尺其根也；植之日，疏疏其莖，纔一二數，今焉條達幾於百數其莖也。其葉璀璀，其叢冥冥，人之愛也。思視之勤者，皆不吾植若也。隆興改元冬十二月朔，禹山張伯勉乞分於余。余從之。將行，謂余曰："先生自庚辰春歸而植之，今四年矣。一日分以遺予，可無説以侑其行？"余曰："余於花無甚愛，然於兹花之植有感焉。人之愛其身也，居以華屋，食以粱肉，衣以紈綺，畏寒暑如畏狼虎，畏道途如畏敵人。惰其四支，疾痛仍作。弱而如不克，瘠而如不食。或疾以生，或疾以死。是無他，愛其身者，害其身也。真能愛其身者反是。出之以大風烈日，當之以道途饑渴，手勞於持，足勞於履，心勞於思慮。身勞而力倍，癘疫不能入，憂患不能侵。其生也堅强，其死也壽考。是無他，勞其身者愛其身也。子歸，以吾言號諸人曰：孰愛爾身？

害身之尤。孰勞爾身？堅强以休。晏安無事，古號鴆毒。動心忍性，增益厥福。無藏爾家，無愛驕奢。謂吾不信，有如兹花。”

牙醫説　　　　　　　　吕　皓

余左車有齒摇動，痛楚不可忍，將有遠行，亟欲療之。人有言張其姓者業攻此，因呼而示之。張者曰：“是齒也，可存可去，亦視其人爲之。”予曰：“何謂也？”張曰：“俗輩無遠識，欲求快於一時。存之則痛，未易遽止，必訾吾無速效而莫吾酬。去之則痛可立止，然傍無依輔，牽連撼他根，必將復求於我。彼不悔，吾又何難焉！彼之齒日以少，而吾得酬益以多，不盡不止也。於公則不敢然。蓋公知道君子也，諳人情，達物理，識利害重輕，不責效之遲捷，是用先告公以自治之方，始可以盡吾術、行吾志。次第其良劑而治之，閟元氣以養齒之末也，節飲食以養齒之鋭也，嗇津液以養齒之體也。又從而度乃口以防羞之起，結乃舌以防邪之干，護乃唇以防風之寒。浸久浸固，雖無赫赫之功，必不貽患于後日。日計不足，月計斯足矣。必若不視勞以爲功，不指功以言報，故敢盡以語公焉。噫！滔滔者皆是也，如公者幾何人？苟執吾術而不知變，則有委溝壑而已耳。”張因倒其囊中脱齒數斗，列以示余，曰：“此應脱而脱者，彼未應脱而與之脱者。應脱者十不一焉。”又蹙額而進曰：“脱一齒僅得米二升，吾母老、妻瞽、子幼，一日不脱數齒，則將不能給矣。利害之切吾身蓋若此，甯求脱人之齒且快于人而己得食乎？將必圖固人之齒且忤于人而己不得食乎？其爲我決之。”余俛焉無以答，因笑語座客曰：“諸賢異時出而醫國，其取方於此。”

拙齋説　　　　　　　　吕文燮

拙者，巧之反也。巧者世之所趨，拙者人之所棄。余嘗究二者之得失而論之。蓋古之人，其本在於生人之具取足焉而止矣，不求稱欲而過役其智也。食飲取其充腹而已，故汙尊抔飲而足焉；衣服取其蔽形而已，故大布博褐而足焉；室屋取其待風雨而已，故茅茨土階而足焉；器什取其贍用而已，故陶金冶土而足焉。至於禮，取其接上下之體而已，故儀文具備而足焉；樂取其達天地之和而已，故比聲切律而足焉；刑取其除暴禁非而已，故明法慎罰而足焉；政取其遏惡揚善而已，故審令施制而足焉。至於言，取其道賓主之情而已，故辭達而足焉；行與事，取其盡父子、君臣、夫婦、長幼、朋友之分，而動静云爲亦行其所無事而已，故盡倫正躬迪德而足焉。夫如是，故其民相安於無事，而竝生於天地之間。其後道敝樸散，人僞滋生，務求稱欲而不知止足也，遂以古人之所爲者謂之拙。於是珍饌瓌品必求其味之美，輕紈纖縠必求其飾之麗，瑶臺瓊室必求其居之華，雕文刻鏤必求其制之異。禮之敝至於便辟習熟而無忠信惻怛之實，樂之過至於流蕩忘返而無和平淡泊之趣，刑之失至於深文峻詆而無哀矜欽卹之意。政之衰至於雜霸任知而無《關雎》《麟趾》信愿仁順之風。夸毘呫聶從横捭闔之辯作，而要君證父賣友斁倫敗類之行興。而凡其所行事，日趨於澆惡狙詐，鐫鑿其本真，劉琢其天性，刓其大者使之細，朘其厚者使之薄，究天下之物不足以給，竭天下之慮不足以贍，角天下之人至於相與攘奪竊亂而不知紀極。是皆世俗見謂巧者，而其敝至於如是。則天下之患，皆巧之所致，而非拙之罪也。其間或有豪傑之士，鑒其禍敗，苦其智之窮，而欲反其本，懲其欲之過，而思復乎古，於飲食也寧菲，衣服也寧素，室屋也寧陋，器什也寧樸，禮寧失之野，樂寧失之淡，刑寧失之不經，而政寧失於疏略，言寧失於訥而少文，行寧失之遲鈍椎木。徑情而直行，一切美麗華異淫慝刻薄佞僞之類，凡所謂巧者，悉推以與人，而不與之校，而以拙自處。及其至也，天下之人莫不受其弊，而己獨高拱而無事。由是而觀，是拙者未嘗不爲巧，而巧未嘗不爲拙也。拙者可以爲巧，而巧者雖欲爲拙，不可得也。嗚呼！拙者有餘，巧者不足。巧者勞，拙者逸。巧者賊，拙者德。巧者争，拙者平。巧者擾,拙者寧。其弗然乎?延陵吴君克讓,以拙名其齋,而徵文于余。克讓,名將之子,生而富貴,又聰明而有文章,其才與力皆可自致於巧以馳騁於世,乃恥之而弗爲,而取其所棄,蓋所謂豪傑之士志乎古而反其本者。故余因爲之説以贈之,且以發其意云。

昌陽説　　王　崇

應子讀書靈巖。巖皆石,周匝虚窪若洞,洞中多昌陽,亡擇廉阯,類托根于石,而迥出衆芳。應子愛之,盂其數本,登之几上,櫺風窗月,意與之偕,翛然也。《神農經》:餌之長生,久則仙去,以其氣陽而能昌吾之元陽也。故洞賓爲純陽道人。應子之愛,無乃是也。嘗曰:樂其與自家意思一般。殆非謂是也,然又有大于是。陰陽合一,太極也。太極一也,兩之則天地生矣,三之則人參其間矣。非有兩則不能一,不三則不能參伍以變。參伍,陽數也,而陰每居于空虚不用,故陰不可長而陽不可消。消長之機,治亂之道也。邃古太樸沖和,萬彙不喻而自解乎道。庖羲畫卦,則之于天,是時蓋純乎其天技也。軒轅永端于天,以人修之,然猶純陽用事。堯舜而下,一陰才來,吁咈形矣,忠質互而文矣,陽將極矣,於是作《易》。作《易》者何?嚴消長也。陽不長,則我長之,是昌之也,純以其人者也。昌陽之説昉此矣。周既季,陽微而三,陰乘之,上下易位,萬物亂軌,孔子於是作《春秋》。《春秋》,猶夫律也;《易》,猶令也。令之不從,不得已而付之律也。《易》防其亂,盡變以立權也,所以前物而開其用,昌之始也。《春秋》明治,援常以正經也,所以后業而成其斷,昌之終也。其爲崇陽一也。今去季周滋遠矣,人心之《易》如綫,而《春秋》終人事矣。夫人心有《易》,天之性也;事徧《春秋》,非性之罪也。是故君子大則致道于上,昌于八荒,施及後世,是可與皋、夔、周、召者遊。小則光于其家,恒于其鄉,際身所邇,皆被之《易》,而《春秋》无所用之,詒永加大,取是足焉,是則孔子徒也。彼純陽之以長生,生其身焉已。若此則長生其心,心生則天地之道存，而功常參。故明有顯聞，幽有馨祀，惠澤流動，百世如在，而神仙不與焉。是則昌陽已矣，應子以爲何如？

尊經閣説　　王　崇

獲鹿尊經閣成，師弟子請説。説者曰："六經，聖人之書也。聖人不可得見，所可見者書也，《易》《書》《詩》《春秋》《禮》《樂》是也。尊而閣之者，尊聖人之書而奉之以高閣也，示隆重也。"請者漫然，以爲未竟。崇乃言曰：欲聞所以尊經乎？斵輪者曰：聖人之書，聖人之糟粕也。苟知聖人之糟粕者書也，則知所以尊經矣。仰曰天，俯曰地，人兹藐焉，然鼎立也，謂其能參天而兩地也，故惟聖人始得爲人。六經者，聖人所以爲人之道也。故觀于吾身，而六經之所爲備矣。觀于吾心，而聖人之本來面目可見矣。觀于其《易》《詩》《書》《春秋》《禮》《樂》，而知皆吾人之箋釋矣。《易》言乎其命也，《書》言乎其行也，《詩》言乎其思也，《春秋》言乎其識也，《禮》言乎其體分也，《樂》言乎其風氣也，皆聖人之所爲文也。遂義以致命曰時，遹德以紹行曰中，慎動以辨思曰正，鑒微以精識曰公，修則以定分曰敬，軌物以宣氣曰和，則皆聖人之所爲旨也。聖人之文非不足也，然有旨焉，君子弗文也。是故君子皆遂義也而不衍于時，則庶乎《易》矣；能遹德也而不詭于中，則庶乎《書》矣；能慎動也而不離于正，則庶乎《詩》矣；能鑒微也而不闇于公，則庶乎《春秋》矣；能修則也而不欺于敬，則庶乎《禮》矣；能軌物也而不戾于和，則庶乎《樂》矣。言皆駸駸乎入之矣，入斯深矣，然而未尊也。昔者堯以天下讓舜，而舜亦以授禹，湯、武以匹夫匹婦之心而臧否天子，乃天下不以爲犯順，顧益從之，斯善用夫《易》之時。伯夷、太公若高海濱也，而姬伯之歸復下翔乎周粟，瞯亡之拜，固鄭重乎嘉覿也，而互鄉佛肸乃假樂焉，斯善用夫《書》之中。伊尹放其君于桐，以天下擅廢置也而人不疑；首陽之諫，匹夫犯天子爲之而人不以爲異，且猶義之，斯善用夫《詩》之正。象，天子弟也，舜能制其惡于有庳之放，而周公不能以管、蔡而寬天下之誅；禹，鯀子也，能以其績蓋羽山之愆，而堯不能以丹朱而享一日四海之祚，斯善用夫《春秋》之公。不告而娶，禮所不許也，然未聞嬀汭之嬪而稟頑嚚之命，卒以延虞氏百世之祊；天下獨夫受矣，而文王猶以北面之節終焉；比干諫且死，不敢不盡言以私聖人之竅，斯善用夫《禮》之敬。無懷、葛天之治以樸爲其道也，民狉然不争，風俗大穆，鳳鳥龜龍巢焉，擊壤康衢，至今可想也，斯善用夫《樂》之和。夫羲軒而上無《易》，堯、舜無《書》，禹、湯無《詩》，文、武、周公之前，《禮》《樂》尚隱也。然而數聖人者，行則度，動則憲，惻怛忠厚，以善夫世累之遭而不失乎天理人倫之正，俾後世裒然稱篤行焉，炳炳若日星在天、江河行地，而未有不以爲經者，彼安求端哉？蓋求端于我而已。人惟以我之不足而無所與才于天地也，則形氣之以也而我索然小矣。庸詎知夫嘗鼎立也，而分有常尊者哉？夫心之知覺是謂賢，心之神明是謂聖。聖則能作先天地而體其撰也，賢則能述後天地而發其藴也。經之始也，是鼎而立者也。是故心之所極，千聖莫能過之；心之所安，千聖勿能違之。聖人懼夫心之不安也，於是累千萬言不足而有經，經所以極此心之安也。古之人，心安則身聽之，貧於是，賤於是，夷狄患難生且死於是，而身毋違焉。身所以安此心之極也。夫天下未有能大於心者，身且聽之，其尊之也至矣！今夫天，人則知尊之；君，人則知尊之，皆舉吾身而聽之也。至於經有不然者。彼誠知夫富貴福澤之以爲愛其身也，而無所與於君臣父子之道也。苟知是道之足吾庇也，而富貴福澤反或污焉，則知所以用情矣。君臣父子之道，聖人之道也。天下之物孰有榮於聖人之道者哉？奉其身以聖人之道，是尊其身以聖人也，尊之至也。故夫愛身者，能使其身一聽於聖人之道，真若民之於君也，萬物之於天也，亦惟其命而莫之違焉，斯可謂之尊經矣。苟徒以其書也，則誠糟粕已也，其與未畫之前、秦火之後，一也，經何爲哉！

愛牡丹説　王世鈇

自茂叔先生以牡丹爲花之富貴，後世清尚之士遂噤口不敢道。予獨愛牡丹，謂其亦有君子之德焉。植必處中，大居正也。挺勁其幹，阿那其枝，剛柔節也。備五彩以爲色，冠百花而首出，和順積而英華發也。故有時移種上林，天家增重；有時飛來瓊島，老眼頻看。良貴耳，非趙孟之所貴；至文以爲富耳，非晋、楚之富。牡丹亦有君子之德焉。然則先生之説非耶？曰：先生之説，别有寄托，非斥牡丹，如謂世俗之所愛必不可愛。彼蓮花亦嘗比六郎矣，先生何以愛之耶？出汙泥而不染，此蓮花之心也。視富貴如浮雲，則又不妨愛牡丹矣！

學日説

晋平公謂師曠曰："吾年七十，而猶好學，何如？"曠曰："臣聞，少而好學，如日出之陽；壯而好學，如日中之光；老而好學，如秉燭之明。"秉燭者，賢於暗行矣。柳齋子曰：此瞽師之失辭也。學與年增，明因學進。故少之所蒙，或老而開焉；壯之所滯，或老而化焉。愈學愈鼓舞，愈老愈精神。其樂不可量矣！因爲二言以正之曰：少而好學，如日初出，昧爽恍惚；壯而好學，如日始升，融朗徐增；老而好學，如日中天，光滿大千。故夫子不知老之將至，而又欲假我數年。

夜明砂説　程兆選

夜明砂，蚊睛也。夏秋之月，暝色交，蚊乃市，薨薨聚簷霤間。飛鼠時其市也，來往趁如織，迎而吸之，市墟腹果，獨其睛食已不化，輒糞以出，淘之，粲如砂。方書用已目疾，甚良。人之膚腠，風入則粟，汗出而漿，潛扃密啓，孰察杳茫。蚊剸厥喙，卒盜而藏。則睛爲之鉥也，其亦神矣。挹彼注此，靈液播精，磨光豁翳，轉魄而明，其良於目也固宜。百物於人，苟資之，皆可徑而致。象之齒、虎之骨、麖麋之觡、鼉蚌猵獺之甲與髓，以及溪髮、石乳、草根、木節、果核、瓜犀，下至蛇蟬之蜕、螳蜋螘之卵,皆得羅山網淵、摭林掘野求之,獨兹砂非腹以鼠,輸以糞,漱以微湍,則終歲不能以粒。晴固神砂之效,於目誠良,乃致之必委折若是,不若是,卒不可得而致。嗟乎!以彼抱其纖微渺瑣之質,於天地直一塵耳,復寧足以有無計,乃以一節之長不可終棄,必使糜肌腐骨、蒙垢逐污,輾轉挫辱於崎嶇煩穢之中,幾無由自拔,乃更爬羅蕩滌,變動光明,卒成其材,以擅其能而名後世。此即管夷吾三浴三薰而相,范雎折骨拉骼而封,其榮瘁升沉,亦寧有毫髪異。豈造物者固不憚煩哉!彼其一視同仁,皆有大不得已焉者也。余故爲之説,以明造物於才,既生之,則其愛之也,則纖微渺瑣如砂者,亦必搰搰委折成就之若是。

箴

上光宗皇帝鑒成箴　　　　陳　亮

五閏失馭,僞主僭竊,綱常絲棼,宇縣瓜裂。干戈日尋,湯沸火熱。元元憔悴,無所存活。藝祖勃興,天爲民設。受命之日,兵刃不血。痛兹版圖,尚爾割截,丙夜不安,往就普説。獨立門外,衝冒風雪。謀定戈指,莫我敢遏。首征揚州,重進誅亟;旋征澤潞,李筠就殺。復掩湖南,保權力屈;爰取荆南,繼冲悚慴。一鼓孟昶,蜀城斯拔;徂征嶺南,劉鋹面縛。馳使江南,李煜踧踖;傳檄吴越,錢俶納國。十餘年間,憂慮危慄,頭若蓬葆,雨淋風櫛。東征西伐,天下始一。解兵修貢,降王在列。施袴麻鞵,緣布衣褐。訓練六軍,法度陛級。太宗繼之,乾乾夕惕。親征河東,督勵士卒,人百其勇,城無全堞。下詔寬赦,繼元乃伏;收復漳泉,洪進屏息。真宗嗣之,二祖是法。契丹來寇,人心業業。決意親征,俯從準策。親御鞍馬,躬秉黄鉞。白旄一麾,王師奮發。我氣既盈,虜氣斯竭。稽首請和,干戈載戢。譬以禍福,實賴臣弼。於皇仁祖,善繼善述。未幾元昊,在西復悖。謀臣勇將,連年討伐。邊民既困,國用亦乏。厥後智高,忽爾猖獗。南嶺東西，擾擾數月。以時討平，狄青之力。靖康之難，言之汗浹：二帝北巡，狼竄熊窟。沙漠萬里，風霜冽冽，胡塵撲面，驚弦慘骨。國祚若旒，誰任其責？賴有高宗，克紹前烈。匆遽渡江，心膽欲折。皇天降監，風濤安帖。所至成市，暫都于浙。顏亮凶燄，震撼六合。投箠采石，意謂無越。幸而倒戈，自取夷滅。壽皇履位，求賢如渴。崇事高宗，孝心尤切。二十八載，終始無缺。高宗上僊，哀號哽咽。四方來觀，其容慘怛。王業艱難，坦然明白。今王嗣位，祖宗是則。無湎于酒，無沉于色。色能荒人之心，酒能敗人之德。以宰相爲腹心，以臺諫爲耳目，以將帥爲爪牙，以尚書爲喉舌。登崇俊良，斥退姦枿。勿謂天高，常若對越；勿謂民弱，實關治忽。勿俾禍起於蕭墻，勿使患生於倉卒。勿私賞以格公議，勿私刑以虧國律。勿侮老成之人，勿貴無益之物。勿妄費生靈之財，勿妄興土木之役。勿謂嚬笑之微而莫我知，勿謂號令之嚴而莫我逆。盡孝乃明主之治，論相乃人主之職。聖言不可侮，人心不可咈。傾耳乎公卿之言，游心乎帝王之術。勿謂和議已成，而不慮乎遠圖；勿謂大位已得，而不恤乎小失。當效禹王，寸陰是惜；當效文王，日昃不食。勿效夏桀，瑶臺瓊室；勿效商紂，斮涉剖直。如履薄冰，深虞没溺；如馭六馬，切虞奔軼。勿謂微過，當絶芽孽；勿謂小患，當窒孔穴。左右前後，當用賢哲。王惟戒兹，民罔不悦。草茅作箴，敢告司闕。

銘

陳同甫厲齋銘 并序　　宋吕祖謙

參政周公名陳亮同甫之室曰“中”。陳子事斯語而知其難，更榜以“厲”。厲也者，所以用力而擇乎中。其友吕祖謙爲之銘。

泝流之舟，挽之爲難。下坂之車，柅之猶馳。木火金水，燥濕不齊。有習有積，有居有移。亦能用力，蘄適厥宜。凡此數者，蓋陰成之。潛有所贅，默有所虧。是過不及，察之甚微。凜乎其嚴，岌乎其危。匪曰設戒,理則如斯。不將不迎,不留不處。敬而無失,大中之矩。

恕齋銘

實理難精,實德難居。實責難副,實病難除。實知其難,於人則寬。惟實惟寬,惟恕之端。天地變化,草木蕃蕪。賾厥實然,可求其故。陳子作齋,有坐有勒。匪尚其通,亦尚其塞。以上二銘本《東萊遺集》。

存心銘　　樓　炤

穹然者天,高而明也。隤然者地,博而厚也。人與相參,曰維心也。有心不存,天地間也。涵養乎静,全其理也。省察乎動,防其欲也。厥要維何? 主乎敬也。終始惟一,心即存也。厥心既存,天地似也。推而施之,四海平也。擴而充之,萬物育也。克聖克賢,人無愧也。

菊軒銘　　宋　濂

金華韓先生進之,以耆年碩德爲州里後進所矜式。文章問學既不獲用於世,乃寄情於鞠華。東籬之下環植之,亡慮數十本,蓋以鞠有正色,與先生所稟正性相符。故當風露高潔之時獨致其妍,而非凡花艷卉之可同也。濂,四十餘年之老友也,雖不能文,爲著鞠軒銘一首,先生當與我删之。銘曰:

鞠有正色,具中之德。君子法之,以無頗與僻。鞠有落英,斯鞠其馨。君子餐之,期不爽厥真。菊兮君子兮,合爲一兮,終無忒兮,永爲民則兮。

永泉井銘 在縣東南合德鄉。　　李　曄

爰籍于經,井義是作。下《巽》上《坎》,收而弗幕。惟兹永泉,淵

泫澄渟。不射于鮒，不羸其瓶。其永伊何？源泉混混。人知其流，孰探其本？動而不括，君子以之。泥污不食，去道遠而。如鏡之平，如玉之瑩。返觀其心，其心若静。邑改而隳，井存不移。既飲而壽，其樂無涯。我作斯銘，豈其不宜。子子孫孫，永遠無毁。毁，叶喧規切，音隳。揚子《太玄經》："減其疾，不至危也。瀏漣之減，生根毁也。"

崇德齋銘　　國朝應正禄

天生烝民，莫不有德。崇之伊何？古訓是式。高明有基，廣大有域。修辭立誠，斯學之則。見善則遷，聞義必力。勉而行之，孰知其極。勿忘而嬉，勿助而賊。聖人有言，先事後得。

廣業齋銘

古有謨訓，業廣惟勤。勤而或弛，没世無聞。煌煌令典，渾渾皇墳。居稽上下，用志不紛。得寸則寸，得分則分。積日累勞，富有日新。藏之非陋，用之爲勳。峨峨髦士，眂此銘文。

宋林樞密墓碑銘　　樓鑰

公諱大中，字和叔，贈少保禄之玄孫、少傅邦之孫，少師茂臣之子也。公少篤志問學，文章自出機杼。登紹興三十年進士，調左迪功郎。乾道六年，丞貴池縣，改宣教郎。淳熙三年知撫州金谿縣。郡督賦太急，公堅請寬限。民感公之深，競輸于郡，視歲額反加焉。七年，知湖州長興縣。時歲旱河涸，米價騰貴，已有攘奪之患。公方憂之，忽水自荻浦灌河，聲振數里，來舟輻輳，闔境以爲神。詹侍郎義之，力薦於朝。十年，幹辦行在。十二年冬，求補外。同擬者四人，孝宗皇帝指公與計衡姓名曰："此二人佳，可除職事官。"遂除太常寺主簿。十六年夏，除諸王宫大小教授。光宗即位，葉尚書翥等俱以公薦，擢監察御史，論事無所迴避。紹熙改元三月，御批賜公等曰："臺閣正則，委寄匪輕。言事覺察，各有舊制。兹示朕意，各務遵承。"公答奏有曰："職有常守，期各務于遵循；言所當言，庶不辜于委寄。"自是風采益振。五月，遷殿中侍御史。三年三月，兼侍講。在臺省首尾四年，薦趙汝愚，救鄧司諫，保安宰臣、留正，身居言路，而申諫省之氣，誦宰相之賢，他人不敢爲也。出知贛州，德化大治。五年七月，皇上登極，趨召公還。贛石至險，公欲行，不雨而水高數尺，怪石盡没，俗謂之清漲，殆出神助，趙清獻公以後，惟此得之。九月，除中書舍人。十二月，遷給事中，兼侍講。公言得制誥之體，而檄詞批敕，風裁如臺中時。侂胄來見，公接之，無他語。使人通問，因願納交，又笑却之。會彭侍郎龜年抗論侂胄甚切，公連名上疏，直聲益著。初，趙丞相登政府，汪義端爲御史，力攻之，不得，遂罷去。至是侂胄引爲右史，公又駁之。故朱晦菴與朝士書曰："林和叔入臺，無一事不中節，當于古人中求之。"除公吏部侍郎，不拜。除焕章閣待制，知慶元府。時郡齋有盗，若鬼神之狀，公以爲此黠賊也，必顯捕治，已而果然，由是姦人屏息。城門有河，而水湧堤決。公撙節浮費，得二萬緡置局，命富而能者董之，易之以石，河患遂息。二年，求祠，得請，未行。五年四月，提舉武夷山冲祐觀致仕。去邑居二里，得龜潭之勝，作莊園。談笑自若，有獨樂之風。既而有召，命令州軍以禮津遣，又促其行。始至闕，而吏部尚書之命已五日矣。内引奏，得玉音嘉奬。公首論：無求更化之名，必務更化之實。力陳朱熹、彭龜年、吕祖儉以論擊侂胄，皆已故矣，量輕重旌表之，以伸其冤，且以爲直言之勸。是日，除端明殿學士，簽書樞密院事。嘉定改元閏四月，公兼太子賓客。謂所親曰："年登八十，豈堪勞勩！獨念和議，尚須審度。"未幾，而公薨矣。公孝于親，友愛兄弟，悉將先疇分與之，又官其從子二人。悼亡之後，自言子雖早歿，三孫足以承家。冒暑得疾，猶自力以趨朝謁。六月壬申，薨于位。上爲震悼，賜水銀、龍腦及銀、絹各五百，東宫亦致賻焉。享年七十有八。積官至朝議大夫，爵東陽郡，食邑一千一百户，食實封百户。贈資政殿學士、正奉大夫。以二年十一月己未葬于南塘山之原。謚曰正惠。特添差從子籥爲婺之司户參軍護其葬，朝旨轉運司應辦。可謂始終褒榮矣。娶趙氏，先卒，贈永嘉郡夫人，至是合祔焉。子簡，以公樞密恩例，特贈登仕郎。曾孫四人。子熙、子點竝將仕郎楷等求銘石，義不容辭，發揮幽光，愧勿克稱云爾。

兵部侍郎胡公墓誌銘　　宋范仲淹

寶元二年，尚書兵部侍郎致仕胡公薨於餘杭之私第。明年二月十有一日，葬於杭州之錢塘縣南山履泰鄉龍井源，以夫人潁川郡君陳氏附葬焉，禮也。孤子楷泣血言於友人范仲淹："《禮》謂稱揚先祖之美，以明著於後世，此孝子孝孫之心也。然而言之不文，行而不遠，處喪之言，烏乎能文？今得浙東簽書寺丞俞君狀先人之事，而敢請誌焉。"某曰："孔子見齊衰者必作，重其孝於親也。敢不惟命？"公諱則，字子正，婺之永康人也。昔虞舜之後有胡公，武王封於陳，蓋望族之來遠矣。皇考諱彭，王考諱瀫，皆隱於唐季，其道不顯。考諱師承，在鄉閭間以積善稱，因公而貴，官至尚書比部員外郎，贈吏部郎中。妣應氏，封永樂縣太君，贈寧郡太君。公少而倜儻，負氣格。錢氏爲國百年，士用補廕，不設貢舉，吴越間儒風幾息。公能購經史，屬文辭。及歸皇朝，端拱二年御前登進士第，釋褐爲許州許田尉。以才幹聞，補蘄州廣濟宰，又補憲州録曹。以本道計使諫大夫索公湘之舉，改祕書省著佐郎，簽署貝州節度觀察判官公事。升本省丞，知潯州。拜太常博士，提舉二浙榷茶事，兼知桐廬郡。丁太夫人憂。服除，以本官知永嘉郡。遷屯田員外郎，提舉江南路銀銅場鑄錢監。擢任江淮制置發運使，轉户部員外郎。入爲三司度支副使，賜金紫。除禮部郎中、京西轉運使。以户部郎中充江淮制置發運使，轉吏部郎中，改太常少卿。丁先君憂。終制，知玉山郡，移福唐郡。拜右諫議大夫，知杭州。入判流内銓，以舉官累，責授少常，知池州。未行，復諫議大夫,知永興軍,領河北都轉運使、給事中,入權三司使。拜工部侍郎、集賢院學士,知陳州。進刑部,再牧餘杭郡。踐更中外,凡四十七年,得請加兵部侍郎致仕,朝廷命長子通判錢塘以就養。又六年而終,享齡七十有七。天子聞而悼之,進一子官。初,至道中,公在憲州,時西寇侵邊,朝廷命師五路入討,詔具三十日糧以從之。索公方引公督隨軍糧草事,公曰:"爲百日計,猶或不支,奈何?"索公乃遣公入奏。召對逾刻,公陳邊事如指之掌,上顧左右曰:"州縣中有如此人!"遂可其奏,且示甄拔之意。後大帥李繼隆果與寇遇,十旬不解,索公曰:"微子,幾敗吾事。"一日,其帥移文曰:"兵將深入,糧可繼乎?"公曰:"師老矣,矯問我糧,爲歸師之名耳,請以有備報之。"索從其議。彼即自還,無以咎我。其先見如此。及索公主河北計,又奏辟之,遂以貝州之行。朝廷遣使省天下冗役,就命公行河北道。凡去籍者僅十萬數,民用休息。在潯州,人有虎患,公齋戒禱城隍神,翼朝得死虎於廟中,其誠之效歟。按池州永豐監,得匿銅幾萬觔,吏懼當死,公思之曰:"昔馬伏波哀重囚而縱之,前史義焉。今銅尚在,吾忍重其貨而輕數人之生耶!"咸以羨餘籍之,不復爲坐。在江淮制置日,會真宗皇帝奉祀景亳,公實主其供億。千乘萬騎,至於禮成,無一毫之闕。帝深愛其才,而加奬勞,遂進秩登於計相之貳。在廣南西路,有大舶困風於遠海,食匱資竭,久不能進,夷人告窮於公。公命瓊州出公帑錢三百萬以貸之,吏曰:"夷本無信,又海舶乘風,無所不可。"公曰:"遠人之來,不恤其窮,豈國家之意耶?"後夷人卒至,輸上之貨,十倍其貸,朝廷覽奏而嘉焉。又宜州繫重辟十九人,時有大水,公不慮患而特往辦之,活者九人焉。在福唐,有官田數百頃,民輸租食利舊矣。至是計臣上言,請就鬻之,責其估二十萬貫,民不勝弊。公奏之,未報,章三上,且曰:"百姓疾苦,刺史宜言之,而弗從,刺史可廢矣。"乃有俞詔,減其直之半,而民始安。公領三司使,寬於財利,不以刻下爲功。時上方以兩京、陜西官鹽歲久,民鮮得食而日以犯法,命通商。有司重其改作，公首請奉詔，其事遂行。公性至孝，自曲臺丁太夫人憂，廬於墓側，以終喪紀，有草木之祥，本郡表之。及西京之行，以家君朱黻爲請。上白："胡某爲孝，雖非其例，與以明勸也。"縉紳先生榮之。又天禧中，尚居郎署，朝廷擬公諫議大夫，知廣州。公以家君八十歲，懇辭於政府，乃復有制置之行，尋以哀去職，得盡心於喪葬。公富宇量，篤風義，往往臨事得文法外意，人或譏之，公亦無悔焉。其輕財尚施，不爲私積，士大夫又稱之。福唐前郡將被訟去官，嘗延蜀儒龍昌期與郡人講《易》，率錢十萬，遺之以歸，事在訟中。及公下車，昌期自益部械至。公曰："斯何罪耶?"遽命釋之，見以賓禮。法當償其所遺，公貸以俸金，仍厚遣而還。又濟陽丁公爲舉子時，與孫漢公客許田，公待之甚厚。及其執政，而雅故之情不絶，若休戚士人而未嘗預。暨丁有朱崖之行，昔之賓客無敢顧其家，公實被議出玉山郡，尚屢遣介夫不遠萬里而往遺焉，此又人之所難矣！及退居西湖，乘畫船，擊清波，深樽雅弦，左子右孫，與交親笑歌於歲時之間，浩如也，人不謂之賢乎！夫人潁川郡君，有慈和之德，先以壽終。令子四人：長曰楷，都官員外郎，前知睦州，祥符七年秋登服勤詞學科，所至政能，有先君風度；次曰湘，好學有志識，朋友多之；次曰桂，俊異，居喪而亡；次曰淮，孝謹，有成人風。二女：長適泉州德化縣尉蘇璠；次適御史臺主簿華参而亡。其閨門之範，見其潁川之誌。某非特爲重齊衰之情，嘗倅宛丘郡，會公爲二千石，以國士見遇，且與都官布素之游，誠可代孝子而言焉。銘曰：

進以功，退以壽。義可書，石不朽。百年之爲兮千載後！

辨

築城辨　　沈　藻

永康城起於孫吴，拓於宋，墮於元末。有明以來，不復建。嘉靖間，應僉憲廷育修邑志，有云：城以設險，兵以儆巡，場以閱武，均之不可廢也，而廢焉者多矣。備書其故，用訊于識微慮遠之君子。僉憲此説，亦既昌言城之不可廢矣。顧其志成于嘉靖間，而未刊布。至萬曆辛巳，邑令吴安國始授之梓。中有附録僉憲築城利害一書，其言曰：縣舊有城，而卒不復者，以地形之必不可城也。夫城之不復，人事之缺。若云地形不可，則自赤烏以來非即此地形乎？邑之有城，如人身之有裳服。今有人焉，以布帛之不充，裸露其體，輒曰非無服也，以我之形體必不宜於服也。他人聞之，豈不囅然失笑乎！又云：若欲築城，必先拆去兩傍民居，以爲城址、馬路。防禦外患，其憂遠在數百年之内，而蕩析民居，其患近在旦夕之間。是以寧略遠憂而不忘近患也。信斯言也，則凡古之君臣深謀遠慮，爲國家慮長久，如盤庚之遷殷、召公之營洛，舉凡建功立業之爲，皆是舍近圖遠者也。其他舛謬之説甚多，不足辨也。予初閲之大疑，以爲僉憲永之僑肸也，豈宜有是説。既而察之，始知永人憚于大役，故僞爲是書，以竄入應志。初不審僉憲正論炳炳于前，而乃綴此矛盾之説，以相欺誣。觀者不察，尤信以爲不刊之語，故不得已而辨之。

胡公丁黨辨　　程夔初

按《宋史》，真宗末年，丁謂降太子少保，分司西京。初，謂舉進士，客許田，胡則厚遇之。及謂貴顯，則驟進用。至是謂罷，則亦出爲京西轉運使。又曰辛卯貶丁謂爲厓州司户參軍，初，則坐丁謂黨，降如信州，徙福州，及謂貶厓州，賓客盡散，獨則遣人如海上，饋問如平日。程子曰：此謂之黨者，徒觀其迹而不知其心者也。否，則史氏之誣也。凡人於世，尊卑儕類，莫不有交與。以貧賤而上交，雖不必盡出於不肖，然或有所利而爲之，其迹猶難明也。以富貴而下交，非其愛士之殷，則其獎進之雅，其心甚可察也。此君子之所以異於小人也。且夫小人於寒素之士則輕之，於權利之門則趨之。及其趨之，有勢則附，無勢則避。一旦禍起，多方晦迹，避之惟恐不遠者，是誠所謂黨也。若乃胡公之於晋公，原以貧賤相交也，黨者所不爲也。朱崖之遺，又自以患難相恤也，黨者所不能也。以貧賤遇其人，初不以富貴望報。如使以富貴望報，必不能以患難相恤。以患難相恤者，是不避嫌疑，不棄故舊，其與遇貧賤之心無以異也。蓋其視貧賤富貴患難如一轍，故其心光明俊偉，而其志初終不移，是惟公平無私者能之矣！世徒見晋公用而胡公進，因疑其黨耳，不知公平生仕途爲國爲民，歷有政績異能，公之才德自足重用，不必晋公汲引也。晋公即有所汲引，亦自以雅故深知相推，公豈有所要以求進者耶！且其果相朋比也，則公既進，必引之要地，與爲私圖，如林特、錢惟演之屬，踪迹款密。而公落落在位，不聞阿附，即曰進用，而公爲朝廷用，不爲晋公用，可知也。乃因其平日交厚之故，一陟一黜，而遂横加非議以爲黨，是其大謬不然，又豈知君子之用心而與小人絶遠者哉！當晋公貴盛時，錢惟演結爲婚姻，及其敗也，乃擠之以自解。是真所謂小人之黨，而其棄交背義有如此之相反者也！若公之於晋公，始終義也。天下未有黨者而能爲義，即未有義者而可謂之黨者也。若其平日之厚遇丁也，亦有説。當晋公少年才氣文章，王元之嘗稱之。其立朝，寇萊公薦之。謂公不如李文靖之先見，則可；謂公亦如二子之稱許失人，則不可。何者？人固難知也。且公之於宛丘也，以國士遇范文正。其在許田，焉知不以遇文正者遇晋公？厥後一賢一奸，則是負之者之過也，而待之者復何過乎？而因此謂之黨乎？公之薨也，范文正誌其墓，有曰：濟陽丁公爲舉子時，與孫漢公客許田，待之甚厚。及其執政，而雅故之情不絶。暨丁有朱崖之行，昔之賓客無敢顧其家，公實被議出玉山，尚屢遣介夫，不遠萬里，而往遺焉。此人之所甚難！噫！觀文正之言，可以知公之心矣！公，神人也，聰明正直，不待小子之辨。然生乎公之鄉，視史氏之誣，固知而不容不辨也！

永寧即永康考辨　　潘樹棠

越以夏后封少子杼，《春秋》始入經，其地見者惟姑蔑、即太末。會稽、甬東而已,至漢初始稱東甌與閩越云。開自嚴助,地最長且大。高、惠時,分東甌、閩越爲二。後以相攻奪併爲一,謂之東越。元鼎中,東越餘善復爲亂。滅之,詔虚其地東越。光武中興,始復閩越地,更名章安。順帝永和初,始復東甌,亦併入章安。《後漢·郡國志》所由著之云:"鄞,章安故治,閩越地。"晋《太康記》:"本鄞縣南之迴浦鄉。""永寧,永和三年以章安東甌鄉爲縣。"東甌云者,國也,而非鄉。其謂"東甌鄉爲縣",以閩、越對言,乃史法,正以明復舊併二爲一之意,是以不云以章安分爲永寧縣,而云"以章安東甌鄉爲縣"。鄉必兼上浦言。何以見之?以今《永嘉廣輿志》謂:"漢,東甌王國。"如使永寧屬永嘉,范志當如閩越之云云故治東甌地爲縣,不得言鄉。其言鄉者,則永寧地遠於永嘉可知。且《太康記》言,章安本鄞之回浦鄉,如臨海東固有回浦廢縣而處之。麗水亦屬回浦,今括蒼是也,屬章安。范蔚宗《漢·志》稱章安東甌鄉,不稱回浦鄉。回浦與上浦,壤地相接,必兼而屬之,是以繫章安東甌,而渾以東甌鄉名。當是時,上浦亦有屬烏傷者,故鄭緝之《東陽記》云然。然則永寧安知非兼屬上浦?安知孫吴不以烏傷南之上浦與松楊爲畛域者,故盡分之,改永寧爲永康耶?棠竊以謂漢與吴之永寧,屬上浦永康。自吴分永康,晋始移置永寧於永嘉郡,屬臨海。《晋·地志》從略,不言移置,故沈約《宋·志》乃云:漢順帝"四年分章安東甌鄉立。或云永和三年立"。與范《志》參差,迄無定論如此,故游移其舊説,無所徵信云耳。蓋《漢·志》言"以"者,以其屬地,遠者也。"分"者,分其本地,近者也。近則永嘉,故沈《志》曰分。遠則上浦永康,故《漢·志》曰以。或又謂吴赤烏八年分烏傷上浦爲永康,何不云改永寧爲永康?然言分上浦爲永康,不言改永寧爲永康,猶《三國·孫皓傳》寶鼎元年分會稽西部爲東陽郡,不云改烏傷爲東陽郡也。夫東陽屬會稽西部,而《吴·賀齊傳》云:策遣永寧長韓晏領南郡都尉,"以齊爲永寧長"。則永寧在西部,不在南部,故策遣晏領之,别以齊爲永寧長,謂南部遠於永寧故耳。

則是晋、宋之永寧屬永嘉，而漢與吴之永寧，自是永康明矣。《後漢·方術·趙昞傳》云："章安令惡其惑衆，收殺之。人爲立祠於永康。"而酈善長《水經注·浙江》"穀水"條則曰"立祠於永寧"。酈《注》穀水，迭言永康，此獨言永寧，正爲范《書》互證：漢時永寧之即永康也。以吴初《賀齊傳》考之，齊爲永寧長，丁蕃爲松楊長。蕃本與齊爲鄰城。言鄰城，是惟永康方得與松楊言鄰，永嘉則暌隔數百里，長川間之，抑又近海，焉得謂鄰？且永嘉古有上浦館，唐時猶存，孟浩然有《永嘉上浦館送張子容》詩，上浦名於永嘉，此可知漢與吴之永寧，即爲永康上浦鄉之一證。又陳壽《吴志·孫亮傳》云：太平元年"十一月，以綝爲大將軍，假節封永康侯"，而《孫綝傳》則作"假節封永寧侯"。此亦互文可以爲吴永寧即永康之一證。况至於今縣猶有坊曰永寧，與巷稱烏傷者並存，趙侯之廟蚊蚋不入者亦猶如故。抑又考古上浦之爲地，下接餘暨之蕭山，吴曰永興，潘水所出，故永康又以爲潘江名。

志　餘

稗官野史文不雅馴，縉紳先生屏而弗道。顧有事見於史册而無門類可歸者，遂棄弗録，亦非兼收竝蓄之意也。故彙爲志餘，附録如左：

《異苑》：吴時，縣人入山，遇一大龜，束之歸。龜曰："遊不逢時，爲君所得。"人甚怪之，上之吴王。夜泊越里，繫舟於大桑樹下，忽聞桑謂龜曰："勞乎元緒。"龜曰："我被拘縶，將見臑臛。雖盡南山之樵，不能潰我。"桑曰："諸葛元遜博識，必致相苦。如求我輩，計將安出？"龜曰："子明無多辭。禍將及爾。"寂然而止。既而烹之，柴百車，語猶如故。諸葛恪曰："然以老桑乃熟。"獻者仍述前語，即令伐桑烹之，立爛。

《異苑》：永康王曠井上有一洗石，時見赤氣。後有二胡人寄宿，忽求買之。曠怪所以，未及度錢，子婦孫氏睹二黄鳥鬭於石上，疾往掩取,變成黄金。胡人不知,索市愈急,既得,撞破石内空處,只有二鳥迹。

《癸辛雜識》:掄魁省元同郡,自昔以爲盛事。紹興癸丑,省元徐邦憲、狀元陳亮,皆婺人。

《明一統志》:應純之,知楚州,崇儒術,興學校,修城池,民賴其德。　管家湖,在淮安府城望雲門外。宋嘉定間,郡守應純之開鑿以練習舟師,爲戰守之計。　水教亭,在山陽縣管家湖上。宋郡守應純之鑿湖以教習舟師,因建此亭。

《詩藪》:程克勤編《宋遺民録》,凡十一人:王鼎翁、謝皋羽、方韶卿、唐玉潛、林景熙、汪大有、龔聖予、張毅夫、吴子善、梁隆吉、鄭所南。方、吴竝婺人。方韶卿鳳,浦江人。吴子善思齊,永康人。諸人悉工文詞,不但氣節之美。

宋景濂《浦陽人物志》:濂游浦陽仙華山,問思齊舊遊處,見石壁題詩,隱隱可辨。故老云:思齊與方、謝無日不游,游輒連日夜,或酒酣氣鬱時,每扶携望天末,慟哭至失聲而返。

《輟耕録》:趙孟頫爲羅司徒奉鈔百錠,爲乃父求墓誌於胡長孺。長孺怒曰:"吾豈爲宦官作墓誌者!"是日正絶糧,其子以情白,坐客亦勸受之。長孺却愈堅。其《送蔡如愚歸東陽》詩有云:"薄糜不繼襖不暖,謳吟猶是鐘球鳴。"曰此余秘密藏中休糧方也。

《通志》:徐尊生《佩刀行》序云:金華之永康,有山曰雲巖,拔起天半,有巨舟藏壑中,舟尾翹出如蕙。一釘墜崖下,野僧得之,以遺張公孟兼。孟兼製爲佩刀,銛利特甚。尊生爲作歌云:"神人藏舟半天裏,絶壑谽谺露舟尾。錚然有物墮中宵,八觚崚嶒長尺咫。野僧拾之歸張公,化爲夭矯蒼精龍。不知何世何人鬬奇氣,剸犀斷虎一旦生神通,魑魅却走妖邪空。張公佩上蓬萊殿,天上群仙驚未見。青絲猴懸白玉環,當晝孤光摇冷電。爲君淬厲向盤根,縱有青萍何足羡。他年辭榮歸浙山,莫行金華赤松間。精靈感會聲霹靂,便恐飛去無時還。"

《録異記》：金華永康縣山亭中有枯松樹，因斷之，誤墮水中，化爲石。取未化者試於水中，隨亦化焉。其所化者枝幹及皮，與松無異，且堅勁。有未化者數段相兼，留之以旌異物。

晋時縣令張彦卿，前志載武義人。考《武義縣志》隱逸傳：彦卿曾爲永康令，慕白陽山水，棄官家於此，遂爲邑人。又山川志載：大家山、新婦山，二山相向，世傳張彦卿女適人，累月，姑婦竝亡，其神靈各主一山。每大家山起雲，新婦山即雨云云。當未有武義時，諸山故屬永康。迨唐天授年，析永康西境爲武義縣，而諸山始屬武邑。然則彦卿晋時隱居於白陽，非原籍武義也。因其原籍不可考，遂就其隱居之所，稱爲武義人耳。

宋時，永康大水。縣人蔡喜夫往南壟避之。夜有大鼠，形如豘子，浮水而來，伏於喜夫奴之牀角。奴憫而不犯，每以餘飯與之。水退，喜夫返故居。鼠以前脚捧青囊，囊有珠斤許，置奴前，啾啾欲語狀。自此去來不絶，亦能隱形，又知人禍福。後縣人吕慶祖以獵犬過門，嚙殺之。

縣治真武像。舊傳黄稷妻章氏，居傍桃溪，夜夢有神，被髮跣足，告之曰："吾真武也，當廟食於玆。"明旦登樓，見巨漲中有物，飄浮而至，因憬然曰："昨所夢者，得非此耶？"祝之，須臾傍岸。使人取視，乃降真香也。遂遣梓鐫真武像，捨宅奉之，爲今正一道院，時淳祐二年六月八日事也。

歷山之陽，厚仁、莘野兩村間有娘娘廟。每逢夏旱，村人輒遷其像暴日中。有一耕氓過其旁，忽顛仆不省人事，移時起，睁朦朧眼，索紙筆題詩一律。題罷，擲筆而仍仆如，夢漸覺，依然不識一丁字。其詩曰："火雲眕日滿天施，氣運循環豈不知。翦爪每懷湯主德，焚尫堪笑魯人癡。愁憐北海蒼龍困，望斷西山石燕飛。誰是商霖時濟手，靈壇禱祝莫教遲。"本歷陽耕者説。

南豐劉壎起潛先生論：龍川，功名之士。宋乾淳間，浙學興，推東萊吕氏爲宗。然前是已有周恭叔、鄭景望、薛士龍出矣，繼是又有陳止齋出，有徐子宜、葉水心出，而龍川陳同父亮，則出於其間者也。當是性命之説盛，鼓動一世，皆爲微言高論，而以事功爲不足道，獨龍川俊豪開擴，務建實績。其告孝宗有曰："今世儒士自以爲得正心誠意之學，皆風痺而不知痛癢之人也。舉一世安於君父之讎，而方低頭拱手以談性命，不知何者謂之性命！"孝宗極喜其説，然亦以是不得自附於道學之流，而人惟稱其爲功名之士。至其雄材壯志，横騖絶出，健論縱横，氣蓋一世，與文公往復辯論，每書輒傾竭浩蕩，河奔海聚，而文公亦娓娓焉與之商論，蓋一代人物也。惜中年後始中科舉爲狀元，不及仕而死矣。予閲其文集，宏偉博辨，足以立懦，惜其於道不純，故後之品藻人物者不以厠之鄭、薛、吕、葉之列云。見《隱居通議》理學卷二。

又論龍川學術：龍川之學，尤深於《春秋》。其於理學，則以程氏爲本，嘗采集其遺言爲一書，以備日覽，目曰《伊洛正原》；又集二程、横渠所論禮樂法度爲一書，目曰《三先生論事録》。其辨析《西銘》，平易朗徹，見者蘇醒。其於《論語》，則曰："《論語》一書，非下學之事也。學者求其上達之説而不得，則取其言之若微妙者玩索之，意生見長，又從而爲之辭曰：此精也，彼特其粗耳。此所以終身讀之，卒墮榛莽之中，而猶自謂其有得也。夫道之在天下，無本末，無内外。聖人之言，烏有舉其一而遺其一者乎！舉其一而遺其一，是聖人猶與道爲二也。然則《論語》之書，若之何而讀之？曰：用明於内，汲汲於下學，而求其心之所同然者。功深力到，則他日之上達，無非今日之下學。於是而讀《論語》之書，必知通體而好之矣。"其説如此，則其於理固用心矣，豈徒曰功名之士！見同上。録此，則理學與功名不判兩途，而挾策梯榮不可謂之功名無理學也，寬袍大袖不可謂之理學無功名也。去此，方可有真功名、真理學。

盛如梓云：陳同甫作文之法曰：經句不全兩，史句不全三。不用古人句，只用古人意。若用古人語，不用古人句。能造古人所不到處。至於使事而不爲事使，或似使事而不使事，或似不使事而使事，皆是使他事來影帶出題意，非直使本事也。若夫布置開闔，首尾該貫，曲折關鍵，自有成模，不可隨他規矩尺寸走也。見《庶齋老學叢談》。按：文藝，末也。既而思作文之法，亦足以訓示後來，故録此爲讀龍川文者知其要領。

元白廷玉先生珽云：陳同甫，名亮，婺女人。淳熙紹熙，誤作淳。癸丑大魁。作家報云：我第一，滕强恕第二，朱質第三，喬行簡第五。其時三魁與第五名皆婺人，盛矣哉！謝朝士啓云：衆人之所不樂，置在二三。主上以爲無他，擢在第一。答策論恢復，頗不合朝論云。

何賢良，名致，字子一。嘉定壬申游南嶽，至祝融峰下。按嶽山圖，禹碑在岣嶁山。詢樵者，謂采樵其上，見石壁有數十字。何意其必此碑。俾之導前，過隱真屏，復渡一二小澗，攀蘿捫葛，至碑所，爲苔蘚封，剥讀之，得古篆五十餘，外“癸酉”二字俱難識，韓昌黎所謂“科斗拳身薤倒披，鸞飄鳳泊拏蛟螭”，而其形模，果爲奇特。字高濶約五寸許，取隨行市，買歷辟而模之，字每模二，雖墨濃淡不匀，體畫却不甚模糊。歸旅舍，方凑成本。何過長沙，以一獻曹十連彦，約并柳子厚所作及書般舟和尚第二碑以一揭座右，自爲寶玩。曹喜甚，牒衡山令搜訪柳碑本，在上封寺。僧法圓申以去冬雪多，凍裂禹碑，自昔人罕見之，反疑何取之他處以誑曹。何遂刻之岳麓書院後巨石，但令解柳碑來匣之郡庠已。見鄱陽張光叔世南《游宦紀聞》。按神禹岣嶁碑，余先世家藏有之，當是何賢良所摸搨。以壬戌粤匪蹂躪，蕩然無存。其文開章云承帝曰嗟翼輔佐卿，至竄負允奔萬國云寧，凡四十八字，無癸酉二字。蓋以難識，不摹故也。今余但記得首尾十六字，又記得本字蟲書二字：國作[illegible]，云作[illegible]云。

明祖克婺州，宣諭百姓曰：“我兵足而食，不足欲加倍借糧，俟克江浙後，乃仍舊科徵。”後平張士誠，遂免倍徵之糧，惟僧道不免。見劉侍郎《明初事迹》。按今僧田重租，蓋始於此，亦以抑異端之遊食也。

吕審言《卧雲處士傳》：永康陳世恭，築樓於梅山之麓，曰卧雲，遂因以爲號。世恭少豪爽，游東陽鹿皮子之門，爲鹿皮子所賞識。長遊虎林，遇李草閣於西湖，一見如舊相識，遂買舟同載以歸，館於樓西，相與觴酒賦詩於樓上者二十年。一時文人學士莫不韵其事,各爲歌詩以紀之。鹿皮子之記、李草閣之賦,其尤著也。

《府志》:章之邵詩,有"雲山犬吠聲相答,野水禽飛影自隨"之句,時多稱之。

嘉靖八年,學宫前狀元峰,元旦有五色祥雲,竟日不散。是年會試,王崇第二,程文德第八,趙鑾第十四,皆《尚書》首卷,時號"三書魁天下"。廷對,文德及第,崇傳臚。

樓某,三都人。好讀書,人呼爲腐儒。正統己巳,處寇剽掠,過其家。衆皆奔避,某獨不去。賊以草索繫於樹。賊既去而返,猶立於樹旁,乃引至賊穴,厚以延之。後見賊復出,正之曰:"爾曹當力農以求食,何乃爾?"遂爲賊所害。

朱海,父承宗,與顔永和隙。永和率衆,夜入其家殺之,竊其一肢而去。有司捕獲繫獄。海不勝憤憤,乃集家人搗入獄中,殺永和,亦取一肢,以雪父冤。官以法繩之,遇宥獲免。

徐文卿,字良相,號蓉峰。賦質不凡,讀書目數行下,冥悟若有神。然酷嗜酒漿,跅跑壓繩墨。弱冠補邑博士弟子。每試期先一夕,友人能以石酒醉之,問其題,輒奇中。初應省試,醉不往。他日,其父從酒一船與之約,試畢聽持螯汩没其中。送之抵棘闈。返至舟,文卿已枕瓮鼾睡。正德丁卯,友人拉與俱入,乃領鄉薦。日事麴糵,不上公車,漸至屢空,婦子交謫,始謁選,除睢寧令。又醉不事事。一日行過市中,聞酒香,輒下車索飲,因醉卧焉。坐此削籍歸田里。典衣沽酒,至死而興不衰。

卧龍山陳龍川墓,康熙十年間,東陽人冒認宗支,發塚竊葬,人莫知之。忽山木號鳴,震動連日。其後裔驚覺,控之督院。邑令徐親往勘視,掘起四棺,盜葬者服辜,古墓得安。昔龍川爲母黄夫人墓誌銘云"後千百年,猶不廢其爲陳氏之墓,則必遇君子長者之人爲之護持",蓋成讖兆云。

徐蒙六墓，土名上向。有别宗某謀佔其穴，訟之官。當事夢老人衣冠甚偉，率英髦分庭抗禮，言曰："願乞靈一埽門庭之寇。"上堂，果見持訟堂下如夢狀。異一。又仇首謀埋僞志于墓，爲勘驗地。皓月中，忽轟雷擊散。異二。及庭訊時，公座上頂格軋軋作欲墜聲，擱筆則止。當事驚訝，遂正奸佔之罪。異三。

郡有冤獄，李九德作証，備極棰楚，幾斃。忽雷震焚卷，得雪。闔郡稱異。九德年八十七而卒。

縣北白窨峰，係縣龍祖山。又南山行二十里，名横山，爲縣治少祖。再南行十里結縣治。東拍一枝爲黄青、朱明二山，分結諸姓宅墓數十餘處。西拍一枝爲西横山，邑之先賢名墓皆鍾靈於此。歷朝立碑，禁止開鑿。康熙丙午，白窨峰寺僧開掘建造，未逾月，邑中大火。戊申，復大開掘。邑大澤民坊起火，延至由義坊，房屋焚燬幾盡。邑令徐禁而止之。近黄青、朱明等山復有開掘取青者，居民驚惶，邑令沈申詳府憲，立石永禁，萬民歡祝。

康熙三十二年，二都民偶獲山羊，獻諸邑令。沈令不忍，命釋之，繫牌於頂下，書曰"放生"，驅而縱之於山。翼日，羊忽入署，盤旋丁庭，移時而去。越三日，羊復至，馴擾如初。自此不復見。蓋好生感德，異物皆然。戕物者可以監矣。

志　跋

昔江文通淹有言：作史莫難於志。鄭夾漈《通志》序言引而詳述之。某等皆知其難矣，而縣之爲志，紀美不紀惡，則更有難焉者。每自念咸、同之交，既經兵燹。同治甲戌，楚南趙舜臣明府莅任，適奉憲檄札飭修志，即招某等撰稿。因經費不敷，輒以中止。溯自道光丁酉纘修，延至今光緒壬辰，凡五十有六年。回憶己丑春，江右李明府奉簡命受篆，崇尚文教，具有成緒，取某等甲戌所繕粗稿閱之。惟恐失墜，而又以吾縣少居積之家，乃立條章。辛卯命設志局。秋七月，李明府調簾忽逝去。郭公祖署篆，沐承主修，局仍不徹如初。某等時思其難，周詳審慎。所有故事，辨訛補缺，注明出處，與爲徵信。時事則殉節士民及殉難烈婦，本兩浙忠義局參入之，不敢妄筆。貞節婦女，則依採訪簿據，併憑公論，不徇私見。仕籍門職銜、祀典門墳墓，均照舊志條例，不敢冒濫登載。凡諸門類其隱匿情事，下筆去取有甚難者，必遵照主修郭公祖酌裁審定，不敢擅專。惟職官一門有遺失者，自晉至唐、宋歷朝，既得所考以補之已，復幸得金華縣學謝公適聲，淵博鴻才，留心掌故，郵寄元、明以來職官增補二十餘名。而志之全帙，則本學主教戴同翁互相參閱，某等得所就正而取裁焉，俾得益思其難而敬慎之，不至一字之紕繆以自取戾。潘樹棠、陳憲超、陳汝平謹跋。